Sabrina Helm

Unternehmensreputation und Stakeholder-Loyalität

T0417783

nbf neue betriebswirtschaftliche forschung
Band 356

Sabrina Helm

Unternehmensreputation und Stakeholder-Loyalität

Deutscher Universitäts-Verlag

Bibliografische Information Der Deutschen Nationalbibliothek
Die Deutsche Nationalbibliothek verzeichnet diese Publikation in der
Deutschen Nationalbibliografie; detaillierte bibliografische Daten sind im Internet über
<http://dnb.d-nb.de> abrufbar.

Habilitationsschrift Heinrich-Heine-Universität Düsseldorf, 2004

1. Auflage Juni 2007

Alle Rechte vorbehalten
© Deutscher Universitäts-Verlag | GWV Fachverlage GmbH, Wiesbaden 2007

Lektorat: Frauke Schindler / Sabine Schöller

Der Deutsche Universitäts-Verlag ist ein Unternehmen von Springer Science+Business Media.
www.duv.de

Umschlaggestaltung: Regine Zimmer, Dipl.-Designerin, Frankfurt/Main
Gedruckt auf säurefreiem und chlorfrei gebleichtem Papier
Printed in Germany

ISBN 978-3-8350-0803-8

Vorwort

Der gute Ruf ist ein wertvolles Kapital von Unternehmen, was jeder Unternehmer bestätigt. Auf die Frage, wie man einen guten Ruf aufbaut, wie man ihn pflegt, verteidigt, „managed", gibt es allerdings selten umfassende Antworten. Reputation ist ein diffuses Konstrukt, nicht einmal hinsichtlich ihrer Definition gibt es einen Konsens, und ihre Determinanten und Konsequenzen zu ergründen ist eine methodisch sehr spannende Herausforderung. Selbst nach Jahren der Forschung, die mich von Düsseldorf bis unter den stetig blauen Himmel über Arizona und dann den wechselhaften über Witten geführt haben, sehe ich immer wieder neue Facetten, die mich am Phänomen Reputation fesseln. Ausgangspunkt meines Interesses war die Frage, was die Reputation der Unternehmung ihren Stakeholdern eigentlich bringt, warum sie zu mehr Loyalität führt und damit letztlich auch zu unternehmerischem Erfolg. Mit dieser Arbeit habe ich in der deutschen betriebswirtschaftlichen Forschung vor einigen Jahren in mehrfacher Hinsicht Neuland betreten.

Erstens lagen Ausarbeitungen zum Konstrukt der Reputation kaum vor. Mittlerweile allerdings ist nicht nur international, sondern auch in Deutschland ein regeres Interesse am Thema Unternehmensreputation festzustellen. Auch die Praxis zeigt sich aufgeschlossener und engagiert sich stärker in Richtung eines Reputationsmanagements, wenn auch noch nicht in einem mit den USA vergleichbaren Maße.

Zweitens hat sich während der Zeit meiner Arbeit in der Community eine Interessengemeinschaft gefunden, die sich intensiv mit Fragen der Konstruktoperationalisierung mit formativen Indikatoren beschäftigt sowie parallel mit dem „kausalanalytischen" Verfahren der Partial Least Squares. Diese Entwicklungen haben mich zu Beginn meiner empirischen Arbeit zu einem Umdenken in Bezug auf die Konzeptualisierung von Konstrukten bewegt, meine weitere Vorgehensweise stark beeinflusst und zu einer für die deutsche Betriebswirtschaftslehre innovativen Vorgehensweise bewogen. Damals als ein „Early Adopter" angetreten, sehe ich heute eine bedeutende Ausdifferenzierung und Gereiftheit gerade in der deutschen wirtschaftswissenschaftlichen Diskussion. Diese hat sich mittlerweile in einer Vielzahl von Fortentwicklungen und Publikationen niedergeschlagen, der im Rahmen einer nicht rein methodenbezogenen Arbeit kaum noch hinreichende Aufmerksamkeit zuteil werden kann.

Die vorliegende Forschungsarbeit wurde bereits im Jahre 2004 von der Wirtschaftswissenschaftlichen Fakultät der Heinrich-Heine-Universität Düsseldorf als Habilitationsschrift angenommen. Zum Gelingen dieses Projektes hat mein akademischer Lehrer, Herr Prof. Dr. Bernd Günter, in hohem Maße beigetragen. Ich bedanke mich – nun zum wiederholten und immer wieder berechtigten Male – für seine stets konstruktive Einstellung zur Bewältigung von Forschungsproblemen sowie den großen Freiraum für die Verwirklichung meiner eigenen Projekte. Ganz sicher wäre es mir ohne sein Vertrauen in meine Aktivitäten für den Lehrstuhl und die Forschung nicht gelungen, meiner Berufung zu folgen (bzw. eine zu erreichen).

Bedanken möchte ich mich auch bei Herrn Prof. Dr. Klaus-Peter Franz, der das Zweitgutachten einer sehr umfassenden Arbeit bei – wie immer – sehr engem Zeitrahmen übernahm. Ich danke auch meinen vielen Kollegen vom Lehrstuhl der ersten, zweiten und dritten Generation für die freundschaftliche Verbundenheit. Insbesondere nenne ich Herrn Dipl.-Kfm. Jochen Schlei, Herrn Dr. Ludger Rolfes, Frau Prof. Dr. Andrea Hausmann, Herrn Dr. Kai-Uwe Laag und Frau Dipl.-Kffr. Julia Hilgers, die mich in der Habilphase begleitet haben. Zum Gelingen der Arbeit hat darüber hinaus auch Frau Dipl.-Kffr. Ina Garnefeld durch Unterstützung bei den diversen empirischen Studien beigetragen. Ebenso danke ich Frau Hiltrud Koslowski, Frau Dipl-Kffr. Berrin Özergin, Frau Dipl. Psych. Julia Spelsiek und Herrn M.A. Christian Klode für die Hilfe bei der Überarbeitung des Manuskripts. Mein Dank gilt zudem Herrn Ing. Mag. Ernst Primosch, ohne dessen Unterstützung die empirischen Untersuchungen nicht hätten durchgeführt werden können. Anzuerkennen ist auch die mir großzügig gewährte finanzielle Unterstützung durch die Konrad-Henkel-Stiftung, die mir eine Diskussion meiner Forschungsergebnisse auf internationalen Konferenzen ermöglichte.

Bedanken möchte ich mich zudem bei Herrn Prof. Dr. Andreas Eggert für die freundschaftliche (Lebens-) und inhaltliche Hilfe. Auch den vielen anderen Freunden, die an dieser Stelle nicht alle namentlich Erwähnung finden können, mir aber immer alle fest den Daumen gedrückt haben, bin ich zu Dank verpflichtet. Dies gilt selbstverständlich auch für meine Eltern: Danke für Euren Glauben an mein berufliches Fortkommen und Eure fortwährende Unterstützung. Zudem danke ich Herrn Dr. Matthias Kuhl, der auch diesen Schritt einer Wissenschaftlerkarriere begleitete und mich liebevoll unterstützte. Ihm widme ich dieses Buch.

Sabrina Helm

Inhaltsübersicht

Inhaltsverzeichnis

Abbildungsverzeichnis

Tabellenverzeichnis

Abkürzungsverzeichnis

ACR	Association for Consumer Research
AG	Aktiengesellschaft
AICPA	American Institute of Certified Public Accountants
AMACOM	American Management Association (book publishing division)
Anm. d. Verf.	Anmerkung der Verfasserin
APB	Accounting Principles Board
Aufl.	Auflage
BFuP	Betriebswirtschaftliche Forschung und Praxis
BMW	Bayerische Motorenwerke
BStBl.	Bundessteuerblatt
CC	Corporate Communications
CRM	Customer Relationship Management
CRR	Corporate Reputation Review
DAI	Deutsches Aktieninstitut
DAX	Deutscher Aktien Index
DBW	Die Betriebswirtschaft
DRS	Deutscher Rechnungslegungsstandard
EJM	European Journal of Marketing
EMAC	European Marketing Academy
f.	folgende Seite
FASB	Financial Accounting Standards Board
ff.	fortfolgende Seiten
GuV	Gewinn- und Verlustrechnung
HBM	Harvard Business Manager
HBR	Harvard Business Review
HEC	Haute Ecole de Commerce
IAS	International Accounting Standards
IFRS	International Financial Reporting Standards
IMM	Industrial Marketing Management
IMP	Industrial Marketing and Purchasing
io	Industrielle Organisation - Management Zeitschrift

IR	Investor Relations
ISBM	Institute for the Study of Business Markets
JoBR	Journal of Business Research
JoCM	Journal of Consumer Marketing
JoCR	Journal of Consumer Research
JoM	Journal of Marketing
JoMR	Journal of Marketing Research
JoPE	The Journal of Political Economy
JoR	Journal of Retailing
KMU	Kleine und mittlere Unternehmen
MAB	Mitarbeiterbefragung
M&M	Marktforschung und Management
MSI	Marketing Science Institute
MSU	Montana State University
MV	Manifeste Variable (Indikator)
MW	Mittelwert
NBER	National Bureau of Economic Research
o.J.	ohne Jahrgangsangabe
o.O.	ohne Ortsangabe
o.S.	ohne Seitenangabe
o.V.	ohne Verfasserangaben
pass.	passim
PR	Public Relations
QJoE	The Quarterly Journal of Economics
RQ	Reputation Quotient
S.	Seite
SFAS	Statement of Financial Accounting Standards
SMJ	Strategic Management Journal
Sp.	Spalte
SPSS	Statistical Package for the Social Sciences
URL	Uniform Resource Locator
US-GAAP	United States Generally Accepted Accounting Principles

vgl.	Vergleiche
WISU	Das Wirtschaftsstudium
WiSt	Wirtschaftswissenschaftliches Studium
WWW	World Wide Web
ZA	Zentralarchiv für Empirische Sozialforschung
ZfB	Zeitschrift für Betriebswirtschaft
zfbf	Schmalenbachs Zeitschrift für betriebswirtschaftliche Forschung
ZFP	Zeitschrift für Forschung und Praxis
ZUMA	Zentrum für Umfragen, Methoden und Analysen
ZWS	Zeitschrift für die gesamte Staatswissenschaft

1 Einführung in das Forschungsfeld: Problemstellung, Zielsetzung und Struktur der Arbeit

1.1 Reputation und Stakeholder-Loyalität

Basis der Wertgenerierung von Unternehmungen sind „the relationships and reputations a company establishes – with suppliers, with customers, with partners and stakeholders of all sorts"[1]. Neben der Qualität der Beziehungen zwischen der Unternehmung und ihren Stakeholder-Gruppen ist also auch die Reputation erfolgsrelevant.[2] Manche Autoren erklären sie gar zur conditio sine qua non für Austauschprozesse auf Märkten, denn Stakeholder „usually enter into a contract with a firm based on its reputation"[3]. Die Qualität der Stakeholder-Beziehungen dokumentiert sich in der Loyalität der Stakeholder, die zentral für den Unternehmensbestand und Erfolg ist. Beides zusammen – die Reputation der Unternehmung und die Loyalität ihrer Stakeholder – ist damit aus Perspektive der strategischen Unternehmensführung von zentraler Bedeutung.[4] Aus Perspektive der Stakeholder liefert die Reputation der Unternehmung die Beurteilungsgrundlage zur Abschätzung des Unternehmensbeitrags zum eigenen und zum Gemeinwohl und ist damit wiederum ausschlaggebend für den eigenen Beitrag zum Wohl der Unternehmung: „If stakeholders are to feel and act positively towards a company, it will be in reciprocation for that company making a contribution to their lives"[5].

In der Literatur werden die Reputation bzw. der Ruf einer Unternehmung zu ihren **bedeutendsten intangiblen Vermögenswerten** gezählt[6], in der Praxis sind sie für viele Unternehmungen schwer operationalisierbar. „A company's reputation is the ultimate intangible. It's literally nothing more than how the organiza-

---

[1] Low/Kalafut 2002, S. 8.

[2] Vgl. Daum 2002, S. 136f. Stakeholder sind alle Individuen oder Gruppierungen, die auf die Unternehmung einwirken, einwirken können oder die umgekehrt von der Unternehmung beeinflusst werden; vgl. Freeman 1984, S. 46; Evans/Freeman 1988, S. 100.

[3] Carmeli/Freund 2002, S. 52. Trotz dieser großen Bedeutung der Reputation für die Betriebswirtschaft(slehre) findet man hierzu in den gängigen Handwörterbüchern kein Stichwort; siehe zu dieser immer noch berechtigten Kritik bereits Sandig 1962, S. 4.

[4] Vgl. Yoon/Guffey/Kijewski 1993, S. 215; Anderson/Sørensen 1997, S. 2; und Gray 1986, S. 8: „How people view a company is vital to its success".

[5] Lewis 2001, S. 35. Eisenegger 2005, S. 14, betont: „Reputation festigt bestehende und verschafft neue Loyalitäten bei beliebigen Anspruchsgruppen".

[6] Vgl. z.B. Lewis 2001, S. 31; Caruana 1997, S. 109. Ruf und Reputation sind Synonyme.

tion is perceived by a variety of people".[7] Dieses inhaltliche Verständnis kommt schon bei SANDIG zum Ausdruck:

> „Der Ruf wird hier als zweiseitiges Phänomen betrachtet, als Ruf und Widerhall, als Leistung und Anerkennung der Leistung, als Ausdruck für die Gesamtheit der gegenseitigen Beziehungen zwischen der Unternehmung und allen anderen Betrieben oder einzelnen Menschen, die für die Existenz der Unternehmung von Bedeutung sind, als ein Bestandteil der Unternehmung, der nicht fehlen darf, wenn diese gedeihen soll."[8]

Damit ist der Inhalt des Konstrukts umschrieben. Reputation oder der Ruf wird in der vorliegenden Arbeit definiert als das **Ansehen der Unternehmung in der Öffentlichkeit**. Dieses beruht auf der **Anerkennung ihrer Leistungsfähigkeit und ihres Leistungswillens**.

Aus der **Perspektive ökonomischer Theorien** gibt es verschiedene Ansatzpunkte für die Beschäftigung mit dem Konstrukt Reputation. In der Welt der **klassischen Mikroökonomik** hat sie allerdings keinen Platz. Dies ist eine Welt, in der alle Marktteilnehmer alles (übereinander) wissen, demzufolge keine Unsicherheit verspüren, keiner Surrogatinformationen bedürfen und nicht kommunizieren. Der Aufbau eines guten Rufes ist obsolet, denn „the idea of reputation makes sense only in an imperfect information world".[9] Die **Neue Institutionenökonomik** dagegen berücksichtigt die Unsicherheit auf Märkten und räumt daher der Reputation einen hohen Stellenwert ein.[10] Für die Betriebswirtschaftslehre bietet sie eine weitere theoretische Basis[11], was unter anderem zu einer ‚Renaissance' des Begriffs Reputation im Marketingschrifttum führte, das zuvor in der Regel auf eine verhaltenswissenschaftliche Analyse des – eher anbietergesteuerten – Images konzentriert war.[12]

---

[7] Low/Kalafut 2002, S. 109.

[8] Sandig 1962, S. 7.

[9] Shapiro 1983, S. 659; ähnlich Sandig 1962, S. 13; Fombrun/Shanley 1990, S. 235; Brenzikofer 2002, S. 122.

[10] Zur Neuen Institutionenökonomik vgl. u.a. Richter/Furubotn 1999, passim; Bayón 1997, passim. Siehe hierzu im Detail auch Kapitel 3.2.

[11] Vgl. Kaas 1995, S. 6.

[12] In Kapitel 3 werden mikroökonomische Ansätze ausführlich aufgegriffen; eine Abgrenzung zwischen Image und Reputation erfolgt in Kapitel 2.

In die **betriebswirtschaftliche Literatur** wurde das **akquisitorische Potenzial** als reputationsverwandtes Konstrukt eingeführt.[13] Das Ansehen der Unternehmung ist nach GUTENBERG ein kaufbeeinflussender Bestandteil dieses akquisitorischen Potenzials[14]: „Oft führt dieses akquisitorische Potential mit den Präferenzen, die es auf seiten der Käufer schafft, zu einer Kundschaft, die sich in ihren Kaufentscheidungen weitgehend auf das Ansehen des Unternehmens verläßt, bei dem sie aufgrund eigener oder fremder Erfahrungen glaubt, günstig zu kaufen".[15] BREYER konstatiert: „Der gute Ruf wird zu einem fördernden, der schlechte Ruf zu einem hemmenden Teil des akquisitorischen Potentials".[16] Grundsätzlich interpretiert GUTENBERG das akquisitorische Potenzial im Sinne eines Vertrauenskapitals und nicht (wie in der Neuen Institutionenökonomik) als mögliche Quelle opportunistischen Verhaltens, bei dem Reputation durch Qualitätserosionen zu Lasten der Kunden ‚gemolken' wird.[17] Das ‚Vertrauen in die Reputation' ist keine irrationale Entscheidung eines Individuums, sondern kann durchaus Ausdruck eines rational-ökonomischen Kalküls sein.[18] SANDIG untersucht den Ruf der Unternehmung als eigenständigen **Produktionsfaktor**, der wegen seiner Kommunikationswirkungen für den Unternehmenserhalt eine zentrale Rolle spielt.[19] Der Ruf sei selbständig produktiv wirksam neben der dispositiven Leistung der Unternehmungsführung, sein produktiver Beitrag läge im

---

[13] Zu einer Definition vgl. Gutenberg 1984, S. 243. Der Begriff wurde von Gutenberg geprägt; vgl. den Nachruf von Albach in Gutenberg 1989, S. 231. Zur Unschärfe des Begriffs siehe Schneider/Knapp 1983, S. 69.

[14] Später wurde auch in der deutschsprachigen Literatur der Begriff des ‚Goodwill' verwendet; vgl. Simon 1984, S. 640; zum Goodwill-Begriff siehe Kapitel 2. Büschken 1999, S. 2, kennzeichnet die Reputation als „akquisitionswirksamen Goodwill der Unternehmung"; hier verschwimmen die Grenzen zwischen den drei Konstrukten fast vollständig.

[15] Gutenberg 1984, S. 243.

[16] Breyer 1962, S. 160. Er weist hier zudem darauf hin, dass das akquisitorische Potenzial auch auf Beschaffungsmärkten wirkt und erklärt: „Das Urteil Dritter über das akquisitorische Potential der Unternehmung tut sich im Ruf über die Unternehmung kund".

[17] Vgl. Gutenberg 1989, S. 231.

[18] Vgl. hierzu Albach 1980, S. 3, sowie Kapitel 3. „Rational handeln heißt, den zur Erreichung eines Zieles angemessenen Weg zu beschreiten"; Beckmann 1984, S. 3.

[19] Vgl. Sandig 1962, S. 3. Der Autor belegt, dass aufgrund der notwendigen Bewahrung eines guten Rufes weder kurz- noch langfristig das Prinzip der Gewinnmaximierung in der Unternehmensrealität Gültigkeit haben kann und widerlegt damit die Auffassung Gutenbergs; vgl. ebenda, S. 30ff., gegenüber Gutenberg 1984, S. 248ff.

Detail in der Stabilisierung des Erreichten, in der Sicherung der Wiederholbarkeit sowie folglich in gewissem Umfange auch in der Sicherung des Wachstums der Unternehmung.[20] Auch in der aktuellen Literatur wird diese Sichtweise vertreten: „A company's reputation and goodwill are key drivers of corporate competitiveness and profitability"[21].

Aus **Perspektive der Management-Praxis** sind zwiespältige Haltungen zum Konstrukt Reputation zu verzeichnen. So gibt es „wohl keine Führungskraft, die dem Ruf, dem Image eines Unternehmens nicht höchste Priorität einräumen würde".[22] Auch stellen einige Autoren ein deutlich gewachsenes Interesse am Management der Reputation in Wissenschaft und Praxis fest.[23] Jedoch kommt eine Untersuchung aus dem Jahre 2001 zu dem Schluss, dass deutsche Top-Manager dem Thema Reputation deutlich weniger Bedeutung beimessen als ihre Kollegen aus anderen europäischen Ländern sowie aus Kanada und den USA.[24] Tatsächlich findet eine Diskussion des Konstrukts Reputation fast ausschließlich in der anglo-amerikanischen Forschung und Praxis statt.[25] Einer anderen Studie zufolge beurteilen jedoch auch europäische Konsumenten Unternehmungen in hohem Maße nach deren Ansehen. Ein Großteil der Befragten (70%) gab an, dass ihr Eindruck von der Unternehmung insgesamt sie in ihrem Kauf- und Weiterempfehlungsverhalten beeinflusst.[26] FOMBRUN und WIEDMANN stellen ebenfalls einen Nachholbedarf in der Praxis fest, zumal in Deutschland nur wenige Unternehmungen eine starke, positive Reputation besitzen.[27]

---

[20]   Vgl. Sandig 1962, S. 21. Vgl. hierzu auch umfassend Breyer 1962, S. 151 und S. 159ff.

[21]   Svendsen 1998, S. 19. Zum Begriff Goodwill siehe Kapitel 2.4.2. Die Beiträge weiterer ökonomischer Theorien zur Erklärung von Reputation werden in Kapitel 3 vorgestellt.

[22]   Bickmann 1999, S. 38.

[23]   Vgl. etwa Bennett/Kottasz 2000, S. 224.

[24]   71% der befragten Vorstände und Geschäftsführer schätzen Reputation als sehr wichtig für die Erreichung strategischer Ziele ein, 21% als etwas wichtig. In den USA war das Verhältnis 94% zu 6%; vgl. Hill & Knowlton 2001, o.S.

[25]   Vgl. auch Meffert/Bierwirth 2005, S. 152.

[26]   Finanzielle oder Managementkriterien sind für die 1.000 befragten Konsumenten weniger wichtig, die Marken jedoch ebenfalls sehr; vgl. o.V. 2001b, passim; Daum 2002, S. 140.

[27]   Vgl. Fombrun/Wiedmann 2001c, S. 16. Entsprechend bezeichnen sie die Reputation auch als ‚the forgotten asset'; vgl. ebenda, S. 42. Zu ähnlichen Ergebnissen kommen auch Wiedmann/Buxel 2005.

In den letzten Jahren haben sich die **wirtschaftlichen Rahmenbedingungen** verändert; den Unternehmungen wird durch Politik, Verbände, Medien und allgemeine Strömungen in der Gesellschaft soziale Verantwortung abverlangt. Unternehmungen stehen in immer engerer Verknüpfung mit ihrer Umwelt, was auch Auswirkungen auf ihre Reputation und deren Bedeutung hat. „The pervasive blurring of boundaries between organizations and their stakeholders in today's business world has highlighted the need to strategically manage corporate reputation"[28]. Die Steuerung der Reputation im Rahmen eines **Reputationsmanagements** gewinnt an Bedeutung. So verlautbart etwa die BMW AG: „Das Reputationsmanagement der BMW Group dient deshalb dazu, das Unternehmen als verantwortlich handelnden Partner in der globalen Gemeinschaft weiter zu entwickeln. Wer als verlässlicher Partner fest in der Gemeinschaft verankert ist, schafft Akzeptanz für seine Produkte"[29]. Verstärkt wird diese Entwicklung auch dadurch, dass ‚harte' Kennziffern für die Unternehmenssteuerung an Glaubwürdigkeit und Substanz verlieren, wie es etwa der Fall ENRON verdeutlichte.[30] ‚Weiche' bzw. intangible Faktoren wie die Reputation bestimmen den Unternehmenserfolg; sie sind erfolgskritischer als materielles Anlagevermögen.[31] In der effizienten Integration harter und weicher Faktoren liegt heute eine zentrale Kompetenz der Unternehmensführung.[32]

Darüber hinaus ist der Ruf bei zunehmender Homogenisierung von Produkten ein wichtiger Erfolgsfaktor im Wettbewerb um Kunden, aber er ist auch ein Magnet für die Akquisition und Bindung leistungsfähiger Mitarbeiter und die Einwerbung von Kapital, so dass ihm in der Betriebswirtschaftslehre disziplinübergreifend Relevanz zukommt.[33] Die stakeholder-orientierte Betrachtung der Reputation ist in der Literatur weit verbreitet. Allerdings führen gerade kommunikative Phänomene wie die Reputation auch deutlich die Grenzen der Stakeholder-Typisierung vor Augen. So verschwimmen beispielsweise im Business-to-Business-Bereich die Konturen zwischen einzelnen Stakeholder-Gruppen, da die

---

[28] Gray/Balmer 1998, S. 695.

[29] BMW Group 2004, S. 11.

[30] Vgl. zu diesem Fall z.B. Davies et al. 2003, S. 142; Larsen 2002, S. 2.

[31] Vgl. Kaplan/Norton 1997, S. 7; vgl. auch Einwiller/Will 2002, S. 102.

[32] Vgl. Bickmann 1999, S. 32.

[33] Vgl. Gray 1986, S. IX.

Rollen des Wettbewerbers, Kunden und Lieferanten bei Koalitionen in einer einzigen Organisation zusammenfallen können[34]; gleiches gilt für diversifizierte Konzernstrukturen. Auch für den Konsumgüterbereich gilt, dass „stakeholders attend to information beyond the traditional boundaries"[35]. Eine Analyse des Konstrukts Reputation ist also vor dem Hintergrund **multipler und hybrider Stakeholder-Strukturen** durchzuführen. Erstere beziehen sich im weitesten Sinne auf die Interdependenzen verschiedener Stakeholder-Gruppen, zweitgenannte auf das Phänomen, dass eine Person gleichzeitig Mitglied unterschiedlicher Stakeholder-Gruppen sein kann. Die praktische Konsequenz des Stakeholder-Ansatzes ist allerdings kaum zu bezweifeln. So wächst das Bewusstsein für vielfältige Stakeholder-Interessen und die Abhängigkeit von Stakeholdern bei den Unternehmungen, was das Reputationsmanagement mit komplexen und unterschiedlichsten gesellschaftlichen und unternehmerischen Aufgaben konfrontiert.[36]

Aufgrund der Abhängigkeit der Unternehmung von ihren Stakeholdern ist die Bindung relevanter Stakeholder in vielen Fällen zweckmäßig, um sich der Beiträge dieser Gruppierungen zu versichern. Die **Loyalität von Stakeholdern** – verstanden als auf positiven Einstellungen basierender Zustand der Verbundenheit zur Unternehmung[37] – kann damit ebenfalls als zentrales, intangibles Asset der Unternehmung betrachtet werden.[38] Die Loyalität von Kunden, Mitarbeitern und Investoren sowie weiterer Stakeholder-Gruppen ist in wissenschaftlichen Publikationen mehr oder weniger umfassend behandelt worden.[39] Dabei wurden verschiedene Determinanten der Loyalität ergründet. Der Einfluss der Reputation der Unternehmung auf die Loyalität ihrer Stakeholder stellt allerdings ein innovatives Forschungsfeld dar, für das bislang kaum konkrete konzeptionelle

---

[34]   Vgl. Scholes/Clutterbuck 1998, S. 227. So ist etwa im Rahmen von Barter-Geschäften ein Lieferant gleichzeitig Abnehmer von Produkten, im Großanlagengeschäft schließen sich mehrere Unternehmungen zu einer Anbieterkoalition zusammen, die auf anderen Märkten in Wettbewerbsbeziehungen stehen.

[35]   Gardberg 2001, S. 160.

[36]   Vgl. Schultz/Mouritsen/Gabrielsen 2001, S. 28f.

[37]   Vgl. ähnlich Eggert 1999, S. 53, und detailliert in Kapitel 5.2.2.2.

[38]   Vgl. Dierickx/Cool 1989, S. 1505.

[39]   Vgl. für Kunden z.B. Eggert 1999, passim; Peter 1999, passim; für Aktionäre in Ansätzen Maier-Moritz 2002, S. 26ff., für Mitarbeiter Bauer/Jensen 2001, passim; im Detail beschrieben in Kapitel 5.2.2ff.

und/oder empirische Analysen vorzuweisen sind.[40] Die Untersuchung dieses Zusammenhangs steht deshalb im Zentrum der vorliegenden Arbeit. Dabei wird Reputation als eine Voraussetzung der Loyalität von Stakeholdern betrachtet, wie auch MORELY mit Blick auf die diesbezüglich am besten erforschte Gruppe der Kunden vermutet: „Customers are more loyal to the products of companies with a good reputation"[41].

1.2 Zielsetzungen und Fokus der Arbeit

Mit der vorliegenden Untersuchung werden **zwei zentrale Forschungsziele** verfolgt:

1. Im Vordergrund steht zunächst die Entwicklung eines **umfassenden Verständnisses** des Konstrukts Reputation. Forschungsbedarf ist diesbezüglich evident, denn „research into reputations as such has hardly begun"[42]. Da hinsichtlich seiner Definition, zentraler Bausteine und Wirkungen Uneinigkeit in der Literatur besteht, ist eine Konkretisierung des Konstrukts auch im Hinblick auf eine empirische Untersuchung unabdingbar.[43] Die entsprechende Analyse beinhaltet eine umfassende inhaltliche und theoretische Erörterung der Reputation sowie die Darstellung vorliegender Ansätze zu ihrer Operationalisierung und Messung. „Reputation is one of those rare subject matters that cuts across several disciplines and can be put through different analytical frames to produce research that is exciting, path breaking, of interest to academicians and practitioners, and incomplete".[44] Im Sinne der möglichst umfassenden Analyse des Konstrukts aus wissenschaftlicher Perspektive wird deshalb ein pluralistischer Ansatz gewählt, der Erkenntnisse verschiedener Disziplinen der Wirtschaftswissenschaften aufgreift.

---

[40] Eine kurze Behandlung erfährt dieser Zusammenhang u.a. bei Giering 2000, S. 143; Nguyen/Leblanc 2001b, S. 307; Andreassen/Lindestad 1998, S. 87.

[41] Morley 2002, S. 13.

[42] Emler 1990, S. 189.

[43] Peter 1999, S. 69, weist darauf hin, dass bei innovativen Forschungsproblemen bereits die Abgrenzung komplexer und bislang unzureichend operationalisierter Zielkonstrukte und deren Bestimmungsfaktoren eigenständige Forschungsaufgaben sind.

[44] Mahon 2002, S. 438.

2. Das zweite Forschungsziel umfasst die Analyse des **Zusammenhangs zwischen Reputation und der Loyalität** verschiedener Stakeholder. Drei zentrale Stakeholder-Gruppen werden im Detail untersucht: Kunden, Aktionäre und Mitarbeiter. Diese zählen zu den primären Stakeholder-Gruppen und erlauben zudem einen Vergleich zwischen Fremd- und Selbsteinschätzung.[45] Im Rahmen der empirischen Analysen werden diese Stakeholder-Gruppen bei einem ausgewählten Unternehmen auf Übereinstimmungen und Divergenzen hinsichtlich ihrer Reputationswahrnehmung, ihrer eigenen Erfahrungen, ihrer Loyalität und des Zusammenhangs zwischen diesen Konstrukten verglichen. Zudem wird auf hybride Stakeholder eingegangen, deren Reputationswahrnehmung und Loyalität von jenen der 'einfachen' Stakeholder abweichen könnte. Insofern hebt sich die vorliegende Arbeit von empirischen Beiträgen in der Literatur ab, in denen die Reputation verschiedener Unternehmungen simultan untersucht wird, jedoch nur aus der Perspektive einer Stakeholder-Gruppe.[46]

Wie durch die Formulierung der Forschungsziele angedeutet, verbindet die vorliegende Arbeit **zwei grundlegende Orientierungen des Forschungszwecks**. Einerseits geht es um die Evaluierung bisheriger theoretischer Erwägungen und Modellierungen der Reputation im Sinne eines konfirmatorischen Forschungsansatzes ('Theory Testing'). Andererseits soll jedoch auch ein Wissenszuwachs erfolgen hinsichtlich jener Forschungsfragen, die in bisherigen Analysen nicht aufgegriffen wurden. Hierzu bietet sich ein exploratives Vorgehen an ('Theory Building').[47]

Die gewählten Datenanalysemethoden im Rahmen der empirischen Untersuchungen decken gerade den letztgenannten Bereich ab. Das verwendete Verfahren der **Partial Least Squares** (PLS) ist im Bereich der Betriebswirtschaftlehre als innovativ einzuschätzen.

Im Fokus der vorliegenden Arbeit stehen die Reputation von Unternehmungen sowie die Loyalität ihrer Stakeholder. Für SCHNEIDER sind **Unternehmungen**

---

[45]   Vgl. auch Fombrun/Wiedmann 2001b, S. 52.

[46]   Vgl. zu den entsprechenden Ansätzen und Quellen Kapitel 4.2.

[47]   Vgl. zu dieser Abgrenzung z.B. Homburg/Baumgartner 1995, S. 1099; Bennett/Kottasz 2000, S. 226.

solche Betriebe, die sowohl auf Beschaffungs- als auch auf Absatzmärkten tätig sind und neben der Verwirklichung anderer Ziele auf die Erzielung von Einkommen für den Unternehmer und andere Anspruchsberechtigte ausgerichtet sind.[48] Die Begriffe ,Unternehmen' und ,Unternehmung' werden in der betriebswirtschaftlichen Literatur teilweise synonym genutzt[49]; dies gilt auch für die vorliegende Arbeit. Sofern im Folgenden von ,der Unternehmung' oder ,dem Unternehmen' die Rede ist, ist ein Anbieterunternehmen gemeint, dessen Anspruchsgruppen und Reputation Gegenstand der Untersuchung sind. Gemäß der Beobachtung, dass „the product and the company producing it are separate entities"[50], werden einzelne Produkte oder Marken von Unternehmungen nicht betrachtet. Der Differenzierungsfähigkeit von Stakeholdern bezüglich der beiden Objekte ,Produkt' und ,Unternehmung' sind allerdings Grenzen gesetzt, wenn die Unternehmung kein Corporate Branding betreibt bzw. der Anbieter von Produkten oder Dienstleistungen Konsumenten nicht bekannt ist.[51] Auch die Reputation von Personen (z.B. des Vorstandsvorsitzenden, Leitbildern in der Werbung) wird hier nicht näher betrachtet, obwohl diese durchaus bedeutsam ist: „Marketers and advertisers are well aware that the reputations of individuals can cast a long shadow over the products they want to promote".[52]

Die konzeptionelle und empirische Betrachtung wird auf im **Konsumgütersektor tätige Publikumsgesellschaften** eingegrenzt. Dies ist sinnvoll, da die Loyalität von Aktionären betrachtet werden soll und zudem Überscheidungen von Stakeholder-Gruppen thematisiert werden. Hybride Stakeholder-Strukturen sind im Business-to-Business-Bereich auf Personenebene weniger häufig.[53] Unabhängig von Branche und Rechtsform stellt Reputation stets ein erfolgsrelevantes Konstrukt dar.

---

[48]   Vgl. Schneider 1995, S. 96.

[49]   Vgl. z.B. Busse von Colbe/Laßmann 1975, S. 13; Wöhe 2000, S. 6; Schierenbeck 2000, S. 25. Zur Abgrenzung von Betrieben und Unternehmen siehe ebenda, S. 93ff.

[50]   Brown 1998, S. 218.

[51]   Vgl. zum Corporate Branding Kapitel 8.

[52]   Fombrun 1996, S. 3. Zu Beispielen siehe ebenda, S. 35.

[53]   So sind beispielsweise die Mitarbeiter eines Maschinenbauers selten gleichzeitig Kunden. In diesem Zusammenhang ist auch darauf hinzuweisen, dass im Rahmen dieser Arbeit die Begriffe Kunde, Konsument, Nachfrager und Käufer synonym verwendet werden.

Eingrenzt wird die Betrachtung darüber hinaus auf drei strategisch relevante Stakeholder-Gruppen der Unternehmung: Kunden, Aktionäre und Mitarbeiter.[54]

1.3   Struktur der Arbeit

In der Tradition von POPPER wird in der vorliegenden Arbeit zunächst eine möglichst exakte Beschreibung des interessierenden Forschungsobjektes angestrebt, um hernach Rahmenbedingungen, Determinanten und Hypothesen zu suchen, die zu dessen Verständnis und Erklärung beitragen. Auf diese Weise entsteht ein Modell – in diesem Fall des Zusammenhangs zwischen Reputation und Loyalität – das empirisch zu prüfen ist.[55] Unter Berücksichtigung dieses Forschungsprozesses und der beiden zentralen Forschungsziele der Arbeit wurde diese in neun Kapitel untergliedert. Im Detail enthalten die einzelnen Bausteine der Arbeit folgende Inhalte, die abschließend auch in Abbildung 1-1 zusammengefasst dargestellt sind:

Auf die Einführung in die Problemstellung und die ausführliche Charakterisierung der zentralen Forschungsfragen folgt in **Kapitel 2** die Ableitung eines umfassenden Begriffsverständnisses der Reputation und eine Abgrenzung von verwandten Konstrukten. Zentral sind dabei die Differenzierung von ‚Identität' und ‚Image' sowie eine Erörterung des Zusammenspiels von Vertrauen und Reputation. Anschließend werden die Einflussfaktoren, Inhalte und verschiedenen Ausprägungsformen der Reputation diskutiert und deren Wirkungen für Anbieter und Stakeholder skizziert. Die Entstehung und Entwicklung von Reputation wird anhand eines idealtypischen Lebenszyklusmodells erörtert. Eine Bewertung der Reputation aus Sicht der Unternehmung ist bislang allenfalls in Ansätzen gelungen; ihr Zusammenhang mit dem Unternehmenserfolg sowie Bewertungsansätze des verwandten Konstrukts ‚Goodwill' aus der Bilanztheorie werden vorgestellt. Zusammenfassende Überlegungen offenbaren die Reputation

---

[54]   Auch in der Praxis werden diese Gruppen als die zentralen angesehen. So formuliert etwa die Deutsche Bank AG (2003, o.S.): „Die Deutsche Bank berücksichtigt bei ihren Entscheidungen den ‚Vierklang' der Interessen ihrer Aktionäre, Kunden, Mitarbeiter und der Gesellschaft".

[55]   Vgl. Popper 1973, S. 213f. Allerdings wird in dieser Arbeit weniger dem Diktum des kritischen Rationalismus und Empirizismus gefolgt, sondern dem des theoretischen Pluralismus; vgl. Kapitel 3.1.

als wichtiges und eigenständiges Konstrukt, dem in der ökonomischen wie auch sozialwissenschaftlichen Forschung bislang eher wenig Beachtung gezollt wurde.

Der theoretischen Fundierung des Konstrukts Reputation, seiner Entstehung und Wirkungen dienen die Ausführungen in **Kapitel 3**. Nach einführenden Überlegungen zur methodenpluralistischen Ausgestaltung der Arbeit werden ausgewählte Theoriekonzepte auf ihren jeweiligen Erklärungsgehalt geprüft. Die Analyse beschränkt sich dabei auf die ökonomische Perspektive. Verhaltenswissenschaftliche Ansätze werden nicht integriert, da sie im Kern die Konstrukte ‚Einstellung' bzw. ‚Image' zur Grundlage wählen, die selbst in der betriebswirtschaftlichen Literatur reichen Niederschlag gefunden haben.[56] In älteren mikroökonomischen Modellierungen spielt die Reputation – wie eingangs erwähnt – keine Rolle, in informationsökonomischen wird sie teils als Qualitätssignal im Kaufprozess von Nachfragern, teils generell als Institution zur Reduzierung von Unsicherheit intensiver betrachtet. Zudem sind in der Literatur viele spieltheoretische Anwendungen unter Rückgriff auf das Reputationsphänomen veröffentlicht worden. Spieltheoretische Ansätze nutzen das Konstrukt zur Prognose zukünftigen Spielerverhaltens, ohne dass auf seine Entstehung und Ausprägung weiter eingegangen wird. Anhand ressourcenökonomischer Ansätze lässt sich die strategische Relevanz der Reputation aufzeigen, da sie zu den kritischen Ressourcen der Unternehmung gezählt werden kann. Der Erklärungsbeitrag der gewählten theoretischen Ansätze ist Gegenstand einer kritischen Beurteilung, die belegt, dass keine geschlossene Theorie der Reputation vorliegt und dementsprechend eine explorative Herangehensweise an die empirische Konzeptualisierung des Konstrukts angebracht ist.[57]

Kapitel 4 bietet einen Überblick über bisherige Operationalisierungen und Messansätze der Reputation, die allesamt auf Befragungen beruhen. Reputations-Rankings und der erst Ende der 1990er Jahre entwickelte ‚Reputation Quotient (RQ)' sind als wesentliche Modelle zu nennen. Sie erweisen sich als defizitär, sofern Reputation als ‚Ruf einer Unternehmung in der Öffentlichkeit' gemessen werden soll, also als kollektiv orientiertes Wahrnehmungsphänomen. Bei den meisten

---

[56] Vgl. hierzu auch die in Kapitel 2.1.1 verzeichneten Quellen. Eine soziologische und psychologische Betrachtung der Reputation findet man bei Brenzikofer 2002, S. 133ff.

[57] Eine ‚Reputation Theory' unterstellen Baden-Fuller/Ang 2001, S. 741, meinen damit allerdings eine informationsökonomische Betrachtung.

bisher vorliegenden Ansätzen wird Reputation ausschließlich auf der Ebene eigener Erfahrungen des Befragten im Sinne einer ein- oder mehrdimensionalen Einstellung unter Einsatz traditioneller Likert-Skalen gemessen. Die Beurteilungen
werden dann über alle Befragten verdichtet; das Aggregat steht für die Reputation der Unternehmung. Eine Einbeziehung verschiedener, für die Unternehmung
zentraler Stakeholder-Gruppen wurde bislang kaum realisiert.

Die Stakeholder der Unternehmung und deren Loyalität werden in **Kapitel 5**
thematisiert. Zunächst werden die Grundlagen des Stakeholder-Ansatzes skizziert. Die Prämissen, Grundaussagen und theoretische Verortung werden vorgestellt, grundsätzliche Begriffe und Ansprüche sowie Beiträge von Kunden, Aktionären und Mitarbeitern detaillierter analysiert. Der Stakeholder-Ansatz wird
zudem um eine Betrachtung multipler und hybrider Stakeholder ergänzt, eine kritische Beurteilung sowie weiterführende Überlegungen zu Rollen und Rollenkonflikten von Stakeholdern angestellt. Das zweite Themenfeld des Kapitels umfasst
das Konstrukt der Loyalität, das mit Blick auf die für die Arbeit zentralen Stakeholder-Gruppen umfassend analysiert wird. Hierzu ist anzumerken, dass speziell
das Konstrukt der Aktionärsloyalität in der Literatur kaum Beachtung findet. Auf
den Sonderfall der Loyalität hybrider Stakeholder wird unter Rückgriff auf ökonomische und verhaltenswissenschaftliche Theorien eingegangen.

Kapitel 6 ist dem Zusammenhang zwischen den beiden zentralen Konstrukten
Reputation und Loyalität gewidmet. Auch hier wird für jede der drei Stakeholder-
Gruppen sowie Hybride der Verhaltensbezug von Reputation erläutert und das
Zusammenspiel zwischen der Reputation, den eigenen Erfahrungen des Stakeholders und seiner Loyalität ergründet. Aus diesen konzeptionellen Erwägungen
werden die Hypothesen für die nachfolgende empirische Untersuchung abgeleitet.

Die aufgestellten Thesen werden in **Kapitel 7** zunächst zum Grundmodell der
Arbeit zusammengefasst. Sodann erfolgen Definition und Operationalisierung der
Konstrukte, wobei das Konstrukt der Reputation bzw. des Rufes im Vordergrund
steht. Für eine Messung des Konstrukts ‚eigene Erfahrungen' liegen in der Literatur zahlreiche Vorschläge vor, die vor allem die Erfassung von Zufriedenheit,

gelegentlich auch die der wahrgenommenen Dienstleistungsqualität betreffen.[58] Auch die Loyalität ist in einer Reihe von Literaturbeiträgen operationalisiert worden, die in Kapitel 5.2 umfassend diskutiert werden. Die drei durchgeführten Befragungen werden sodann beschrieben. Die quantitative Analyse basiert auf einem Partial Least Squares-Verfahren (PLS), dessen Vorgehensweise, Güte- und Stabilitätsmaße darzulegen sind. Die aufgestellten Hypothesen werden anhand des Datenmaterials geprüft und die Ergebnisse der Befragungen der drei Stakeholder-Gruppen sowie der Hybriden verglichen.

In **Kapitel 8** werden aus den Ergebnissen der empirischen Untersuchungen Implikationen für das Reputationsmanagement sowie die Organisation der Kommunikation mit Stakeholdern und das Corporate Branding abgeleitet.

Ein Fazit der gewonnenen Erkenntnisse, eine Stellungnahme zu den Begrenzungen der Untersuchung sowie ein Ausblick auf weitere Forschungsfelder in **Kapitel 9** runden die Arbeit ab.

---

[58] Vgl. zu Überblicken etwa Günter 1995, passim; Hentschel 1999, passim; Matzler/Bailom 1999, passim.

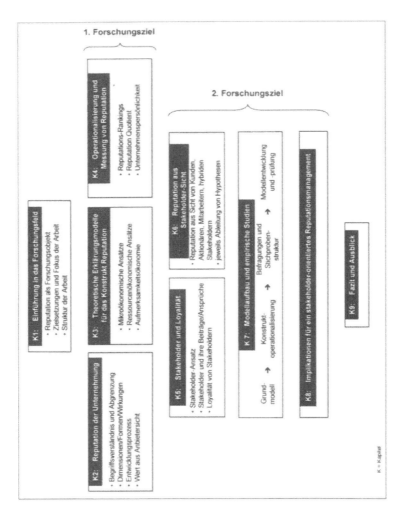

Abbildung 1-1:   Die Struktur der Arbeit

2. Die Reputation der Unternehmung: Verständnis, Beschreibung, Entwicklung und Bewertung

2.1 Verständnis der Reputation der Unternehmung im Kontext ähnlicher Konstrukte

2.1.1 Verständnis der Begriffe Identität und Image

Der Gesamtkomplex möglicher Konstrukte, die auf Unternehmungen bezogene Wahrnehmungen von Personen betreffen, ist äußerst facettenreich. Aus dem Spektrum dieser **Corporate Associations**[1] werden im Kontext dieser Arbeit nur jene näher behandelt, die mit der Reputation in einem besonders engen Zusammenhang stehen. Hierzu zählen insbesondere Identität, Image und Vertrauen.[2]

Mit dem Begriff ,Identität' ist auf individueller Ebene **das Selbstbild eines Individuums bzw. eines sozialen Akteurs** gemeint, das auf vom Individuum beeinflussbaren und nicht beeinflussbaren Charakteristika beruht.[3] Es kristallisiert sich in der Auseinandersetzung mit jenem Bild heraus, das andere von dem Individuum zeichnen und (ihm) vermitteln. Die Bildung von Identitäten entspricht damit einem reflexiven Prozess, sie entstehen innerhalb sozialer Beziehungen.[4]

Ein solches Verständnis der Identität von Einzelpersonen lässt sich auf Personengruppen bzw. Organisationen übertragen. Hierzu sind zwei Forschungsrichtungen in der Literatur abzugrenzen. Während die Organisationsforschung sich mit der Organizational Identity beschäftigt, steht aus Sicht des Marketing und der Unternehmensführung eher das Konstrukt der Corporate Identity im Mittelpunkt.[5]

---

[1] Vgl. Brown 1998, S. 217ff; siehe auch Brown/Dacin 1997, S. 69. Hierunter fallende Konstrukte diskutieren Balmer/Greyser 2003, S. 19f. Die folgende Diskussion verschiedener Konstrukte folgt nicht allein ökonomischen, sondern auch soziologischen und psychologischen Perspektiven der Reputation; vgl. dazu im Überblick Brenzikofer 2002, S. 133ff.

[2] Unter anderem Melewar/Jenkins 2002, S. 86, weisen explizit darauf hin, dass es sich bei Identität, Image und Reputation um zwar verwandte, aber zu differenzierende Konstrukte handelt. Eine Sammlung verschiedener Definitionen findet man bei Brown 1998, S. 225ff.; zur Abgrenzung siehe auch Wartick 2002, passim; Whetten/Mackey 2002, S. 399ff.; Westcott 2001, S. 175. Auf weitere Konstrukten wie Ruf und Goodwill wird in den folgenden Abschnitten eingegangen.

[3] Beeinflussbar sind beispielsweise Manieren und Umgangston, nicht beeinflussbar sind z.B. Geschlecht und Alter. Zu einer umfassenden Behandlung des Identitätsbegriffes siehe Jörissen 2000, passim.

[4] Vgl. Voswinkel 1999, S. 37. Manche Autoren nutzen den Begriff ,Selbst-Image'; vgl. etwa Johannsen 1971, S. 130; Huber 1993, S. 28. Arten von Identitäten diskutieren auch Balmer/Greyser 2003, S. 16ff.

[5] Vgl. Hatch/Schultz 2000, S. 12.

Die **Organizational Identity** bezieht sich vornehmlich auf die Unternehmensidentität und die Identifizierung der Organisationsmitglieder mit ihr („Wer sind wir?" und „Wofür stehen wir?"); die hierbei eingenommene Perspektive ist die aller Unternehmensmitglieder. Demgegenüber umfasst die **Corporate Identity** das Selbstbild, das kommunikationspolitisch nach innen und außen getragen wird. WESTCOTT bietet zwei Definitionen an[6]: nach der konzeptionell-theoretischen ist Corporate Identity „a firm's strategically planned and purposeful presentation of itself in order to gain a positive corporate image in the minds of the public. A corporate identity is established in order to gain a favorable corporate reputation over time". Nach der operationalen Sichtweise umfasst Corporate Identity „all of the observable and measurable elements of a firm's identity manifest in its comprehensive visual presentation of itself". Die eingenommene Perspektive ist die des Managements, das im Regelfall durch Einsatz der Medien externen Stakeholdern gegenüber kommuniziert. Ergänzt wird dies durch eher operativ orientierte Ansätze, die sich mit der einheitlichen Gestaltung des Unternehmensauftritts in visueller, auditiver, taktiler bis hin zu olfaktorischer Hinsicht beschäftigen.[7]

Beide genannten Forschungszweige erkennen die Identität als **Fundament für die Differenzierungsfähigkeit** der Unternehmung an und damit als einen grundlegenden Beitrag für die Erzielung von Wettbewerbsvorteilen.[8] „Corporate identity is that set of attributes that distinguishes one organisation from another, especially organisations of the same sort".[9]

Auch wird der Begriff der Identität regelmäßig mit dem des Images verknüpft, dem allerdings verschiedenste Bedeutungsinhalte zugewiesen werden. JOHANNSEN konstatiert schon zu Beginn der 1970er Jahre eine Begriffsüberdehnung, eine

---

[6] Beide folgenden Zitate entstammen Westcott 2001, S. 177. Es besteht allerdings auch hinsichtlich der Corporate Identity keine Einigkeit hinsichtlich des Begriffsverständnisses; vgl. zu einem Überblick Riel 1995, S. 28ff.; Melewar/Jenkins 2002, S. 76ff.

[7] Vgl. Hatch/Schultz 2000, S. 13; Balmer/Greyser 2003, S. 41ff. Einen kurzen Einblick in die historische Entwicklung der Corporate Identity-Forschung bietet Brown 1998, S. 216; eine umfassende Definition bieten Birkigt/Stadler/Funck 1994, S. 18.

[8] Vgl. Hatch/Schultz 2000, S. 13 und 23; Gray/Balmer 1998, S. 695; Barney/Stewart 2000, S. 39ff. Balmer/Gray 1999, S. 256, erklären: „corporate identity is the reality and uniqueness of an organization which is integrally related to its external and internal image and reputation through corporate communication". Zu Begriff und Voraussetzungen des Wettbewerbsvorteils siehe z.B. Backhaus 2003, S. 36ff.

[9] Bromley 2001, S. 316.

‚Durchimaginisierung' des gesamten sozialen Seins.[10] Problematisch sind für Zwecke der vorliegenden Arbeit die verschiedenen Perspektiven, die zur Erklärung des Imagekonstrukts gewählt werden. So umfasst das Image nach Ansicht mancher Organisationstheoretiker wie etwa WHETTEN die Art und Weise, wie Organisationsangehörige von Anderen wahrgenommen werden *wollen* bzw. was sie über ihre Wahrnehmung durch Andere bereits wissen.[11] Das Image wäre dann ein **Soll- oder Planbild**.[12] RINDOVA führt in diesem Zusammenhang den Begriff des projizierten Images (Projected Image) ein, welches das von einer Unternehmung in der Öffentlichkeit kommunizierte Selbstbild umfasst.[13]

Dieses Begriffsverständnis entspricht nicht dem weit verbreiteten und auch hier eingenommenen Standpunkt, nach dem das **Image** das Bild ist, das sich jemand von dem Imageobjekt macht.[14] Es „resultiert aus der Begegnung, genauer: Auseinandersetzung [...] des von seiner Persönlichkeit und Biographie geprägten und mit ganz bestimmten Erwartungssystemen und Motivationen ausgestatteten Individuums [...] mit der Gesellschaft einerseits und dem ‚Reizkomplex Meinungsgegenstand' mit seinem Bedeutungsgehalt, Aufforderungscharakter und ‚Anmutungsqualitäten' andererseits."[15] Das Image einer Unternehmung ist damit gleichbedeutend mit dem tatsächlichen Fremdbild und stets extern verortet, denn „[...] es sind immer die anderen, die einem Meinungs

---

[10] Vgl. Johannsen 1971, S. 17. Ähnlich kritisch äußert sich Dozier 1993, S. 228ff.

[11] Vgl. Whetten 1997, S. 27; vgl. ähnlich auch Stahl 2000, S. 154.

[12] Vgl. Dutton/Dukerich 1991, S. 520. Der englische Begriff ‚Image' stammt aus dem Lateinischen: „imago: copy, likeness, statue, picture, thought, idea, semblance, appearance, shadow [...] imitari: copy, imitate [...] various meanings already known in Latin began to appear gradually in English, especially that of a mental picture or impression [...] and from that sense the later meaning of an impression or conception a person, institution, product, etc., presents to a public [...] However, this later sense did not gain widespread use until the early 1950' when it was popularized in the United States in such phrases as image building and corporate image", Barnhart (Hrsg.) 1988, S. 508. Für die deutsche Sprache verzeichnet Langenscheidt 1996, S. 356, als Übersetzungen des lateinischen Begriffs Bild, Bildnis, Abbild, Ebenbild, aber auch Schatten- und Trugbild. Zu einem Überblick über die Begriffsherkunft siehe auch Johannsen 1971, S. 18ff.; Grunig 1993, S. 208; zu dessen Sichtweisen vgl. Whetten/Mackey 2002, S. 400. Verschiedene Arten von Images diskutieren Balmer/Greyser 2003, S. 173.

[13] Vgl. Rindova 1997, S. 189. Kühn/Fasnacht 2002, S. 52, bezeichnen wenig stringent das Soll-Image eines Unternehmens als die anzustrebende Unternehmensidentität.

[14] Vgl. beispielsweise Johanssen 1971, S. 16f. Imageobjekte können unter anderem sein: Personen, Marken, Produkte, Unternehmen, Gruppen, Länder; vgl. Juvancic 2000, S. 3.

[15] Johanssen 1971, S. 35; ähnlich Hinterhuber/Höfner/Winter 1989, S. 12.

gegenstand in ihrer Vorstellung ein bestimmtes Bild geben"[16]. Von jeder Unternehmung existieren Images, denn ‚Nicht-Kommunikation' der Unternehmung ist unmöglich.[17] Diese Vorstellung entspricht dem Tenor der Literatur zum Konsumentenverhalten. So definieren beispielsweise KROEBER-RIEL und WEINBERG das **Image** als
„das Bild, das sich jemand von einem Gegenstand macht. Ein Image gibt die subjektiven Ansichten und Vorstellungen von einem Gegenstand wieder"[18]. Aus diesem Grund
können Imageobjekte intersubjektiv unterschiedliche Images aufweisen[19]: „There are
as many images as there are people reacting".[20] Zu subjektiven Ansichten, die in die
Imagebildung einfließen, gehören sowohl das subjektive Wissen über ein Imageobjekt
als auch emotionale Bewertungen, die verhaltensbestimmend wirken.[21] Wie bei dem
verwandten Einstellungskonstrukt können drei psychologische Komponenten des
Images unterschieden werden: „Das Image hat demnach sowohl eine kognitive wie
affektive und behaviorale, soziale und personale evaluative Komponente".[22] Die **Einstellung** kann verstanden werden als eine erlernte Neigung, hinsichtlich eines gegebenen Objektes in einer konsistent positiven oder negativen Weise zu reagieren.[23] Aufgrund der konzeptionellen Ähnlichkeit des Image- und des Einstellungsbegriffs kommen KROEBER-RIEL und WEINBERG zu dem Schluss, „den Image-Begriff durch
den schärfer operationalisierten Einstellungsbegriff zu ersetzen und folgen damit einer
Tendenz in der Marketing-Literatur"[24]. Diese Tendenz ist jedoch allenfalls in der
Konsumentenverhaltensforschung evident. Im Zusammenhang mit dem Konstrukt der
Reputation und den verschiedenen Forschungsdisziplinen, welche sich mit diesem

---

[16]   Teufer 1999, S. 129; vgl. auch Birkigt/Stadler/Funck 1994, S. 23.

[17]   Vgl. Hinterhuber/Höfner/Winter 1989, S. 11.

[18]   Kroeber-Riel/Weinberg 2003, S. 197. Diese Ansichten können auf objektiven Informationen
       beruhen, so dass das Image subjektive und objektive Komponenten beinhaltet; vgl. Salcher 1995,
       S. 132.

[19]   Vgl. Juvancic 2000, S. 4; Nguyen/Leblanc 2001b, S. 304.

[20]   Crissy 1971, S. 77; vgl. auch Nguyen/Leblanc 2001a, S. 228.

[21]   Vgl. Kühn/Fasnacht 2002, S. 51.

[22]   Johannsen 1971, S. 35 und 77ff.; zu der affektiven, kognitiven und konativen Komponente der
       Einstellung im Rahmen der sog. Drei-Komponenten-Theorie vgl. Kroeber-Riel/Weinberg 2003,
       S. 170f.; Trommsdorff 2004, S. 158f.; generell zum Konstrukt der Einstellung Fishbein/Ajzen
       1975, passim; Laberenz 1988, S. 19ff. Eisenegger 2005, S. 24, bestreitet dagegen die evaluative
       Komponente von Images: „Diese Funktion besitzen Images nicht. Sie haben nicht die Kraft,
       soziale Ordnung zu legitimieren".

[23]   Vgl. Fishbein/Ajzen 1975, S. 6; Huber 1993, S. 27; vor allem auch Trommsdorff 2004, S. 159.

[24]   Kroeber-Riel/Weinberg 2003, S. 198.

beschäftigen, ist sie nicht erkennbar. Einigkeit besteht in der Literatur allerdings darin, dass die Identität ein **Fundament** für die Imagebildung und für die Entwicklung von Reputation darstellt. „Corporate image always starts with an organization's corporate identity"[25] und „To focus on a company's reputation is [...] to focus on a company's character, or identity. [...] Identity is therefore the backbone of reputation."[26] Identität ist an Einzigartigkeit geknüpft.[27] Zwar kann auch sie multipel, fragmentiert oder gar in sich widersprüchlich sein, aber sie ist begründet in der einen bestimmten Unternehmung.[28] Demgegenüber sind Image und Reputation durch Vielfalt gekennzeichnet. SCHOLES und CLUTTERBUCK erklären: „Rather like the man in the hall of mirrors, the company can find itself surrounded by different images held by different groups"[29]. Entsprechend spiegelt das Unternehmensimage die einzigartige Unternehmensidentität in manchen Fällen akkurat wider, häufiger jedoch wird das Spiegelbild verzerrt durch

a) die Versuche der Unternehmung, die öffentliche Wahrnehmung durch Selbstdarstellungen in der Werbung oder durch andere Kommunikationsmaßnahmen zu manipulieren, um auf diese Weise ein Wunschbild zu vermitteln,

b) durch die Gerüchte, die sich durch inoffizielle Aussagen von Mitarbeitern, Kunden, Analysten, Medien etc. entwickeln, und

c) durch komplexe Wahrnehmungs- und Interpretationsprozesse, die eigene Facetten zum Fremdbild beitragen.

Auf diese Weise entstehen im Laufe der Zeit verschiedene Images der Unternehmung, die teilweise konsistent, teilweise inkonsistent sind.[30] Das wesentliche Ziel der Gestaltung der Corporate Identity erkennt deshalb BICKMANN darin, das vermittelte Fremdbild mit dem Selbstbild der Organisation ohne Brüche und damit glaubhaft zu verbinden[31], BALMER und GREYSER fordern: „perception should mirror reality"[32].

---

25 Rekom 1997, S. 411.

26 Fombrun 1996, S. 111.

27 Vgl. Gray/Balmer 1998, S. 697.

28 Vgl. Hatch/Schultz 2000, S. 23f.; Balmer/Greyser 2003, passim.

29 Scholes/Clutterbuck 1998, S. 234.

30 Vgl. Fombrun 1996, S. 37; Stahl 2000, S. 154.

31 Vgl. Bickmann 1999, S. 38.

32 Balmer/Greyser 2003, S. 11. Ansonsten kommt es zu einem ‚Reputation Gap'; vgl. Elsbach/Glynn 1996, S. 85, und Kapitel 8.2.

Im Folgenden werden in der Literatur vertretene Sichtweisen der Reputation diskutiert und anschließend ein Kriterienraster zur Abgrenzung von Image und Reputation hergeleitet. Nicht weiter betrachtet werden dagegen verwandte Begriffe wie Vorurteil, Stereotyp oder Klischee, die als Verfälschungen im Sinne tendenziös negativer Verzerrungen und Entstellungen der Realität entstehen.[33]

2.1.2 Verständnis und Sichtweisen der Reputation

In etymologischer Hinsicht stammt der Begriff **Reputation** aus dem Lateinischen: reputatio bedeutet ,Erwägung', ,Berechnung', reputare ,berechnen' oder ,zurechnen'.[34] Im Deutschen lag die ursprüngliche Bedeutung in der öffentlichen Meinung, dem allgemeinen Urteil über jemanden oder eine Sache. Der positive Wortsinn wurde erst durch den Einfluss des französischen Wortes réputation entwickelt, wodurch sich der Bedeutungsinhalt zu ,Ruf' oder ,Ansehen' wandelte.[35] Im Englischen wird die Grundbedeutung von ,reputation' im Begriff der Wertschätzung gesehen: „the estimation in which one is generally held"[36]. Deshalb wurde einleitend die Reputation – im Sinne einer ersten Arbeitsdefinition – auch verstanden als das **Ansehen oder der Ruf einer Person bzw. Organisation, den diese bei den relevanten Anspruchsgruppen zu einem bestimmten Zeitpunkt genießt.**[37] SANDIG konstatiert: „Im Deutschen werden die Worte Reputation und Renommée häufig als gleichbedeutend mit dem Wort Ruf gebraucht"[38]. Den Ruf definiert BREYER über die ,4-K-Formel': es handelt sich um eine kurze, klare, kennzeichnende und (relativ) konstante Aussage über einen Meinungsgegenstand.[39] Der Begriff wird in der deutschsprachigen Literatur oft für Fremderfahrungen verwendet: Er „setzt sich aus einer Reihe von Aussagen zusammen, die der Einzelne nicht auf Grund seiner persönlichen Erfahrung macht, sondern die er in irgend einer Weise von anderen übernimmt. Zwischen das Objekt, auf das sich der Ruf bezieht, und das rufmäßige Aussagen machende Subjekt schiebt sich etwas, ein sozia-

---

[33] Siehe hierzu im Detail Johanssen 1971, S. 39ff.; Teufer 1999, S. 131.

[34] Vgl. Langenscheidt 1996, S. 656.

[35] Vgl. Dudenredaktion 1999, S. 3177; Breyer 1962, S. 3ff.; Hermann 1993, S. 415.

[36] Webster's Collegiate Thesaurus 1976, S. 671; ebenso Barnhart (Hrsg.) 1988, S. 678.

[37] Vgl. auch Spremann 1988, S. 619; Rapold 1988, S. 3; Büschken 1999, S. 1. Schwaiger/Hupp 2003, S. 60, nennen Reputation und Ansehen der Unternehmung als Synonyme.

[38] Sandig 1962, S. 9.

[39] Vgl. Breyer 1962, S. 63.

les Gebilde, eben der Ruf"[40]. Der Ruf ist also nicht das, was der Einzelne über die Unternehmung denkt oder weiß, sondern das, was dem Einzelnen im Sinne einer öffentlichen Meinung bekannt ist. Ein Ruf entsteht außerhalb bilateraler, persönlicher Beziehungen (z.B. zwischen einem Händler und einem Kunden), er dominiert jenseits persönlicher Beziehungen.[41] WIEDMANN schließlich berichtet aus den von ihm durchgeführten Untersuchungen, dass „der Begriff Reputation bzw. dessen Designata relativ gut verstanden und am besten durch den Terminus ‚Ruf' eingefangen werden"[42]. Andere Autoren unterscheiden zwischen dem Ruf und der Reputation der Unternehmung, indem sie ersteren als eine **Komponente der Reputation** neben den eigenen Erfahrungen eines Individuums betrachten. Dieser Differenzierung wird in der vorliegenden Arbeit nicht gefolgt, da keine sinnvolle Abgrenzung zum Image- bzw. Einstellungskonstrukt mehr möglich wäre. Letzteres umfasst die eigene Meinung eines Individuums, welche auf subjektiven Erfahrungen beruht, aber auch auf anderen Informationen – hierzu zählt wiederum der Ruf.

Im Folgenden wird schwerpunktmäßig auf die Diskussion des Begriffs Reputation bzw. ‚**Corporate Reputation**'[43] eingegangen, die im Wesentlichen in englischsprachigen Literaturquellen dokumentiert ist. Eine Abgrenzung von ‚reputation' und einem dem ‚Ruf' analogen Konzept ist dort nicht erkennbar; in der deutschsprachigen Literatur wird in früheren Quellen der Begriff Ruf, in späteren überwiegend Reputation verwendet. Definitionen in der Literatur sind uneinheitlich und wenig trennscharf.[44] FOMBRUN und WIEDMANN bezeichnen Reputation als ‚schillernd'[45], was andeutet, dass begriffliche Unschärfe nicht negativ aufgefasst werden muss. Sie beruht vielmehr

---

[40] Hofstätter 1940, S. 65.

[41] Vgl. Voswinkel 1999, S. 70; Eisenegger 2005, S. 21. Zum Begriff der öffentlichen Meinung siehe Breyer 1962, S. 21f.

[42] Wiedmann 2001, S. 6.

[43] Vgl. auch Fombrun 1996, S. 37; Post/Griffin 1997, S. 165. Der Übersetzung ‚korporative Reputation', wie sie etwa Fombrun/Wiedmann 2001b, S. 47, verwenden, wird hier nicht gefolgt.

[44] Vgl. Deephouse 2000, S. 1093; Carmeli/Freund 2002, S. 52. Walsh/Wiedmann/Buxel 2003, S. 420, konstatieren darüber hinaus für die deutschsprachige Forschung eine „insgesamt nur oberflächliche Auseinandersetzung mit Unternehmensreputation".

[45] Vgl. Fombrun/Wiedmann 2001b, S. 46. Davies et al. 2003, S. 57, ergänzen: „Reputation is still a woolly concept, a mixture of constructs – but so was marketing forty years ago".

auf der mangelnden strukturellen Schärfe vieler Realitätsphänomene, die eine entsprechend ‚schwammige' Begriffsfestsetzung nahe legt.[46]

Eine Übersicht ausgewählter Definitionen aus der deutsch- und englischsprachigen wissenschaftlichen Literatur bietet Tabelle 2-1, in die diese gemäß der alphabetischen Reihenfolge der Autorennamen aufgenommen wurden.

Autor(en)	Definition der Reputation bzw. des Rufs
Backhaus 1999, S. 651.	„Reputation ergibt sich als Summe von Einzelerwartungen und -erfahrungen über Vertrauenswürdigkeit und Kompetenz".
Baden-Fuller/ Ravazzolo/ Schweitzer 2000, S. 624.	„Corporate reputation is an evaluation of an organisation's resources and capabilities by a clearly defined audience".
Breyer 1962, S. 143.	Der Ruf ist „ein allgemeines oder gruppenspezifisches Seins- oder Werturteil Dritter über eine Unternehmung (einen Meinungsgegenstand), das in kurzer, prägnanter, meist wertender, relative konstanter Aussage die einer Unternehmung (einem Meinungsgegenstand) gleichsam anhaftenden, das Wesen charakterisierenden (typischen) Merkmale zeigt und verdeutlicht".
Bromley 2002, S. 36.	„Corporate reputation thus reflects a firm's relative standing, internally with employees and externally with other stakeholders, in its competitive and institutional environment".
Fombrun 1996, S. 37.	„We define a corporate reputation as the overall estimation in which a company is held by its constituents".
Ebenda, S. 72.	„A corporate reputation is a perceptual representation of a company's past actions and future prospects that describes the firm's overall appeal to all of its key constituents when compared with other leading rivals".
Fombrun/ Gardberg/ Sever 2000, S. 242.	"A corporate reputation is a collective construct that describes the aggregate perceptions of multiple stakeholders about a company's performance".
Fombrun/ Rindova 1997, S. 10.	„A corporate reputation is a collective representation of a firm's past actions and results that describes the firm's ability to deliver valued outcomes to multiple stakeholders. It gauges a firm's relative standing both internally with employees and externally with its stakeholders, in both its competitive and institutional environments."
Fombrun/ Wiedmann 2001c, S. 3.	„Unternehmensreputation läßt sich zunächst etwa als die Summe der Wahrnehmungen aller relevanter Stakeholder hinsichtlich der Leistungen, Produkte, Services, Organisation etc. eines Unternehmens und der sich hieraus jeweils ergebenden Achtung vor diesem Unternehmen interpretieren".
Gotsi/Wilson 2001a, S. 29.	„A corporate reputation is a stakeholder's overall evaluation of a company over time".

---

[46]   Vgl. Schneider/Knapp 1983, S. 68f. Zur Präzision, Konsistenz und theoretischen Fruchtbarkeit von Begriffen siehe auch Huber 1999, S. 57ff.

Autor(en)	Definition der Reputation bzw. des Rufs
Herbig/Milewicz/Golden 1994, S. 23.	„Reputation is the estimation of the consistency over time of an attribute of an entity".
Morley 1998, S. 8.	„Corporate reputation – or image as advertising professionals prefer to term it – is based on how the company conducts or is perceived as conducting its business".
Müller 1996, S. 93.	„Reputation einer Person oder eines Unternehmens ist das, was andere diesen – insbesondere gestützt auf vergangene Erfahrungen – als glaubhafte Charakteristika künftiger Verhaltensweisen zuschreiben".
Plötner 1995, S. 43.	Reputation ist ein Konstrukt, „das sich aus der Vertrauenswürdigkeit und der Kompetenz einer Person bzw. Personengruppe zusammensetzt".
Post/Griffin 1997, S. 165.	„Corporate reputation is a synthesis of the opinions, perceptions, and attitudes of an organization's stakeholders".
Ringbeck 1986, S. 7.	„Die Reputation des Herstellers entsteht durch Aggregation der Qualitätserwartungen aller Konsumenten".
Ripperger 2003, S. 100.	„Reputation [...] ist öffentliche Information über die Vertrauenswürdigkeit eines Akteurs".
Sandig 1962, 10.	„Die anerkannte Leistungsfähigkeit, das ist der Ruf der Unternehmung".
Spence 1974, S. 234.	Reputation is an „Outcome of a competitive process in which firms signal their key characteristics to constituents to maximize their social status".
Voswinkel 1999, S. 5.	„Reputation ist eine moderne Form der Anerkennung".
Wartick 1992, S. 34.	Corporate reputation is „the aggregation of a single stakeholder's perceptions of how well organizational responses are meeting the demands and expectations of many organizational stakeholders".
Yoon/Guffey/ Kijewski 1993, S. 215.	„a company's reputation reflects the history of its past actions [...] and affects the buyer's expectations with respect to the quality of its offerings".

Tabelle 2-1:   Ausgewählte Definitionen der Reputation und des Rufs im Literaturüberblick

Eine Extrahierung wesentlicher Definitionsbestandteile veranschaulicht die Komplexität des Konstrukts, bietet aber auch die Basis für die Entwicklung eines eigenen Begriffsverständnisses sowie zur Abgrenzung verwandter Konstrukte.

Manche Autoren legen ihr Hauptaugenmerk auf die von ihnen identifizierten **Bestandteile von Reputation**. Hierzu zählen die genannten Definitionen von RIPPERGER, die die Vertrauenswürdigkeit als wesentliche Komponente der Reputation betont, sowie

BACKHAUS und PLÖTNER, die zudem die Kompetenz als wesentlichen Baustein hervorheben.[47]

Eine soziologische Perspektive einnehmend, benennt VOSWINKEL in seiner Definition die Anerkennung als **zentralen Bezugsrahmen** der Reputation, welche auch in der vorliegenden Arbeit als Kern der Reputation angesehen wird. Anerkennung wird bereits von SMITH als wesentliches Selbstinteresse des Menschen erkannt, das nicht allein auf die Versorgung mit dem Gut ‚materieller Wohlstand' ausgerichtet ist, sondern eben auch auf soziale Anerkennung.[48] Das Konstrukt **Anerkennung** setzt sich aus den Elementen Achtung und Wertschätzung zusammen.[49] ‚Achtung' ist zu verstehen als ‚rechtliche Anerkennung', die jeder Person in gleicher Weise als Recht zukommt und damit eine Beziehung der Gleichheit bezeichnet. Demgegenüber ist die (soziale) ‚Wertschätzung' ein Begriff der Differenz: Wertschätzung wird Personen aufgrund ihres spezifischen Beitrags zur Realisierung kollektiver Ziele und Werte entgegengebracht, sie ist ein knappes Gut.[50] Reputation ist das Maß für die externe Wertschätzung, die einer Person oder Unternehmung entgegengebracht wird.[51] Aus der Wertschätzung erwächst unter anderem das soziale Gut ‚Prestige'.[52] Anerkennung wird damit zu einem ambivalenten Konstrukt, denn „Anerkennung erhält man, allgemein gesprochen, einerseits für Gleichheit und Normalität, andererseits für Differenz und Besonderheit. [...] Das Streben nach Anerkennung kann einerseits soziale Integration,

---

[47] Zu einer Abgrenzung und Definition der Begriffe Kompetenz und Vertrauenswürdigkeit sowie deren Bezüge zu Leistungsfähigkeit und -willen siehe unten.

[48] Vgl. Smith 1995, S. 71ff.

[49] Vgl. Voswinkel 1999, S. 25. Sandig 1962, S. 12, definiert Anerkennung als „Bewertung erkennbarer, sichtbar gewordener Leistungen durch andere, die mit der Unternehmung in irgendeiner Form in Verbindung treten oder zu treten beabsichtigen". Auch Fombrun/Wiedmann 2001b, S. 46f., sowie 2001c, S. 3, interpretieren Achtung als Teil der Reputation.

[50] Vgl. Voswinkel 1999, S. 25f. Er unterscheidet hier horizontale und vertikale Differenzen, auf die sich Wertschätzung beziehen kann. Horizontale Differenzen bedeuten ein ‚anders als', eine Besonderheit, während vertikale sich auf das ‚besser als', also eine Überlegenheit beziehen.

[51] Vgl. Gray/Balmer 1998, S. 696. Demgegenüber steht das dichotome Konstrukt der Ehre, welches die interne Wertschätzung umfasst, die ein Individuum sich selbst gegenüber verspürt; vgl. hierzu Voswinkel 1999, S. 68ff. Eine Zerstörung der Reputation führt nicht automatisch zur Zerstörung der Selbstwahrnehmung; vgl. ebenda, S. 71.

[52] Vgl. Voswinkel 1999, S. 27: „Prestige bezeichnet das soziale Ansehen, das eine Person oder Gruppe mittelfristig (das heißt nicht nur aufgrund einer bestimmten kurzfristigen Leistung) und überindividuell (also bei einer größeren Zahl von Menschen) genießt". Zu einer Synopse der beiden Anerkennungsmodi Achtung und Wertschätzung siehe ebenda, S. 28.

andererseits soziales Konflikt fördern"[53]. Auf diese Ambivalenz weisen ebenfalls WHETTEN und MACKEY hin: „business organizations must be both similar to and different from related businesses. By being different, they face less competition, and by being similar, they are considered legitimate"[54].

Während RINGBECK allein die Produktqualität als **Inhalt der Reputation** nennt, differenziert beispielsweise der Definitionsansatz von FOMBRUN und WIEDMANN unterschiedliche Eigenschaften der Unternehmung, auf die sich Reputation beziehen kann. An einer Diskussion möglicher Inhalte orientieren sich auch Definitionen von Autoren, die ein **stakeholder-orientiertes Reputationsverständnis** vertreten, wie etwa BADEN-FULLER, RAVAZZOLO und SCHWEITZER, FOMBRUN, FOMBRUN, GARDBERG und SEVER, FOMBRUN und RINDOVA sowie POST und GRIFFIN. Sie vermuten im Kern unterschiedliche ‚Reputationen' je Stakeholder-Gruppierung.[55] „Commercial and industrial companies, like political candidates and other reputational entities, have as many reputations as there are distinct social groups (collectives) that take an interest in them"[56] und „each of the various stakeholder groups relates differently to the organization and, thus, has a different perception of the organization"[57]. Durch die Anbieterreputation wird auch der breiten Öffentlichkeit signalisiert, wie es um eine Unternehmung im Wettbewerb bestellt ist, wobei eben nicht allein die angebotenen Leistungen von Interesse sind, sondern etwa auch Arbeitsplätze, Strategien und Zukunftsaussichten.[58]

---

[53] Voswinkel 1999, S. 36. Voraussetzungen der Anerkennung sind seiner Ansicht nach Identität, Macht und Moral; vgl. ebenda, S. 5.

[54] Whetten/Mackey 2002, S. 404. Siehe auch die Ausführungen zum Resource-Based View in Kapitel 3 sowie die Kritik an standardisierten Messansätzen der Reputation in Kapitel 4.

[55] Vgl. auch Hartmann 1968, S. 78; Nguyen/Leblanc 2001b, S. 304; Stahl 2000, S. 152; Brown 1998, S. 216; Ripperger 2003, S. 183; Fombrun/Shanley 1990, S. 235; Gatewood/Gowan/Lautenschlager 1993, S. 425; Shapiro 1983, S. 659; Davies et al. 2003, S. 58ff. Dowling 1994, S. 7, erklärt: „It is therefore good to use the plural – reputations – to remind yourself that different people hold different reputations of your organization". Bereits Breyer 1962, S. 48, geht von interessenspezifischen Rufaussagen zu einer Unternehmung aus.

[56] Bromley 2002, S. 36; ähnlich Sjovall/Talk 2004, S. 270. Etymologisch ist dies allerdings falsch, da Reputation ein unzählbarer Begriff ist, also keinen Plural aufweisen kann; vgl. Brockhaus-Wahrig 1983, S. 367. Dagegen finden sich in der englischen (Literatur-)Sprache durchaus Beispiele für den Plural ‚reputations', vgl. Barnhart (Hrsg.) 1988, S. 678.

[57] Riordan/Gatewood/Barnes 1997, S. 401.

[58] Vgl. Fombrun/Shanley 1990, S. 233.

Theoretisch könnten für jede Stakeholder-Gruppe andere bzw. unterschiedlich gewichtete Inhalte der Reputation bzw. Leistungsattribute der Unternehmung bedeutsam sein. Gemein ist allen Gruppen, dass sie sich von der direkten oder indirekten Interaktion mit der Unternehmung positive Resultate erhoffen. Entsprechend repräsentiert nach BREYER der Ruf „die Leistungsfähigkeit der Unternehmung aus der Sicht der Bedürfnisse und Interessen Dritter"[59]. Sofern aus Perspektive der Stakeholder der von der Unternehmung versprochene Nutzen ihren Erwartungen entspricht, sind sie auch zu Gegenleistungen bereit. Da eine Unternehmung von Leistungen ihrer Umwelt abhängt, trägt eine gute Reputation auf diese Weise zur **langfristigen wirtschaftlichen Leistungsfähigkeit** bei. Im weitesten Sinne kann dieser Effekt als Wirkung der Reputation aus Sicht der Anbieterunternehmung interpretiert werden, während aus Stakeholder-Sicht ihr Wert im Potenzial zum Abbau von Unsicherheiten über die Leistungsfähigkeit der Unternehmung liegt.[60] Bei hoher endogener Unsicherheit hat Reputation einen stabilisierenden Effekt auf Transaktionen[61], was letztlich natürlich beiden Marktseiten entgegenkommt.

FOMBRUN und MORLEY interpretieren die Reputation als **perzeptives Konstrukt** im Sinne einer subjektiv empfundenen Reputation.[62] WARTICK betont: „reputation, be it corporate or otherwise, cannot be argued to be anything but purely perceptual"[63]. Die subjektive Wahrnehmung der Reputation existiert dabei im Extremfall unabhängig von der Realität.[64] In der Literatur werden in diesem Zusammenhang verschiedene kognitionspsychologische Phänomene genannt, so etwa die Wahrnehmung einer Unternehmung durch eine Person, mentale Bilder oder Portraits, die von Unterneh-

---

[59]   Breyer 1962, S. 164.

[60]   Vgl. auch Riahi-Belkaoui 2001, S. XV, der hier Reputation als Verkörperung organisationaler Effektivität interpretiert. Siehe auch Yoon/Guffey/Kijewski 1993, S. 216.

[61]   Vgl. Büschken 1999, S. 7. Bei hoher exogener Unsicherheit ist Reputation nutzlos; es kann nur noch auf das ‚Hoffen' gesetzt werden; vgl. Ripperger 2003, S. 37f. Zur Abgrenzung endogener und exogener Unsicherheit vgl. Hirshleifer/Riley 1979, passim; Kleinaltenkamp 1992, S. 5; Adler 1994, S. 10f.

[62]   Vgl. Fombrun 1996, S. 37; Morley 1998, S. 8; so auch Gerhard 1995, S. 131; Brown 1998, S. 216; Clark/Montgomery 1998, S. 65; Nguyen/Leblanc 2001a, S. 227; Schultz/Mouritsen/ Gabrielsen 2001, S. 38; Carmeli/Freund 2002, S. 53. Dowling 1986, S. 110, differenziert objekt- und personenbezogene Determinanten, welche dieses subjektive Bild beeinflussen. Derselbe 1994, S. 22, erklärt „In fact, each person will hold a (slightly) different reputation of your organisation".

[63]   Wartick 2002, S. 374. Er belegt diese Ansicht sehr nachdrücklich; vgl. ebenda, S. 374ff.

[64]   Vgl. Gray/Balmer 1998, S. 696; Fombrun 1996, S. 37.

mungen bei Individuen vorliegen oder Assoziationen, die mit einer Unternehmung verknüpft werden.[65] Gleichzeitig wird Reputation auch als affektiv gefärbtes Konstrukt interpretiert.[66]

Nach der Vorstellung mancher Autoren besteht das Konstrukt Reputation in der **Aggregation der subjektiven Einzelwahrnehmungen.** SANDBERG etwa erklärt: „Corporate reputation is the consensus of perceptions about how a firm will behave in any given situation"[67], und FOMBRUN definiert: „By its ‚reputation' I mean the net perceptions of a company's ability to meet the expectations of all its stakeholders"[68] bzw. „A corporate reputation represents the ‚net' affective or emotional reaction – good or bad, weak or strong – of customers, investors, employees, and the general public to the company's name."[69] Dieses Verständnis wird den meisten der später zu schildernden Messansätzen zugrunde gelegt, bei denen Befragungen von Einzelpersonen zu Rankings der Reputation aggregiert werden.[70]

Die Betonung der Subjektivität des Reputationskonstrukts ist jedoch dadurch zu ergänzen, dass der Ruf bzw. die Reputation ein **kollektives Phänomen** ist: „Der Ruf als eine einheitliche Meinung einer Vielzahl von Menschen gegenüber einem Meinungsgegenstand ist ein Ausdruck kollektiver Meinungsbildung"[71]. Reputation ist zu interpretieren als „collective phenomenon and a product of social processes, and not as an impression in the head of any single individual"[72]. Entsprechend wird bei der Entwicklung des Messansatzes für die empirische Untersuchung in dieser Arbeit Reputation als das kollektive Konstrukt ‚Ruf in der Öffentlichkeit' operationalisiert.

---

[65] Vgl. hierzu sowie zu einem entsprechenden Literaturüberblick Brown 1998, S. 216ff.

[66] Vgl. Hofstätter 1940, S. 65; Smith 1995, S. 9; Schwaiger/Hupp 2003, S. 60.

[67] Sandberg 2002, S. 3.

[68] Fombrun 2001, S. 23. Hier wird eine starke Überschneidung zum Konstrukt der Zufriedenheit deutlich, welche gemäß des Expectancy-Disconfirmation-Paradigmas in Kurzform als vom Stakeholder bewertete Erwartungserfüllung durch die Unternehmung definiert werden kann; vgl. u.a. Oliver 1997, S. 98ff.; Churchill/Surprenant 1982, S. 493ff.

[69] Fombrun 1996, S. 37. Siehe auch Gotsi/Wilson 2001a, S. 24.

[70] „The unit of measurement is the individual but the unit of analysis is the organization"; Gardberg 2001, S. 8.

[71] Breyer 1962, S. 20. Dabei können zunächst auch widersprüchliche Meinungen vorliegen, die im Kommunikationsprozess ‚korrigiert' bzw. angepasst werden; vgl. ebenda, S. 39.

[72] Emler 1990, S. 171. Bromley 2001, S. 317, bezeichnet Reputation als ‚collective images'; ähnlich Sjovall/Talk 2004, S. 270.

Damit bedarf Reputation der **Verbreitung durch Kommunikation**. Durch Kommunikation aufgenommene **Fremderfahrungen** sowie **eigene Erfahrungen** des Individuums formen das Bild, das ein Individuum von einer Unternehmung hat. Zum Stellenwert der beiden Erfahrungssphären bietet sich in der Literatur ein Kontinuum unterschiedlicher Vorstellungen. BARTELT erklärt: „Die Reputation [...] verdichtet die
Erfahrungen, die man [...] in der Vergangenheit gemacht hat".[73] Auch MACMILLAN
nimmt an, dass eigene Erfahrungen in der Interaktion mit einer Unternehmung den
stärksten Einfluss auf die Reputation nehmen[74], ergänzt aber: „In many cases it has to
be a combination of experience and publicity that must lead to the formation of reputational judgments"[75]. MAHON legt sich nicht fest und erklärt: „for some stakeholders
the reputation is a clear result of direct experiences [...]. However, many stakeholders
will not have direct experience with the firm or industry, so that when an issue arises,
they will rely on others to supply information about the reputation of the firm and the
industry"[76]. CARUANA ergänzt: „Reputations can be formed even when the experience by a public is not direct as long as this is passed on either directly through word-
of-mouth, or indirectly via the media or other publics"[77]. Während FICHTNER eine
auf Eigenerfahrungen beruhende intrapersonelle Reputation der durch Fremderfahrungen geformten sozialen Reputation gegenüberstellt[78], beruht Reputation nach Ansicht
RIPPERGERs *stets* auf Fremderfahrungen, während Eigenerfahrungen zu Vertrauen
führen; Reputation entsteht auf Basis der Interaktion Dritter (als Reputationsgeber) mit
der Unternehmung bzw. dem Reputationsträger.[79] Durch das Lernen aus
Fremderfahrungen ist Reputation als rein menschliches Phänomen zu kennzeichnen,
denn hierzu ist „the capacity for individuals to become informed about their societies
without relying on their direct personal experience alone"[80] notwendig. „What the
members of human societies know about one another may be based on a far larger, and

---

[73] Bartelt 2002, S. 53. Reputation ist damit: „formed over time; based on what the organization has
done and how it has behaved"; Balmer/Greyser 2003, S. 177.

[74] Vgl. MacMillan 2002, S. 377.

[75] MacMillan 2002, S. 383; ähnlich Gardberg/Fombrun 2002b, S. 389.

[76] Mahon 2002, S. 431; ähnlich Bartelt 2002, S. 52, und auch schon Sandig 1962, S. 21.

[77] Caruana 1997, S. 110; ähnlich Larkin 2003, S. 42.

[78] Vgl. Fichtner 2006, S. 61 und 166.

[79] Vgl. Ripperger 2003, S. 99f. Brenzikofer 2002, S. 139f., unterscheidet primäre Reputation, die
auf eigenen Erfahrungen beruht, sowie die auf Fremderfahrungen basierende sekundäre Reputation.

[80] Emler 1990, S. 177.

potentially more representative, sample of each other's actions than could be provided by direct contact alone".[81]

BACKHAUS hält die Reputation für eine fragile Entscheidungsgrundlage der Individuen. Die die Reputation determinierenden Faktoren wie unter anderem Verlässlichkeit und Kompetenz sind aufgrund unterschiedlicher Bewertungsmaßstäbe sehr subjektiv und durch individuelle Erwartungshaltung geprägt. Deshalb gestaltet sich ein Beurteilungstransfer beispielsweise zwischen Nachfragern schwierig.[82] Ebenso nimmt auch RIPPERGER an, dass der Ruf eines Anbieters die Vertrauenserwartungen eines Akteurs zwar maßgeblich beeinflussen kann, letztlich aber kein ausreichendes Substitut für eigene Erfahrungen ist.[83] Allerdings ermöglichen auch auf vergangenen Transaktionen beruhende eigene Erfahrungen keine ‚objektive' Bewertung zukünftiger Leistungsfähigkeit und -willens einer Anbieterunternehmung. Zudem wird man selten exakt zu entscheiden wissen, ob für das Bild von einer Unternehmung eigene oder fremde Erfahrungen maßgeblich waren. Das Zusammenspiel von Reputation und eigenen Erfahrungen ist empirisch kaum analysiert.[84]

Den Zusammenhang von Reputation und **Erwartungextrapolation** – vorwiegend seitens der Kunden – unterstreichen unter anderem die Definitionen von BACKHAUS, FOMBRUN, FOMBRUN und RINDOVA, MÜLLER, RINGBECK sowie YOON, GUFFEY und KIJEWSKI in Tabelle 2-1. Eine vornehmlich signal- bzw. institutionenökonomische Interpretation liegt auch den genannten Definitionsansätzen von HERBIG, MILEWICZ und GOLDEN, MÜLLER sowie SPENCE zu Grunde. Reputation wird hiernach gebildet, indem früher ausgesendeten Signalen entsprochen wird, der Anbieter also eine konstante Verhaltensweise an den Tag legt. Diese Verhaltensgleichförmigkeit ist eine zentrale Voraussetzung für die Wiedererkennbarkeit von Individuen und Organisationen.[85] Reputation beruht auf der Stabilität eines der Institution von ihren Anspruchsgruppen zugebilligten Eigenschaftsbündels im Zeitablauf.[86] Umge-

---

[81] Emler 1990, S. 178.

[82] Vgl. Backhaus 2003, S. 689.

[83] Vgl. Ripperger 2003, S. 100. Breyer 1962, S. 85, nennt den Ruf eine Surrogatinformation.

[84] Im empirischen Teil der vorliegenden Arbeit (vgl. Kapitel 7) wird der Einfluss der Reputation auf die eigenen Erfahrungen gemessen.

[85] Vgl. Strasser/Voswinkel 1997, S. 223. Darüber hinaus nennen Choi/Kim 1996, S. 47, ‚Herding' bzw. ‚Me too-Phenomena' als typische Kennzeichen der Reputationsentstehung.

[86] Vgl. ähnlich z.b. Husemann 1992, S. 102; Bromley 1993, S. 29; Gerhard 1995, S. 121; Andersen/Sørensen 1997, S. 1; Büschken 1999, S. 1.

kehrt „bietet die Reputation die Grundlage zur Bildung vertrauensvoller Erwartungen"[87]. Hierdurch ist auch eine Verbindung zum **Konstrukt der Zufriedenheit** gegeben: Zufriedenheit (etwa von Kunden) wird interpretiert als der bewertete Abgleich zwischen der Leistungserwartung und -erfahrung.[88] Erwartungen werden gebildet durch Informationen Dritter, deren Kommunikation, dem Ruf der Anbieterunternehmung, bei wiederholter Leistungsinanspruchnahme aber vornehmlich durch eigene Erfahrungen in der Vergangenheit.[89] Damit ist die Erwartungsbildung eine Form der Erfahrungsextrapolation und die Konstrukte Zufriedenheit und eigene Erfahrungen nahezu deckungsgleich.

Nach WARTICK ist Reputation „the aggregation of a single stakeholder's perceptions of how well organizational responses are meeting the demands and expectations of many organizational stakeholders"[90]. Dies verdeutlicht, dass nicht die Erzielung von Zufriedenheit im Sinne der Erwartungserfüllung beim betrachteten Stakeholder Kern der Reputation ist, sondern seine Einschätzung, inwiefern die Unternehmung die **Erwartungen aller (relevanten) Stakeholder** erfüllt.[91]

Zusammenfassend sind in den betrachteten Literaturquellen die folgenden Aspekte bei einer Begriffsabgrenzung berücksichtigt worden:

- die Bausteine, aus denen Reputation besteht und speziell die Anerkennung als ihr Bezugsrahmen,

- der Inhalt bzw. die relevanten Eigenschaften der Unternehmung, auf die sich die Reputation bezieht (vor allem Leistungsfähigkeit bei der Erfüllung von Stakeholder-Interessen),

- das Verständnis der Reputation als perzeptives, kollektives Konstrukt,

---

[87] Bartelt 2002, S. 53; ähnlich Waddock 2000, S. 323.

[88] Vgl. z.B. Oliver 1997, S. 98ff.; Churchill/Surprenant 1982, S. 493ff.

[89] Vgl. Schütze 1992, S. 129f. Verschiedene Vergleichsstandards als Soll-Komponente werden in einer Reihe von Analysen diskutiert; vgl. etwa Oliver 1997, S. 68ff., Schütze 1992, S. 129ff.; Giering 2000, S. 8ff.

[90] Wartick 1992, S. 37.

[91] So auch Nguyen/Leblanc 2001b, S. 304; Dowling 1994, S. xii. Eisenegger 2005, S. 30, definiert Reputation als das Vermögen der Unternehmung, „selbst- und fremdgesetzte Erwartungen dauerhaft zu erfüllen, und zwar Erwartungen an die kompetente Erfüllung teilsystemspezifischer, funktionaler Rollenanforderungen (funktionale Reputation) sowie Erwartungen an die moralische Integrität (soziale Reputation)".

- die Entstehung durch Kommunikation und der Einfluss eigener und fremder Erfahrungen,

- die Erwartungsextrapolation.

Eine differenzierte Analyse des Konstrukts kann zudem auf Stakeholder- und Anbieterebene vorgenommen werden (Reputation als Wahrnehmung versus Reputation als ‚Asset').

Auf **Ebene des einzelnen Stakeholders** konkretisiert sich Reputation der Unternehmung in der Art und Weise, wie die Unternehmung den von Stakeholdern auf Basis einer vermuteten Verhaltensstabilität der Unternehmung gebildeten Erwartungen durch ihre tatsächlichen Aktivitäten entspricht. Reputation ist nicht objektiv gegeben oder messbar, sondern stellt ein soziales Konstrukt dar, welches durch die Intentionen und Aktionen einzelner Akteure beeinflusst wird.[92] Auch wenn die Reputation nicht in allen Stakeholder-Gruppen identisch sein muss[93], bezieht sich das Konstrukt auf die Einschätzung des Einzelnen, inwiefern Andere die Unternehmung als leistungsfähig bzw. kompetent einschätzen. Wie der Einzelne aus den rufrelevanten Informationen über die Unternehmung zu einer Perzeption von Reputation gelangt, welche Formen der kognitiven Algebra dahinter stehen (multiplikative/additive Verknüpfung von Informationen, kompensatorischer/nicht-kompensatorischer Vorgang), ist bislang kaum untersucht.[94]

Reputation **auf Ebene der Unternehmung** basiert auf ihrer Fähigkeit und ihrem Willen, von ihr versprochene bzw. von den Stakeholdern erwartete Nutzen-Kosten-Relationen für die Stakeholder zu erzielen. Sie ist eine von verschiedenen Informationsquellen vermittelte Form der Anerkennung, die eine Unternehmung in Bezug auf rollenspezifisch bestimmte Handlungsmöglichkeiten bei ihren Stakeholdern genießt. Während die Reputation auf Ebene einer Anbieterunternehmung aggregierte Erfahrungen und Erwartungen der Zielgruppen umfasst, nehmen Ansätze zu ihrer Beeinflussung stets den Umweg über die subjektive Wahrnehmung durch individuelle Stakeholder oder Zielgruppen. Dieses Verständnis wird bei der Operationalisierung des Konstrukts

---

[92]   Vgl. auch Andersen/Sørensen 1997, S. 1; Hofstätter 1940, S. 65.

[93]   Vgl. Nguyen/Leblanc 2001b, S. 304.

[94]   Vermutlich können die Erkenntnisse der Einstellungsforschung bzw. zu den (multiattributiven) Messmethoden des Images herangezogen werden; vgl. hierzu z.B. Huber 1993, S. 44ff.; Trommsdorff 2002, S. 152ff. Vgl. zu ersten Ansätzen die Dissertation von Gardberg 2001.

im empirischen Teil weiter zu konkretisieren sein, welche sich auf Grund der skizzierten Abgrenzungsprobleme nicht an den Dimensionen der Reputation, sondern an deren Inhalten orientiert.

Bevor die Erkenntnisse aus der Literatur zu einer Definition des Reputationskonstrukts integriert werden, soll eine hierfür grundlegende Einschätzung von SANDIG zur Bedeutung des Rufs wiedergegeben werden. Er erklärt:

> „Jede Unternehmung als abgeleiteter Betrieb (ist) darauf angewiesen, dass sie für ihre Leistungen nicht nur einmal Abnehmer findet, sondern dass sie – um des immerwährenden Prozesses der Erneuerung und damit auch um der Änderung des Bedarfs willen – in ihrer Leistungsfähigkeit dauernd durch Dritte anerkannt wird. Daraus ergibt sich die Notwendigkeit einer beständigen Kommunikation in der Form, dass die eigene Leistungsfähigkeit und ihre Anerkennung durch den Markt immer in Übereinstimmung gehalten werden.

> Die *anerkannte Leistungsfähigkeit*, das ist der Ruf der Unternehmung, nicht die Leistungsfähigkeit allein, nicht die Anerkennung durch Dritte allein, sondern deren Vereinigung zu einer Einheit, die an der Unternehmung haftet".[95]

Gemäß dieser Vorüberlegungen wird hier unter der Reputation einer bestimmten Unternehmung aus der Perspektive eines Stakeholders ihre von diesem anerkannte Kompetenz (Leistungsfähigkeit und Leistungswillen[96]) verstanden, die der Stakeholder ihr auf Basis eigener sowie der von ihm wahrgenommenen, aggregierten Meinungen Anderer zuschreibt und die sich auf verschiedenste Leistungen der Unternehmung auf Märkten wie auch in der Gesellschaft beziehen kann. Verkürzt lässt sich die **Reputation als die von Stakeholdern anerkannte Leistungsfähigkeit und der anerkannte Leistungswillen der Unternehmung** bezeichnen, die sich in dem von ihr erwarteten

---

[95] Sandig 1962, S. 10; ähnlich auch Breyer 1962, S. 152.

[96] Leistungsfähigkeit und -willen können zusammengefasst werden, da die Erwartung des Leistungswillens auch immer die der Leistungsfähigkeit mit einschließt, wenn ein vertrauenswürdiger Anbieter die Erbringung einer Leistung zusagt; vgl. Plötner 1995, S. 43. Der Begriff ‚Leistung' bezieht sich auf das Ergebnis jeder einzelnen Tätigkeit in der Unternehmung, an die die Anerkennung durch die Stakeholder anzuknüpfen vermag; vgl. ähnlich schon Sandig 1962, S. 12.

Verhalten gegenüber einzelnen Stakeholdern wie auch gegenüber der Gesellschaft niederschlagen.[97]

2.1.3 Eine Abgrenzung der Konstrukte Identität, Image und Reputation

2.1.3.1 Interpretationen der Konstruktzusammenhänge in der Literatur

Die Ähnlichkeiten der drei nun beschriebenen Konstrukte machen eine genauere Analyse ihrer Zusammenhänge und Differenzen sinnvoll. Nachfolgend werden deshalb zunächst verschiedene in der Literatur zu findende Interpretationen der Zusammenhänge diskutiert, um sodann zu einer kriteriengeleiteten Abgrenzung zu gelangen.[98]

Die genaue Beziehungsstruktur zwischen den Konstrukten Image und Reputation ist nach wie vor unbekannt[99] und im Kern definitorischer Natur. GOTSI und WILSON differenzieren diesbezüglich zwei ‚Schulen' der Begriffsverwendung: die ‚Analogous School of Thought', welche beide Konstrukte synonym verwendet und die ‚Differentiated School of Thought', deren Vertreter die Konstrukte – wenn auch unterschiedlich – voneinander abzugrenzen trachten.[100] Viele sehen in den ähnlichen Funktionen von Image und Reputation Anlass, beide für identisch zu halten.[101] Diese ‚Schule' wird ergänzt durch eine Vielzahl empirischer Forschungsprojekte, die sich zwar separat mit Image oder Reputation von Unternehmungen beschäftigen, aber ähnliche oder gar identische Messansätze verwenden.[102]

JOHANNSEN dagegen sieht den Imagebegriff klar von dem der Reputation abgehoben. Der Imagebegriff sei „prägnant, komplexer, nuanciert und schärfer definiert" und kommt „korrekt im Zusammenhang mit Firmen, Produkten, Marken, Medien zur

---

[97] Vgl. ähnlich Sandig 1962, S. 10. Von einigen Autoren werden Reputation und Ansehen synonym verstanden; vgl. etwa Wiedmann 2001, S. 3. Bromley 1993, S. 6, setzt Reputation und ‚Public Image' gleich.

[98] Trotz einiger umfassender Versuche der Abgrenzung wurden diesbezügliche Kriterien nicht herangezogen; vgl. etwa die Arbeiten von Wartick 2002; Whetten/Mackey 2002 oder Gotsi/ Wilson 2001a.

[99] Vgl. Nguyen/Leblanc 2001a, S. 229.

[100] Vgl. Gotsi/Wilson 2001a, S. 25ff.; siehe auch Whetten/Mackey 2002, S. 400ff.

[101] Vgl. Schulz 1992, S. 39ff. Zu weiteren Vertretern des ‚analogen Ansatzes' zählen unter anderem Schotten et al. 2003, S. 8; Morley 2002, S. 10; Pruzan 2001, S. 50; Bickmann 1999, S. 38; Greyser 1999, S. 178; Brown 1998, S. 215; Riordan/Gatewood/Barnes 1997, S. 401; Kaas 1994, S. 251; Bromley 1993, S. 2; Dowling 1993, S. 101.

[102] Vgl. etwa Nguyen/Leblanc 2001a, S. 227.

Anwendung"[103]. Das Kriterium der Vagheit eines Bildes von der Unternehmung entscheidet für ihn über die Begriffswahl, denn der Ruf, die Reputation, der Good- bzw.
Badwill einer Unternehmung seien weniger als das Image zur konkreten Beschreibung
von Unternehmungsmerkmalen geeignet.

Als weiterer Vertreter eines differenzierten Ansatzes bezeichnen NGUYEN und
LEBLANC umgekehrt die Perzeption der Unternehmensreputation gegenüber dem
Image als personenspezifischer und reliabler bezüglich der individuellen Vergangenheitserfahrungen des beurteilenden Kunden. Die Reputation bezöge sich in der Regel
auf eine spezifische Aktion oder Transaktion mit einer Unternehmung, während das
Image aus Kundensicht als Instrument genutzt würde, eine Unternehmung mit anderen
zu vergleichen. „In a context of imperfect information, the customer has tendency to
use corporate reputation to infer the quality of a specific product or service offered by
a firm or to predict its future action. The same customer considers corporate image as a
global impression of the firm regarding its ability to meet his or her needs".[104] Die
Reputation einer Unternehmung ist nach Ansicht dieser Autoren also nur *eine* Dimension des Unternehmensimages neben anderen. Im Rahmen ihrer empirischen Analyse
messen NGUYEN und LEBLANC beide Konstrukte allerdings auf aggregierter
Ebene[105], so dass mögliche inhaltliche Bestandteile und ihr Zusammenhang nicht
analysiert werden können. Auch dieser Betrachtungsweise wird hier nicht zugestimmt.

DAVIES ET AL. argumentieren, dass Reputation auf der **Integration** der Identität der
Unternehmung (der internen Sicht der Mitarbeiter) und dem Image (verstanden als
externe Sicht der Kunden) beruht. „Image is taken to mean the view of the company
held by external stakeholders, especially that held by customers [...]. Identity is taken
to mean the internal, that is employees' view of the company [...]. Reputation is taken
to be a collective term referring to all stakeholders' views of corporate reputation,
including identity and image"[106]. Mitarbeiter- und Kundenbefragungen zusammen füh-

---

[103]   Beide Zitate: Johanssen 1971, S. 38. Der Autor differenziert auch weitere verwandte Begriffe,
        vgl. ebenda, S. 37ff. Zudem grenzt er eine Reihe verschiedener Imagearten ab, vgl. ebenda, S.
        126ff.

[104]   Nguyen/Leblanc 2001a, S. 233.

[105]   „In my opinion, ABC has a good image in the minds of consumers", „ABC has a good reputa-
        tion"; Nguyen/Leblanc 2001a, S. 230 und 235.

[106]   Davies et al. 2001, S. 113f.; dieselben 2003, S. 61.

ren nach Ansicht der Autoren zu einem Maßstab für die Unternehmensreputation.[107] Reputation als Aggregat wäre damit umfassender als das Image allein (vgl. auch Abbildung 2-1) bzw. – wie WARTICK argumentiert – Reputation = f(Image + Identität).[108]

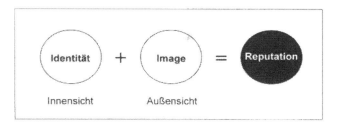

Abbildung 2-1:   Zusammenhang zwischen Identität, Image und Reputation nach CHUN und DAVIES

Auch dieser Sichtweise wird nicht gefolgt, da nach der hier vertretenen Meinung alle Stakeholder ein Bild von der Unternehmung haben können, das nicht mit ihrem Selbstbild gleichzusetzen ist. Auch Mitarbeiter setzen sich beispielsweise mit der Reputation ihres Arbeitgebers in der Öffentlichkeit auseinander.

Wieder anders erklären DUTTON und DUKERICH die Zusammenhänge zwischen den drei genannten Konstrukten: Die Identität umfasst ihrer Ansicht nach das Bild, das ein Mitarbeiter von der Unternehmung hat. Das Image beruht auf seiner Vermutung, wie andere (Außenstehende) die Unternehmung sehen *könnten*, und die Reputation schließlich repräsentiert das tatsächliche Fremdbild, das Außenstehende von der Unternehmung besitzen. „Organizational image is different from reputation: reputation describes the actual attributes outsiders ascribe to an organization, but image describes insiders' assessments of what outsiders think".[109] Allerdings erklären die Autoren nicht, was allgemein unter Image zu verstehen sein könnte. Es ist wenig zweckdienlich, etwa aus der Perspektive von Kunden das Image als eine vermutete Fremdwahrnehmung aufzufassen.

---

[107]   Vgl. Chun/Davies 2000, S. 19.

[108]   Vgl. Wartick 2002, S. 376; Chun/Davies 2000, S. 2. Ohne Bezug auf die Reputation erklärt Voswinkel 1999, S. 49, dass das Image die externe Identität eines Individuums umfasst, dem eine interne Identität gegenüberzustellen sei.

[109]   Dutton/Dukerich 1991, S. 547; ähnlich Smidts/Pruyn/Riel 2001, S. 1052.

Eine weitere in der Literatur vertretene Vorstellung beruht auf der Annahme, dass sich aus der **Vielzahl der Images** der Unternehmung bei Außenstehenden eine übergreifende Reputation herauskristallisiert.[110] Eine Unternehmung hat demnach nur *eine* **Reputation**, kann aber – wie in der Abbildung 2-2 dargestellt – viele verschiedene Images I haben bzw. diese bei den Adressaten(-gruppen) 1 bis n hervorrufen: „a corporate reputation signals the overall attractiveness of the company to all of its constituents. [...] A corporate reputation therefore reconciles the many images people have of a company."[111] Diese Sichtweise ist konsistent mit der von FOMBRUN, dass Reputation die aggregierten Einzelmeinungen von Stakeholdern repräsentiert.[112] Auch RINDOVA versteht Images als sich verschiebende und anpassende Vorstellungen von einer Unternehmung, während die Reputation in (positiv oder negativ) bewerteten Vorstellungen liegt, die im Laufe der Zeit aus Images zusammengestellt wurden.[113]

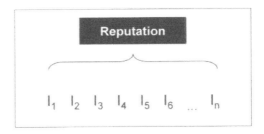

Abbildung 2-2:   Zusammenhang zwischen Images und Reputation nach FOMBRUN

Einschränkend ist zu diesem Abgrenzungsversuch zu erwähnen, dass keine klare Erklärung und Differenzierung der Konstrukte auf theoretischer Ebene, sondern auf definitorischer Ebene eine Festsetzung vorgenommen wird. So spricht auch FOMBRUN selbst andernorts von verschiedenen ‚Reputations', die eine Unternehmung erlangen kann, wodurch in seiner Darstellung der Unterschied zwischen Image und Reputation(en) erneut verschwimmt.[114]

---

[110]   Vgl. hierzu Fombrun 1996, S. 36f.

[111]   O.V. 2001a.

[112]   Vgl. Fombrun 1996, S. 37; derselbe 2001, S. 23; ähnlich Bromley 2001, S. 317.

[113]   Vgl. Rindova 1997, S. 189.

[114]   Vgl. etwa Fombrun 1996, S. 1; Fombrun/Shanley 1990, S. 235; siehe auch Argenti 1995, S. 79.

Eine Ausdifferenzierung der Stakeholderwahrnehmungen nicht auf der Image-, sondern auf der Reputationsebene nimmt STAHL an. Während er die Identität – analog zum in dieser Arbeit vertretenen Standpunkt – als das „Wie wir uns selbst einschätzen" im Sinne eines Ist-Bildes in der Unternehmung interpretiert, definiert er den Imagebegriff allerdings als von der Unternehmung gewünschte **Soll- bzw. Planungsgröße**, als das „Wie andere uns einschätzen sollen", und nicht als Wahrnehmungskonstrukt. Die Reputation schließlich sieht er als das „Wie andere uns tatsächlich einschätzen" im Sinne des **externen Ist-Bildes** der Unternehmung.[115] Demnach wären beide Konstrukte dann deckungsgleich, wenn das Soll-Image der Reputation (= Ist-Image) entspricht. Damit knüpft STAHL im Prinzip an die visuell orientierte Corporate Identity-Forschung an, wonach Corporate Identity unter anderem auf Basis eines definierten (Soll-)Images geplant wird.[116] In der Konsequenz geht er von verschiedenen ‚**Reputationen'** aus, die eine Unternehmung jeweils als Ergebnis von Stakeholder-Beziehungen erzielt. Eine ‚Gesamtreputation' im Sinne einer aggregierten Größe anerkennt er im Gegensatz zur Corporate Reputation bei FOMBRUN jedoch nicht.[117]

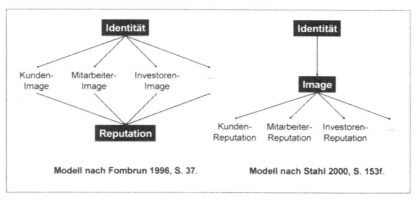

Abbildung 2-3:   Der Zusammenhang zwischen Identität, Image und Reputation anhand zweier Modellvorstellungen

---

[115]   Carmeli/Freund 2002, S. 51, nutzen hierfür den Begriff ‚Perceived External Prestige'. Stahl geht davon aus, dass die Reputation und explizit nicht das Image die Einstellungen zum Unternehmen prägen; vgl. hierzu Stahl 2000, S. 154.

[116]   Vgl. Birkigt/Stadler/Funck 1994, S. 18. Kritisch zum Konzept eines Soll-Images äußert sich Börner 1996, S. 432.

[117]   Vgl. Stahl 2000, S. 154.

Während Einigkeit hinsichtlich der Rolle der Identität herrscht, stehen sich damit grundlegend unterschiedliche Vorstellungen der Ausdifferenzierung von Image und Reputation gegenüber, wie in Abbildung 2-3 veranschaulicht.

Trotz der vorhandenen Abgrenzungsversuche gelingt die Differenzierung der Konstrukte in der Literatur nicht hinreichend, weshalb nachfolgend eine kriteriengeleitete Abgrenzung vorgenommen wird.

2.1.3.2 Kriteriengeleitete Abgrenzung der Konstrukte Image und Reputation

Publikationen zu Image und Reputation, die im weitesten Sinne der Marketingwissenschaft zuzuordnen sind, weisen darauf hin, dass den beiden Konstrukten unterschiedliche disziplinäre und **theoretische Verortungen** der Forscher wie auch unterschiedliche Verständnisse verwandter Konstrukte zu Grunde liegen. Exemplarisch zu nennen ist KAAS, der im Zusammenhang seiner Analyse kaufrelevanter Informationen unter anderem „das Alter eines Unternehmens, seine Größe, sein Image (institutionenökonomisch: seine Reputation)"[118] nennt. Tatsächlich beruht die Forschung zum Imagekonstrukt fast ausschließlich auf verhaltenswissenschaftlichen Theorien, die zur Reputation zum größeren Teil auf (institutionen-)ökonomischen. Wenn dies auch keine inhaltlichen Unterschiede der beiden Konstrukte erklärt, so doch die differierenden konzeptionellen Herangehensweisen.

In einem **Managementkontext** differenzieren einige Autoren explizit Image- und Reputationsmanagement. Imagemanagement umfasse oberflächliche Aktivitäten, um die Unternehmung nach außen besser darzustellen. Reputationsmanagement dagegen beinhalte umfassende und verantwortungsbewusste Aktivitäten, um das Ansehen der Öffentlichkeit zu gewinnen.[119] Diese Differenzierung scheint dem Versuch geschuldet, ein angeblich in der Masse falsch verstandenes Konstrukt (Image = Blendwerk) durch ein anderes ersetzen zu wollen, das noch einen positiven Klang hat. Aus wissenschaftlicher Sicht ist diese Abgrenzung nicht haltbar, da sie nicht auf konzeptionellen Differenzen und Erklärungen beruht. SVENDSEN sieht hierin denn auch eher eine historische Entwicklung: „While companies could once manufacture an image and

[118] Kaas 1994, S. 251; so auch Ringbeck 1986, S. 2; ähnlich Dörtelmann 1997, S. 146, Fußnote 306, hier zum Bezug zwischen Einstellungen und Reputation.
[119] Vgl. Rindova 1997, S. 189; zu den negativen Konnotationen des Imagebegriffs siehe auch Grunig 1993, passim; Dozier 1993, S. 228f.; Middleton/Hanson 2002, S. 2.

reputation through advertising and other media-based campaigns, in today's networked world, reputation depends on establishing the trust of key stakeholders"[120]. DOZIER begreift die Imagebildung als einen kreativen Prozess, der nur durch Glaubwürdigkeit eingeengt wird: „Although corporate image is regarded primarily as a creative product, the corporate image maker is bound somewhat by what target publics will find credible"[121]. DALTON und CROFT erklären: „Corporate image can be created, but corporate reputation must be earned"[122]. Eine stichhaltige Zusammenfassung des Konstrukts Image als „attitudes and beliefs about the company [...] held by the company's stakeholders [...] shaped by the organisation's own communication processes"[123] liefern MIDDLETON und HANSON.

Analog zu SPIEGEL und NOWAK können zwei Dimensionen der **Stabilität** von Images bzw. der Reputation betrachtet werden. In einer (interpersonellen) Querschnittsbetrachtung wird davon ausgegangen, dass sich bei Personen der gleichen sozialen Gruppe die Imagewahrnehmungen kaum unterscheiden, damit stabil sind. In einer (intrapersonellen) Längsschnittbetrachtung gilt ein Image als stabil, wenn seine Wahrnehmung und Interpretation durch eine Person oder Gruppe sich im Laufe der Zeit nicht wesentlich verändert.[124] Gleiche Voraussetzungen könnten für das Konstrukt der Reputation gelten.[125] So stellen auch HANSON und STUART fest: „Corporate reputations, once created, are relatively steadfast"[126]. Damit bietet das Kriterium der Dynamik bzw. Stabilität kein geeignetes Abgrenzungskriterium der beiden Konstrukte, zumal aus der Literatur widersprüchliche Aussagen und keine empirischen Beweise bekannt sind. So nehmen GRAY und BALMER an, dass der **Aufbau** eines Images schneller und einfacher von Statten geht als der Aufbau einer Reputation.[127] BALMER und GREYSER definieren das Corporate Image als „perception of the organization by

---

[120] Svendsen 1998, S. 1. Smythe/Dorward/Reback 1992, S. 3, bezeichnen den Begriff des Images gegenüber dem (historisch älteren!) der Reputation als ‚altmodisch'.

[121] Dozier 1993, S. 229.

[122] Dalton/Croft 2003, S. 9.

[123] Middleton/Hanson 2002, S. 4.

[124] Vgl. Spiegel/Nowak 1974, S. 968ff. Allerdings merkt Johannsen 1971, S. 35, an, dass Images nach einer anfänglichen dynamischen Phase sich verfestigen und inflexibler werden, auch wenn sie beeinflussbar bleiben.

[125] Vor allem, wenn man annimmt, dass Reputation im Laufe der Zeit aus Images zusammengestellt würde; vgl. beispielsweise Rindova 1997, S. 189.

[126] Hanson/Stuart 2001, S. 129. Zur Konstanz des Rufs siehe auch Breyer 1962, S. 57ff.

[127] Vgl. Gray/Balmer 1998, S. 696.

an individual, group, or groups at one point in time"[128], während Reputation analog
‚over time' entstünde. Auch MARWICK und FILL erklären: „Images may be altered
relatively quickly as a result of organizational changes or communication programmes,
whereas reputation requires nurturing through time and image consistency"[129]. Im
Gegensatz dazu vermuten aber NGUYEN und LEBLANC, dass die Ausbildung von
Images mehr Zeit in Anspruch nimmt als die der Reputation.[130]

Reputation ist in ihrer Essenz das Ergebnis vergangener Aktivitäten einer Unternehmung.[131] Die **Stabilität des Unternehmensverhaltens** ist damit ein wesentlicher Faktor beim Aufbau von Reputation. Bezüglich des Images, das weniger als zukunftsgerichtete Erwartung auf Basis vergangener Erfahrungen interpretiert wird, sondern
durch seine Nähe zum Einstellungskonstrukt als Lernen mit Verhaltensbezug, wird
dieser Extrapolationsgedanke selten aufgegriffen. So bezeichnen BALMER und
GRAY das Image als „immediate mental picture that individuals or individual stakeholder groups have of an organisation"[132], während sie die Reputation beschreiben als
im Laufe der Zeit entstehendes Ergebnis konsistenten Verhaltens bzw. stabiler Unternehmensleistungen.

Mit Blick auf den Aktivitätsbezug der Reputation argumentieren allerdings VOS-
WINKEL oder auch HOFSTÄTTER, dass diese eben nicht auf dem (vergangenen)
Handeln selbst beruht, sondern auf dessen Darstellung und **Kommunikation**:
„Unleugbar hat der Ruf oft die Aufgabe, einen Sachverhalt in bestimmter Weise umzu-
formen und damit dem Wahrnehmenden Eindrücke zu vermitteln und Handlungswei-
sen nahe zu legen, die er in Kenntnis der objektiven Gegebenheiten nicht gehabt und
auch nicht beabsichtigt hätte".[133] So sei denkbar, dass jemandem eine Reputation für
eine vorgetäuschte Eigenschaft zugeschrieben wird oder für eine Eigenschaft, die er

---

[128]   Balmer/Greyser 2003, S. 19.

[129]   Marwick/Fill 1997, S. 398.

[130]   Vgl. Nguyen/Leblanc 2001a, S. 230. Die Autoren vermuten auch, dass Reputation eine Dimen-
        sion des Unternehmensimages ist; vgl. dieselben 2001b, S. 308.

[131]   Vgl. Nguyen/Leblanc 2001a, S. 228.

[132]   Balmer/Gray 1999, S. 260.

[133]   Hofstätter 1940, S. 66.

weder besitzt noch vorgetäuscht hat noch ihm zugeschrieben wissen will.[134] Diese Einschätzung ist korrekt, jedoch beruht die Reputation mindestens indirekt auf dem Handeln der Unternehmung und dessen Perzeption durch andere – sei diese Perzeption nun verzerrt oder realitätsgetreu. Demgegenüber ist Grundlage der Imagebildung bzw. -steuerung die zunächst realitätsunabhängige, anbietergesteuerte Kommunikation. Während ein Image im Extremfall ausschließlich durch kommunikationspolitische Aktivitäten aufgebaut werden könnte[135], bedarf jede Entstehung und Veränderung von Reputation der **Kommunikation unter den Stakeholdern**[136], die durch Maßnahmen der Unternehmung im Rahmen eines koordinierten Kommunikationsprogramms ergänzt werden können, aber nicht müssen.[137]

Ein weiterer möglicher Lösungsansatz für die Abgrenzung der Konstrukte liegt implizit den Ausführungen von SANDIG zu Grunde, der Reputation zwei untrennbar zusammengehörige Teile zuweist:

1. Die aktive Kommunikation gewollter und ungewollter Inhalte durch die Unternehmung gegenüber ihren Stakeholdern sowie

2. Rückkopplungseffekte dieser Ausstrahlungen auf das Geschehen in der Unternehmung, die ihr „Kontinuität und Stabilität verleihen und damit die nachhaltige Ertragskraft der Unternehmung begründen"[138].

Der erste Aspekt behandelt den Aufbau von Images bei den Stakeholdern im Sinne einer notwendigen Bedingung zum Aufbau von Reputation, der zweite umfasst die hinreichende Bedingung der Rückwirkungen im Sinne von **Bewertungen** der Unternehmensaktivität, die in Wertschätzung resultiert. Der Ruf enthält eine wertende Kennzeichnung der Unternehmung[139], was beim Image nicht der Fall sein muss. Bei

---

[134] Vgl. Voswinkel 1999, S. 70; Balmer/Greyser 2003, S. 178. So argumentiert etwa Dobbin 1998, S. 45, bezüglich der ‚most admired company' in den USA (General Electric Company): „Like most mega-corporations in the U.S., GE combines a soft image created by tens of millions of dollars in yearly image advertising with a ruthless hardball politics on Capitol Hill". Die umgekehrte Meinung vertritt Fichtner 2006, S. 141.

[135] Vgl. Gray/Balmer 1998, S. 696.

[136] Vgl. Spremann 1988, S. 625, Fußnote 3; Yoon/Guffey/Kijewski 1993, S. 218; Herbig/Milewicz 1995b, S. 5; Gerhard 1995, S. 122f. Die Autoren sprechen von der Kommunikation unter Kunden als Voraussetzung der Reputationsentstehung. In der vorliegenden Arbeit wird die Betrachtung auf alle Stakeholder ausgedehnt.

[137] So auch Gray/Balmer 1998, S. 696; Bartelt 2002, S. 53.

[138] Sandig 1962, S. 20.

[139] Vgl. Breyer 1962, S. 21 und S. 57ff.

seiner Erklärung des Begriffes ‚Ruf' weist SANDIG darauf hin, dass durch den Ruf eine Verbindung etabliert wird zwischen dem Rufenden und demjenigen, bei dem der Ruf ankommt. Das „einseitige Hinausrufen aus der Unternehmung in den Markt, wie es sich in der Gestaltung und Ausführung der Werbung darbietet"[140] genügt nicht zur Entstehung von Reputation bzw. eines Rufes. Erst wenn „Anruf und Widerhall, wenn Leistung und Anerkennung der Leistung zu einer Einheit verschmolzen sind"[141], also der Rezipient eine Bewertung durchgeführt hat, liegt Reputation vor. Mangelt es an dieser Bewertung und bleibt es bei der bloßen Kenntnisnahme der Kommunikations-aktivitäten der Unternehmung, entsteht keine Reputation, aber es kann dem Rezipienten ein Image übermittelt worden sein.

Auch nach Ansicht weiterer Autoren ist die Reputation im Gegensatz zum Image stets mit einer Bewertung verknüpft. So formulieren GRAY und BALMER: „Corporate reputation [...] indicates a value judgment about the company's attributes"[142]. Nach MAHON bezieht sich Reputation erstens auf die Beurteilung des Reputationsträgers selbst sowie zweites auf eine Beurteilung seiner Handlungen.[143] VOSWINKEL bezeichnet in einer eher personenzentrierten Sichtweise die Reputation als die evaluative Seite eines Images.[144] WIEDMANN ist der Ansicht, dass sich Reputation in erster Linie auf die ganzheitliche Bewertung einer Unternehmung durch die Stakeholder bezieht, während Image die Wahrnehmungen verschiedener Sachverhalte umfasst, durch welche sich Unternehmen auszeichnen. Bei der Reputation geht es „nicht allein um das Bild, das man sich von einem Unternehmen gemacht hat (= Image), sondern um das, was daraus möglicherweise als Unterstützungspotential entsteht".[145] Diese

---

[140] Sandig 1962, S. 7.

[141] Sandig 1962, S. 8. Dieser Aspekt geht über den eben beschriebenen der Kommunikation unter Stakeholdern hinaus bzw. liegt ihr zu Grunde.

[142] Gray/Balmer 1998, S. 697.

[143] Vgl. Mahon 2002, S. 417.

[144] Vgl. Voswinkel 1999, S. 70. Dies ist nicht gleichzusetzen mit affektiven und kognitiven Komponenten, die ein Image aufweist, und die sich im Fühlen bzw. im Wahrnehmen und Denken konkretisieren. Allerdings bezeichnet Fombrun 1996, S. 37, die Reputation als affektives Konstrukt, während etwa Dozier 1993, S. 247, Reputation definiert als „cognition that publics generate about an organization".

[145] Wiedmann 2001, S. 3; ähnlich Gray/Balmer 1998, S. 697.

Akzentverschiebung wird seiner Meinung nach im Deutschen klarer durch die Begriffe Ruf oder Ansehen erkennbar, die Synonyme zum Reputationsbegriff darstellen.[146] Ein weiteres Unterscheidungskriterium ist der **Träger** des Images bzw. der Reputation.[147] Als Träger von Images (Imageobjekte) kommen unter anderem Unternehmungen, Produkte, Politiker, Marken, Städte usw. in Frage. JOHANNSEN etwa differenziert zwischen Branchen- oder Produktimages, Markenimages und Firmenimages.[148] Der Imagebegriff wird also auf Sachen bzw. Objekte wie auch auf Personen(-gruppen) angewendet. Dagegen bezieht beispielsweise PLÖTNER die Reputation explizit nur auf eine Person oder eine Personengruppe, nicht auf Gegenstände.[149] Im Hinblick auf mögliche Träger wäre damit das Imagekonstrukt umfassender als die Reputation. BROMLEY dagegen sieht diesen Unterschied nicht: „Reputations (public images) are formed not only about people but also about other things – including organisations (corporate images), and commercial products and services (brand images). [...]. The phrase ‚reputational entity' will be used to refer to anything that can have a reputation"[150].

Diese Argumentation wird hier nicht akzeptiert mit folgender Begründung: Wenn man die Ausführungen zur Entstehung der Reputation heranzieht, die konsistentes **Verhalten** des Reputationsträgers betonen, kann nur allen eines (freiwilligen) Verhaltens fähigen Lebewesen eine Reputation zugesprochen werden. Das bedeutet, dass Einzelpersonen oder Personengruppen sowie durch Personen gebildete Organisationen Träger von Reputation sind.[151] Sachen können nicht Träger einer Reputation sein, da sie nicht des Verhaltens fähig sind. Wer bzw. was nicht selbständig und freiwillig handeln und damit Vertrauen aktiv bestätigen oder enttäuschen kann, hat auch keine Reputa-

---

[146] Vgl. Wiedmann 2001, S. 3; vgl. auch Abschnitt 2.1.2 zur Definition des Reputationsbegriffes.

[147] Vgl. Breyer 1962, S. 5.

[148] Vgl. Johannsen 1971, S. 117. Auch Eisenegger 2005, S. 23, sieht den Imagebegriff auf Sachverhalte und Objekte anwendbar.

[149] Vgl. Plötner 1995, S. 43, Fußnote 128; siehe auch Eisenegger 2005, S. 22. Breyer 1962, S. 46 und S. 75, betont dagegen, dass jeder Meinungsgegenstand einen Ruf habe; ggf. könnten diesbezüglich etymologische Unterschiede in der Wortbedeutung von Ruf und Reputation näher analysiert werden.

[150] Bromley 1993, S. 2. Allerdings setzt er Image und Reputation gleich. Auch Brenzikofer 2002, S. 114f., spricht von ‚Reputationseinheiten'. Mahon 2002, S. 417, billigt ebenfalls Dingen eine Reputation zu.

[151] Auch Nationen bzw. Länder können somit eine Reputation haben. Tiere können keine Reputation entwickeln; vgl. Emler 1990, S. 177f.

tion. Ähnlich bemerkt auch HECK mit Blick auf das verwandte Konstrukt der Anerkennung: „Nur wer für sein Verhalten selbst verantwortlich sein kann, kann sich achtbar und anerkennungswürdig verhalten."[152] Die in der Literatur gelegentlich zu findenden Begriffskombinationen ‚Markenreputation', ‚Produktreputation' o.ä. sind damit unzweckmäßig.[153] Denn in ihrem Ansatz, Marken auf abstrakter Ebene als (handelnde) Persönlichkeiten zu erklären, setzt beispielsweise auch FOURNIER voraus: „A brand may enjoy selected animistic properties, but it is not a vital entity [...] The brand cannot act or feel – except through the activities of the manager that administers it"[154]. Eine Marke oder ein einzelnes Produkt können keine Verhaltensweisen zeigen – gleichwohl beide natürlich durch Aktivitäten von Personen beeinflusst werden. Im Image manifestiert sich damit keine Opportunismus-Vermutung, während sich im Begriff der Reputation nach VOSWINKEL die Vagheit einer Einschätzung konkretisiert: Einerseits gilt die Reputation als wertvoll, da sie Tugend und Moral zu reflektieren verspricht, andererseits könnte sie auch auf Zufall, Heuchelei und Täuschung (also opportunistischem Verhalten) beruhen.[155] „Wer Reputation anstrebt, dem attestiert man Bemühung um Glaubwürdigkeit, aber zugleich hegt man den Verdacht, er handele nicht um der Sache, sondern um des Eindrucks willen".[156]

Mit dieser Argumentation kann auch die Beobachtung verbunden werden, dass Image selten mit dem Konstrukt **Vertrauen** in Verbindung gebracht wird, während Reputation und Vertrauen als interdependente Konstrukte anzusehen sind.[157] Entsprechend differenzieren NGUYEN und LEBLANC Image und Reputation wie folgt: „The former (Corporate Image) is the firm's portrait made in the mind of a consumer, while the latter is the degree of trust (or distrust) in a firm's ability to meet customers' expecta-

---

[152] Heck 2002, S. 43. Siehe hierzu umfassender auch Fichtner 2006, S. 98, 164f.

[153] Zu finden z.B. bei Bierwirth 2003, S. 81; Gerhard 1995, S. 120ff.; Herbig/Milewicz 1995b, S. 8; Dozier 1993, S. 232. Mit der Begründung, dass Marken keine (handelnden) Entitäten im Sinne des methodologischen Individualismus sind, lehnt auch Fichter 2006, S. 276ff., die Existenz von Markenreputation ab: „Die Identität von Produktmarken und damit auch das intendierte Image wird durch Entscheidungen des Unternehmens determiniert – Produkte sind nicht handlungsfähig" (S. 164).

[154] Fournier 1998, S. 345.

[155] Vgl. Voswinkel 1999, S. 70; ähnlich auch Bromley 1993, S. 6.

[156] Voswinkel 1999, S. 70; ähnlich Eisenegger 2005, S. 27, der vom „Inszenierungsverdacht der Reputation" spricht.

[157] Vgl. z.B. Simon 1985, S. 35; Plötner 1995, S. 43; Vogt 1997, S. 138f.; Ripperger 2003, S. 100; Bartelt 2002, S. 52f., sowie Abschnitt 2.4.

tions on a given attribute".[158] Eine Unternehmung verfügt über eine gute Reputation, wenn es ihr wiederholt gelingt, gegebene Versprechen zu erfüllen, also Vertrauen zu rechtfertigen. Umgekehrt ist eine schlechte Reputation durch das Unvermögen der Unternehmung zu erklären, kommunizierte Intentionen in die Tat umzusetzen[159]; sie generiert Misstrauen. Auf diesen Zusammenhang wird im folgenden Abschnitt detailliert eingegangen.

Die diskutierten Abgrenzungskriterien sind in Tabelle 2-2 in ihren Ausprägungen zusammengefasst.

Mögliche Abgrenzungs- kriterien	Image	Reputation
Theorieverortung	Die Forschung zum Imagekonstrukt ist zum überwiegenden Teil den Verhaltenswissenschaften zuzuordnen.	Die Forschung zum Reputationskonstrukt ist überwiegend (institutionen-)ökonomischen Ansätzen zuzuordnen.
Managementkontext	Keine zweckmäßige Abgrenzung möglich.	
Dynamik/ Stabilität der Konstrukte	Keine trennscharfe Abgrenzung möglich.	
Zeit für Aufbau	Keine trennscharfe Abgrenzung möglich.	
Verhaltensstabilität der Unternehmung	Wird in Bezug auf das Imagekonstrukt nicht als Bestimmungsfaktor diskutiert; Image wird auch nicht im Sinne einer Geisel oder eines Pfandes interpretiert.	Ist eine zentrale Voraussetzung für die Entstehung von Reputation (Extrapolationsgedanke) und führt aufgrund des Pfand-Charakters der Reputation zur Funktion des Reputationsmechanismus.
Kommunikation unter Stakeholdern	Keine Voraussetzung für die Imagebildung, die hauptsächlich durch kommunikationspolitische Anbietermaßnahmen gesteuert wird.	Voraussetzung für den Aufbau und die Gestaltung von Reputation, während Anbietermaßnahmen allenfalls ergänzenden Charakter haben.
Träger	Träger des Images können Personen, Personenmehrheiten (Organisationen) und Gegenstände sein.	Träger der Reputation können nur Personen und Personenmehrheiten (Organisationen) sein
Bewertung	Keine explizit diskutierte Komponente des Images.	Explizite Komponente der Reputation, die entsprechend als gut/schlecht beurteilt wird.
Vertrauensbezug	Beim Image wird selten eine Relation zum Vertrauenskonstrukt diskutiert.	Vertrauen und Reputation sind interdependent.

Tabelle 2-2:   Übersicht ausgewählter Abgrenzungskriterien

---

[158]   Nguyen/Leblanc 2001a, S. 229.

[159]   Vgl. Thevissen 2002, S. 320; Herbig/Milewicz 1993, S. 18.

Es ist abschließend zu konstatieren, dass eine Schnittlegung zwischen den beiden Konstrukte Image und Reputation aufgrund der allenthalben bestätigten Verwandtschaft beider letztlich auch definitorischer Art ist. Die für die Zwecke dieser Arbeit vorgenommene Abgrenzung lautet[160]:

> Das Image ist das Bild der Unternehmung, das *subjektiv und individuell* bei ihren Stakeholdern auf Basis einzelner, subjektiv wahrgenommener Merkmale der Unternehmung entsteht. Der Aufbau von Images beruht hauptsächlich auf Kommunikationsmaßnahmen der Anbieterunternehmung, er bedarf nicht zwingend der Bildung von Vertrauen und der Kommunikation unter den Stakeholdern, während Reputation auf beidem sowie einer Evaluation basiert. Die Reputation umfasst damit eine *subjektive Bewertung des in der Öffentlichkeit bzw. bei allen Stakeholdern kollektiv vorliegenden ‚Images'*; definiert wurde Reputation in Kurzform als anerkannte Leistungsfähigkeit und anerkannter Leistungswillen der Unternehmung.

Reputation und Image sind damit zwei zwar eng verwandte, jedoch differenzierbare Konstrukte[161], so dass im Verlauf der Arbeit die Reputation als eigenständiges Untersuchungsobjekt in den Mittelpunkt der Analyse gestellt werden kann. Um Verwirrungen zu vermeiden, wird in den weiteren Ausführungen so weit wie möglich nur von Reputation die Rede sein, auch wenn der hier abgeleitete Imagebegriff stellenweise Verwendung finden könnte.[162]

2.1.4 Zum Zusammenhang zwischen Vertrauen und Reputation

Seit Unsicherheit als elementares Merkmal von Markttransaktionen für ökonomische Erwägungen besonderes Interesse erlangte, gewinnt die Beschäftigung mit dem Ver-

---

[160] Das konkrete Abgrenzungskriterium des ‚Trägers' des Images bzw. der Reputation hilft im Kontext der Themenstellung nicht weiter, da nur die Unternehmung (eine Personengruppe) als Träger betrachtet wird, die sowohl Images als auch Reputationen aufweist.

[161] So auch z.B. Middleton/Hanson 2002, S. 7; Nguyen/Leblanc 2001a, S. 227; Andersen/Sørensen 1997, S. 5; Johanssen 1971, S. 38. Wenn Reputation und Image unterschiedliche Konstrukte sind, kann eine Unternehmung im Vergleich zu Wettbewerbern eine überragende Reputation haben, aber ein weniger herausragendes Image und umgekehrt; vgl. Gray/Balmer 1998, S. 696. Zu einem Überblick zur Abgrenzung der beiden Konstrukte siehe auch Eberl 2006, S. 11f.; ausführlich hierzu: Fichtner 2006, S. 138ff.

[162] Damit einher geht auch, dass Literaturstellen, in denen der Begriff ‚Image' verwendet, aber das hier erarbeitete Reputationsverständnis vertreten wird, auf ‚Reputation' bezogen werden.

trauenskonstrukt (und der Reputation) an Bedeutung. Allerdings basiert auch der Ver-
trauensbegriff auf keinem einheitlichen Verständnis.[163] In einer sozioökonomischen
Interpretation sieht LUHMANN im Vertrauen ein Konstrukt, das der Reduktion sozialer Komplexität dient, indem die Lebensführung durch Inkaufnahme eines Risikos
vereinfacht wird.[164] Der Vertrauende verzichtet bewusst auf weitere Informationen und
benutzt das Vertrauen, um weiterhin bestehende (Entscheidungs-)Unsicherheiten ignorieren bzw. überbrücken zu können.[165]

In einem betriebswirtschaftlichen Kontext beschäftigen sich neuere Arbeiten mit dem
Vertrauen in und zwischen Organisationen, welches als Erwartung definiert werden
kann, dass der Vertrauensnehmer (die Organisation) „gewillt und in der Lage ist, eine
an ihn gerichtete positive Erwartung zu erfüllen"[166]. Eine umfassende, für ökonomische Zusammenhänge tragfähige Definition des Vertrauens liefert RIPPERGER: „Vertrauen ist die freiwillige Erbringung einer riskanten Vorleistung unter Verzicht auf
explizite vertragliche Sicherungs- und Kontrollmaßnahmen gegen opportunistisches
Verhalten in der Erwartung, daß sich der andere, trotz Fehlen solcher Schutzmaßnah-
men, nicht opportunistisch verhalten wird"[167]. Vorleistungen sind in einem arbeitstei-
ligen Wirtschaftssystem beim Großteil aller Transaktionen notwendig, die ohne ein
Mindestmaß an Vertrauen gar nicht erst zu Stande kämen.[168]

Hier ist anzumerken, dass das durch den Opportunismusgedanken geprägte
Vertrauensverständnis der Neuen Institutionenökonomik, das hierin eine begründete
Einschätzung des zukünftigen Verhaltens des Tauschpartners erkennt[169], von anderen
Sichtweisen zu trennen ist. Manche Autoren wie etwa VOGT nehmen das egoistisch
orientierte Verständnis des Vertrauens in neueren mikroökonomischen Ansätzen zum

---

[163] Vgl. Ripperger 2003, S. 13ff.

[164] Vgl. Luhmann 1989, S. 8. Siehe auch Grund 1998, S. 103. Zu einer kritischen Analyse der Thesen Luhmanns siehe Platzköster 1990, S. 15ff.

[165] „Wer weiß, braucht nicht zu vertrauen. Wer sich auf gar kein Indiz stützen kann, wer also gar
nichts weiß, der kann nicht vertrauen"; Strasser/Voswinkel 1997, S. 218.

[166] Schölling 2000, S. 109; ähnlich Bartelt 2002, S. 48.

[167] Ripperger 2003, S. 45; ähnlich Svendsen 1998, S. 142: „trust is the expectation that others will
behave honorably and that there will be a mix of give and take in the relationship".

[168] Vgl. Bartelt 2002, S. 44.

[169] Vgl. Schölling 2000, S. 109.

Anlass für deren umfassende Kritik.[170] BARTELT merkt an, dass Vertrauen der Überwindung von Verhaltensunsicherheit diene, unabhängig, ob diese durch opportunistisches oder naiv-unschuldiges Verhalten des Transaktionspartners begründet sei.[171]

Vertrauen ist ein zerbrechliches Konstrukt, das durch Missgriffe oder falsche Versprechungen des Vertrauensnehmers (hier: der Anbieterunternehmung) gefährdet wird. Ein Anbieter ist jederzeit in der Lage, das ihm entgegengebrachte Vertrauen zu missbrauchen; das Wissen um die Zerbrechlichkeit des Vertrauens lässt ihn jedoch hiervon Abstand nehmen.[172] Der zu erwartende Schaden bei einem Vertrauensmissbrauch ist in der Regel größer als die zu erwartenden Vorteile. Vertrauen entspringt allerdings nicht allein einem rationalen Kalkül, bei dem Erwartungsnutzen betrachtet werden im Sinne eines kalkulierten Risikos.[173] Kommt es zum Vertrauensbruch, so trifft – anders als bei expliziten Verträgen – den Vertrauenden der Schaden: „Explizite Verträge ermöglichen relativ sicheres Erwarten, Vertrauen jedoch bleibt unsicheres Erwarten"[174]. Der Vertrauensbruch wird jedoch in der Regel durch ausgeprägtere soziale Sanktionen belegt als der Vertragsbruch.[175] Informationen über einen Vertrauensbruch breiten sich in dichten Transaktionsnetzen aus und Sanktionen durch Dritte – sei es durch Missbilligung bis hin zu weiterem Vertrauensentzug – sind mögliche Folgen.[176]

Die **enge Verwandtschaft** von Vertrauen und Reputation hat dazu geführt, dass viele Autoren beide Konstrukte nahezu gleich setzen. FRIEDEMANN erklärt: „Alles Vertrauen, welches einem Betriebe entgegengebracht wird, bildet in seiner Gesamtheit das Betriebsprestige, den Ruf einer Firma".[177] BÜSCHKEN definiert eine gute Reputation als „die Erwartung, dass sich ein Anbieter an die expliziten und impliziten Vereinbarungen zwischen den Transaktionspartnern halten wird".[178] Reputation setzt jedoch

---

[170] Vgl. Vogt 1997, S. 72ff. Zu Begriff und Inhalten der neueren mikroökonomischen Ansätze siehe etwa Bayón 1997, passim.

[171] Vgl. Bartelt 2002, S. 47.

[172] Vgl. Luhmann 1989, S. 30ff. Abstand von der Zerstörung von Vertrauen wird nicht allein genommen, um mögliche negative ökonomische Konsequenzen für die eigene Unternehmung zu vermeiden; auch moralische Grundsätze führen beispielsweise zum Schutz des Vertrauens.

[173] Vgl. Bartelt 2002, S. 45, und die dort vermerkte Literatur.

[174] Vgl. Ripperger 2003, S. 48.

[175] Vgl. Ripperger 2003, S. 51.

[176] Vgl. Strasser/Voswinkel 1997, S. 220.

[177] Friedemann 1933, S. 98. Mit Blick auf ihr Vertrauen differenziert er die Kunden einer Unternehmung in Betriebsfreunde, Betriebsfremde und Betriebsfeinde; vgl. ebenda.

[178] Büschken 1999, S. 1; ähnlich etwa Nguyen/Leblanc 2001b, S. 305.

mehr voraus als eine Erwartungsbildung innerhalb von Transaktionen. Sie beruht – wie oben diskutiert – auf Verhaltenskonsistenz und über die Interaktion der beiden Partner hinaus relevante Kommunikationsprozesse. STAHL sieht in der **sozialen Distanz** zwischen den Transaktionsparteien, welche eine Beobachtung der Tätigkeiten des Transaktionspartners erschwert, das Differenzierungsmerkmal.[179] Vertrauen tritt seiner Ansicht nach auf einer Interaktionsebene mit geringer, Unternehmensreputation auf einer solchen mit hoher sozialer Distanz auf, denn mit zunehmender sozialer Distanz reduziert sich der direkte, persönliche Informationsfluss und der über Dritte nimmt zu. Dabei sei es ein rein subjektives Empfinden des Wirtschaftssubjekts, ob es in einer Transaktionsbeziehung dem Partner vertraut (bzw. misstraut) oder ob es auf dessen positive (bzw. negative) Reputation setzt.[180] Reputation ist folglich dann besonders wichtig, wenn noch keine Geschäftsbeziehung existiert und keine eigenen Erfahrungen mit dem Anbieter vorliegen.[181] Für Neukunden oder Bewerber um einen Arbeitsplatz ist die Reputation relevanter als für Stammkunden und langjährige Mitarbeiter.[182]

Ganz ähnlich differenziert GRUND im Hinblick auf Nachfrager-Anbieter-Beziehungen drei Vertrauensarten: affektives Vertrauen, Reputations- und Erfahrungsvertrauen. **Affektives Vertrauen** liegt während des gesamten Beziehungszeitraums vor; es beruht auf intersubjektiv kaum nachvollziehbaren Emotionen, Sympathie und Antipathie und verschließt sich damit einer objektivierten Erfassung.[183] Sogenanntes **Reputationsvertrauen** bezieht er auf den Fall, dass ein Kunde ein Anbieterunternehmen und dessen Mitarbeiter vor einer Transaktion nicht (persönlich) kennt, so dass der ‚initiale Vertrauensbeweis' nicht durch persönliche Erfahrungen begründet ist, sondern durch Mundwerbung, Kommunikationsbemühungen der Unternehmung und eine abstrakte Einschätzung über Mindestleistungen in der Branche. **Erfahrungsvertrauen** schließlich beruht auf der Verifizierung bisheriger Leistungsversprechen der Unternehmung, nachdem Erfahrungen in der Geschäftsbeziehung gesammelt werden konnten.[184] Ähnlich verdeutlicht PLÖTNER die Rolle der **Eigenerfahrung** bei der Entstehung von

---

[179] Vgl. Stahl 2000, S. 151.

[180] Vgl. Stahl 2000, S. 151. Aus der historischen Erfahrung würde also das zukunftsgerichtete Vertrauen.

[181] Vgl. Andersen/Sørensen 1997, S. 12.

[182] Vgl. Smith 1997, S. 3.

[183] Vgl. Grund 1998, S. 109; siehe auch Tyler/Kramer 1996, S. 6.

[184] Vgl. Grund 1998, S. 109.

Vertrauen, indem er dieses strikt auf die einzelne Person beschränkt. Eine Gruppe von Konsumenten oder auch die Mitglieder des Buying Centers können damit nicht kollektiv einem Anbieter Vertrauen entgegenbringen, sofern nicht jedes Individuum Erfahrungen mit dem Anbieter gesammelt hat und damit eine Basis für Vertrauen aufweist. Vertrauenssubjekt sind damit stets Einzelpersonen, während Vertrauensobjekt neben Personen auch Gruppen oder Institutionen sein können.[185] Dies bedeutet, dass innerhalb einer bestimmten Transaktion Vertrauen wirkt, außerhalb Reputation.

Inhaltlich konvergent geht DÖRTELMANN vor. Er differenziert **individuelle Reputation**, die sich aus Einzelerfahrungen eines Stakeholders, und **kollektive oder allgemeine Reputation**, welche sich aus der aggregierten Erfahrung einer Vielzahl von Stakeholdern entwickele.[186] VOGT unterscheidet einen generellen und einen spezifischen Ruf einer Anbieterunternehmung, die durch generelle und spezifische Erfahrungen mit einer Unternehmung zu ergänzen sind.[187] Nach seinem Verständnis umfasst der **generelle Ruf** öffentlich zugängliche Informationen über die Vertrauenswürdigkeit einer Unternehmung. Sind solche Informationen nicht verfügbar und tritt private Erfahrung einzelner Nachfrager an ihre Stelle, spricht VOGT von **genereller Erfahrung**.[188]

Nach Ansicht von GRUND ersetzt das Erfahrungsvertrauen mit zunehmender Dauer der Geschäftsbeziehung das Reputationsvertrauen (= Ruf).[189] Allerdings sollte besser von **Überlagerung** die Rede sein: Der Ruf spielt vor Beginn einer Geschäftsbeziehung eine besonders wichtige Rolle als Signal zum Unsicherheitsabbau. Aber auch während der andauernden Geschäftsbeziehung (und danach) wird er noch wahrgenommen und bewertet.

---

[185] Vgl. Plötner 1995, S. 36ff. Zum Begriff des Buying Centers vgl. Backhaus 2003, S. 71ff.

[186] Vgl. Dörtelmann 1997, S. 94. Individuelle Reputation entspricht dem hier vertretenen Vertrauensverständnis.

[187] Vgl. Vogt 1997, S. 146.

[188] Generelle Erfahrung entspricht damit dem Vertrauen. Daneben unterscheidet Vogt 1997, S. 146, öffentliche Informationen, die den spezifischen Ruf der Unternehmung untermauern, sowie spezifische Erfahrung, die auf privaten Informationen beruht. Eine Behandlung spezifischer Merkmale, auf die sich Reputation beziehen kann, erfolgt im nächsten Abschnitt.

[189] Vgl. Grund 1998, S. 109. Nach dem in der vorliegenden Arbeit vertretenen Verständnis ist Vertrauen grundsätzlich ein Merkmal des schlechter informierten Vertrauensgebers (hier: des Stakeholders), Reputation ist ein Merkmal des besser informierten Vertrauensnehmers (hier: der Anbieterunternehmung).

Neben dieser Konstruktabgrenzung ist anzuführen, dass Reputation der eigentliche **Sicherungsmechanismus** ist, der dafür sorgt, dass ein Ausbeuten des Vertrauenden zu Nachteilen für den Vertrauensnehmer auch außerhalb der betrachteten Transaktion führt. Die (positive) Reputation geht verloren, der Vertrauensaufbau zwecks Initiierung weiterer Transaktionen wird kostenintensiver. Vertrauen wirkt also nur in Kombination mit Reputation wie ein Pfand. **Vertrauen unterstellt einen funktionsfähigen Reputationsmechanismus**[190]: Nur wer glaubt, dass die Zerstörbarkeit einer vorhandenen Reputation den Anbieter zu absprachegemäßer Leistungserfüllung bewegt, wagt zu vertrauen. Ohne diesen Mechanismus ist kein Vertrauen aufzubauen.[191] „Der multilaterale Ruf hat einen höheren Geiselwert als die bilaterale Erfahrung, da er Möglichkeiten zur Einnahmenerzielung mit vielen Transaktionspartnern eröffnet und nicht nur innerhalb einer bilateralen Beziehung".[192] Einen Beitrag zum Vertrauensaufbau leisten Vertrauensinstitutionen und -intermediäre, aber auch die Kunden und andere Stakeholder, welche die Geisel Reputation bedrohen können. Allerdings ist auch in diese Vermittler wiederum Vertrauen zu setzen. Es bildet sich ein **infiniter Regress**, denn wer bewacht die Wächter der Reputation?[193] Vertrauen in die Reputation bleibt „stets verknüpft mit mehr oder weniger latentem Mißtrauen gerade gegen die Träger und Mittler der Reputation."[194]

De facto ist Reputation nicht nur **Voraussetzung für das Entstehen von Vertrauen, sondern zugleich dessen Wirkung**. Reputation soll Individuen ohne eigene Erfahrungen Informationen über das Unvertraute vermitteln. Verlassen diese sich auf die Reputation, sammeln und verbreiten hernach (bestätigende) Erfahrungen, so tragen sie zur Verstärkung der Reputation bei.

---

[190] Zum Begriff des Reputationsmechanismus siehe z.B. Ripperger 2003, S. 186 und 189ff., zu seinen Voraussetzungen ebenda, S. 217.

[191] Vgl. Kaas 1992b, S. 896. Ein bloßes Hoffen auf die Moral des Vertrauensnehmers wäre allerdings eine Alternative.

[192] Eggs 2001, S. 101; siehe auch Vogt 1997, S. 159ff.

[193] Vgl. Shapiro 1987, S. 645f.; Voswinkel 1999, S. 78. So berichten etwa Dalton/Croft 2003, S. 209, von zunehmendem Misstrauen gegenüber Finanzierung und Zielorientierung von Aktivistengruppierungen und NGOs.

[194] Voswinkel 1999, S. 78.

2.2 Dimensionen, Inhalte, Ausprägungen und Wirkungen der Reputation

2.2.1 Dimensionen und Einflussfaktoren der Reputation

Dimensionen der Reputation wurden bereits im Rahmen der Abhandlung zu begrifflichen Grundlagen erwähnt.[195] So betrachtet PLÖTNER die Reputation als zweidimensionales Konstrukt, das sich aus Vertrauenswürdigkeit und Kompetenz einer Person oder Personengruppe zusammensetzt[196], womit einerseits wieder die konzeptionelle Verwandtschaft mit dem Vertrauen deutlich wird, andererseits dem Reputationskonstrukt sowohl Fähigkeits- als auch Willenskomponenten zugeordnet werden.

Kompetenz ist die vom Nachfrager subjektiv wahrgenommene Qualifikation des Anbieters zur Problemlösung bzw. die Fähigkeit, eine erwartete Handlung tatsächlich durchführen zu können[197]; sie wird gelegentlich in die Fach- und die Problemlösungskompetenz untergliedert[198]. Demgegenüber ist **Vertrauenswürdigkeit** eine willensabhängige Größe: „Vertrauenswürdig ist, wer die Absicht realisiert, die er dem anderen in Worten oder durch konkludentes Verhalten mitgeteilt hat."[199] Eine Anbieterunternehmung wird dementsprechend als des Vertrauens würdig eingeschätzt, wenn sie das ihr entgegengebrachte Vertrauen nicht missbraucht (hat), von ihr also die Einhaltung expliziter und impliziter Verträge zu erwarten ist[200]. Die beiden Dimensionen spiegeln sich in der gewählten Definition der Reputation wider: Kompetenz entspricht der Leistungsfähigkeit, Vertrauenswürdigkeit dem Leistungswillen der Unternehmung.

---

[195] Der Begriff der Dimension bezieht sich hier darauf, dass das Konstrukt Reputation im Hinblick auf eine Operationalisierung als mehrdimensionales Konstrukt betrachtet würde, das nicht direkt über Indikatoren gemessen werden kann, sondern das Konstrukt ist zunächst in ‚vorgelagerte' Konstrukte (bzw. latente Variablen, Faktoren) zu zerlegen; vgl. Bagozzi/Fornell 1982, S. 28ff.; Homburg 2000, S. 72.

[196] Vgl. Plötner 1995, S. 43; ebenso auch Backhaus 2003, S. 688; Herbig/Milewicz/Golden 1994, S. 24; Stahl 1996, S. 223; Rapold 1988, S. 22ff. Franck 1998, S. 117, erwähnt, dass in Bezug auf wissenschaftliches Renommée die von anderen wahrgenommene Kompetenz eines Wissenschaftlers von dessen Reputation abhängt. Ggf. gilt dieser – empirisch und konzeptionell von Franck nicht näher analysierte – Umkehrschluss dann, wenn Kompetenz sich auf Vertrauensqualitäten bezieht.

[197] Vgl. Vogt 1997, S. 149, und Plötner 1995, S. 42f.; detaillierter noch Rasche 1994, S. 112ff.; Strothmann 1997, S. 15. Brown/Dacin 1997, S. 70, führen das Konstrukt der ‚Corporate Ability' ein. Neben subjektiven können auch objektive Kriterien zur Beurteilung von Kompetenz herangezogen werden.

[198] Vgl. Backhaus/Weiss 1989, S. 112.

[199] Ripperger 2003, S. 139; so auch Luhmann 1989, S. 40f. Ein Korrelat wäre die sog. Verlässlichkeit; siehe unten. Zu Determinanten der Vertrauenswürdigkeit siehe Fichtner 2006, S. 40f. Eisenegger 2005, S. 29, bezeichnet Reputation als „Ruf der Vertrauenswürdigkeit".

[200] Vgl. Vogt 1997, S. 147f.

Beide Dimensionen stehen in **komplementärem Verhältnis** zueinander.[201] Werden hier Divergenzen deutlich, entsteht nach PLÖTNER eine ambivalente bzw. indeterminierte Reputation[202], die entweder auf **Inkompetenz des Anbieters** oder **Betrug** (opportunistischem Verhalten) basiert. DARBY und KARNI zeigen, dass mit der Verminderung von Inkompetenz und Betrug unterschiedliche soziale (und private) Kosten einhergehen. Erstere macht die Investition in Ressourcen etwa durch Personalschulungen notwendig, während eine Betrugsvermeidung keine Investitionen in zusätzliche Ressourcen erfordert, sondern lediglich eine Willensentscheidung zur Beendigung des Betrugs. Ehrliches Verhalten resultiert dann in einem **sozialen Gewinn**, während dies für Kompetenzzuwachs nur dann zutrifft, wenn dieser Zuwachs größer ist als die Kosten für die Ressourcen.[203] Der Aufbau von Reputation durch eine Verstärkung der Vertrauenswürdigkeit wäre damit – sowohl aus gesamtwirtschaftlicher als auch aus Anbieterperspektive – unter Kostengesichtspunkten dem durch Verstärkung der Kompetenz vorzuziehen.

Kompetenz und Vertrauenswürdigkeit werden als Dimensionen der Reputation interpretiert, manche Autoren verstehen sie jedoch auch als Bausteine des Konstrukts **Glaubwürdigkeit**. Eine Operationalisierung bzw. Messung der Reputation über diese beiden Dimensionen wäre damit nicht valide, sofern Glaubwürdigkeit und Reputation nicht gleichgesetzt werden.[204] Die Glaubwürdigkeit einer Person, Informationsquelle o.Ä. wird in der Literatur untergliedert in Kompetenz (Fachwissen) einerseits, die der Kommunikator im Hinblick auf einen bestimmten Sachverhalt besitzt, sowie Vertrauenswürdigkeit, welche die Bereitschaft betrifft, Wissen möglichst unverzerrt weiterzugeben.[205] Nach VOSWINKEL bedeutet glaubwürdig zu sein, sich an seine Versprechungen gebunden zu zeigen, also Konsistenz zu beweisen.[206] Eine Abgrenzung der

---

[201] Vgl. Plötner 1995, S. 43.

[202] Vgl. Plötner 1995, S. 43f.

[203] Vgl. Darby/Karni 1973, S. 83. Breyer 1962, S. 161, weist auch dem Ruf volkswirtschaftlichen Nutzen zu.

[204] Als Synonyme betrachten Newell/Goldsmith 2001, S. 236f., die beiden Begriffe, allerdings ohne Erklärung. Voswinkel 1999, S. 49, wiederum setzt die Glaubwürdigkeit als Bedingung für die Vertrauenswürdigkeit.

[205] Vgl. Newell/Goldsmith 2001, S. 236, die ,expertise' und ,trustworthiness' als Dimensionen der Glaubwürdigkeit von Unternehmen identifizieren; vgl. auch Köhnken 1990, S. 2 und S. 119; Brown 1998, S. 219; Willems 1999, S. 73.

[206] Vgl. Voswinkel 1999, S. 49; siehe auch Grund 1998, S. 110; Fombrun/Wiedmann 2001b, S. 49; Riahi-Belkaoui 2001, S. 99.

Konstrukte nehmen HERBIG und MILEWICZ vor: „Credibility is the believability of the current intention; reputation is a historical notion based on the sum of the past behaviours of the entity"[207]. Sie ergänzen, dass keine Gleichgerichtetheit bestehen muss: „A firm can have a horrible reputation but be totally credible (as long as it is consistently bad!)"[208]. Auch NGUYEN und LEBLANC sehen Glaubwürdigkeit als Resultat einer bewerteten Einzelaktion an, während Reputation auf der Beurteilung einer Mehrzahl von Aktionen im Zeitablauf beruht[209]. Die Glaubwürdigkeit wird damit zur Voraussetzung für die Entstehung von Reputation. Umgekehrt vermehrt die gute Reputation die Glaubwürdigkeit eines Anbieters[210], so dass analog zum bereits aufgegriffenen Vertrauenskonstrukt auch hier von beidseitiger Kausalität auszugehen ist.

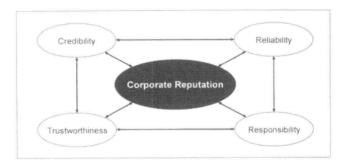

Abbildung 2-4:   Mögliche Dimensionen der Reputation
                    (Quelle: Fombrun 1996, S. 72)

FOMBRUN entwickelt ein umfassenderes, „reinforcing network of factors that helps companies to build strong and favorable reputations with their constituencies"[211] und identifiziert dabei die in Abbildung 2-4 dargestellten Dimensionen der Reputation. Neben Glaubwürdigkeit (Credibility) und Vertrauenswürdigkeit (Trustworthiness) tre-ten noch die Verantwortlichkeit (Responsibility) sowie die Verlässlichkeit (Reliabi-

---

[207]   Herbig/Milewicz 1995a, S. 26.
[208]   Herbig/Milewicz 1995a, S. 27.
[209]   Vgl. Nguyen/Leblanc 2001b, S. 304.
[210]   Vgl. Fombrun 1996, S. 3.
[211]   Fombrun 1996, S. 71.

lity).[212] In der **Verlässlichkeit** dokumentiert sich die Kontinuität der Erwartungserfüllung durch eine Unternehmung, in der **Verantwortlichkeit** ihr Einstehen für ihre Handlungen und deren Konsequenzen. Dabei ist nach DAVIES ET AL. Vertrauenswürdigkeit für die Mitarbeiter am wichtigsten, Glaubwürdigkeit für Investoren, Verlässlichkeit für die Kunden und Verantwortlichkeit für die allgemeine Öffentlichkeit.[213]

SCHWAIGER und CANNON betrachten Reputation als zweidimensionales Konstrukt, dessen kognitive Komponente die Kompetenz und dessen affektive Komponente die **Sympathie** sei.[214] SANDBERG dagegen betont, dass Reputation nicht mit Sympathie in Verbindung stehen muss: „Corporate reputation is not about likeability: it's about the predictability of behavior and the likelihood that a company will meet expectations"[215].

Neben einer Analyse der Dimensionen werden in manchen Quellen Einflussfaktoren der Reputation diskutiert. So wird ein Zusammenhang hergestellt zwischen der subjektiven Reputationswahrnehmung und der Vertrautheit einer Person mit einer Unternehmung. „More information and thus greater familiarity will positively influence the organizational perceptions held by individuals".[216] Damit einher gehen die Erkenntnisse von FOMBRUN und SHANLEY, wonach die Reputation einer Unternehmung mit ihrer Visibilität zusammenhängt.[217] Auch CARLSON weist darauf hin, dass der Großteil der Bevölkerung keine klaren Vorstellungen von bestimmten Unternehmungen hat und stellt damit in Frage, dass jede Unternehmung über eine (ausgeprägte) Reputation verfügt.[218]

---

[212] Vgl. Fombrun 1996, S. 72, der die Begriffe nicht erläutert oder abgrenzt. Bei Petrick et al. 1999, S. 63, wird anstelle des Begriffs ‚Responsibility' von ‚Accountability' gesprochen.

[213] Vgl. Davies et al. 2003, S. 60.

[214] Vgl. Schwaiger/Cannon 2002, S. 9; siehe auch Schwaiger/Hupp 2003, S. 60. Auch Wiedmann 2001, S. 12, weist auf die (positive) emotionale Beziehung einer Person zu der Unternehmung als Reputationstreiber hin.

[215] Sandberg 2002, S. 3.

[216] Lemmink/Schuijf/Streukens 2001, S. 3. Vgl. auch Gatewood/Gowan/Lautenschlager 1993, S. 419.

[217] Vgl. Fombrun/Shanley 1990, S. 246, die hier die Visibilität an der Zahl von Publikationen über eine Unternehmung messen; siehe auch Fryxell/Wang 1994, S. 6.

[218] Vgl. Carlson 1963, S. 26. Dies mag zumindest für die Öffentlichkeit als Stakeholder gelten.

Als **soziale Visibilität** (Social visibility) bezeichnet man das Ausmaß, „in dem einzelne Unternehmen im Evoked Set der Mitglieder einer bestimmten Zielgruppe oder der gesamten Bevölkerung verankert sind"[219]. Ein hoher Grad sozialer Visibilität kann durch positive oder negative Determinanten bestimmt sein, weshalb Visibilität aus Unternehmungssicht nur bedingt wünschenswert ist. Das Verhältnis zwischen Social Visibility und Reputation ist deshalb ambivalent. In starkem Maße die öffentliche sowie die Aufmerksamkeit der Medien auf sich ziehende Unternehmungen werden leicht Gegenstand öffentlicher Auseinandersetzung.[220] Verantwortlich für eine hohe Visibilität ist unter anderem die sogenannte ‚**Media Exposure**' einer Unternehmung, definiert als „the aggregated news reports relating to a specific company within a prescribed period"[221]. Allerdings gilt auch, dass mit geringer ‚Media Exposure' bzw. geringem Bekanntheitsgrad einer Unternehmung „statt des firmenindividuellen Bildes ein globales Branchen- oder Gattungsimage auf dieses Unternehmen übertragen (wird). Und umso abhängiger wird sein Ruf von kaum beeinflussbaren Verschiebungen solcher Pauschalurteile"[222].

Auch BROWN erwähnt **Branchenstereotypen** als Einflussfaktor der Reputation.[223] Sie spielen eine besondere Rolle für potenzielle Kunden oder Mitarbeiter, die bislang nicht in direkter Interaktion mit der Unternehmung bzw. mit ihren Produkten stehen. MAHON wirft die Frage auf: „Is it better to have a poor firm reputation in an industry that enjoys a fine industry reputation or to be a firm with a fine reputation in an industry with a poor reputation?"[224]. DOWLING ergänzt als Reputationsdeterminante die

---

[219] Wiedmann 2001, S. 17; zum Begriff siehe auch Emler 1990, S. 175. Ein Evoked Set umfasst die individuell spontan erinnerte und für relevant erachtete Alternativenmenge und kann in weitere Sub-Sets herabgebrochen werden; vgl. hierzu Trommsdorff 2004, S. 100f. Zu einer Analyse von Evoked Sets bei Unternehmungen als Alternativen siehe Wiedmann 2001, S. 10ff.

[220] Vgl. Wiedmann 2001, S. 22. Zur Rolle der Medien bei der Reputationsentwicklung siehe Eisenegger 2005.

[221] Wartick 1992, S. 34. Der Autor untersucht im Detail den Zusammenhang zwischen Media Exposure und Corporate Reputation; vgl. ebenda, passim. Zum Zusammenhang zwischen Media Exposure und dem Marktwert der Unternehmung siehe Kotha/Rajgopal/Rindova 2000, passim.

[222] Rüssmann 1991, S. 165.

[223] Vgl. Brown 1998, S. 219ff., wobei der Autor hier von „antecedents of corporate associations" spricht. Vgl. auch Bickmann 1999, S. 124.

[224] Mahon 2002, S. 425. Die Branchenreputation kann auf diese Weise Free Rider-Effekte hervorrufen; vgl. ebenda.

nationale Herkunft einer Unternehmung[225], also das subjektive, mehrdimensionale Bild, das sich eine Person „von den wirtschaftlichen, kulturellen und gesellschaftlichen Eigenheiten eines geographischen Gebiets, dessen Bewohnern, Organisationen und Produkten macht, und von dem zu erwarten ist, dass es das Verhalten der Person beeinflusst"[226]. Betrachtet man das Land als Herkunftsort von Produkten, so spiegelt das ‚Made in-Image' die Vorstellung von Konsumenten über die Eigenschaften der Produkte aus einem bestimmten Land wider, die im Allgemeinen durch die Schlüsselbranchen und international bekannte Unternehmungen dieses Landes geprägt werden.[227] Folgende ‚Reputationshierarchie' kann entstehen: „Country-of-Origin & Industry → Company → Brand"[228]. Es ist allerdings zu ergänzen, dass auch die umgekehrte Wirkungsbeziehung auftritt, sofern Marken die Reputation der Unternehmung beeinflussen, diese auf die Branche ausstrahlt, diese wiederum die Wahrnehmung eines Landes mitbestimmt, wie (früher) etwa bei der deutschen Automobilindustrie.[229]

2.2.2 Inhalte der Reputation

Neben den Determinanten können verschiedene **Inhalte der Reputation** differenziert werden, also Merkmale oder Leistungen, die je nach betrachteter Stakeholder-Gruppe für ihr Reputationsurteil relevant werden. So stellt HECK heraus, dass nicht Personen oder Organisationen an sich mit Ansehen geehrt werden, „sondern deren Eigenschaften und Fähigkeiten"[230]. Viele Autoren definieren die Reputation rein (produkt-) qualitätsbezogen.[231] Die Reputation kann sich jedoch auch auf andere Eigenschaften eines Unternehmens beziehen, die hier als **reputative Merkmale** bzw. von

---

[225] Vgl. Dowling 1993, S. 102. Für den Heimatlandeffekt spricht auch, dass Fombrun/Wiedmann 2001c, S. 17, unter den Unternehmungen mit der besten Reputation in Deutschland nur als ‚deutsch' wahrgenommene finden, unter den ‚schlechten' auch „50% Ausländer".

[226] Juvancic 2000, S. 4, der damit den Begriff ‚Länderimage' umschreibt.

[227] Vgl. Juvancic 2000, S. 12f.

[228] Dowling 1993, S. 105.

[229] Weitere Determinanten wie Größe, Alter und Profitabilität der Reputation werden in Kapitel 4.2.3 bzw. 2.3.1 analysiert.

[230] Heck 2002, S. 43. Zu Inhalten des Rufs siehe auch Breyer 1962, S. 5f.

[231] Vgl. z.B. Shapiro 1983, S. 659: „A firm has a good reputation if consumers believe its products to be of high quality"; vgl. auch Stahl 1996, S. 223, Fußnote 3. Herbig/Milewicz 1995b, S. 8, betrachten dagegen Reputation als einen Beitrag zu wahrgenommener Qualität.

FOMBRUN und SHANLEY als ‚informational bedrock'[232] der Reputation bezeichnet werden. In der Literatur werden hierzu unter anderem gezählt die bisherige Qualität von Produkten und Services, der Produktpreis, soziale Verantwortlichkeit, Unternehmenskultur, charismatische Unternehmensrepräsentanten, Nationalität (‚Heimatlandeffekt'), Innovativität sowie Managementqualitäten.[233] Die verschiedenen Inhalte der Reputation müssen nicht kovariieren, sondern können auch in negativem Verhältnis zueinander stehen.[234] Nach Ansicht einiger Autoren können die Wahrnehmungen hinsichtlich einzelner reputativer Merkmale im Sinne einer kompensatorischen Lösung addiert werden, so dass sich in der Summe als ein Globalmaß die **Gesamtreputation** der Unternehmung ergibt.[235] Gestaltpsychologische Erkenntnisse deuten jedoch an, dass eine ganzheitliche Wahrnehmung der Unternehmung eine intensivere psychische Wirkung hat als die Summe der Wahrnehmungseffekte der einzelnen Teile – sofern die Teile zusammenpassen.[236] Insofern reflektiert die bloße Addition der Merkmalsausprägungen nicht den synergetischen Charakter von Reputation.

Die Reputation einer Unternehmung kann in der subjektiven Wahrnehmung einzelner Anspruchsgruppen (Kunden, Kapitalgeber usw.) unterschiedliche Schwerpunkte haben. Den Kunden signalisiert sie unter anderem eine bestimmte Qualität der angebotenen Leistungen.[237] Kapitalgeber wiederum legen eher auf finanzielle Stabilität Wert, Mitarbeiter auf ein gutes Betriebsklima usw. Darüber hinaus wird sich der Ruf einer Unternehmung auch aus Sicht einzelner Stakeholder nicht allein auf eine einzige reputative Eigenschaft (z.B. qualitativ hochwertige Produkte), sondern in der Regel auf ein Bündel beziehen; gleichzeitig kann beispielsweise den Lieferversprechungen einer Anbieterunternehmung Glauben geschenkt werden, ohne dass dadurch die Wahrneh-

---

[232] Fombrun/Shanley 1990, S. 254. Whetten 1997, S. 28, nennt diese Merkmale ‚reputational referents'.

[233] Vgl. Groenland 2002, S. 310ff.; Nguyen/Leblanc 2001b, S. 304.

[234] Vgl. Gardberg 2001, S. 1. De facto müssen die Merkmale nicht einmal korrelieren; vgl. hierzu Kapitel 7.

[235] Vgl. Herbig/Milewicz/Golden 1994, S. 23; Andersen/Sørensen 1997, S. 4; Nguyen/Leblanc 2001a, S. 228. Der Begriff der globalen Reputation wird hier nicht verwendet, da er eine geographische Abgrenzung anklingen lässt, die jedoch hier nicht gemeint ist.

[236] Umgekehrt kann sie, wenn die Teile nicht zusammenpassen, negativere Wirkung als die Einzelteile entfalten; vgl. Huber 1993, S. 80. Die gestaltpsychologischen Wirkungszusammenhänge werden v.a. in der Diskussion um Corporate Identity diskutiert, wo die Ganzheit der Persönlichkeit, des Verhaltens, des Erscheinungsbildes und der Unternehmenskommunikation gefordert wird; vgl. z.B. Birkigt/Stadler/Funck 1994, S. 18ff.

[237] Vgl. Müller 1996, S. 94f.

mung anderer reputativer Merkmale bzw. Leistungen der Unternehmung beeinflusst wird.[238]

NGUYEN und LEBLANC integrieren Stakeholder-Bezug und reputative Merkmale zu zwei ‚Dimensionen' der Reputation: „The firm can have multiple reputations defined according to each combination of attribute and stakeholder"[239]. Wie in der Abbildung 2-5 dargestellt, können auf diese Weise multiattributive und -fokussierte Reputationen einer einzigen Unternehmung unterschieden werden.

Stakeholder-Gruppen				
	Kunden	Mit-arbeiter	Aktionäre	...
Produkt-qualität	R1a	R1b	R1c	R1n
Service-qualität	R2a	R2b	R2c	R2n
soziales Engagement	R3a	R3b	R3c	R3n
Ökologie-orientierung	R4a	R4b	R4c	R4n
...	Rma	Rmb	Rmc	Rmn

Reputative Merkmale

Abbildung 2-5:   Dimensionen der Unternehmensreputation nach
                 NGUYEN und LEBLANC

Zum Beispiel entspricht das Feld R1a der von der Stakeholder-Gruppe Kunden wahr-genommenen Reputation der Unternehmung in Bezug auf die Produktqualität. Dabei muss berücksichtigt werden, dass bereits innerhalb der Gruppe der Kunden divergie-rende Ansichten zur von der Öffentlichkeit wahrgenommenen Produktqualität vorherr-schen könnten, somit eine noch feinere Differenzierung der Reputation möglich wäre. In diesem Sinnzusammenhang benutzt DÖRTELMANN den Begriff ‚Reputationen' und kennzeichnet damit die von verschiedenen Nachfragern differenziert wahrgenom-mene Reputation einer Unternehmung, ein Gedanke, der auf andere Stakeholder-Grup-

---

[238]   Vgl. ähnlich Plötner 1995, S. 36ff. Diese Beobachtung hat Auswirkungen auf die Opera-tionalisierung von Reputation, die als formatives Konstrukt zu messen ist; vgl. Kapitel 7.

[239]   Nguyen/Leblanc 2001a, S. 228.

pen ausgedehnt werden kann.[240] Allerdings ist ungelöst, ob negative und positive Erfahrungen der Stakeholder mit Merkmalen einer Unternehmung kompensatorisch bei der Reputationsbildung wirken. In diesem Fall würde das Pfand Reputation an Wert verlieren, da negative Wahrnehmungen abgeschwächt bzw. aufgehoben werden könnten.[241] Darüber hinaus vernachlässigt dieser Ansatz, dass sich Reputation weniger auf eigene Erfahrungen als auf ein in Teilöffentlichkeiten vorherrschendes Bild bezieht.

2.2.3 Ausprägungen der Reputation

Die Reputation von Unternehmungen kann **unterschiedliche Ausprägungen** aufweisen, wobei im Folgenden auf ihre Valenz, Homogenität und Stärke eingegangen wird. Nach der hier vertretenen Sichtweise ist Reputation ein wertneutraler Begriff. Bezüglich der **Valenz** gibt es ein Kontinuum von Unternehmungen mit sehr guter bis hin zu sehr schlechter Reputation.[242] In diesem Zusammenhang ist auf BROMLEY hinzuweisen, der explizit eine Definition von FOMBRUN und RINDOVA[243] kritisiert, die nur Beurteilungen positiver (,valued') Ergebnisse durch Stakeholder anspricht: „Reputation is essentially an ethical evaluation, and must therefore permit the attribution of negative (undesirable) characteristics"[244].

Ein weiteres Unterscheidungsmerkmal liegt in der **Homogenität** der Reputation. Diese bezieht sich darauf, ob eine Unternehmung bei allen Stakeholdern über eine einheitliche (positive oder negative) Reputation verfügt und ob im Detail die reputativen Merkmale gleichgerichtet (positiv oder negativ) beurteilt werden. Eher inhomogen bzw. diffus wäre zum Beispiel die Reputation einer Unternehmung, welche bezüglich der Qualität ihrer Produkte, ihres Service und ihrer finanziellen Stabilität von Kunden

---

[240] Vgl. Dörtelmann 1997, S. 146f. Eine solche Interpretation erschließt die Reputation als Segmentierungskriterium für die Marktbearbeitung. Dörtelmann bezieht alle Ausführungen nur auf Nachfrager. Die von ihm beschriebene individuelle oder subjektiv wahrgenommene Reputation weist keinen ersichtlichen Unterschied zum Konstrukt des Images auf (ebenda, S. 94).

[241] Vgl. Büschken 1999, S. 14ff., der allerdings nur von negativen Erfahrungen spricht.

[242] Vgl. auch Sandig 1962, S. 7; Gray/Balmer 1998, S. 696; Brenzikofer 2002, S. 121; Gerhard 1995, S. 121, die auch darauf hinweist, dass die neutrale Begriffsauffassung im Schrifttum nicht durchgängig vertreten, sondern vielfach die Reputation nur im Sinne eines ,guten Rufes' verstanden wird. Fichtner 2006, S. 120 stellt fest: „Eine neutrale Reputation ist nicht möglich".

[243] „A corporate reputation is a collective representation of a firm's past actions and results that describes the firm's ability to deliver valued outcomes to multiple stakeholders"; Fombrun/ Rindova 1997, S. 10.

[244] Bromley 2002, S. 38.

und Aktionären positiv wahrgenommen würde, bezüglich des Arbeitsklimas und sozialer Leistungen von ihren Mitarbeitern aber negativ. Derart uneinheitliche Signale der Unternehmung an verschiedene Stakeholder-Gruppen bzw. mangelnde Prägnanz[245] beeinträchtigen die Reputation.[246] „The strength and homogeneity of the individual impressions in a group comprise reputation; if the members all have weak or differing opinions, then no clear reputation is formed".[247] In diesem Zusammenhang ist auch erwähnenswert, dass der Individualisierungsgrad von Leistungen Diffusität fördern kann.[248] Je kundenspezifischer beispielsweise Produkte hergestellt werden, desto besser könnten zwar – ob der individuellen Leistungserstellung – die Erfahrungen bzw. die Zufriedenheit der Kunden sein, jedoch wird kein prägnanter Ruf für eine bestimmte Produktqualität erzielt. Einen nicht weiter betrachteten Sonderfall stellen Unternehmungen dar, denen kollektiv eine (Qualitäts-)Reputation zugeschrieben wird. Hierzu zählen vor allem regionale Cluster von Unternehmungen in einer Branche, wie beispielsweise italienische Keramikhersteller, neuseeländische Wollproduzenten, Solinger Klingenhersteller.[249]

Eine weitere Differenzierung liegt in der **Stärke** der Reputation, die sich auf die von Stakeholdern bei der Beurteilung von Reputation betrachteten reputativen Merkmale der Unternehmung bezieht, also der Komplexität der Reputation.[250] Der Begriff der Stärke wird hier vorgezogen, da Veränderungen in der Bewertung einer einzelnen Eigenschaft umso weniger Einfluss auf die Gesamtbewertung ausüben, je mehr Eigenschaften mit diesem verknüpft werden. So vergleicht WESSELS Reputation mit einem Tempel, der auf verschiedenen Säulen aufgebaut ist. Bricht eine der Säulen ein, haben die anderen die gesamte Last zu tragen bzw. die gesamte Konstruktion könnte einstürzen.[251]

---

[245] Breyer 1962, S. 54, spricht von der ,Prägnanz' eines Rufs.

[246] Vgl. Nguyen/Leblanc 2001b, S. 304.

[247] Sjovall/Talk 2004, S. 270.

[248] Vgl. Bartelt 2002, S. 55.

[249] Vgl. Baden-Fuller/Ravazzolo/Schweitzer 2000, S. 624; Simon 1985, S. 24f.

[250] Vgl. Whetten 1997, S. 28: „reputational strength might be operationalized as the level of agreement among relevant stakeholders regarding the content of an organization's reputation". Breyer 1962, S. 48, spricht in diesem Zusammenhang von ,Rufkomplex' bzw. ,komplexem Ruf'.

[251] Vgl. Wessels 2003, S. 28.

Dabei ist die Stärke der Reputation in der Öffentlichkeit vom Produkt- bzw. Branchen-kontext abhängig. Beispielsweise kann ein im Business-to-Business-Bereich tätiger Anbieter von Spezialprodukten bei seinen Stakeholdern über eine starke, positiv aus-geprägte Reputation verfügen, bei breiteren Bevölkerungsgruppen jedoch weitestge-hend unbekannt sein und damit dort keine oder nur eine schwache Reputation aufwei-sen.

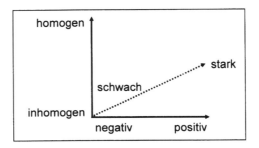

Abbildung 2-6:   Ausprägungen der Reputation

Die verschiedenen Ausprägungsarten der Unternehmensreputation sind in Abbildung 2-6 als dreidimensionaler ‚Positionierungsraum' veranschaulicht.

Plausibel erscheint die **These**, dass eine Unternehmung die größten Vorteile aus einer Reputation zieht, wenn eine große Zahl relevanter Stakeholder eine Reputation wahr-nimmt, mit dieser eine große Anzahl von Eigenschaften verbindet (Stärke) und in übereinstimmender Weise positiv beurteilt (Homogenität und Valenz).[252]

2.2.4 Auswirkungen der Reputation

Die **Auswirkungen** einer positiven Reputation sind in der Literatur weitläufig beschrieben worden. Sie führt unter anderem zur Akquisition und Bindung von Kun-den sowie qualifizierter Mitarbeiter, Kapitalzugang und zur Fähigkeit, Krisen besser zu überstehen.[253] FOMBRUN und WIEDMANN wählen die Metapher eines Magneten, der Vertreter der verschiedenen Stakeholder-Gruppen der Unternehmung anzieht. Ihrer Ansicht nach führt Reputation bei Kunden zu erhöhten Wiederkaufraten und damit zu

---

[252] Vgl. Teufer 1999, S. 140, der hier Images der Unternehmung aus Mitarbeitersicht behandelt.

[253] Vgl. Thevissen 2002, S. 320; Smith 1997, S. 1. Reputation wirkt als ‚Safety Net'; vgl. Fombrun/Gardberg/Barnett 2000, S. 89; siehe auch die Untersuchung von Laufer/Coombs 2006.

höheren Marktanteilen, bei den Mitarbeitern zu einer höheren Motivation und Bindung, bei den Kapitalgebern zu erhöhter Investitionsbereitschaft und geringeren Zinsforderungen und bei Presse und Öffentlichkeit zu einer stärkeren Unterstützung der Unternehmung. Reputation ist daher auch für verschiedene Funktionsbereiche der Unternehmung relevant und nicht allein für eine Abteilung ‚Marketing' oder ‚Unternehmenskommunikation'.[254]

ALBACH bezeichnet die Reputation als (Vertrauens-)Kapital des Unternehmens.[255] Enttäuscht der Anbieter die Stakeholder-Erwartungen, schwindet die Chance, künftig in Suchprozesse bzw. das Evoked Set beispielsweise der Kunden aufgenommen zu werden.[256]

Dies ist nicht allein deshalb problematisch, weil auf diese Weise kein Produkterwerb und damit kein Aufbau von Reputation resultieren, wie GERHARD vermutet.[257] Es kommt eben nicht nur zu einem Verlust an Vertrauen bzw. Reputation, sondern zu einem Zuwachs an Misstrauen bzw. negativer Reputation. Auswirkungen negativer bzw. neutraler (mangelnder) Unternehmensreputation liegen einerseits darin, dass die Vorteile guter Reputation nicht ausgenutzt werden können (Opportunitätskosten). Um Kunden zu gewinnen müssen stattdessen kostenintensive Substitute (z.B. Garantien) eingesetzt werden, was bei Vertrauensgütern nicht möglich ist.[258] Allerdings werden die zum Aufbau von positiver Reputation notwendigen Ressourcen gespart.

2.3 Entstehung und Entwicklung von Reputation

2.3.1 Ein Modell der Reputationsentwicklung

In Ausführungen zur Reputation klingt deren ‚Gedeihen und Verderben' an, als ob das Konstrukt in Analogie zu Lebewesen einem **Lebenszyklus** folgt, zumal es Zeit kostet,

---

[254] Vgl. Fombrun/Wiedmann 2001c, S. 5.

[255] Vgl. Albach 1980, S. 3; siehe auch Gerhard 1995, S. 123. Beide Autoren analysieren nur Kunden. Zu den Begriffen Vertrauens- und Reputationskapital siehe Abschnitt 2.4.2.

[256] Vgl. Hauser 1979, S. 749; Gerhard 1995, S. 130. Thevissen 2002, S. 320, vergleicht die Reputation mit einem Kredit, der einer Unternehmung von vertrauenden Stakeholdern gewährt wird.

[257] Vgl. Gerhard 1995, S. 130.

[258] Vgl. hierzu im Detail die informationsökonomischen Ausführungen in Kapitel 3.

eine Reputation aufzubauen und zu entwickeln.[259] In Abbildung 2-7 ist ein solches Modell dargestellt, wobei grob die Phasen der Entstehung, des Wachstums sowie der Degeneration bzw. Zerstörung abgegrenzt wurden.[260] Der vornehmliche Nutzen von Lebenszyklusmodellen wird darin gesehen, dass sie „als dynamische Modelle, d.h. durch die Einbeziehung des Faktors Zeit, die Einsicht fördern, dass unternehmerisches Handeln sich im Zeitablauf veränderten Situationen anpassen muß und die Strategien entsprechend zu variieren sind"[261]. Auch das hier vorgestellte Modell bietet ein anschauliches Gerüst, anhand dessen die möglichen Phasen der Reputationsentwicklung beschrieben werden können. Der Ruf ist Wandlungen unterworfen, die „in der Festigung, Erschütterung oder der Substitution des Rufes zum Ausdruck kommen"[262]. Eine erste Schwierigkeit liegt allerdings in der Bezeichnung der Ordinatenachse, der ein Maß für die Reputation zuzuweisen ist. Hier wird beispielhaft – entsprechend der eben beschriebenen Ausprägungsformen des Konstrukts – die Stärke der Reputation einer Unternehmung herangezogen.

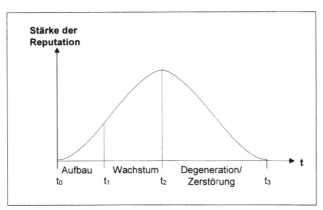

Abbildung 2-7:   Ein hypothetischer ‚Lebenszyklus' der Reputation einer
                      Unternehmung[263]

[259]   Vgl. Rindova 1997, S. 190.
[260]   Einen Überblick über mögliche Phasenabgrenzungen in Lebenszyklusmodellen bietet Höft 1992, S. 17ff.
[261]   Höft 1992, S. 1.
[262]   Breyer 1962, S. 39.
[263]   Das glockenförmige Verlaufsmuster findet sich typischerweise in Lebenszyklusmodellen. Zu entsprechender Kritik siehe Höft 1992, S. 22ff.

2.3.2 Entstehung der Reputation von Unternehmungen

Bisher wurden wenige Anstrengungen unternommen, den **Entstehungs- bzw. Auf-bauprozess** von Reputation zu erklären.[264] KOTHA ET AL. nennen als reputationsaufbauende Aktivitäten der Unternehmung die Werbung, die ‚Reputations-leihe' sowie die Berichterstattung in den Medien.[265] Eine Reihe von Autoren teilt die Ansicht SPREMANNs, der erklärt: „Reputation ist das Ergebnis der Kommunikation der Kunden untereinander"[266]. Auch BÜSCHKEN interpretiert Reputation als Folge der Diffusion von Kundenerfahrungen, wobei er sich an die Ausarbeitungen von SIMON zur Entstehung des sogenannten Goodwill anlehnt.[267] Sein Modell zur Entste-hung von Reputation wird nachfolgend skizziert, da die Reputation aus Kundensicht traditionell viel Beachtung bei der Analyse des Konstrukts findet und das Modell auf andere Stakeholder übertragbar ist.

BÜSCHKEN differenziert im Falle der nicht zufriedenstellenden Leistungserbringung durch eine Anbieterunternehmung zwei zentrale Bedrohungspotenziale. Eine **indivi-duelle Sanktion** liegt in der Abwanderung des Kunden, das heißt zukünftige Bedarfe werden bei anderen Anbietern gedeckt. Je wertvoller die individuelle Kundenbezie-hung aus Anbieterperspektive ist, desto größer ist auch das individuelle Bedrohungs-potenzial.[268] **Kollektive Sanktionsmöglichkeiten** beziehen sich auf die Diffusion der Kundenunzufriedenheit im Marktumfeld, der „Schaden aus Anbieterperspektive ent-steht hier außerhalb der ursprünglichen, bilateralen Kunden-Anbieter-Beziehung und vor allem hier wird Reputation wirksam"[269].

Wie in Abbildung 2-8 erkennbar, beruht kollektive Sanktion auf einem Prozess, in dem eine Leistungs- und eine Informationsebene unterschieden werden. Ausgangspunkt der Betrachtung ist auf der **Leistungsebene** eine Transaktion zwischen Anbieter und

---

[264] Vgl. Büschken 1999, S. 3. Der Begriff des Aufbaus wird in der Folge nicht weiter verwendet, da er die Konnotation aktiver Maßnahmen (des Anbieters) weckt, welche nur bedingt für die Repu-tationsentwicklung maßgeblich sind (siehe oben).

[265] Vgl. Kotha/Rajgopal/Rindova 2000, S. 5.

[266] Spremann 1988, S. 625, Fußnote 3; ebenso etwa Yoon/Guffey/Kijewski 1993, S. 218; Gerhard 1995, S. 122f.; Eisenegger 2005, S. 45.

[267] Vgl. Büschken 1999, S. 3; Simon 1985, S. 24. Das Modell wird allerdings als ‚Wirkungsmodell der Anbieterreputation' bezeichnet.

[268] Zur Analyse des Werts von Kundenbeziehungen siehe z.B. Cornelsen 2000, passim; Günter/ Helm (Hrsg.) 2006.

[269] Büschken 1999, S. 4; vgl. hierzu auch Darby/Karni 1973, S. 73.

Nachfrager im Sinne einer Einigung über die auszutauschenden Güter bzw. zu erbringende Leistung und Gegenleistung.[270] Der Output aus der Transaktion (bzw. die Interaktion) führt zu Erfahrungen des Kunden.[271] Indem der Kunde auf der **Informationsebene** seine Erfahrungen kommuniziert, kommt es zur Informationsdiffusion im Markt, aus der Reputation der Anbieterunternehmung entsteht. Diese wiederum kann erneut Transaktionen (mit dem bisherigen oder anderen Kunden) auslösen.[272] Diese Ansicht teilt auch BACKHAUS, der darauf hinweist, dass Reputation erst mit der Kumulation von abgewickelten Geschäften entstehen kann[273], so dass die spezifische Anbieterreputation erst nach mehrmaligen Transaktions- und Informationsprozessen entsteht. Nach dieser Interpretation wäre mindestens in Bezug auf die Kunden eine hohe Reputation der Anbieterunternehmung quasi garantiert, sofern hohe Produktqualität Kundenzufriedenheit nach sich zieht.[274]

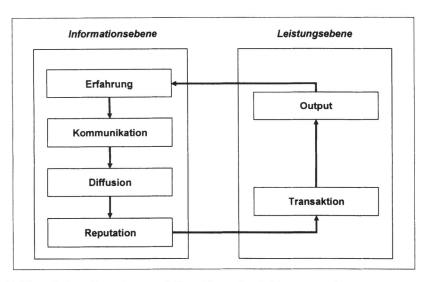

Abbildung 2-8:   Entstehung und Verstärkung der Anbieterreputation
                   (Quelle: Büschken 1999, S. 8.)

---

[270] Vgl. Plinke 2000, S. 44.
[271] Die auf bilateraler Transaktion beruhenden Erfahrungen könnten auch der Leistungs- bzw. Interaktionsebene anstelle der multilateralen Informationsebene zugeordnet werden.
[272] Vgl. Büschken 1999, S. 7.
[273] Vgl. Backhaus 2003, S. 689.
[274] Vgl. Gerhard 1995, S. 123; vgl. auch Simon 1981, S. 589; derselbe 1985, S. 20.

Das von BÜSCHKEN entwickelte Regelkreismodell könnte durch diffusions- und adoptionstheoretische Modellierungen ergänzt werden.[275] Darüber hinaus wirft die schematische Darstellung eine Reihe von Fragen auf. Wie bereits erwähnt, ist eine nur die Kunden umfassende Sichtweise zu eng, da Reputation auch durch andere Anspruchsgruppen geformt wird, was sich aber in das Modell integrieren ließe. Fraglich bleibt allerdings, inwiefern behauptete oder vermutete Merkmale der Anbieterunternehmung Grundlage der Reputationsentwicklung sein können. De facto kann sich Reputation auch auf nicht (mehr) existente Merkmale der Unternehmung beziehen[276], die nicht Grundlage von Transaktionen sind oder waren.

Darüber hinaus ist klarer herauszustellen, dass Reputation **nicht zwingend der Eigenerfahrung** der kommunizierenden Kunden bedarf.[277] Dies leitet über zu einem weiteren, im Modell von BÜSCHKEN vernachlässigten Aspekt. Neben den Eigen- und Fremderfahrungen kann die Reputation auch durch (kommunikative) **Bemühungen des Anbieters** beeinflusst werden: „Reputations develop as companies try to build up favorable images of themselves"[278]. Auch BROWN geht davon aus, dass durch Image- und Produktwerbung ein positiver Einfluss auf die Reputationswahrnehmung von Kunden genommen werden kann.[279] Viele Studien suchen einen (positiven) Zusammenhang zwischen der Ausprägung der Reputation einer Unternehmung und ihren Werbeaufwendungen zu belegen, wie zum Beispiel die von BERGEN. In Abbildung 2-9 sind die von ihm ermittelten Kommunikationsbudgets der im Jahre 1999 im sogenannten FORTUNE-Ranking (siehe hierzu Kapitel 4) aufgenommenen Unternehmungen zusammengefasst. Enthalten sind keine produktbezogenen Werbemaßnahmen, sondern unternehmensübergreifende Kampagnen. Es zeigt sich ein ausgeprägter posi-

---

[275] Vgl. zu einer Abgrenzung z.B. Höft 1992, S. 47ff. Mahon 2002, S. 419, skizziert ein dynamisches Modell der Reputationsentstehung, dass Aktivitäten und Kommunikation der Unternehmung als Einflussfaktoren auf die Kommunikation unter Stakeholdern enthält, den Zusammenhang zwischen Stakeholder-Kommunikation und Reputation jedoch als „a largely unexplored and poorly understood set of relationships and actions" offenlässt; ebenda.

[276] Vgl. Voswinkel 1999, S. 70.

[277] Vgl. Backhaus 2003, S. 689; analog Rapold 1988, S. 21f.; Büschken 1999, S. 8f.; Nguyen/ Leblanc 2001b, S. 305, sowie bereits Gutenberg 1984, S. 243.

[278] Fombrun 1996, S. 11; so auch Greyser 1999, S. 178.

[279] Vgl. Brown 1998, S. 219. Ob dies auch für andere Stakeholder gilt, wird dort nicht untersucht.

tiver Zusammenhang zwischen der Reputation – hier dargestellt als Rang im FOR-
TUNE-Ranking – und der Summe der Kommunikationsaufwendungen.[280]

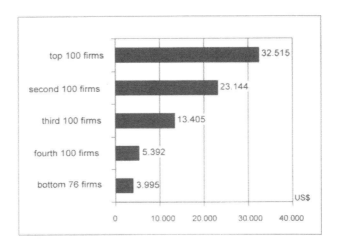

Abbildung 2-9:   Vergleich von Kommunikationsbudget und Rang im
                  FORTUNE-Ranking 1999
                  (Quelle: Bergen 2001, S. 23.)

Es ist dennoch nicht so, dass Unternehmungen mit den höchsten Werbe-Spendings
automatisch eine hohe Reputation vorzuweisen haben. Manche Autoren folgern gar,
dass hohe Werbeaufwendungen bzw. -präsenz dazu führen, dass unhaltbare Versprechungen gemacht werden.[281] Unternehmen sind zwar fähig, den Eindruck bzw. die
Impressionen, die sie bei den Zielgruppen hinterlassen, zu steuern. Jedoch wird die
direkte Steuerung verzerrt durch Kommunikationsaktivitäten der Anspruchsgruppen
untereinander, die zum Aufbau und zur Veränderung der Reputation führen. „Interpersonal communication is far more powerful in terms of shaping the attitudes and images
held   by   people   than   any   communication   sponsored   by   the   company
itself".[282]Außerdem ist von Seiten besonderer Interessentengruppen – der ‚Reputation

---

[280]   Nähere Angaben zu den Budgets und deren Zeitbezug sind der Quelle nicht zu entnehmen; insge-
        samt erscheinen die genannten Beträge eher gering, allerdings ist auch nur deren relativer Ver-
        gleich von Interesse.
[281]   Vgl. Schultz/Nielsen/Boege 2002, S. 330.
[282]   Dowling 1993, S. 105.

Broker' wie Analysten und Journalisten – das Streuen von Gerüchten zu erwarten, wobei die Reputation in der Regel über die Medien beeinflusst wird.[283] Einen eher indirekten Effekt ergänzt RAPOLD, der darauf verweist, dass durch den Einsatz von Marketinginstrumenten die Anzahl der Erstkäufer erhöht und/oder die Kommunikationsbedingungen unter den Stakeholdern verbessert werden können, was wiederum den Aufbau von Reputation fördert.[284] Dies verstärkt die hier vertretene Auffassung, dass Reputation allenfalls zu geringen Teilen von Kommunikationsaktivitäten der Unternehmung und zu großen Teilen von der Kommunikation im Markt bzw. der Umwelt abhängt – die wiederum aber auch nicht unbeeinflusst von Anbietermaßnahmen sein muss.[285] Die Abhängigkeit von Kommunikationsprozessen bedeutet, dass die Reputationsentstehung Zeit beansprucht.[286] Folglich erwachsen jungen Unternehmungen diesbezüglich Nachteile, da es ihnen (bisher) an den Bewährungsmöglichkeiten mangelt, aus denen Reputation erwächst.[287] So benennen auch ANDERSEN und SØRENSEN als zentrale Voraussetzung für die Entstehung von Reputation, dass Stakeholder bereits über einige Kenntnisse bezüglich der Unternehmung verfügen müssen. Ohne jegliches Konzept kann ein Individuum neue Informationen nicht zu einer Evaluation zusammenführen. Folglich kann einer (noch) unbekannten Unternehmung keine Reputation zugewiesen werden.[288] Und die Autoren ergänzen noch einen weiteren wichtigen Aspekt: Es muss auch Wissen über die Informationsquelle und deren Glaubwürdigkeit vorliegen, z.B. in Bezug auf den Dritten, der über Erfahrungen mit der Unternehmung berichtet.[289] Das Vertrauen in den Kommunikator bzw. die Reputation der Informationsquelle sind Grundlagen für die Entstehung und Entwicklung von Reputation der Unternehmung.

---

[283] Vgl. Fombrun 1996, S. 59, und Whetten 1997, S. 29, zum Begriff ‚Reputation Broker'.

[284] Vgl. Rapold 1988, S. 94f.

[285] Zur Beeinflussung interpersoneller Kommunikation zwischen Kunden durch Anbieter siehe Helm 2000, S. 298ff.

[286] Vgl. z.B. Hall 1993, S. 616.

[287] Vgl. Sandig 1962, S. 11. Aussagen zu einer kritischen Masse, also etwa einer bestimmten Anzahl von Transaktionen oder Kommunikationskontakten im Markt, ab der Reputation vorliegt, finden sich in der Literatur nicht.

[288] Vgl. Andersen/Sørensen 1997, S. 3f.; ähnlich Breyer 1962, S. 40.

[289] Vgl. Andersen/Sørensen 1997, S 3f. Die Autoren merken zudem noch an, dass der Informationsempfänger über eine Vorstellung über die gemeinsamen Werte in einer Gemeinschaft verfügen muss, um reputationsbezogene Informationen richtig verarbeiten zu können; vgl. ebenda, S. 4.

2.3.3 Wachstum der Reputation von Unternehmungen und Reputationstransfer

Ein Übergang zwischen der Entstehungs- zur Wachstumsphase der Reputation kann nicht zeitgenau ausgemacht werden; die Phaseneinteilung ist damit rein anschaulicher Natur. Zunehmende Reputation kann in mehrerlei Hinsicht beschrieben werden: **Qualitatives Wachstum** könnte sich darauf beziehen, dass die Reputation einer Unternehmung besser, ggf. auch weniger diffus wird. **Quantitatives Wachstum** der Reputation könnte darin liegen, dass

- positive Kommunikation über die Unternehmung sich auf Märkten intensiviert,

- sich das Transaktionsvolumen der Unternehmung auf verschiedenen Märkten bei gleichen zu Grunde liegenden Leistungen vergrößert,

- die auf bestimmte Merkmale bezogene Reputation nun auch auf andere bezogen wird.

Auf den letztgenannten Aspekt soll näher eingegangen werden, da er den häufiger in der Literatur diskutierten **Reputationstransfer** betrifft. Dieser kann mindestens in fünf Richtungen interpretiert werden, wie in Abbildung 2-10 dargelegt.

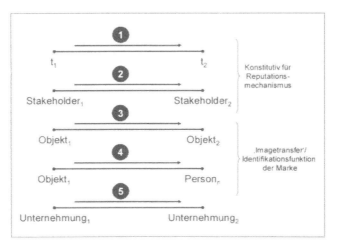

Abbildung 2-10:   Mögliche Arten eines Reputationstransfers

Fall ❶: Unter anderem GERHARD weist darauf hin, dass Reputation von einer auf folgende Perioden transferiert werden kann.[290] Grundlage dieses dynamischen Reputationstransfers ist der Erfahrungstransfer. In der Vergangenheit gemachte Erfahrungen werden in die Zukunft extrapoliert, was konstitutives Element jeder Reputationsentstehung ist. Der Begriff des Reputationstransfers erscheint hierfür nicht angebracht.

Fall ❷: Gleiches gilt den Transfer der Reputation von einem auf andere Stakeholder. Dieser kommunikative Austausch ist bereits als notwendiges Element der Reputationsentstehung und -entwicklung benannt worden. Zu ergänzen ist noch, dass diese Kommunikation auch Grenzen zwischen Stakeholder-Gruppierungen überwindet, beispielsweise also Mitarbeiter einer Unternehmung mit deren Kunden oder diese mit Kapitalgebern kommunizieren. Ein Transfer von Reputation liegt hier jedoch auch nicht vor; Austauschobjekt sind Erfahrungen bzw. Informationen.

Fall ❸: Dieser bezieht sich auf das – oftmals mit einem Reputationstransfer gleichgesetzte – Phänomen des Goodwill-, Image- oder Marken-Transfers. Unter einem **Markentransfer** versteht man die Verwendung etablierter Markenelemente (Markennamen, Logo, usw.) für ein anderes Produkt oder eine Produktkategorie.[291] Der **Imagetransfer** bezieht sich auf den in der Psyche der Zielpersonen ablaufenden Prozess, bei dem die Assoziationen der bekannten Marke mit dem neuen Produkt in Verbindung gebracht werden.[292] Unter einem **Goodwill-Transfer** versteht SIMON „eine von den Nachfragern vorgenommene Übertragung kaufrelevanter Informationen über die Zeit (z.B. Erfahrungen) und/oder über die Produktlinie (z.B. Präferenz für Markenfamilie)"[293] und integriert in dieser Aussage in Prinzip die Fälle ❶ bis ❸. Ohne an dieser Stelle weiter auf diese Formen des Markentransfers einzugehen, ist noch zu erwähnen, dass dieser durchaus auch negative Wirkungen zeitigen kann: „When a company is

---

[290] Vgl. Gerhard 1995, S. 125. Müller 1996, S. 96, spricht diesbezüglich von intertemporalem oder dynamischem Reputationstransfer.

[291] Vgl. ähnlich Hätty 1989, S. 23, und umfassender S. 49; das andere Produkt muss dabei – anders als in der benannten und anderen Quelle definiert – nicht neu sein. Beispielsweise kann bei einer Markenwechselstrategie ein etablierter Markenname auf ein etabliertes Produkt übertragen werden. Zur Markenbildung durch ‚Reputationstransfer' siehe auch Dörtelmann 1997, S. 120ff.

[292] Vgl. Hätty 1989, S. 37ff., der die mangelnde Trennschärfe des Begriffs bemängelt.

[293] Simon 1984, S. 639; ähnlich Rapold 1988, S. 94ff.; Gerhard 1995, S. 125. Der Definition von Albach 1980, S. 4: „Mit dem Ausdruck ‚Goodwill-Transfer' wird das beobachtbare Phänomen beschrieben, dass Kunden bereit sind, das Vertrauen, das sie einem Produkt entgegengebracht haben, auf ein anderes zu übertragen, wenn es von demselben Hersteller kommt", wird hier nicht gefolgt, da zu Produkten kein Vertrauen im eigentlichen Sinne gefasst werden kann.

known for a high quality product, there is a spillover effect observed in its other products [...] This spillover effect has a symmetric impact: an event that is a reputation threat to a company's product, may affect all the company's products"[294]. Besonders bei Unternehmungen, die ihre Corporate Brand auch für die Produktmarkierung verwenden, sind solche Spillover-Effekte besonders gravierend.[295]

Allerdings erfolgt auch in diesem dritten Fall kein Transfer von Reputation, sondern allenfalls ein quantitatives Wachstum. Fördern die gemeinsame Markierung sowie ein einheitliches Design[296] Neu- und Wiederholungskäufe (positive individuelle Sanktion nach BÜSCHKEN[297]) und/oder Weiterempfehlungen (positive kollektive Sanktion), wächst die Reputation der Anbieterunternehmung.[298]

Fall ❹: Es gibt zudem noch einen möglichen Transfereffekt, der zwischen einem Objekt (z.B. einem Produkt, einer Marke) und einer Person stattfindet. Hiermit ist die im Konsumentenverhalten als **Identifikationsfunktion der Marke** umschriebene These gemeint: Personen – typischerweise Nachfrager – ,identifizieren sich' mit der Marke, übertragen mit der Marke, dem Produkt, der Unternehmung verbundene Eigenschaften auf sich selbst bzw. wollen sich diese zugeschrieben wissen.[299] Dieses Phänomen kann nicht als Reputationstransfer bezeichnet werden, da es sich in der Regel auf fiktive, durch die Anbieterkommunikation ,behauptete' Eigenschaften von Sachen (Produkten, Marken) bezieht, und die betroffene Person auch durch den Transfer keine eigene Reputation entwickeln kann, da diese vornehmlich von dem ihr zugeschriebenen Verhalten abhängig ist. Gleiches gilt für den Fall, dass Individuen von der Reputation einer Unternehmung profitieren können, etwa wenn Bewerber auf Referenzen von angesehenen Firmen verweisen.[300]

Fall ❺: „Reputation resources may flow between one organisation and another because of perceived or actual linkages".[301] Auf Basis dieser sehr breiten Aussage kön-

---

[294]   Devine/Halpern 2001, S. 44; siehe auch Dörtelmann 1997, S. 121.

[295]   Vgl. Cornell/Shapiro 1987, S. 8; Gray/Balmer 1998, S. 697. Zum Corporate Branding siehe
         Kapitel 8.4.

[296]   Vgl. Gerhard 1995, S. 128; Simon 1985, S. 24.

[297]   Vgl. Büschken 1999, S. 4.

[298]   Vgl. Ungern-Sternberg/Weizsäcker 1981, S. 613; Rapold 1988, S. 30.

[299]   Vgl. z.B. Schmidt/Elßer 1993, S. 62.

[300]   Vgl. Baden-Fuller/Ravazzolo/Schweitzer 2000, S. 624.

[301]   Baden-Fuller/Ravazzolo/Schweitzer 2000, S. 624; Baden-Fuller/Ang 2001, S. 743.

nen verschiedene Unterkategorien differenziert werden. Reputation könnte übertragen werden **von der Anbieter- auf die Kundenunternehmung**. Beispielsweise könnten dem Kunden aufgrund zugelieferter Teile (analog zum Ingredient Branding[302]) bzw. schlicht aufgrund der bestehenden Geschäftsbeziehung zum Anbieter reputative Merkmale zugeschrieben werden. Allerdings liegt nicht zwingend ein tatsächlicher Transfer von (identischen) reputativen Merkmalen zwischen den Unternehmungen vor, sondern die Kundenunternehmung gewinnt ein eigenständiges, reputatives Merkmal. Wenn beispielsweise die renommierte Firma Bosch einen kleinen Herstellerbetrieb beliefert, so strahlt einerseits die Qualitätsreputation von Bosch auf den Hersteller ab, andererseits gewinnt dieser gegebenenfalls an Reputation, da er willens und fähig war, eine Geschäftsbeziehung zu einem renommierten Unternehmen aufzubauen.

Umgekehrt kann auch die Reputation **von der Kunden- auf die Anbieterunternehmung** abstrahlen, was in der Praxis unter anderem durch die Nutzung von Referenzen deutlich wird. Für solche Referenzen gilt zudem, dass sie aus der Sicht potenzieller Kunden umso wirksamer sind, je größer die Reputation des Referenzkunden ist.[303]

MÜLLER untersucht den **interdivisionalen Reputationstransfer** im Sinne der „Möglichkeit, Wettbewerbsvorteile von einem Unternehmensteil auf einen anderen zu übertragen"[304], was im breiten Spektrum der unter dem Stichwort ‚Mergers & Acquisitions' diskutierten Unternehmensverbindungen eine Rolle spielen kann. Seiner Ansicht nach gelingt ein Reputationstransfer, wenn

- das erwerbende Unternehmen eine positive Reputation besitzt,

- die Reputation des erworbenen Unternehmens niedriger ist als die des erwerbenden,

- die Nachfrager nach der Akquisition eine Verbindung zwischen der Reputation des erwerbenden und erworbenen Unternehmens herstellen.[305]

---

[302] Zum Begriff des ‚Ingredient Branding' vgl. Freter/Baumgarth 2005, passim; Hätty 1989, S. 29, nutzt hier den Begriff der ‚begleitenden Marke', da sie Ausgangsstoffe, Vor-, Zwischen- oder Veredelungsprodukte kennzeichnet und diese dann durch die Verarbeitungsphasen bis hin zum Endverbraucher begleitet.

[303] Vgl. Simon 1985, S. 212. Von dem Fall, dass auch von Privatpersonen, die in der Rolle des Kunden auftreten, Referenzwirkungen ausgehen (etwa bei Prominenten), soll hier abgesehen werden. Vgl. zu Referenzen auch Helm 2000, S. 339ff.

[304] Müller 1996, S. 96, Fußnote 15. Vgl. hierzu auch Balmer/Gray 1999, S. 173.

[305] Vgl. Müller 1996, S. 172f.

Der letztgenannte Punkt ist zu präzisieren, denn die Nachfrager bzw. Stakeholder der beiden Unternehmen(steile) müssen diese als eine Reputationsentität wahrnehmen, beiden (bzw. dem einen neuen) die identischen reputativen Merkmale zuordnen wie früher der erwerbenden Unternehmung. Nur dann läge ein tatsächlicher Reputationstransfer vor, während andernfalls eine nachteilige Inkongruenz zwischen dem Image der Unternehmung in der Öffentlichkeit und deren wahrer Identität entstünde, welche unter anderem Kunden wie auch Investoren verwirren und deren Bereitschaft zur Unterstützung der (neuen) Unternehmung vermindern würde.[306]

Neben einem Transfer in vertikalen Lieferbeziehungen kann Reputation auch in horizontalen Geschäftsbeziehungen, zum Beispiel **Anbieterkooperationen**, sowie in lateralen Beziehungen gegenseitig genutzt werden. Hierzu sollen an dieser Stelle alle (Geschäfts-)Beziehungen gezählt werden, bei denen keine direkte Absatzwirkungen nach sich ziehenden Leistungsverflechtungen bestehen. Zum Beispiel ‚leihen' manche Unternehmen bzw. Organisationen die Reputation anderer, um ihren eigenen Kunden gegenüber vertrauenswürdiger zu erscheinen: „Client companies rent the reputations of their lawyers, accountants, bankers, and consultants as a means of signaling their own credibility and integrity to key constituents".[307] KOTHA ET AL. beobachten, dass „Newly public firms borrow reputation from their underwriters [...] and established firms enhance their reputations through strategic partner selection"[308]. Weiter entfernte Beispiele sind das Co-Branding[309], die Nutzung von Warentestergebnissen oder Gütesiegeln.

Nach dieser Analyse wird die Aussage von HALL: „(Reputation) cannot be bought"[310], nachvollziehbar. Eigene Reputation kann eine Unternehmung – abgesehen vom Fall erfolgreichen interdivisionalen Reputationstransfers – nicht über den Markt erwerben, es liegt also stets eine ‚Make'-Aufgabe vor. Nur durch eigene Handlungen bzw. Konsistenz in den von den Anspruchsgruppen erwarteten Verhaltensweisen und die Kom-

---

[306]   Vgl. Balmer/Gray 1999, S. 173. Als Beispiele nennen die Autoren hier u.a. den Merger zwischen BP und Amoco, aber auch die Übertragung der Markenrechte an Bentley und Rolls Royce durch den Vickers-Konzern auf Volkswagen bzw. BMW.

[307]   Fombrun 1996, S. 62; ähnlich Simon 1985, S. 24f. Zu verschiedensten Formen der Ausnutzung der Reputation anderer Organisationen/Institutionen siehe Marconi 2002, S. 147ff.

[308]   Kotha/Rajgopal/Rindova 2000, S. 5; ähnlich Dowling 2004b, S. 23.

[309]   Vgl. zum Co-Branding Baumgarth 2004, S. 178ff.

[310]   Hall 1993, S. 616; ähnlich Riahi-Belkaoui 2001, S. 190; Gardberg 2001, S. 10. Die Handelbarkeit von Reputation untersucht auch Fichtner 2006, S. 74ff.

munikation unter den Stakeholdern ist Reputation aufzubauen und zu verändern. Der Begriff des Reputationstransfers ist damit unscharf; gemeint ist in der Regel die Nutzung fremder Reputation, bei welcher der eigentliche Reputationsträger bzw. -eigentümer dem Adressaten auch ersichtlich bleibt.[311]

2.3.4 Niedergang der Reputation von Unternehmungen

HALL bezeichnet Reputation als fragile Ressource, denn „it can be damaged easily"[312], DAVIES ET AL. warnen: „Corporate reputations are constantly in danger of being eroded, damaged, dented or even destroyed"[313]. Im Hinblick auf einen Lebenszyklus der Reputation ist folglich auch deren **Niedergang** zu analysieren. Damit gemeint ist in der Regel, dass durch unternehmensinterne oder -externe Einflüsse der Status der Reputation negativ verändert wird. Beispielsweise kann eine medieninitiierte Aufdeckung von Skandalen die (vormals gute) Reputation einer Unternehmung in eine Krise führen und erheblich beschädigen.[314] Entsprechende Fallstudien sind in der Literatur gut dokumentiert.[315]

In der Regel werden die Medien als die wirkungsvollste Stakeholder-Gruppe in Bezug auf die ‚Zerstörung' von Reputation identifiziert. Bezüglich der Wirkungsweise des **Medieninteresses** sind zwei Wirkungsmuster zu unterscheiden. Auf der einen Seite ist die Tendenz der Medien zu verzeichnen, negative ‚Geschichten' stärker öffentlich zu thematisieren als positive. Auf der anderen Seite existiert aber unter den Zielgruppen der Medien eine Neigung zur Verdrängung negativer Eindrücke. Negativeindrücke mit der ihnen eigenen Extinktionsgeschwindigkeit führen dazu, dass Unternehmungen mit einem besonders schlechten Ruf schlichtweg weniger erinnert werden als jene mit

---

[311] Neben den beschriebenen vorwärts-, rückwärts- oder lateralgerichteten Formen der Nutzung bzw. ‚Leihe' fremder Reputation könnte auch ein ‚Reputationsdiebstahl' durch Marken- oder Produktpiraterie differenziert werden.

[312] Hall 1993, S. 616; ähnlich Schwalbach 2000, S. 2.

[313] Davies et al. 2003, S. 99.

[314] Dabei ist es oft nicht das krisenauslösende Problem, sondern der Umgang mit Stakeholdern bei der Problemlösung, der den Ruf beschädigt; vgl. Wartburg 2003, S. 24.

[315] Vgl. Hanson/Stuart 2001, passim, zur Fallstudie BHP (das größte australische Unternehmen); Fombrun/Rindova 2000, passim, zum Fall Shell.

einem besonders guten Ruf.[316] Unternehmungen mit einer hohen Reputation werden in geringerem Maße zum „Spielball öffentlicher bzw. veröffentlichter Meinungen"[317]. Dieser Umstand unterstützt die These, dass Reputation in der Regel ein relativ beständiges Konstrukt ist. Häufig erfolgt ein Niedergang der Reputation graduell und kontinuierlich, in manchen Fällen durch Skandale oder negative Krisen auch abrupt.

Eine eher graduelle negative Einwirkung auf die Unternehmensreputation liegt nach BROMLEY darin, dass schlicht den Erwartungen von Stakeholdern nicht (mehr) entsprochen wird.[318] So kann beispielsweise eine verminderte Produktqualität bei der Stakeholder-Gruppe der Kunden zu geringerer Zufriedenheit und der kollektiven Sanktion ‚Diffusion von Unzufriedenheit' bzw. ‚Abraten vom Kauf' führen. In der Folge verschlechtert sich der Ruf der Unternehmung. In diesem Fall ist der Ruf schwerer zu zerstören als die Einschätzung eigener Erfahrung, denn die „Zerstörung des Wertes der bilateralen Erfahrung ist lediglich eine Willensentscheidung des geschädigten Transaktionspartners. Die Möglichkeit, darüber hinaus auch die öffentlichen Reputationsarten zu zerstören, hängt ab von der Öffentlichkeit der Verabredung und der Möglichkeit, defektives Verhalten glaubhaft der Öffentlichkeit zu kommunizieren".[319]

Der Begriff ‚Zerstörung' erscheint im Hinblick auf die Reputation nicht zweckmäßig, denn die Entwicklung von einer guten hin zu einer schlechten Reputation ist nicht der Abschluss eines Prozesses. Eine Auflösung (Zerstörung) von Reputation könnte allenfalls vorliegen, wenn Unternehmungen bzw. die Träger von Reputation vom Markt verschwinden, wobei selbst dann die Reputation häufig noch für einen gewissen Zeitraum ‚nachhallt'.[320] Erst wenn langfristig keine Transaktionen und Kommunikation mehr stattfinden, verschwindet die Reputation. DAVIES ET AL. sprechen insofern

---

[316] Hinzuweisen ist hier auf die Ergebnisse qualitativer, von der Autorin im Frühjahr 2003 durchgeführter Interviews. Nur wenigen der ca. 60 Befragten fielen auf die offene Frage nach Unternehmen mit einem schlechten Ruf Beispiele ein.

[317] Wiedmann 2001, S. 23. Eisenegger 2005, S. 22, betont, dass jedwede Form öffentlicher Handlung zwangsläufig den Erwerb einer Reputation nach sich ziehe.

[318] Vgl. Bromley 1993, S. 168, und auch Herbig/Milewicz/Golden 1994, S. 23.

[319] Eggs 2001, S. 101. Mit öffentlicher Reputation ist der Ruf gemeint; vgl. ebenda, S. 99.

[320] Beispielsweise könnte in der deutschen Bevölkerung durchaus noch eine Reputation der Firma Mannesmann als Mobilfunkbetreiber oder der Firma VEBA gemessen werden, obwohl beide Unternehmen so nicht mehr existieren.

auch von einem Verblassen der Reputation.[321] Recht anschaulich beschreibt THEVIS-SEN die Erosion von Reputation in seiner ‚Dünen-Analogie': Unternehmen mit einer guten Reputation haben diese in der Regel über Jahre akkumuliert – ähnlich wie eine Düne über die Jahre durch viele kleine Sandkörner stetig wächst. Eine große Düne wird nicht so schnell weggeblasen wie kleine.[322] Eine Weiterführung dieser Analogie würde bedeuten, dass ein starker Wind (z.B. eine Krise, negative Medienberichterstattung) zunächst nur die zuletzt angesammelten Sandkörner oben auf der Düne fortbläst, während der Kern der Düne (die historischen Werte einer Unternehmung) nicht sofort angegriffen wird. Die Reputation bildet damit ein ‚Goodwill-Reservoir', das in Krisenzeiten Rückhalt und Unterstützungspotenzial liefert[323] und auch durch einen größeren Sturm nicht zwangsweise zerstört wird. Folglich ist der in Abbildung 2-7 vorgestellte ‚Lebenszyklus' keine zweckmäßige Darstellung der Reputationsentwicklung, da diese häufig mehrere Zyklen des Aufbaus und der Erosion aufweist.

2.4 Der Wert der Reputation aus Sicht der Unternehmung

2.4.1 Der Zusammenhang zwischen Reputation und Unternehmungserfolg

Das Schreckensszenario eines Angriffes auf die Reputation oder der ‚Zerstörung' aufgebauter Reputation verdeutlicht, dass ihr seitens der Unternehmung ein hoher Wert zugemessen wird. „Reputations can affect the bottom line – in every sense of the term"[324] bzw. „As reputation goes, profits follow"[325]. Aus der Perspektive wertorientierter Unternehmungsführung ist relevant, in welchem Zusammenhang dieser (intangible) Wert mit dem Unternehmenswert bzw. -erfolg steht, in das ‚Value Reporting'[326] aufgenommen werden könnte und wie das Konstrukt als solches monetär bewertbar ist. Letzteres erscheint als größere Herausforderung, denn „despite its obvious worth, the

---

[321] Vgl. Davies et al. 2003, S. 122, die den Terminus ‚Fading away' verwenden.

[322] Vgl. Thevissen 2002, S. 321; ähnlich Schultz/Nielsen/Boege 2002, S. 333.

[323] Vgl. Fombrun/Wiedmann 2001b, S. 46; dieselben 2001c, S. 6. Zum Begriff der Krise siehe z.B. Butzer-Strothmann 1999, S. 13ff.

[324] Marconi 2002, S. XIII.

[325] Herbig/Milewicz 1995b, S. 10.

[326] Vgl. hierzu im Überblick Will/Wolters 2001, S. 44; siehe auch den Ansatz von Daum 2004, passim.

dollar value of a company's reputation proves difficult to quantify"[327]. Weder der Wert der Reputation noch ihre Auswirkungen auf den Unternehmenserfolg sind bislang hinreichend empirisch belegt[328], und für die Praxis bemängeln VERGIN und QORONFLEH zum Beispiel, dass „the value of a good reputation is still given insufficient appreciation by investors"[329].

Dabei findet Reputation selbst in der **Balanced Scorecard** über Kundenzufriedenheit (= Erfahrungen) und Image (≈ Ruf) einen (wenn auch kleinen) Platz.[330] Eine Reihe von Autoren erkennt in der Reputation einen kritischen Faktor für Aufbau, Erhalt und Nutzung strategischer **Erfolgspotenziale**.[331] BREID interpretiert das Marken- oder Firmenimage als unternehmensbezogenen **Erfolgsfaktor**, der sich in externen Produkt- bzw. Marktpotenzialen niederschlägt.[332] Der Wirkungszusammenhang zwischen Reputation und Unternehmenserfolg ist nach einigen Studien so eng, dass manche Autoren die Zweckmäßigkeit von Reputationserhebungen gänzlich in Frage stellen, da eine Erhebung der finanzwirtschaftlichen Kennzahlen der Unternehmung ausreichen würde.[333]

Eine Reihe von Veröffentlichungen unterstützt indes die These, dass sich der gute Ruf der Unternehmung positiv auf ihren finanziellen Erfolg auswirkt, also in Bezug auf Erfolgsgrößen einen **Vorlaufindikator** darstellt (Reputation → Unternehmens-

---

[327] Fombrun 1996, S. 85, der hier auch entsprechende monetäre Bewertungsansätze thematisiert. Eine umfassende Analyse der Reputation aus amerikanischer ‚Accounting-Sicht' bieten Riahi-Belkaoui/Pavlik 1992, passim.

[328] Unter dem Begriff ‚Unternehmenserfolg' wird hier der Erreichungsgrad gesetzter Unternehmensziele verstanden; vgl. Fritz 1995, S. 37. Zu einem Überblick entsprechender Studien siehe z.B. Schütz 2005, S. 20ff.

[329] Vergin/Qoronfleh 1998, S. 25.

[330] Vgl. zur Balanced Scorecard Kaplan/Norton 1997, S. 7ff. Die Autoren nennen stets gleichzeitig die Begriffe Reputation und Image. Inhaltlich beschreiben sie jedoch allein eine (ethisch fragwürdige) Rolle von Marken- bzw. Produktimages: „So versuchen Unternehmen, durch Image und Reputation ihren idealen Kunden zu definieren und ihn dabei in seinem Kaufverhalten noch zu beeinflussen"; ebenda, S. 74.

[331] Vgl. z.B. Gray 1986, S. 8; Yoon/Guffey/Kijewski 1993, S. 215; Andersen/Sørensen 1997, S. 2; Schwalbach 2001, S. 4. Zu Begriff und Ausprägungen des Erfolgspotenzials von Unternehmungen siehe stellvertretend Gälweiler 2005, S. 26ff.; Welge/Al Laham 2003, S. 123ff.

[332] Vgl. Breid 1994, S. 37.

[333] Vgl. Fryxell/Wang 1994, S. 11; Sandberg 2002, S. 5; so auch berichtet bei Schwalbach 2000, S. 8; derselbe 2001, S. 11. De facto liegt es an Schwächen der Erhebungen, wenn ein derartiger finanzwirtschaftlicher Halo-Effekt zu verzeichnen ist; siehe auch Kapitel 4.

erfolg).[334] „The value of a firm's overall reputation is easily seen in its relationship to a firm's revenues: as a firm's reputation increases, so does its sales".[335] MORELY stellt die These auf: „corporate reputation and the confidence it inspires in investors will lead to a higher stock price"[336].

Eine Betrachtung der Reputation als **Nachlaufindikator** erscheint jedoch auch bedenkenswert (Unternehmenserfolg → Reputation). So erklärt etwa RIAHI-BELKAOUI: „Corporate audiences will construct reputational rankings on the basis of the asset management performance"[337], VERGIN und QORONFLEH bekräftigen: „A major factor affecting a firm's reputation is its financial performance"[338]. Wirtschaftlicher Erfolg wird als Fundament der Reputation verstanden: „Ohne Gewinn, ohne Stehvermögen an der Börse verfliegt Ansehen so schnell, wie es gekommen ist"[339]. Ein konkretes Modell zum Zusammenhang zwischen Image, Performance und dem Börsenkurs einer Unternehmung legt SCHMIDT vor. Nach seiner Analyse wird der Börsenkurs hauptsächlich durch die Performance der Unternehmung beeinflusst, während das Image ein rein unterstützender Faktor ist. Er vermutet, dass das Image hauptsächlich durch die Größe der Unternehmung und ihre Performance beeinflusst wird, d.h. je größer und performanter eine Unternehmung, desto besser ist ihr Image.[340]

SCHWALBACH schließlich konstatiert mit Blick auf seine Studienergebnisse, dass Reputation und finanzielle Kennzahlen **nicht hoch korrelieren**, sondern andere Faktoren (Innovations- und Kommunikationsfähigkeit) wesentlich mehr zur Reputation bei-

---

[334] Vgl. Fombrun/Wiedmann 2001b, S. 46; dieselben 2001c, S. 7; Riahi-Belkaoui 2001, S. 2, und die dort jeweils genannten Studien.

[335] Herbig/Milewicz 1995a, S. 24.

[336] Morley 2002, S. 11. Bennett/Kottasz 2000, S. 224, verweisen auf Quellen, nach denen 8 bis 15% des Aktienwertes der Reputation zugeschrieben werden können. Daum 2004, S. 48, stellt fest, dass in 2002 80% des Marktwerts von Unternehmungen durch intangible Assets bestimmt werden.

[337] Riahi-Belkaoui 2001, S. 10; allerdings dürften Signale über die Unternehmensperformance vorwiegend für Adressaten auf dem Kapitalmarkt relevant sein.

[338] Vergin/Qoronfleh 1998, S. 22. Zu einer entsprechenden Studie siehe auch Hammond/Slocum 1996, passim.

[339] O.V. 2002b, S. 64.

[340] Siehe hierzu im Detail Schmidt 1991, S. 30; vgl. auch Allendorf 1996, S. 28ff. und S. 224. Was genau unter ‚Performance' zu verstehen ist, bleibt allerdings unklar. Schmidt 1991, S. 29f., bezeichnet diese als ‚Unternehmensqualität', die nicht allein anhand der Rendite zu messen sei, sondern auch „an Faktoren, die das langfristige Überleben eines Unternehmens sichern". Den Begriff des Images setzt er mit dem hier vertretenen Verständnis von Reputation weitestgehend gleich.

tragen.[341] Mit Blick auf den untersuchten Zusammenhang kommt er zu einem Zirkel-schluss: Reputation beeinflusst den zukünftigen Unternehmenswert positiv, aber ein hoher Unternehmenswert trägt wiederum zu reputationsbildenden Investitionen bei.[342]

Aus den in den benannten Studien verwendeten Messmethoden lässt sich die Wir-kungsrichtung jedoch nicht ableiten. So ist die Vermutung, positive Reputation führe zu Unternehmenserfolg, für WHETTEN ein Artefakt aus der Korrelationsmessung und HAMMOND und SLOCUM machen die unterschiedlichen verwendeten Erfolgsmaß-stäbe für die divergierenden Ergebnisse verantwortlich.[343] Die Unklarheit der **Kausali-tät** ist allerdings typisch für die Erfolgsfaktorenforschung. Selbst wenn die den Erfolgspotenzialen zu Grunde liegenden Erfolgsfaktoren bekannt sind, kann von deren Veränderung nicht immer direkt auf die Auswirkungen bei Potenzialen und Unterneh-menserfolg geschlossen werden.[344] „Since primary resource allocations also stand to improve organizational performance directly, however, it proves difficult to isolate their unique impact on performance and reputation. This explains why empirical stud-ies have had difficulty untangling a causal ordering: both are produced by the same underlying initiatives."[345] Da zudem zur Realisierung von Erfolgspotenzialen, die sich in operativen Kenngrößen niederschlagen (können), im Allgemeinen Investitionen über längere Zeiträume – wie etwa für den Aufbau einer Reputation – erforderlich sind, werden kurzfristig Liquidität und operativer Erfolg (Gewinn) reduziert. Die betrachteten Erfolgsgrößen können also zeitgleich divergieren[346]; auf diese Weise wäre ein negativer Zusammenhang zwischen Reputation und Erfolg zu beobachten.

Inhaltlich argumentierend, erscheint es mindestens kurzfristig wahrscheinlicher, dass finanzieller Unternehmenserfolg eine Determinante der Reputation (gemessen bei ver-schiedenen Stakeholdern) ist, nicht umgekehrt. Auch dürfte es sich als schwierig erweisen, bei schlechter finanzieller Performance ein gutes Image zu erzeugen.[347]

---

[341] Vgl. Schwalbach 2000, S. 13. Will/Wolters 2001, S. 45, belassen es bei der Vermutung, dass Reputation und finanzielle Performance sich gegenseitig beeinflussen.

[342] Vgl. Schwalbach 2001, S. 13. Der Messung zu Grunde lagen Daten des Manager-Magazins; vgl. Kapitel 6.

[343] Vgl. Whetten 1997, S. 28f.; siehe auch Hammond/Slocum 1996, S. 160 und 162.

[344] Vgl. Breid 1994, S. 35f.; Welge/Al Laham 2003, S. 124ff.

[345] Fombrun 1996, S. 7.

[346] Vgl. Gälweiler 2005, S. 29ff.; Welge/Al Laham 2003, S. 129.

[347] Vgl. Schmidt 1991, S. 34.

Darüber hinaus beeinflussen auch die historische Performance sowie andere nicht-finanzielle Größen die Reputation.[348] Bei längerfristiger Betrachtung wird allerdings auch ein Einfluss der Reputation auf den (finanziellen) Unternehmenserfolg zu verzeichnen sein.[349] Neben der Abhängigkeit von monetären Größen ist zudem zu bedenken, dass das Unternehmensrisiko negativ mit der Reputation korreliert sein könnte.[350] Die herausgestellten Operationalisierungsschwierigkeiten hinsichtlich eines Zusammenhangs zwischen Reputation und unternehmerischem Erfolg lassen ein Ausweichen auf vorökonomische Größen interessant erscheinen, wenn Auswirkungen von Reputation gemessen werden sollen. So betonen auch DALTON und CROFT: „the essential bottom-line of reputation has to do with evaluating the behaviours of your stakeholder groups"[351]. In der vorliegenden Arbeit dient hierzu das Konstrukt der Loyalität von Stakeholdern.

2.4.2 Bewertungsansätze der Reputation bzw. des Goodwill

2.4.2.1 Abgrenzung der Konstrukte Reputation und Goodwill

Konkrete Wertansätze der Reputation können analog zum Konstrukt des Goodwill diskutiert werden, welches in langer Tradition als allgemeines ökonomisches Phänomen, aber auch als speziell rechnungslegungstechnisches betrachtet wird.[352] Auf beide Interpretationen wird im Folgenden kurz eingegangen, um die **Abgrenzung** zwischen Reputation und Goodwill aus beiden Perspektiven zu beleuchten. Im internen Rechnungswesen sind Ansätze zu einem konkreten ‚Reputations-Controlling' bislang nicht evident.[353]

---

[348] Vgl. Fombrun/Shanley 1990, S. 237, 252.

[349] Inhaltlich liegen damit Wirkungsinterdependenzen bzw. multiple Kausalitäten vor; vgl. Welge/Al Laham 2003, S. 128. Messtheoretisch ist ein nicht-rekursiver Effekt zu konstatieren, der allerdings nur in einer periodenübergreifenden Messung beobachtet werden könnte; vgl. Kapitel 7.

[350] Vgl. ähnlich Schwalbach 2000, S. 10. Eine hoch reputierte Unternehmung könnte ggf. mit einem anderen Beta-Faktor kalkulieren. Bereits Breyer 1962, S. 130ff., und Hartmann 1968, S. 76, betrachten das Rufrisiko als einen der speziellen Risikofaktoren.

[351] Dalton/Croft 2003, S. 171.

[352] Vgl. Sellhorn 2000, S. 885; siehe schon Breyer 1962, S. 137ff.

[353] Vgl. zu einer entsprechenden Forderung Fombrun/Wiedmann 2001c, S. 4; siehe hierzu sowie zum Begriff des Controlling generell Kapitel 8.1 und 8.2.

Viele Autoren betrachten Reputation und Goodwill einer Unternehmung als **Syn-onyme**.[354] So erläutert WEIZSÄCKER: „Goodwill is the phenomenon that consumers through experience or other kinds of information form a good opinion about the product or products of a supplier"[355]. SIMON versteht unter Goodwill das „,Vertrauenskapital', über das eine Unternehmung bei ihren aktuellen und potentiellen Kunden verfügt"[356]. Er konkretisiert: „Goodwill entsteht bzw. wird aus Sicht der Unternehmung geschaffen durch den Einsatz der Marketinginstrumente und die Erfahrungen mit den Produkten des Unternehmens."[357]

Betrachtungen des Goodwill aus ökonomischer Perspektive gehen auf NERLOVE und ARROW zurück, die sich mit der mathematischen Ableitung optimaler Werbestrategien beschäftigten.[358] Der (Werbe-) Goodwill bezieht sich auf den Bestand an Werbe- bzw. Vertrauenskapital, der durch die im Laufe der Zeit aggregierten Werbewirkungen bei den Nachfragern gebildet wird und durch Vergessensprozesse wieder erodiert.[359] GERHARD weist dagegen explizit darauf hin, dass begrifflich zwischen Werbe-Goodwill und Goodwill im Sinne einer guten Reputation zu unterscheiden sei. Ersterer sei das alleinige Ergebnis von Werbeausgaben und damit Resultat der direkten Kommunikation zwischen Unternehmung und Konsumenten. Aber „erst infolge des Kaufs und der Verwendung und Nutzung des Produkts kann dann Reputation in Bezug auf das Produkt oder den Hersteller entstehen".[360]

BREYER differenziert den Begriff des Goodwill im engeren und weiteren Sinne.[361] Ersterer umfasst „den Mehrwert einer Unternehmung gegenüber ihrem Substanzwert aufgrund der Gunst und Anerkennung Dritter", während letzterer „die öffentliche Meinung über die Unternehmung" widerspiegelt. „Goodwill im weiteren Sinne ist mit dem

---

[354]   Vgl. z.B. Shapiro 1983, S. 678; Simon 1984, S. 639; derselbe 1985, z.B. S. 35; Ringbeck 1986, S. 3; Rapold 1988, S. 2; Tolle 1991, S. 7; Gerhard 1995, S. 121; Drösser 1997, S. 94.

[355]   Weizsäcker 1980, S. 71.

[356]   Simon 1985, S. 15; ebenso Ringbeck 1986, S. 3. Die englische Wortbedeutung kann im weitesten Sinne mit „benevolent interest or concern" (Webster's Collegiate Thesaurus 1976, S. 374) umschrieben werden.

[357]   Simon 1985, S. 20f.

[358]   Vgl. Nerlove/Arrow 1962, S. 130: Goodwill „summarizes the effects of current and past advertising outlays on demand"; zu einem Überblick siehe auch Feichtinger/Hartl 1986, S. 314ff.; Ringbeck 1986, S. 46ff.

[359]   Vgl. Nerlove/Arrow 1962, S. 130; Feichtinger/Hartl 1986, S. 314ff.

[360]   Gerhard 1995, S. 121.

[361]   Die drei folgenden Zitate entstammen Breyer 1962, S. 139f.

Begriff Ruf der Unternehmung identisch, Goodwill im engeren Sinne stellt gleichsam die Kapitalisierung des guten Rufes einer Unternehmung dar".

Das ursprüngliche Verständnis von Werbe-Goodwill wurde durch eine Verselbständigung des Begriffs in anderen betriebswirtschaftlichen Disziplinen ausgedehnt.[362] So ordnet TROMMSDORFF Produktimages als Gegenstand des Anlagevermögens ein, der als Goodwill zu bezeichnen sei.[363] Auch FOSTER merkt an, dass „ein positives Bild in der Öffentlichkeit zu den wichtigsten Aktivposten eines Unternehmens gehört"[364], wodurch beide die Relevanz des Goodwill aus rechnungslegungsbezogener Sicht andeuten. Die Behandlung des Goodwill bzw. der Reputation ist ein zentrales Thema in der Debatte um die Bewertung immaterieller Güter in der Rechnungslegung. Diese Diskussion möglicher monetärer Bewertungsansätze wird deshalb nachfolgend skizziert, ohne dabei auf die konkreten Bewertungsmethoden im Detail einzugehen.[365]

In der Terminologie der Rechnungslegung wird in der deutschsprachigen Literatur anstelle des Goodwill zumeist der handelsrechtliche Begriff **Geschäfts- oder Firmenwert** verwendet, der den Ruf umfasst. Dem HGB liegt eine ähnliche Vorstellung zu Grunde. Der I. Senat des Bundesfinanzhofs kam in seinem Urteil IR 196/67 vom 16.9.1970 zu dem Ergebnis, dass der Geschäftswert den Inbegriff einer Anzahl *nicht einzeln messbarer Faktoren* bildet, zu denen neben dem Kundenkreis, der Absatzorganisation usw. auch der Ruf der Unternehmung zählt. Aufgrund der mangelnden individuellen Messbarkeit der Bausteine kann der Geschäftswert bzw. Goodwill aber nicht zerlegt werden, selbst wenn die ihn ergebenden Faktoren im Lauf der Zeit variieren.[366] Eine Reihe von Autoren zählt die Reputation zu den Bestandteilen des Firmenwertes und damit neben beispielsweise F&E- und Werbeausgaben zu den immateriellen Ver-

---

[362] Vgl. Albach 1980, S. 4.

[363] Vgl. Trommsdorff 2002, S. 168.

[364] Foster 1991, S. 133.

[365] Diese Methoden sind Gegenstand vielzähliger Literaturbeiträge; vgl. etwa Baetge/Kirsch/Thiele 2003, S. 271f.; Günther et al. 2004, S. 166ff.; Zu einer Definition immaterieller Werte siehe z.B. Haller 1998, S. 564; zu deren Bedeutung in der Wirtschaft und entsprechenden Beispielen vgl. Daum 2002, S. 17ff.

[366] Vgl. BStBl. 1971 II, 175.

mögenswerten der Unternehmung.[367] Damit sind Goodwill und Reputation **keine Synonyme**.

2.4.2.2   Bewertungsansätze

Eine Reihe von Autoren bezeichnet die Reputation selbst als Wert oder **Asset**. So argumentiert MÜLLER, dass die Unternehmung mit ihrem Ruf einen Wert in Händen hält[368], und auch SPREMANN modelliert Reputation als eine Art Vermögensgegenstand, der über steigende Kundenzufriedenheit (= steigender Absatz, höhere Preise) zunimmt.[369] ALBACH bezeichnet das **Reputationskapital** der Unternehmung aus investitionstheoretischem Verständnis als „Summe aller diskontierten zukünftigen Gewinne aus dem Einsatz von Humankapital"[370]. FOMBRUN ET AL. nehmen eine kapitalmarktorientierte Sichtweise ein und definieren es als „the fluctuating value of the company's reputation [...] calculated as the market value of the company in excess of its liquidation value and its intellectual capital"[371]. FOMBRUN und RIEL ergänzen: „Reputational capital embodies the company's stock of perceptual assets and social assets – the quality of the relationships it has established with stakeholders and the regard in which the company and its brands is held"[372]. Nach diesem Verständnis könnte Reputation auch dem sogenannten **Strukturkapital** der Unternehmung zugerechnet werden, das neben Human-, Kunden- und Partner- bzw. Allianzkapital zu den intangiblen Werten der Unternehmung gezählt wird. So rechnet STOI einen Faktor ‚Imagekapital' zum Strukturkapital sowie die Faktoren Unternehmenskultur oder Bekanntheitsgrad. Allerdings merkt er auch an, dass sich Strukturkapital – im Gegensatz zu den übrigen genannten immateriellen Vermögensbestandteilen – im Eigentum

---

367   Vgl. Pellens/Fülbier 2000, S. 40, ebenso S. 66; Niemann 1999, S. 44; Hennrichs 1999, S. 168. Haller 1998, S. 566, und Sellhorn 2000, S. 888, nennen u.a. das Image als einen Bestandteil des originären Goodwills. Letzterer nennt ebenda als weitere Determinanten des Goodwill die Belegschaftsqualität, Know-how, den Kundenstamm und Standortvorteile.

368   Vgl. Müller 1996, S. 117.

369   Vgl. Spremann 1985, S. 238; Gerhard 1995, S. 122.

370   Albach 1994b, S. 65. Im Titel des Aufsatzes verwendet er noch den Begriff ‚Vertrauenskapital'.

371   Fombrun/Gardberg/Barnett 2000, S. 87.

372   Fombrun/Riel 2004, S. 32. Der Marktwert der Unternehmung setzt sich ihrer Ansicht nach zusammen aus ‚Physical Capital', ‚Financial Capital', ‚Intellectual Capital' und ‚Reputational Capital'; vgl. ebenda S. 33.

der Unternehmung befindet, was im Hinblick auf die Reputation (de facto auch hinsichtlich des Images) sehr diskussionswürdig erscheint.[373]

BACKHAUS schließlich definiert das reputative Kapital als die abdiskontierten **Quasirenten**, die der Anbieter aufgrund seiner in vergangenen Transaktionsbeziehungen vorgenommenen Handlungen von potenziellen Transaktionspartnern erwarten kann.[374] Die reputationsbezogene Quasirente zeige sich zudem „in a firm's cash flows and hence in its share price because of the firm's ability to charge higher prices for products or to have lower costs from inputs"[375].

Auch aus der bilanztheoretischen Diskussion können Bewertungsansätze für den Goodwill bzw. die Reputation abgeleitet werden. Generell ist zwischen **originärem** (selbsterstelltem) und **derivativem** (erworbenem) Goodwill zu unterscheiden. Dem originären Goodwill haften gravierende Bewertungsschwierigkeiten an, so dass seine Aktivierung – unter anderem mangels Quantifizierbarkeit – nicht zugelassen wird.[376] Dieses Problem betrifft den derivativen Goodwill weniger, da anhand eines Kaufpreises über den Markt eine Objektivierung stattfindet und er damit quantifizierbar ist.[377] Der derivative Firmen-Goodwill wird als Differenz zwischen Ertrags- und Substanzwert einer Unternehmung verstanden, es handelt sich also um den Betrag, um den der Wert der Unternehmung als Ganzes den Wert der Summe ihrer Teile übersteigt.[378] Bei negativer Differenz resultiert ein ‚Badwill', der eine Einzelveräußerung der Vermö-

---

[373] Vgl. hierzu Stoi 2004, S. 189f. Zu einer Begriffsabgrenzung der immateriellen Werte, Kategorisierungen und deren Abgrenzung vom Goodwill siehe Arbeitskreis ‚Immaterielle Werte im Rechnungswesen' 2004, S. 225ff.

[374] Vgl. Backhaus 2003, S. 651ff. Manche Autoren setzen dies mit dem akquisitorischen Potenzial eines Unternehmens gleich; vgl. z.B. Windsperger 1996, S. 969f.; Büschken 1999, S. 1. Das akquisitorische Potenzial entsteht dabei wie das Reputationskapital durch eigene und fremde Kundenerfahrungen; vgl. Stahl 1995, S. 231. Die Quasirente „wird allgemein definiert als Einkommensüberschuß eines spezifischen Faktors über die Entlohnung, die in der nächstbesten Verwendung erzielt werden könnte, also über die Opportunitätskosten hinaus"; Backhaus 2003, S. 317; siehe auch Backhaus/Aufderheide/Späth 1994, S. 38.

[375] Devine/Halpern 2001, S. 45.

[376] Vgl. Selchert/Ehrhardt 2003, S. 70; Sellhorn 2000, S. 885. Mit dem Ziel einer kapitalmarktorientierten Rechnungslegung ist die Ungleichbehandlung selbsterstellter und entgeltlich erworbener immaterieller Werte schwer begründbar; vgl. Pellens/Fülbier 2000, S. 58.

[377] Vgl. Sellhorn 2000, S. 887. Allerdings wird er nach HGB nicht selbständig als Vermögenswert, sondern als Bilanzierungshilfe aktiviert; vgl. Selchert/Ehrhardt 2003, S. 70; kritisch dazu Baetge/Kirsch/Thiele 2003, S. 274f.

[378] Vgl. Funk 1988, S. 159; Haller 1998, S. 565; Sellhorn 2000, S. 885.

gensgegenstände vorteilhafter machen würde.[379] Hierin liegt auch ein diskussionswürdiger Aspekt der Goodwill- (und damit auch Reputations-)Bewertung: Bei fallenden Aktienkursen reduziert sich der Goodwill einer börsennotierten Unternehmung drastisch, obwohl die dahinter stehenden immateriellen Vermögenswerte nicht gelitten haben müssen.[380] Die Definition von FOMBRUN – „a company's reputational capital is the excess market value of its shares – the amount by which the company's market value exceeds the liquidation value of its assets"[381] – ist insofern äußerst fragwürdig. In bestimmten Fällen wird der Aktienkurs der Unternehmung deren Reputation nicht widerspiegeln – sofern man die Reputation als bewertungsrelevant erachtet, ist der Aktienmarkt damit nicht effizient.[382] Dennoch sehen manche Autoren im Aktienkurs den relevanten Indikator für die Reputation der Unternehmung: „Stock price reveals everything that the market expects the company to do going forward based on all available information, including how the company interacts with all its constituents. [...] the market is always right about stock price – and reputation"[383]. Auch DAVIES ET AL. bekräftigen diese Haltung: „At the end of the day, something is worth only what someone else will pay for it"[384].

---

[379] Vgl. Kieso/Weygandt/Warfield 2001, S. 611. Zur (umstrittenen) Behandlung des negativen Firmenwerts nach HGB siehe Niemann 1999, S. 45ff.; Selchert/Ehrhardt 2003, S. 71. Zum Substanz- und Ertragswertverfahren der Unternehmensrechung vgl. Günther 1997, S. 76ff.; Funk 1988, S. 162ff.

[380] Vgl. Haller 1998, S. 563. Gerade bei börsennotierten Unternehmen mit einem hohen Anteil immaterieller Werte können Markt- und Buchwert des Eigenkapitals stark voneinander abweichen. Batchelor 1999, S. 81, erwähnt, dass bis zu zwei Drittel des tatsächlichen Unternehmenswertes in immateriellen Werten ‚versteckt' sind. Solange diese nicht aufgedeckt werden, wird auch die ureigenste Aufgabe des Rechnungswesens, „Informationen zur Verfügung zu stellen, die zu einer Einhaltung des ökonomischen Prinzips und damit einer effizienten Allokation von knappen Ressourcen beitragen" (Haller 1998, S. 563), verfehlt. Durch die von Vorsichts- und Objektivierungsgesichtspunkten geprägte Rechnungslegung wird eine bilanzielle Schieflage erzeugt; vgl. Pellens/Fülbier 2000, S. 40; Kieso/Weygandt/Warfield 2001, S. 600.

[381] Fombrun 1996, S. 92. Fombrun/Foss 2001, berichten von Studien, nach denen „a 1-point change in reputation was associated with an average of $500 million in market value" (bezogen auf den Fortune-Ansatz zur Messung von Reputation; vgl. Kapitel 4) bzw. „a positive 1-point increase in the RQ (= Reputation Quotient; siehe Kapitel 4; Anm. d. V.) was associated with higher average market values of some $147 million, while a 1-point decrease was associated with market values that were lower by about $5 billion". Die Validität dieser Aussagen ist durchaus zweifelhaft.

[382] Vgl. zur Informationseffizienz des Kapitalmarkts im Überblick z.B. Peters 1999, S. 4ff.

[383] Sandberg 2002, S. 5f.

[384] Davies et al. 2003, S. 65. Mindestens auf eine Vielzahl immaterieller Werte trifft dies nach Ansicht der Verfasserin nicht zu.

Auch in der amerikanischen Accounting-Literatur, in der Goodwill gern als „the most ‚intangible' of the intangibles" bezeichnet wird[385], wird dieser als residuale Kategorie betrachtet. „Goodwill is the residual: the excess of cost over fair value of the identifiable net assets acquired"[386]. Nach Ansicht von SELLHORN führt diese nebulöse rechnungslegungstechnische Definition von Goodwill im Sinne eines ‚Lückenbüßers' dazu, dass der ökonomische Gehalt des Konstrukts kaum hinterfragt wird[387] – was in der Konsequenz auch für die Reputation gilt. HENNRICHS mahnt in seiner Analyse der Wahlrechte in der Bilanzierung an, nur die Aktivierung des ‚echten' Goodwill, der in der Gesamtheit der erworbenen immateriellen Faktoren wie Ruf, Kundenstamm, Standort usw. zum Ausdruck kommt, als Aktivierungsgebot zu interpretieren.[388] Die Überlegungen zum Reputationstransfer haben allerdings gezeigt, dass der Erwerber derivativer Reputation diese nicht im gleichen Maße nutzen kann wie deren Kreator bzw. ursprünglicher Eigentümer. Auch wenn manche Unternehmungen Interesse daran haben, Reputation als immateriellen Wert in die Bilanz aufzunehmen[389], ist hierbei die Gefahr des ‚Window Dressing' nicht zu verkennen.

Operationalisierungen des Konstrukts Goodwill sind als ambivalent zu bezeichnen. Einerseits wird zum Zwecke der Bewertung künstlich vereinfacht. Obwohl Vertreter des Rechnungswesens anerkennen, dass Goodwill von einer Vielzahl von Variablen beeinflusst wird[390], sind diese kaum Gegenstand in den tatsächlichen Formeln zur Berechnung. Um diese Lücke zu rechtfertigen, wird der Goodwill andererseits mit einer geradezu mystisch anmutenden Aura und Komplexität versehen, seine Entstehung und Wirkungen werden eher spekulativ behandelt.[391] Da sich „immaterielle Werte ihrem Wesen nach eigentlich einer solchen vergleichenden monetären Quantifizierung entziehen, da sie nicht physischer (körperlicher), sondern meta-physischer,

---

[385] Vgl. Kieso/Weygandt/Warfield 2001, S. 607.

[386] Kieso/Weygandt/Warfield 2001, S. 608. Zu Berechnungsbeispielen siehe ebenda.

[387] Vgl. Sellhorn 2000, S. 888.

[388] Vgl. Hennrichs 1999, S. 168. Bei anderen Begründungen für einen Mehrpreis, wie z.B. die Ausschaltung lästiger Konkurrenten, käme dagegen eine Aktivierung nicht in Betracht.

[389] Vgl. Hood 2002, o.S.

[390] Vgl. beispielsweise Catlett/Olson 1968, passim.

[391] So formulieren z.B. Kieso/Weygandt/Warfield 2001, S. 608: „To add to the mystery, goodwill may exist in the absence of specific cost to develop it".

wissens-, geistes- und empfindungsbasierter Natur sind"[392], sind die Monetisierungsprobleme nach HALLER unausweichlich. Goodwill – und damit auch die Reputation – gesellen sich damit zu den von MOXTER titulierten „ewigen Sorgenkindern des Bilanzrechts".[393] Auch PELLENS und FÜLBIER erwähnen sowohl die Reputation als auch das Standing eines Unternehmens als immaterielle Werte mit ‚Sorgenkindcharakter', ohne diese jedoch näher zu behandeln.[394]

Eine **Aktivierung** – und damit Monetisierung – des Goodwill zählt zu den grundlegenden Forderungen der kapitalmarktorientierten Rechnungslegung[395], da er zur Erwirtschaftung zukünftiger Erfolge beiträgt, sein Wert sich jedoch im Laufe der Zeit verflüchtigt, so dass eine Abschreibung erforderlich ist.[396] Der ‚wahre' Wert der Reputation wird jedoch kaum ermittelbar sein, da – wie mehrfach konstatiert – bewertbare Steuerungsaktivitäten durch die Unternehmung nur einen geringen Teil der Reputation ausmachen. Manche Autoren schlagen vor, nicht die Investitionen in die Reputation als Wertansatz zu wählen, sondern die bei einer Reputationskrise anfallenden Kosten, die Opportunitätskosten des Reputationsmanagements darstellen.[397] Hinsichtlich der Praxis der Reputationsbewertung kommen FOMBRUN und RIEL zu dem Schluss: „Conservative accounting rules require that companies expense most of the operational activities that build reputation. By doing so, accountants implicitly tell us that advertising, public relations sponsorships, and corporate philanthropy are so uncertain in their effects as to have no long-term value to the company"[398], was im Hinblick auf die Unternehmensbewertung wenig zweckmäßig erscheint. Generell halten PELLENS und FÜLBIER die starke Betonung der Objektivität und Zuverlässigkeit

---

[392] Vgl. hierzu und zu einem kritischen Hinweis auf die der Ökonomie anhaftende Bestrebung, alles in monetären Werten quantifizieren zu wollen, Haller 1998, S. 659; Michell 1999, S. 5ff.

[393] Moxter 1979, S. 1102, siehe auch Haller 1998, S. 572; Svendsen 1998, S. 2. Stoi 2004, S. 194, sieht in der Verbesserung von Firmenimages einen ‚immateriellen Erlös', der sich einer Monetisierung weitestgehend verschließt.

[394] Vgl. Pellens/Fülbier 2000, S. 43. Zu Gleichsetzung von Goodwill und Standing siehe Rapold 1988, S. 22.Zur bilanzrechtlichen Behandlung des Goodwill gemäß HGB/DRS und Abschreibungsdauern siehe im Detail Selchert/Ehrhardt 2003, S. 70f.; Heyd 2004, S. 274f.; Sellhorn 2000, S. 885f.; Krämling 1998, S. 129ff.

[395] So weist z.B. Krämling empirisch nach, dass die bilanzielle Goodwill-Behandlung relevant für die Anteilsbewertung ist; vgl. Krämling 1998, S. 190ff.

[396] Vgl. Sellhorn 2000, S. 887. Zu einem Überblick über die Abschreibungsdauern in der Unternehmenspraxis siehe Krämling 1998, S. 121ff.

[397] Vgl. etwa Larkin 2003, S. 6, die hier auch Beispiele für ‚Krisenkosten' aufführt.

[398] Fombrun/Riel 2004, S. 31.

zu Lasten einer zukunfts- und entscheidungsbezogenen wirtschaftlichen Betrachtungsweise für fragwürdig.[399]

Da im Vordergrund dieser Arbeit **nicht die monetäre Bewertung** der Reputation steht, sondern eine **Analyse ihrer Wirkungen auf die Stakeholder**, wird nicht näher auf die erwähnten Bewertungsansätze und Investitionskalküle eingegangen. Aufgrund der zentralen These dieser Arbeit, dass Reputation einen positiven Einfluss auf die Loyalität von Stakeholdern hat, sind letztlich monetäre Folgewirkungen für die Unternehmung zu erwarten. Deren direkte Messung ist allerdings problematisch und häufig nur in Langzeitstudien möglich.[400]

2.5 Zwischenfazit: Reputation als disziplinübergreifendes Analyseobjekt

Die bisherige Analyse hat die vielzähligen Facetten der Reputation veranschaulicht. Die in der Literatur auffallende Vielfalt von Definitionen, von denen nur eine Auswahl vorgestellt und diskutiert werden konnte, kann insofern nicht verwundern. Durch ihre **Vielschichtigkeit** ist Reputation für verschiedene Forschungsdisziplinen relevant. So erweist sich auch die theoretische Erörterung der Reputation in der Literatur als sehr vielfältig, was FOMBRUN veranlasst, die Beschäftigung mit diesem Konstrukt als Streifzug an den „crossroads of converging diciplines"[401] zu bezeichnen – wenn auch die Konvergenz der von ihm angesprochenen Fachgebiete nicht einhellig zu konstatieren ist.

In der **Multidisziplinarität** ist auch eine Begründung für die vielfältigen, mit der Reputation verwandten oder als synonym erachteten Konstrukte zu sehen. In der Literatur führte dies stellenweise zu konzeptioneller Verwirrung, was nicht nur HATCH und SCHULTZ an das Projekt des Turmbaus zu Babel erinnert[402]. „In sociology, prestige is the preferred term, in economics, it is reputation, in marketing, image, and in

---

[399] Vgl. Pellens/Fülbier 2000, S. 55ff.; so auch Kajüter 2003, S. 578. Die ‚Black Box' Unternehmung wird auf diese Weise für Investoren und andere Stakeholder kaum erhellt; vgl. Daum 2004, S. 50ff.

[400] Auch das Marketing Science Institute (MSI) hat bereits vor einer Dekade zu Forschungsprojekten aufgerufen, die sich mit dem Wert des Images aus Unternehmenssicht beschäftigen; vgl. MSI 1992, S. 6f.; Brown/Dacin 1997, S. 68.

[401] Vgl. Fombrun 1996, S. 5.

[402] Vgl. Hatch/Schultz 2000, S. 11 und 31. Balmer/Greyser 2003, S. 33, bezeichnen das Forschungsfeld als ‚gordischen Knoten'.

accountancy and law, goodwill".[403] Auf weitere, potenziell synonyme Begriffe wie Corporate personality[404], Corporate associations[405] und Standing[406], Renommee, Geltungsstreben und ‚Kredit' soll hier nur hingewiesen werden[407]. Eine multidisziplinäre Herangehensweise verspricht innovative Einsichten und wertvollen Input in den Prozess der Theoriebildung[408], der letztlich in die Integration unterschiedlicher wissenschaftlicher Erkenntnisse und ein umfassendes Verständnis der Reputation mündet. Schließlich dient die konzeptionelle Beschäftigung mit dem Konstrukt dazu, Reputation von Unternehmungen zu beschreiben, zu erklären sowie hernach Handlungsempfehlungen für die Unternehmenspraxis abzuleiten. Die im nachfolgenden Kapitel beschriebenen theoretischen Ansätze sind auf im weitesten Sinne ökonomisch orientierte Betrachtungen begrenzt. Sie bieten vertiefte Erkenntnisse zum Verständnis der Reputation und ihrer Wirkungen sowie zur Rolle eigener und fremder Erfahrungen, die im empirischen Teil als separate Konstrukte (eigene Erfahrungen und Reputation bzw. Ruf) konzeptualisiert werden.

---

[403] Shenkar/Yuchtman-Yaar 1997, S. 1361. Es sei nochmals darauf hingewiesen, dass diese Begriffe im Rahmen dieser Arbeit nicht als Synonyme betrachtet werden.

[404] Vgl. Davies et al. 2001, S. 116ff.

[405] Vgl. Brown 1998, S. 217.

[406] Vgl. Shenkar/Yuchtman-Yaar 1997, S. 1361.

[407] Zu den drei letztgenannten Begriffen wie auch zu Prestige siehe Sandig 1962, S. 8. Prestige sei eher mit Blenden-Wollen zu verbinden denn mit einem guten Ruf; vgl. Sandig 1962, S. 9, was etwa auch die Begriffe ‚Prestige-Produkte' bzw. ‚Prestige-Marken' verdeutlichen.

[408] Vgl. Hatch/Schultz 2000, S. 11; siehe auch Shenkar/Yuchtman-Yaar 1997, S. 1361.

3 Theoretische Bezugspunkte zur Erklärung des Konstrukts Reputation

3.1 Begründung einer methodenpluralistischen Betrachtung

Das Ziel der Ausführungen in diesem Kapitel liegt in der **Erweiterung und Konsolidierung vorhandener theoretischer Ansätze** zur Beschreibung und Erklärung des Konstrukts Reputation.[1] Hierin liegt ein explizites Forschungsziel der vorliegenden Arbeit, da bei innovativen Fragestellungen „die präzise Herausarbeitung der erklärungsbedürftigen Phänomene selbst zu einer wesentlichen Teilaufgabe erklärungsorientierter Forschung"[2] wird. Dabei ist die Kombination theoretischer Ansätze eine typische Vorgehensweise in der betriebswirtschaftlichen Forschung und speziell in der Marketingwissenschaft. Eine einzelne Theorie ist in der Regel nicht adäquat, um alle relevanten Aspekte eines komplexen Untersuchungsobjekts umfassend zu erklären[3], und auf viele Tatsachen stößt der Forscher auch erst, „wenn sich der Scheinwerfer der Theorie auf sie richtet"[4] und ihre Struktur erhellt. „Theory is supposed to be the guiding light that orders observations and imposes pattern on an overwhelmingly complex world".[5] Konsequenterweise schlägt FRITZ Marketingwissenschaftlern vor, sich an der Leitidee des von FEYERABEND diskutierten **komplementären theoretischen Pluralismus** zu orientieren.[6] Der simultane Rückgriff auf verschiedene Theorieansätze bedarf jedoch einer Begründung, um dem Vorwurf des **Theorieeklektizismus** vorzubeugen.

Neues Wissen und verallgemeinerbare Schlussfolgerungen lassen sich oftmals erst aus dem Zusammenspiel verschiedener Theorieelemente ableiten. Die Vielfalt theoretischer Ideen ist allerdings nur eine notwendige, keine hinreichende Bedingung für den Erkenntnisfortschritt.[7] Die Überprüfung verschiedener Theorien auf ihren Beitrag zur

---

[1] In der vorliegenden Arbeit steht nicht die Erklärung des Phänomens Reputation an sich im Vordergrund, sondern ihre Wirkung im Stakeholder-Kontext. Entsprechend dient dieser theoretische Teil nicht der Ableitung von Hypothesen.

[2] Fritz 1995, S. 20.

[3] Vgl. zu methodenpluralistischen Erklärungsansätzen z.B. die Arbeiten von Schütze 1992; Söllner 1993; Rieker 1995; Drösser 1997; Peter 1999; Homburg 2000. Zudem kann durch die mangelnde theoretische Reife der Betriebswirtschaftslehre (vgl. Raffée 1993, S. 21) nicht von ‚allgemeingültigen' Theorieanwendungen im Sinne eines – sicherlich ohnehin fragwürdigen – standardisierten Forschungsdesigns ausgegangen werden. Zu einer Übersicht über Ziele und Funktionen der Wissenschaft vgl. Raffée 1993, S. 4.

[4] Schanz 1988, S. 2.

[5] Poole/McPhee 1985, S. 100.

[6] Vgl. Fritz 1995, S. 27; dem Rat folgen z.B. Homburg 2000, S. 69; Peter 1999, S. 71ff. Zu dieser Leitidee theoriegeleiteten wissenschaftlichen Arbeitens vgl. Feyerabend 1965, S. 149ff.

[7] Vgl. Schanz 1978, S. 319; Feyerabend 1965, S. 149.

Aufklärung des Forschungsproblems kann nur zweckmäßig sein, wenn die einzelnen Konzepte in einer komplementären Beziehung stehen, sich also bei der Erörterung eines interessierenden Sachverhalts gegenseitig ergänzen.[8] Darüber hinaus birgt die unreflektierte Übernahme **inkompatibler Theorien** Gefahren: Ansätze, die auf abweichenden oder gar diametralen Prämissen beruhen, können nicht durch beliebige Auswahl einzelner Bausteine und deren willkürliche Zusammensetzung zu einem neuen Gesamtkonzept verbunden werden, zumal dies zu widersprüchlichen Ergebnissen führen könnte. Vielmehr ist **Methodenidentität** zu wahren, die jeweilige wissenschaftstheoretische Verwurzelung der einzelnen Ansätze zu beachten und abzustecken. Ein entsprechendes Vorgehen wäre nicht dem Vorwurf des Theorieeklektizismus preisgegeben, sondern gegenstandsadäquat im Hinblick auf das betrachtete, komplexe Phänomen Reputation.[9] Die separate Berücksichtigung im weitesten Sinne **ökonomischer Ansätze** und der Fokus auf die Rolle der Reputation im marktlichen Austausch bilden eine solide Grundlage für die pluralistische Theoriewahl. Nicht weiter betrachtet werden verhaltenswissenschaftliche Ansätze, die vor allem im Marketing einen wichtigen Stellenwert einnehmen, in der Regel aber auf das Image bezogen sind.[10]

Die im Folgenden diskutierten Theorien werden in der Literatur in unterschiedlichem Detaillierungsgrad mit dem Konstrukt Reputation in Verbindung gebracht. Sie lassen sich nach gegenwärtigem Stand nicht zu einer umfassenden ‚Theorie der Reputation' verdichten, was weder in dieser Arbeit noch generell als Ziel anzusehen ist. „This plurality of theories must not be regarded as a preliminary stage of knowledge that will at some time in the future be replaced by the ‚one true theory'".[11] Zunächst werden mikroökonomische Erklärungsansätze herangezogen, wobei im Zentrum die Neue Institutionenökonomik steht. Reputation wird hier als Qualitätssignal, Transaktionsdesign oder Institution behandelt, **Entstehung und Wirkung** der Reputation sind also im Sinne eines unsicherheitsreduzierenden Mechanismus aus Nachfragersicht erklärbar. Spieltheoretische Konzepte berücksichtigen die Reputation als Kennzeichen eines

---

[8]   Vgl. auch Peter 1999, S. 72.

[9]   In diesem Sinne könnte einem ‚symbiotischen Pluralismus' attestiert werden, dass verschiedene Theoriezweige von der Fortentwicklung und Anwendung des jeweils anderen Ansatzes profitieren können sowie zu einer besseren Durchdringung und Lösung der in der Realität zu beobachtenden Phänomene beitragen. Zur Problemadäquanz einer Forschungsmethode siehe etwa Schanz 1978, S. 313.

[10] Vgl. zu entsprechenden Ausarbeitungen u.a. Fishbein/Ajzen 1975, passim; Trommsdorff 2004, S. 158ff.; Kroeber-Riel/Weinberg 2003, S. 168ff.; Bänsch 1998, S. 38ff; Salcher 1995, S. 129ff.

[11] Feyerabend 1965, S. 149.

Marktteilnehmers (= Spielers), das sein strategisches Verhalten determiniert.[12] Anschließend wird der Stellenwert von Reputation als **Vorteilsposition im Wettbewerb** im Sinne einer strategischen bzw. kritischen Ressource aus Anbietersicht behandelt; hierzu wird auf ressourcenökonomische Ansätze zurückgegriffen.

3.2 Mikroökonomische Perspektiven der Reputation

Die **neoklassische Mikroökonomik** kann als „formal exakte Gleichgewichtstheorie auf spezifisch methodologisch-individualistischer Grundlage"[13] bezeichnet werden; sie stellt mit ihren Weiterentwicklungen und Verfeinerungen das wohl erfolgreichste Gedankengebäude innerhalb der Ökonomik dar.[14] Die ‚orthodoxe' Gleichgewichtstheorie basiert auf den Prämissen der vollständigen Konkurrenz, also der atomistischen Angebots- und Nachfragestruktur, vollkommener Markttransparenz und Homogenität der Güter. Aufgrund der axiomatischen Annahmen des neoklassischen Modells wird ein Handeln unter Unsicherheit nicht in die Analyse einbezogen; ein Vertrauensproblem und der Reputationsmechanismus werden implizit ausgeschlossen.[15] Die Aufgabe der Reputation, Erwartungen zu begründen und zu rechtfertigen, entfällt in einer Welt stets bekannter Ereignisse: Da bereits alles sicher bekannt ist, werden keine Erwartungen gebildet.[16] Und es besteht auch kein Einfluss vergangenen Verhaltens auf das zukünftige, so dass für Reputation kein Bedarf herrscht.[17] Sie spielt aber dann eine Rolle, wenn Unsicherheiten auf Märkten herrschen – was realiter immer der Fall ist.[18] Kritik an den **realitätsfernen Annahmen** der Neoklassik ist in der Literatur reichhal-

---

[12] Vgl. Bartelt 2002, S. 78; Fombrun 1996, S. 6.

[13] Elsner 1986, S. 61; vgl. auch Bayón 1997, S. 13, und die dort angegebenen Quellen. Unter der Gleichgewichtsbetrachtung ist dabei die Untersuchung des Zustandekommens und der Struktur von Marktgleichgewichten zu verstehen, unter formal exaktem Vorgehen die Marginalanalyse; vgl. ebenda.

[14] Vgl. Erlei/Leschke/Sauerland 1999, S. 44.

[15] Vgl. auch Bartelt 2002, S. 59.

[16] Vgl. Bartelt 2002, S. 59. Dennoch leistet auch die Neoklassik einen Beitrag zum Verständnis der Reputation, indem sie zeigt, in welchen Situationen der Aufbau von Reputation ökonomisch nicht lohnenswert ist.

[17] Vgl. Bartelt 2002, S. 59. Vgl. zu einer entsprechenden Beweisführung Selten 1978 und auch das darauf aufbauende Reputationsmodell von Kreps/Wilson 1982. Zu einer Zusammenfassung siehe Husemann 1992, S. 102ff.; Herbig/Milewicz/Golden 1994, S. 23f. Zur Abgrenzung vollkommener und vollständiger Informationen siehe z.B. Aufderheide/Backhaus 1995, S. 53f.

[18] Vgl. zum Begriff und Erscheinungsformen der Unsicherheit z.B. Bartelt 2002, S. 30ff.

tig dokumentiert; sie wird hier nicht wiedergegeben.[19] Realitätsnahe Modellannahmen sind allerdings auch nicht erforderlich – solange die abgeleiteten Hypothesen zutreffen.[20] Ökonomik verfolgt nicht das Ziel, menschliches Verhalten in all seinen Facetten zu erklären, sondern individuelles Handeln unter Knappheit. Es geht also nicht um Realitätsnähe, sondern um Problemadäquanz.[21]

Bereits Vertreter der Österreichischen Schule weisen auf die Bedeutung der Unsicherheit für das Marktgeschehen hin.[22] Reputation wird jedoch nicht behandelt, zumal die Überlegungen zunächst auf die exogene Unsicherheit der Marktteilnehmer begrenzt sind. MISES weist auf die Bedeutung von Fremderfahrungen für die Einschätzung von Produkten hin und betrachtet den Aufbau eines guten Rufes als eine wichtige Aufgabe von Verkäufern. Er qualifiziert die Reputation als ein unentbehrliches **Produktionsmittel**.[23] Eine noch stärkere Betonung findet die Unsicherheitsproblematik bei HAYEK, der zwei Gründe für die vorherrschenden Informationsunvollkommenheiten identifiziert: nur dezentral verfügbares Wissen und die Dynamik des Handelns. Wissen ist auf alle Marktteilnehmer verteilt. Es geht einerseits zurück auf Spezialwissen, das jedem Marktteilnehmer zugänglich ist und auf wissenschaftlichen Kenntnissen beruht. Andererseits gibt es Kenntnisse, die nur einzelnen Marktteilnehmern zu Verfügung stehen, da sie auf individuellen Vergangenheitserfahrungen beruhen. Die Streuung des Wissens über alle Individuen der Gesellschaft macht Koordination notwendig. Hier liegt nach HAYEK das zentrale Problem des Wirtschaftens: das Problem der **Verwertung von Wissen**.[24] Wettbewerb ist nicht allein zu begrenzen auf unterschiedliche Preise, sondern hängt ab vom Ansehen, Ruf und dem Wohlwollen der Nachfrager.[25] Reputation wirkt als Signal im Wettbewerbsprozess, indem sie kodierte Informationen übermittelt. Nicht die Einzelerfahrung jedes Individuums wird übertragen, sondern es wird in aggregierter Form vermittelt, ob und inwieweit ein Anbieter die Nachfrager-

---

[19]   Zu einer umfassenden Kritik der Prämissen der mikroökonomischen Analysen siehe Weiber/Adler 1995a, S. 46f.; zu einer speziellen Kritik der ‚Homo oeconomicus-Konzeptionen' und deren Auswirkungen auf die Zielerreichung betriebswirtschaftlicher Forschung siehe Schanz 1988, S. 10f.; derselbe 1979, S. 126ff.; zu einer Darstellung des Modells rationalen Verhaltens siehe Opp 1991, S. 106ff.

[20]   Diese provozierende Aussage traf Milton Friedman bereits im Jahr 1953; vgl. Erlei/Leschke/ Sauerland 1999, S. 14.

[21]   Vgl. hierzu und zu einer Kritik der Neoklassik Erlei/Leschke/Sauerland 1999, S. 3 und S. 46ff.

[22]   Vgl. Menger 1968, passim; so beschrieben auch in Bartelt 2002, S. 61.

[23]   Vgl. Mises 2002, S. 338.

[24]   Vgl. Hayek 1976a, S. 111f.

[25]   Vgl. Hayek 1976b, S. 128.

erwartungen erfüllt hat. Reputation stellt damit eine abstrakte Regel zur Koordination arbeitsteiliger Systeme dar.[26] Die Informationsverbreitung – auch darauf weist bereits HAYEK hin – hängt von der Kommunikationsintensität der Nachfrager ab.

Eine Berücksichtigung von Unsicherheit fand auch bei der Untersuchung rationalen Entscheidungsverhaltens unter Umweltunsicherheit bzw. technischer Unsicherheit statt. Mit ihrer Untersuchung der Auswirkungen der Umweltunsicherheit auf das Entscheidungsverhalten begründeten NEUMANN und MORGENSTERN die sogenannte Spieltheorie[27]. Daneben ist MARSCHAK zu nennen, der in seinem Modell rationaler Informationsbeschaffungsentscheidungen der Frage nachgeht, in welchem Ausmaß sich Individuen nicht kostenlos verfügbare Information über die Umwelt verschaffen.[28] Beide Ansätze gehen noch nicht auf die Folgen der Berücksichtigung von Umweltunsicherheit für die Ergebnisse der traditionellen Gleichgewichtstheorie ein, was ARROW und DEBREU in ihrem ‚Allgemeinen Konkurrenz-Gleichgewichtsmodell' berücksichtigen.[29] Dieses Modell beschreibt den Idealtyp eines vollkommenen und vollständigen Marktes bei Umweltunsicherheit. Wegen der fehlenden Berücksichtigung eines zentralen Charakteristikums realer Märkte lassen sich jedoch keine empirisch gehaltvollen Hypothesen aus dem Modell ableiten. Die **Marktunsicherheit**, also die unvollkommene Information in Bezug auf marktinterne Bedingungen und das Verhalten der Transaktionspartner ist eine wesentliche Prämisse, um zu realitätsnäheren Aussagen zu gelangen. Schließlich wird auf den durch Unsicherheiten gekennzeichneten Märkten ein breites Spektrum verschiedener Qualitäten gehandelt, Märkte sind also trotz unvollständiger Information funktionsfähig.[30]

Anders als in der Unsicherheitsökonomie spielt die **asymmetrische Informationsverteilung** zwischen den Marktteilnehmern in informationsökonomischen Arbeiten eine wichtige Rolle; die hierfür bahnbrechende Analyse legte STIGLER vor.[31] Auch die Informationsökonomik ist damit eine formal exakte Gleichgewichtstheorie, die auf methodologisch-individualistischer Grundlage beruht.[32] Die Signal- bzw. Screening-

---

[26] Vgl. Bartelt 2002, S. 70.

[27] Vgl. Huber 1999, S. 13, der hier auf Neumann/Morgenstern 1967 verweist.

[28] Vgl. Marschak 1954, passim.

[29] Vgl. Arrow/Debreu 1954, passim.

[30] Vgl. Bayón 1997, S. 15f.; Rapold 1988, S. 2. Zum Verhältnis von Neoklassik und Neuer Institutionenökonomik vgl. Erlei/Leschke/Sauerland 1999, S. 44ff.

[31] Vgl. Stigler 1961, passim.

[32] Vgl. Bayón 1997, S. 16.

Theorien gehören hierzu, die sich vor allem mit der **Qualitätsunsicherheit** von Marktteilnehmern beschäftigen.[33] Untersucht wird die Möglichkeit der Übertragung von Informationen bezüglich einer gegebenen und unter den verkauften Produkten nicht variierenden, hohen Qualität. Daneben gibt es auch Ansätze, die sich mit **Verhaltensunsicherheit** beschäftigen, also der Frage, was einen Anbieter veranlasst, überhaupt eine hohe Qualität anzubieten. Hier kann erneut eine Verbindung zu spieltheoretischen Ansätzen hergestellt werden. Bei mehrmaligem Kauf (= Spiel) nimmt die Reputation eines Herstellers Einfluss auf die Angebotsqualität, da der Nachfrager den Ruf für Qualität als Merkmal des Anbieters in seinen Spielzügen berücksichtigt. Kommt der Anbieter seinem Ruf nicht nach und verschlechtert die Qualität, erfolgt aufgrund der Informationsasymmetrie gegebenenfalls noch ein Wiederkauf, danach aber verzichtet der Nachfrager auf weitere Transaktionen.

3.2.1 Neue Institutionenökonomik

In den Ansätzen der **Neuen Institutionenökonomik**[34] wird die **Unsicherheit** der Marktteilnehmer als zentrale ökonomische Restriktion individuellen Handelns erkannt und analysiert.[35] Ansätze der Neuen Institutionenökonomik behandeln in der Realität anzutreffende wie auch ideale Institutionen und finden zunehmende Anwendung in verschiedenen Bereichen der Betriebswirtschaftslehre.[36] Zentrale Prämissen, die zur Integration der Reputation in die Modelle führen, sind:

- **Informationsasymmetrie**: Die auf Märkten verfügbaren Informationen sind asymmetrisch zwischen den Marktparteien verteilt; Anbieter und Nachfrager verfügen also jeweils über Informationsvorsprünge bezüglich bestimmter Sachverhalte. Informationsaktivitäten der Marktparteien werden in informationsökonomischen

---

[33]   Vgl. hierzu beispielsweise die Arbeiten von Akerlof 1970; Spence 1973 und 1974; Stiglitz 1975.

[34]   Ansätze der Neuen Institutionenökonomik sind der Transaktionskostenansatz, die Prinzipal-Agent-Theorie, die Property-Rights-Theorie und die Informationsökonomik. Zu Überblicken siehe die Arbeiten von Picot 1991; Kaas 1992a; Helm 1997; Richter/Furubotn 1999. Eine umfassende Analyse des Reputationsverständnisses in der Neuen Institutionenökonomik legt Fichter 2006, S. 11ff., vor.

[35]   Vgl. z.B. Aufderheide/Backhaus 1995, S. 50f. Zu Arten von Unsicherheit (objektiv/subjektiv, endogen/exogen) siehe Ripperger 2003, S. 16ff.

[36]   Vgl. z.B. Richter/Blindseil 1995, S. 132. Beispiele für die Anwendungen im Marketing nennen Fischer et al. 1993, S. 457; Kleinaltenkamp 1992, passim.

Modellen explizit zugelassen, verursachen jedoch Transaktionskosten.[37] Austausch-prozesse auf Märkten sind aufgrund vorherrschender und den Wirtschaftssubjekten bewusster Informationsasymmetrien grundsätzlich durch Unsicherheit gekennzeich-net.

- **Begrenzte Rationalität**: Die Marktteilnehmer zeichnen sich durch ,Bounded Rationality' aus. Dieses ursprünglich von SIMON in die Diskussion eingebrachte Konstrukt geht aufbauend auf verhaltenswissenschaftlichen Erkenntnissen davon aus, dass Wirtschaftssubjekte sich durch eingeschränkte Fähigkeiten zur Informati-onsaufnahme und -verarbeitung auszeichnen. In der Folge verfügen sie nur über ein verzerrtes und unvollkommenes, also ein subjektives, Abbild der Realität, das ihr Entscheidungsverhalten determiniert. Ihr Wissen ist zudem unvollständig, da nicht alle entscheidungsrelevanten Faktoren ex ante bekannt oder ermittelbar sind. Auf-grund dieses unvollkommenen Bildes orientieren die Individuen ihr Handeln nicht an der Erreichung optimaler Ergebnisse (Zielmaximierung), sondern an der Errei-chung eines bestimmten Anspruchsniveaus. Dieses ist nicht dauerhaft festgelegt, es unterliegt vielmehr dynamischen Veränderungen. Damit ist die Entscheidung eines Individuums nicht eindeutig determiniert, sondern hängt unter anderem von Wahr-nehmung, Anspruchsniveau und kognitiven Fähigkeiten ab.[38]

- **Opportunismus**: Menschen sind in ihrem wirtschaftlichen Verhalten durch begrenzte Moral gekennzeichnet. Opportunistisches Verhalten kann nur bei Vorlie-gen eigener Informationsvorsprünge relevant werden und umfasst eigennütziges, teilweise auch arglistiges Verhalten, welches vom legitimen Ausnützen eigener Wissensvorsprünge bis zu betrügerischen Verhaltensweisen reichen kann.[39] Ergän-zend ist anzuführen, dass erst die potenzielle Bereitschaft, Handlungsspielräume zum Schaden des Transaktionspartners auszunutzen, ein Opportunismusrisiko begründet.[40]

---

[37] Vgl. Adler 1996, S. 33; Spremann 1987, S. 6f. Vgl. zu einer detaillierten Analyse der Informationskosten z.b. Lamouroux 1979, S. 155ff., die hier im wesentlichen zwei Kostenkate-gorien identifiziert: die direkten Kosten der Informationssuche (z.B. Fahrtkosten, Ausgaben für Informationsmaterial, negativer Nutzen durch verbrauchte physische und psychische Energie) und die Opportunitätskosten (im Wesentlichen verursacht durch die für Informationsbeschaffung aufgewendete Zeit); siehe auch Haid 1984, S. 10; Herbig/Milewicz 1994, S. 20.

[38] Vgl. Simon 1961 und 1967, hier S. 198 und 246f.; siehe auch Williamson 1991, S. 56f.; Krüssel-berg 1993, S. 44ff.; Adler 1994, S. 36f.

[39] Vgl. Williamson 1990, S. 73ff.; Kaas 1994, S. 246; Bartelt 2002, S. 92.

[40] Vgl. Ripperger 2003, S. 42.

Das Anliegen der **Informationsökonomik**, dem hier vornehmlich relevanten Teilbaustein der Neuen Institutionenökonomik, liegt in der Beantwortung der Fragen, **wie Märkte funktionieren**, die durch asymmetrische Informationsverteilung der begrenzt rational handelnden Marktteilnehmer und ein Opportunismusrisiko gekennzeichnet sind und welche Implikationen sich aus der Berücksichtigung unterschiedlicher **Informationskosten** für den Marktprozess ergeben.[41] Beispielsweise kann aufgrund des zu befürchtenden Opportunismus ein Moral Hazard-Risiko zu Marktversagen führen. Vermag ein Anbieter die schlechter informierten Nachfrager über die wahre Produktqualität zu täuschen, besteht für ihn ein Anreiz, durch versteckte Qualitätsverschlechterungen bei gleichem Preis kurzfristig einen höheren Gewinn zu erzielen.[42] Um Marktversagen zu vermeiden und Anbietern guter Qualität Anreize zu bieten, werden Institutionen geschaffen bzw. Informationen gesendet.[43] ALBACH verweist in diesem Kontext darauf, dass die Informationsökonomik zwar den Eindruck erwecke, das Vertrauen der Marktpartner zueinander wäre ein wichtiger Theoriebestandteil. „Tatsächlich aber steht im Mittelpunkt dieser theoretischen Ansätze das Mißtrauen der Kunden in den Lieferanten."[44]

In Bezug auf die Informationsverbreitung werden die Informationsbeschaffung (Screening) und -übertragung (Signaling) zwischen Transaktionspartnern untersucht. **Signaling** bezeichnet konkret die aktive Informationsübertragung von der besser zur schlechter informierten Marktseite.[45] Resultierende Kosten führen zum Aufbau von Marktaustrittsbarrieren, sofern sie spezifische (irreversible) Investitionen darstellen.[46]

---

[41] Eine eingehendere Behandlung der Informationsökonomik findet sich u.a. in den Arbeiten von Gümbel/Woratschek 1995; Fischer et al. 1993; Kaas 1992a; Adler 1994 und 1996; Hopf 1983a und b; Kiener 1990, S. 7ff.

[42] Vgl. Hauser 1979, S. 740. Das moralische Risiko, von dem die Anbieter betroffen sind, ist Ausfluss des opportunistischen Verhaltens; vgl. hierzu Spremann 1990, S. 517f.; Helm 1997, S. 67ff. Dabei wird in der Informationsökonomik davon ausgegangen, dass die Produktionskosten des Anbieters mit der Qualität der Produkte steigen.

[43] Institutionen sind Systeme von Normen oder Regeln inklusive ihrer Durchsetzungsmechanismen; vgl. Erlei/Leschke/Sauerland 1999, S. 65; zu weiteren Definitionen vgl. Kaas 1994, S. 246; Richter 1994, S. 2.

[44] Albach 1980, S. 4.

[45] Das Konzept des Signaling geht auf Spence 1974 zurück; siehe hierzu auch Hartmann-Wendels 1989, passim; Kaas 1991, S. 359ff.; Vahrenkamp 1991, S. 54; Adler 1994, S. 33f.

[46] Werbung muss nicht immer solch eine spezifische Investition sein: Produkt- bzw. Markenwerbung bezieht sich auf einzelne Anbieterleistungen. Im Falle der Produktelimination sind die Kosten ‚verloren'. Unternehmens- bzw. Imagewerbung, die das gesamte Unternehmen fokussiert, ist eine weniger spezifische Investition. Vgl. zum Begriff der Spezifität Williamson 1990, S. 60ff. und 108f.; Kaas 1992a, S. 16ff.; Backhaus/Aufderheide/Späth 1994, S. 37ff.

Der Vorgang der Informationsbeschaffung durch den schlechter informierten Marktpartner wird in Beiträgen zur Informationsökonomik mit dem Begriff des **Screening** belegt.[47] Beide Aktivitäten stellen den gleichen Prozess aus unterschiedlichen Perspektiven dar, denn die von der uninformierten Seite erhaltenen Informationen müssen von der informierten übertragen worden sein.[48] Sowohl Anbieter als auch Nachfrager können bezogen auf bestimmte Transaktionsmerkmale die besser oder schlechter informierte Partei sein.

Mangelnde und/oder asymmetrisch verteilte Informationen machen Reputation zu einem bedeutsamen Marktmechanismus.[49] Sie wird in der Literatur stellenweise als Institution oder als Signal betrachtet. Der Reputationsmechanismus wirkt als **Institution** im Sinne einer Erwartungsstabilisierung.[50] Ein **Signal** ist eine beobachtbare Eigenschaft, die manipulierbar, also durch den Sender (Anbieterunternehmung) beeinflussbar ist und einen eindeutigen, verlässlichen Indikator für ein nicht direkt beobachtbares Merkmal (z.B. Produktqualität) darstellt.[51] Signale dienen dazu, eine Fehlauswahl zu umgehen, indem sie ein aus der Sicht der schlechter informierten Seite bislang einheitliches Marktangebot differenzierbar machen.[52] Voraussetzung für die **Effektivität von Signalen** ist die positive Korrelation zwischen dem Signal und der von der anderen Marktseite nicht beobachtbaren Eigenschaft (z.B. der Qualität bestimmter Anbieterleistungen). Effektiv ist das Signal dann, wenn es im Hinblick auf die (Kauf-)Entscheidung den gewünschten Informationszuwachs erbringt und zur

---

[47] Das Konzept des Screening geht auf Stiglitz zurück; vgl. Stiglitz 1975, passim; siehe hierzu auch Hopf 1983a, S. 31; Spremann 1987, S. 30ff.; Kaas 1991, S. 359ff.; Adler 1994, S. 32f.

[48] Vgl. Spence 1976, S. 592. Ferner wird in der Literatur die Möglichkeit der Selbsteinordnung (Self-selection) diskutiert, die eine Hybridform zwischen Signaling und Screening ist; vgl. Salop/Salop 1976, passim; Spremann 1990, S. 578ff.; Laux 1990, S. 17f.; Kiener 1990, S. 151f.

[49] Vgl. Brenzikofer 2002, S. 122.

[50] Vgl. Richter/Furubotn 1999, S. 240; Bartelt 2002, S. 78. Vgl. zu dieser Definition von Institutionen Ripperger 2003, S. 24: „sanktionierbare Erwartungen, die sich auf die Handlungs- und Verhaltensweisen eines oder mehrerer Individuen beziehen". Vgl. auch Dietl 1993, S. 37.

[51] Vgl. Hopf 1983a, S. 31; Herbig/Milewicz 1994, S. 19; Fischer et al. 1993, S. 448. Zu Beispielen aus dem Marketingbereich vgl. Kaas 1999, S. 135; Drösser 1997, S. 89ff. Eine nicht beeinflussbare Eigenschaft (z.B. Geschlecht, Hautfarbe) wird in diesem Zusammenhang als Index bezeichnet; vgl. Spence 1973, S. 357; Adler 1994, S. 31. Der Begriff der Beobachtbarkeit darf in diesem Zusammenhang nicht mit Materialität gleichgesetzt werden. Nicht nur das, was tatsächlich durch das menschliche Auge ‚beobachtet' werden kann, ist als Signal zu interpretieren, sondern auch unsichtbare Merkmale.

[52] Das Problem der Fehlauswahl wird im Rahmen der Neuen Institutionenökonomik mit dem Stichwort der Adversen Selektion belegt; vgl. Akerlof 1970, S. 489f.; siehe zusammenfassend auch Adler 1994, S. 17f.; Tolle 1991, S. 6ff.; Helm 1997, S. 18.

Reduzierung von Unsicherheit beiträgt. Für FOMBRUN und SHANLEY ist die Reputation so ein Signal: „Established reputations themselves are signals that also influence the actions of firms' stakeholders"[53]. Es setzt sich wiederum aus Teilsignalen zusammen, wie unter anderem „market and accounting signals representing corporate performance, institutional signals depicting firms as more or less visible, attractive, and socially responsive, and strategy signals defining firms' corporate postures"[54].

Aus Nachfragerperspektive ist die Reputation ein effektives Signal, wenn sie Unsicherheiten abbaut, wovon in der Literatur regelmäßig ausgegangen wird.[55] **Voraussetzung** für diesen Reputationsmechanismus sind extrapolative Erwartungen der Nachfrager, die in bisherigen Vorgehensweisen des Anbieters einen Indikator für sein zukünftiges Verhalten sehen.[56] Nach WEIZSÄCKER orientieren sich Konsumenten instinktiv am Verhalten anderer bzw. schließen aus bisherigen Erfahrungen und Beobachtungen auf zukünftige Entwicklungen, um Entscheidungen zu vereinfachen. Bezogen auf eine Kaufentscheidung wird vor allem die Produktqualität extrapoliert; Reputation entsteht analog durch die „Aggregation der Qualitätserwartungen aller Konsumenten"[57]. Nicht allein die **intrapersonale Extrapolation** im Hinblick auf Folgekäufe desselben Kunden ist hierbei entscheidend (eigene Erfahrung), sondern vor allem die **interpersonelle Extrapolation** (Fremderfahrung, Ruf), im Rahmen derer Erfahrungen an andere kommuniziert und von diesen im Kaufentscheidungsprozess berücksichtigt werden. Für Konsumenten ohne eigene Erfahrung mit einer Unternehmung wird der Ruf zu einem wichtigen Signal.[58] BEARDEN und SHIMP skizzieren den Zusammenhang zwischen der Herstellerreputation und dem Kaufverhalten wie in Abbildung 3-1 dargestellt.

---

[53] Fombrun/Shanley 1990, S. 234. Baden-Fuller/Ang 2001, S. 744, nennen diesen Zusammenhang schlicht die ‚Theorie der Reputation'.

[54] Fombrun/Shanley 1990, S. 234.

[55] Vgl. Yoon/Guffey/Kijewski 1993, S. 216; Gerhard 1995, S. 120.

[56] Vgl. Weizsäcker 1980, S. 72f.; Albach 1980, S. 5; Husemann 1992, S. 102. Siehe auch Kapitel 2.

[57] Ringbeck 1986, S. 7. Informationsökonomische Ausarbeitungen fokussieren in der Regel Konsumenten, selten auch Mitarbeiter/Arbeitgeber.

[58] Vgl. Baden-Fuller/Ravazzolo/Schweitzer 2000, S. 624.

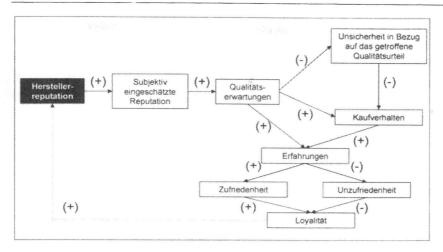

Abbildung 3-1: Wirkungsweise der Reputation
(Quelle: in Anl. an Bearden/Shimp 1982, S. 230.)

In einem ersten Schritt wird der Ruf des Herstellers von einem individuellen Konsumenten wahrgenommen und auf dieser Basis Qualitätserwartungen gebildet, die in einem positiven Zusammenhang mit dem Kaufverhalten stehen. Auf diesem Ruf basierende Qualitätserwartungen reduzieren die Unsicherheit hinsichtlich des eigenen Qualitätsurteils, die grundsätzlich negativ auf das Kaufverhalten wirken würde. Insofern spiegelt sich auch in diesem Modell die Vorstellung wider, dass Reputation unsicherheitsreduzierend und damit kauffördernd wirkt.[59] Aufgrund des tatsächlichen Verhaltens sammelt der Konsument eigene Erfahrungen, die – wenn sie mit seinen Qualitätserwartungen übereinstimmen oder diese übertreffen – zu Zufriedenheit führen. Diese wiederum wirkt positiv auf die Loyalität des Konsumenten. Eine Rückwirkung auf die Reputation erfolgt (mit einem Time Lag), wenn auf aggregierter Ebene Loyalität unter Kunden gefördert wird, denn diese führt über Weiterempfehlungen und Wiederkauf zu einer weiteren Verbesserung des Rufs der Unternehmung. Aus Perspektive der Informationsökonomik ist damit eine Begründung für den in Kapitel 6 unterstellen positiven Einfluss der Reputation auf eigene Erfahrungen und die Loyalität von Kunden gefunden.[60]

---

[59] Vgl. hierzu Bearden/Shimp 1982, S. 230f.; eine Zusammenfassung liefert Gerhard 1995, S. 131ff.

[60] So auch Giering 2000, S. 46, 60. Vgl. hierzu die Hypothesen H_1, H_2 und H_3 in Kapitel 6.

SCHADE und SCHOTT stellen die These auf, dass es einen positiven Zusammenhang zwischen der vorhandenen Reputation eines Anbieters im Markt und der **Anzahl (zufriedener) Altkunden** gibt.[61] Dies setzt jedoch voraus, dass keine Qualitätsschwankungen bei den Leistungen des Anbieters vorliegen, da ansonsten eine inkonsistente bzw. indeterminierte Reputation aufgrund der im Markt diffundierenden positiven und negativen Erfahrungen aufgebaut würde.[62] Für einen neu in den Markt eintretenden Anbieter bedeutet dies, dass er erst ohne Reputation eine kritische Masse an Käufern finden muss, ehe Reputation entsteht. Innovative Konsumenten, die eine höhere Probier- und Risikofreudigkeit aufweisen, bilden die Basis der Erfahrungsdiffusion im Markt.[63]

Die Reputationsentwicklung, wie das Signaling allgemein, basiert auf einem Lernprozess: der Empfänger analysiert das erhaltene Signal, interpretiert es auf Basis vergangener Erfahrungen und reagiert entsprechend.[64] Der Reputationsmechanismus bedarf auch im informationsökonomischen Verständnis nicht eigener Erfahrungen des jeweiligen Nachfragers.[65] In den meisten informationsökonomischen Modellen wird Reputation als **öffentliche Information** betrachtet. Die von einzelnen Nachfragern gewonnene Qualitätserfahrung spricht sich augenblicklich unter allen anderen Nachfragern herum, „die Mund-zu-Mund-Weitergabe von Information ist gewissermaßen perfekt".[66] Reputation ist das Resultat der Kommunikation der Kunden untereinander[67]: „Die meisten Verbraucher kaufen dasselbe Gut mehr als nur einmal, und im übrigen besteht unter ihnen ein reger Informationsaustausch. Unternehmen, die hohe Qualität anbieten, werden weiterempfohlen"[68]. Der Unternehmung kommt eine eher passive Rolle zu; sie ist der Kommunikation unter ihren Kunden quasi ausgesetzt.

---

[61] Vgl. Schade/Schott 1993, S. 497; so auch Herbig/Milewicz 1995b, S. 8; Choi/Kim 1996, S. 53. Nimmt man dies als Maß für die Unternehmensgröße, liefert diese Beobachtung eine Erklärung für die relativ stärkere Reputation großer Unternehmen; vgl. Kapitel 4.2.3.

[62] Vgl. Jacob 1995, S. 172f.

[63] Vgl. Rapold 1988, S. 27f.

[64] Vgl. Herbig/Milewicz 1994, S. 21.

[65] Vgl. Weizsäcker 1980, S. 83; Rapold 1988, S. 28; Weiber/Adler 1995b, S. 70; Gerhard 1995, S. 122.

[66] Rapold 1988, S. 28. Er selbst unterstellt dagegen, dass von den anfänglich wenigen Käufern (Innovatoren) die Qualität des Produkts im Ge- bzw. Verbrauch überprüft wird und diese Qualitätserfahrungen der ersten Käufer hernach, also zeitlich versetzt, an andere Nachfrager weitergegeben werden; vgl. Rapold 1988, S. 28f.

[67] Vgl. Spremann 1988, S. 625, Fußnote 3; vgl. auch Gerhard 1995, S. 122f.

[68] Ungern-Sternberg/Weizsäcker 1981, S. 613.

Auch YOON, GUFFEY und KIJEWSKI nennen als **Quellen der Reputation** Erfahrungen und Information. Eigene Erfahrungen werden in die Zukunft fortgeschrieben und beeinflussen die Qualitätserwartungen der Nachfrager. Zusätzlich können Informationen über zwei Wege im Marktumfeld diffundieren und zum Aufbau der Reputation beitragen: durch die Kommunikation zwischen dem Anbieter und den Nachfragern (z.B. Medienwerbung) oder durch die Kommunikation unter Kunden (Kundenempfehlungen).[69] Wie in den meisten ökonomisch relevanten Situationen können Konsumenten zwischen der Information durch Inspektion und der durch Erfahrung wählen.[70] Der Vorteil der indirekten Informationsbeschaffung ist darin begründet, dass die hiermit verbundenen Kosten erheblich niedriger sein können als jene der direkten Qualitätsbestimmung[71]; die Orientierung an Reputation ist dann aus Nachfragersicht effizient.

Effektive Signale sind dadurch charakterisiert, dass ihre Aussendung Kosten verursacht. Diese machen es für Anbieter schlechterer Qualitäten wenig lohnend, eine höhere Qualität durch das Aussenden des Signals vorzutäuschen. Ferner wird unterstellt, dass für das Verhalten der Marktteilnehmer eine Orientierung an solchen Signalen entscheidend ist, deren Kosten negativ mit der Qualität von Produkten korreliert sind. Das klassische Beispiel hierfür sind Garantien: je höherwertig die Qualität eines Produkts ist, desto weniger Produktmängel treten auf. In der Folge werden weniger qualitätsbezogene Garantien in Anspruch genommen; es fallen weniger Garantiekosten an. Begründet ist signalorientiertes Verhalten der Nachfrager in informationsökonomischen Modellen also durch die Annahme, dass ein besonders ‚teures' Signal eine besonders gute Leistung anzeigt und damit als **Qualitätssignal** fungiert.[72] Fallen die Signaling-Kosten unabhängig von der Reaktion individueller Nachfrager an, liegen nach SPENCE **exogene Signale** vor.[73] Hierzu zählen beispielsweise die klassische Werbung und der Erwerb von Zertifikaten durch den Anbieter, also Aktivitäten, die nicht direkt mit einer bestimmten Einzeltransaktion zusammenhängen. Wie die Garan-

---

[69] Vgl. Yoon/Guffey/Kijewski 1993, S. 218. Hier wird also von Einflussmöglichkeiten des Anbieters ausgegangen.

[70] Vgl. Ungern-Sternberg/Weizsäcker 1981, S. 611.

[71] Vgl. Rapold 1988, S. 23f.

[72] Vgl. hierzu Ippolito 1990, S. 42; Tolle 1991, S. 23; dieselbe 1994, S. 932; Arnold 1996, S. 153ff. Gegen die Signalfunktion von Garantien spricht sich Nell 1999, passim, aus. In der Realität vermögen auch aus Anbietersicht kostengünstige Signale durchaus effektiv zu sein (z.B. Referenzen gegenüber der Medienwerbung).

[73] Sog. ‚exogenously costly signals'; vgl. Spence 1976, S. 593; Boulding/Kirmani 1993, S. 112ff.

tie ist die Reputation dagegen ein **endogenes Signal**, das auf dem Pfand- oder Geisel-
mechanismus beruht. Der individuelle Kunde kann seinen Anspruch einfordern bzw.
den Anbieter bei Nichtleistung bedrohen. Allerdings ‚garantiert' der gute Ruf eines
Anbieters nicht, dass die in der Vergangenheit ‚erfahrene' Qualität seiner Leistungen
zukünftig aufrechterhalten wird.[74] Zudem werden Investitionen des Anbieters in
Reputationsmanagement in der Regel unabhängig von individuellen Stakeholdern
getätigt.

Die Betrachtung der Neuen Institutionenökonomik ist auf **Produktqualität und Preis**
als Entscheidungsparameter konzentriert, wie etwa SHAPIRO verdeutlicht: „At any
point in time each consumer has some expectations regarding product quality. These
expectations constitute the firm's reputation"[75]. In der Realität treffen Nachfrager ihre
Kaufentscheidung auf Basis weiterer Kriterien. Diese Entwicklung hin zu multiplen
Signalen, die bei Kaufentscheidungen eine Rolle spielen können, wird durch die
Medien und die zunehmende Informiertheit der Gesellschaft vorangetrieben. Auch die
wachsende technische Komplexität von Produkten trägt dazu bei, dass sich das Spekt-
rum der Inhalte von Reputation erweitert und die Reputation von Unternehmungen als
Qualitätssignal vor Kaufentscheidungen herangezogen wird[76].

Zu einer Orientierung an allen auf dem Markt verfügbaren Signalen ist der Nachfrager
in der Regel nicht fähig, zumal die Transaktionskosten (Such- und Informationskosten)
mit wachsender Anzahl der genutzten Informationsquellen steigen. Der Nachfrager
wird also auf die Auswahl **effizienter Signale** bedacht sein, die ihm ein optimales
Kosten-Nutzen-Verhältnis versprechen. Die Reputation ist dann ein effizientes Signal,
wenn es keine besseren bzw. kostengünstigeren Alternativen zur Unsicherheitsreduzie-
rung gibt. Aus Nachfragersicht ist Reputation immer dann ein wichtiges Signal, wenn
vor dem Kauf keine Qualitätsüberprüfung des Produktes stattfinden kann.[77] Sie dient
der Absicherung **impliziter Verträge**, also Versprechungen der Unternehmung gegenüber ihren Stakeholdern, deren schriftliche Fixierung zu komplex oder kostspielig wäre
(z.B. Zusicherung hoher Produkt- und Servicequalität, guter Arbeitsbedingungen, langfristig sicherer Investitionen in die Aktien).[78] Solche impliziten Vereinbarungen kön-

---

[74]   Vgl. Rapold 1988, S. 24.
[75]   Shapiro 1982, S. 21.
[76]   Vgl. Melewar/Jenkins 2002, S. 83.
[77]   Vgl. Fombrun/Shanley 1990, S. 237. Allerdings wirkt Reputation grundsätzlich auch bei Suchgü-
        tern.
[78]   Vgl. Cornell/Shapiro 1987, S. 6; Svendsen 1998, S. 43.

nen nicht separat vermarktet oder eingeklagt werden. Sie haben nur dann ökonomischen Wert für die Vertragsparteien, wenn Stakeholder glauben, dass die Unternehmung sie zu erfüllen trachtet, ihr also eine entsprechende Reputation zuerkannt wird. „Reputation is built by incurring expenditures in fulfilling promises of implicit claims and by signaling that future implicit claims will be honored".[79] Nach ADLER ist die Reputation ein ‚leistungsübergreifendes Informationssubstitut', das vor allem bei Vertrauenseigenschaften herangezogen wird.[80] Dadurch, dass sich die in der Vergangenheit gezeigte Sorgfalt der Unternehmung herumspricht, werden die Ergebnisse ihrer Tätigkeit für (potenzielle) Nachfrager selbst für solche Eigenschaften einschätzbar.[81]

Die Wirksamkeit des Reputationsmechanismus hängt allerdings davon ab, ob ein Vertragsbruch (öffentlich) bekannt wird und ob es im Falle des Bekanntwerdens zu einer vollständigen Sanktion bzw. Bestrafung kommt.[82] Nach SANDIG ist es in der Praxis so gut wie unmöglich, als Anbieter seinen guten Ruf zur (kurzfristigen) Gewinnmanipulation einzusetzen, indem beispielsweise die Produktqualität verschlechtert wird. Ein ‚Melken' der Reputation ist unattraktiv.[83]

Auch die Folgerung, ein guter Ruf ermögliche die Durchsetzung höherer Preise bei – ceteris paribus – im Konkurrenzvergleich gleichen Kosten, wird in Frage gestellt. Der Aufbau und die Erhaltung des guten Rufes sind mit Kosten verbunden, welche bei nicht- oder schlecht-reputierten Unternehmungen nicht anfallen. Das Wiedereinholen dieser Kosten durch die Forderung eines relativ höheren Preises führe nicht zu einer **Reputationsprämie** im Sinne eines Gewinns. Auch die Aussage, eine Unternehmung lasse sich ihren guten Namen bezahlen, sei aus den genannten Gründen nicht haltbar.[84] SANDIG erläutert im Detail:

> „Das in der Sache gleiche Gut liegt somit von der Aufwandsseite her anders und ist damit, absatzwirtschaftlich gesehen, nicht mehr vergleichbar. Ver-

---

[79] Devine/Halpern 2001, S. 43. Zu Besonderheiten impliziter Ansprüche siehe auch Cornell/ Shapiro 1987, S. 6ff.

[80] Vgl. Adler 1998, S. 344; siehe auch Brenzikofer 2002, S. 127.

[81] Vgl. Helm 1997, S. 33. Demgegenüber untersuchen Choi/Kim 1996, S. 48ff., Reputation nicht selbst als Qualitätsindikator bei Vertrauensgütern, sondern gehen davon aus, dass Konsumenten andere Surrogate wie Anzahl der Kunden oder Alter zur Beurteilung von Produktqualität und Unternehmensreputation heranziehen.

[82] Vgl. Williamson 1985, S. 395; Haensel 1999, S. 69.

[83] Vgl. Sandig 1962, S. 23ff.; siehe auch Herbig/Milewicz 1995a, S. 25.

[84] Vgl. zu dieser Diskussion im Detail Sandig 1962, S. 23ff. Vgl. auch Gerhard 1995, S. 134ff., zur Ableitung von Preisprämien bei verdeckten (reputationskonträren) Qualitätsverschlechterungen.

gleichbarkeit von Gütern ist absatzwirtschaftlich nur bei Vergleichbarkeit der Summe aller Teilleistungen gegeben. Der Ruf der Unternehmung als Absetzer, und sei er noch so groß und noch so gut fundiert [...] schafft allein keine monopolartige Marktposition, die eine preispolitische Ausnützung gestatten würde. Nicht der Name, sondern die vom Käufer oder Verbraucher anerkannte Leistung wird von ihm bezahlt".[85]

Auch GRANOVETTER kritisiert eine ‚berechnende' Sichtweise des Konstrukts Reputation: „Economists have pointed out that one incentive not to cheat is the cost of damage to one's reputation, but this is an undersocialized conception of reputation as a generalized commodity, a ratio of cheating to opportunities to cheat"[86]. Neben ökonomische Konzeptualisierungen der Reputation und ihrer Wirkungen sollten also auch andere Interpretationen treten.

Ergänzungen der informationsökonomischen Modellierungen von Reputation könnte die ‚**Ökonomie der Aufmerksamkeit**' bieten.[87] Die disziplinübergreifend erschienenen Publikationen zu diesem Thema finden zwar Berücksichtigung in einigen betriebswirtschaftlichen Arbeiten[88], wurden jedoch bis dato nicht zu einer Theorie verknüpft, weshalb sie hier nicht als eigenständiger Ansatz berücksichtigt werden[89].

FRANCK weist darauf hin, dass es bislang an einer „ökonomischen Theorie des Prestiges, der Reputation und der Prominenz"[90] fehle, obschon diese sozialen Güter eine überragende Bedeutung in der heutigen, post-industriellen Gesellschaft erlangen. Den gewachsenen Stellenwert der Aufmerksamkeit sehen die Vertreter der Aufmerk-

---

[85] Sandig 1962, S. 29. Dem ist hinzuzufügen, dass nicht nur die Summe der Teilleistungen identisch sein müsste, um von vergleichbaren Gütern zu sprechen, sondern auch deren Ausprägungen mit Blick auf objektive und subjektive Qualitäten. Sandig führt seine Ausführungen fort, indem er die umfassende Beweisführung dafür antritt, dass eine auf ihren guten Ruf bedachte Unternehmung weder kurz- noch langfristig das Ziel der Gewinnmaximierung verfolgen kann; vgl. ebenda, S. 30ff. „Der Kommunikationsfaktor hat eine selbständige Bedeutung und erzwingt die Abkehr von einem Prinzip, das als das Prinzip der Gewinnmaximierung und in seiner letzten Steigerung als das erwerbswirtschaftliche Prinzip bezeichnet wird"; ebenda, S. 32.

[86] Granovetter 1985, S. 490.

[87] Vgl. Franck 1998, passim. Zum Begriff der Aufmerksamkeit bzw. Attention siehe Franck 1998, S. 28f.; Kroeber-Riel/Weinberg 2003, S. 61; Davenport/Beck 2001, S. 20.

[88] Vgl. etwa Blümelhuber 2000, S. 211ff.; Günter 2006, S. 252ff. Für den anglo-amerikanischen Raum sind die Arbeiten von Sacharin 2001 und Davenport/Beck 2001 zu nennen.

[89] Zu einer umfassenden Kritik einer aufmerksamkeitsökonomischen Theorie siehe Gräser/Welling 2003, passim.

[90] Franck 1998, S. 22.

samkeitsökonomie in deren **Knappheit** begründet.[91] Die herrschende Informations-überflutung führt zu einem (Über-)Angebot an Informationen, das der Wahrnehmung und Verarbeitung durch Individuen bedarf. Deren Kapazitäten sind jedoch begrenzt, was aus ökonomischer Perspektive von SIMON als ‚Bounded Rationality' diskutiert wurde.[92] Er stellt fest: „What information consumes is rather obvious: it consumes the attention of its recipients. Hence a wealth of information creates a poverty of attention"[93].

Im Gegensatz zu informationsökonomischen Modellen, welche die Kosten der Informationsabgabe thematisieren, wäre in aufmerksamkeitsökonomischen Modellen mit den **Kosten der Informationsaufnahme und -verarbeitung** zu rechnen. „In an information-rich world, most of the cost of information is the cost incurred by the recipient"[94]. Damit werden die Ausführungen zur Informationsökonomik ergänzt, im Rahmen derer Entstehungsbedingungen von Informationen sowie die Erkenntnis- und Bekanntmachungsinteressen der Marktteilnehmer untersucht werden. Hinweise auf Wissensdefizite und damit verbundene Unsicherheiten, alternative Informationsstrategien der Marktteilnehmer zur Bewältigung der Unsicherheit und damit verknüpfte Methoden zur Vertrauensbildung stehen im Kern der Erklärungen, während aufmerksamkeitsökonomische Überlegungen die Begrenztheit der geschilderten Transaktionsdesigns auf individueller Ebene akzentuieren.[95]

Ein konkreter Bezug zur Reputation ergibt sich dadurch, dass nur solche Unternehmungen über hohes Ansehen bzw. Reputation verfügen, die anerkannt sind.[96] Das Konstrukt Anerkennung wird in der Soziologie detaillierter betrachtet[97]; es beruht auf

---

[91] Vgl. Sohn/Welling 2002, S. 15; Seemann 1996, S. 24; Dalton/Croft 2003, S. 51.

[92] Vgl. Simon 1967, S. 198 und 246f.; Adler 1994, S. 36f. Beispiele für die Informationsüberflutung und mangelnde Wirksamkeit von kommunikationspolitischen Maßnahmen sind z.B. zu finden bei Sacharin 2001, S. 3ff.

[93] Simon 1996, S. 40.

[94] Simon 1996, S. 41.

[95] Das informationsökonomische Konzept des Screening umfasst zwar Kosten der Informationssuche, jedoch nicht die ‚Kosten der Informationsüberlastung'.

[96] Erinnert sei an dieser Stelle an die Definition des Rufs bzw. der Reputation als anerkannte Leistungsfähigkeit, die Sandig 1962, S. 10, in die Diskussion einbrachte. Ähnlich bemerkt auch Franck 1998, S. 47, dass Reputation nicht auf unumstrittenen Leistungen, wohl aber auf beachtenswerten beruht.

[97] Zu einem Überblick siehe Heck 2002, S. 106ff.

Achtung und Wertschätzung.[98] „In der Anerkennung drückt sich die soziale Wertschätzung der anderen gegenüber erbrachten gesellschaftlichen und/oder gemeinschaftlichen Leistungen aus"[99]. Grundvoraussetzung für das Anerkanntsein ist jedoch zunächst die Beachtung, die erzielte Aufmerksamkeit. „Es gibt keine Anerkennung ohne Beachtung, aber es gibt eine Beachtung ohne Anerkennung".[100] **Aufmerksamkeit ist gleichsam die Wurzel von Anerkennung und Reputation.**

Jedoch ist aus Perspektive von Unternehmungen Aufmerksamkeit stets ein vorökonomisches und damit ein **Subziel.**[101] Der Wettbewerb um ökonomische Größen (hier: das Entgelt, das Kunden bereit sind, für die Unternehmensleistung zu entrichten) schließt damit den um vorökonomische Größen (hier: Aufmerksamkeit für das Produktangebot) ein. Mithin ist der Erklärungsgehalt einer Aufmerksamkeitsökonomie aus unternehmensbezogener Sicht begrenzt, zumal die klassische Werbewirkungsforschung die Aufmerksamkeit seit Langem berücksichtigt.[102] Allerdings ist nicht zu bestreiten, dass umgekehrt ein erhöhtes Maß an Aufmerksamkeit, die den Kunden bzw. Stakeholdern der Unternehmung geschenkt wird, sich positiv in den Erfolgsgrößen der Unternehmung niederschlagen kann.[103] Zudem erläutert FRANCK, dass Aufmerksamkeit nicht nur im direkten Tauschverhältnis eine Rolle spielt, sondern auch im Gespräch über Dritte, das zu einem bestimmten Ruf führen kann.[104] Zusammenfassend ist festzuhalten, dass die Aufmerksamkeitsökonomie (bisher) zwar einige Anknüpfungspunkte für die von FRANCK angemahnte ökonomische ‚Theorie der Reputation' bietet, jedoch kein stabiles Theoriegebäude darstellt.[105]

---

[98]   Vgl. Voswinkel 1999, S. 25. Auch Fombrun/Wiedmann 2001b, S. 46f., interpretieren Achtung als Teil der Reputation.

[99]   Heck 2002, S. 212. Sandig 1962, S. 12, definiert Anerkennung als „Bewertung erkennbarer, sichtbar gewordener Leistungen durch andere, die mit der Unternehmung in irgendeiner Form in Verbindung treten oder zu treten beabsichtigen".

[100] Voswinkel 1999, S. 30.

[101] Vgl. auch Günter 2006, S. 253.

[102] Weitere Kritikpunkte leiten Gäser/Welling 2003, v.a. S. 69ff., ab.

[103] So schlägt sich höhere Kundenorientierung idealerweise in höherer Kundenzufriedenheit und höherem Kundenwert nieder; vgl. Helm/Günter 2006, S. 11ff. Balmer/Gray 1999, S. 258, betrachten konkret die Reputation der Unternehmung als Grundlage psychischen Einkommens für individuelle Stakeholder.

[104] Vgl. Franck 1998, S. 115ff.

[105] Vgl. Franck 1998, S. 22. Allerdings verspricht sein Werk im Untertitel auch nur einen Entwurf; vgl. auch Gräser/Welling 2003, S. 4f.

3.2.2 Die Rolle von Reputation in spieltheoretischen Ansätzen

Im Gegensatz zur oben skizzierten Meinung von SANDIG, der die unternehmerische Wahlfreiheit hinsichtlich des ‚Melkens' von Reputation bestreitet[106], gehen spieltheoretische Ansätze davon aus, dass Unternehmungen (Spieler) eine Wahl hinsichtlich der Ausnutzung von Reputation haben. Bei einer rationalen Wahl sind zwei Voraussetzungen für das Interesse der Unternehmung am Erwerb und Erhalt von Reputation zu nennen:[107]

1. Es stehen wiederkehrende bzw. langfristige Beziehungen zu Stakeholdern im Mittelpunkt. Das ‚Spiel' muss iterativ aufgebaut sein, da nur dann die Unternehmung mit Nachteilen zu rechnen hat, wenn sie ihre Versprechen nicht hält.

2. Die Unternehmung A steht in Beziehungen zu den Stakeholdern B und C, so dass A auch dann, wenn ihre Beziehung zu B nur auf einer Einzeltransaktion beruht, mit Nachteilen durch die Beziehung zu C zu rechnen hätte, wenn sie ihre Versprechen gegenüber B nicht einhält und C hiervon erfährt.

Das Ziel der **Spieltheorie** liegt darin, für soziale Konfliktsituationen eindeutig das individuell rationale Entscheidungsverhalten zu definieren. Sie ist eine normative Teildisziplin der Sozialwissenschaften, wobei wesentliche Konzepte durch wirtschaftswissenschaftliche Fragestellungen inspiriert wurden.[108] In der Regel wird die Spieltheorie als Erklärungsinstrument innerhalb anderer Ansätze angewendet, soll hier jedoch isoliert betrachtet werden.

Spieltheoretische Ansätze haben moderne Entwicklungen in der Volks- und Betriebswirtschaftslehre wie auch anderer Sozialwissenschaften entscheidend vorangetrieben, ihre normative Position sowie der Facettenreichtum der spieltheoretischen Modelle stoßen jedoch auch auf Widerstände.[109] So trägt sie zu einer Mathematisierung von Volks- und Betriebswirtschaftslehre bei, und mathematische Modelle erzwingen durch

---

[106] Vgl. Sandig 1962, S. 23ff.

[107] Vgl. zu beiden Punkten Voswinkel 1999, S. 51.

[108] Vgl. Güth 1992, S. 1. Zu einem Überblick der historischen Entwicklung der Spieltheorie und Anwendungsbereichen im Marketing vgl. Huber 1999, S. 13ff.

[109] Vgl. Güth 1992, S. 2f. „Die Hoffnung der Spieltheorie, daß irgendeine simple Version der Rationalität zu wohldefinierten oder gar einleuchtenden Verhaltensprognosen führen könnte, ist zerstört"; Richter/Furubotn 1999, S. 399, nach einem Zitat von Stiglitz.

die notwendige funktionale Darstellung gravierende inhaltliche Verarmung gegenüber Verbalmodellen.[110]

Reputation wird in Spielen bei unvollständiger Information betrachtet, deren Entwicklung durch HARSANYI angestoßen wurde.[111] Sie wird im Sinne einer **Prämisse für die Modellbildung** verwendet, die in der Unsicherheit der Spieler bzw. der Informationsasymmetrie begründet ist.[112] Betrachtet man zwei oder mehr Spieler und unterstellt, dass Informationsasymmetrie zwischen ihnen herrscht, jeder Spieler über ein reichhaltiges Set an Strategieoptionen verfügt, das Spiel in einem dynamischen Kontext stattfindet, also wiederholt wird, so orientieren die Spieler ihr eigenes Verhalten an der Reputation des Gegenübers (= seinem bisherigen Verhalten). Das Wahlverhalten der einen Partei hinsichtlich verschiedener Handlungsoptionen hat direkte Auswirkungen auf das Verhalten der anderen.[113] Analog zum Vertrauenskonstrukt können mit Blick auf die Reputation also zwei Parteien unterschieden werden: der Reputationsgeber und der Reputationsnehmer bzw. -träger, dessen Reputation im Mittelpunkt steht. Dieser hat die Optionen, seiner Reputation zu entsprechen oder ihr zuwiderzuhandeln. Die erste Variante ist in der Regel mit einem Nutzen für den Reputationsgeber, die zweite mit einem Schaden verbunden.[114] Der Reputationsträger verhält sich dann erwartungsgemäß, wenn die Kosten seines Verhaltens geringer sind als sein Nutzen bzw. wenn opportunistisches Verhalten keinen größeren Nutzen verspricht.[115] Diesbezüglich erklärt WILSON: „the essential requirement for a player's reputation to matter for his current choice of action is his anticipation that his later decisions will be conditioned by his later reputation"[116]. Soziale Dilemmata, wie sie sich etwa im Gefangenen-Dilemma manifestieren, können oft allein durch Vertrauen – und den Aufbau von Reputation – überwunden werden.[117]

---

[110] Vgl. ähnlich Schneider/Knapp 1983, S. 71. Manche Annahmen sind einfach ‚bescheiden'. So formulieren etwa Ungern-Sternberg/Weizsäcker 1981, S. 616: „Die Annahme, die besagt, daß ein unzufriedener Käufer seine Vergangenheit total vergißt, ist zwar nicht besonders realistisch, erleichtert aber die Gedankenführung sehr".

[111] Vgl. Harsanyi 1967/68.

[112] Vgl. Weigelt/Camerer 1988, S. 443.

[113] Vgl. Raub/Weesie 1990, S. 629; Brenzikofer 2002, S. 128.

[114] Vgl. analog zu den entsprechenden Rollen beim Vertrauenskonstrukt Ripperger 2003, S. 43.

[115] Vgl. Ripperger 2003, S. 137.

[116] Wilson 1985, S. 27.

[117] Vgl. Ripperger 2003, S. 258f.; Bartelt 2002, S. 72. Zum Begriff des sozialen Dilemmas siehe Vlek 1996, S. 15.

Jeder Spieler repräsentiert einen bestimmten Spielertyp. Reputation wird als **Kennzeichen** interpretiert, das verschiedene Typen und deren strategisches Verhalten erklärbar (vorhersehbar) macht.[118] „The reputation of an actor is a characteristic or an attribute ascribed to him by his partners. The empirical basis of an actor's reputation is his observed past behavior".[119] Durch sein von den anderen Spielern beobachtbares Verhalten entschleiert der Spieler teilweise private Informationen bzw. die seine Strategiewahl determinierenden Werte, was ihm eine bestimmte Reputation einträgt. Damit liegt die Reputation eines Spielers in der **Wahrnehmung der Werte des Spielers** durch andere.[120]

Ein bekanntes Spiel im betriebswirtschaftlichen Kontext, gespielt von Arbeitgeber und Arbeitnehmer, entwickelt KREPS.[121] Er beschreibt darin eine ‚Theorie der Unternehmung', die unter anderem durch Reputation gekennzeichnet ist. Die Art und Weise, wie die Unternehmung sich an unvorhergesehene Ereignisse anpasst, kann ihren Ruf entweder verbessern oder verschlechtern, was sich auf das Ausmaß an Vertrauen auswirken kann, das Stakeholder (hier: potenzielle Arbeitnehmer) haben. Dieses Vertrauen ist ein Bindungsfaktor, der wechselseitig vorteilhafte Transaktionen begünstigt.[122] Damit wird betont, „dass in den Augen der Geschäftspartner, besonders aber auch der Belegschaft die Reputation die Seele eines Unternehmens ist."[123]

Reputation ist nur dann ein Hinweis auf zukünftiges Spielerverhalten, wenn Stabilität der Typen und Beobachtbarkeit vergangener Handlungen unterstellt werden. Auch die Spieltheorie geht damit von **Erfahrungsextrapolation** auf Basis eines Signalmechanismus aus, denn das Verhalten eines Spielers wird vorhersehbar, wenn man sich auf dessen ökonomische Vernunft verlassen kann.[124]

---

[118] Vgl. Fombrun 1996, S. 6. In der Spieltheorie determiniert der Bestand an privaten Informationen den Typ des Spielers. Jeder Spieler kennt seinen eigenen Typ, ist aber unsicher hinsichtlich des Typs der anderen Spieler. Die Kenntnis des Typs ist aber wichtig, da der Typ Präferenzen und Ziele der Spieler determiniert; vgl. Weigelt/Camerer 1988, S. 443f.

[119] Raub/Weesie 1990, S. 629.

[120] Vgl. Weigelt/Camerer 1988, S. 443.

[121] Vgl. hierzu Kreps 1990; Miller 1992, S. 122ff. Zu weiteren ‚Reputationsspielen' siehe das Modell von Kreps/Wilson 1992; zu Zusammenfassungen vgl. z.B. Husemann 1992, S. 102ff.; Holler/Illing 2000, S. 166ff.

[122] Vgl. Kreps 1992, S. 92f.; Richter/Furubotn 1999, S. 282.

[123] Richter/Furubotn 1999, S. 445f.

[124] Vgl. Bartelt 2002, S. 70.

Die Reputation ist ein intangibler Wert, der Renten erzielbar macht. Nicht-Erfüllung der Erwartungen zieht unmittelbare Konsequenzen nach sich, die in Gewinnen oder Verlusten liegen können und in der Regel mindestens zu einem Verlust an Reputation führen. Dieser Reputationsverlust wiederum beeinflusst die zukünftigen Züge der anderen Spieler.[125] „Der Wert einer Reputation bemißt sich hier nach den zukünftigen Einkommensströmen, die ein Akteur durch die Fortführung einer Kooperationsbeziehung erzielen kann.“[126]

Die Modelle wie auch die Annahmen der kooperativen Spieltheorie weisen teilweise stark **idealisierte Züge** auf. So werden am Ende einer Periode/eines Spiels alle Handlungen und Informationen für jeden Akteur sichtbar, was realiter selbst für kleine Unternehmungen bzw. Organisationen kaum gelten kann. Auch kennt nicht jeder Akteur alle Aktionsmöglichkeiten, die ihm und den anderen Akteuren zur Verfügung stehen und kann damit auch nicht allen Interaktionen Nutzwerte zuordnen. Mögliche externe (Kooperations-)Alternativen (‚Außenoptionen') werden in den Modellen vernachlässigt.[127] Diese Einschränkungen sprechen aber nicht grundsätzlich gegen die Brauchbarkeit der Modelle für Gestaltungsempfehlungen.[128] Neue Anwendungen liegen etwa in der Ausgestaltung von ‚Reputationsmechanismen' für internet-basierte Leistungen wie Marktplattformen, wobei die Erfahrungen (privater) Austauschpartner als Maßzahlen für die ‚Reputation' der Verkäufer und Käufer veröffentlicht werden.[129] Mindestens auf abstrakter Ebene bieten spieltheoretische Überlegungen auch einen Hinweis auf den Wert von Reputation: Dieser liegt in der Differenz zwischen dem zukünftigen, durch kooperatives Verhalten erzielbaren Gewinn und dem aus opportunistischem Verhalten erzielbaren.[130]

Es ist festzuhalten, dass Spieltheoretiker reputationsbasiertes Vertrauen als Phänomen sichtbaren, kooperativen Verhaltens interpretieren. Eine Reputation existiert hinsichtlich der Ergebnisse konsistenten und damit erwartungskonformen Verhaltens. Demgegenüber verstehen etwa die Psychologen, aber auch viele Ökonomen, unter Vertrauen

---

[125] Vgl. Weigelt/Camerer 1988, S. 444.

[126] Ripperger 2003, S. 190.

[127] Vgl. Haensel 1999, S. 108f.

[128] Vgl. Haensel 1999, S. 108. Siehe hierzu auch die Anmerkungen zur Realitätsnähe von mikroökonomischen Modellen im vorhergehenden Abschnitt.

[129] Vgl. zur spieltheoretischen Modellierung Ockenfels 2003, S. 298ff.

[130] Vgl. Brenzikofer 2002, S. 130.

eine subjektive Erwartungshaltung.[131] Auch kann Reputation durch nicht beobachtbare Verhaltensweisen bzw. Leistungen von Personen bzw. Wirtschaftssubjekten aufgebaut werden; ansonsten ließe sich ihr besonderer Stellenwert bei Vertrauensgütern nicht erklären. Zur Analyse des Konstrukts tragen spieltheoretische Ansätze also nur insoweit bei, als Wirkungen von Reputation in Form von Spielausgängen betrachtet werden. In der Realität sind Unternehmungen – anders als Spieler in spieltheoretischen Modellen – nie in der Lage, ihre Reputation vollständig zu kontrollieren.[132]

3.3 Reputation aus Sicht ressourcenökonomischer Ansätze

3.3.1 Reputation als Ressource im Spektrum von Resource-Based View und Resource-Dependence-Ansatz

Der **Resource-Based View** entstand in den 1980er Jahren als Reaktion und Ergänzung zur PORTERschen Wettbewerbsanalyse, die auf die technologisch-ökonomische Umwelt fokussiert ist.[133] Eigengenerierte Stärken und Schwächen des Unternehmens wurden dabei weniger betrachtet; sie stehen im Blickfeld ressourcenökonomischer Ansätze. Zentral ist dabei die Analyse von Möglichkeiten der Erlangung und Aufrechterhaltung von Wettbewerbsvorteilen.[134]

Durch die Betrachtung selbsterschaffener (originärer) Ressourcen als Basis zukünftiger Erfolgspotenziale wird im Resource-Based View eine Inside-out-Betrachtung vorgenommen. Das Ziel der Unternehmung wird darin gesehen, strategisch vorteilhafte und schwer angreifbare Positionen in den bearbeiteten Märkten zu erlangen und zu behaupten.[135] Mit Hilfe des Resource-Based View ist die Individualität von Unternehmungen zu beweisen, die wie auch die spezifische Erfolgssituation der Unternehmung auf der Verfügbarkeit und Nutzung bestimmter Ressourcen begründet ist.[136]

---

[131] Vgl. Ripperger 2003, S. 6.

[132] Vgl. z.B. Spremann 1985, S. 238: „Reputation is thus under the firm's control". Er unterstellt ein mathematisches Modell der Reputation, in das keinerlei Außeneinflüsse auf die Reputation bzw. die Austauschbeziehung integriert werden.

[133] Vgl. Dierickx/Cool 1989, S. 1509; zur Wettbewerbsanalyse siehe die Arbeiten von Porter 1999 und 2000.

[134] Vgl. Knyphausen-Aufseß 1997, S. 457.

[135] Vgl. Rasche 1994, S. 67f. Zu Zielen, Prämissen und einer umfassenden Diskussion des Ansatzes sei auf die Literatur verwiesen. Siehe hierzu z.B. die Arbeiten von Rasche 1994; Freiling 2001a. Von der Denkweise her ähnliche Ansätze sind die Lehre von den Unternehmerfunktionen; vgl. Schneider 1997, S. 46ff.; sowie die unten beschriebene Resource-Dependence-Ansatz.

[136] Vgl. Freiling 2001b, S. 74.

Einige Autoren bezeichnen die Reputation der Unternehmung als deren wichtigste intangible Ressource.[137] Der **Ressourcenbegriff** wird in der wirtschaftswissenschaftlichen Literatur unterschiedlich interpretiert und systematisiert.[138] PFEFFER erklärt: „Resources can be almost anything that is perceived as valuable"[139], und WERNER-FELT ergänzt: „By a resource is meant anything which could be thought of as a strength or weakness of a given firm. [...] A firm's resources at a given time could be defined as those (tangible or intangible) assets which are semipermanently tied to the firm".[140] Neben Markennamen, Patenten, der Unternehmenskultur nennt er auch die Reputation als immaterielle Ressource.

FREILING hält im Kontext des Resource-Based View die Verwendung des Ressourcenbegriffs dann für angebracht, „wenn (in Märkten beschaffbare) Inputgüter durch Veredelungsprozesse zu unternehmungseigenen Merkmalen für Wettbewerbsfähigkeit weiterentwickelt worden sind und die Möglichkeit besteht, Rivalen von der Nutzung dieser Ressourcen in nachhaltiger Weise auszuschließen".[141] Nach HITT, IRELAND und HOSKISSON sind immaterielle Ressourcen „assets that are rooted deeply in the firm's history and that have accumulated over time"[142].

Die im **Resource-Based View** betrachteten Ressourcen sind faktormarktresistent; sie können also nicht zugekauft, sondern müssen von der Unternehmung selbst erstellt werden. Dies trifft auf Reputation zu: „The intangible resource of reputation [...] cannot be said to have the property rights of, say, a trademark which can be bought and sold".[143] KOTHA ET AL. betonen: „Reputations are non-tradable, i.e., they cannot be bought and sold in the external markets and must be developed through the actions of a firm"[144]. Ressourcenbestände lassen sich nicht innerhalb kürzerer Zeit verändern, da ihre Erhöhung zumeist kontinuierliche Investitionen voraussetzt. So lassen sich zwar

---

[137] Vgl. Hall 1991, S. 41; Baden-Fuller/Ravazzolo/Schweitzer 2000, S. 623; Nguyen/Leblanc 2001a, S. 228f.; Balmer/Greyser 2003, S. 177. Eine Analyse der Reputation aus Sicht des Resource-Based View legen auch Middleton/Hanson 2002 vor.

[138] Einen Überblick bietet Freiling 2001b, S. 73ff.

[139] Pfeffer 1992, S. 87.

[140] Wernerfeldt 1984, S. 172; kritisch hierzu Freiling 2001b, S. 80. Als Synonyme finden sich häufig die Begriffe ‚Organizational Capabilities', ‚Core Competencies' und ‚Strategic Assets'; vgl. Knyphausen-Aufseß 1997, S. 464. Zum Kompetenzbegriff siehe Freiling 2001b, S. 87ff.

[141] Freiling 2001b, S. 87.

[142] Hitt/Ireland/Hoskisson 2005, S. 79.

[143] Hall 1993, S. 603.

[144] Kotha/Rajgopal/Rindova 2000, S. 4; ähnlich schon Dierickx/Cool 1989, S. 1505.

beispielsweise die Werbeausgaben kurzfristig erhöhen, doch tritt die hiermit intendierte Wirkung in Form eines verbesserten Images zumeist erst mit erheblicher Zeit-
verzögerung ein.[145] AMIT und SHOEMAKER wenden allerdings ein, dass nur solche
Faktoren als Ressourcen gelten können, über die eine Unternehmung verfügen kann.[146]

Eine Grundannahme des Resource-Based View liegt in der Prämisse der **Ressourcenheterogenität**, die sich in einer asymmetrischen Ressourcenausstattung der einzelnen
Wettbewerber widerspiegelt, zu **Vorteilspositionen** einzelner Unternehmen führen
kann und deren Ursache in der Unvollkommenheit der Faktormärkte liegt.[147] Intangible Ressourcen werden von vielen Autoren als besonders geeignet zur Vorteilsgenerierung beurteilt.[148] Ihr Austausch ist mit hohen Transaktionskosten verbunden. Die im
Resource-Based View behandelten, intangiblen Ressourcen umfassen ein breites
Spektrum, das von den marktfähigen sogenannten ‚intellectual property rights'[149]
– beispielsweise Patenten, Copyrights, Geschmacksmustern, Markenrechten – bis zu
subjektiven, von einzelnen Individuen abhängigen Know-how-Ressourcen reicht. Auf
einem entsprechenden Kontinuum erreicht die Ressource Reputation eine mittlere
Position.

Viele Autoren betrachten die Reputation als Voraussetzung zur Erzielung von Vorteilspositionen bzw. Wettbewerbsvorteilen, wie beispielsweise von FOMBRUN verdeutlicht: „A strong reputation creates a strategic advantage"[150], und zwar im Wettbewerb auf verschiedenen Märkten. CARMELI und FREUND schließen sich dieser
Sichtweise an: „Companies consistently compete to be better-regarded, a status that
reflects a competitive advantage and, more likely, superior performance"[151].

---

[145] Vgl. Rasche 1994, S. 66, der statt vom Image von Reputation spricht.

[146] Vgl. Amit/Shoemaker 1993, S. 35. Die Verfügungsgewalt des Anbieters ist bei Reputation eingeschränkt.

[147] Vgl. Rasche 1994, S. 55. Freiling 2001b, S. 87, dagegen hält den Begriff der
Ressourcenheterogenität für tautologisch. Zur Terminologie des Resource-Based View generell
siehe Freiling 2001b, S. 73ff.

[148] Vgl. z.B. Mahoney/Pandian 1992, S. 370; Schneider 1997, S. 60f.

[149] Hall 1992, S. 136.

[150] Vgl. Fombrun 1996, S. 80; analog benutzt er auch den Begriff ‚Competitive Advantage', vgl.
z.B. S. 5, 10. Vgl. auch Hall 1993, S. 607; Brown 1998, S. 215; Fombrun/Wiedmann 2001c, S. 2;
Balmer/Greyser 2003, S. 177.

[151] Carmeli/Freund 2002, S. 51. Zu Reputation als (Quelle für einen) Wettbewerbsvorteil siehe auch
Gray/Balmer 1998, S. 696; Podnar 2001, S. 3, 11.

Aus einer absatzmarktorientierten Perspektive verfügt eine Unternehmung dann über einen **Wettbewerbsvorteil**, wenn ihre Leistungen in der subjektiven Beurteilung durch den Kunden einen höheren Nettonutzen bieten als die der relevanten Wettbewerber.[152] Im Hinblick auf Reputation ist dies nur gewährleistet, wenn die Reputation eine Unternehmung tatsächlich differenziert, Wettbewerber also (hinsichtlich der für Kunden bedeutenden Merkmale) über eine schlechtere bzw. gar keine Reputation verfügen.[153] Wettbewerbsvorteile können grundsätzlich durch qualitativ bessere, billigere und/oder schnellere Problemlösungen für Kunden erzielt werden, wobei FOMBRUN und WIEDMANN konstatieren, dass Unternehmungen sich aktuell dem Zwang ausgesetzt sehen, gleichzeitig an allen drei Stellschrauben zu drehen.[154] Reputation ist damit selbst kein Wettbewerbsvorteil, verhilft aber zur Erzielung einer der Arten von Wettbewerbsvorteilen, wenn Leistungsfähigkeit und -willen in Bezug auf die genannten Vorteilsarten vom Kunden anerkannt werden. Zudem ergänzt GÜNTER eine vierte Form des Wettbewerbsvorteils, der allein oder in Verbindung mit den drei genannten die verlässlichere Problemlösung beinhaltet.[155] „Der Außenstehende nimmt als gewiß an, daß die beanspruchte Leistung des Betriebes so geschehen wird, wie er sie erwartet, wie sie ihm versprochen oder gar garantiert worden ist, oder wie er sie verlangen kann".[156] Gerade im Hinblick auf die Verlässlichkeit von Anbietern bzw. deren Leistungen ist die Reputation ein wirksames Signal und bildet die Basis dieser Vorteilsposition.

Grundsätzlich kann Reputation auf zwei Wegen zu einem Wettbewerbsvorteil der Unternehmung führen: entweder begründet sie einen Kunden- bzw. Effektivitätsvorteil oder einen Anbieter- bzw. Effizienzvorteil.[157]

Reputation ist aus Kundensicht ein Signal für die Qualität von Anbieterleistungen. Verfügt ein Anbieter über eine positive Reputation, der andere über keine oder eine schlechte, steigt der Kundennutzen in Bezug auf den reputierten Anbieter und es ent-

---

[152] Vgl. Slater/Narver 1992b, S. 1; siehe auch die Diskussion des Begriffs Wettbewerbsvorteil bei Backhaus 2003, S. 35ff.; Plinke 2000, S. 66ff.; Günter 1997, S. 215ff.

[153] Vgl. ähnlich Podnar 2001, S. 11; Svendsen 1998, S. 20.

[154] Vgl. Fombrun/Wiedmann 2001b, S. 45.

[155] Vgl. Günter 1997, S. 217.

[156] Friedemann 1933, S. 98.

[157] Vgl. zu dieser Abgrenzung der Wettbewerbsvorteile Plinke 2000, S. 66ff.; kritisch dazu Günter 1997, S. 215.

steht ein **Effektivitätsvorteil**[158]. Sind Aufbau bzw. Pflege der Reputation aus Anbietersicht kostengünstiger bzw. erlösträchtiger als andere akquisitorische Maßnahmen (z.b. Werbung, Preisnachlässe), ist die Reputation aus Opportunitäts-(kosten)erwägungen heraus vorteilhaft. Es lässt sich ein **Effizienzvorteil** erzielen, sofern andere Anbieter eine entsprechende Reputation nur mit höheren Kosten aufzubauen in der Lage sind. Dagegen beeinträchtigen Maßnahmen eines Anbieters zur kommunikativen ‚Gegensteuerung' bei einer negativen Reputation seine Effizienzposition. Längerfristig kann verminderter Umsatz zu Engpässen bezüglich der benötigten Ressourcen für Innovationen und andere Investitionen führen.

Ein dauerhafter Wettbewerbsvorteil lässt sich aus Sicht des Resource-Based View nur durch eine unternehmensspezifische, strategische Ressourcenbasis aufbauen und absichern. In diesem Zusammenhang ist auf die Diskussion der Kernkompetenzen von Unternehmungen hinzuweisen. **Kernkompetenzen** sind wertschöpfende Mechanismen, die zu einem Nettonutzenvorteil des Kunden und damit zu einem Wettbewerbsvorteil führen; sie basieren auf personenübergreifenden Erfahrungen in der Unternehmung.[159] Reputation ist allerdings nicht als Kernkompetenz zu qualifizieren. Sie entsteht zwar aus sozialem Wissen bzw. kollektiven und kommunizierten Erfahrungen, allerdings nicht allein innerhalb der Unternehmung, sondern zu großen Teilen außerhalb. Allenfalls die Fähigkeit von Unternehmungen (bzw. deren Mitgliedern) zur effizienten Reputationssteuerung könnte zu einer Kernkompetenz werden.[160]

Ressourcen sind zum Aufbau von Wettbewerbsvorteilen umso besser geeignet, je mehr sie einer Reihe von Anforderungskriterien gerecht werden, die in der Literatur im sogenannten **VRIO-Ansatz** verdichtet wurden.[161] Danach muss eine strategische Ressource zur Vorteilsgenerierung am eigenen Absatzmarkt beitragen, also wertstiftenden Charakter besitzen (Value), der durch einen aus Nachfragersicht wahrgenommenen Nutzen reflektiert wird.[162] Sie muss darüber hinaus knapp (Rareness), nicht substituier-

---

[158] Dieser Kundennutzen ist umso höher, je effizienter das Signal Reputation überhaupt bzw. in Bezug auf den Anbieter eingeschätzt wird; vgl. Abschnitt 3.2.1.

[159] Vgl. Deutsch et al. 1997, S. 20; Rasche 1994, S. 157 und 183. Zu Begriffsdefinitionen siehe ebenda, S. 148ff.

[160] Vgl. zur Reputationssteuerung Kapitel 8. Dass Reputation zu einem Nettonutzenvorteil führen kann, wurde bereits dargelegt.

[161] Vgl. z.B. Black/Boal 1994, S. 132; Freiling 1998, S. 65f.

[162] Vgl. Rasche 1994, S. 69. Die nachfolgende Analyse wird auf Nachfrager bzw. Kunden eingeengt; ressourcenökonomische Ansätze sind auch in Bezug auf andere Stakeholder-Gruppen einsetzbar.

bar und nicht kopierbar sein (Inimitability). Eine organisationsbezogene Spezifität der Ressource trägt darüber hinaus zu deren strategischem Potenzial bei (Organizational specificity). Ressourcen, die diese Anforderungen erfüllen, sind kritisch für den Unternehmungserfolg. Um Reputation als **strategische Ressource** zu qualifizieren, ist also zu prüfen, inwiefern die genannten Kriterien erfüllt sind.

Es ist unbestreitbar, dass der gute Ruf der Unternehmung zur Vorteilsgenerierung am Absatzmarkt beiträgt, also **wertstiftenden Charakter** besitzt.[163] Nachfrager hegen – ceteris paribus – eine Präferenz für Unternehmungen mit hoher Reputation. Zudem wird Reputation von Nachfragern als (transaktionskostensenkendes) Qualitätssignal interpretiert.[164] Sie verschafft drittens einen Eigen- oder Mehrwert des Leistungsbündels, was sich indirekt offenbart, wenn Imagefaktoren, die Marke oder Herkunftsbezeichnungen zum Kaufkriterium für Kunden werden.[165]

Reputation ist knapp. Ihr **Knappheitsgrad** zeigt sich darin, dass a) nicht jede Unternehmung über eine (gute) Reputation verfügt („Reputations are *rare* because they are unevenly distributed"[166]), b) verspielte Reputation sich nur schwerlich zurückgewinnen lässt und c) vor allem eine Knappheit in der Wahrnehmung der Zielgruppe zu konstatieren ist: nicht alle Unternehmungen werden hinsichtlich ihrer Reputation beurteilt, sondern nur ausgewählte, was sich bereits bei der Diskussion um die Social Visibility von Unternehmungen zeigte.[167]

Je weniger sich eine Ressource vor den Imitationsversuchen der Wettbewerber schützen lässt, desto geringer ist – ceteris paribus – ihr strategisches Potential.[168] Eine entscheidende Einflussgröße der **Imitierbarkeit** ist die Historie bzw. Tradition der Unternehmung, die einzigartig, nicht reproduzierbar und damit auch nicht imitierbar ist.[169] Dies entspricht der Reputation, die im Prinzip die Vergangenheit der Unternehmung

---

[163]   Auch in der aktuellen Diskussion um den sogenannten Customer Value ist der Ruf von Anbieterunternehmungen als Nutzenkomponente zu beachten; vgl. zu dieser Diskussion unter anderem Anderson/Narus 1998; Eggert 2003, S. 49.

[164]   Vgl. etwa Fombrun/Shanley 1990, S. 234; Devine/Halpern 2001, S. 43; Abschnitt 3.2.1.

[165]   Dies wird besonders deutlich bei Premium- bzw. Luxusmarken.

[166]   Kotha/Rajgopal/Rindova 2000, S. 4.

[167]   Nicht alle Unternehmungen können im Evoked Set des Einzelnen sogenannte Top-of-Mind-Positionen besetzen; vgl. zu diesen Begriffen und einer Abgrenzung Wiedmann 2001, S. 10f. Vgl. auch Kapitel 2.2.1.

[168]   Vgl. Dierickx/Cool 1989, S. 1507; Rasche 1994, S. 70. Zum Imitations- bzw. Substitutionsschutz siehe auch Freiling 2001b, S. 109ff.

[169]   Vgl. Barney 1991, S. 108; Hitt/Ireland/Hoskisson 2005, S. 179; Kühn/Fasnacht 2002, S. 51.

und die umgesetzten, nicht dagegen die beabsichtigten Strategien widerspiegelt[170].

„Reputation is based on historical actions, and memories/perceptions of the stakeholders involved with the organization in a given situation over time".[171] Daneben bestimmt das Ausmaß der Interdependenz der Reputation mit anderen Ressourcen Möglichkeiten und Grenzen der Imitierbarkeit.[172] Kausale Ambiguitäten zeichnen dafür verantwortlich, dass Wettbewerber keine greifbaren Anhaltspunkte für die Grundlagen einer guten Reputation erkennen und diese somit auch nicht imitieren können.[173] Vielfach ist intransparent, worin die besondere Fähigkeit einer Unternehmung zur Herausbildung einer guten Reputation besteht; Sie ist in der Regel nicht an die Fähigkeiten eines einzelnen (abwerbbaren) Mitarbeiters oder einer Gruppe von Mitarbeitern gebunden[174], entsteht aber dennoch durch komplexe soziale Interaktionen[175]. Die Reputation einer Unternehmung ist besonders schwer zu imitieren (aber auch zu verändern), wenn sie komplex und homogen ist, das heißt sich auf verschiedenste Teilmerkmale stützt, die von (allen) Stakeholdern ähnlich beurteilt werden. Imitationsbarrieren ergeben sich nach dem Resource-Based View zudem dadurch, dass Reputationsdefizite der Wettbewerber aufgrund zeitbezogener Ineffizienzen auch nicht in ‚Crash-Programmen' aufgeholt werden können. Reputation entsteht in einem langfristigen Lernprozess, der nicht durch kurzfristig hohen Mitteleinsatz substituierbar ist.[176] Damit beeinflussen irreversible Investitionsentscheidungen der Vergangenheit maßgeblich die strategische Zukunft der Reputation einer Unternehmung. Ohne bestandserhaltende Investitionen verlieren unternehmensspezifische Ressourcen wie die Reputation aufgrund von Erosionsprozessen an Wert, und die notwendigen Investitionen tragen wiederum zur Erhöhung der Imitationsbarrieren bei.

Reputation ist neben der Nicht-Imitierbarkeit durch mangelnde **Substitutionsfähigkeit** gekennzeichnet, die sich – gemäß dem Resource-Based View – auf verschiedenen

---

[170] Vgl. Stahl 2000, S. 153; Mahon 2002, S. 423.

[171] Mahon 2002, S. 423.

[172] Vgl. Rasche 1994, S. 73.

[173] Vgl. Knyphausen-Aufseß 1997, S. 468f.; Freiling 2001b, S. 128ff.

[174] Vgl. Stahl 2000, S. 155. Unternehmungen, deren Reputation eng mit einer Person (z.B. dem Firmengründer) verknüpft ist, schweben allerdings in der Gefahr, diese zu verlieren, wenn die reputierte Person die Unternehmung verlässt. Die Reputation ist dann gemessen an diesem Kriterium eine weniger wertvolle Ressource.

[175] Vgl. Kotha/Rajgopal/Rindova 2000, S. 4.

[176] Im Gegensatz zum Unternehmensimage, das – wie in Kapitel 2 herausgearbeitet wurde – durch intensive kommunikationspolitische Maßnahmen der Unternehmung schneller mit Inhalten gefüllt werden kann.

Wegen ergibt. Aufgrund der Nicht-Imitierbarkeit kann eine konkurrierende Unternehmung nicht dieselbe Leistungsfähigkeit auf identischem Wege wie der reputierte Anbieter erreichen: „Competitors encounter difficulties in matching the same kind of fame and esteem created by the reputation".[177] Substitutionsgefahr besteht für Ressourcen darüber hinaus durch völlig andersartig konfigurierte Alternativen, mit deren Hilfe eine Realisierung der anvisierten Wettbewerbsposition erzielbar ist.[178] Ein Ersetzen der Reputation durch andere Ressourcen ist zwar denkbar, aber für den Anbieter weniger vorteilhaft.[179]

Auch die **Unternehmensspezifität** der Ressource Reputation ist zu bejahen, da sie – wie bereits häufiger erwähnt – an eine bestimmte Unternehmung gebunden und nur in Grenzfällen übertragbar ist.[180] Reputation zählt damit zu den **strategischen Ressourcen** der Unternehmung.[181] Solche Ressourcen können ihrem Inhaber die Option bieten, sie in begrenztem Umfang zu transferieren (sog. ‚Resource Leverage'), also Stärken aus einem Ressourcenbereich auf andere auszudehnen und auch für andere Betätigungsfelder Erfolgspotenziale zu schaffen.[182] Dieser Zusammenhang wurde bereits unter dem Stichwort Reputationstransfer diskutiert und findet hier eine theoretische Basis. Daran anknüpfend ist noch relevant, dass eine Unternehmung nicht nur erfolgreicher sein kann, weil sie über bessere Ressourcen verfügt, sondern weil sie durch spezifische Kompetenzen besser in der Lage ist, vorhandene Ressourcen zu nutzen.[183] Im erfolgreichen Reputationsmanagement könnte – wie erwähnt – eine Kernkompetenz der Unternehmung liegen.[184]

---

[177] Vgl. Carmeli/Freund 2002, S. 52; siehe auch Hall 1992, S. 138; Rasche 1994, S. 86.

[178] Vgl. Rasche 1994, S. 86.

[179] Beispielsweise könnte eine fehlende oder schlechte Reputation durch Preisnachlässe kompensiert werden, was aus Perspektive des Anbieters jedoch Erlösnachteile bewirkt. Auch Garantien ersetzen nicht die Reputation, da sie nur bestimmte Risiken kompensieren, nicht das gesamte endogene Risiko; vgl. ähnlich Kotha/Rajgopal/Rindova 2000, S. 4.

[180] Durch ihr strategisches Potenzial wird die Reputation zur Quelle zweier Arten von Renten. Die Vorteile aus der Knappheit der Ressource stellen ‚Ricardo-Renten' dar. Der Unterschied zwischen der optimalen Verwendung der Ressource und der nächstbesten ist die ‚Pareto-Rente' bzw. Quasi-Rente; vgl. Stahl 2000, S. 153; Bartels 2002, S. 94.

[181] Vgl. auch Carmeli/Freund 2002, S. 52.

[182] Vgl. Hamel/Prahalad 1993, S. 78f.

[183] Vgl. Mahoney/Pandian 1992, S. 365.

[184] Kernkompetenzen sind „einzigartige und marktrelevante Fähigkeiten, die den eigentlichen Kern eines Wettbewerbsvorteils auf Märkten darstellen"; Freiling 1998, S. 65.

Der Resource-Based View sensibilisiert unter anderem für die zunehmende strategische Relevanz wissensbasierter Aktivposten, die es zu akkumulieren, zu erhalten und zu schützen gilt[185], was gerade auch auf die Reputation zutrifft. Ansatzpunkte für normative Aussagen oder Handlungsimplikationen bietet er allerdings kaum. Die Frage nach den eigentlichen ‚Wurzeln' vorteilhafter Wettbewerbspositionen – etwa der positiven Reputation – bleibt unbeantwortet. Auch liegen bislang weder theoretische noch empirisch gesicherte Erkenntnisse darüber vor, welche Ressourcen in einer bestimmten Situation erfolgversprechend sind.[186] Ferner ergeben sich in praxi Operationalisierungsprobleme bei den wichtigsten Merkmalen, wie etwa der Unternehmensspezifität oder der Nicht-Substituierbarkeit.[187] Vor allem aber bereitet die unscharfe Abgrenzung interner und externer Ressourcen Probleme, so dass der Resource-Based View in der Outside-in-Betrachtung des Resource-Dependence-Ansatzes eine zweckmäßige Ergänzung findet. Die beiden ressourcentheoretischen Ansätze bilden keine unverknüpfbaren Gegensätze, sondern repräsentieren sich ergänzende, **kompatible Sichtweisen**.[188]

Der **Resource-Dependence-Ansatz** betrachtet Ressourcen als Mittel, die eine Organisation benötigt, um sich selbst zu erhalten, aber nicht selbst herstellen kann. Typischerweise hängen Unternehmungen damit von ihrer Umwelt ab und müssen mit den Ressourceninhabern (Stakeholdern) interagieren.[189] Ob die Reputation als eine solche Ressource zu interpretieren ist, erscheint diskussionswürdig. Reputation entsteht nach einer weitverbreiteten Vorstellung in der Literatur zwar durch die Kommunikation der Stakeholder[190], also außerhalb der Anbieterunternehmung. Sie ist aber kein Eigentum dieser Gruppen und damit kein potenzielles Austauschgut. Erst die durch Reputation

---

[185] Vgl. Rasche 1994, S. 411.

[186] Vgl. Jenner 1999, S. 1496.

[187] Vgl. Rasche 1994, S. 400.

[188] So bezeichnet es etwa Freiling 2001b, S. 80, als verfehlt, den Resource-Based View als innenfokussiert zu bezeichnen, „da nur eine integrierte Betrachtung von Innen- und Außenverhältnissen überhaupt die Möglichkeit bietet, den Erklärungszielen des Ansatzes gerecht zu werden".

[189] Hier zeigt sich die Verbindung zwischen Resource-Dependence-Ansatz und Stakeholder-Ansatz sowie zum Prinzipal-Agent-Ansatz. Mit Blick auf den Letzteren erklärt Spremann 1987, S. 4, das Grundverständnis der Ökonomik schlechthin: „Economics may be viewed as the science of cooperation with regard to the utilization of resources". Zu Zielen, Prämissen und einer umfassenden Diskussion des Resource-Dependence-Ansatzes siehe z.B. Knyphausen-Aufseß 1997.

[190] Vgl. Spremann 1988, S. 625, Fußnote 3; Yoon/Guffey/Kijewski 1993, S. 218. Begrenzt ist allerdings auch der Anbieter selbst an der Gestaltung der Reputation beteiligt (Imagekampagnen, Werbung, Produktinnovationen, Krisenmanagement usw.); vgl. auch Kapitel 2 und 8.

erlangbaren Mittel sichern das Überleben der Unternehmung. Eine hohe Reputation fördert den Zufluss von Kapital, qualifiziertem Personal, über die Gewinnung und Bindung von Kunden den Zugang von Erlösen usw. Sie sichert also tatsächlich ‚existenzielle' Ressourcen, die eine Unternehmung von außen erhalten muss. Eine schlechte Reputation verhindert den Ressourcenzugang. So skizziert WIEDMANN die Reputation als entscheidend für das von Stakeholdern gelieferte Unterstützungspotenzial.[191] Dieses Unterstützungspotenzial bildet die kritische Ressource, wobei die Abhängigkeit von den Ressourcengebern (Kunden, Aktionäre usw.) über den Grad der Erfüllung der Ansprüche dieser (ressourcengebenden) Stakeholder entscheidet.[192] Die Reputation selbst ist also keine Ressource im Sinne des Resource-Dependence-Ansatzes, erleichtert aber den Zugang zu kritischen Ressourcen.

3.3.2 Reputation als Barriere

Im Kontext der Ressourcentheorie kann Reputation nicht nur als Ressource, sondern auch als Barriere untersucht werden. Die bisherige Betrachtung zeigte, dass die etablierte Reputation die Flexibilität einer Unternehmung einengen kann und somit zu einer Barriere wird. Beispielsweise kann sich eine bestimmte Reputation im Sinne aggregierter Leistungserwartungen bei Umpositionierungen und Strategieveränderungen als hinderlich erweisen. Zur Wahrung des guten bzw. bisherigen Rufes schränkt das Management die Bandbreite eigener Handlungsmöglichkeiten ein, legt sich auf einen bestimmten Handlungspfad fest. „To be held in high esteem creates obligations that managers and companies must live up to".[193] Werden Leistungen verändert und entsprechen nicht mehr den Erwartungen der Zielgruppen, kann es zu negativen Rückkopplungseffekten kommen.[194] Es besteht die Gefahr einer nachhaltigen Rufschädigung. Damit werden die in der ressourcenorientierten Literatur oft zitierten ‚organisa-

---

[191] Vgl. Wiedmann 2001, S. 3; ähnlich Gray/Balmer 1998, S. 697.

[192] Vgl. Utzig 1997, S. 81ff. Im Wesentlichen ist diesbezüglich eine Deckungsgleichheit mit den Inhalten des im folgenden Kapitel diskutierten Stakeholder- bzw. Anspruchsgruppenkonzeptes zu konstatieren. Zur Ermittlung des Abhängigkeitsgrades im Resource-Based View siehe Pfeffer/Salancik 1978, S. 45ff.

[193] Fombrun 1996, S. 10. Allerdings widerspricht sich der Autor, wenn er konstatiert: „Reputation enables [...] to benefit from greater freedom in decision making"; ebenda, S. 11. Vgl. hierzu auch Fombrun/Shanley 1990, S. 235.

[194] Vgl. Müller 1996, S. 185. Dabei kann aufgrund der Erfahrungsextrapolation nicht nur die Verschlechterung der Leistungen negativ wahrgenommen werden, sondern schon deren Veränderung.

tionalen Commitments'[195] deutlich, welche die Unternehmung auf ein bestimmtes Handeln und damit einen bestimmten Pfad der Entwicklung festlegen: „Der Ruf verpflichtet"[196]. Solches Commitment liegt nach FREILING vor, „wenn nach der ersten Entscheidung die Wahrscheinlichkeit, die gleiche Entscheidung auch beim nächsten Mal zu treffen, höher ist als die Wahrscheinlichkeit, dann von der anderen Handlungsmöglichkeit Gebrauch zu machen"[197]. Reputation wirkt also normativ auf die eigene Identität zurück, bindet das Management an bisherige Verhaltensweisen.[198]

Somit kann Reputation zu einer **Mobilitätsbarriere** werden. Deshalb qualifiziert STAHL die Reputation als emergente Ressource, die aus der Wechselwirkung verschiedener Einzelinterpretationen und unterschiedlicher Perspektiven entsteht. Die Anspruchsgruppen verwerten nicht nur ihre eigenen Beobachtungen, sondern tauschen sich untereinander aus, was zu einer Vergröberung und Vereinfachung der Reputationsinhalte führt.[199] Außerdem bedingt dieser Prozess Trägheitsmomente und Time-Lags in der Reputationsentwicklung. In der Terminologie der Ressourcenökonomik bezieht sich die Trägheit auf Schwierigkeiten bei anbietergesteuerten Veränderungen der Merkmale von Inputgütern, die einen hohen Koordinationsaufwand bedingen. „Vor allem bei vielschichtigen und hochgradig aggregierten Größen wie z.B. Firmenreputation oder Markenkapital ist die Veränderbarkeit besonders stark eingeschränkt. Wenn demnach Änderungen zu vollziehen sind, ist mit lang anhaltenden Wandlungsprozessen zu rechnen"[200]. Das macht die Ressource Reputation zu einer Art ‚Puffer', führt jedoch auch zu einer kurz- bis mittelfristigen Irreversibilität historisch gewachsener Unternehmensstrukturen und Strategiemuster, die eben im Extremfall wie eine ‚Zwangsjacke' wirken können.[201]

Daneben ergeben sich durch die strategische Vorteilsposition der reputierten Unternehmung generell **Markteintrittsbarrieren** für (potenzielle) Wettbewerber sowie

[195] Ghemawat 1991, S. 14: Commitment ist „the tendency of strategies to persist over time"; Er stellt fest, dass irreversible Investitionsentscheidungen der Vergangenheit maßgeblich die ‚strategische Zukunft' des Unternehmens bestimmen; vgl. auch Rasche 1994, S. 71. Zur Irreversibilität von Entscheidungsverbunden bzw. Pfadabhängigkeiten siehe auch Freiling 2001b, S. 147ff.
[196] Sandig 1962, S. 21.
[197] Freiling 2001b, S. 148, in Anlehnung an Ghemawat 1991, S. 15f.
[198] Vgl. Stahl 2000, S. 153. Vgl. hierzu und zu weiteren negativen Folgen des guten Rufs Breyer 1962, S. 155ff.
[199] Vgl. Stahl 2000, S. 153.
[200] Freiling 2001b, S. 151.
[201] Vgl. ähnlich Rasche 1994, S. 72f.

Marktaustrittsbarrieren, wie sie nicht nur im strategischen Management diskutiert werden.[202] Reputation ist nicht imitierbar, sondern muss individuell aufgebaut werden. Es ist deshalb anzunehmen, dass temporär unterschiedliche Entwicklungsgrade der Reputation verschiedener Anbieter auf einem Markt vorliegen. Die Unternehmung, welche vor anderen einen Markt betritt, beginnt zuerst mit dem Reputationsaufbau, wodurch zu einem bestimmten Zeitpunkt verschiedene Anbieter unterschiedlich hohe Investitionen in ihre Reputation getätigt haben. Der Erstanbieter hat zu diesem Zeitpunkt einen Kostenvorteil gegenüber später eingetretenen Wettbewerbern, wodurch er bei ceteris paribus gleicher Investitionshöhe entweder verstärkt seine Reputation oder andere Maßnahmen unterstützen kann oder die erzielten Kostenvorteile (= Anbietervorteile) durch einen reduzierten Preis an seine Kunden weitergeben kann (= Kundenvorteil). Hierzu zählen etwa die vergleichsweise geringeren Kosten der Werbung und der Kundenakquisition des reputierten Anbieters.[203] Eine gute Reputation bedingt entsprechend einen Wettbewerbsvorteil, eine schlechte bzw. keine Reputation einen Wettbewerbsnachteil, den ein neu in den Markt hinzutretender Anbieter mindestens aufgrund der Zeitnachteile nicht von heute auf morgen wettmachen kann.[204] Die reizvolle Reputationsrente des etablierten Anbieters vor Augen, können potenzielle Wettbewerber dennoch vom Markteintritt abgehalten werden, da sie die Investitionen in den langwierigen Aufbau einer eigenen Reputation scheuen[205]; dies konstituiert also eine **Markteintrittsbarriere.**

Die Kehrseite der Medaille liegt darin, dass die erworbene Reputation auch eine **Marktaustrittsbarriere** für den renommierten Anbieter darstellt. Bei einem Marktaustritt stellen die Investitionen in Reputation Sunk costs dar.[206] Dies gilt allerdings nur, wenn kein Reputationstransfer auf andere Tätigkeitsfelder des Unternehmens stattfindet und die Reputation nicht an andere Anbieter verkauft wird[207].

---

[202] Vgl. Simon 1985, S. 35. Shapiro 1983, S. 661, hält dem entgegen: „Reputation need not carry with it any market power [...]. Reputation constitutes a cost of entry, but not necessarily a barrier to entry."

[203] Vgl. Plötner 1995, S. 55.

[204] Vgl. Fombrun/Shanley 1990, S. 235; Müller 1996, S. 152; Kaas 1990, S. 546.

[205] Eine theoretische Option der Wettbewerber läge in der ‚Schaffung gleicher Bedingungen', indem sie die Reputation des etablierten Anbieters beschädigen. In Abschnitt 3.2.1 wurde bereits ausgeführt, dass die Existenz einer solchen Rente bezweifelbar ist; vgl. Sandig 1962, S. 23ff.

[206] Vgl. Tolle 1991, S. 9; Müller 1996, S. 152.

[207] Verkauf und Kauf von Reputation sind allenfalls im Rahmen von Unternehmensakquisitionen möglich; siehe hierzu Kapitel 2.3.3.

3.4 Zwischenfazit: Beitrag der ökonomischen Ansätze zur Erklärung des Konstrukts Reputation

Die wesentlichen Beiträge der vier ausgewählten Theoriebereiche zur Beschreibung und Erklärung des Konstrukts Reputation sind in der Tabelle 3-1 zusammengefasst.

Theorie	Erklärungsbeitrag für die Reputation
Informationsökonomik	Beitrag zur Definition: Reputation als Qualitätssignal bzw. Informationssubstitut, Transaktionsdesign bei Vertrauensgütern; Entstehung auf Basis von Erfahrungsextrapolation und Kommunikation unter Nachfragern; Zusammenhang zwischen Reputation, Erfahrung und Loyalität (Modell von Bearden/Shimp 1982).
Spieltheorie	Reputation als Merkmal des Spielers; verhaltenswirksam, da Determinante der Auszahlungsfunktion; Entstehung durch Erfahrungsextrapolation auf Basis rationaler Wahlhandlungen.
Ressourcenökonomie	Reputation als strategische Ressource; Betrachtung als Vermögensgegenstand; Basis zur Erzielung von Wettbewerbsvorteilen; durch Trägheit und Pfadabhängigkeit der Unternehmung auch negative Konsequenzen der Reputation (Mobilitätsbarriere).

Tabelle 3-1: Erkenntnisbeiträge der ausgewählten Theorien zur Beschreibung und Erklärung von Reputation

Hinweise zur **Entstehung und Wirkung von Reputation** bietet im Wesentlichen die Informationsökonomik. Allerdings werden die Quellen der Reputation durch keinen der Ansätze – auch nicht durch ressourcenökonomische Erwägungen – erhellt.

Zur Erklärung von Wahrnehmungs- und Kommunikationsprozessen im Hinblick auf die Reputation als Konstrukt sollten verhaltenswissenschaftliche Ansätze herangezogen werden. Nicht nur die Erkenntnisse der Einstellungs- bzw. Imageforschung wären hier zu nennen[208], sondern auch psychologische Ansätze wie die Gestalt- und Identitätsforschung.[209]

Abschließend ist zu konstatieren, dass bislang **keine geschlossene (ökonomische) Theorie der Reputation** vorliegt, auf die zu Operationalisierungszwecken zurückgegriffen werden könnte. Dies macht für die Konstruktmessung eine **explorative Heran-**

---

[208] Vgl. u.a. Fishbein/Ajzen 1975; Kroeber-Riel/Weinberg 2003, S. 168ff.; Huber 1993, S. 27ff.; Johannsen 1971. Zu soziologischen Erklärungsansätzen siehe Voswinkel 1999.

[209] Vgl. zur Gestalttheorie siehe etwa die Beiträge in Smith 1988; zur Identitätsforschung in Organisationen Frey/Haußer 1987, passim; zum Einsatz identitätsorientierter Konzepte in der Markengestaltung Meffert/Burmann/Koers (Hrsg.) 2005.

gehensweise erforderlich, bei der nicht von einem ausgereiften Messmodell ausgegangen, sondern dieses erst entwickelt und iterativ verbessert wird.[210] Im folgenden Kapitel werden zunächst die bisher vorliegenden Messansätze für Reputation vorgestellt.

---

[210]   Vgl. Homburg/Dobratz 1991, S. 219ff.; Peter 1999, S. 195f.

4 Operationalisierungen und Messansätze der Reputation

4.1 Die Messung der Reputation von Unternehmungen als konzeptionelle Herausforderung

„The biggest hurdle in making the case for building, maintaining and managing reputation is how to measure it effectively".[1] Reputation ist ein Abstraktum, welches der direkten rechnerischen Erfassung unzugänglich bleibt.[2] In Einklang mit der wissenschaftlichen und management-orientierten Literatur stellen GARDBERG und FOMBRUN jedoch fest: „To be managed, corporate reputations must be measured"[3], um eine solide Basis für das Reputationsmanagement zu liefern. Obwohl die Reputation als wesentlich für die Erreichung der Unternehmensziele angesehen wird[4], werden den Ergebnissen einer Studie aus 2001 gemäß formale Messansätze nach Angaben der deutschen Befragten nur in 33 Prozent der Unternehmen eingesetzt, in den USA dagegen bei 57 Prozent.[5]

Der fehlende Konsens hinsichtlich einer theoretischen Verankerung des Konstrukts erschwert praktische Konzeptualisierungen und Messungen.[6] Zudem besteht in der Literatur Uneinigkeit dahingehend, welche Aspekte der Reputation überhaupt zu erfassen sind.[7] In Studien wird bislang kein standardisiertes Maß für die Unternehmensreputation verwendet, Vergleiche oder ein Benchmarking sind also nicht möglich.[8] Ferner fehlen stakeholder-übergreifende Ansätze: „There is no effective vehicle for comparing, say, customer perceptions of company reputation with employees' perceptions of reputation"[9].

---

[1]   Larkin 2003, S. 5. Messmethoden, welche die Reputation von Individuen betreffen, wurden in der Psychologie bereits frühzeitig entwickelt; vgl. hierzu die Quellen bei Emler 1990, S. 180f.

[2]   Vgl. Sandig 1962, S. 10.

[3]   Gardberg/Fombrun 2002a, S. 303; ähnlich Thevissen 2002, S. 321; Fombrun/Wiedmann 2001c, S. 7.

[4]   Vgl. Thevissen 2002, S. 321.

[5]   De facto überrascht selbst dieses Ergebnis ob seiner Höhe. Die exakte Fragestellung lautete: „Do you have any formal system in place to measure your company's corporate reputation?"; selbst die Anfertigung von Pressespiegeln könnte hierzu gerechnet werden. 71% der befragten Vorstände und Geschäftsführer schätzen Reputation als sehr wichtig für die Erreichung strategischer Ziele ein, 21% als etwas wichtig. In den USA war das Verhältnis 94% zu 6%; vgl. Hill & Knowlton 2001, o.S. Bereits Breyer 1962, S. 176, mahnt eine periodische Rufmessung an.

[6]   Vgl. Bromley 2002, S. 35.

[7]   Vgl. Riel/Stroeker/Maathuis 1998, S. 313; Davies et al. 2001, S. 114.

[8]   Vgl. Fombrun/Wiedmann 2001c, S. 7f.

[9]   Scholes/Clutterbuck 1998, S. 237.

In der Praxis werden mittlerweile verschiedenste Messansätze für die Reputation verwendet, zumal zunehmend Beratungsunternehmen mit eigenen Ansätzen auftreten. Angaben zur Methodologie werden in der Regel nicht veröffentlicht. Zum Beispiel ist RATING RESEARCH LLC auf dem Markt mit einem klassischen Rating-Agenturen angelehnten Modell, bei dem die Reputation von Unternehmungen bestimmter Industriezweige mit Ratings von AAA bis C klassifiziert wird.[10]

> „A company reputation that is rated **AAA** is of the highest quality and carries the smallest degree of reputation default risk. Companies with reputations in this category score highly across all reputation dimensions from all constituencies and are viewed as very solid and stable. Companies whose reputations are rated **AAA** are able to deploy their reputational strength as a powerful weapon with which to achieve objectives in strategic diversification, competitive positioning and overall business expansion. Companies in this rating category also enjoy extraordinary support in times of controversy and are easily able to charge a premium to market for products and services offered".[11]

Aus wissenschaftlicher Sicht ist dieser Ansatz unbefriedigend, da die zu Grunde liegenden quantitativen und qualitativen Analysen nicht bekannt sind. Zudem kann Reputation im Sinne eines Wahrnehmungskonstrukts nur erfasst werden, indem man Personen befragt.[12]

Eine Reihe von Messansätzen, die bereits empirisch eingesetzt wurden, wird nachstehend diskutiert.[13] Grundsätzlich kann Reputation über Globalmaße erfasst werden oder auch über die Ausprägungen von Teilleistungen der Unternehmung. Die Messung einer **Global- bzw. Gesamtreputation** der Unternehmung ziehen beispielsweise NGUYEN und LEBLANC vor und begründen dies damit, dass in der Literatur bislang

---

[10]   Das Verfahren erinnert an Moody's Rating; vgl. etwa Hood 2002, o.S.

[11]   Rating Research LLC 2003. Man bietet zusätzlich ein ‚Ethics Reputation Rating' an.

[12]   Alternative Messverfahren sind Beobachtungen, welche in Bezug auf die Reputation von Unternehmungen nur sehr eingeschränkte Bedeutung haben könnten, z.B. wenn die Entwicklung des Aktienkurses als Indikator für die Reputation gewählt würde. Zur Beobachtung wahrnehmungspsychologischer Phänomene siehe Kroeber-Riel/Weinberg 2003, S. 33ff.

[13]   Auf Modelle, welche den Grad der Reputation anhand des Marktanteils und verwandter Zielgrößen messen (vgl. Baden-Fuller/Ravazzolo/Schweitzer 2000, S. 626, zu einer Übersicht) oder anhand des Aktienkurses (vgl. Sandberg 2002, S. 3), wird hier nicht eingegangen.

kein Konsens über valide Messmodelle für die Reputation erzielt wurde.[14] Sie schlagen die folgenden Item-Formulierungen in Bezug auf eine Organisation ABC vor: 1. „In general, I believe that ABC always fulfills the promises that it makes to its customers", 2. „ABC has a good reputation" und 3. „I believe that the reputation of ABC is better than other companies".[15] An dieser Vorgehensweise sind mindestens drei Aspekte kritisch hervorzuheben: Erstens sind Item 2 und 3 einander so ähnlich, dass ihnen kaum Differenzierungsvermögen zukommt. Es handelt es sich um einen reflektiven Messansatz (siehe Kapitel 7), die Formulierung von drei Items scheint weniger inhaltlichen Erwägungen geschuldet als der ‚Vorschrift', jedes Konstrukt über mehr als zwei Items zu messen. Zweitens wird aus den Formulierungen nicht deutlich, ob der Befragte seine persönliche Meinung bzw. Erfahrung angeben soll oder auf ein in der Öffentlichkeit vorherrschendes Bild zurückgreifen soll. Und drittens erscheint es wissenschaftlich fragwürdig, mit der Begründung mangelnden Konsenses in der Literatur von einer eigenen Konzeptualisierung und Operationalisierung seines Forschungsobjekts abzusehen und die Unsicherheit darüber, was eigentlich Reputation ausmacht, auf den Befragten abzuwälzen. Da die Autoren davon ausgehen müssen, dass die Befragten keinen höheren Kenntnisstand über das Konstrukt als sie selbst besitzen, geht mit der vorgeschlagenen Vorgehensweise ein schwerwiegendes Validitätsproblem einher.[16]

Ein Globalmaß ist dann sinnvoll, wenn das Konstrukt auf nicht strikt isolierbare, sondern interdependente Bausteine zurückzuführen ist. Eine nach **Teilbausteinen** differenzierte Messung ist vorteilhaft, sofern einzelne Bausteine unabhängig voneinander ausgeprägt sein können. Gerade dies ist im Fall der Reputation gegeben, da verschiedene, in der Vergangenheit beobachtete Leistungen der Unternehmung erst zu Reputation führen. Ein Gesamtmaß könnte durch die Aggregation der bewerteten Teilleistungen ermittelt werden.[17]

Bei der Messung der Reputation sind drei weitere Aspekte zu konkretisieren. Erstens muss festgelegt werden, aus wessen Sicht Reputation erhoben wird. So könnten bei-

---

[14] Vgl. Nguyen/Leblanc 2001b, S. 306.

[15] Vgl. Nguyen/Leblanc 2001b, S. 311. Direkte Fragen zur Messung von Reputation stellen z.B. auch Anderson/Weitz 1992, S. 33.

[16] Nach Nguyen/Leblanc 2001b, S. 306, waren die Teilnehmer der Studie Studierende, bei Nguyen/Leblanc 2001a, S. 230, wurden auch Konsumenten befragt.

[17] Vgl. Neuberger 1974, S. 152ff., der hier Einzel- versus Globalmaße für die Zufriedenheit diskutiert. Ein solcher Ansatz liegt mit dem Reputationsmodell von Fombrun vor; siehe Abschnitt 4.2.3

spielsweise Kunden zur Reputation der Unternehmung als Hersteller befragt werden, Mitarbeiter zu ihrer Reputation als Arbeitgeber und damit nach unterschiedlichen ‚Reputationen' (**Divergenzansatz**), oder man fragt nach der allgemeinen Reputation der Unternehmung in der Öffentlichkeit, die bei allen Stakeholder-Gruppen identisch erhoben wird (**Konvergenzansatz**).[18]

Zweitens ist zu entscheiden, ob es sich bei der Reputation im messtheoretischen Sinne um ein formatives oder reflektives Konstrukt handelt.[19] Im ersten Fall deutet man Beobachtungen in der Realität in ihrer Gesamtheit als Determinanten eines nicht beobachtbaren Konstrukts; dies hieße, dass alle gemessenen Teilbausteine zusammen die Reputation der Unternehmung bedingen. Im zweiten Fall geht man davon aus, dass das nicht-beobachtbare Konstrukt Beobachtungen in der Realität bedingt; Reputation würde also die gemessenen Teilbausteine bedingen. Wie in Kapitel 7 umfassend erläutert wird, handelt es sich bei der Reputation um ein **formatives Konstrukt**: nicht der Ruf führt beispielsweise zur Wahrnehmung einer bestimmten Produktqualität, des Verhaltens gegenüber Mitarbeitern, des Engagements für die Umwelt usw., sondern umgekehrt. Die Produktqualität, das Verhalten gegenüber Mitarbeitern, das Engagement der Unternehmung für die Umwelt usw. führen zu einem bestimmten Ruf.

Nach Klärung dieser beiden Aspekte sind drittens bei differenzierter Messung die **Teilbausteine** der Reputation zu identifizieren, wobei DOWLING als Ergänzungen vorschlägt, diese im Vergleich zu Wettbewerbern zu erfassen und/oder mit einer Idealausprägung zu vergleichen.[20]

BROMLEY ist der Ansicht, dass die Stakeholder-Struktur bei Befragungen stets zu berücksichtigen sei: „Reputations, which are socially shared impressions, are based on ‚collectives', not on heterogeneous ‚collections' of people"[21]. Eine Befragung willkürlich ausgewählter Personen kann zwar Daten wie Punkte oder Ränge liefern, führt aber letztlich nur zu „a fusion of a large collection of personal judgments about a standard set of corporate attributes"[22], die eher für eine allgemeine Erfolgsmessung geeignet ist.

---

[18]   Vgl. zu einer ähnlichen Diskussion in Bezug auf das Konstrukt Zufriedenheit Stock 2001, S. 59f.

[19]   Vgl. im Detail Kapitel 7; Bollen/Lennox 1991, S. 305f.; Eggert/Fassott 2003, S. 2.

[20]   Vgl. Dowling 2001, S. 212. Er erörtert nicht, wie eine ‚Ideal-Reputation' beschaffen sein könnte.

[21]   Bromley 2002, S. 36.

[22]   Bromley 2002, S. 36.

Auch DOWLING ist der Ansicht, dass die herangezogenen Attribute je nach Stakeholder-Gruppe zu adaptieren sind: „It is necessary to customize the set of factors (and attributes) used to describe a company [...]. The roles of people and their norms and values will determine which types of factors should be selected".[23] GARDBERG erklärt: „Firms have different stakeholders, each of whom uses different criteria for appraising firms' actions", ergänzt aber nach ihrer empirischen Analyse, dass „stakeholders attend to information beyond the traditional boundaries"[24]. Wie hierbei dem Problem der mangelnden Vergleichbarkeit begegnet werden kann, thematisiert keiner der genannten Autoren.

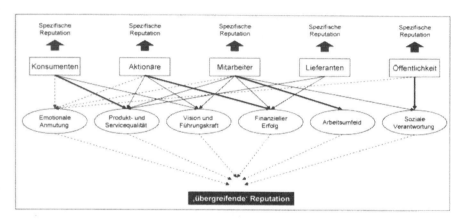

Abbildung 4-1:   Stakeholder-übergreifende und -spezifische Interpretation der
Reputation
(Quelle: Meffert/Bierwirth 2005, S. 152, nach Fombrun 1996)

Demgegenüber gehen FOMBRUN und WIEDMANN davon aus, dass Reputation im übergreifenden Sinne bei allen Stakeholdern über die identischen Indikatoren erfasst werden kann und sollte, der Stellenwert einzelner Indikatoren jedoch je nach Stakeholder-Gruppe variieren kann. So gehen sie davon aus, dass beispielsweise der finanzielle Erfolg oder Management-Qualitäten für manche Gruppen wichtiger sind als für

---

[23]   Dowling 1988, S. 28. Er zieht generell für Stakeholder-Gruppen spezifische Messungen vor; vgl. Dowling 2001, S. 212; ähnlich Dowling 2004a, S. 199.

[24]   Gardberg 2001, S. 10 und S. 160

andere.[25] Diese unterschiedliche Gewichtung einzelner Reputationsdimensionen wurde jedoch bislang nicht empirisch belegt. Daneben ist auch eine Messung spezifischer Reputation möglich – etwa aus Aktionärs- oder Mitarbeitersicht, die über zielgruppenspezifisch unterschiedliche Items zu erheben wäre. Beide Varianten – die Erhebung spezifischer Reputation bei einzelnen Stakeholder-Gruppen und die gruppenübergreifende Erfassung einer Gesamtreputation – sind in Abbildung 4-1 dargestellt.[26]

Die Aggregation der Wahrnehmungen verschiedener Stakeholder problematisiert auch WARTICK. Seiner Meinung nach verkompliziert der Stakeholder-Bezug die Konstruktmessung in nahezu unlösbarer Weise und veranschaulicht dies an zwei Beispielen, die in Tabelle 4-1 dargestellt sind.[27]

Modell 1		Company A		Company B		Company C	
Owners		6		10		0	
Employees		5		2		9	
Customers		5		2		10	
Suppliers		6		10		0	
Community		5		1		7	
Reputation Rating		*27*		*25*		*26*	
Modell 2							
	Weight	Company A		Company B		Company C	
Owners	0.5	6	3.0	10	5.0	0	0.0
Employees	0.2	5	1.0	2	0.4	9	1.8
Customers	0.1	5	0.5	2	0.2	10	1.0
Suppliers	0.1	6	0.6	10	1.0	0	0.0
Community	0.1	5	0.5	1	0.1	7	0.7
Reputation Rating	*1.0*	*27*	*5.6*	*25*	*6.7*	*26*	*3.5*

Note: 10 = highest possible level of favor; 0 = lowest possible level of favor.

Tabelle 4-1:   Hypothetische Reputations-Ratings für drei Unternehmungen
                 (Quelle: Wartick 2002, S. 377 und 379)

In Modell 1 sind drei Unternehmungen aufgeführt, die mit denselben fünf Stakeholder-Gruppen konfrontiert sind, die Zellen der Tabelle enthalten die Wertungen dieser Stakeholder-Gruppen auf Basis einer Reputationsmessung. Unternehmung A verfügt über die beste Bewertung insgesamt, wird aber von keiner der einzelnen Stakeholder-Gruppen mit dem höchsten Wert ausgezeichnet. Eine Befragung der Eigentümer bzw. Akti-

---

[25]   Vgl. Fombrun/Wiedmann 2001c, S. 28; Reynolds/Westberg/Olson 1994, S. 23; Caruana 1997, S. 110; Meffert/Bierwirth 2002, S. 188.

[26]   Zu den in der Abbildung dargestellten Reputationsdimensionen siehe die Ausführungen in Abschnitt 4.2.3 zum Reputation Quotient.

[27]   Vgl. Wartick 2002, S. 376ff.

onäre würde beispielsweise zur Favorisierung von Unternehmung B führen; insgesamt bekommt Unternehmung B die beste Bewertung von den internen, Unternehmung C die beste von den externen Stakeholder-Gruppen. „Thus, the grand aggregation approach to defining corporate reputation loses substantial informational content unless multiple, and a nearly exhaustive list of, stakeholder groups could possibly be surveyed".[28] Modell 2 veranschaulicht die gleiche Situation, jedoch wird hier dem Umstand Rechnung getragen, dass die Bedeutung der Stakeholder-Gruppen variiert. In diesem Fall würde Unternehmung B die besten gewichteten Werte erzielen. WAR-TICK ist allerdings der Meinung, dass die Reputationsmessung kaum von der Integration der Gewichtungsfaktoren profitieren dürfte. Schließlich ist die Validität der Gewichtung einzelner Stakeholder-Gruppen in Frage zu stellen, was genauso für die oben angesprochene Gewichtung der einzelnen Reputationsinhalte bzw. -dimensionen gilt.[29]

Die meisten in der Literatur rezipierten empirischen Projekte sind auf die Analyse der Kundensicht konzentriert oder erheben Reputations-Rankings aus der Perspektive von Finanzfachleuten.[30] Nachstehend werden die drei bekanntesten Reputationsrankings vorgestellt und um alternative Ansätze ergänzt, deren Schwerpunkt auf unternehmensindividuellen Messungen liegt.

4.2 Reputations-Rankings und weitere Messansätze

4.2.1 Der Fortune 500-Index der ‚Most Admired Companies'

Seit 1983 werden in der Zeitschrift ‚FORTUNE' jährlich **Rankings der Reputation** von Unternehmungen veröffentlicht. „Reputational rankings can be formally defined as publicly available comparative orderings of organizations within and industry or across industries".[31] 10.000 Top-Manager und Finanzexperten werden gebeten, zunächst die aus ihrer Sicht führenden zehn Unternehmungen in einer Branche zu

---

[28] Wartick 2002, S. 377.

[29] Vgl. Wartick 2002, S. 379: „A weighting system really does little more than raise new issues relating to the weightings themselves".

[30] Die im Einzelnen diskutierten und verglichenen Erhebungsmethoden sind Attitude Scales, Q-sort, Photosort, Laddering, Kelly Repertory Grid, Natural Grouping; vgl. Riel/Stroeker/Maathuis 1998, S. 314ff. Vgl. zu einem umfassenden Überblick auch Brown 1998, S. 219ff.; Wartick 2002, S. 380ff.; Eberl 2005, S. 12f.

[31] Martins 1998, S. 293.

benennen und diese sodann hinsichtlich acht Kriterien im Vergleich zum größten Wettbewerber in der Branche zu bewerten.[32] Die in Tabelle 4-2 aufgeführten Kriterien sind auf einer 11-Punkte-Skala zu beurteilen (0 = ‚poor'; 10 = ‚excellent')[33].

Bewertungskriterien	
• Quality of Management	• Financial Soundness
• Quality of Products and Services	• Ability to attract, develop, and keep talented People.
• Innovativeness	• Responsibility for the Community and the Environment
• Long-term Investment Value	• Wise Use of Corporate Assets

Tabelle 4-2:   Bewertungskriterien im FORTUNE-Ansatz

Der Endpunktwert der Unternehmen wird durch das arithmetische Mittel der addierten Bewertungen zu den einzelnen Items bestimmt und entspricht dem Ranking-Platz in der jeweiligen Branche. Um die **Liste der Top Ten** zu erstellen, werden die Probanden gebeten, unabhängig von der Branchenzugehörigkeit zehn Unternehmen aus einer Liste zu benennen, für die sie das höchste Ansehen hegen. Diese Liste enthält die 25 Prozent derjenigen Unternehmen, welche im vorhergehenden Jahr die höchsten Ranking-Plätze belegten sowie solche Unternehmen, die zwar nicht im ersten Quartil des Vorjahres-Rankings enthalten waren, dafür aber unter den ersten 20 Prozent in ihrem Branchen-Ranking lagen.[34]

Im Jahr 2006 zählten – in abnehmender Reihenfolge der Ranking-Plätze – General Electric, FedEx, Southwest Airlines, Procter & Gamble, Starbucks, Johnson & Johnson, Berkshire Hathaway, Dell, Toyota Motor und Microsoft zu den Top Ten.[35] Über die zwei Dekaden hinweg, in denen die Studie durchgeführt wurde, ist eine ausgeprägte Stabilität unter den ‚Most Admired Companies' festzustellen.

---

[32] Im Jahr 2001 wurden 58 Branchen in der Studie analysiert; vgl. o.V. 2002a, o.S. Die konkrete Fragestellung lautet: „How would you rate these companies on each of the following attributes?"; Fombrun/Shanley 1990, S. 244. Was mit ‚führenden Unternehmen' gemeint ist, bleibt unklar.

[33] Vgl. Fombrun/Shanley 1990, S. 244. Eine umfassende Analyse der Kriterien findet sich bei Riahi-Belkaoui/Pavlik 1992, S. 109ff.

[34] Vgl. o.V. 2002a, o.S.

[35] Vgl. o.V. 2007a, o.S. Die Meinungen zur Reputation dieser Unternehmen gehen durchaus auseinander: „GE has the worst pollution record in the U.S., with the highest number (47) of priority clean-up sites of any U.S. company"; Dobbin 1998, S. 43.

„A corporation becomes ‚most admired' by increasing shareholder wealth and through positive relations with key stakeholder groups"[36], erklären HAMMOND und SLOCUM. Die Beziehungen zu anderen Stakeholdern werden jedoch nicht näher analysiert. Kritiker argumentieren, das FORTUNE-Modell messe eher den finanziellen **Unternehmenserfolg** als die Reputation[37], die Beschränkung der Stichprobe auf Manager bzw. Finanzanalysten müsse zu einer Überbetonung finanzieller Aspekte und damit zu einem einseitigen Bild der Reputation führen.[38] Allerdings wähnen die Initiatoren der Studie hier auch einen engen Zusammenhang: „History shows that a solid record of performance over many years will earn the business community's esteem"[39]. Gemeint ist mit dem Begriff Performance vermutlich nur der finanzielle Erfolg einer Unternehmung, denn Veränderungen im Ranking werden allein anhand veränderter Erträge und Aktienkurse begründet.[40]

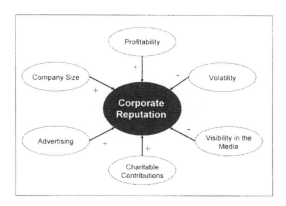

Abbildung 4-2:   Determinanten der Corporate Reputation im FORTUNE-Modell
(Quelle: Fombrun 1996, S. 186.)

FOMBRUN und SHANLEY teilen diese Aufassung nicht: „Yet economic performance is not the only basis on which to assess firms. Firms serve multiple stakeholders, each of which applies distinct criteria in evaluating corporate performance"[41]. Sie bele-

---

[36]   Hammond/Slocum 1996, S. 161.

[37]   Vgl. z.B. Caruana 1997, S. 109; Bromley 2001, S. 36; Mahon 2002, S. 418.

[38]   Vgl. Gray 1986, S. 9; Riel/Fombrun 2002, S. 296f.; Bergen 2001, S. 24; Mahon 2002, S. 418.

[39]   Vgl. o.V. 2002a, o.S.

[40]   Vgl. Boyle 2002, o.S.

[41]   Fombrun/Shanley 1990, S. 234.

gen mit ihrer Analyse aggregierter FORTUNE-Daten die in der Abbildung 4-2 dargestellten positiven oder negativen Einflüsse auf die Reputation.[42]

Auch andere Stakeholder bzw. die allgemeine Öffentlichkeit nehmen das Ansehen
einer Unternehmung wahr, so dass „a true reputational index [...] can only result from
sampling a representative set of stakeholders on a conceptually relevant set of criteria".[43] FOMBRUN kritisiert generell an Ratings, dass die verwendeten Kriterien oft
diffus bzw. nicht systematisch formuliert seien und eine enge Sicht der Stakeholder-
Ansprüche reflektierten.[44] Auch FORTUNE anerkennt diesen Stakeholder-Bezug:
„Fortune's Most Admired seem to perform their best when the heat is on, consistently
delivering to shareholders, customers and employees"[45], integriert diesen aber nicht in
das Untersuchungsdesign.

Der dominierende Stellenwert des finanziellen Erfolgs in der Unternehmensbeurtei-
lung wurde in einigen Untersuchungen als Grundlage eines **Halo-Effektes** identifiziert. So wurde eine hohe Korrelation zwischen Maßgrößen der finanziellen Performance und dem Item ‚Responsibility for the Community and the Environment' festgestellt, die inhaltlich fragwürdig ist.[46] Generalisierend könnte sogar vorgebracht werden,
dass die starke Orientierung der Rankings am ökonomischen Erfolg die zunehmende
Ökonomisierung aller Lebensbereiche zum Ausdruck bringt; diese zeigt sich nach
VOSWINKEL im eindimensionalen Prestige des ökonomischen Erfolgs und der relativen Entwertung, zum Teil sogar Missachtung anderer Anerkennungsarenen.[47]

Methodisch sind weitere Probleme des Ansatzes evident, bei dem unklar bleibt, ob
Reputation ein ein- oder mehrdimensionales Konstrukt ist. Während FOMBRUN und
SHANLEY durch eine **Faktorenanalyse** einen einzelnen Faktor aus den acht Reputa-
tionsdimensionen extrahieren und folgern, „that the eight attributes elicited from

---

[42]   Vgl. hierzu im Detail Fombrun/Shanley 1990, passim; Fombrun 1996, S. 182ff.

[43]   Fombrun 1998, S. 338; ähnlich Fombrun/Gardberg/Sever 2000, S. 248.

[44]   Vgl. Fombrun 1998, S. 338.

[45]   Vgl. O.V. 2002a, o.S.

[46]   Vgl. Fryxell/Wang 1994, S. 2. Zum ‚Financial Halo' in diesem Ansatz siehe auch Brown/Perry
       1994, passim. Zu Halo-Effekten und anderen psychologischen Denkschablonen siehe z.B. Kroe-
       ber-Riel/Weinberg 2003, S. 303ff.

[47]   Vgl. Voswinkel 1999, S. 67.

respondents were components of an underlying and stable construct of reputation"[48], zeigen FRYXELL und WANG, dass sich die im Fortune-Ansatz verwendeten Items besser zu zwei Faktoren verdichten lassen. Der dominierende Faktor spiegelt die Beurteilung der Probanden hinsichtlich der Erfüllung finanzieller Ziele wider. Alle Items mit Ausnahme der ‚Community and Environmental Responsibility' (siehe oben) laden signifikant auf diesen Faktor. Nur dieses Item sowie ‚Quality of Products and Services' laden zudem signifikant auf einen zweiten Faktor. „This factor may pertain more to a broad stakeholder capability of the firm than to economic capabilities [...].The subordinate factor appears to be strongly embedded in the first such that clear discrimination between the two constructs is unlikely".[49] FRYXELL und WANG führen weiter aus, dass der dominante Faktor das finanzielle Potenzial der Unternehmung in den Augen der Befragten repräsentiert, eigentlich also nicht Reputation gemessen wird, sondern es wird erfasst, wofür die Unternehmungen eine Reputation haben – nämlich für finanziellen Erfolg und ihre „Reputation as an Investment".[50] Auch GARDBERG kritisiert diese enge Auslegung des Reputationskonstrukts: „If indeed corporate reputation is only financial performance then its strategic implications become tautological: Enhanced financial performance signals enhanced financial performance"[51]. Aussagen über die anderen, nicht-finanzorientierten Aspekte im Fragebogen werden als problematisch eingestuft: „It seems highly unlikely that the Fortune's expert raters adequately discriminate between financial and nonfinancial aspects of a firm's reputation so as to permit their valid measurement"[52]. Die ausgewählten Probanden verfügen teilweise nicht über eigene Erfahrungen mit manchen Attributen bzw. Items in der Ratingskala.[53] Fraglich bleibt, ob eine andere Struktur des Samples (z.B.

---

[48] Fombrun/Shanley 1990, S. 245. Brown/Perry 1994, S. 1355, erklären dies mit dem ‚Construct Content Overlap', da selbst die nicht-finanziellen Variablen wie z.B. Qualität des Managements und Innovativität zusammenhängen.

[49] Fryxell/Wang 1994, S. 9. Die Autoren erklären zudem: „It is our opinion that the most plausible explanation for this high level of intercorrelation is the presence of a potent mono-method bias in this database"; ebenda, S. 10. Zur Faktorenanalyse siehe Backhaus et al. 2005, S. 260ff.

[50] Fryxell/Wang 1994, S. 13; vgl. ebenda, S. 11. Eine Definition des Konstrukts erfolgt bei Fortune de facto gar nicht; vgl. auch Schwaiger/Hupp 2003, S. 59.

[51] Gardberg 2001, S. 62.

[52] Fryxell/Wang 1994, S. 11.

[53] Vgl. Bromley 2002, S. 35. Im Fortune-Ansatz bleibt unklar, ob eigene Erfahrungen der Befragten oder ein allgemeiner Ruf im Mittelpunkt stehen soll.

Kunden, Mitarbeiter) eine andere Faktorstruktur offenbaren würde.[54] Da weder erklärt würde, warum bestimmte Kriterien zur Messung der Reputation herangezogen werden, noch warum Vertreter bestimmter Professionen die Bewertung vornehmen, kommt MAHON zu dem Schluss: „The use of Fortune's data as a surrogate for overall reputation does not make sense"[55]. DAVIES ET AL. schließlich wenden kritisch ein, dass es dem Konzept an einer theoretischen Fundierung mangelt.[56]

Trotz kritischer Einwände wurde das Konzept von FORTUNE weltweit häufig imitiert, die Bandbreite analoger Messansätze ist mittlerweile unüberschaubar geworden. FOMBRUN benennt neben FORTUNE vier weitere regelmäßig erscheinende Wirtschaftsmagazine, die Reputationsrankings von Unternehmungen beinhalten: ASIAN BUSINESS, FAR EASTERN ECONOMIC REVIEW, MANAGEMENT TODAY und die FINANCIAL TIMES.[57] Darüber hinaus ist auf verschiedene Untersuchungen hinzuweisen, die Unternehmungen im Hinblick auf spezielle Aspekte bzw. aus Sicht bestimmter Interessengruppen bewerten. Beispielsweise zählen hierzu die Studie ‚America's 100 Best Corporate Citizens', die in der Zeitschrift BUSINESS ETHICS publiziert wird[58] oder die Analyse ‚Deutschlands beste Arbeitgeber'[59]. Die weite Verbreitung der FORTUNE-Ergebnisse hat noch einen Effekt: „In the business world the Fortune Ranking of America's most admired companies is a good example of a creator of reputations"[60]. Das offenbar zunehmende Interesse an Rankings erklärt FOMBRUN als ein typisch menschliches Phänomen: „A deep-seated need to identify heroes, worship winners, and glorify achievement"[61]. Auf eine gesonderte Darstellung dieser verschiedenen Ansätze wird hier verzichtet, während das deutsche Pendant zur FORTUNE-Studie nachfolgend skizziert wird.

---

[54]   Vgl. zu weiterer Kritik an diesem Ansatz umfassend Gardberg 2001, S. 61ff.; Gardberg/Fombrun 2002a, S. 305; Bromley 2002, S. 35.

[55]   Mahon 2002, S. 418.

[56]   Vgl. Davies et al. 2001, S. 115.

[57]   Zu einer Übersicht und kritischen Beurteilung siehe z.B. Fombrun 1998, passim; Fombrun/ Gardberg/Sever 2000, S. 243ff.; Larkin 2003, S. 28f.

[58]   Vgl. Fombrun 1998, S. 330.

[59]   Vgl. Capital 2003, o.S.

[60]   Baden-Fuller/Ravazzolo/Schweizer 2000, S. 621. Der Einfluss eines Rankings auf die Unternehmensreputation bzw. auf die Stakeholder hängt von ihrer Verbreitung durch die Medien ab (vgl. Martins 1998, S. 294), also der Intensität und Häufigkeit ihrer Veröffentlichung (= Media exposure des Rankings).

[61]   Fombrun 2001, S. 23.

4.2.2 Der Ansatz des Manager-Magazins

Die deutsche Wirtschaftszeitschrift Manager-Magazin führt seit 1987 Befragungen zur Einschätzung von Unternehmensreputation durch. Im Rahmen der Studie ‚Imageprofile' werden jährlich rund 2.000 zufällig ausgewählte Top-Manager zu ihrer Einschätzung der 100 umsatzstärksten Unternehmungen in Deutschland, aller im DAX notierten Unternehmungen sowie ‚Markenklassikern' aus verschiedensten Branchen befragt.[62] Im Jahre 2006 wurden 177 Unternehmen in die Analyse einbezogen, welche aus 16 verschiedenen Branchenbereichen stammen und unter anderem alle DAX-notierten Unternehmen umfassen.[63] Der ‚Imagesieger' des Jahres 2003 war die Firma Porsche, gefolgt von BMW, Audi, Adidas, Puma, Google, Coca-Cola, SAP, Toyota und Boss. Unter diesen zehn Unternehmen sind auffälligerweise vier Automobilbauer. Neben der Dotierung des Rufes von Unternehmen auf einer Skala von 1 bis 10 Punkten werden die Probanden gebeten, die wichtigsten Faktoren für den Ruf einer Unternehmung anhand einer vorgegebenen Liste zu beurteilen. In der Rangfolge der in den Klammern genannten Mittelwerte sind dies für die Studie aus 2001 die in Tabelle 4-3 genannten.[64]

Wichtigste Faktoren für den Ruf			
• Kundenorientierung	(9,0)	• Ertrags- und Finanzkraft	(7,5)
• Produktqualität	(8,7)	• Attraktivität für Manager	(7,3)
• Managementqualität	(8,3)	• Wachstumsdynamik	(6,9)
• Innovationskraft	(8,2)	• Internationalisierung	(6,8)
• Preis-Leistungs-Verhältnis	(7,9)	• Umweltorientierung	(6,7)
• Kommunikationsleistung	(7,9)	• Unabhängigkeit	(k.A.; Rangplatz 13)
• Mitarbeiterorientierung	(7,8)		

Tabelle 4-3:   Mittelwerte der für den Ruf wichtigen Faktoren

In Abbildung 4-3 ist in Bezug auf die Studie von 2003 dargestellt, wieviel Prozent der Befragten die benannten Erfolgsfaktoren auf einer 10er-Skala als sehr wichtig einstuften. Der Unterschied der Begriffe ‚Ruffaktoren' (Studie aus 2001) und der ‚Erfolgs-

---

[62]   Im Jahr 2003 wurde eine repräsentatives Sample von 2.501 Vorständen, Geschäftsführern und Managern befragt, die „das Meinungsbild in den Chefetagen" widerspiegeln und jeweils zu 40 Unternehmen befragt wurden; o.V. 2004, S. 48.

[63]   O.V. 2007b, o.S. Zum Verfahren siehe auch Schwalbach 2000, S. 3.

[64]   Vgl. zu den Ergebnissen o.V. 2007b, passim. In der Untersuchung von 2003 wurde zudem eine ‚Erfolgsfaktor Image' abgefragt, der als viertwichtigster angesehen wurde, der Faktor ‚Unabhängigkeit' entfiel; vgl. o.V. 2004, S. 50.

faktoren', unter denen ‚Image' ein bedeutender ist (Studie aus 2003), wird in den Publikationen nicht erläutert.

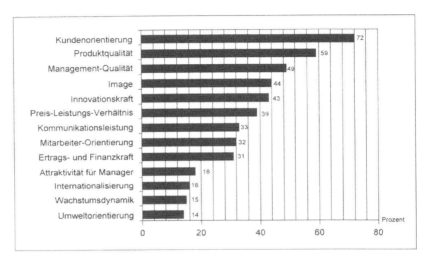

Abbildung 4-3:   Wichtigkeit der einzelnen Erfolgsfaktoren
                   (Quelle: o.V. 2004, S. 50)

SCHMIDT weist in seiner Analyse darauf hin, dass letztlich nur wenige der Imagefaktoren mit dem Ruf der Unternehmung stark korrelieren, die anderen also bei einer ‚Rufmessung' obsolet wären. So korrelieren Preis-Leistungs-Verhältnis und der Ruf kaum, was der Autor dadurch begründet, dass das gute Preis-Leistungs-Verhältnis zu einer niedrigeren Unternehmensperformance führt, die wiederum positiv mit dem Image korreliert.[65] Allerdings kann dieses Ergebnis auch ein Artefakt der Messmethodik bzw. der Probandenstruktur sein, da Konsumenten gegebenenfalls das Preis-Leistungs-Verhältnis durchaus als ‚rufrelevant' einstufen könnten, aber nicht befragt wurden. So weist FOSTER mit Blick auf dasselbe Messmodell darauf hin, dass Verbraucher auf produktbezogene Eigenschaften und Finanzexperten auf die langfristigen Ertragsoptionen achten.[66]

Die Wichtigkeit des Rufes einer Unternehmung für ihren Erfolg schätzen die Befragten auf einer 10er Skala (1 = völlig unwichtig; 10 = sehr wichtig) mit einem Mittelwert

---

[65]   Vgl. Schmidt 1991, S. 32.
[66]   Vgl. Foster 1991, S. 139.

von 8,6 als recht bedeutsam ein. Auf die Frage, gegenüber welchen Stakeholdern ein gutes Image wichtig (Skalenwert 9) oder besonders wichtig (Skalenwerte 10) sei, ergaben sich die folgenden Mittelwerte: Kunden (9,3), Geschäftspartner (8,6), Banken/Geldinstitute (8,4), Mitarbeiter (8,2), allgemeine Öffentlichkeit (7,8), Journalisten (7,5), Universitäten/Hochschulen (6,8) und Behörden (6,4).[67] Investoren bzw. Aktionäre wurden offenbar nicht als Rubrik im Fragebogen integriert. In Abbildung 4-4 ist dargestellt, wieviel Prozent der Befragten die benannten Stakeholder als wichtig/besonders wichtig einstuften (Studie aus 2001).

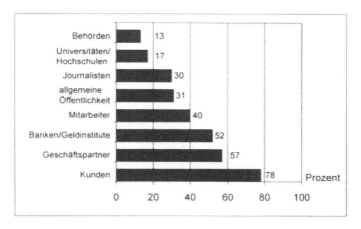

Abbildung 4-4:   Wichtigkeit des Images bei Zielgruppen
                  (Quelle: o.V. 2002c, o.S.)

Wie im FORTUNE-Ansatz wird der wirtschaftliche Erfolg einer Unternehmung auch von den Initiatoren dieser Studie als Fundament des guten Rufes interpretiert: „Ohne Gewinn, ohne Stehvermögen an der Börse verfliegt Ansehen so schnell, wie es gekommen ist"[68]. Zudem spielen Sympathie, Vertrautheit und Nostalgie wesentliche Rollen: „Es ist wohl kein Zufall, dass jedes der zehn im Gesamtranking führenden Unternehmen eine Geschichte von wenigstens 50 Jahren vorweisen kann"[69]. Allerdings

---

[67]   Vgl. o.V. 2002c, o.S.

[68]   O.V. 2002b, S. 64; ähnlich o.V. 2004, S. 47: „Nichts zieht den Erfolg mehr an als der Erfolg".

[69]   O.V. 2002b, S. 66; ähnlich o.V. 2004, S. 48: „Eine lange, eindrucksvolle Firmengeschichte stabilisiert den Ruf gerade in schwierigen Zeiten". Allerdings bezweifeln andere Autoren den Zusammenhang zwischen Alter der Unternehmung und ihrer Reputation; vgl. Marconi 2002, S. 37ff.

bleibt der Zusammenhang zwischen Ruf und Image nebulös, in den begleitenden Publikationen zu diesem Ansatz werden alternierend die Begriffe ‚Image', ‚Ruf', ‚Ansehen' und ‚Reputation' verwendet.[70] So erwähnt etwa SCHMIDT, dass sich das existierende Image einer Unternehmung aus dem ‚Ruf' und weiteren Imagefaktoren zusammensetzt und von der Unternehmung auch direkt durch Kommunikationspolitik beeinflusst wird.[71] Die hinsichtlich des FORTUNE-Ansatzes vorgebrachte Kritik kann
bezüglich dieses Messmodells wiederholt werden, wobei jedoch keine Ergebnisse zu
entsprechenden Faktor- oder Kausalanalysen vorliegen. Es liegt allerdings die Vermutung nahe, dass aufgrund der ähnlichen Samplestruktur ein hoher Einfluss des finanziellen Unternehmenserfolges auf die Reputationswahrnehmung vorliegt und den
dominanten Faktor ausmacht.

4.2.3   Der ‚Reputation Quotient'

Vor allem aufgrund der Kritik an der einseitigen Perspektive herkömmlicher Rankings
wurde durch das Reputation Institute[72] ein neues Messmodell entworfen, das zu einer
tragfähigen Grundlage für das strategische Reputationsmanagement ausgebaut werden
soll.[73] Ziel ist es, jene Faktoren zu analysieren, welche den Zusammenhang zwischen
Reputation und Unternehmenserfolg erklären, sowie die Wahrnehmungen und Erwartungen verschiedener Stakeholder hinsichtlich der Ausprägung dieser Reputationsmerkmale zu erfassen.[74]

---

[70]   Vgl. auch Schwaiger/Hupp 2003, S. 59.

[71]   Vgl. Schmidt 1991, S. 30.

[72]   „The Reputation Institute is a private research organization founded by Prof. Charles Fombrun,
       Stern School of Business, New York University, and Prof. Cees van Riel, Rotterdam School of
       Management, Erasmus University. The Institute's mission and core purpose is to build thought
       leadership about corporate reputations, their management, measurement and valuation. It brings
       together a global network of academic institutions and leading edge practitioners interested in
       advancing knowledge about corporate reputations"; Reputation Institute 2001. Vgl. auch Fom-
       brun/Wiedmann 2001c, S. 4.

[73]   Vgl. Fombrun/Wiedmann 2001b, S. 45; dieselben 2001c, S. 8; Gardberg 2001, S. 64; Eberl 2005,
       S. 13f. In 2007 wurde dieser Messansatz durch eine neue Variante – den RepTrak – abgelöst,
       vgl. o.V. 2007c. Zu diesem neuen Ansatz liegen bislang keine wissenschaftlichen Publikation
       vor.

[74]   Vgl. Fombrun/Wiedmann 2001b, S. 46. Allerdings begnügen sich die Autoren mit dem Hinweis,
       dass der Messansatz bei unterschiedlichen Zielgruppen eingesetzt werden kann (so auch diesel-
       ben 2001c, S. 8), dies ist jedoch bislang nicht in überzeugendem Maße erfolgt.

Der sogenannte **Reputation Quotient**[sm] **(RQ)** basiert zwar ebenfalls auf umfangreichen (Online-)Befragungen, diese sind jedoch nicht fokussiert auf Top-Manager und Finanzexperten, sondern berücksichtigen verschiedene Stakeholder-Gruppen. Zudem werden die Studien nicht auf nationale Messungen beschränkt, sondern sollen internationale bzw. globale Vergleiche ermöglichen. Die RQ-Studien wurden bereits in verschiedenen Ländern durchgeführt und sind in weiteren geplant, um eine globale Datenbank zur Reputation aufzubauen.[75]

Das ,standardisierte Reputationsmaß'[76] RQ wird von seinen Initiatoren als mehrdimensionales Messkonzept charakterisiert, dessen Kerndimensionen im Rahmen verschiedener Studien auf Basis von Faktorenanalysen bestimmt wurden.[77] Entsprechend wird Reputation „als Summe der Wahrnehmungen aller relevanter Stakeholder hinsichtlich der Leistungen, Produkte, Services, Personen, Organisationen etc. eines Unternehmens und der sich daraus ergebenden Achtung vor diesem Unternehmen"[78] definiert. Die einzelnen Merkmale, anhand derer Reputation beurteilt werden soll, basieren teils auf den oben beschriebenen Ratings, teils auf Literaturanalysen und Expertengesprächen.

Das Verfahren zur Bestimmung des RQ-Rankings ist mehrstufig angelegt. Zunächst wird eine **Vorstudie** durchgeführt, im Rahmen derer in Gruppendiskussionen, qualitativen Interviews sowie Expertengesprächen die Übertragbarkeit des Messkonzeptes generell, der verwendeten (übersetzten) Begriffe bzw. Items sowie die Dimensionalisierungen geprüft werden.[79] Grundsätzlich ist bei einer Anwendung der Messskala in verschiedenen Ländern zu überprüfen, ob kulturelle Differenzen einen Einfluss auf das Konstrukt oder dessen Dimensionen nehmen.[80]

---

[75] Vgl. Fombrun/Wiedmann 2001a, S. 60. Forschergruppen sind an der Studie beteiligt in den USA, Kanada, Australien, Südafrika sowie elf europäischen Ländern (Deutschland, Großbritannien, Frankreich, Italien, Niederlande, Spanien, Belgien, Dänemark, Griechenland, Slowenien, Schweden); vgl. Riel/Fombrun 2002, S. 296; Wiedmann 2001, S. 5.

[76] Vgl. Fombrun/Wiedmann 2001a, S. 60; dieselben 2001c, S. 21.

[77] Vgl. Wiedmann 2001, S. 5.

[78] Fombrun/Wiedmann 2001b, S. 46f. Was dabei unter ,Achtung' zu verstehen ist, wird nicht näher erläutert.

[79] Vgl. zur Vorgehensweise im Detail Gardberg/Fombrun 2002a, passim; Fombrun/Gardberg/Sever 2000, S. 248ff.

[80] Vgl. Groenland 2002, S. 308. Auch Voswinkel 1999, S. 36, weist darauf hin, dass es kulturspezifische Unterschiede bei der Zuweisung von Anerkennung, Reputation sowie bezüglich der Grundlagen von Anerkennung gibt (Anerkennung wofür?).

In der zweiten Stufe – der ‚**Nomination Phase**' – werden jene Unternehmungen herauskristallisiert, deren Reputation detailliert untersucht werden soll. Dazu wird pro teilnehmendem Land ein repräsentatives Sample (500 bis 1.000 über 18-Jährige) aus der allgemeinen Öffentlichkeit gezogen. Die Befragten werden im Rahmen telefonischer Interviews gebeten Unternehmen zu nominieren, welche in dem betreffenden Land über die beste bzw. die schlechteste Reputation verfügen.[81] Die konkrete Fragestellung lautet: „Von allen Unternehmen, die Sie kennen und/oder mit denen Sie in irgendeiner Weise in Berührung gekommen sind (z.B. als Kunde), welche drei Unternehmen haben Ihrer Meinung nach den besten/schlechtesten Ruf?"[82]. Im Ergebnis wird dann eine Liste erstellt, welche die am häufigsten benannten Unternehmen umfasst.

Emotional Appeal
1.   I have a good feeling about this company.
2.   I admire and respect this company.
3.   I have confidence in this company.

Products & Services
4.   This company stands behinc its products and services.
5.   This company develops inncvative products and services.
6.   This company offers high-quality products and services.
7.   This company offers products and services that are good value for money.

Financial Performance
8.   This company has a strong record for profitability.
9.   This company looks like a low-risk investment.
10. This company looks like a company with strong prospects for future growth.
11. This company tends to outperform its competitors.

Vision & Leadership
12. This company has excellent leadership.
13. This company has a clear vision for its future.
14. This company recognizes and takes advantage of market opportunities.

Workplace Environment
15. This company is well managed.
16. This company looks like a good company to work for.
17. This company looks like a company that would have good employees.

Social Responsibility
18. This company supports good causes.
19. This company is an environmentally responsible company.
20. This company maintains high standards in the way it treats people.

Abbildung 4-5:   Statements und Dimensionen des Reputation Quotient

---

[81]   Vgl. Riel/Fombrun 2002, S. 297.

[82]   Fombrun/Wiedmann 2001a, S. 61; dieselben 2001c, S. 9.

In einer weiteren Phase, der ‚**Ratings phase**', werden diese Unternehmen sodann durch ein weiteres, repräsentatives Sample bewertet.[83] Den Befragten wird eine Liste mit 20 Statements vorgelegt, welche sich auf die Reputation einer Unternehmung beziehen und die in Abbildung 4-5 aufgeführt sind.

Die Statements können zu den sechs in Abbildung 4-6 aufgeführten Kerndimensionen verdichtet werden. Aus der Liste der am häufigsten benannten Unternehmen sind zwei auszuwählen – eine mit besonders guter, eine mit besonders schlechter Reputation – und anhand einer 7-Punkte-Skala hinsichtlich der Statements zu beurteilen. Auf Basis der Befragungsergebnisse werden dann für jedes teilnehmende Land Unternehmens-rankings erstellt, die noch weiter zu einem ‚**Euro-RQ**' aggregiert werden können.[84] Als vierte und letzte Stufe ist die Schaffung und Auswertung einer globalen Datenbasis geplant.[85]

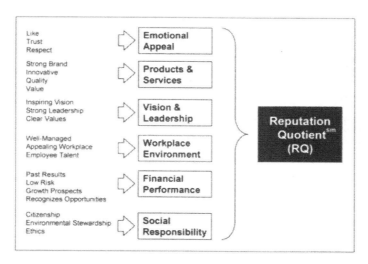

Abbildung 4-6:   Aufbau des Reputation Quotient (RQ[sm])

---

[83]   Die Probanden repräsentieren die allgemeine Öffentlichkeit. Für eine weitere Befragung bilden Finanzexperten die Grundgesamtheit; vgl. Wiedmann 2001, S. 7.

[84]   Vgl. Wiedmann 2001, S. 7. Nach den bislang vorliegenden Ergebnissen verfügen Carrefour, Philips, DaimlerChrysler, Ford, Volkswagen über den besten Ruf in Europa; vgl. Fombrun/Wiedmann 2001a, S. 64; dieselben 2001c, S. 19. Neben diesen aggregierten Untersuchungen können Feinanalysen für einzelne teilnehmende Unternehmungen durchgeführt werden; vgl. Wiedmann 2001, S. 7.

[85]   Vgl. Fombrun/Wiedmann 2001c, S. 14.

Da nur eine begrenzte Anzahl von Unternehmungen in diese detaillierte Untersuchung aufgenommen wird, sind die herangezogenen Auswahlkriterien sehr wichtig. In der Nominationsphase wird nach den Unternehmungen mit besonders gutem oder schlechtem Ruf gefragt, wobei durch diese spontane und ungestützte Erinnerung im Prinzip ein Einblick in das Evoked Set des Befragten gewonnen wird.[86] Die jeweils zuerst genannte Unternehmung besitzt die ‚**Top of Mind**'-Position (ToM) beim Befragten, wozu WIEDMANN festhält: „Bei jenen Individuen, bei denen ein Unternehmen mit einer positiven Reputation eine ToM-Position belegt, erhöht sich deutlich die Wahrscheinlichkeit, dass sie dieses Unternehmen als Arbeitgeber bevorzugen und auch Aktien von diesem bevorzugen würden bzw. auch anderen das Unternehmen und ggf. dessen Aktien empfehlen würden"[87]. Die Bandbreite der genannten Unternehmungen ist verglichen mit deren Gesamtzahl relativ gering, was bedeuten könnte, dass nur wenige Unternehmungen in Deutschland eine wirklich starke Reputation aus Sicht der Befragten besitzen.[88] Diese Aussage ist jedoch zu pauschal, da etwa Unternehmungen aus dem Business-to-Business-Bereich wie auch kleinere Unternehmungen wenig Aussichten haben, in das Evoked Set der allgemeinen Öffentlichkeit zu gelangen, sehr wohl aber bei ihren relevanten Anspruchsgruppen über einen hervorragenden Ruf verfügen können.

Der Bekanntheitsgrad einer Unternehmung ist dabei eine notwendige, aber keine hinreichende Bedingung für das Erreichen einer ToM-Position; Letztere ist durch einen hohen Aktiviertheitsgrad bezüglich der Unternehmung gewährleistet.[89] WIEDMANN bezeichnet dies als die ‚**Präsenz**' einer Unternehmung bei den relevanten (bzw. befragten) Stakeholdern[90], die er weiter in (bezahlte und unbezahlte) Medien- und Alltagspräsenz differenziert. Letztere umfasst nach WIEDMANN „the extent to which companies, along with their products, employees, shares, etc., are present in everyday life"[91]. Vertrautheit bzw. Gewöhnung an die Unternehmung, ihre Marken und Pro-

---

[86]   Vgl. Wiedmann 2001, S. 9.

[87]   Wiedmann 2001, S. 11.

[88]   Vgl. Fombrun/Wiedmann 2001a, S. 62; Wiedmann 2002, S. 337.

[89]   Zum Begriff der Aktiviertheit vgl. etwa Kroeber-Riel/Weinberg 2003, S. 58ff.; Trommsdorff
        2002, S. 48ff. Marconi 2002, S. 26, merkt allerdings an: „To many people, a better-known brand
        is regarded as a better brand. Awareness brings familiarity, and familiarity brings acceptance".

[90]   Vgl. Wiedmann 2001, S. 28ff.

[91]   Wiedmann 2002, S. 338.

dukte haben einen positiven Einfluss auf die Reputation sowie in der Folge auf Produktpräferenzen.[92]

Eine ausführliche Auflistung von Voraussetzungen, die zu einer hohen Präsenz einer Unternehmung führen, stellen RIEL bzw. RIEL und FOMBRUN vor[93]:

- bekannte Marken, deren Produkte häufig und von einer großen und differenzierten Kundengruppe erworben werden,

- Sichtbarkeit bezüglich ihrer räumlichen Präsenz und der Architektur ihrer Ladengeschäfte bzw. Gebäude,

- Exponiertheit in den Medien,

- Größe (z.B. gemessen an Umsatz oder Mitarbeiterzahl),

- Aktiennotierung an nationalen oder internationalen Börsen,

- lange Tradition (bzw. ‚alteingesessene' Unternehmungen),

- Unternehmensaktivitäten betreffen allgemeine Interessen und werden dadurch von der allgemeinen Öffentlichkeit wahrgenommen.

RIEL ergänzt, dass hohe Präsenz eher in den Heimatländern als auf anderen nationalen Märkten zu erreichen ist und dass (kürzlich) privatisierte Unternehmungen eher negativ bewertet werden.[94] Generell wird häufig vermutet, dass der Grad an Reputation einer Unternehmung hauptsächlich von ihrer Größe, ihrem Alter und ihrer (bisherigen) Profitabilität abhängt.[95] Mindestens ist anzunehmen, dass eine große oder marktdominierende Unternehmung eher Chancen hat, in das Evoked Set der Befragten (und damit in das RQ-Ranking) aufgenommen zu werden als eine kleine Unternehmung.[96] Zu einer gleichen Aussage kommt SCHMIDT bezüglich der ‚Imageprofile': „Größere Unternehmen haben tendenziell ein besseres Image".[97]

---

[92] Vgl. Riel/Fombrun 2002, S. 297; Lewis 2001, S. 33.

[93] Die Autoren benutzen allerdings den Begriff „Top of mind awareness of corporate brands" (ToMAC); vgl. Riel 2002, S. 366ff.; Riel/Fombrun 2002, S. 297.

[94] Vgl. Riel 2002, S. 368ff.

[95] Vgl. Schultz/Mouritsen/Gabrielsen 2001, S. 33.

[96] Vgl. Fombrun/Shanley 1990, S. 240; Wiedmann 2001, S. 25, der hier auch Ansätze zur stärkeren Gewichtung kleinerer bzw. nur regional tätiger Unternehmungen in den Befragungsergebnissen vorstellt.

[97] Schmidt 1991, S. 30; vgl. auch die Studie von Riahi-Belkaoui 2001, S. 4, 8.

In der Befragung von WIEDMANN im Rahmen der Nominationsphase zum RQ ent-
fielen die meisten Nennungen zu dem Unternehmen mit der besten Reputation auf
DaimlerChrysler, gefolgt von Siemens, Volkswagen, der Deutschen Telekom, BMW,
Karstadt Quelle, Aldi, Miele, Bosch und Metro.[98] Eine differenzierte Darstellung
erfolgte für die Unternehmen mit hauptsächlich positiven oder negativen Nennungen
sowie für die ambivalenten Fälle.

Jenen Unternehmungen, die eine hohe Präsenz bei den Befragten genießen und positive Top of Mind-Positionen einnehmen, wird damit ein guter Ruf bescheinigt. Sie sind
in hohem Maße sozial akzeptiert.[99] In der Analyse von WIEDMANN werden diese
Unternehmen herauskristallisiert, indem die Anzahl der Positivstimmen ins Verhältnis
gesetzt wird zu den gesamten auf diese Unternehmung bezogenen Nennungen. Die
ersten fünf Unternehmungen in dieser Gruppe waren Nokia, Phillip Morris, Porsche,
Rewe und BMW.[100] Umgekehrt können die Unternehmen mit den anteilig schlech-
testen Wertungen differenziert werden. Hierzu zählten die Deutsche Bahn, die Deutsche Telekom, Shell, McDonalds und GM (Opel).[101] Jene Unternehmungen, bei denen
sich positive und negative Nennungen (fast) die Waage halten, verfügen über eine
gespaltene Reputation, die Haltung der Befragten diesen Unternehmungen gegenüber
ist als kontrovers zu bezeichnen. Hierzu zählen in absteigender Rangfolge die Deutsche Bank, Microsoft, die Sparkasse, GM (Opel), Ford und die deutsche Telekom.[102]
Gerade die stark umstrittene Position der Telekom zeigt, dass eine Unternehmung über
eine gleichzeitig positiv und negativ gefärbte Reputation verfügen kann.[103]

---

[98]   Vgl. Wiedmann 2001, S. 40; Fombrun/Wiedmann 2001c. S. 45. Die Autoren berichten nicht, in
       welchem Jahr die Analyse stattfand.

[99]   Vgl. Wiedmann 2001, S. 17.

[100] Vgl. Wiedmann 2001, S. 51. Allerdings kann bei einer geringen Anzahl von Nennungen, die alle
       positiv sind, ein höherer Wert erreicht werden (100%) als bei vielen Nennungen, die sowohl
       positiv als auch negativ sind.

[101] Vgl. Wiedmann 2001, S. 69.

[102] Vgl. Wiedmann 2001, S. 78. Reputationsdefizite weisen vor allem Finanzdienstleister und als
       ‚nicht deutsch' wahrgenommene Unternehmungen auf; vgl. Fombrun/Wiedmann 2001c, S. 17.

[103] Vgl. Fombrun/Wiedmann 2001a, S. 62. Die Deutsche Telekom liegt an Platz 4 der am häufigsten
       als hoch reputativ genannten Unternehmen; vgl. Wiedmann 2001, S. 40. In einer ähnlichen
       Befragung kommt das Marktforschungsinstitut INRA zu analogen Ergebnissen. Hier liegen die
       Unternehmen BMW, Henkel und Bosch bei den Kriterien Bekanntheit und positiver Eindruck in
       der deutschen Bevölkerung vorne, die Telekom und die Deutsche Bahn weisen negative Werte
       auf; vgl. Financial Times 2003.

Hinsichtlich der gewählten Methodik des RQ ist zunächst festzuhalten, dass es nach jeder Nominierungsphase zu starken Veränderungen hinsichtlich der einzubeziehenden Unternehmungen kommen kann.[104] Auf dieses Problemfeld weisen auch Ergebnisse aus den Niederlanden hin, wo die Nominierungsphase zweimal durchlaufen wurde (in 2000 und 2001). Zwischen den Befragungen lag ein Jahr und nur 11 Unternehmungen tauchten zweimal in der Liste der 20 meistgenannten auf; zudem waren starke Veränderungen in der Rangfolge der Nennungen zu sehen.[105]

International kommt es zu großen Abweichungen bei der Art der nominierten Unternehmungen: Während zum Beispiel in Italien einige Nahrungsmittelhersteller unter die ersten 10 der Rangliste fallen, sind in Großbritannien viele Handelsketten zu verzeichnen, in Deutschland viele technologieorientierte und in den USA auch reine Business-to-Business-Unternehmen, was auf generelle kulturelle Unterschiede und Werte zurückzuführen sein dürfte.[106] „Non-consumer companies in the USA appear more successful at earning reputation from arm's length media-based communications"[107], was auch durch den höheren Einfluss der Medien auf die Meinungsbildung in den USA bedingt sein könnte. Gegenüber dem FORTUNE-Ansatz, bei dem in den letzten Jahren die Firma GENERAL ELECTRIC den ersten Platz einnahm, schnitt im RQ JOHNSON & JOHNSON viermal hintereinander als Spitzenreiter ab.[108]

Die Abgrenzung der sechs Dimensionen bzw. zentraler Faktoren wird als besonderer Pluspunkt des RQ gewertet (siehe Abbildung 4-6). Andere Studien würden nicht konkret genug herausarbeiten, „welche Faktoren letztendlich für eine positive oder negative Unternehmensreputation von Bedeutung sind und welche relative Bedeutung diese insofern am Unternehmenserfolg haben"[109]. Dieser Vorzug des RQ relativiert sich allerdings bei näherer Analyse, denn Faktorenanalysen zeigen, dass die Dimensionen gegebenenfalls sogar nur auf zwei übergeordnete Faktoren zurückzuführen sind. Der erste umfasst die 3 Variablen zu ‚Emotional Appeal', auf den zweiten laden die übri-

---

[104] Vgl. Thevissen 2002, S. 321.

[105] Vgl. Riel 2002, S. 368f.

[106] Vgl. Ravasi 2002, S. 356; MacMillan 2002, S. 375; Wiedmann 2002, 339; Gardberg/Fombrun 2002, S. 387.

[107] Gardberg/Fombrun 2002, S. 391. In 2002 waren die drei ‚most visible companies in America' mit der besten Reputation Johnson & Johnson, Harley Davidson und Coca-Cola, Enron lag – wenig überraschend – auf dem letzten Platz; vgl. Harris Interactive 2002.

[108] Vgl. Harris Interactive 2002.

[109] Vgl. Fombrun/Wiedmann 2001b, S. 47.

gen 17 Variablen (Faktor ‚Rational Appeal').[110] Dieses **empiristische Vorgehen** bedeutet, dass hier korrelationsanalytische Verfahren (die Faktorenanalyse) dazu verwendet werden, zuerst durch die resultierende Itemstruktur die zu erfassenden Reputationsdimensionen zu ermitteln und danach ihrem Inhalt nach zu definieren. Die von manchen Autoren angenommene Eindimensionalität von Reputation lässt sich nach dem RQ jedenfalls nicht bestätigen.[111]

Bezüglich der Kausalstruktur unterstellen FOMBRUN und WIEDMANN, dass fünf der Kerndimensionen auf die Kerndimension Emotional Appeal laden, diese wiederum auf die Gesamtreputation, wobei die erklärte Gesamtvarianz 0,78 beträgt.[112] ‚Emotional Appeal' sei letztlich immer der zentrale Erfolgsfaktor einer starken Unternehmensreputation. Allerdings zeigt sich, dass die Items zu der Dimension ‚Vision and Leadership' negativ auf den Faktor ‚Emotional Appeal' laden, während die finanzielle Performance in keinem signifikanten Verhältnis zu diesem Faktor steht.[113] Erklärt wird auch nicht, warum einzelne Items – z.B. Innovativität, Qualifikation der Mitarbeiter, Profitabilität – negative Ladungen aufweisen.[114]

SCHWAIGER und HUPP kritisieren, dass die emotionale Komponente der Reputation im RQ vernachlässigt würde[115] – trotz des Stellenwerts des sogenannten ‚Emotional Appeal'. Auch GROENLAND weist darauf hin, dass Reputation vorwiegend auf nicht rationalen, emotionalen Aspekten beruht sowie auf Erfahrungen mit ausgewählten, wichtigen Bewertungsaspekten der Unternehmung. „Corporate reputation is chiefly linked to the experiences, acts or traits that form, or have formed it in the past"[116]. Entsprechend erweisen sich die affektiv geprägten Statements im RQ als differenzierungsfähigste in Bezug auf Unternehmen mit guter und schlechter Reputation.[117] Auch DOWLING konstatiert, dass es zwei wesentliche Faktoren bei der Analyse von Reputationstreibern zu berücksichtigen gilt: Eher faktenorientierte Reputation, die leistungs- und finanzorientierte Kriterien beinhaltet, sowie emotionale Reputation, die beispiels-

---

[110] Vgl. Fombrun/Gardberg/Sever 2000, S. 254; Bromley 2002, S. 37.

[111] Vgl. etwa Yoon/Guffey/Kijewski 1993, S. 226.

[112] Vgl. Fombrun/Wiedmann 2001c, S. 36.

[113] Vgl. Davies et al. 2003, S. 139.

[114] Vgl. Fombrun/Wiedmann 2001c, S. 36.

[115] Vgl. Schwaiger/Hupp 2003, S. 59. Sie bezeichnen die Items als ‚rational geprägt'.

[116] Groenland 2002, S. 309.

[117] Vgl. Groenland 2002, S. 313. Dies waren die Statements „I have a good feeling about this company", „I admire and respect this company" und „I have confidence in this company".

weise auf der „Persönlichkeit" der Unternehmung oder sozialer Verantwortung beruht.[118]

Im Gegensatz zu den Vermutungen, die bezüglich der ‚Imageprofile' und des FOR-TUNE-Ansatzes geäußert wurden, scheint die Profitabilität der Unternehmung nicht in hohem Maße differenzierungsfähig in Bezug auf Unternehmungen mit guter und schlechter Reputation zu sein. Die entsprechenden Statements – wie auch Statements, welche die soziale Verantwortung einer Unternehmung fokussieren – erweisen sich als weniger trennscharf.[119]

Es ist also nicht bewiesen, dass der Reputation Quotient[sm] „a valid, reliable and robust tool for measuring corporate reputation"[120] ist. BROMLEY bemerkt zudem, dass gar kein Reputationsquotient gemessen würde[121]: Ein Quotient ist das Ergebnis einer Division und besteht aus Zähler und Nenner, im RQ werden jedoch nur (gewichtete) Ränge ermittelt. Zudem ergänzt er, dass die Samples zu heterogen seien, um eine kollektive Vorstellung von Reputation zu vermitteln. Die verwendeten Attribute seien kaum zu operationalisieren und abstrakt verbalisiert, so dass Befragte Spielraum für eigene Interpretationen bekommen. Zudem seien die Attribute weder objektiv noch subjektiv gleichgewichtet.[122] Dass die herausgefilterten sechs Kerndimensionen Ergebnis einer „umfassenden, wissenschaftlich begleiteten Itemkonstruktion"[123] sind, beweist nicht die Tragfähigkeit des Konzepts.

Die angekündigte, gezielte Ansprache verschiedener Stakeholder-Gruppen – „The RQ instrument was designed for use with any stakeholder group. The RQ scores [...] are focused solely on the general public"[124] – ist bislang nicht realisiert. GARDBERG fordert, dass „respondents must be representative of stakeholder groups such as consum-

---

[118]   Vgl. Dowling 2004a, S. 198.

[119]   Hierzu gehören die Statements „This company stands behind its products and services", „This company has a strong record of profitability" bzw. „This company supports good causes" und „This company is an environmentally responsible company"; vgl. Groenland 2002, S. 314. Ähnliche Ergebnisse zeigen sich auch in dem in Kapitel 7 vorgestellten Messansatz.

[120]   Gardberg/Fombrun 2002a, S. 306; ähnlich Fombrun/Wiedmann 2001b, S. 47.

[121]   Vgl. Bromley 2002, S. 37.

[122]   Vgl. Bromley 2002, S. 38.

[123]   Fombrun/Wiedmann 2001c, S. 9.

[124]   Riel/Fombrun 2002, S. 298; ähnlich Fombrun/Wiedmann 2001b, S. 47.

ers, investors, activists and employees to the greatest extent possible"[125], aber auch WARTICK bemerkt zum RQ: „only one stakeholder group (i.e., the general public) is the focus"[126].

Auch ist kaum nachzuprüfen, ob stakeholder-spezifischen Unterschieden bei der Item-generierung Rechnung getragen wurde und inwiefern die Befragten tatsächlich unter-schiedlichen Stakeholder-Gruppen angehören. De facto scheint es sich um einen ‚One list fits all'-Ansatz zu handeln. DAVIES ET AL. äußern, dass die RQ-Skala für die Befragung externer Stakeholder konzipiert wurde und nicht für eine Erfassung der Mitarbeitersicht.[127] Allerdings äußern sie auch, dass manche Fragen – etwa nach ‚Vision' und ‚Leadership' – durch Mitarbeiter mit mehr Sicherheit beantwortet werden könnten als durch andere Stakeholder.[128] Im Ergebnis jedenfalls liefert der RQ-Ansatz ein aggregiertes Bild eines Konstruktes, bei dem die Urteile multipler Stakeholder zu einer Kollektivbeurteilung zusammengefasst werden.[129] Dieses Konstrukt kann dann mit dem Begriff Reputation bezeichnet werden, wenn man darunter „a judgment of the firm made by a set of audiences on the basis of perceptions and assessments that are assembled and made available via a ranking system, which defines, assesses, and com-pares firms' reputation according to certain predefined criteria"[130] versteht. Befragt werden die Vertreter der ‚Audiences' allerdings eher zu ihrer persönlichen Einstellung – sei es auf Basis eigener Erfahrungen oder eines öffentlich wahrgenommenen Rufes. Demgegenüber erklärt etwa EMLER: „Reputations are social, not individual judg-ments [...]. Reputations are social constructions, created collectively through processes of social communication, and are not to be confused with one individual's perception of another"[131]. Dem in der vorliegenden Arbeit vertretenen Verständnis der Reputation als kollektiv-perzeptives Konstrukt, das auch die Wahrnehmung des Befragten hin-sichtlich des in der Öffentlichkeit vorherrschenden Rufes umfasst, kann dieser Messansatz nicht gerecht werden. So bezeichnet GARDBERG das Vorgehen im RQ

---

[125]   Gardberg 2001, S. 67. De facto überprüft sie die Repräsentanz ihres Samples nur anhand der Kriterien Rasse und Geschlecht; vgl. ebenda.

[126]   Wartick 2002, S. 384; so auch Schwaiger/Cannon 2002, S. 8.

[127]   Vgl. Davies et al. 2001, S. 115.

[128]   Vgl. Davies et al. 2003, S. 139.

[129]   Vgl. Fombrun 1998, S. 338, der dieses Konstrukt als Reputation bezeichnet, oder Fombrun/Gardberg/Sever 2000, S. 242f.

[130]   Schultz/Mouritsen/Gabrielsen 2001, S. 24.

[131]   Emler 1990, S. 181.

als soziale Konstruktion der Reputation, bei der die subjektiven Wahrnehmungen einzelner Personen erhoben werden.[132] Es ist fraglich, ob die so gemessene ‚Reputation' von eigenen Erfahrungen abgrenzbar ist oder ob es sich um ein **redundantes Konstrukt** handelt, das über Einstellung oder Image bereits abgedeckt ist.[133]

Generell ist den vorgestellten Rankings entgegenzuhalten, „that they are not merely capturing an external and independent world, but, in fact, take part in producing it"[134]. Reputationsrankings tragen selbst zur Entwicklung bzw. Veränderung von Reputation bei – und sind damit kein reliables Messinstrument. Die (gemessene) Reputation mancher Unternehmungen ‚klebt' an ihnen, ist also dauerhaft und verstärkt sich im Zeitablauf durch die Messung.[135] Dies wird unter anderem durch einen Halo-Effekt bewirkt, wonach die globale Reputation einer Unternehmung in der Wahrnehmung von Stakeholdern auf einzelne Kriterien ausstrahlt.[136] Bei entsprechenden multiattributiven Messungen schneiden Unternehmungen mit einer guten Gesamtreputation auch bei einzelnen Kriterien besser ab; werden dem Messinstrument neue Kriterien zugefügt, erzielen die hoch-reputierten Unternehmungen auch hier bessere Ergebnisse. „The development of an increasingly complex measurement system paradoxically becomes ‚more of the same' – creating, in our terminology, a sticky reputation".[137] Um die historische Entwicklung der Reputation zu analysieren, sind Längsschnittstudien erforderlich mit der Folge, dass „reputational research should move away from one-shot methods of ranking reputation"[138]. Gleichzeitig sind die verwendeten Kriterien Spiegelbild des historischen Kontextes, in dem sie verwendet werden. So schlägt etwa

---

[132] Vgl. Gardberg 2001, S. 8.

[133] Zu redundanten Konstrukten und deren (negative) Bedeutung für Marketingtheorie und -praxis siehe Singh 1991, passim.

[134] Schultz/Mouritsen/Gabrielsen 2001, S. 25. Bergen 2001, S. 26, merkt zudem an, dass die Rankings letztlich (nur) der Auflagensteigerung der sie in Auftrag gebenen Zeitschriften dienen.

[135] Vgl. Schultz/Mouritsen/Gabrielsen 2001, S. 25. Ähnliche Entwicklungen könnten bei übergreifenden Messansätzen wie dem Kundenmonitor Deutschland für die Kundenzufriedenheit konstatiert werden.

[136] Vgl. Riel/Stroeker/Maathuis 1998, S. 320, 323; Caruana 1997, S. 114; Dowling 2004b, S. 20, und auch die Ausführungen zur ‚Sandwich-Theorie' in Kapitel 7. In solch einem Fall läge ein reflektiver Einfluss des Konstrukts auf seine Indikatoren vor.

[137] Schultz/Mouritsen/Gabrielsen 2001, S. 26.

[138] Middleton/Hanson 2002, S. 17. Demgegenüber bezeichnet Fombrun 1996, S. 72, Corporate Reputation als „snapshot that reconciles the mutliple images of a company held by all its constituencies".

COHEN als eine Reputationsdimension das Konstrukt ‚Defense Contribution' vor.[139]
Längsschnittanalysen müssten bei der Wahl von Indikatoren auch den Wandel im Zeit-
geist berücksichtigen. Zudem sind branchenübergreifende Analysen weniger geeignet,
die spezifische und komplexe Natur des Reputationskonstrukts aufzudecken als auf
einzelne Unternehmungen bzw. einzelne Branchen fokussierte.[140] Schließlich ist
standardisierten Messkonzepten entgegenzuhalten, dass sie nicht die Besonderheiten
des Reputationskonstrukts, das auf Basis des Resource-Based View als strategische
Ressource definiert wurde, berücksichtigen: „An emphasis on uniqueness dominates
the theoretical treatments of reputation, whereas an emphasis on similarity dominates
large-scale data collection projects"[141].

4.2.4   Die Betonung der affektiven Komponente in Messansätzen: Unternehmenspersönlichkeit, Sympathie und Kompetenz

Eine zu den Rankings alternative, der Psychologie entliehene und individualisierte
Vorgehensweise prüfen DAVIES ET AL.[142] Sie analysieren die (metaphorische)
Personifizierung der Unternehmung als Ansatzpunkt für eine Reputationsmessung,
wobei der Unternehmung ein Set von Charakteristika zugeschrieben wird, das grundsätzlich für die Beschreibung von Personen geeignet ist.

Eine analoge Verwendung stammt aus dem Markenmanagement, wo zum Beispiel
FOURNIER verschiedene Arten und Stile von Beziehungen untersuchte, die Personen
mit bestimmten Marken verbinden. Auf diese Weise können Konstrukte wie Vertrauen
und Freundschaft betrachtet werden, um die Interaktion zwischen Marke und Mensch
zu beschreiben, die damit einer zwischenmenschlichen Beziehung ähnlich wird.[143] Beispielsweise entdeckte sie durch Tiefeninterviews Beziehungen zu Marken, die sie als
‚Arranged marriages' beschreibt. Es handelt sich um eine „nonvoluntary union

---

[139]   Gemessen über die Indikatoren: ‚Have made noteworthy contributions to national defense',
        ‚Leader in atomic energy development', ‚Leader in missile and outer space technology'; vgl.
        Cohen 1963, S. 56.

[140]   Vgl. Middleton/Hanson 2002, S. 20, die deshalb auch Fallstudien zur Reputationsmessung für
        sinnvoll halten, wie sie etwa von Carter/Deephouse 1999 vorgelegt wurden.

[141]   Whetten/Mackey 2002, S. 404.

[142]   Vgl. Davies et al. 2003, S. 140ff.

[143]   Vgl. Fournier 1998, S. 344. Wird das Produkt bzw. die Marke als Person interpretiert, so kann
        auch ihre ‚Produkt- bzw. Markenreputation' untersucht werden. Die Verwendung des Begriffes
        Reputation in Verbindung mit handlungsunfähigen Objekten wurde bereits abgelehnt.

imposed by preferences of a third party. Intended for long-term, exclusive commitment, although at low levels of affective attachment"[144]. Insgesamt differenziert sie 15 Beziehungsformen, die neben der ‚Arranged Marriage' beispielsweise ‚Enslavements', ‚Flings' und ‚Best Friendships' umfasst. Dabei wird deutlich, dass unterschiedliche Personen zu bestimmten Marken bzw. Unternehmen verschiedene Beziehungsformen pflegen.

Die Anthropomorphisierung von Objekten ist in allen Kulturen zu beobachten und scheint Interaktionen mit der nichtmateriellen Welt zu vereinfachen.[145] Sie entspricht auch Bestrebungen des Managements von Unternehmungen, wie schon HARTMANN herausstellt. Er sieht ein Ziel der Investor bzw. Public Relations darin, nicht den Eindruck zu fördern, die Unternehmung sei „ein eigengesetzliches, furchteinflößendes Monstrum [...] sondern dass sie von verantwortungsbewussten Menschen gebildet wird, die sich ernsthaft darum bemühen, sie zu einem guten Mitbürger in der menschlichen Gesellschaft zu machen"[146]. Es wird eine **Unternehmenspersönlichkeit** geschaffen, welche die spezifischen Charakteristika bzw. das Selbstverständnis einer Unternehmung umfasst.[147]

Allerdings besteht bis heute kein Konsens in der Literatur, ob im Unternehmenskontext tatsächlich von differierenden Persönlichkeiten ausgegangen werden kann bzw. sollte.[148] Wenn dies bejaht und zudem von einer Messbarkeit der Persönlichkeitsstruktur ausgegangen wird, kann auf einen in der Psychologie weit verbreiteten Ansatz zurückgegriffen werden, der fünf Dimensionen der Persönlichkeit – die sogenannten ‚Big Five' – differenziert.[149] Dies sind Extrovertiertheit, Liebenswürdigkeit, Gewissenhaftigkeit/Pflichtbewusstsein, emotionale Stabilität und Kultur.[150]

---

[144] Fournier 1998, S. 362.

[145] Vgl. Fournier 1998, S. 344; ähnlich Bromley 1993, S. 34ff.; derselbe 2001, S. 318.

[146] Hartmann 1968, S. 120.

[147] Vgl. Hinterhuber/Höfner/Winter 189, S. 18; Marwick/Fill 1997, S. 399ff. Zum Begriff der ‚Persönlichkeit' generell siehe Mummendey 1995, S. 27ff.

[148] Vgl. zu einem Überblick über die Diskussion Davies et al. 2001, S. 117.

[149] Vgl. z.B. Bromley 2001, S. 326. Unternehmungen sind hier zu verstehen als formalisierte Zweckgemeinschaften von Personen, die insofern auch als Handlungseinheiten interpretiert werden können und die mit einer bestimmten (aggregierten) Persönlichkeit und Reputation ausgestattet sind.

[150] Vgl. Aaker 2005, S. 167.

Dieser Ansatz wurde von AAKER auf ‚Markenpersönlichkeiten' angewendet, worunter die Gesamtheit menschlicher Eigenschaften zu verstehen ist, die mit einer Marke in Verbindung gebracht wird.[151] Die entsprechenden Informationen werden vor allem über die Produkt- und Kommunikationspolitik des Anbieters vermittelt. Ziel ist es hierbei, durch Marketingaktivitäten die Markenpersönlichkeit dem Selbstbild der Zielgruppe anzupassen.[152] Andererseits entsteht die Markenpersönlichkeit auch durch Übertragung der Persönlichkeitseigenschaften typischer Markennutzer bzw. -anhänger, der Mitarbeiter und des Managements auf die Marke. Die Messung der Markenpersönlichkeit erfolgt zum Beispiel bei AAKER auf Basis einer mehrdimensionalen Konstruktmessung. Dabei wurden die Probanden gebeten sich vorzustellen, das zu bewertende Produkt, die Dienstleistung oder die Marke wäre zum Leben erweckt. Die Persönlichkeit dieser Marke ist auf einer 5er-Skala für 42 Items zu beurteilen, die den Dimensionen ‚Sincerity', ‚Excitement', ‚Competence', ‚Sophistication' und ‚Ruggedness' zugeordnet sind (vgl. zu Auszügen Tabelle 4-4).[153]

Aufrichtigkeit	Erregung/Spannung	Kompetenz	Kultiviertheit	Robustheit
bodenständig	gewagt	zuverlässig	vornehm	naturverbunden
ehrlich	temperamentvoll	intelligent	charmant	zäh
gesund	phantasievoll	erfolgreich		
heiter	modern			

Tabelle 4-4:   Dimensionen der Markenpersönlichkeit und ausgewählte Items
                        (Quelle: Aaker 2005, S. 172.)

DAVIES ET AL. wenden die Skala an, um die Reputation von Unternehmungen in der Wahrnehmung von Kunden und Mitarbeitern zu messen. Gerade in Bezug auf Mitarbeiter im Kundenkontakt nehmen sie an, dass die Beurteilungen beider Stakeholder-Gruppen konvergieren, was sich durch ihre empirische Untersuchung untermauern ließ.[154] Allerdings zeigte sich auch, dass es kulturell bedingte Unterschiede in der Interpretation verschiedener Items durch die Probanden gibt, was entsprechende

---

[151] Vgl. Aaker 1997, S. 347; dieselbe 2005, S. 168. Eine These lautet, dass die Präferenz für eine Marke zunimmt, je stärker die Marke mit Charakteristika assoziiert wird, die das tatsächliche Ich der Zielgruppen beschreiben; vgl. ebenda.

[152] Vgl. Dowling 1993, S. 101.

[153] Vgl. Aaker 1997, S. 350f.

[154] Vgl. Davies et al. 2001, S. 119ff.

Anpassungen erforderlich macht.[155] Zudem fokussieren alle Items positive Aspekte der Reputation, obwohl Reputation negativ ausgeprägt sein kann. Die Ergebnisse aus der Untersuchung von DAVIES ET AL. belegen, dass eine enge Korrelation zwischen der so gemessenen Reputation aus Kunden- und Mitarbeitersicht vorliegt, was jedoch keine Aussagen über Kausalbeziehungen ermöglicht. So weisen die Autoren darauf hin, dass beide Konstrukte sich eher parallel entwickeln als dass eines das andere bedingt oder Voraussetzung für dessen Entstehen ist. Im Hinblick auf das Reputationsmanagement empfehlen sie: „Whatever the reality, practitioners should not be discouraged from the view that they can drive improvements in their external image by improving their internal identity"[156]. Allerdings kann die parallele Entwicklung der Reputationen in den verschiedenen Stakeholder-Gruppen auch leistungsabhängig sein. Durch den ausgeprägten Kontakt zwischen Mitarbeitern und Kunden im Rahmen der Dienstleistungserstellung können Parallelitäten vermutet werden, die etwa bei gering integrativen Sachgütern nicht auftreten.[157]

Einen weiteren, stärker affektiv geprägten Messansatz schlagen SCHWAIGER und HUPP vor, den sie als einen **Evaluationsansatz** bezeichnen. Die emotionale und kognitive Komponente der Reputation – ihrer Ansicht nach Sympathie und Kompetenz – werden direkt als Bausteine des Konstrukts gemessen. Demgegenüber erfassen die Ranking-Ansätze wie auch der RQ die Kriterien, die für die Entstehung der Reputation ausschlaggebend sind im Sinne eines **Erklärungsansatzes**.[158] Bei SCHWAIGER und HUPP werden beide Ansätze zusammengeführt, wobei als Determinanten der Reputation die so benannten Faktoren Qualität, Attraktivität, Verantwortung und Performance identifiziert werden. Die drei erstgenannten stehen in einem positiven Zusammenhang mit ‚Sympathie'[159], die Performance in einem negativen Verhältnis. Qualität und Performance liefern den wesentlichen Erklärungsbeitrag zur ‚Kompetenz'[160]. Die

---

[155] Siehe hierzu auch Aaker 2005, S. 175f.

[156] Davies et al. 2001, S. 125.

[157] Vgl. Davies et al. 2001, S. 125.

[158] Vgl. Schwaiger/Hupp 2003, S. 60.

[159] Gemessen mit den Items ‚Identifikation mit dem Unternehmen', ‚Bindung an das Unternehmen' und ‚Sympathisches Unternehmen'; vgl. Schwaiger/Hupp 2003, S. 62. Damit wird eigentlich nicht ‚Sympathie' gemessen, sondern ein Sammelsurium affektiver Aspekte, zumal mögliche Antipathie nicht erfasst wird.

[160] Gemessen mit den Items ‚Ansehen als TOP-Unternehmen in ihrem/seinem Markt', ‚International anerkanntes Unternehmen', ‚Leistungsvermögen'; vgl. Schwaiger/Hupp 2003, S. 62; siehe im Überblick sowie zu einer Weiterentwicklung und empirischen Validierung Eberl 2006, S. 18ff.

Validität dieses Ansatzes ist insofern in Zweifel zu ziehen, als der Stellenwert von Sympathie im Reputationskonstrukt in der Literatur durchaus umstritten ist.[161] Zudem zeigt sich, dass ausgerechnet das sympathiebezogene Item ‚Sympathisches Unternehmen' nahezu ebenso hoch auf den Faktor Kompetenz (0,540) wie auf den Faktor ‚Sympathie' lädt (0,569). Es ist also in Frage zu stellen, ob durch eine Messung der der Unternehmung entgegen gebrachten ‚Sympathie' und der ihm zugebilligten ‚Kompetenz' Reputation erfasst wird.[162] Hier nicht in Frage gestellt wird dagegen die grundsätzliche Annahme der Autoren, dass Reputation aus einer affektiven und einer kognitiven (ggf. auch einer konativen) Komponente besteht.

4.3   Zwischenfazit: Stand der Ansätze zur Messung von Reputation

Die meisten der hier vorgestellten Messansätze sind auf eine einzelne Stakeholder-Gruppe der Unternehmung (vorwiegend Manager) ausgerichtet. Da diese für die vorliegende Arbeit von geringem Interesse ist, bietet von den vorgestellten Ansätzen allenfalls der RQ nähere Anknüpfungspunkte. Hinsichtlich der übrigen Modelle ist zu prüfen, ob ausgewählte Items für eine eigene Untersuchung übernommen werden können. So scheint sich ein Konsens herauszubilden, welche Inhalte der Reputation in Messmodellen berücksichtigt werden sollten und auch bestimmte Items tauchen in ähnlicher Form in den meisten Untersuchungen auf.[163] Die wichtigsten Inhalte der Reputationsmessung sind nach FOMBRUN Financial Performance, Product Quality, Employee Treatment, Community Involvement, Environmental Performance und Organizational Issues.[164] Auf die genannten Inhalte wird bei der Entwicklung des Messmodells in Kapitel 7 zurückgegriffen. Dabei wird davon ausgegangen, dass Stakeholder bei der Beurteilung von Reputation auch Kriterien heranziehen, die eigentlich (nur) für andere Stakeholder-Gruppen wichtig sind. Die wahrgenommene Orientierung

---

[161]   Vgl. etwa Sandberg 2002, S. 3, und die Ausführungen in Kapitel 2.2.1.

[162]   Interessant erscheinen dagegen die bei Schwaiger/Hupp 2003, S. 61ff., vorgestellten Anwendungsbezüge wie das Reputationsportfolio, aber auch die korrespondenzanalytische Auswertung.

[163]   Vgl. auch Fombrun 1998, S. 338.

[164]   Vgl. Fombrun 1998, S. 334f.; ähnlich Brown 1998, S. 217. Dowling 1993, S. 106, nennt als Inhalte: Quality of Management Team, Long-term Investment Value, Quality and Range of Products, Innovativeness of Marketing Activities, Value of Brands, Financial Soundness, Community and Environmental Responsibility, Public Opinion of CEO, Ability to Adapt to Change, Industry Leadership, Understanding of Customer Needs, Calculated Risk Taking.

an den Bedürfnissen verschiedener (anderer) Stakeholder ist also ebenfalls ein wichtiges Reputationsmerkmal.[165]

Eine klare Abgrenzung individueller und kollektiver Beurteilungen wird in den genannten Ansätzen nicht vorgenommen. Der wahrgenommene Ruf der Unternehmung in der Öffentlichkeit wird nicht operationalisiert, sondern aggregierende Ansätze erfassen Einzelmeinungen (die auf eigenen Erfahrungen oder anderen, nicht spezifizierten Quellen beruhen könnten) und bilden hieraus einen Durchschnittswert, der die Reputation der Unternehmung versinnbildlicht. Für die vorliegende Untersuchung wird aufgrund der genannten Defizite bisheriger Ansätze an späterer Stelle (Kapitel 7) ein eigenständiges Messmodell entwickelt.

---

[165] Vgl. Podnar 2001, S. 10: „good relations with different stakeholders".

5 Loyalität von Stakeholdern

5.1 Die Stakeholder der Unternehmung

5.1.1 Grundlagen des Stakeholder-Ansatzes

5.1.1.1 Inhaltlicher Bezugsrahmen des Stakeholder-Ansatzes

Unternehmungen sind durch vielfältige Beziehungen mit ihrer Umwelt verbunden und in die Gesellschaft eingebettet. Die optimale Ausgestaltung der Wechselbeziehungen zwischen der Unternehmung und ihrer Umwelt ist ein **zentraler Erfolgsfaktor**[1]: „Business prosperity is linked to the well-being of [...] all of a corporation's key stakeholders"[2] und „firms that contract (through their managers) with their stakeholders on the basis of mutual trust and cooperation will have a competitive advantage over firms that do not".[3] Einzelne Stakeholder-Beziehungen werden in der Regel separat betrachtet bzw. hervorgehoben, denn „managers appear to consider particular groups rather than society as a whole"[4].

Unternehmungen sind offene Systeme[5], positive wie negative Impulse aus der Umwelt wachsen quasi in sie hinein. Unternehmungen werden zunehmend mit gesellschaftlichen Anliegen konfrontiert. Damit verbunden ist die Forderung, sozial verträglich zu handeln und gesteigerte Rücksichtnahme auf andere als ausschließlich ökonomische Interessen und Ziele zu nehmen.[6]

Die systemische Vernetzung, also die Beziehungen und Wechselwirkungen zwischen Unternehmung und Umwelt, führen zu ihrer **öffentlichen Exponiertheit**. Darunter ist zu verstehen, „daß Unternehmungen durch ihre Tätigkeit öffentliche Interessen berühren, aber auch umgekehrt durch Handlungen, die im Namen öffentlicher Interessen ausgeübt werden, selber betroffen werden"[7]. Negativ wahrgenommenes

---

[1] Vgl. Breyer 1962, S. 119; Börner 1996, S. 424; Schmid 1997, S. 633; Oertel 2000, S. 1.

[2] Svendsen 1998, S. 4.

[3] Jones 1995, S. 422; ähnlich Svendsen 1998, S. 2; Oertel 2000, S. 3.

[4] Matten/Crane/Chapple 2003, S. 110.

[5] Vgl. Kirsch 1971, S. 30.

[6] Vgl. Dyllick 1992, S. xvii; Gründe für diese Entwicklung beschreibt Böhi 1995, S. 10ff.

[7] Dyllick 1992, S. 15. Er arbeitet auch Indikatoren zur Messung des Grades und Bestimmungsfaktoren der öffentlichen Exponiertheit der Unternehmung heraus; vgl. ebenda, S. 16ff. Zu einer umfassenden Analyse des Begriffs und seiner Relvanz aus Unternehmenssicht siehe auch Börner 1996, S. 425ff. Zu den Begriffen ‚Öffentlichkeit' und ‚öffentlich' siehe ebenda, S. 65ff. Gründe für das wachsende Interesse an Unternehmungen beschreiben ausführlich Carroll/Buchholtz 1999, S. 9ff.

öffentliches Auftreten von Unternehmungen bzw. ihrer Vertreter, fehlendes Engagement hinsichtlich gesellschaftlich bedeutender Fragestellungen, Verstöße gegen Versprechen oder implizite Erwartungen sowie Reaktionsmuster auf gesellschaftlich folgenreiche Fehlentwicklungen oder Ereignisse ziehen in der Regel eine breite Diskussion über die Rolle der Unternehmung in der Gesellschaft und die damit verbundenen Verantwortungen nach sich.[8] Die Diskrepanz zwischen verbalen Bekenntnissen und tatsächlichem Verhalten ist vielerorts nachprüfbar.[9] Die Unternehmung als „quasi-öffentliche Institution"[10] steht damit einer Bandbreite aktiver Personen und Gruppierungen gegenüber, die Interesse an der Unternehmung zeigen.[11] Vor diesem Hintergrund fordert SVENDSEN, dass ‚**Collaborative Stakeholder Relationships**' aufgebaut werden sollten, denn „while profitability must be ensured, companies have the responsibility and the opportunity to maximize the benefits and minimize the negative impact their actions have on all of their stakeholders, including the natural environment and future generations".[12] Unternehmungen stehen vor der Aufgabe, die Zusammenarbeit mit ihren Stakeholdern aktiv zu suchen. Soziale Verantwortung der Unternehmung (Corporate Social Responsibility) reicht hierzu nicht aus, sondern muss zu einer **Corporate Social Responsiveness** werden, also dem aktiven Engagement für die Gesellschaft, fordert SVENDSEN. Hierin läge wiederum ein potenzieller Wettbewerbsvorteil: Unternehmungen, die den Interessen ihrer Stakeholder offen und aktiv gegenüberstehen, seien erfolgreicher als andere.[13]

---

[8] Vgl. Dyllick 1992, S. 15; Brockhaus 1996, S. 3.

[9] Vgl. Brockhaus 1996, S. 3f.

[10] Dyllick 1992, S. 13; Janisch 1993, S. 17, zu Erläuterungen siehe S. 17ff. Zur Rolle von Unternehmen als ‚Moral Agents' und zu ihrer sozialen Verantwortung siehe Beauchamp/Bowie (Hrsg.) 1988, S. 56ff. (Einleitung zu Kapitel 2) sowie die nachfolgenden Aufsätze; siehe auch Carroll/Buchholtz 1999, S. 28ff., und Dyllick 1992, S. 13ff. und 86ff. Hier findet sich auch eine Reihe illustrativer Fallstudien zur Problematik.

[11] Die Kritik an den großen ‚Corporates' entzündete sich in den letzten Jahren immer häufiger, was u.a. an der Größe mancher Unternehmen liegt. „Wal-Mart [...] is larger than 161 countries; in other words, its gross revenue is greater than the total wealth, or gross domestic product, of any of these countries. General Motors is larger than Denmark, Ford is bigger than South Africa, and Toyota surpasses Norway [...]. Put another way, the two hundred largest corporations have more economic clout than the poorest four-fifths of humanity"; Dobbin 1998, S. 10. Zur Legitimation großer Unternehmungen – speziell der AGs – siehe auch Madrian 1998, S. 117ff.

[12] Svendsen 1998, S. XII.

[13] Vgl. Svendsen 1998, S. X; Maio 2003, S. 236. Die verwendeten Erfolgsmaßstäbe sind in beiden Quellen nicht genannt.

Diese Betrachtung der Unternehmung als offenes System, welches Beziehungen zu seiner Umwelt unterhält und sich vermittels dieser Austauschbeziehungen selbst erhalten und organisieren kann, steht im Mittelpunkt des **Anspruchsgruppenkonzeptes** bzw. des **Stakeholder-Ansatzes**.[14] Seine Wurzeln reichen bis in die 1930er Jahre zurück, wobei zunächst der Fokus auf die Interessengruppen Aktionäre (Stockholder oder Shareholder), Mitarbeiter und Management gerichtet war.[15] Von besonderer Bedeutung war damals die Behandlung des Interessenkonfliktes zwischen diesen Gruppen. Diesbezüglich ist auf eine beharrlich gepflegte Kontroverse zwischen BERLE und DODD zu verweisen. Nach zwanzigjährigem Streit darüber, ob das Management einer AG ausschließlich der Förderung der Aktionärsinteressen zu dienen hätte (Position von BERLE) oder daneben auch Interessen der allgemeinen Öffentlichkeit zu bewahren seien (Position von DODD), gab sich BERLE schließlich geschlagen.[16] Die Forderung nach sozialer Verantwortung und der Interpretation der Unternehmung als **Corporate Citizen** ist damit keinesfalls neu.[17] Nach SCHMID erfolgte allerdings erst in den 1960er Jahren „eine Abkehr von der ausschließlichen Orientierung an den Eigentümer- bzw. Shareholder-Interessen"[18].

In den letzten Jahren kann eine Renaissance der Shareholder-Orientierung konstatiert werden. SCHMID wertet dies als „Ausdruck der zur Zeit allgegenwärtig erscheinenden und im Vordergrund stehenden Suche nach profitablen, betrieblichen Wertschöpfungsprozessen"[19]. Auch der Druck der Kapitalmärkte hat bewirkt, dass der **Shareholder Value** – beispielsweise verstanden als Differenz zwischen Unternehmenswert und Marktwert des Fremdkapitals[20] – zur zentralen Orientierungsgröße wurde. Eine primär an einer Anspruchgruppe ausgerichtete Sichtweise kann in einer konsensorientierten

---

[14] Vgl. Dyllick 1982, S. 167ff.; Kirsch 1971, S. 30; Ulrich 1968, S. 112. Die beiden Begriffe werden hier synonym verwendet, auch wenn bei einigen Autoren diesbezüglich eine Unterscheidung vorgenommen wird. So fußt nach Eberhardt 1998, S. 153, das Anspruchsgruppenkonzept auf dem Stakeholder-Ansatz und weiteren Ansätzen, ohne dass eine präzise Abgrenzung unternommen wird. Stakeholder-‚Ansatz' und ‚-Theorie' differenzieren Mitchell/Agle/Wood 1997, S. 855.

[15] Vgl. Schmid 1997, S. 633.

[16] Vgl. Berle 1932, S. 1365, 1367; Dodd 1932, passim; Berle 1954, S. 169, sowie den Überblick bei Hartmann 1968, S. 39ff.

[17] Vgl. etwa Cheit 1964, passim; Ducas 1957, passim. Zu einer kritischen Analyse des Konstrukts siehe Matten/Crane/Chapple 2003, passim.

[18] Schmid 1997, S. 633.

[19] Schmid 1997, S. 634; siehe auch Madrian 1998, S. 36ff.

[20] Vgl. hierzu Rappaport 1986, passim, und z.B. Speckbacher 1997, S. 631ff.

Gesellschaft allerdings nicht kritiklos bleiben. Von Seiten der Wissenschaft wurden beispielsweise Arbeiten zum Zusammenhang bzw. Konfliktpotenzial zwischen Shareholder Value und Kundenorientierung vorgelegt, in den Medien wurde das annahmegemäß gesellschaftspolitisch schädliche Mehren des Reichtums der Eigentümer angekreidet und grobe Interessenverletzungen vornehmlich zu Lasten der Arbeitnehmer konstatiert.[21]

De facto ist eine einseitige Orientierung an den Interessen ausgewählter Stakeholder aus Unternehmenssicht unzweckmäßig, da die Gruppen miteinander verbunden sind. Eine einseitige Unternehmensausrichtung auf Shareholder – die Anspruchsgruppe, die sich durch Verkauf ihrer Anteile einer negativen Unternehmensentwicklung leicht entziehen kann – wird je nach gesellschaftspolitischer Position als nicht tragbar angesehen und ruft den Unmut der Gesellschaft hervor.[22] Die Zielvorstellungen anderer Interessengruppen, die stärker an die Unternehmung gebunden sind (vor allem Mitarbeiter, aber auch Kunden, Lieferanten und Gläubiger) würden bei einer engstirnigen Verfolgung des Shareholder Value-Ansatzes nicht beachtet, „was angesichts der gesellschaftspolitischen Bedeutung der Publikumsgesellschaften nicht vertretbar wäre"[23]. Es ist eine sinnvolle Balance zwischen den Interessengruppen anzustreben, eine „gerechte Aufteilung der im Unternehmen erwirtschafteten Ergebnisse unter den Aktionären, Mitarbeitern und Führungskräften ist unerlässlich, um den sozialen Frieden innerhalb des Unternehmens zu gewährleisten"[24]. SVENDSEN bestätigt, dass Unternehmungen unter dem gesellschaftlichen Druck stehen „to find a balance between the bottom-line interests of their stockholders and broader social responsibilities"[25]. Die Beachtung der Interessen von Nicht-Shareholdern ist nicht nur Voraussetzung für die Erzielung der (übergeordneten) Stockholder-Interessen, sondern Ziel an sich.[26] Stakeholder- und Shareholder-Orientierung sind keine gegensätzlichen, sondern

---

[21] Vgl. Riester/Hartmann 1996, S. 88.

[22] Vgl. Jansch 1999, S. 136; Oertel 2000, S. 2. Zu einer gesellschaftspolitischen Kritik des Ansatzes siehe Jansch 1999, S. 136ff. Aschmann 1998, S. 32, spricht von der Einbettung der Unternehmung in ihre Umwelt im Sinne einer ‚Schicksalsgemeinschaft'.

[23] Jansch 1999, S. 137. Zu einem Ausgleichsmodell zwischen den Interessen von Managern, Eigentümern und Fremdkapitalgebern siehe Wilhelm 1987, passim.

[24] Jansch 1999, S. 137. Eine konzeptionelle Weiterentwicklung des Shareholder Value-Ansatzes stellt der Stakeholder Value-Ansatz dar; vgl. Oertel 2000, S. 8.

[25] Svendsen 1998, S. 9.

[26] Vgl. Kaler 2003, S. 78, der hier auch unterschiedliche Versionen von Stakeholder-Ansätzen differenziert.

komplementäre Positionen, da von der Erhöhung des Shareholder Value langfristig alle Anspruchsgruppen profitieren (sollen).[27] Damit ist „eine nachhaltige Berücksichtigung von Kunden, Mitarbeitern und Öffentlichkeit in der Unternehmenspolitik konsistent mit den Zielen Unternehmenswertsteigerung und Unternehmenswachstum zu vereinbaren"[28]. In der Nutzengenerierung für die Stakeholder liegt damit das Ziel der Unternehmung.[29]

5.1.1.2 Theoretische Einordnung und Terminologie des Stakeholder-Ansatzes

Der Stakeholder-Ansatz fußt auf der Erkenntnis, dass alles Handeln einer Unternehmung durch verschiedene Anspruchsgruppen beeinflusst wird. Er ist Ausdruck des die Managementtheorie durchziehenden **Pluralismus**, wonach die Unternehmung nicht autark ist.[30] Der Ansatz beruht im Wesentlichen auf **drei theoretischen Strömungen**: der Koalitions- und der Anreiz-Beitrags-Theorie sowie dem betriebswirtschaftlichen Systemansatz[31].

Nach der **Koalitionstheorie** ist die Unternehmung eine Koalition aus verschiedenen an ihr beteiligten Personen oder Personengruppen. Entsprechend geht auch FREEMAN in seinem Begriffsverständnis der Unternehmung so weit, diese als Koalition von Anspruchsgruppen zu interpretieren, die gegenseitig Leistungen austauschen und sich beeinflussen.[32] Jeder der Koalitionspartner erbringt bestimmte Leistungen für die

---

[27] Vgl. Seger/Gaa 2000, S. 1; Oertel 2000, S. 61.

[28] Seger/Gaa 2000, S. 5, mit Bezug auf die empirischen Ergebnisse von Preston/Sapienza 1990. Allerdings beruhen die von Preston/Sapienza 1990 verwendeten Daten ‚nur' auf Selbsteinschätzungen der befragten Führungskräfte und Finanzanalysten.

[29] Wirtschaftlicher Erfolg ist Voraussetzung für diese Nutzengenerierung; vgl. Davoser Manifest, Leitsatz C, zitiert in Aschmann 1998, S. 36.

[30] Vgl. Carroll/Buchholtz 1999, S. 6; Dyllick 1982, S. 167ff.; Ulrich 1968, S. 112; zum Unternehmen als pluralistische Wertschöpfungseinheit siehe auch Schmid 1997, S. 632.

[31] Vgl. Eberhardt 1998, S. 152; Schmid 1997, S. 633. Zum Systemansatz vgl. Ulrich 1968, S. 100ff. Ulrich versteht unter einem System „eine geordnete Gesamtheit von Elementen, zwischen denen irgendwelche Beziehungen bestehen oder hergestellt werden können"; ebenda, S. 105. Verschiedene Arten bzw. Typen von Systemen beschreibt Dyllick 1982, S. 170ff.

[32] Vgl. Freeman 1984, S. 54f.; siehe auch Dyllick 1984, S. 74; Böhi 1995, S. 84. Der Gedanke der Koalitionen von Unternehmen geht zurück auf Barnard 1938; weiter ausgebaut wurde die Theorie unter anderem von Cyert/March 1963.

Unternehmung und trägt damit zu deren Leistungsfähigkeit bei; eine optimale Leistungsfähigkeit bedarf der Leistungsbeiträge Aller.[33]

Für ihren Beitrag erwarten die Koalitionspartner eine Gegenleistung der Unternehmung oder ein bestimmtes Tun bzw. Unterlassen von Handlungen, was sie als
Anspruch an die Unternehmung formulieren.[34] Die **Anreiz-Beitrags-Theorie** gibt
unter anderem Hinweise darauf, wie Unternehmungen ein ausgewogenes Verhältnis
der einzufordernden Beiträge und der zu gewährenden Anreize herstellen können. Es
ist von einer Situation wechselseitigen Gebens und Nehmens auszugehen.[35] Ein Optimum ist dann erreicht, wenn die Anreize gerade noch ausreichen, um den jeweiligen
Koalitionspartner zur Leistung seines Beitrags zu motivieren; hier wird ein organisationales Gleichgewicht erreicht, das die Voraussetzung für die langfristige wirtschaftliche Leistungsfähigkeit einer Unternehmung darstellt.[36] Die Unternehmung hat deshalb
die Interessen der unterschiedlichen Koalitionspartner insoweit in Einklang zu bringen,
dass der Zufluss an notwendigen Beiträgen (Ressourcen) gewährleistet ist.[37]

Die Vertretung der Interessen nur einer ausgewählten Anspruchsgruppe (z.B. nur der
Anteilseigner) im Sinne einer interessenmonistischen Legitimation ist unzureichend,
wenn das langfristige Bestehen im Wettbewerb gefordert wird. Entsprechend den
Grundgedanken des betriebswirtschaftlichen **Systemansatzes** steht die Unternehmung
mit vielen, ebenfalls untereinander verknüpften Akteuren in Wechselbeziehungen.
Manche Autoren gehen noch weiter und interpretieren die Unternehmung im Sinne
biologischer Systeme: „Just as other living entities exist in a symbiotic relationship
with their environment, so do corporations. Stakeholder relationships provide the
energy, information, and resources that are necessary for survival"[38].

---

[33] Vgl. Eberhardt 1998, S. 152; Dyllick 1984, S. 74.

[34] Vgl. Schmid 1997, S. 633f.; Eberhardt 1998, S. 152.

[35] Vgl. Dyllick 1984, S. 74. Die Anreiz-Beitrags-Theorie geht zurück auf Barnard 1938 und
      March/Simon 1958.

[36] Vgl. Eberhardt 1998, S. 152.

[37] Zum Bezug zwischen Stakeholder-Ansatz und ressourcenorientierten Ansätzen vgl. Knyphausen-
      Aufseß 1997, passim.

[38] Svendsen 1998, S. 43. Es ist jedoch anzumerken, dass der Begriff Symbiose in der Biologie ausschließlich für ein dauerndes, enges Zusammenleben zweier Lebewesen verschiedener Art zum
      gegenseitigen Nutzen reserviert ist. Diese Analogie in Bezug auf Stakeholder und die Unternehmung ist nicht in allen Fällen treffend.

Aus Unternehmungssicht sind alle Interaktionsbeziehungen zu Individuen oder Gruppierungen relevant, die in die unternehmerische Sphäre einzuwirken vermögen. DYLLICK bezeichnet als solche Gruppierungen „Interessengruppen, die aus gesellschaftlichen Anliegen mehr oder weniger konkrete Erwartungen oder Ansprüche an die Unternehmung ableiten, und entweder selbst oder durch Dritte versuchen, auf die Unternehmensziele oder die Art und Weise der Zielerreichung Einfluss auszuüben"[39]. Aus Perspektive der Unternehmung ergibt sich das Problem, vielgestaltigen Ansprüchen der unterschiedlichen Beteiligten in effektiver und effizienter Weise gerecht zu werden, um die erforderlichen Beiträge einwerben zu können. Wie die verschiedenen Stakeholder ‚unter einen Hut' zu bringen sind, ist damit das **Kernproblem** des Stakeholder-Ansatzes.

Die der Unternehmung gegenüber artikulierten und begründeten Interessen werden im Begriff ‚**Stake**' zusammengefasst: „A stake is an interest or a share in an undertaking"[40]. Aus Sicht der Unternehmung repräsentiert er das, was auf dem Spiel steht, wenn dem Anspruch des Stakeholders nicht nachgekommen wird. Die Ansprüche können vielfältiger Natur sein, wobei hier nur legitime Interessen solcher Anspruchsträger betrachtet werden, die betroffen sind durch „the actual or potential harms and benefits that they experience or anticipate experiencing as a result of the firm's actions or inactions"[41]. Beiträge der Stakeholder können verschiedene Komponenten umfassen und sich nach EBERHARDT beispielsweise auf das Erbringen von Arbeitsleistungen, die Lieferung von Ressourcen, die Abnahme von Produkten oder das Akzeptieren der Unternehmung als Institution beziehen.[42] Der Beitrag umfasst also eine Leistung, die mit der Erreichung der Unternehmensziele verbunden ist.

Der Begriff **Stakeholder** wurde nach FREEMAN durch das SRI (Stanford Research Institute) geprägt, das 1963 in einem Memorandum den Begriff Stakeholder als Wortspiel zu ‚Stockholder' benutzte.[43] „The stockholders are only one of many competing and diverse groups that impact on the modern corporation, organization, or institution and must increasingly be considered by it if it is to survive, that is, if it is to assume

---

[39] Dyllick 1992, S. 43.

[40] Caroll 1989, S. 56.

[41] Donaldson/Preston 1995, S. 85. Zu den ‚Stakes der Stakeholder' siehe auch Carroll/Buchholtz 1999, S. 79ff.

[42] Vgl. Eberhardt 1998, S. 37.

[43] Vgl. Freeman/Reed 1983, S. 89; Freeman 1984, S. 31.

control of its destiny"[44]. Diese Ausdehnung der Betrachtung auf andere Anspruchsgruppen fand Widerhall in einer großen Zahl von Publikationen.

Der englische Begriff ‚Stakeholder' wird in der deutschsprachigen Literatur häufig mit ‚Anspruchsgruppe' übersetzt[45], was auch hier als synonym betrachtet wird. In einer **weiten Interpretation** werden als Stakeholder alle Individuen oder Gruppierungen bezeichnet, die auf die Unternehmung einwirken, einwirken können oder die umgekehrt von der Unternehmung beeinflusst werden.[46] Solche Stakeholder beeinflussen durch ihre Ansprüche aktiv Ziele und Handeln einer Unternehmung.[47] Hierzu zählen beispielsweise Interessenverbände, Protestgruppen, Behörden, Wettbewerber, Gewerkschaften, Mitarbeiter, Kunden, Anteilseigner.[48] MAIO geht sogar so weit zu argumentieren, dass „in a global marketplace, that stakeholder group embraces everyone"[49]. Nach einer **engen Auslegung** des Begriffs sind **Stakeholder** jene Personen oder Gruppierungen, die essenziell für den Erhalt und Erfolg einer Unternehmung sind bzw. werden.[50] ACHLEITNER spricht von **strategischen Anspruchsgruppen**[51], wenn die Unternehmung soweit auf diese angewiesen ist, dass im Falle der Nichterfüllung der Ansprüche dieser Gruppierungen ein wesentlicher Einfluss auf das Unternehmensgeschehen erfolgt oder zukünftig erfolgen könnte. Traditionell werden hierzu Zulieferer, Kunden, Mitarbeiter, Anteilseigner und die Gemeinde sowie das Management in seiner Rolle als Agent dieser Gruppierungen gerechnet.[52] In frühen Publikationen spricht sich FREEMAN für eine Orientierung an der weiten Begriffsdefinition der Sta-

---

[44]   Mitroff 1983, S. 4.

[45]   Vgl. auch Aschmann 1998, S. 35; Oertel 2000, S. 5.

[46]   Vgl. Freeman 1984, S. 46; Evans/Freeman 1988, S. 100; Mitchell/Agle/Wood 1997, S. 855ff.

[47]   Vgl. Eberhardt 1998, S. 146. Freeman 1984, S. 25, spricht in diesem Zusammenhang von „any group or individual who can affect or is affected by the achievement of the firm's objectives".

[48]   Vgl. Evans/Freeman 1988, S. 100; vgl. auch Oertel 2000, S. 6.

[49]   Maio 2003, S. 235.

[50]   Vgl. Evans/Freeman 1988, S. 97; Carroll/Buchholtz 1999, S. 65; Freeman 1984, S. 25. Zur ‚Historie' des Stakeholder-Ansatzes siehe ebenda, S. 31ff.; zu einem Überblick siehe Donaldson/Preston 1995, passim. Synonym zum Stakeholder werden die Begriffe Anspruchsgruppen, Bezugsgruppen oder Interessenträger verwandt; vgl. Steinmann/Schreyögg 2000, S. 75f.; Schmid 1997, S. 633; Oertel 2000, S. 5. Zumeist werden nur Gruppen als Stakeholder tituliert, während z.B. Balmer/Gray 1999, S. 260, Einzelpersonen hierzu zählen.

[51]   Achleitner 1985, S. 76, wie auch Aschmann 1998, S. 34f., differenzieren zwischen Bezugs-, Interessen- und Anspruchsgruppen. Davon abzugrenzen ist der in der Konsumentenverhaltensforschung diskutierte Begriff der Bezugs- oder Referenzgruppe; vgl. hierzu beispielsweise Kroeber-Riel/Weinberg 2003, S. 478ff.

[52]   Vgl. Evans/Freeman 1988, S. 97; siehe auch Brockhaus 1996, S. 23.

keholder aus, verwendet aber später die engere, welche auch besser zu operationalisieren ist.[53] Eine weite Auslegung der Stakeholder-Gruppen führt zu einer zahlenmäßigen ‚Anspruchsinflation', mit der sich die Unternehmung konfrontiert sieht. Dies kann eine ‚Verzettelung' bei der Maßnahmenentwicklung bewirken, eine mangelnde Fokussierung auf die wesentlichen Aufgaben[54] und ganz generell unverhältnismäßig hohe Komplexitätskosten. Auch in der vorliegenden Arbeit wird der engeren Auslegung des Stakeholder-Begriffes gefolgt.

5.1.1.3 Stakeholder, ihre Ansprüche und Beiträge

Die Bandbreite aktiver Stakeholder nimmt mit dem Grad öffentlicher Exponiertheit der Unternehmung zu[55], eine Klassifikation bzw. Typisierung von Stakeholdern ist deshalb vorteilhaft. MINTZBERG wie auch in der Folge DYLLICK unterscheiden **interne Anspruchsgruppen**, welche die Eigentümer, das Management und die Mitarbeiter umfassen, sowie **externe**, die unter anderem Fremdkapitalgeber, Lieferanten, Kunden, Staat und Gesellschaft umfassen.[56]

Andere Autoren unterscheiden **primäre** und **sekundäre** Anspruchsgruppen, wobei erstere tatsächlich Einfluss auf Erfolg und Existenz der Unternehmung zu nehmen vermögen, ihre Ansprüche deshalb in erster Linie zu befriedigen sind, während dies bei den sekundären nicht der Fall ist.[57] Die primären Anspruchsgruppen sind häufig den ‚strategischen' zuzurechnen. Im Hinblick auf ihr Machtpotenzial werden Gewerkschaften, Banken und Regierungen als mächtigste Gruppierungen identifiziert, gefolgt von Rohstofflieferanten, Managern, Massenmedien, Wettbewerbern, institutionellen Anlegern. Erst hieran anschließend werden Kunden, Mitarbeiter oder Kleinanleger genannt.[58] Die Unterteilung in primäre und sekundäre Gruppen – analog etwa zu Kern- und Randgruppen – birgt allerdings die Gefahr, dynamische Entwicklungen zu übersehen; je nach unternehmerischer Situation können typische sekundäre Gruppen maß-

---

[53] Vgl. etwa Freeman/Gilbert 1987, S. 397ff., gegenüber Freeman 1997, S. 69.

[54] Vgl. Eberhardt 1998, S. 168; Oertel 2000, S. 8.

[55] Vgl. Achleitner 1985, S. 83ff.

[56] Vgl. Mintzberg 1983, S. 26ff.; Dyllick 1984, S. 75.

[57] Vgl. Schmid 1997, S. 634; Svendsen 1998, S. 48; Gardberg 2001, S. 35; Oertel 2000, S. 10. Clarkson 1995, S. 94, subsumiert unter primäre Stakeholder Aktionäre, Mitarbeiter, Kunden, Lieferanten und den Staat.

[58] Vgl. Achleitner 1985, S. 83ff.

geblichen Einfluss auf die Geschicke der Unternehmung nehmen. So vermuten REYNOLDS, WESTBERG und OLSON, dass die relative Wichtigkeit der einzelnen Stakeholder-Gruppierungen eine Funktion der Position der Unternehmung in ihrem **Lebenszyklus** ist. Während in der Gründungsphase Investoren eine dominante Rolle spielen, gewinnen Mitarbeiter- und Lieferantenbeziehungen an Bedeutung, wenn die Markteinführung des Produktes näher rückt. Danach werden die Kunden die wichtigste Zielgruppe.[59]

Die Stakeholder liefern mit ihren Beiträgen die Grundlage für die Leistungsfähigkeit der Unternehmung, es geht von ihnen jedoch auch ein Bedrohungspotenzial aus. Die Bedrohung äußert sich darin, dass Beiträge entzogen oder gestellte Ansprüche in zu hohem Maße geltend gemacht werden.[60] CARROLL und BUCHHOLTZ äußern die Furcht vor einer ‚**revolution of rising expectations**'[61], da die Erwartungen der Gesellschaft bzw. der verschiedenen Anspruchsgruppen hinsichtlich der Leistung von Unternehmungen deren Fähigkeit übertreffen, diesen wachsenden Ansprüchen gerecht zu werden.

Für die Erfüllung der Ansprüche gibt es keinen objektiven Maßstab, so dass sie nicht durch das Management beurteilt werden kann, sondern nur subjektiv durch die einzelnen Stakeholder.[62] Hierbei ist dem zunehmenden Streben nach Individualität der Menschen Rechnung zu tragen. Ob als Kunde, Mitarbeiter, Aktionär usw. – eine individuelle Behandlung der Stakeholder ist notwendig.[63] Allerdings überschneiden sich die Ansprüche (und Beiträge) bestimmter Stakeholder-Gruppen wie auch ihre Wertesysteme; aus Unternehmensperspektive sind damit die Schnittmengen von besonderem Interesse.

In der Literatur wird die Bedrohung durch Stakeholder häufig im Hinblick auf ihr Bedrohungspotenzial und die Bedrohungsimmanenz differenziert. Das **Bedrohungspotenzial** entspricht dem Grad der Abhängigkeit der Unternehmung von den Beiträgen der einzelnen Stakeholder. Die Abhängigkeit bezieht sich auf die Fähigkeit der Unternehmung, sich den erhobenen Ansprüchen durch teilweise oder vollständige Substitu-

---

[59]   Vgl. Reynolds/Westberg/Olson 1994, S. 23.
[60]   Vgl. Eberhardt 1998, S. 149.
[61]   Carroll/Buchholtz 1999, S. 12f.
[62]   Vgl. Oertel 2000, S. 27.
[63]   Vgl. Aschmann 1998, S. 30.

tion der Beziehungen zu entziehen. Analog wird im Ressource-Dependence-Ansatz von der Ressourcenabhängigkeit gesprochen. „Je schärfer die zu befürchtenden Folgen sind, desto stärker ist die Unternehmung davon abhängig, daß sie durch die Befriedigung der Ansprüche das Eintreten jener negativen Folgen unterbindet".[64] Das Einfluss- bzw. Bedrohungspotenzial bemisst sich damit an der latent vorhandenen Gefährdung der Unternehmung durch einzelne Stakeholder. Je vertrauter die Unternehmung mit den erhobenen Ansprüchen ist, desto weniger bedrohlich erscheint die Stakeholder-Beziehung. Allerdings hängt die Bedeutung der Stakeholder für die Unternehmung auch von deren Einfluss ab, also ihrer Fähigkeit, ihre Ansprüche tatsächlich durchzusetzen. Je dringlicher die Erfüllung eines Anspruches für eine Gruppe, desto eher wird sie zur Durchsetzung ihrer Interessen neigen. Damit ist für eine Beurteilung der Stakeholder neben dem Bedrohungspotenzial auch die **Bedrohungsimmanenz** von Bedeutung, welche die tatsächlich existierende Gefährdung ausdrückt. Eine umfassende Beurteilung der Stakeholder-Gruppen würde damit gemäß verschiedener Vorschläge in der Literatur in systematischer Weise die Art und Grundlagen der Ansprüche der Gruppe, deren Bedrohungspotenzial und -immanenz umfassen.[65] Darüber hinaus wären auch die Art und Grundlage ihrer Beiträge, deren Chancenpotenzial und Dringlichkeit zu erfassen bzw. zu vergleichen.[66] Um aus diesen Analysen Strategien im Rahmen eines Anspruchsgruppen-Managements der Unternehmung abzuleiten, schlägt ACHLEITNER die Erhöhung des **Vertrautheitsgrades**, die Verminderung des **Abhängigkeitsgrades** und des **Einflussgrades** vor.[67]

Aus der Vielzahl relevanter Stakeholder werden für die weitere Analyse drei spezielle ausgewählt: die Kunden, die Mitarbeiter sowie die Aktionäre der Unternehmung. Die Auswahl basiert auf folgenden Gründen: Für alle drei gilt, dass das Überleben und die Leistungsfähigkeit der Unternehmung direkt von den Beiträgen dieser Gruppen abhän-

---

[64] Eberhardt 1998, S. 149.

[65] Vgl. im Überblick Eberhardt 1998, S. 149f. Aschmann 1998, S. 34, nennt als Differenzierungskriterien die Machtbasis der Gruppe sowie deren Willen zur Machtausübung.

[66] Siehe auch Schmid 1997, S. 635. Eine weitere Typologisierung schlagen Friedman/Miles 2002, S. 7ff., vor.

[67] Vgl. Achleitner 1985, S. 76f., sowie S. 121ff. zu den Strategieausprägungen bzw. möglichen Maßnahmen. Siehe auch Schmid 1997, S. 634. Vgl. zu einer detaillierten Analyse von Nutzen bzw. Leistungen und erwarteten Gegenleistungen der Anspruchsgruppen Janisch 1993, S. 146ff.; Carroll/Buchholtz 1989, S. 67ff. Eine zusammenfassende Betrachtung des Stakeholder-Ansatzes findet sich bei Janisch 1993, S. 111ff.; siehe ebenso Carroll/Buchholtz 1989, S. 55ff.

gen; sie sind als ‚primäre', strategische Stakeholder zu kennzeichnen.[68] Alle drei Stakeholder-Gruppen zeichnen sich durch ein aus Unternehmungssicht hohes Bedrohungspotenzial aus; die Gefährdung ist für viele Unternehmungen auch immanent. Während der Grad der Vertrautheit der Unternehmung mit den Mitarbeitern als sehr hoch einzustufen ist, nimmt er über die Kunden bis hin zu den Aktionären in der Regel stark ab. Demgegenüber sind der Abhängigkeitsgrad und das Einflusspotenzial in allen drei Fällen als sehr hoch einzustufen; ein relativer Vergleich ist bei diesen drei Gruppen kaum zweckmäßig, da alle für das Überleben der Unternehmung zentral sind. Allerdings ist bei den Aktionären eher von Kompatibilität ihrer Interessen mit jenen der Unternehmung auszugehen, während Mitarbeiter und Kunden eher inkompatible Ziele verfolgen. Allerdings sind die Beispiele, die FRIEDMAN und MILES für diese Einschätzung liefern, eher exemplarisch: „Workers make demands that will raise costs [...], large long-term customers can force price reductions"[69]. Auch ALBACH identifizierte in einer erstmals im Jahre 1975 durchgeführten und 1991 wiederholten Untersuchung die Kunden als wichtigste Anspruchsgruppe der befragten Unternehmungen, gefolgt von den Mitarbeitern und den Kapitalgebern.[70] Die drei Gruppen werden nachfolgend mit Blick auf ihre Ansprüche und Beiträge diskutiert.

Aus der Marketingperspektive sind **Kunden** die zentrale Zielgruppe. Auch EBER-HARDT ist dieser Ansicht: „Den Kunden muß unter allen Stakeholdern mit der höchste Stellenwert zugemessen werden"[71]. Sie können starken Druck auf eine Unternehmung ausüben, was sich im individuellen Fall unter anderem in ‚Abwanderung und Widerspruch' oder im kollektiven Fall in Boykottaktionen ausdrücken kann, aber auch in wachsenden Anforderungen an die Leistungen der Unternehmung im weitesten Sinne.[72]

JANISCH zählt als **Ansprüche** der strategischen Anspruchsgruppe Kunden auf: Produktqualität, Preiswürdigkeit, Produktsicherheit, Versorgungsqualität und Image[73].

---

68 Vgl. auch Argenti 1995, S. 37; Aschmann 1998, S. 35; Eberhardt 1998, S. 279; Mahon 2002, S. 431.

69 Friedman/Miles 2002, S. 10.

70 Vgl. Albach 1994a, S. 10. Es folgen noch die Öffentlichkeit und Lieferanten. Mit Blick auf die Unternehmensreputation nennt Fombrun 1996, S. 57, als Hauptanspruchsgruppen Mitarbeiter, Investoren, Kunden und die Gemeinde; Svendsen 1998, S. 1, ergänzt die Lieferanten.

71 Eberhardt 1998, S. 242; ähnlich Dowling 2001, S. 35.

72 Vgl. im Detail Svendsen 1998, S. 21ff.

73 Vgl. Janisch 1993, S. 225; ähnlich Aschmann 1998, S. 40f.; Eberhardt 1998, S. 243.

KALKA benennt „die Versorgung mit den nachgefragten Gütern und Dienstleistungen in der gewünschten Qualität und Quantität zu möglichst vorteilhaften Konditionen"[74] als Kundenansprüche. Beide Perspektiven weisen eher auf das Streben nach dem kleinsten gemeinsamen Nenner hin: Viele Kunden artikulieren nicht nur produktbezogene Kaufentscheidungskriterien, sondern weiterführende Ansprüche, etwa in Bezug auf gesellschaftlich förderliches Verhalten oder Innovativität der Unternehmung. Das Konstrukt des Kundennutzens (Customer Value) reflektiert umfassend die individuellen Ansprüche von Kunden.[75]

Die von JANISCH aufgelisteten **Beiträge**, die eine Unternehmung von ihren Kunden erwartet, sind reduziert auf „Kauf der Produkte/Dienstleistungen, Einhalten der vereinbarten Konditionen, Markentreue"[76]. Mögliche Beiträge der Kunden werden von der Unternehmung über verschiedene, von der Anbieterunternehmung durch entsprechende Maßnahmen herbeigeführte Potenziale generiert, wozu in erster Linie Umsatz zählt, aber auch Kostensenkungspotenziale, Know-how-Gewinn usw.[77] So liefern Kunden beispielsweise Hinweise auf Innovations- und Verbesserungspotenziale.[78] Diese Betrachtungsweise steht in einem engen Zusammenhang zur Diskussion der Kunden- und Anbietervorteile nach PLINKE sowie zu Bausteinen des Werts von Kunden aus Anbietersicht.[79] Die vornehmlich relevanten Aktivitäten von Kunden sind hiernach Abwanderung bzw. Wiederkauf und Abraten vom Kauf bzw. Weiterempfehlungen.

Neben den Kunden werden häufig die **Eigentümer** bzw. **Anteilseigner** einer Unternehmung als wichtigste Anspruchsgruppe der Unternehmung genannt.[80] Zu dieser Gruppe zählt OERTEL auch die Finanzinstitute und Finanzanalysten.[81] Diese Zuordnung ist nicht unproblematisch, da Finanzinstitute gleichzeitig Anteilseigner wie auch

---

[74] Kalka 2002, S. 87. Eine frühe Auflistung der Interessengruppen und ihrer differenzierten Ansprüche an die Unternehmung findet sich bei Ulrich 1968, S. 183, der hier die Ansprüche der Kunden auf „Preiswerte Produkte, ,Service'" eingrenzt.

[75] Vgl. hierzu z.B. Eggert 2003, passim.

[76] Janisch 1993, S. 122.

[77] Vgl. zu einer Analyse der genannten Potenziale Janisch 1993, S. 255ff. und S. 291f.

[78] Vgl. Svendsen 1998, S. 87.

[79] Vgl. zu Kunden- und Anbietervorteilen Plinke 2000, S. 86f.; zu Bausteinen des Kundenwerts z.B. Cornelsen 2000, S. 171ff.; Helm/Günter 2006, S. 7ff.

[80] Vgl. Janisch 1993, S. 225; Eberhardt 1998, S. 266.

[81] Vgl. Oertel 2000, S. 12.

Fremdkapitalgeber sind; Aktionäre, Manager und Banken können durchaus konfligierende Interessen vertreten.[82]

Im Kontext dieser Arbeit werden nur (Klein-)Aktionäre als Vertreter der Gruppe der Anteilseigner analysiert. Ihr Einfluss ist – gemessen an der Verteilung des Aktienbesitzes in Deutschland – im Vergleich zu anderen Gruppen der Financial Community zwar eher gering und hat zudem in den letzten Jahren nachgelassen.[83] Allerdings sind sie aus Unternehmensperspektive aufgrund ihrer höheren Loyalität interessant, wie noch darzulegen ist. MAIO beobachtet für den US-amerikanischen Raum, dass „shareholder activism [...] has scored increasingly significant victories in persuading corporate management to adopt less offensive, more politically correct environmental and social practices"[84]. Die Zahl der direkten Aktionäre, d.h. ohne Berücksichtigung der Eigentümer von Aktienfondsanteilen, lag in Deutschland im zweiten Halbjahr 2003 bei 5,2 Mio. und ist damit trotz der jüngeren negativen Entwicklungen an den Aktienmärkten seit 1988 um 2,0 Mio. bzw. 62,7 Prozent gestiegen.[85] Der Anteil direkter Aktionäre an der Bevölkerung über 14 Jahre liegt bei 8,1%.[86] Dabei sind es weniger soziodemografische Unterschiede, die Aktienbesitzer von Nicht-Besitzern unterscheiden, sondern vielmehr psychologische, nämlich „Einstellungen, Präferenzen und Entscheidungsgewohnheiten des einzelnen Investors"[87].

Das zumeist genannten Ziel bzw. der **Anspruch** der Eigenkapitalgeber ist in erster Linie die finanzielle Wertsteigerung der Unternehmung, repräsentiert in der Einkommenserzielung durch Dividenden und Kurswertsteigerungen bei ebenfalls erwünschter Sicherheit des eingesetzten Kapitals sowie Mitsprachebefugnissen.[88] Ihre **Beiträge** sind die rechtliche Legitimation der Unternehmung, die durch die Verankerung der

---

[82]   Vgl. Seger/Gaa 2000, S. 5. Manche Autoren zählen die Finanzanalysten (die nicht selbst Eigentümer der Unternehmung sind), zu den sog. Quasi-Anspruchsgruppen. Diese werden von bestimmten Anspruchsgruppen vorgeschaltet, ihre Macht stützt sich auf die Macht der ‚richtigen' Stakeholder, ist also derivativ. Vgl. Janisch 1993, S. 132; Oertel 2000, S. 34.

[83]   Vgl. Allendorf 1996, S. 48; DAI 2003, S. 1. „Keiner der zahlreichen Aktionäre kann das Entscheidungsverhalten des Managements wirksam beeinflussen"; Jansch 1999, S. 22.

[84]   Maio 2003, S. 236.

[85]   Vgl. DAI 2004, S. 1. Rosen 2001, o.S., ergänzt: „Es gibt keine Gruppe, sei sie nun nach Alter, Einkommen, beruflichem Umfeld oder Geschlecht gegliedert, bei der sich seit 1997 der Anteil der Aktionäre nicht deutlich erhöht hätte".

[86]   Vgl. DAI 2004, S. 1. Zu einem Vergleich alter und neuer Bundesländer siehe ebenda, S. 2.

[87]   Müller-Peters 1999, S. 138. Zu einer Abgrenzung dieser Begriffe siehe etwa Hein 2002, S. 32.

[88]   Vgl. Janisch 1993, S. 147; Aschmann 1998, S. 37f.; Kalka 2002, S. 87.

Eigentümerrechte und -pflichten im Aktienrecht betont wird, und vor allem die Gewährleistung der finanziellen Sicherheit der Unternehmung bzw. Liquidität.[89] „The chief action shareholders can take is sell their shares or buy more".[90] RIEL hält ihr Engagement – mindestens verglichen mit Kunden – für risikoreicher, da sie beträchtliche Finanzmittel in die Unternehmung investieren.[91]

Die Rolle der internen Stakeholder-Gruppe **Mitarbeiter** ist essenziell im Hinblick auf die Leistungsbereitschaft und -fähigkeit der Unternehmung.[92] Die Mehrheit der Unternehmungen wird ihr ‚Humankapital' als wichtigen Baustein ihres Erfolges beurteilen. Das dominierende Ziel bzw. der wichtigste **Anspruch** der Mitarbeiter gilt aus der Perspektive des Anspruchsgruppenkonzeptes der erhöhten Lebensqualität, was sich in Bezug auf die berufliche Tätigkeit in den Teilzielen bzw. -nutzen Sicherheit des Arbeitsplatzes, Einkommen zwecks Existenzsicherung, Lebensunterhaltfinanzierung und Selbstverwirklichung konkretisieren lässt.[93] Letztere wird ergänzt durch die Befriedigung sozialer Bedürfnisse, die Mitbestimmung, die persönliche Anerkennung.[94] Dies weist bereits darauf hin, dass die Anspruchserfüllung für die Mitarbeiter nicht allein aus der Erfüllung des geschlossenen Arbeitsvertrags resultiert, welcher die Grundlage der Beziehung zwischen Arbeitnehmer und -geber bildet. Vielmehr sind daneben noch weitergehende gegenseitige Erwartungen relevant, welche häufig impliziten Charakter haben. Diese beziehen sich nach THIES aus Mitarbeitersicht hauptsächlich auf die Erlangung von Arbeitszufriedenheit[95], entsprechende Anforderungen betreffen unter anderem die Vergütung, Qualifizierung, den Führungsstil und die Arbeitszeitgestaltung. Als zentrale **Beiträge** der Mitarbeiter gelten ihre Arbeitskraft und Fähigkeiten.[96]

---

[89] Vgl. Janisch 1993, S. 148f. Vgl. umfassend zu den idealtypischen Eigentümerfunktionen des Aktionärs Madrian 1998, S. 134ff.

[90] Friedman/Miles 2002, S. 9.

[91] Vgl. Riel 1995, S. 29. Allerdings sind Mitarbeiter i.d.R. einem bedrohlicheren Risiko ausgesetzt.

[92] Vgl. z.B. Eberhardt 1998, S. 228; Dowling 2001, S. 42.

[93] Vgl. Janisch 1993, S. 166; Aschmann 1998, S. 38ff.; Eberhardt 1998, S. 230f.

[94] Vgl. Kalka 2002, S. 87.

[95] Vgl. Thies 1998, S. 20. Zu den Begriffen Arbeits- und Mitarbeiterzufriedenheit siehe z.B. Bauer/Jensen 2001, S. 4ff.; eine umfassende Diskussion der Arbeitszufriedenheit findet sich bei Neuberger/Allerbeck 1978, S. 11ff.

[96] Vgl. z.B. Achleitner 1985, S. 75; Janisch 1999, S. 122.

Weitere Stakeholder der Unternehmung werden in der nachfolgenden Analyse nicht aufgegriffen. Hinzuweisen ist allerdings noch auf die janusköpfige Situation der **Unternehmensleitung.** Das Management kann als eigene Stakeholder-Gruppe, als Personifizierung der Unternehmung oder als den Mitarbeitern zugehörig betrachtet werden. Für die vorliegende Arbeit wird davon ausgegangen, dass das Management für den Erfolg und den Bestand der Unternehmung verantwortlich und zudem auch für das eigentliche ‚Stakeholder-Management' zuständig ist. Die Unternehmensleitung ist „the only group of stakeholders who enter into a contractual relationship with all other stakeholders"[97] und deshalb mit der Aufgabe betraut, „die verschiedenen – teils konfliktären – Interessen der Stakeholder-Gruppen ins Gleichgewicht zu bringen und zu halten"[98]. HUNT behilft sich mit der Annahme, das Management betrachte die Unternehmung bzw. sich selbst schlicht als Agent der Stakeholder[99] und SVENDSEN argumentiert: „The manager is not separate from the stakeholder relationship but part of it"[100]. PFEFFER und SALANCIK kommentieren: „It is perfectly possible for a person to be both part of an organization and part of its environment"[101]. Die Unternehmensleitung wird im Kontext der vorliegenden Arbeit nicht der Gruppe der Mitarbeiter zugerechnet, ist aber auch nicht separat Gegenstand der weiteren Untersuchungen.

5.1.2 Ergänzungen und Beurteilung des Stakeholder-Ansatzes

5.1.2.1 Ergänzung um multiple und hybride Stakeholder

Da die Unternehmung in Beziehungen zu verschiedenen Personen eingebunden ist, die wiederum gemäß ihrer Beiträge und Interessen einzelnen Anspruchsgruppen zugeordnet werden, steht sie stets in **multiplen Stakeholder-Beziehungen.**[102] Die Unternehmung ist nicht als Kombination einer Vielzahl bilateraler Austauschbeziehungen zwischen Unternehmung und jeweiliger Anspruchgruppe zu interpretieren, wie DYLLICK formuliert[103], sondern sieht sich einem Geflecht multilateraler Beziehungsstrukturen gegenüber und muss Verbundeffekte berücksichtigen. Dazu gehört auch, dass Stake-

---

[97] Hill/Jones 1992, S. 134; vgl. zur Rolle der Manager auch Mitchell/Agle/Wood 1997, S. 870ff.

[98] Oertel 2000, S. 15, sowie zur Doppelrolle des Managements S. 59.

[99] Vgl. Hunt 1952, S. 100; Svendsen 1998, S. 52; Madrian 1998, S. 161ff.

[100] Svendsen 1998, S. 3.

[101] Pfeffer/Salancik 1978, S. 30.

[102] Vgl. zu ‚multiple Stakeholders' z.B. Davies et al. 2003, S. 58ff.

[103] Vgl. Dyllick 1984, S. 74.

holder einer Unternehmung auch Stakeholder anderer Unternehmungen (gegebenenfalls mit anderen Rollen) sind.[104]

SVENDSEN erklärt: „A company's relationship with one stakeholder group, say, employees, can also have significant impact on several other groups, such as customers and investors"[105]. Anspruchsgruppen-Netzwerke entstehen, wenn Anspruchsgruppen sich mit gleichgesinnten Gruppen zu verzweigten Koalitionen und Allianzen zusammenschließen; sie sollten durch die Unternehmung aufgedeckt werden.[106] JANISCH geht auf solche Anspruchsgruppen-Netzwerke sowie die Phänomene der Anspruchsgruppen-Intra- und -Interdynamik ein. Die Autorin sieht es als wichtiges Instrument des strategischen Managements an, aktiv die einzelnen Anspruchsgruppen und deren Zielvorstellungen miteinander zu vernetzen und hieraus ein Lenkungsmodell zu entwickeln. Dabei genügt es nicht, die Beziehungen zwischen den verschiedenen Anspruchsgruppen zu kennen, sondern es ist vielmehr die gegenseitige Beeinflussung von Nutzen- und Kostenvorstellungen aufzudecken. Dies führt zu einem Denken in Kreisläufen, das die Annahme von einfachen Ursache-Wirkungs-Beziehungen ablöst und die Interdependenz zwischen den Stakeholder-Gruppen berücksichtigt.[107]

Die **Anspruchsgruppen-Intradynamik** bezieht sich auf die dynamische Nutzengenerierung, also die sich im Zeitablauf verändernden Nutzenvorstellungen bzw. -potenziale einer bestimmten Anspruchsgruppe. Im Fokus stehen damit die inhaltliche und zeitliche Bewältigung von Veränderungen auf Anspruchsgruppen-Mikroebene seitens der Unternehmung.[108] **Anspruchsgruppen-Interdynamik** dagegen bezieht sich auf die Makroebene und fokussiert die Beziehungen zwischen einzelnen Anspruchsgruppen und deren Gewichtung. Diese Gewichtung der Gruppen aus Unternehmungssicht hängt „von rational begründeten, ökonomischen, machtpolitischen u.a. Sachzwängen und Notwendigkeiten, die sowohl unternehmungsexterner wie auch -interner Natur sein können, wie auch von unternehmensphilosophischen bzw. -kulturellen Faktoren

---

[104] Vgl. Freeman 1984, S. 58.

[105] Svendsen 1998, S. 19.

[106] Vgl. Dyllick 1992, S. 52. Siehe auch Freeman 1984, S. 58; Brockhaus 1996, S. 23f.; Scholes/Clutterbuck 1998, S. 228.

[107] Vgl. Janisch 1993, S. 352f.; Scholes/Clutterbuck 1998, S. 228.

[108] Vgl. Janisch 1993, S. 375.

ab, so dass die Gewichtung einen in diesem Sinne normativen Charakter gewinnen kann".[109]

Neben die Problematik der Gewichtung von Stakeholder-Gruppen tritt deren Hybridität. Bestimmte Personen gehören nicht nur einer Anspruchsgruppe an, sondern mehreren. HATCH und SCHULTZ nennen dieses Phänomen den ‚**Stakeholder Overlap**' und bezeichnen damit „the taking up of multiple roles by some individuals who are simultaneously employees, customers, investors, and members of the public"[110]. Auch OERTEL weist darauf hin, dass eine Stakeholder-Klassifizierung nie überschneidungsfrei gelingt, sondern Personen unterschiedlichen Gruppen angehören.[111] Solche Stakeholder repräsentieren Schnittmengen zwischen Anspruchsgruppen und werden hier als **hybride Stakeholder** bezeichnet. Hybride bedeutet „gemischt, von zweierlei Herkunft, aus Verschiedenem zusammengesetzt".[112] Der Begriff der ‚Hybridität' wird im Marketing vorwiegend in der jüngeren Konsumentenverhaltensforschung zur Beschreibung inkonsistenten bzw. wechselnden Kaufverhaltens verwendet.[113] Im Gegensatz dazu soll hier mit dem Charakteristikum ‚hybrid' keine Aussage über Verhaltensdispositionen von Stakeholdern getroffen werden, sondern ausschließlich über ihre Zugehörigkeit zu bestimmten Anspruchsgruppen der Unternehmung. **Hybride Stakeholder sind Personen oder Personenmehrheiten, die Mitglied in mindestens zwei Anspruchgruppen der betrachteten Unternehmung sind.** Typische Hybride in diesem Zusammenhang sind Mitarbeiter, die gleichzeitig die Produkte der Unternehmung kaufen bzw. verwenden und damit Kunden oder die als Aktionäre gleichzeitig Eigentümer sind.

Die mangelnde Überschneidungsfreiheit der Stakeholder-Gruppen führt zu verschwimmenden Grenzen zwischen den einzelnen Gruppen, aber auch zwischen Stakeholdern und der Organisation selbst.[114] In diesem Zusammenhang wird Hybridität in der Literatur jedoch kaum thematisiert. „Traditionally, stakeholders are categorised as

---

[109]   Janisch 1993, S. 381. Entsprechende Beurteilungskriterien entwickeln Mitchell/Agle/Wood 1997, passim. Beiträge, welche die Gewichtungsproblematik betreffen, zitiert Mahon 2002, S. 429.

[110]   Vgl. Hatch/Schultz 2000, S. 18; ähnlich Cohen 1963, S. 48; Bromley 2001, S. 325.

[111]   Vgl. Oertel 2000, S. 11; siehe auch Freeman 1984, S. 58; Simon et al. 1995, S. 109; Dalton/Croft 2003, S. 40.

[112]   Dudenredaktion (Hrsg.) 1997, S. 333.

[113]   Vgl. Wiswede 1991, S. 34ff.; Schüppenhauer 1998, S. 8.

[114]   Vgl. Balmer/Gray 1999, S. 258; Hatch/Schultz 2000, S. 18.

belonging to one stakeholder group".[115] So sie erwähnt wird, behelfen sich die Autoren in der Regel dadurch, dass sie die betrachteten Akteure einer Kernanspruchsgruppe zuordnen, mit deren Interessen sich die Akteure hauptsächlich identifizieren.[116] Darüber hinaus wird angenommen, dass Ziele, Interessen und Ansprüche innerhalb einer Stakeholder-Gruppierung homogen sind.[117] Beides ist indes fragwürdig; vielmehr ist davon auszugehen, dass sowohl innerhalb der Stakeholder-Gruppierungen divergente Interessen auftreten können und darüber hinaus auch eine Person als Stakeholder im Zeitablauf heterogene Interessen vertreten kann. Beide Phänomene werden im Rahmen des Stakeholder-Ansatzes bislang nicht weiter behandelt. Eine geeignete Ergänzung könnten hier Erwägungen aus der Rollentheorie liefern, welche gerade auf die vielfältigen Interessen bzw. Aufgaben einer einzelnen Person zurückgreift. Entsprechend kann ein hybrider Stakeholder zeitlich versetzt verschiedene Rollen ausfüllen und damit auch divergierende Ansprüche formulieren bzw. Beiträge erbringen.[118]

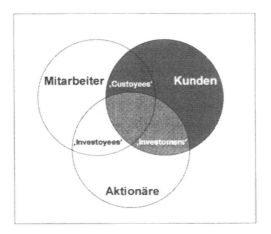

Abbildung 5-1:   Ausgewählte hybride Stakeholder der Unternehmung

[115]   Balmer/Gray 1999, S. 260.

[116]   Vgl. z.B. Oertel 2000, S. 11.

[117]   Vgl. Oertel 2000, S. 11.

[118]   Unter einer Rolle versteht Sieber 1974, S. 567, „A pattern of expectations which apply to a particular social position and which normally persist independently of the personalities occupying the position".

Im Kontext der vorliegenden Arbeit werden die drei in Abbildung 5-1 veranschaulichten Stakeholder-Gruppen sowie Hybrid-Formen analysiert. Für die Triunion zwischen Kunden, Aktionären und Mitarbeitern (,Stakeholder-Tripel') gelten die zu den anderen drei Hybridformen angestellten Überlegungen in gegebenenfalls verstärktem Maße.

Bei der internen Stakeholder-Gruppe der Mitarbeiter sind die meisten Verschmelzungen mit externen Stakeholder-Gruppen bzw. -Rollen zu verzeichnen. So ist besonders im Dienstleistungsbereich zu erkennen, dass Kundenkontaktpersonal und Kunden ähnliche Interessen in Bezug auf den Dienstleistungsprozess und sein Ergebnis verfolgen.[119] Dies hat Folgen für das Stakeholder-Management: „Rather than treating employees and customers as two distinctly separate and unique groups, management should consider merging historical philosophies toward dealing with each [...]. The management of the employee-customer interface may best be accomplished by treating employees more like customers and customers more like employees"[120]. Im Sinne des sogenannten Internen Marketing werden auch Mitarbeiter als Kunden interpretiert, allerdings nur insofern, als sie ihren Arbeitsplatz im Sinne eines Produktes erwerben und nutzen.[121] Umgekehrt können Kunden auch als Mitarbeiter geworben werden[122], und erneut ist der Arbeitsplatz das verbindende Element der beiden Rollen. In diesen Beispielen liegt eher ein Rollentausch als eine integrierte Rollenwahrnehmung vor. Hybridität entsteht, wenn Mitarbeiter die von ihrer arbeitgebenden Unternehmung hergestellten Produkte und Dienstleistungen selbst konsumieren, also zu **Mitarbeiter-Kunden** bzw. ,**Custoyees**' werden.[123] Im Konsumgütersektor werden die hergestellten oder vertriebenen Wirtschaftsgüter Mitarbeitern häufig unentgeltlich oder zu einem günstigeren Preis überlassen. Der Personalrabatt ist ein geldwertes Gut[124] und dient aus Unternehmungsicht unter anderem der Bindung einer großen Käuferschicht.[125] In der Praxis profitieren nur Mitarbeiter in Konsumgüter-Unternehmungen von diesem

---

[119] Vgl. zu diesen Interessen speziell Bowers/Martin/Luker 1990, S. 56ff.

[120] Bowers/Martin/Luker 1990, S. 56ff.

[121] Vgl. Bowers/Martin/Luker 1990, S. 58. Zum internen Marketing siehe z.B. Stauss/Schulze 1990, passim.

[122] Vgl. Bowers/Martin/Luker 1990, S. 63.

[123] Das analoge Kunstwort ,Investomers' wird Reichheld zugeschrieben; vgl. Mowrey 2000.

[124] Vgl. Kuhlmann 1993, S. 127; zum Begriff des Personalrabatts siehe ebenda, S. 114; zur Abgrenzung geldwerter Güter siehe ebenda, S. 45ff.

[125] Vgl. Kuhlmann 1993, S. 138.

(Steuer-)Vorteil, Mitarbeiter im Business-to-Business-Bereich dagegen selten.[126] Die Attraktivität der von einer Unternehmung hergestellten bzw. vertriebenen Leistungen variiert demnach[127] und folglich auch die Attraktivität der Unternehmungen als Arbeitgeber.

JANISCH ordnet ‚Belegschaftseinkaufmöglichkeiten' als Sozialeinrichtung der Unternehmung ein, welche der Entlastung der täglichen Ausgaben für den Lebensunterhalt dienen.[128] Zudem kann Markentreue nicht nur bei Mitarbeitern aufgebaut werden, sondern auch bei deren Bekannten und Verwandten, die gegebenenfalls auch von der günstigen Bezugsquelle profitieren.

Viele Mitarbeiter von Aktiengesellschaften sind gleichzeitig deren **Aktionäre bzw. ‚Investoyees'**. So stellt MAIER-MORITZ fest, dass eine attraktive Aktie die Unternehmung auch auf dem Personalmarkt differenziert und die AG als Arbeitgeber attraktiver macht. Die Motivation der Mitarbeiter wird dadurch gefördert, die Kosten der Personalbeschaffung sinken.[129] Diese Vorteile lassen sich verstärken, indem **Belegschaftsaktien** ausgegeben werden. Diese werden als eine „Art der Beteiligung der Arbeitnehmer am Produktivvermögen verstanden, die durch Ausgabe von Aktien zu einem Vorzugskurs bei gleichzeitiger Vereinbarung einer Sperrfrist erfolgt"[130]. Daneben sind noch Stock Option-Pläne relevant, die in der Regel als Anreiz für Manager eingeführt werden.[131] Die materiell-finanziellen Beteiligungen beinhalten gleichzeitig Miteigentum und -verantwortung.[132]

Rein rechtlich gesehen verändert die Aktie nicht durch die Ausgabe an Belegschaftsmitglieder ihren rechtlichen Charakter, der Mitarbeiter-Aktionär unterscheidet sich

---

[126]   Vgl. Kuhlmann 1993, S. 218.

[127]   Hierin liegt eine faktische Verletzung des Belastungsgleichheitsgebotes; vgl. hierzu und zu einer weiteren Erörterung aus steuerrechtlicher Sicht Kuhlmann 1993, S. 216ff.

[128]   Vgl. Janisch 1993, S. 218.

[129]   Vgl. Maier-Moritz 2002, S. 48; Greer 1989, S. 1989.

[130]   Eun-Kwon 1994, S. 5. Der Autor kritisiert an diesem begriffskernarmen Verständnis, dass unklar bleibt, ob auch andere Aktien als die des Arbeitgebers hierzu gehören.

[131]   Vgl. hierzu z.B. Madrian 1998, S. 91ff.; Jansch 1999, S. 95ff.; Achleitner/Bassen 2001a, passim.

[132]   Vgl. Janisch 1993, S. 222. Zu verschiedenen Formen der Eigenkapitalbeteiligung von Mitarbeitern siehe Mez 1991, S. 35ff. Zum Begriff und Formen der Mitarbeiterbeteiligung siehe Haensel 1999, S. 19ff.; Esser/Faltlhauser 1974, S. 32ff.; Aschmann 1998, S. 67ff.

grundsätzlich nicht von anderen Aktionären.[133] Sie erweisen sich oft als besonders ‚treue' Aktionäre. Mitarbeiter mit Aktienbesitz sind in der Regel eher langfristige Aktionäre, „deren Identifikation mit dem Unternehmen die Haltedauer bestimmt."[134] Unter anderem aufgrund der förderungsbedingten Sperrfristen und höherer Renditen kann es zu ‚Gewohnheitshalten' und ‚Gewohnheitszukauf' bei Neuemissionen kommen; der Investoyee bildet also eine stabile und prognostizierbare Abnahmebasis.[135] Zudem wird angenommen, dass „der Besitz von Belegschaftsaktien auch zum Kauf anderer Aktien motiviert"[136]. Allerdings zeigt sich, dass bei Kapitalerhöhungen Belegschaftsaktionäre im Rahmen der Zeichnungsfrist später reagieren als andere Aktionäre.[137]

Eine ganze Reihe von Gründen spricht für diese Form der Hybridisierung von Stakeholder-Strukturen. **Unternehmenspolitische Gründe** umfassen im engeren Sinne betriebswirtschaftliche Gründe wie die Kostenersparnis durch unternehmerisches, kostenbewusstes Denken, die Produktivitätssteigerung durch die Förderung der Leistungsbereitschaft, die Liquiditätsverbesserung, die Schaffung einer zusätzlichen Altersvorsorge für die Mitarbeiter sowie die Unternehmensfinanzierung. Gerade finanzpolitische Gründe (z.B. Erhöhung des Eigenkapitals, Verbesserung der Kapitalstruktur und der Liquidität) dürften mit ‚Basel II' noch in den Vordergrund rücken. So sieht auch HAENSEL gerade für Klein- und Mittelbetriebe in der Kapitalbeteiligung von Mitarbeitern Möglichkeiten zur Erschließung finanzieller Ressourcen und zur Sicherung der Liquidität der Unternehmung.[138]

Ferner sind **marktpolitische Gründe** wie die Verbesserung des Firmen-Images, die Verringerung der Fluktuationsrate und die Erhöhung des Akquisitionswerts des Betriebes am Arbeitsmarkt zu nennen sowie betriebspsychologische Gründe, welche die

---

[133]   Vgl. Eun-Kwon 1994, S. 105; Haensel 1999, S. 137. Zu den rechtstechnischen Grundlagen der Ausgabe von Belegschaftsaktien sowie deren Voraussetzungen siehe Eun-Kwon 1994, S. 67ff. Neben Struktur und Größe hängt die Beteiligungsmöglichkeit von der Rechtsform der Unternehmung ab, wobei die Beteiligung an einer Aktiengesellschaft als geeignetste Form anerkannt ist; vgl. Eun-Kwon 1994, S. 52. Zur Mitarbeiterbeteiligung bei der GmbH, der OHG, der KG und weiteren Rechtsformen siehe Eun-Kwon 1994, S. 54ff.; Haensel 1999, S. 123ff.; Mez 1991, S. 42.

[134]   Allendorf 1996, S. 60. Siehe auch Becker 1994, S. 303.

[135]   Vgl. Maier-Moritz 2002, S. 54.

[136]   DAI 2003, S. 1. Die gegenteilige Annahme vertritt Link 1991, S. 93.

[137]   Vgl. Link 1991, S. 96.

[138]   Vgl. Haensel 1999, S. 46. Zu Basel II siehe z.B. Steiner/Starbatty 2003, passim.

Verbesserung des Betriebsklimas, die Erhöhung der Arbeitszufriedenheit und die verstärkte Integration der Mitarbeiter in den Betrieb durch eine verstärkte Identifikation mit den Unternehmenszielen umfassen. Hierzu zählt auch, dass die Mitarbeiter stolz auf ihren Arbeitgeber sein wollen und auf eine hohe Reputation der Unternehmung Wert legen.[139] Es soll der Öffentlichkeit ein günstiges Bild der Unternehmung vermittelt werden, die sich als leistungsfähig und sozial gerecht darstellt.[140]

Daneben ist eine Reihe **gesellschaftspolitischer Zielvorstellungen** (z.B. Beteiligung am Produktivvermögen, Sicherung der Wirtschaftsordnung, soziale Gerechtigkeit) relevant.[141] Allerdings wird die Kapitalbeteiligung auf Mitarbeiterseite nicht nur positiv eingeschätzt. Vor allem die Gewerkschaften stehen dem zurückhaltend gegenüber, da eine unerwünschte Ungleichbehandlung und die Bildung einer besser gestellten Gruppe von Arbeitnehmern im Unternehmen entstehen könnten. Zudem werden die Beteiligungsmodelle häufig allein als Versuch interpretiert, der Unternehmung Risikokapital zuzuführen, was zu einer „Risikohäufung in der Person des Mitarbeiteraktionärs"[142] führen kann. Neben dem allgemeinen Kursrisiko kommt es für den betroffenen Personenkreis zu einer Kumulation von Arbeitsplatz- und Kapitalrisiko.[143] Da Belegschaftsaktien regelmäßig einer sechsjährigen Sperrfrist unterliegen, der Aktionär diese solange nicht wirtschaftlich verwerten kann und sie zudem als arbeitsrechtliches Entgelt mit Sozialleistungscharakter zu bewerten sind, begibt sich der Inhaber der Belegschaftsaktie im Falle eines Konkurses der Unternehmung eines hohen Risikos. Bereits ausgegebene Arbeitnehmeranteile werden im Konkursfall nicht als Lohnforderung behandelt, der Aktionär hat damit keine Konkursforderung. Eine Absicherung gegen dieses Risiko erhöht die Attraktivität der Beteiligung deshalb beträchtlich.[144]

HARTMANN stellt heraus, dass sich Belegschaftsaktionäre „trotz ihrer Mitbeteiligung nach wie vor in erster Linie als Angestellte oder Arbeiter fühlen und erst in zweiter

---

[139] Vgl. Pruzan 2001, S. 53.

[140] Vgl. Eun-Kwon 1994, S. 14; Link 1991, S. 290.

[141] Vgl. hierzu und zu den anderen genannten Gründen im Detail Janisch 1993, S. 222f.

[142] Eun-Kwon 1994, S. 99; siehe auch Schäfer 1994, S. 26.

[143] Vgl. Haensel 1999, S. 136ff.; Link 1991, S. 291; Eun-Kwon 1994, S. 99; Schäfer 1994, S. 25ff.

[144] Vgl. Eun-Kwon 1994, S. 105. Dem Risiko gegenüberzustellen ist der geringere Ausgabepreis der Aktien.

Linie als Anteilseigner"[145] und begründet dies dadurch, dass in der Regel Lohn bzw. Gehalt ein Vielfaches der Dividende ausmachen.

Zu den **Kunden-Aktionären bzw. ‚Investomers'** liegen wenige Publikationen vor.[146] Ein positiver Imagetransfer ist von der Aktie auf die Produkte der Unternehmung denkbar und umgekehrt; Aktienmarketing kann dazu beitragen, den Bekanntheitsgrad der Unternehmung zu steigern und damit die Produkt- und Aktiennachfrage zu stimulieren.[147]

Letztlich sind alle Stakeholder gleichzeitig der Gruppe ‚**Öffentlichkeit**' zuzurechnen. Auch sind die Manager – sofern sie als eigenständige Anspruchsgruppe behandelt werden – ebenfalls gleichzeitig als Mitarbeiter, oft auch als Kunden und Aktionäre, einzustufen. Gleiches gilt für Vertreter der Medien, des Staats, Anwohner etc. **Hybride Stakeholder sind eher die Regel denn die Ausnahme.** Dies gilt besonders für Publikumsgesellschaften, die im Konsumgütersektor tätig sind. Der Grad der Hybridität von Stakeholdern ist dagegen geringer, sofern der Business-to-Business-Bereich und andere Rechtsformen der Unternehmung betrachtet werden. Beispiele sind Unternehmungen, die industrielle Großanlagen erstellen und nicht über ‚Custoyees' verfügen, sowie jene Personengesellschaften, an denen etwa Kunden oder Mitarbeiter neben ‚dem Unternehmer' kein anteiliges Eigentum erwerben können.

Die Hybridität von Stakeholdern wird in der Literatur kaum diskutiert, obwohl sie ein allgemeines, unternehmerisch relevantes Phänomen ist. Weder im stakeholder-zentrierten Schrifttum noch zum Relationship Marketing oder zum Customer Relationship Management (CRM) finden sich entsprechende Ausarbeitungen. Gerade bezüglich des letztgenannten, schon zum Schlagwort gewordenen Management-Konzeptes ist jedoch zu konstatieren, dass es einzubetten ist in ein umfassendes Beziehungsmanagement, das „nicht nur die Kunden, sondern alle Kernzielgruppen eines Unternehmens gleichermaßen berücksichtigt, also ebenso Mitarbeiter, Lieferanten, Partner sowie Aktionäre"[148]. Im Rahmen eines derart umfassenden Stakeholder-Beziehungsmanagements wäre das Reputationsmanagement der Unternehmung eine wesentliche Aufgabe.

---

[145] Hartmann 1968, S. 128. Die Beziehungspflege zu Belegschaftsaktionären ordnet er den Human Relations zu, nicht den Investor Relations; vgl. ebenda, S. 129.

[146] Vgl. Mowrey 2000; siehe auch Bloechl/Schemuth 2003a, S. 24, und Abschnitt 5.2.5.

[147] Vgl. Maier-Moritz 2002, S. 48.

[148] Bloechl/Schemuth 2003b, S. 3. Vgl. hierzu detaillierter auch Kapitel 6.3.

5.1.2.2   Beurteilung und weitere Ergänzungen des Stakeholder-Ansatzes

Eine umfassende und abschließende Beurteilung des Stakeholder-Ansatzes kann hier nicht erfolgen, jedoch sollen die deskriptiven, explikativen und normativen Facetten des Ansatzes kommentiert und gewürdigt werden. Zudem ist auf einige weitere mögliche Ergänzungen hinzuweisen, die sich vornehmlich auf die ‚Sortierung' von Stakeholdern anhand ihrer Rollen aus Unternehmungssicht sowie anhand ihrer Loyalität beziehen. Diese innovativen Aspekte unterstreichen die Tatsache, dass „stakeholder theory is still evolving".[149]

Zweifelsohne besitzt der Stakeholder-Ansatz stark deskriptive Züge, die für die vorliegenden Arbeit besonders relevant sind. **Deskriptive Analysen** gehen unter anderem den Fragen nach, wie ‚Stakeholding' in Strategien von Unternehmungen Eingang bzw. bereits Berücksichtigung findet.[150] Auch **erklärende Aussagen**, die auf den Zusammenhang zwischen der Orientierung an Stakeholder-Interessen und der Erreichung von Unternehmenszielen gerichtet sind, können aus dem Ansatz abgeleitet werden.

Empirische Studien deuten an, dass die Berücksichtigung von Stakeholder-Interessen bei Unternehmensaktivitäten zu besseren Ergebnissen führt als andere Orientierungen, wie zum Beispiel die alleinige Verfolgung der Shareholder-Interessen (‚Stockholder-Ansatz').[151] Kritisch anzumerken ist, dass valide Indikatoren für das Stakeholder-Management bzw. für die Berücksichtigung von (allen) Stakeholder-Interessen nicht hinreichend entwickelt sind. Folglich ist zu konstatieren, dass „there is as yet no compelling evidence that the optimal strategy for maximizing a firm's conventional financial and market performance is stakeholder management"[152].

DONALDSON und PRESTON sehen im **normativen Gehalt** des Stakeholder-Ansatzes seinen wesentlichen Nutzen.[153] Es seien Handlungsdirektiven aus dem Ansatz ableitbar: „It also recommends attitudes, structures, and practices that, taken together, constitute stakeholder management"[154]. Zentral für den Stakeholder-Ansatz sei die

---

[149]   Svendsen 1998, S. 48.

[150]   Vgl. Kaler 2003, S. 74.

[151]   Vgl. Donaldson/Preston 1995, S. 71; Kaler 2003, S. 74.

[152]   Donaldson/Preston 1995, S. 78; siehe dagegen Oertel 2000, S. 65.

[153]   Vgl. Donaldson/Preston 1995, S. 66f.

[154]   Donaldson/Preston 1995, S. 67. Zu einer Kritik siehe Kaler 2003, S. 72ff.

Grundannahme, dass nicht das Interesse der Unternehmung an den Stakeholdern deren Rolle determiniere, sondern „stakeholders are defined by *their* legitimate interest in the corporation, rather than simply by the corporation's interest in *them*"[155]. Ferner gilt, dass „all persons or groups with legitimate interests participating in an enterprise do so to obtain benefits and that there is no prima facie priority of one set of interests and benefits over another"[156]. Wenn die Befriedigung von Stakeholder-Interessen gelegentlich zu einem bei der Erfüllung von Stockholder-Interessen anfallenden Kuppelprodukt ‚degradiert' oder – wie bei SPECKBACHER – zu einer Nebenbedingung wird[157], widerspricht dies dem Kern des Stakeholder-Ansatzes.[158] Auch EVANS und FREEMAN erklären, dass jede Stakeholder-Gruppe nicht nur als ‚Mittel zum Zweck' bzw. Ressourcenlieferant zu sehen ist, sondern ihre Interessen werden zu den Interessen der Unternehmung selbst. Jede Gruppe „must participate in determining the future direction of the firm"[159] – was allerdings des Interesses, des Idealismus und der Mitarbeit der (externen) Stakeholder bedarf[160]. Jedoch bleibt für viele Autoren die Frage nach den obersten **Unternehmungszielen** von dieser Grundausrichtung des Stakeholder-Ansatzes untangiert, wie beispielsweise bei OERTEL, die bekräftigt, dass „größtes soziales Engagement keinem Stakeholder nutzt, falls eine Unternehmung deshalb ihre wirtschaftliche Existenz gefährdet"[161]. Demgegenüber konstatieren DONALDSON und PRESTON: „Success in satisfying multiple stakeholder interests – rather than meeting conventional economic and financial criteria – would constitute the ultimate test of corporate performance".[162] Sie sehen die Aufgabe der Unternehmensleitung darin, die konfliktären Ansprüche der multiplen Stakeholder auszubalancieren und dabei den legitimen Interessen aller relevanten Gruppen so weit wie möglich nachzu-

---

[155] Donaldson/Preston 1995, S. 76. So können beispielsweise Bewerber um Arbeitsplätze keine vertraglich basierten Ansprüche an die Unternehmung stellen, sind aber dennoch durch ihr intensives Interesse an der Unternehmung als Stakeholder zu definieren – und genießen juristischen Schutz, wie z.B. durch Diskriminierungsverbote; vgl. ähnlich Donaldson/Preston 1995, S. 76.

[156] Donaldson/Preston 1995, S. 68.

[157] Vgl. Speckbacher 1997, S. 636.

[158] Vgl. Kaler 2003, S. 79. Auch der Kern der wertorientierten Unternehmensführung wird nur getroffen, wenn Werte für verschiedene Interessengruppen geschaffen werden; vgl. Madrian 1998, S. 43.

[159] Evans/Freeman 1988, S. 97.

[160] Vgl. Oertel 2000, S. 61.

[161] Oertel 2000, S. 60f. Zu Zielen der Unternehmung siehe z.B. Kirsch 1969, passim; Madrian 1998, S. 19ff.

[162] Donaldson/Preston 1995, S. 80.

kommen.[163] Die Gestaltung des unternehmerischen Zielsystems ist damit durch Auswahl-, Gewichtungs- und Bewertungsprobleme gekennzeichnet.[164] EVANS und FREEMAN gehen noch weiter. Für sie ist der Zweck der Unternehmung der Ausgleich von Stakeholder-Interessen: „The very purpose of the firm is, in our view, to serve as a vehicle for coordinating stakeholder interests"[165].

DONALDSON und PRESTON konstatieren hinsichtlich des Stakeholder-Ansatzes eine „confusion about its nature and purpose"[166]. Nach EBERHARDT ist eine **gemeinsame Nutzenmaximierung** aller Stakeholder und der Unternehmung anzustreben[167], was letztlich auf die Erreichung eines Pareto-Optimums abzielen dürfte. Allerdings bietet die Literatur keine Antwort darauf, wie ein **optimaler Interessenausgleich** bei vieldimensionalen, teils inkongruenten Ansprüchen sowie dynamischen Bewegungen von Individuen zwischen einzelnen Anspruchsgruppen auszugestalten ist.[168] Eine Aggregation des von der Unternehmung geschaffenen Nutzens zu einem einzelnen Wert ist aufgrund der heterogenen Anforderungen der Stakeholder an die Unternehmensleistungen kaum möglich. Ein Lösungsansatz könnte darin liegen, einen separaten **Stakeholder-Value** für jede einzelne Anspruchsgruppe zu ermitteln.[169]

In der mangelnden Spezifizierung der Beziehung zwischen Unternehmung und Stakeholdern sehen FRIEDMAN und MILES eine zentrale Schwäche des Stakeholder-Ansatzes[170], die auch für eine Behandlung multipler und hybrider Stakeholder-Strukturen relevant ist. Generell wird Vertretern des Stakeholder-Ansatzes vorgeworfen, dass die Identifikation von Stakeholder-Interessen bislang nicht operationalisiert und empirisch analysiert wurde, so dass eine Implementierung stakeholder-orientierter Strategien in der Praxis keine solide Basis hat.[171] In diesem Zusammenhang können unter

---

[163]   Vgl. Donaldson/Preston 1995, S. 79; vgl. ähnlich schon Breyer 1962, S. 170.

[164]   Vgl. Madrian 1998, S. 22.

[165]   Evans/Freeman 1988, S. 102f.; ähnlich Scholes/Clutterbuck 1998, S. 229.

[166]   Donaldson/Preston 1995, S. 69.

[167]   Vgl. hierzu und zu den erforderlichen Kompromissen Eberhardt 1998, S. 282ff.; siehe auch Aschmann 1998, S. 44; Madrian 1998, S. 164.

[168]   Vgl. Eberhardt 1998, S. 182; Oertel 2000, S. 56f.; Achleitner 1985, S. 76; Schmid 1997, S. 634.

[169]   Vgl. Janisch 1992, S. 141; Aschmann 1998, S. 44. Zum Stakeholder-Value-Ansatz siehe im Detail Eberhardt 1998, S. 145ff.

[170]   Vgl. Friedman/Miles 2002, S. 15.

[171]   Vgl. Eberhardt 1998, S. 186; Polonski/Schuppisser/Beldona 2002, S. 110.

anderem die Rolle der Stakeholder aus Sicht der Unternehmung sowie ihre Loyalität zur Erklärung ihrer Beziehung zur Unternehmung herangezogen werden.

Um die Vielzahl der an einer Unternehmung Beteiligten zu ordnen, schlägt KIRSCH als Kriterium die **formale Rolle** eines Individuums vor.[172] Eine Verknüpfung des Stakeholder-Ansatzes mit der Rollentheorie ist auch insofern interessant, als diese den Umgang mit möglichen Rollenkonflikten thematisiert. Solche **Rollenkonflikte** entstehen zum Beispiel auf Basis konfligierender Ziele von Stakeholdern. **Interpersonelle Zielkonflikte** herrschen vor, wenn zunächst nicht zu vereinbarende Ziele verschiedener Individuen abzustimmen sind. Diese Konflikte sind bei multiplen Stakeholder-Beziehungen der Unternehmung zu erwarten. Beispielsweise sind Einkommensziele von Mitarbeitern und Aktionärsziele nicht immer vereinbar.[173] Solche Konflikte können zeitlich parallel oder intertemporär auftreten, etwa wenn eine Unternehmensentscheidung zunächst im Sinne einer einzelnen Stakeholder-Gruppe fällt, hierdurch aber zu einem späteren Zeitpunkt andere Stakeholder negativ betroffen werden.[174] Durch die Hybridität von Stakeholder-Beziehungen könnten interpersonelle Konflikte verstärkt werden. Beispielsweise könnten innerhalb der Gruppe der Aktionäre Belegschaftsaktionäre andere Ziele verfolgen als ‚Nur-Aktionäre'. Hybridität kann zudem zu **intrapersonellen Zielkonflikten** führen. Ein solcher liegt vor, wenn ein Individuum nicht gleichzeitig alle von ihm verfolgten Ziele erreichen kann. Zum Beispiel ist ein hohes Einkommen aus einer Kapitalanlage bei gleichzeitig hoher Sicherheit kaum zu erreichen, ebenso wie monetäre und nicht-monetäre Ziele von Arbeitnehmern nicht immer zu vereinbaren sind oder der Wunsch eines Kunden nach qualitativ hochwertigen Produkten bei gleichzeitig geringem Preis.

Füllt ein Individuum mehrere Rollen aus – wie etwa im Falle der ‚Custoyees' oder ‚Investomers' – ist ebenfalls mit entstehenden Zielkonflikten zu rechnen, die jedoch bislang nicht näher analysiert wurden. Hilfestellung dabei könnte die Analyse von Konfliktursachen bieten. Hybride Stakeholder könnten vor allem von Motiv-, Wahrnehmungs- und Rollenkonflikten betroffen sein.[175] **Motivkonflikte** liegen vor, wenn das Handeln der Hybriden von unterschiedlichen Beweggründen angetrieben wird und

---

[172] Vgl. Kirsch 1971, S. 31.
[173] Vgl. hierzu Kalka 2002, S. 88.
[174] Vgl. Svendsen 1998, S. 64.
[175] Vgl. Hauschildt 1977, S. 125ff., der zudem noch Verteilungs- und Machtkonflikte thematisiert. Siehe ergänzend auch Kalka 2002, S. 88.

in unterschiedlichen Zielen resultiert (z.B. hoher Lohn versus Dividende bei den ‚Investoyees'). Die Ursache von **Wahrnehmungskonflikten** liegt dagegen nicht in antinomen Zielen, sondern in unterschiedlichen Informationen über die Realität oder deren Bewertung. Hybride Stakeholder werden gegebenenfalls mit unterschiedlich zu interpretierenden und vor allem vielfältigen Informationen über die Unternehmung konfrontiert.[176] Zuletzt zu nennen sind die oben bereits erwähnten **Rollenkonflikte**, die in der Unvereinbarkeit der Stakeholdern entgegengebrachten bzw. von ihnen perzipierten Rollenerwartungen begründet sind. Hierin liegen für hybride Stakeholder möglicherweise die größten Probleme, wie auch FREEMAN bekräftigt: „Many members of certain stakeholder groups are also members of other stakeholder groups, and *qua stakeholder in an organization* may have to balance (or not balance) conflicting and competing roles"[177]. Allerdings ist eine Akkumulation von Rollen für das Individuum nicht nur negativ zu bewerten, da mit der Ausfüllung von Rollen Nutzen verbunden ist. SIEBER kommt zu dem Schluss, dass „the greater the number of roles [...], the greater the number of privileges enjoyed by an individual"[178]. Wie hybride Stakeholder mit Nutzen und Kosten aus ihren verschiedenen Rollen umgehen, ist bislang nicht untersucht worden. Da mindestens bei Großunternehmen im Konsumgüterbereich die Hybridität von Stakeholder-Strukturen eher die Regel als die Ausnahme darstellt, könnten über die Vor- und Nachteile der Rollenakkumulation auch Aussagen zur Bewältigung von Interessenkonflikten von Stakeholdern getroffen werden. Die Rollentheorie bietet hier also einen (empirisch zu prüfenden) Ansatzpunkt zur Lösung eines der Hauptprobleme des Stakeholder-Ansatzes.

Eine Erweiterung des Stakeholder-Ansatzes liegt auch in seiner (teilweisen) Integration mit dem **Relationship Marketing**.[179] Dessen Ziel ist es, „superior customer value while considering the interests of other key stakeholders"[180] zu schaffen. Nach TUOMINEN ist Relationship Marketing ausgerichtet auf „customer and other stakeholder relationships where the objectives of the stakeholders involved are met through various kinds of exchanges. [...] The aim of relationship marketing is to turn new

---

[176] Vgl. Gardberg 2001, S. 37.

[177] Freeman 1984, S. 58.

[178] Sieber 1974, S. 569.

[179] Vgl. Polonski/Schuppisser/Beldona 2002, S. 110. Zum Beziehungs- bzw. Relationship Marketing siehe z.B. Diller/Kusterer 1988, passim; Grönroos 1994, passim.

[180] Slater 1997, S. 164.

stakeholders into regular stakeholders, and then to progressively encourage them to be strong supporters of the company, and finally to be active and vocal advocates for the company thus playing an important role as a referral source"[181]. Die vereinfachende Annahme, dass alle Stakeholder zu binden seien[182], kann allerdings nicht hingenommen werden, da nicht alle die Unternehmung (in gleicher Weise) unterstützen. Analog zur Bewertung von Kundenbeziehungen kann auch eine Bewertung und damit Priorisierung von Stakeholder-Beziehungen erfolgen. Jedoch sind manche Beziehungen zwischen Unternehmung und Stakeholdern komplexer als jene zur Gruppe der Kunden[183], zumal vorwiegend immaterielle bzw. nicht-monetäre Beiträge und Ansprüche zu beurteilen sind. Eine weitere Verbindung des Stakeholder-Ansatzes mit dem Relationship Marketing erfolgt im Rahmen des Stakeholder Relationship Managements, auf das an späterer Stelle in diesem Kapitel eingegangen wird.

TUOMINEN nennt als Klassifizierungsmöglichkeit von Stakeholdern deren **Loyalität** gegenüber einer Unternehmung. Auf seiner ‚Loyalitätsleiter' identifiziert er fünf Arten von Stakeholdern.[184] ‚Potential-' und ‚New Stakeholders' sollen identifiziert und gewonnen werden, zu den ‚Regular-', ‚Supporting-' und ‚Advocating Stakeholders' sollen Beziehungen beibehalten und ausgebaut werden.[185] POLONSKI, SCHUPPIS-SER und BELDONA erweitern das ‚Leiterkonzept' und unterscheiden zwischen den Stufen der ‚Allied-' ‚Cooperative-', ‚Neutral-', ‚Competitive-', und ‚Threatening Stakeholders'. Die verbündeten Stakeholder als loyalste Gruppe zeichnet aus, dass es sich um Personen handelt, „with whom the firm shares a cooperative relationship orientation, such that both parties understand that their own welfare is bound to the welfare of the other"[186]. Dieses kognitive Verständnis des Loyalitätskonstrukts ist zu eng, da Loyalität auch auf affektiven Grundlagen beruhen kann, die nicht aus gegenseitiger Abhängigkeit, sondern Sympathie oder Verbundenheit erwachsen. Das erweiterte Konzept der Loyalitätsleiter soll Unternehmungen ermöglichen, die sie unterstützenden bzw. antagonistisch eingestellten Stakeholder zu identifizieren und Maßnahmen zu entwickeln, mit denen die Stakeholder auf höhere Leitersprossen gehievt

---

[181] Tuominen 1995, S. 166.
[182] Vgl. Polonski/Schuppisser/Beldona 2002, S. 112.
[183] Vgl. Polonski/Schuppisser/Beldona 2002, S. 112.
[184] Vgl. Tuominen 1995, S. 166.
[185] Vgl. Tuominen 1995, S. 167, der die Begriffe ‚Stakeholder catching' und ‚-keeping' verwendet.
[186] Polonski/Schuppisser/Beldona 2002, S. 119.

oder in ihrer Position stabilisiert werden können.[187] Das Konstrukt der Loyalität wird durch die genannten Autoren nicht näher spezifiziert, steht aber im Mittelpunkt der folgenden Ausführungen.

5.2 Das Konstrukt Loyalität

5.2.1 Begriff der Loyalität aus ökonomischer Perspektive

Eine exakte Definition des Begriffs **Loyalität** ist kaum möglich. In seiner ‚Philosophy of Loyality' bemerkt ROYCE: „The term ‚loyalty' comes to us as a good old popular word, without any exact definition"[188]. Nach seinem Verständnis umfasst Loyalität „the willing and practical and thoroughgoing devotion of a person to a cause"[189]. Sie ist eine individuelle Einstellung und basiert nicht auf reiner Emotion allein, sondern enthält auch kognitive Elemente.[190] Loyalität existiert nur innerhalb sozialer Beziehungen, die einem Wettbewerb ausgesetzt sind.[191]

In einen ökonomischen Kontext gestellt wurde das Konstrukt unter anderem von HIRSCHMAN[192], der jedoch auf die Inhalte des Begriffs nicht näher eingeht. Er bezeichnet Loyalität lediglich als die „Anhänglichkeit an eine Organisation"[193] und argumentiert, dass mit steigender Loyalität ein Mitglied einer Organisation – nach unserem Verständnis also ein Stakeholder – umso stärker versuchen wird, seinen Einfluss in der Organisation zu steigern. Wenn ein Individuum bereits über eine mächtige Position in der Organisation verfügt, wird es umgekehrt „auch eine starke Vorliebe für die Organisation entwickeln, in der es mächtig ist"[194].

---

[187] Vgl. Polonski/Schuppisser/Beldona 2002, S. 121.

[188] Royce 1971, S. 14; ähnlich Oliver 1997, S. 389.

[189] Royce 1971, S. 16f.

[190] Vgl. ähnlich Royce 1971, S. 18 und 51. Zum Einstellungsbegriff siehe Kapitel 2.1.1.

[191] Vgl. Royce 1971, S. 20. Fletcher 1994, S. 22, erläutert: „Das grundlegende Element von Loyalität ist der nicht erfüllte Sachverhalt [...], dass, wenn der Konkurrent auftritt und lockt, der Loyale ihm nicht folgen wird".

[192] Vgl. Hirschman 1974. Vgl. hierzu auch Fletcher 1994, S. 15f.

[193] Vgl. Hirschman 1974, S. 66. Nolte 1976, S. 168ff., skizziert den verwandten Begriff der Firmentreue als Bevorzugung der Güter einer Unternehmung durch Konsumenten.

[194] Hirschman 1974, S. 66. Eine Diskussion des Modells aus personalwirtschaftlicher Perspektive findet sich bei Moser 1996, S. 31ff. Dierickx/Cool 1989, S. 1505, benennen Loyalität als eine der nicht käuflich zu erwerbenden Ressourcen der Unternehmung.

In der vorliegenden Arbeit wird der Begriff Loyalität ausschließlich in einem betriebswirtschaftlichen Kontext verwendet. Loyalität ist eine positive Einstellung, die mit der
Verbundenheit des Stakeholders mit der Unternehmung gleichgesetzt werden kann und
in der Regel zu positiven Konsequenzen aus Sicht der Unternehmung führt. Näher
analysiert wird im Folgenden die Loyalität der für diese Arbeit zentralen drei Stakeholder-Gruppen.

5.2.2 Loyalität von Kunden

5.2.2.1 Kundenloyalität als Ziel der Unternehmung

Die Erzielung von Kundenloyalität bzw. die Bindung von Kunden an die Unternehmung und deren Leistungen werden zu den zentralen Marketingzielen gerechnet.[195]
Annahmegemäß sind dauerhafte Kundenbeziehungen aus Anbietersicht besonders
wertvoll, da in ihrem Verlauf wiederkehrende und/oder steigende Erlöse bei manchmal
sogar sinkenden Kosten erwirtschaftet werden.[196] Schon GUTENBERG verweist auf
den besonderen Wert der Stammkundschaft, also jener Kunden, die enge Bindungen an
eine Unternehmung aufweisen und sich in ihren Kaufentscheidungen auf das Ansehen
der Unternehmung verlassen. Die positiven Wirkungen für die Unternehmung sieht er
allerdings (nur) in der Ausnutzbarkeit eines preispolitischen Spielraums.[197] Eine Reihe
neuerer Publikationen sieht die unterstellten Zusammenhänge zwischen der Lang-
fristigkeit einer Kundenbeziehung und deren Erfolg aus Anbietersicht allerdings kritisch und fordert ein wertorientiertes Management von Kundenbeziehungen.[198] In der
Regel jedoch ist das Treueverhalten von Kunden eine zentrale Determinante des Kundenwerts.

---

[195] Vgl. z.B. Reichheld/Sasser 1991, S. 105; Giering 2000, S. 1ff.; Homburg/Krohmer 2003, S. 346.
       Bindung und Loyalität sind jedoch nicht gleichzusetzen; siehe unten in diesem Abschnitt.
[196] Sie sind damit gewinnträchtiger; vgl. Gutenberg 1984, S. 292. Vgl. zu Vorteilen der Kundenbin-
       dung auch die grundlegende Publikation von Reichheld/Sasser 1991.
[197] Vgl. Gutenberg 1984, S. 243.
[198] Vgl. z.B. Reinartz/Kumar 2000, passim; Helm 2004, passim. Zum wertorientierten Kundenmana-
       gement siehe Helm/Günter 2006, S. 11. Zum Stand der Kundenbindungsforschung vgl. Braun-
       stein 2001, S. 6ff.

Damit ist ein enger Zusammenhang zwischen Kundenloyalität und dem Erfolg der Unternehmung evident.[199] Auch wenn die in Unternehmungen vorliegenden Informationen über kundenbezogene Kosten häufig noch nicht hinreichend detailliert sind, ist mit Umsatz- und Kostendaten ein positiver Einfluss der Kundenloyalität auf den Unternehmungserfolg direkt nachweisbar. Dies ist bei anderen Stakeholder-Gruppen zumeist problematischer.

5.2.2.2 Einflussfaktoren und Operationalisierung der Kundenloyalität

Um Loyalität von Kunden erzielen zu können, sind aus Perspektive der Unternehmung zunächst deren Bestimmungsgründe näher zu analysieren. Als wichtigste Determinante wird in der Literatur die Kundenzufriedenheit angesehen.[200] **Kundenzufriedenheit** wird als Ergebnis eines automatisch erfolgenden, komplexen Informationsverarbeitungsprozesses verstanden. Sie tritt nach allgemeiner Auffassung ein, wenn die tatsächlich erlebte Bedürfnisbefriedigung mindestens mit den subjektiven Erwartungen des Kunden übereinstimmt oder diese übersteigt.[201] Art und Stärke des Zusammenhangs zwischen Zufriedenheit und Kundenloyalität sind in der Literatur umstritten; allerdings herrscht Konsens, dass von einer grundsätzlich positiven Wirkrichtung ausgegangen werden kann.[202] Wenig beachtet wurde bislang die Möglichkeit, dass exogene Faktoren bzw. sogenannte moderierende Variablen auf den Zusammenhang zwischen den beiden Konstrukten einwirken könnten.[203] Die Reputation bzw. der Ruf der Unternehmung könnte ein solcher exogener Faktor sein, wobei in der vorliegenden Arbeit anstelle des Konstrukts Zufriedenheit eigene Erfahrungen als dessen Teilelement untersucht werden.

---

[199] Vgl. zu diesbezüglichen Studien z.B. Oliver 1997, S. 401ff. Homburg/Krohmer 2003, S. 346, rechnen deshalb die Kundenloyalität zu den markterfolgsbezogenen Marketingzielen, die in direktem Zusammenhang mit den monetären bzw. wirtschaftlichen Marketingzielen stehen.

[200] Vgl. zu einem Überblick Homburg/Giering/Hentschel 2000, passim; Giering 2000, S. 29ff.

[201] Diese Definition beruht auf dem Expectancy-Disconfirmation-Paradigm zur Erklärung der Entstehung von Kundenzufriedenheit; vgl. Yi 1990, S. 69; Schütze 1992, S. 129f.; Groß-Engelmann 1999, S. 17ff.; Oliver 1997, S. 98ff.; Churchill/Surprenant 1982, S. 493ff.

[202] Vgl. z.B. Andreasen/Lindestad 1998, S. 83. Eine umfassende Synopse der Studien zu diesem Zusammenhang bieten Braunstein 2001, S. 64ff.; Giering 2000, S. 21ff. Dort finden sich auch Theorien zur Begründung dieses Zusammenhangs.

[203] Vgl. Giering 2000, S. 33.

Den in der anglo-amerikanischen Literatur üblichen Begriff der ‚Customer Loyality'
definiert OLIVER als „a deeply held commitment to rebuy or repatronize a preferred
product or service consistently in the future, despite situational influences and marketing efforts having the potential to cause switching behavior"[204]. DICK und BASU
verstehen unter Loyalität die „favorable correspondence between relative attitude and
repeat patronage"[205]. In der deutschsprachigen Literatur betrachten manche Autoren
Loyalität und **Kundenbindung** (implizit) als Synonyme. Nach Meinung von HOM-
BURG, GIERING und HENTSCHEL ist „die Bindung eines Kunden mit dessen Treue
gleichzusetzen, das heißt ein Kunde ist gebunden, wenn er gegenüber dem jeweiligen
Anbieter loyal ist"[206]. EGGERT dagegen warnt, dass das Konstrukt Kundenbindung
durch die synonyme Verwendung der Begriffe seinen eigenständigen Charakter verlöre
und die Marketingwissenschaft auf einen neuen Begriff zur Beschreibung eines altbe-
kannten Phänomens verzichten könne.[207] Unterschiede der Konstrukte sieht er darin,
dass die Loyalität der positiven Einstellung von Kunden bedarf, während Kundenbindung auch bei negativer Einstellung existieren kann. Den letztgenannten Zustand des
Kunden bezeichnet er als **Gebundenheit**. Hier liegt eine Einschränkung des Kunden in
seiner zukünftigen Wahlfreiheit durch den Aufbau von Wechselbarrieren vor. Bei
Gebundenheit kann der Kunde den Anbieter also nicht wechseln. Dagegen repräsentiert der auf positiven Einstellungen basierende Zustand eine **Verbundenheit**, die zum
Nicht-Wechseln-Wollen des Kunden führt.[208] Damit definiert EGGERT die
Kundenbindung aus Kundensicht als einen inneren Zustand der Ver- oder Gebundenheit des Kunden.[209] Auch PETER betont, dass der Begriff der Kundenloyalität stärker
auf eine zustandsorientierte Auffassung zutrifft, die auf der Einstellung von Kunden zu
ihren Anbietern beruht. Kundenbindung sei dagegen auch eine prozessorientierte

---

[204] Oliver 1997, S. 392. Der Autor bietet auch einen Überblick über die Entwicklungen in diesem
       Forschungsfeld; ebenda, S. 389ff., und differenziert verschiedene Loyalitätsarten und -phasen.
[205] Dick/Basu 1994, S. 102.
[206] Homburg/Giering/Hentschel 2000, S. 88; ähnlich Giering 2000, S. 18.
[207] Vgl. Eggert 1999, S. 28f.
[208] Vgl. Eggert 1999, S. 53. Gebundenheit muss nicht zwingend negativ wahrgenommen werden.
       Moser 1996, S. VII, unterscheidet strukturelle Bindungen, die etwa auf Basis von Gesetzen,
       Verträge u.Ä. bestehen, sowie Empfindungen, die bindend wirken.
[209] Vgl. Eggert 1999, S. 130.

Sichtweise, bei der dem Anbieter eine aktivere Rolle zukäme.[210] Kundenloyalität bzw. -treue sei dagegen zunächst eine einseitige Verhaltensweise des Kunden.[211]

Im Kontext der vorliegenden Arbeit erfolgt keine Analyse von Gebundenheit des Kunden, sondern es steht die auf positiven, vorwiegend emotionalen Aspekten basierende Verbundenheit im Vordergrund.[212] Insofern kann anstelle der Bindung von Loyalität die Rede sein. Diese Begriffswahl ist auch insofern zweckmäßig, als in Bezug auf die anderen betrachteten Stakeholder-Gruppen – also Mitarbeiter und Aktionäre – der Begriff Loyalität in der Literatur breitere Verwendung findet als die Bindung.

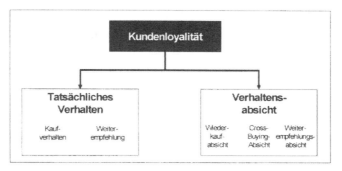

Abbildung 5-2:   Konzeptualisierung des Konstrukts Kundenloyalität
(Quelle: in Anl. an Homburg/Faßnacht 1998, S. 415)

Während die Kundenloyalität früher in der Regel auf Wiederkaufverhalten bzw. entsprechende Absicht beschränkt wurde, sehen etwa SMITH ET AL. „loyalty as a function of attitude manifested as behavior"[213]. „Loyalität bezieht sich hierbei sowohl auf bisheriges Verhalten (ex post-Betrachtung) als auch auf die Absicht zu zukünftigem Verhalten"[214] und zieht neben dem Wiederkauf eine ganze Reihe weiterer Nutzen-

---

[210]   Vgl. Peter 1999, S. 10. Auch Giering 2000, S. 19, erklärt, dass sich Loyalität nur auf die nachfragerseitige Form von Kundenbindung bezieht. Unter Kundenbindung aus Anbietersicht verstehen Diller 1995, S. 6, oder Peter 1999, S. 8, ein Bündel von Aktivitäten, das darauf ausgerichtet ist, die Geschäftsbeziehungen zu Kunden enger zu gestalten. Einen Überblick über Konzeptualisierungen der Kundenloyalität bietet Braunstein 2001, S. 27ff.

[211]   Vgl. Peter 1999, S. 9. Zum Begriff der Kundentreue siehe Nolte 1976, S. 141ff.

[212]   Zur affektiven Komponente der Loyalität siehe im Detail Dick/Basu 1994, S. 104.

[213]   Smith et al. 1998, S. 529.

[214]   Homburg/Giering/Hentschel 2000, S. 88; ähnlich Giering 2000, S. 18.

wirkungen für den Anbieter nach sich.[215] Der Grad der Loyalität wird damit an beobachtbares Verhalten oder abfragbare Verhaltensintentionen geknüpft. Analog konzeptualisieren HOMBURG und FASSNACHT das Konstrukt wie in Abbildung 5-2 dargestellt.

Die **Verhaltensabsichten** können sich auf das Wiederkaufverhalten von Kunden, ihre Bereitschaft, zusätzliche Produkte des Unternehmens zu erwerben (Cross-Buying) und die Anbieterleistungen weiterzuempfehlen beziehen, das **tatsächliche Verhalten** auf den bereits getätigten Wiederkauf und die realisierten Weiterempfehlungen.[216] Entsprechend ‚praktikabel' definiert GIERING die Kundenloyalität als „die Absicht eines Kunden, die Produkte eines bestimmten Anbieters wieder zu kaufen, den entsprechenden Anbieter weiterzuempfehlen und die Einkäufe bei diesem Anbieter auszudehnen"[217]. Weitere Auswirkungen der Loyalität wie etwa die verminderte Preissensibilität bzw. größere Preisbereitschaft sind in der Literatur durchaus umstritten.[218]

Es herrscht weitgehend Konsens, dass Loyalität auf kognitiver, affektiver und konativer Ebene erfasst werden kann.[219] Nach dem auch von DICK und BASU vorgestellten Drei-Komponenten-Ansatz basiert die kognitive Komponente vor allem auf Informationen über das Produkt bzw. die Unternehmung, die affektive beinhaltet die positive Hinwendung des Kunden zur Unternehmung und eine klare Präferenzbildung und die konative ist in der Regel auf Kauf-, gegebenenfalls auch andere Verhaltensintentionen, gerichtet.[220] Für die vorliegende Arbeit wird die Definition von GRUND zur Kundenbindung für die Kundenloyalität übernommen; Kundenloyalität umfasst hiernach „das Maß der affektiven, kognitiven und konativen Beziehungsstärke einer Person zu einem in der Vergangenheit mindestens einmal in Anspruch genommenen

---

[215] Vgl. Homburg/Bruhn 2005, S. 9; Zeithaml/Berry/Parasuraman 1996, S. 33. Speziell zu Charakteristika und Determinanten des Wiederkaufverhaltens siehe Preß 1997, S. 77ff.

[216] Vgl. Homburg/Faßnacht 1998, S. 415; siehe auch Giering 2000, S. 16ff. Vgl. zum Cross-Buying bzw. -Selling Schäfer 2002, passim. Operationalisierungen der Kundenbindung diskutieren auch Eggert 1999, S. 33ff.; Peter 1999, S. 105ff.

[217] Giering 2000, S. 18.

[218] Dass man die Treue der alten Kundschaft dadurch belohne, die Preise von vornherein höher anzusetzen, hält schon Sandig 1962, S. 24, für sehr fragwürdig.

[219] Vgl. Dick/Basu 1994, S. 99; Oliver 1997, S. 390f.

[220] Vgl. Dick/Basu 1994, passim; im Überblick auch Oliver 1997, S. 390f.

Anbieter, die sich – unter Berücksichtigung situativer Bedingungen – in einem für das Unternehmen positiven Kundenverhalten manifestiert"[221].

5.2.3 Loyalität von Aktionären

5.2.3.1 Aktionärsloyalität als Ziel der Unternehmung

Durch die hohe Kapitalmobilität sowie die wachsende ‚Mündigkeit' sind die privaten Anteilseigner auch in Deutschland zu einer zentralen Anspruchsgruppe der Unternehmung geworden.[222] Im Mittelpunkt dieser Arbeit stehen dabei sogenannte **Publikumsgesellschaften**, da für diese eine Analyse hybrider Stakeholder-Strukturen besonders relevant ist. Kunden oder Mitarbeiter sowie auch andere Stakeholder-Gruppen können hier zu Anteilseignern werden. SCHULZ qualifiziert jene börsennotierten Aktiengesellschaften als Publikumsgesellschaften, „bei denen der quantitativ kumulierte Anteil aller Streubesitzaktionäre eine qualitative Berücksichtigung ihrer Interessen bedingt, ihre quantitative Anzahl aber nur eine anonyme Marktbearbeitung zulässt"[223]. Der letzte Teilsatz deutet an, dass diese Stakeholder-Gruppe in der Praxis wie auch der Wissenschaft bislang wenig Beachtung fand. Eine Analyse ihres Verhaltes kann im Rahmen des Finanz- bzw. Aktienmarketing erfolgen.

Das **Finanzmarketing** der Unternehmung kann nach SÜCHTING als „der an den Bedürfnissen der Kapitalgeber orientierte, zielgerichtete Einsatz finanzpolitischer Maßnahmen zur Überwindung der zwischen Kapitalnachfrager und Kapitalangebot bestehenden Widerstände"[224] definiert werden. **Aktienmarketing** ist „der Teil einer marktorientierten Konzeption der Unternehmensführung, bei dem zur Erreichung eines optimalen Beitrags der aktienmarktorientierten betrieblichen Tätigkeiten zu den Gesamtzielen des Unternehmens die Aktivitäten konsequent auf die Überwindung der gegenwärtigen und zukünftigen Widerstände auf den Aktienmärkten ausgerichtet werden"[225]. Bei beiden Definitionen bleibt unklar, was mit ‚Widerständen' gemeint ist. Im

---

[221] Grund 1998, S. 11.

[222] Vgl. Stahl/Matzler/Hinterhuber 2006, S. 425; Bloechl/Schemuth 2003b, S. 4. Die Begriffe ‚Anleger' und ‚Aktionär' werden in dieser Arbeit synonym verwendet; die Betrachtung ist auf Aktiengesellschaften (AG, KGaA) eingegrenzt.

[223] Schulz 1999, S. 29f.; Jansch 1999, S. 21ff. Aktionärszahl und Streubesitzanteil sind in der Regel die in der Literatur verwendeten Kriterien zur Definition von Publikumsgesellschaften; siehe hierzu auch Hartmann 1968, S. 12; Jansch 1999, S. 22.

[224] Süchting 1986, S. 645; ähnlich Link 1991, S. 8.

[225] Link 1991, S. 7.

Sinne eines ‚Broadening' des Marketingkonzepts[226] wird hier eine alternative Definition in Anlehnung an das ‚klassische' Absatzmarketing vorgeschlagen: Finanz- bzw. Aktienmarketing ist das **Management von Wettbewerbsvorteilen auf Finanz- bzw. Aktienmärkten.**[227] Da unter anderem die wachsende Internationalisierung der Märkte zu zunehmendem Wettbewerb auf den Finanzmärkten führt, sind börsennotierte Aktiengesellschaften bei der Eigenkapitalbeschaffung auf Wettbewerbsvorteile angewiesen.[228] Dabei konkurrieren sie in Bezug auf mögliche ‚Kunden' für ihre Aktien auch mit Unternehmungen anderer Branchen, mit denen sie auf den Absatz- und Beschaffungsmärkten nicht in Berührung kommen würden.[229]

Die bedeutendsten **Ziele des Finanz- bzw. Aktienmarketing** werden in der Minimierung der Kosten der Kapitalbeschaffung gesehen, in der Verstetigung der Eigenkapitalgeberverhältnisse und der Schaffung einer optimalen Aktionärsstruktur.[230] Daneben treten qualitative Ziele wie die Erhöhung des Bekanntheitsgrades, Veränderungen der Einstellungen bei den Zielgruppen sowie der Präferenz und Kaufabsicht bezüglich der Aktien.[231]

Die langfristige Bindung von Aktionären trägt zur Erreichung dieser Ziele bei. Kleinanteilseigner bzw. private Aktionäre „gelten als langatmige Investoren. Sie verkaufen ihr Papier bei schlechten Nachrichten nicht so schnell wie institutionelle Investoren. Je höher der Anteil der Privaten am Aktienkapital ist, desto geringer werden die Kursschwankungen des jeweiligen Papiers".[232] Dies ist vorteilhaft um zu verhindern, „daß das Unternehmen zum Spekulationsobjekt wird, denn in diesem Fall steht das Unter-

---

[226] Vgl. zum Broadening bzw. Deepening des Marketingkonzepts Kotler/Levy 1969, passim; Kotler 1972, passim; Meffert 2000, S. 1276f.

[227] Ähnlich Foster 1991, S. 133; Will/Wolters 2001, S. 44. U.a. Backhaus 2003, S. 7, versteht Marketing als das Management von Wettbewerbsvorteilen.

[228] Vgl. auch Allensdorf 1996, S. 224; Becker 1994, S. 298; Hocker 2001, S. 444; zum Wettbewerb um Kapital siehe auch Hartmann 1968, S. 89f.

[229] Vgl. auch Link 1993, S. 115; Wiedmann 2001, S. 14. In Analogie zur Kundenorientierung spricht Becker 1994, S. 308, von der notwendigen Kapitalgeberorientierung der Unternehmung.

[230] Vgl. Süchting 1986, S. 654. Ein weiteres könnte lauten, die Kursentwicklung im Vergleich zu einem allgemeinen Index zu stabilisieren, siehe ebenda. Siehe auch Becker 1994, S. 300.

[231] Vgl. Süchting 1986, S. 654; Becker 1994, S. 300ff.; Link 1994, S. 365; Allendorf 1996, S. 10; Kirchhoff 2001, S. 28ff. Bereits Hartmann 1968, S. 70, sieht in der Steigerung des Beliebtheits- und Bekanntheitsgrades die wesentlichen Ziele von Investor Relations.

[232] Nölting 1999, S. 115. Sie sind damit besonders treue Aktionäre; vgl. auch Hocker 2001, S. 448; Bloechl/Schemuth 2003a, S. 3; Allendorf 1996, S. 44; Paul 1990, S. 7; Gierl/Praxmarer 2000, S. 1327.

nehmen auf einer unsicheren Basis, auf der kaum eine langfristig orientierte Unternehmenspolitik aufzubauen ist"[233]. Die Streuung beim breiten Anlegerpublikum trägt dazu bei, die Abhängigkeit von (kurzfristig disponierenden) Großanlegern zu vermindern und so plötzlichem Kapitalentzug und kurzfristigen Kursbewegungen vorzubeugen.[234] Treue Anleger verlangen annahmegemäß eine geringere Risikoprämie, da Loyalität in der Regel auf einem geringeren wahrgenommenen Risiko basiert; damit verringern sich aus Sicht der Unternehmung die Eigenkapitalkosten. Wird die Aktie in der Folge höher bewertet, führt dies zu niedrigeren Zinsforderungen seitens der Fremdkapitalgeber, so dass auch die Fremdkapitalkosten sinken. Hiervon profitieren wiederum die AG und auch der Aktionär.[235]

De facto ist allerdings zu konstatieren, dass „der heutige Aktionär die persönliche Bindung zu ‚seinem' Eigentum am Unternehmen weitgehend verloren hat [...]. Der Aktionär betrachtet sein Aktienkapital lediglich als eine Form abstrakter Vermögensbindung, die keinerlei Anreiz für eine tiefergehende Identifikation mit dem Unternehmen bietet"[236].

Einige Autoren gehen jedoch davon aus, dass die Bedeutung einer **persönlichen bzw. emotionalen Beziehung** des Aktionärs zur Aktie und zu der dahinter stehenden Aktiengesellschaft zunimmt.[237] Dies ergibt sich durch die hohe Vertrauensempfindlichkeit und Erklärungsbedürftigkeit der Aktie, welche für die Unternehmung die Schaffung einer (persönlichen) Vertrauensbasis nahe legen. Der Aufbau emotional geprägter, vertrauensvoller und langfristig stabiler Beziehungen zu den Aktionären führt von einer Betrachtung einmaliger Aktientransaktionen weg zu einer Beziehungsorientierung an Kapitalmärkten.[238] Die Kommunikation mit Privatanlegern stellt Unternehmungen allerdings vor Schwierigkeiten. Da es sich um eine heterogene und zahlenmäßig große Gruppe handelt, ist der Einsatz traditioneller Kommunikationsmittel zeit- und kostenintensiv. Demgegenüber steht ein geringes Anlagepotenzial je

---

[233] Jansch 1999, S. 156; ähnlich Link 1991, S. 153; Hartmann 1968, S. 45.

[234] Vgl. Becker 1994, S. 301.

[235] Vgl. Maier-Moritz 2002, S. 47.

[236] Madrian 1998, S. 136.

[237] Vgl Gierl/Praxmarer 2000, S. 1327; Maier-Moritz 2002, S. 18.

[238] Vgl. Tuominen 1995, S. 170; Madrian 1998, S. 39; Maier-Moritz 2002, S. 42f. Link 1991, S. 32, merkt an, dass dies bei Inhaberaktien sowie einem ständigen Aktionärswechsel im Sekundärmarkt kaum zu bewerkstelligen sei.

Aktionär, da diese Zielgruppe über das geringste Anlagekapital pro Entscheider verfügt.[239] Anders als seinerzeit von HARTMANN vorgebracht und in der Literatur stetig
wiederholt[240], muss keine anonyme Marktbearbeitung der Streubesitzaktionäre erfolgen. Wenn etwa LINK vielen Unternehmungen das Fehlen eines geschlossenen Konzepts zur Vermarktung der eigenen Aktien sowie zur Aktionärspflege ankreidet und
dies auf das Fehlen unmittelbarer und intensiver Pflege der Beziehungen zum Großteil
der Aktionäre zurückführt[241], entspricht dies nicht mehr dem (technisch) Möglichen.
Moderne **Shareholder Relationship Management-Systeme**[242] erlauben die Ansprache individueller Aktionäre, innovative technische Lösungen können bei akzeptablen
Kosten zu einer dauerhaften Beziehungspflege eingesetzt werden. Hierzu kommen
neben dem Internet auch Call Center und Direktmarketing in Frage.[243] Der Markt
individueller Anleger ist dann nicht mehr als Massenmarkt zu betrachten, der im Gegensatz zu den institutionellen Anlegern „aus wirtschaftlichen Überlegungen heraus
mit unpersönlichen Werbemitteln [...] zu bearbeiten ist"[244]. Eine Intensivierung der
Kommunikation könnte auch dazu beitragen, das Desinteresse des Kleinanlegers an
der Wahrnehmung der ihm zufallenden Unternehmerfunktionen zu beheben.[245]

Allerdings bestehen direkte Kontakte zu Aktionären nur bei der Emission von
Namensaktien. Bei der in Deutschland (noch?) vorherrschenden Form der Inhaberaktie bleiben die Aktionäre der Unternehmung unbekannt, Besitzerwechsel werden
regelmäßig nicht erkannt bzw. entziehen sich dem Einfluss der Unternehmung.[246] Das
den Regelfall darstellende Verfahren der Fremdemission durch Kreditinstitute im

---

[239] Vgl. Gierl/Praxmarer 2000, S. 1327; Kirchhoff 2001, S. 38. Mit der Vererbung großer Vermögen
       auf die jüngere, aktienaffine Generation könnte deren Bedeutung als Anlegergruppe auch aus
       Unternehmenssicht steigen; vgl. ebenda, S. 39.

[240] Vgl. Hartmann 1968, S. 44; Link 1991, S. 12; Allendorf 1996, S. 11f.

[241] Vgl. Link 1993, S. 105ff.; ähnlich Becker 1994, S. 307. Jansch 1999, S. 153, kommt im Rahmen
       einer empirischen Untersuchung zu dem Schluss, dass der sorgfältigen Pflege der Beziehungen
       zu Aktionären in deutschen Unternehmen generell ein zu geringer Stellenwert beigemessen wird.

[242] Vgl. Bloechl/Schemuth 2003b, S. 5.

[243] Vgl. Hocker 2001, S. 447. Zu einer internet-basierten Typologie von Anlegern siehe Piwinger
       (Boris) 2001, S. 452ff.

[244] Süchting 1986, S. 658. Hierzu kritisch äußern sich auch Bloechl/Schemuth 2003b, S. 3f.

[245] Vgl. zu Gründen für dieses Desinteresse etwa Madrian 1998, S. 137ff.

[246] Vgl. Link 1991, S. 285. Je nach Übertragungsmodalitäten werden Inhaber- und Namensaktien
       unterschieden: Erstere lauten auf den Inhaber, sie werden durch Einigung und Übergabe übertra-
       gen, letztere lauten auf den Namen des Aktionärs, der im Aktienregister einzutragen ist. Zu die-
       sen und weiteren Differenzierungen von Aktienarten vgl. Wöhe 2000, S. 695ff.

Rahmen des diskreten Absatzes der Aktien im Primärmarkt führt dazu, dass die Unternehmung selbst beim Verkauf der Aktie keinen Kontakt zum Aktionär aufbaut.[247] Auch der börsenmäßige Sekundärhandel erfolgt ausschließlich über Finanzintermediäre, so dass auch hier kein ,Kunden'- bzw. Aktionärskontakt erfolgt.[248] Es ist allerdings festzustellen, dass die Namensaktie von deutschen börsennotierten Unternehmungen immer häufiger eingesetzt wird, was unter anderem eine erleichterte Bindung von Aktionären zum Ziel hat.[249] Bereits ein Drittel der im DAX-30 notierten Aktiengesellschaften hat im Zeitraum von 1999 bis 2002 die Notierung auf Namensaktien umgestellt, was vor allem auf die technischen Fortschritte bei der Abwicklung des Handels und der Aufbewahrung von Wertpapieren zurückzuführen ist. Während früher Bedenken hinsichtlich der Fungibilität der Papiere zur stärkeren Verbreitung von Inhaberaktien führten, sind Namensaktien heute ebenso leicht zu übertragen. Im Unterschied zu den Inhaberaktien gilt nur als Aktionär der Gesellschaft, wer in das Aktienregister (früher: Aktienbuch) eingetragen ist.[250] So ist das Anonymitätsproblem bei diesem Aktientyp aufgehoben, eine Kommunikation zwischen Unternehmung und Aktionär ist möglich.[251] Das hierdurch erzielbare Vertrauensverhältnis kann bewirken, dass sich die Aktionäre in Krisensituationen nicht sofort von ihren Papieren trennen, was das Rückschlagspotenzial der Kurse sowie die Gefahr feindlicher Übernahmen reduziert, zumal Veränderungen im Kreis der Anteilseigner frühzeitig erkennbar werden. Zudem sind Namensaktien unerlässlich, sofern eine Börsennotierung in den USA beabsichtigt ist, da etwa am New York Stock Exchange keine Inhaberaktien akzeptiert werden.[252] Allerdings ist selbst hier noch kein hoher Grad an Loyalität – gemessen an

---

[247] Vgl. zu Vor- und Nachteilen der Fremd- und Selbstemission Link 1991, S. 272ff.

[248] Vgl. Link 1991, S. 54. Hier findet sich auch eine Reihe von Vorschlägen zur Informationsgewinnung über Anleger im Rahmen primärer oder sekundärer Marktforschung; vgl. ebenda, S. 52ff.; Ferris 1989, S. 174f. Zu einer Betrachtung von Aktionären als ,Kunden' der Unternehmung siehe Link 1991, S. 200, 213.

[249] Vgl. Bloechl/Schemuth 2003b, S. 3.

[250] Die Verwaltung von Namensaktien ist nicht mehr so umständlich und kostenintensiv wie früher, da Aktionärsregister heute auf elektronischer Basis geführt werden können (,virtuelles Aktienbuch'); vgl. Kirchhoff 2001, S. 39; Bloechl/Schemuth 2003b, S. 3f. Siehe hierzu das am 25.1.2001 in Kraft getretene ,Gesetz zur Namensaktie und zur Erleichterung der Stimmrechtsausübung' (NaStraG), BGBl. Teil I, 2001, S. 123ff.

[251] Vgl. DAI 2001, S. 1. Dabei steht dem Aktionär ein Widerspruchsrecht gegen die Verwendung seiner Daten zu Werbezwecken der Gesellschaft zu; vgl. ebenda. Zu den Vorteilen von Namensaktien siehe auch Nölting 1999, S. 114.

[252] Vgl. hierzu sowie zu Problemen beim Einsatz von Namensaktien DAI 2001, S. 2; Kirchhoff 2001, S. 38f.

der Haltedauer – zu verzeichnen. Hinsichtlich des New York Stock Exchange urteilt REICHHELD: „The average publicly owned company can expect to lose half its owners over the course of the next 11 months"[253].

5.2.3.2 Einflussfaktoren und Operationalisierung der Aktionärsloyalität

Eine der Voraussetzungen zur Erzielung von Aktionärsloyalität liegt in der Aufrechterhaltung bzw. Steigerung der **Zufriedenheit des Aktionärs**.[254] Hierfür sind nach MAIER-MORITZ die Erfüllung des Nutzenversprechens sowie das Verhalten der AG, insbesondere in Bezug auf Information und Kommunikation mit den Aktionären, von Bedeutung.[255] Das Konstrukt der Aktionärs- bzw. Anlegerzufriedenheit wird in der Literatur kaum explizit thematisiert, kann aber analog zur Kundenzufriedenheit definiert werden als (bewerteter) Abgleich zwischen tatsächlich erlebter Bedürfnisbefriedigung mit den subjektiven Erwartungen des Aktionärs.[256]

MAIER-MORITZ differenziert Aktientreue und -bindung. **Aktientreue** beschreibt die Aufrechterhaltung einer freiwilligen Beziehung zur Aktie bzw. der Aktiengesellschaft seitens der Aktiennachfrager, bei der **Aktienbindung** wird zusätzlich das vergangene und zukünftige Verhalten der Aktiennachfrager berücksichtigt, es handelt sich also um ein dynamisches Konstrukt.[257] Im Zusammenhang mit der vorliegenden Untersuchung ist allein die Bindung an die Aktien einer bestimmten Unternehmung relevant, und zwar aus der subjektiven Perspektive des Aktionärs. In Anlehnung an EGGERT kann die **Aktionärsbindung** definiert werden als innerer Zustand der Ver- oder Gebundenheit des Aktionärs; Loyalität liegt im erstgenannten Fall vor.[258] **Gebundene Aktionäre** können ihre Bindung (zur Zeit) nicht auflösen. Wechselbarrieren auferlegt sich der Aktionär in der Regel selbst, z.B. in Form bestimmter Mindestrenditen oder des sogenannten ‚Endowment-Effekts'. Hiernach ist der subjektive Wert eines Guts (einer

---

253 Reichheld 1995, S. 1. Zwischen 1960 und 1995 stieg die Abwanderungsrate von 14 auf über 50 Prozent. Deutsche und japanische Anleger seien allerdings loyaler; vgl. ebenda, S. 3.

254 Vgl. Maier-Moritz 2002, S. 40.

255 Vgl. Maier-Moritz 2002, S. 27f. Zur Nutzenerwartung von Aktionären siehe auch Kapitel 6.3.1.

256 Analog zur Kundenzufriedenheit siehe z.B. Schütze 1992, S. 129f.

257 Vgl. Maier-Moritz 2002, S. 27, der den Begriff der Markenaktienbindung gebraucht; siehe auch Oevermann 1997, S. 9f., der allerdings allgemein die Treue und Bindung von Kunden bei Finanzdienstleistungen untersucht.

258 Vgl. zur analogen Definition der Kundenbindung aus Kundensicht Eggert 1999, S. 130.

Aktie) umso höher, je länger man es besitzt.[259] De facto steht es Aktionären von Publikumsgesellschaften frei, jederzeit Anteile zu verkaufen und so ihre Bindung zu beenden; eine Ausnahme bilden die Belegschaftsaktionären auferlegten Sperrfristen. Die Verwirklichung von Wechselabsichten zu vereiteln und langfristige Bindungen aufzubauen sind wichtige Ziele der Unternehmung.[260] **Verbundene Aktionäre** wollen ihre Beziehung zur Unternehmung gar nicht beenden. Tatsächlich kann bei (bestimmten) Privatanlegern von emotionaler Bindung an die Unternehmung und die Aktie ausgegangen werden[261], was allerdings eines Zugehörigkeitsgefühls bei den Aktionären bedarf: „The typical stockholder (large or small) desires a sense of belonging to the organization"[262].

Loyalität von Aktionären manifestiert sich in verschiedenen Verhaltensweisen, anhand derer auch eine **Konstruktoperationalisierung** erfolgen kann – wobei bislang keine entsprechenden Ansätze oder empirische Untersuchungen in der Literatur vorliegen. Anders als bei Produkten spielt der **Wiederkauf** als Loyalitätsvariable bei Aktionären keine Rolle. Aktien werden nicht verbraucht, eine natürliche Alterung gibt es nicht. Aktionäre gehen eine zunächst zeitlich unbegrenzte Vertragsbeziehung mit der Unternehmung ein; zur Liquidisierung des eingesetzten Kapitals sind sie auf einen Sekundärmarkt angewiesen.[263] Die Verbindung zwischen Aktionär und Unternehmung kann nur durch einen Verkauf beendet werden – neben der sonst im Marketing betrachteten ‚Kaufschwelle' wird hier also eine ‚Verkaufschwelle' relevant. Treue zur Unternehmung kommt damit auch in einem ‚Gewohnheitshalten' der Aktie – im Vergleich zum Gewohnheitskauf – zum Ausdruck.[264] Häufig wird als Treueindikator deshalb die Aktienhaltedauer genannt: „Loyale Aktionäre halten ihre Aktien länger und verkaufen sie auch in Krisensituationen nicht".[265] Auch kann die Fokussierung des Aktionärs auf

---

[259] Vgl. Oehler 1991, S. 15.

[260] Vgl. Horn/Schemuth 2003, S. 205; Bloechl/Schemuth 2003b, S. 5; Hunt 1952, S. 103. Ein gern zitiertes Beispiel für die Bedeutung von Aktionärsloyalität bietet die Firma BMW: Durch die Sperrminorität von 30% der in der Hauptversammlung anwesenden Aktionäre aus der Handelsorganisation (= Kunden) konnte am 9.12.1955 eine Übernahme durch Daimler-Benz vermieden werden; vgl. Süchting 1986, S. 656.

[261] Vgl. Bloechl/Schemuth 2003b, S. 5; Oehler 1991, S. 15.

[262] Hunt 1952, S. 104.

[263] Vgl. Link 1991, S. 30.

[264] Vgl. Link 1991, S. 92.

[265] Maier-Moritz 2002, S. 6; siehe auch Kirchhoff 2001, S. 39; Hocker 2001, S. 441f.

eine oder wenige Aktien in seinem Depot ein Zeichen seiner Loyalität sein.[266] LINK allerdings erwähnt, dass der ‚Share-of-Wallet' bzw. ‚Share-of-Portefeuille' anders als bezüglich der Konsumententreue keinen geeigneten Indikator für Aktionärstreue darstellt, da die (risikobedingte) Aufteilung des Aktienportfolios auf verschiedene Unternehmen bzw. Branchen gängiges Verhalten ist.[267] Das Treueverhalten der Aktionäre kann zudem mit der Teilnahme an anstehenden Kapitalerhöhungen in Form der Ausübung von Bezugsrechten oder mit Zukäufen desselben Wertpapiers im Sekundärmarkt belegt werden.[268] Eine Unternehmung verfügt über ein hohes Loyalitätspotenzial, wenn eine Kapitalerhöhung zum größten Teil bei den bisherigen Aktionären platziert werden kann.

Auch die **Weiterempfehlung** der Aktie kann loyale Aktionäre auszeichnen[269], wobei der Literatur keine Anhaltspunkte für die Stärke dieses Indikators zu entnehmen sind. Eine dem Kundenverhalten analoge Interpretation würde bedeuten, dass Aktionärsempfehlungen sehr wirksam sind, da sich Aktien durch ein hohes Maß an Erfahrungs- und Vertrauensqualitäten auszeichnen.[270] Jedoch steht dem unter anderem gegenüber, dass vermögensbezogene Aspekte selbst im engen sozialen Umfeld in der Regel eher zögerlich thematisiert werden.

Die in Bezug auf Kunden zudem genannten Verhaltenwirkungen der Bindung **Up-** und **Cross-Buying** sind auf Aktionäre jedoch nur indirekt übertragbar. So weist LINK darauf hin, dass positive Erfahrungen des Aktionärs auf andere Finanzierungsformen transferiert werden können, „indem z.B. ein Anleger in sein Portefeuille ergänzend oder alternativ – vergleichbar mit einem Preisklassenwechsel aufgrund geänderter Präferenzen – auch andere Produkte des Unternehmens aufnimmt (Unternehmenstreue)"[271]. Hierin liegt also eine Variante des Cross-Buying und der Förderung der Hybridisierung von Stakeholder-Strukturen. Der Aktionär wird zum Kunden oder gar

---

[266] So erklärt Müller-Peters 1999, S. 138, dass die meisten privaten Aktiendepots durch lange Haltezeiten und eine geringe Streuung gekennzeichnet sind.

[267] Vgl. Link 1991, S. 93f. Als Share-of-Wallet bezeichnet man in Bezug auf einen betrachteten Käufer und eine bestimmte Zeiteinheit den Anteil der bei einem bestimmten Anbieter getätigten Käufe in einer Produktkategorie gemessen an den gesamten Einkäufen in dieser Produktkategorie.

[268] In Analogie zur Kundenbindung wären dies Formen des Wieder- bzw. Mehrkaufs.

[269] Vgl. Maier-Moritz 2002, S. 27.

[270] Vgl. Helm 2000, S. 197; dieselbe 2001, S. 76ff.

[271] Link 1991, S. 229.

zum Multiplikator: „Investors are also consumers, and they talk to other consumers".[272] LINK sieht generell einen Weg zum Aufbau von Aktionärsloyalität darin, Mitarbeiter, Pensionäre, Lieferanten, Kunden oder andere Stakeholder als Aktionäre zu gewinnen und so zusätzlich an die Unternehmung zu binden, da diese Gruppen ohnehin loyaler gegenüber der Unternehmung sind als andere private Aktionäre.[273] HORN und SCHE-MUTH sehen in ehemaligen (treuen) Aktionären eine lohnende Zielgruppe, die zum Wiederkauf der Aktie bewegt werden sollte.[274]

5.2.4 Loyalität von Mitarbeitern

5.2.4.1 Mitarbeiterloyalität als Ziel der Unternehmung

Fähigkeiten, Erfahrungen und das kreative Potenzial von Mitarbeitern sind **primäre Erfolgsfaktoren** der Unternehmung.[275] TEUFER prognostiziert, dass die Rolle von Mitarbeitern an Gewicht zunehmen wird, da Know-how einen immer höheren Stellenwert im Wirtschaftsprozess einnimmt. Auch durch das Wachstum des Dienstleistungssektors, in dem Mitarbeiter und Kunden gemeinsam die Leistungserstellung vornehmen, und durch wachsende Dezentralisierung werden selbständig und eigenverantwortlich handelnde Mitarbeiter zunehmend gebraucht.[276] Gleichzeitig kann darüber spekuliert werden, ob in Zukunft ein flexiblerer Arbeitsplatzwechsel (auch bis in höhere Altersstufen) notwendig wird oder über Telearbeit ein loserer Kontakt zum Arbeitgeber bestehen wird[277], was Auswirkungen auf die Loyalität von Mitarbeitern haben könnte. BERTHEL warnt: „Wenn mit der Arbeitsplatzsicherheit das Äquivalent für die Loyalität des Mitarbeiters zu ‚seiner' Firma wegfällt, so ist zumindest die Gefahr groß, dass die Bleibebereitschaft dramatisch erodiert"[278]. Eine aktuelle Studie

---

[272] Hunt 1952, S. 105. Dieser Rollenerweiterung sind im Business-to-Business-Sektor engere Grenzen gesetzt; vgl. Hartmann 1968, S. 113.

[273] Vgl. Link 1991, S. 93 und S. 286; Jansch 1999, S. 125

[274] Horn/Schemuth 2003, S. 208; die Autoren beschreiben mit ‚Shares & More' das erste Loyalitätsprogramm für Anleger; vgl. ebenda, S. 209ff.

[275] Vgl. z.B. Staehle 1999, S. 777; Teufer 1999, S. 1.

[276] Vgl. Teufer 1999, S. 1; Davies et al. 2003, S. 52f.

[277] Vgl. hierzu Maier/Woschée 2002, S. 134.

[278] Berthel 2002, S. 309.

kommt zu dem Ergebnis, dass die Mitarbeiterloyalität zwar weltweit wächst, Deutschland diesbezüglich jedoch nur einen Platz im Mittelfeld einnimmt.[279]

In der gezielten Personalbindung sieht BERTHEL deshalb ein besonders wichtiges Ziel des Personalmarketing bzw. Human Resource Management.[280] **Personalmarketing** ist die „Orientierung der gesamten Personalpolitik eines Unternehmens an den Bedürfnissen von gegenwärtigen und zukünftigen Mitarbeitern, mit dem Ziel, gegenwärtige Mitarbeiter zu halten, zu motivieren und neue Mitarbeiter zu gewinnen"[281]. Allerdings ist neben der Gewinnung, Entfaltung und Erhaltung der Mitarbeiterpotenziale auch die Beendigung der Mitarbeiterbeziehung (z.B. Outplacement) Aufgabe des Personalmarketing. Letztlich geht es auch hier um das Management von Wettbewerbsvorteilen, die auf Personalmärkten erzielt werden müssen. Personal- bzw. Mitarbeiterbindung umfassen aus Sicht des Arbeitgebers die Faktoren, die den Mitarbeiter an das Unternehmen binden[282], aus Sicht des Arbeitnehmenden steht die wahrgenommene Bindung an eine Organisation (die Betriebstreue) im Vordergrund.[283]

Die Mitarbeiterbindung wird vor allem als Mittel zur Verhinderung hoher **Fluktuationskosten** gesehen.[284] Diese liegen aus Perspektive des Transaktionskostenansatzes beispielsweise in den Such- und Informationskosten bei der Personalbeschaffung, den Anbahnungskosten bei der Auswahl und Vorstellung von Bewerbern, den Kosten des Vertragsschlusses, möglichen Veränderungs- oder Anpassungskosten, die etwa in der Einarbeitung und Schulung neuer Mitarbeiter begründet sind. Zudem verlieren spezifische Investitionen in den abgewanderten Mitarbeiter ihren Wert. Darüber hinaus ist die Produktivität eines neuen Mitarbeiters zu Beginn seiner Tätigkeit in der Regel geringer als bei einer eingearbeiteten Arbeitskraft. Neben finanziellen Nachteilen sind weitere mit dem Weggang von Mitarbeitern verbunden wie etwa ein Know-how-Verlust, eine mögliche Verschlechterung des Arbeitsklimas, Unruhe im Betriebsablauf.[285] „Auch

---

[279] Vgl. o.V. 2003b, o.S.

[280] Vgl. Berthel 2002, S. 309. Erreicht wird dies seiner Ansicht nach über die Personalentwicklung; vgl. hierzu auch Staehle 1999, S. 871ff.

[281] Simon et al. 1995, S. 13.

[282] Pepels 2002, S. 130, definiert: „Unter Personalbindung werden im Folgenden alle Maßnahmen verstanden, die geeignet erscheinen, die Verweildauer Arbeitgeber gewünschter Mitarbeiter im Unternehmen zu verlängern und zu intensivieren".

[283] Vgl. Bauer/Jensen 2001, S. 8.

[284] Vgl. z.B. Pepels 2002, S. 131.

[285] Vgl. Bauer/Jensen 2001, S. 1.

das Image des Unternehmens, und insbesondere dessen Bild als Arbeitgeber, kann Schaden nehmen, wenn in der Öffentlichkeit publik wird, daß in einer Firma eine hohe Fluktuationsrate herrscht".[286] ALLEN und MEYER machen allerdings darauf aufmerksam, dass die mangelnde Wechselbereitschaft nicht der sinnvollste Indikator für die Mitarbeiterbindung ist: „What is not recognized in such logic, however, is the fact that what employees do on the job is as important, or more important, than whether they remain"[287].

In der Diskussion über mögliche Zusammenhänge zwischen Kunden- und Mitarbeiterzufriedenheit wird der Mitarbeiterbindung eine hohe Bedeutung zugewiesen. Niederschlag fanden entsprechende Analysen beispielsweise in der ‚Service-Profit-Chain' von HESKETT ET AL.[288] Allerdings gilt auch hier, dass eine hohe Mitarbeiterzufriedenheit nur eine – wenn auch bedeutende – Stellgröße bei Bemühungen um eine hohe Mitarbeiterbindung repräsentiert.[289] Ob stärkere Mitarbeiterbindung zu besserer Leistung führt, wird in der vorliegenden Arbeit nicht thematisiert. Determinanten der Leistung bzw. Motivation von Mitarbeitern werden auf Basis verschiedener theoretischer Ansätzen untersucht, die hier ebenfalls nicht referiert werden können.[290]

5.2.4.2 Einflussfaktoren und Operationalisierung der Mitarbeiterloyalität

Bindungsphänomene werden in der personalwirtschaftlichen Literatur zumeist unter den Begriff des ‚Commitment' subsumiert, welches unterschiedlich definiert wird.[291] Ein Minimalkonsens liegt darin, **Commitment** als „a psychological state that binds the individual to the organization (i.e. makes turnover less likely)"[292] zu erklären. MOSER differenziert **organisationales Commitment** als positive Einstellung zu einer Organi-

---

[286] Bauer/Jensen 2001, S. 1f.

[287] Allen/Meyer 1990, S. 15; Fombrun/Gardberg/Barnett 2000, S. 95, identifizieren denn auch ‚Rogue behavior' als Risiko, das von Mitarbeitern ausgehen kann.

[288] Vgl. Heskett et al. 1994, passim; siehe auch Davies et al. 2003, S. 13ff.

[289] Vgl. Bauer/Jensen 2001, S. 2. Zur genannten Diskussion siehe etwa die Arbeiten von Holtz 1998; Stock 2000.

[290] Vgl. hierzu im Überblick Staehle 1999, S. 218ff.; Berthel 2000, S. 12ff. Die kontroverse Debatte um den Zusammenhang zwischen Motivation/Zufriedenheit und Leistung beschäftigt Wissenschaft und Praxis bis heute, auch wenn sich nach Bateman/Organ 1983, S. 587, die einst durch diese Debatten aufgewühlten Staubwolken langsam gelegt haben.

[291] Vgl. Hunt/Chonko/Wood 1985, S. 113. Zu einem Überblick über alternative Commitment-Definitionen siehe Moser 1996, S. 7.

[292] Allen/Meyer 1990, S. 14; ähnlich Hunt/Chonko/Wood 1985, S. 113.

sation und **verhaltensbezogenes Commitment** als die Tendenz, in der Organisation verbleiben zu wollen.[293] Bemühen sich Autoren um eine Übersetzung des Begriffs, führt dies zu Bezeichnungen wie ‚organisationale Verbundenheit' oder ‚Bindung an eine Organisation'.[294] MOSER spricht von einem ‚psychologischen Band' zwischen Unternehmung und Mitarbeiter[295], das an die Stelle des Mitarbeiters, seine Karriere oder an die Organisation anknüpft[296].

Die Nähe zum Loyalitätskonstrukt wird hierdurch akzentuiert. Beide Begriffe werden häufig synonym verwendet: „Commitment oder ‚Loyalität' ist eine Verhaltensweise bzw. eine Einstellung, die von vielen als aus Sicht der Organisation wünschenswert angesehen wird"[297]. Dagegen ist für BUCHANAN die Loyalität neben der Identifikation und dem Involvement nur eine Komponente des Commitments.[298] Auch PORTER und SMITH unterscheiden drei Dimensionen des organisationalen Commitments: die Identifikation des Mitarbeiters mit der Unternehmung, seine Bereitschaft, sich für die Organisation anzustrengen und die geringe Fluktuationsneigung.[299] Eine solcherart ausgeprägte Bindung geht in ihrer Bedeutung „über die der eher passiven Loyalität einer Organisation gegenüber hinaus, weil mit dem affektiven Commitment vielmehr aktiver und engagierter Einsatz für die eigene Organisation verbunden wird"[300]. Ergänzend untersuchen ALLEN und MEYER das ‚abwägende' Commitment von Mitarbeitern, welches durch das Vermeiden von Kosten zu erklären ist, die in der Folge eines Arbeitgeberwechsels anfallen. Es erfolgt also ein bewusstes Abwägen der Kosten- und Nutzenaspekte bzw. der Opportunitätskosten der Bleibeentscheidung.[301] Die Autoren integrieren zudem noch das sogenannte **normative Commitment**, das auf allgemeinen Normvorstellungen über die Beziehung zu Arbeitgebern und zum

---

[293] Vgl. Moser 1996, S. 11.

[294] Vgl. Moser 1996, S. VII: „Commitment heißt wörtlich übersetzt ‚Bindung'".

[295] Vgl. Moser 1996, S. VIII; siehe auch Schmidt/Hollmann/Sodenkamp 1998, S. 93.

[296] Vgl. Hunt/Chonko/Wood 1985, S. 113.

[297] Moser 1996, S. 34; ähnlich Hunt/Chonko/Wood 1985, S. 112.

[298] Vgl. Buchanan 1974, S. 533.

[299] Vgl. z.B. Porter/Crampon/Smith 1976 (das Modell von Porter/Smith wurde 1970 entwickelt, aber nicht veröffentlicht); vgl. auch Allen/Meyer 1990, S. 2ff.; Moser 1996, S. 40; Maier/Woschée 2002, S. 127. Diese Autoren belegen die einfaktorielle Struktur des Konstrukts; vgl. ebenda, S. 133.

[300] Maier/Woschée 2002, S. 127.

[301] Vgl. Allen/Meyer 1990, S. 2f.; siehe zu diesem ‚abwägenden Commitment' auch Schmidt/Hollmann/Sodenkamp 1998, S. 94.

Arbeitsleben beruht. Es repräsentiert eine Form der Gebundenheit, während affektive Bindung Verbundenheit widerspiegelt: „Personen mit einer starken affektiven Bindung bleiben der Organisation treu, weil sie dies wünschen bzw. wollen; Personen mit einer stark abwägenden [...] Bindung, weil sie dies aufgrund von Kosten-/Nutzenerwägungen für notwendig erachten, und Personen mit einer starken normativen Bindung, weil sie sich hierzu verpflichtet fühlen"[302]. Letzteres bezeichnet MOSER als moralisches Commitment, als „Ausdruck eines positiven Gefühls angesichts von Schwierigkeiten, Widrigkeiten oder zu erbringenden Opfern, am besten wohl mit ‚Loyalität' zu kennzeichnen"[303]. **Affektives Commitment** beruhe dagegen auf der Wahrnehmung positiver Werte: „Man empfindet ein positives Gefühl aufgrund einer positiven Eigenschaft, identifiziert sich z.B. mit den Produkten, dem Führungsstil usw. der Organisation"[304]. Es bezieht sich auf „die Einstellung, sich mit der eigenen Organisation zu identifizieren und sich ihr emotional verbunden zu fühlen"[305] und resultiert in „a strong desire to remain a member of the particular organization, given opportunities to change jobs"[306].

Da im Vordergrund der vorliegenden Arbeit stets die affektive Komponente bzw. die Verbundenheit stand, wird in Bezug auf diese Stakeholder-Gruppe das Konstrukt des affektiven Commitments adaptiert und in der Folge als **Mitarbeiterloyalität** beziehungsweise **Verbundenheit** bezeichnet. Verbundene Mitarbeiter wollen ihre Beziehung zur Unternehmung nicht beenden, während **gebundene Mitarbeiter** ihre Bindung (zur Zeit) nicht auflösen können aufgrund abwägenden oder normativen Commitments. **Mitarbeiterbindung** wird hier definiert als innerer Zustand der Ver- oder Gebundenheit des Mitarbeiters.[307]

Mögliche Operationalisierungsansätze liegen darin, dass „Personen mit hoher organisationaler Verbundenheit anstreben, lange in dieser Organisation zu bleiben"[308] beziehungsweise in der geringen Wechselbereitschaft[309]. Loyale Mitarbeiter weisen niedri-

---

[302] Schmidt/Hollmann/Sodenkamp 1998, S. 95; so auch Allen/Meyer 1990, S. 3.

[303] Moser 1996, S. 46. Auch Lohmann 1997, S. 9, hält Loyalität für durch die Moral bedingt.

[304] Moser 1996, S. 46. Siehe hier auch die Gegenüberstellung von Varianten des Commitment.

[305] Maier/Woschée 2002, S. 127.

[306] Hunt/Chonko/Wood 1985, S. 116.

[307] Vgl. zur analogen Definition der Kundenbindung aus Kundensicht Eggert 1999, S. 130. Zu einer Übertragung der Erkenntnisse zur Kundenbindung auf die Mitarbeiterbindung siehe Bauer/Jensen 2001, passim; Pepels 2002, S. 132ff.

[308] Maier/Woschée 2002, S. 126.

[309] Vgl. Schmidt/Hollmann/Sodenkamp 1998, S. 93.

gere Fehlzeiten auf und erbringen höhere und bessere Leistungen.[310] Auch sind sie in der Regel zufriedener. Der grundlegende Zusammenhang zwischen (progressiver) Mitarbeiterzufriedenheit und Mitarbeiterloyalität wird hier nicht in Frage gestellt, sondern angenommen, dass wachsendes Commitment mit wachsender Mitarbeiterzufriedenheit einhergeht.[311] Das Konstrukt ‚**Mitarbeiterzufriedenheit**' wird beispielsweise von STOCK detailliert untersucht, die diese definiert als „Einstellung in bezug auf das Arbeitsumfeld, die sich aus dem abwägenden Vergleich zwischen dem erwarteten Arbeitsumfeld (Soll) und dem tatsächlich wahrgenommenen Arbeitsumfeld (Ist) ergibt"[312].

5.2.5 Loyalität hybrider Stakeholder

Hinweise auf die Loyalität hybrider Stakeholder finden sich in der Literatur allenfalls spärlich. Dabei berichtet bereits HARTMANN von entsprechenden Studien zu **Investomers**: „Von einigen großen amerikanischen Publikumsgesellschaften mit ausschließlicher oder überwiegender Konsumgüterproduktion wurden Untersuchungen durchgeführt, die feststellen sollten, ob Aktionäre bessere Kunden seien als Nicht-Aktionäre"[313]. UHL skizziert die Inhalte dreier entsprechender Studien, die von den Firmen FORD im Jahre 1959, GENERAL MOTORS in 1948 und GENERAL ELECTRIC in 1959 teilweise veröffentlicht wurden.[314]

Neuere Untersuchungen beschränken sich in der Regel darauf, das Problem des Commitments von Stakeholdern gegenüber verschiedenen Organisationen bzw. gegenüber anderen Stakeholder-Gruppen zu analysieren. So stellt etwa REICHERS fest, dass Mitarbeiter mit verschiedenen (anderen) Stakeholder-Gruppen in Kontakt kommen. Sie sind „aware of and committed to multiple goals that different constituencies

---

[310]   Vgl. Schmidt/Hollmann/Sodenkamp 1998, S. 93.

[311]   Vgl. Hunt/Chonko/Wood 1985, S. 125. Zu möglichen Kausalstrukturen siehe auch Maier/ Woschée 2002, S. 133f.

[312]   Stock 2001, S. 16; siehe auch Pepels 2002, S. 131f. Ähnlich zur Arbeitszufriedenheit etwa Steinmann/Schreyögg 2000, S. 507. Zu Voraussetzungen und Folgen der Arbeitszufriedenheit vgl. Neuberger/Allerbeck 1978, S. 15ff.

[313]   Hartmann 1968, S. 113. Er bezieht sich hier auf eine Reihe von Publikationen. Es handelt sich um unveröffentlichte Studien US-amerikanischer Unternehmen aus den 1950er und 1960er Jahren sowie Berichte in amerikanischen Zeitungen/Zeitschriften aus gleicher Zeit.

[314]   Vgl. Uhl 1962, S. 58ff., und die dort genannten Quellen.

espouse"[315]. Es resultieren duale bzw. multiple Loyalitäten bei den betroffenen Stake-holdern, die sich widersprechen können.[316] Aus diesen Beobachtungen leitet RYNNING ab, dass „organizational commitment can be understood not only as a gen-eral, global construct, but also as a collection of commitments of different stakeholder groups"[317].

Was bedeutet dies für den bislang kaum untersuchten Fall, dass eine Person mehrere Stakeholder-Rollen ausfüllt? Es könnte eine ‚fusionierte' Loyalität gegenüber der Unternehmung resultieren, in die Erfahrungen mit den verschiedenen Leistungsberei-chen der Unternehmung einfließen. In den wenigen Quellen, welche auf hybride Konstellationen hinweisen, wird bei hybriden Stakeholdern von stärkerer Loyalität der Unternehmung gegenüber als bei ‚einfachen' Stakeholdern ausgegangen.[318]

So sind nach einer Studie der Beratungsgesellschaft Bain & Company die ‚**Investo-mers**' der Unternehmung gegenüber loyaler als ‚Nur-Kunden'. Sie kaufen mehr Pro-dukte, besuchen häufiger Verkaufsstellen oder Websites der Unternehmung, empfeh-len die Unternehmensleistungen häufiger weiter.[319] 83 Prozent der befragten Investo-mers gaben an, durch ihre Aktie bei der Produktkaufentscheidung beeinflusst worden zu sein. Befragt wurden 1.212 Kunden von neun verschiedenen Anbietern aus dem Konsumgüterbereich, von denen 641 Kunden-Aktionäre waren. Es zeigte sich, dass Investomers durchschnittlich 1,7-mal so häufig die Webseiten der Anbieter besuchten, 1,5-mal mehr Produkte erwarben, ihre Kundenbeziehungsdauer 10 Prozent über der durchschnittlichen lag und sie mehr als doppelt so viele Empfehlungen gegenüber anderen Kunden aussprachen. Als besonders lohnend erwiesen sich Investomers für die an der Befragung beteiligten Online-Anbieter. Für einen – nicht benannten – Online-Buchhändler lag ihre Profitabilität 4,5-mal so hoch wie die der ‚Nur-Kun-den'.[320]

---

[315] Reichers 1986, S. 508; siehe auch Rynning 1995, S. 187ff.

[316] Reichers 1986, S. 513. Die Autorin leitet hieraus eine Kritik an Messansätzen für das organisationale Commitment ab, das aus ihrer Sicht stärker zu differenzieren ist. So unterschei-det sie z.b. berufliches und organisationsbezogenes Commitment oder das unternehmens- und gewerkschaftsbezogene Commitment; vgl. Rynning 1995, S. 288ff.

[317] Rynning 1995, S. 291.

[318] Vgl. etwa Hartmann 1968, S. 113f.

[319] Vgl. Mowrey 2000, o.S.; siehe auch Bloechl/Schemuth 2003a, S. 24.

[320] Vgl. Mowrey 2000, o.S.; Grebb 2000. Nähere Angaben zu den durchgeführten Studien wurden nicht veröffentlicht.

Die Güte und Repräsentativität dieser Beobachtungen kann nicht näher beurteilt werden, da keine detaillierteren Veröffentlichungen vorliegen. Allerdings bekräftigen auch andere Autoren, dass es sehr nutzbringend sei, Kunden zu Aktionären und Aktionäre zu Kunden zu machen.[321] BLOECHL und SCHEMUTH sehen hier eine sinnvolle **Verknüpfung zwischen Customer- und Shareholder Relationship Management**, denn diese „eröffnet die Chance auf Erhöhung der Cross- und Up-Selling-Raten und hat positive Auswirkungen auf Umsätze, Kaufbereitschaft und Treue"[322]. Die Autoren berichten von nicht näher spezifizierten Studien, wonach ein Loyalitätsprogramm für Aktionäre eine Umsatzsteigerung im Produktbereich von bis zu 84 Prozent und eine Steigerung der – nicht näher qualifizierten – Nachfragerprofitabilität von bis zu 114 Prozent nach sich zog. Auch merken sie an, dass in einer konkreten Unternehmung über 80 Prozent der Aktionäre gleichzeitig zu deren (wertvollsten) Kunden zählten.[323]

Diese – allerdings unzureichend belegte – Bedeutung von Investomers macht sie für Marketingaktivitäten zu einer interessanten Zielgruppe. So berichtet NÖLTING vom Nahrungsmittelhersteller Kellogg, der Cornflakes-Verpackungen mit einem Aufdruck versieht, um Kunden zum Kauf von Aktien der Unternehmung zu veranlassen.[324] BLOECHL und SCHEMUTH schlagen vor, durch Mailings oder Rabattkarten für Aktionäre diese zum Konsum der Produkte anzuregen und die Aktionärs-Kunden-Beziehung zu fördern.[325] UHL bzw. HARTMANN unternehmen es, Erklärungen für die produktbezogenen Kaufpräferenzen und Empfehlungsbereitschaften der Aktionäre bezüglich ihrer ‚eigenen' Unternehmungen zu finden. Sie benennen vier Gründe: Erstens verfügten Aktionäre über ein relativ höheres Einkommen als der Bevölkerungsdurchschnitt[326], zweites besitzen sie „eine bessere Kenntnis über die Gesellschaft und verbinden mehr und konkretere Vorstellungen mit dem Markennamen einer Aktiengesellschaft ihres Depotbesitzes als mit dem irgendeines Konkurrenzunterneh-

---

[321] So auch Maier-Moritz 2002, S. 54; Horn/Schemuth 2003, S. 209. Kritisch zu den Erfolgsaussichten dagegen Grebb 2000, o.S.

[322] Bloechl/Schemuth 2003a, S. 10.

[323] Die Autoren ergänzen, dass 10 Prozent dieser Investomers mehr als 50 Prozent des gesamten Unternehmensertrages erwirtschafteten (Bloechl/Schemuth 2003a, S. 10), wobei diese Angaben vor einer genaueren Wertung der Konkretisierung bedürfen.

[324] Vgl. hierzu und zu weiteren Beispielen Nölting 1999, S. 114f.

[325] Vgl. Bloechl/Schemuth 2003a, S. 9, 12.

[326] Uhl 1962, S. 57, merkt allerdings an, dass in Bezug auf Konsumgüterhersteller mit ‚billiger' Ware die wohlhabenden Aktionäre ggf. gerade kein Kaufinteresse haben.

mens"[327]. Drittens bekräftigen Aktionäre ihre Anlageentscheidung durch ihre Kaufentscheidung – der Kauf von Produkten anderer Unternehmungen könnte also gegebenenfalls kognitive Dissonanzen auslösen. Auch gehen diese Aktionäre mit gutem Beispiel voran: „They may think that if they as owners do not feel motivated to purchase these brands, why should other consumers"[328]. Viertens vermutet HARTMANN in einer sehr rationalen Sicht des Aktionärs, dass dieser eine „Verbindung zwischen Kaufloyalität und erhöhten Gewinnchancen"[329] herstellt. Der Kauf bei der ‚eigenen' Unternehmung steigert den Umsatz und damit letztlich auch die Dividende: „Shareowners may purchase their companies' brands in preference to competing brands in the belief that such action will tend to result in increased company sales, which in turn will lead to increased profits and larger dividends and/or stock value appreciation"[330].

UHL zitiert einen Mitarbeiter von GENERAL ELECTRIC, der zu den Ergebnissen einer Aktionärsbefragung erklärt: „We would distribute our stock free to all takers if the marketing implications were the only considerations and if these stockowners would react as favorably to General Electric appliances in their purchasing decisions as do our present stockowners"[331]. Demzufolge sei es für Unternehmungen manchmal notwendig, „to think in terms of a triunion of investors, influencers of public opinion, and consumers if it is to make the most effective use of the relationships explored here"[332].

Auch ‚**Custoyees**' sind nach LINK durch besondere Verbundenheit gekennzeichnet. Insofern lohne es sich, Mitarbeitern Produkte zu Sonderkonditionen bereitzustellen und dadurch einen Anreiz zum Aufbau einer engeren Beziehung zu bieten.[333]

HAENSEL ist der Ansicht, dass ein am Kapital der Unternehmung beteiligter Mitarbeiter sich durch ausgeprägtere, positive Einstellung zu ‚seiner Unternehmung' aus-

---

[327] Hartmann 1968, S. 112. Dies kann auch eine Folge selektiver Wahrnehmung sein, da Aktionären die Werbung ‚ihrer' Unternehmung eher auffällt; vgl. ähnlich Uhl 1962. Der Autor bescheinigt den Aktionären zudem ein relativ hohes Bildungsniveau; vgl. ebenda, S. 57.

[328] Uhl 1962, S. 68.

[329] Hartmann 1968, S. 112f.

[330] Uhl 1962, S. 68.

[331] Uhl 1962, S. 67.

[332] Uhl 1962, S. 69. Die Triunion reflektiert damit die Hybridität von Stakeholder-Strukturen.

[333] Vgl. Link 1991, S. 93.

zeichne, die mit Attributen wie Loyalität, Identifikation, Treue zu umschreiben ist.[334] Auch LINK weist darauf hin, dass bei ,**Investoyees**' bzw. Belegschaftsaktionären von einer besonders intensiven Loyalitätsbeziehung gegenüber der Unternehmung auszugehen ist.[335] Zur Hybridisierung von Stakeholder-Strukturen äußert er sich jedoch auch kritisch. So sei „beim Erwerb der Aktie zusätzlich zu beachten, daß durch den Kauf nicht nur die Arbeits- oder Geschäftsbeziehung gesichert wird, sondern eigener Arbeitseinsatz und vermehrte Geschäfte auch zur Wertsteigerung des eingesetzten Kapitals beitragen. Positive (aber auch negative) Erfahrungen beeinflussen sich also wechselseitig"[336]. Damit sind zwei **gegensätzliche Wirkungen** der Hybridität auf die Loyalität denkbar:

(1)   **Hybridität der Stakeholder-Beziehungen verringert Loyalität.**

Beziehungen hybrider Stakeholder zur Unternehmung basieren auf unterschiedlichen Austauschrelationen, wobei manche vom Stakeholder als positiv, andere als negativ wahrgenommen werden könnten. Ist beispielsweise ein Kunden-Aktionär unzufrieden mit Investor Relations-Leistungen der Unternehmung, könnte dies negativ ausstrahlen auf seine Zufriedenheit mit den Produkten. Aufgrund der Unzufriedenheit lässt seine Loyalität gegenüber der Unternehmung nach (geringere Aktionärs- und/oder Kundenbindung). Für diesen Wirkungsverlauf sprechen zum Beispiel Erkenntnisse aus der **Theorie der kognitiven Dissonanz.**[337] Da hybride Stakeholder aufgrund ihrer vielschichtigen Beziehung zur Unternehmung mehr Gelegenheit zu negativen Erfahrungen haben, können Dissonanzen leichter und häufiger entstehen. Grundsätzlich gilt, dass mit ausgeprägterem Commitment bzw. stärkerer Bindung eines Stakeholders, d.h. je stärker er sich psychologisch oder auch finanziell durch die zu treffende bzw. bereits getroffene Entscheidung gebunden fühlt, kognitive Dissonanzen stärker wahrgenommen werden.[338] Zweifelsohne ist der hybride Stakeholder stärker an die Unternehmung gebunden als der ,einfache'. Eine Implikation für den mehrfach erwähnten Zusammenhang zwischen Zufriedenheit und Loyalität könnte lauten, dass bei wachsender Unzufriedenheit mit den Unternehmensleistungen die Loyalität nachlässt, da der (,ein-

---

[334]   Vgl. Haensel 1999, S. 132.

[335]   Vgl. Link 1991, S. 93.

[336]   Link 1991, S. 93.

[337]   Die Dissonanztheorie geht auf Festinger zurück; vgl. etwa Festinger 1978, passim. Vgl. auch Beckmann 1984, S. 8ff.; Wiswede 1995, S. 83ff.; Kroeber-Riel/Weinberg 2003, S. 182ff.

[338]   Vgl. Raffée/Sauter/Silberer 1973, S. 30ff.; Schuchard-Ficher 1979, S. 14ff.

fache' oder hybride) Stakeholder auf diese Weise sein kognitives Gleichgewicht bewahren bzw. wieder herstellen kann.[339] Zur Reduktion der Dissonanz würde der hybride Stakeholder also seine Einstellung bzw. sein Verhalten gegenüber der Unternehmung (in einer oder allen von ihm ausgefüllten Rollen) verändern.[340]

(2) Hybridität der Stakeholder-Beziehungen verstärkt Loyalität.

Umgekehrt könnte die Loyalität des hybriden Stakeholders wie ein Schirm gegen mögliche Unstimmigkeiten in der Beziehung zur Unternehmung wirken, indem bestimmte (negative) Informationen nicht berücksichtigt werden. In der Regel erfolgt das Eingehen einer Doppel- oder gar Tripel-Beziehung (letztere trifft auf Mitarbeiter zu, die auch Aktionär und Kunde sind) freiwillig, so dass von einer initialen Verbundenheit des Stakeholders zur Unternehmung auszugehen ist. So geht LINK bei Belegschaftsaktionären von folgender Wirkstruktur aus: „Ein gegenüber seinem Arbeitsverhältnis positiv eingestellter Arbeitnehmer [...] wird c.p. eher bereit sein, die Aktien zu zeichnen. Ist er mit seinem Aktienengagement zufrieden, erhöht dies wiederum die Zufriedenheit mit seinem Arbeitsverhältnis"[341]. Fraglich ist, wie er inkongruente Erfahrungen in seinen verschiedenen Rollen verarbeitet. Damit kann die Theorie der kognitiven Dissonanz auch einen Beitrag zur Erklärung dieser umgekehrten Wirkrichtung liefern.[342] Die Loyalität des hybriden Stakeholders als verfestigte Einstellung gegenüber der Unternehmung führt dazu, dass kognitive Dissonanzen bzw. diese fördernde Informationen gar nicht erst wahrgenommen werden. Informationsvermeidung kann dazu führen, dass Unzufriedenheit nicht entsteht und darum ein hoher Loyalitätsgrad beibehalten wird.[343]

---

[339] Vgl. ähnlich Giering 2000, S. 55. Dies ist allerdings nur <u>ein</u> Weg, um das Gleichgewicht zu erlangen. Weitere, wie etwa das Ignorieren bestimmter (zufriedenheitsrelevanter) Informationen, sind durchaus denkbar; siehe unten.

[340] Zu dieser Form der Dissonanzreduktion siehe z.B. Raffée/Sauter/Silberer 1973, S. 53f.

[341] Link 1991, S. 141.

[342] Die Erklärung zur ersten These basierte auf der Wirkrichtung: kognitive Dissonanz ↑ → Loyalität ↓; die zweite unterstellt die Wirkrichtung: Loyalität ↑ → kognitive Dissonanz ↓. I.d.R. wird Commitment als Voraussetzung für die Entstehung von kognitiven Dissonanzen interpretiert; vgl. Raffée/Sauter/Silberer 1973, S. 33. ‚Commitment' bedeutet hier das Sichtfestlegen bzw. eine Selbstverpflichtung (im Sinne einer Gebundenheit an eine Entscheidung); vgl. ebenda, S. 30.

[343] Vgl. zur selektiven Informationsverarbeitung bzw. Informationsvermeidung nach Dissonanz auch Raffée/Sauter/Silberer 1973, S. 22f.; Schuchard-Ficher 1979, S. 31ff.

Daneben können weitere verhaltenswissenschaftlich orientierte Erklärungen herangezogen werden. Unter Berücksichtigung des **wahrgenommenen Risikos**[344] ist zu konstatieren, dass sich der hybride Stakeholder im Verhältnis zum ‚einfachen' aufgrund möglicher Ausstrahlungseffekte eines wesentlich höheren Risikos begibt, wenn er seine Beziehungen zur Unternehmung abbricht. Je höher das Risiko aus dem Abbruch einer Beziehung, desto loyaler wird sich der Stakeholder verhalten.

Das wahrgenommene Risiko steht in einer engen Relation zum **Involvement** des Stakeholders. Involvement ist „the level of perceived personal importance and/or interest evoked by a stimulus within a specific situation"[345]. Aufgrund ihrer vielschichtigen Beziehung ist davon auszugehen, dass hybride Stakeholder hinsichtlich der Unternehmung ein hohes Involvement aufweisen. Hohes Involvement geht in der Regel mit hohem wahrgenommenen Risiko einher, wobei als mögliche Risikoreduktionsstrategie das loyale (Kauf-)Verhalten diskutiert wird.[346] Je involvierter der Stakeholder und je höher das von ihm wahrgenommene Risiko, desto höher seine Loyalität.[347]

Nicht zuletzt kann aus den Grundaussagen der **Anreiz-Beitrags-Theorie** abgeleitet werden, dass hybride Stakeholder besonders loyal sind.[348] Demnach wird jegliche Beziehung nur dann eingegangen, wenn für alle Beteiligten Nutzen aus dieser zu erwarten ist. Je höher die Anreize, desto eher wird eine Beziehung aufrechterhalten. Damit gilt auch, dass bei mehr Anreizen – aus den unterschiedlichen Austauschrelationen – von einer höheren Bindung bzw. Loyalität auszugehen ist. Allerdings sind dann auch mehr Beiträge zu leisten.

Ökonomische Theorien, die einen Erklärungsbeitrag liefern, sind unter anderem der Transaktionskostenansatz und ressourcenökonomische Ansätze. Eine Situation, in der der Stakeholder bei einer Unternehmung arbeitet und bei zwei anderen Aktien bzw.

---

[344] Zur Theorie des wahrgenommenen Risikos vgl. Bauer 1967, passim; Cox 1967, passim; Kroeber-Riel/Weinberg 2003, S. 251.

[345] Antil 1984, S. 58. Zum Involvement-Konzept siehe Krugman 1965, passim; Kuß/Tomczak 2004, S. 64ff.; Trommsdorff 2004, S. 54ff.

[346] Vgl. Giering 2000, S. 59.

[347] Giering 2000, S. 59, unterstellt, dass hohe Zufriedenheit zu hoher Loyalität führt, weil ein Wechsel ein hohes (Verlust-)Risiko beinhalten würde und dass der Zusammenhang zwischen den beiden Konstrukten umso stärker ist, je höher das Involvement des Kunden ausgeprägt ist. Auch Diller 1996, S. 89, zieht das Involvement zur Erklärung von Kundenloyalität heran.

[348] Vgl. hierzu Thibaut/Kelley 1959, S. 31ff.; Blau 1964, passim; Homans 1978, S. 312ff.

Produkte erwirbt, ist aus Perspektive des **Transaktionskostenansatzes** ineffizient, sofern dies bei dem Stakeholder mehr Kosten verursacht als der Austausch mit nur einer Unternehmung. Zum Beispiel sind Suchkosten reduzierbar, da Erfahrungen mit einem Leistungsbereich der Unternehmung auf die anderen übertragen werden; analog sinken Kontrollkosten, wenn nur ein Leistungsbereich überprüft wird. Hierin liegt eine ökonomische Erklärung dafür, warum Stakeholder überhaupt Doppel- bzw. Tripel-Beziehungen zu einer Unternehmung eingehen. Durch die Reduzierung von Transaktionskosten ist zugleich ein Anreiz gegeben, in der Beziehung zu bleiben, sich also loyal zu verhalten.[349] Der Wechsel des Anbieters ist gegenüber dem Verbleib zudem mit höherer Unsicherheit behaftet; zudem verliert das gesammelte, spezifische Wissen des Stakeholders seinen Wert, weshalb Loyalität lohnender sein könnte.[350]

Die Loyalität des hybriden Stakeholders lässt sich auch auf Basis der **Ressourcenökonomie** erklären: Je stärker die Abhängigkeit des Stakeholders von einer Unternehmung (hier: Lieferant von lebensnotwendigen Ressourcen), desto loyaler wird sich der Stakeholder verhalten. Das Ausmaß der empfundenen Abhängigkeit ist durch die Bedeutung der Ressource für den Stakeholder und die Verfügbarkeit von Beschaffungsalternativen determiniert.[351] Hybride Stakeholder sind in höherem Maße von der Unternehmung abhängig als ‚einfache', was allerdings auch umgekehrt gilt. Aus diesem Grunde wurden hybride Stakeholder auch aus Sicht der Unternehmung als besonders wertvoll qualifiziert.

Zur genaueren Erklärung der Loyalität hybrider Stakeholder wäre eine detailliertere Analyse alternativer Theorien notwendig; in ihrem Vorfeld wäre zudem zu analysieren, weshalb Stakeholder überhaupt hybride Beziehungen aufnehmen und aufrechterhalten.[352] Beides kann hier jedoch nicht geleistet werden, zumal damit Fragestellungen außerhalb der gesetzten Forschungsziele angesprochen werden. Bereits auf Basis der

---

[349] Vgl. auch Giering 2000, S. 44. Demgegenüber steht die Verlustgefahr, wenn der (opportunistisch handelnde) Vertragspartner seinen Verpflichtungen nicht nachkommt. Diese träfe den hybriden Stakeholder zwei- bzw. dreifach; vgl. auch die Ausführungen zu den Nachteilen von Belegschaftsaktien. Absicherungsmechanismen könnten aus dem Prinzipal-Agent-Ansatz abgeleitet werden; vgl. hierzu Ross 1973, passim; Spremann 1987 und 1990, beide passim; Madrian 1998, S. 95ff. und die Beiträge in Pratt/Zeckhauser (Hrsg.) 1991.

[350] Ähnlich Allen/Meyer 1990, S. 4.

[351] Vgl. auch Giering 2000, S. 51. Zur Ressourcenökonomie siehe Pfeffer/Salancik 1978, passim, und Kapitel 3.3.

[352] Auch hierzu könnten z.b. transaktionskostenorientierte, ressourcenökonomische, aber auch verhaltenswissenschaftliche Theorien wie die Lerntheorie herangezogen werden.

obigen – mehr oder weniger eklektischen – Zusammenstellung sowie Plausibilitäts-
überlegungen spricht Einiges für die Annahme, dass hybride Stakeholder sich durch
einen relativ höheren Loyalitätsgrad auszeichnen. Allerdings gibt es auch die genannten Gegenargumente, die hybriden Stakeholdern eine kritischere Haltung und damit
gegebenenfalls einen aus stärkerer Unzufriedenheit resultierenden, geringeren Loyalitätsgrad unterstellen.

Für die weitere Analyse werden damit die folgende empirisch zu überprüfende Hypothese und Alternativhypothese aufgestellt:

Hypothese H_{HL}:	Hybride Stakeholder sind loyaler als ‚einfache' Stakeholder.
Hypothese H_{altHL}:	Hybride Stakeholder sind weniger loyal als ‚einfache' Stake-holder.

6 Der konzeptionelle Zusammenhang zwischen der Reputation der Unternehmung und der Loyalität ihrer Stakeholder

6.1 Das Konstrukt Reputation aus Stakeholder-Sicht

Ein zentrales Ziel dieser Arbeit liegt in der Überprüfung des Zusammenhangs zwischen der Loyalität von Stakeholdern und der Reputation der Unternehmung. Analog zum Loyalitätskonstrukt ist dabei zunächst die Reputation aus Sicht verschiedener Stakeholder-Gruppen zu analysieren. So identifiziert beispielsweise SANDIG im Hinblick auf verschiedene Rollen der Unternehmung deren Ruf als Beschaffer, als Arbeitsstätte, als Finanzeinheit, als Erzeugungsstätte sowie als ‚Absetzer'.[1] Eine gute Reputation zu haben bedeutet, seine Rolle(n) erwartungsgemäß auszufüllen, wobei seiner Ansicht nach der Ruf der Unternehmung aus verschiedenen Komponenten erwächst, die sich teils gegenseitig beeinflussen, teils unabhängig voneinander bestehen können.[2] Auch VOSWINKEL ist der Meinung, dass für den Erwerb und das Verspielen von Reputation die Ausfüllung bestimmter Rollen relevant ist.[3] „Entsprechend der Ausdifferenzierung der Reputationsarenen kann man nun zugleich Reputation erzielen für ökonomischen Erfolg, politische Cleverneß und wissenschaftliche Innovation, soziale Fürsorge und öffentliche Kommunikationsfähigkeit uvam."[4] VOSWINKEL führt zudem aus, dass diese Ausdifferenzierung die Reputationen unabhängiger mache, da die Reputation in der einen Arena jene in einer anderen grundsätzlich nicht tangiere, da die eine Rolle die andere nicht beeinflusse.[5] Dieser Auffassung wird hier nicht gefolgt, da sie die Verknüpfung unter Stakeholdern bzw. deren Hybridität unberücksichtigt lässt.

Die Synopse der Definitionen von Reputation in Kapitel 2 zeigte bereits, dass ihr Bezug zu verschiedenen Stakeholdern nicht eindeutig geklärt ist. BROWN erläutert: „There are multiple audiences for any particular company. Each of these audiences may see a company in more or less similar ways (eg, the image of Microsoft Corporation may be about the same for most financial analysts), but the image will likely be

---

[1] Vgl. Sandig 1962, S. 12ff. Er ergänzt noch den Ruf als Steuerzahler; ebenda, S. 19, Fußnote 1.

[2] Vgl. Sandig 1962, S. 19.

[3] Vgl. Voswinkel 1999, S. 71.

[4] Voswinkel 1999, S. 72.

[5] Vgl. Voswinkel 1999, S. 72.

based on different kinds of information for different audiences"[6]. HAENSEL begreift die Unternehmung als institutionelles Arrangement, das zur Erlangung und dauerhaften Sicherung von Reputation dient. Alle an diesem Arrangement Beteiligten können durch ihr Handeln die Unternehmensreputation nutzen, aber auch beeinflussen.[7] FOM-BRUN und SHANLEY stellen die Fragen: „Do firms have one reputation or many? Do reputations significantly differ by either domain or audience?"[8]. Ihrer Meinung nach führt erst die Berücksichtigung verschiedener Stakeholder ('Audiences') zu einem umfassenden Verständnis dieses Konstruktes und seiner Wirkungen, wobei die Reputation damit den relativen Erfolg der Unternehmung widerspiegelt, unterschiedlichste Stakeholder-Ansprüche zu erfüllen.[9] „As may be expected, each of the particular interest groups translates the effects of a good reputation in terms of the benefits they expect for themselves".[10]

Entsprechend werden mit einer guten Reputation – wie ebenfalls in Kapitel 2 angedeutet – unterschiedliche **Wirkungen** verbunden. Bei Kunden führt sie annahmegemäß zum Aufbau von Vertrauen, erhöhter Kaufbereitschaft sowie daraus folgenden Umsatz- und Profitabilitätseffekten. Aus Sicht der Investoren begründet sie die Vermutung, eine sichere, wenig risikoreiche Anlage zu tätigen und bewirkt einen sicheren Kapitalzufluss für die Unternehmung. Aus Sicht von Mitarbeitern ist eine gute Reputation mit Kontinuität verbunden: Langfristige Beschäftigung kann erwartet werden bei guten Arbeitsbedingungen. Zudem kann ein Statusvorteil durch die Tätigkeit bei einem renommierten Unternehmen erwachsen; solche Unternehmen können annahmegemäß leicht neue Mitarbeiter anwerben und binden.[11] Die Aussage von LARSEN, dass „corporations manage their reputations mainly for financial reasons"[12], erscheint allerdings zu kurz gegriffen.

---

[6]   Brown 1998, S. 216. Dieser Autor setzt die Begriffe Reputation und Image gleich; vgl. ebenda, S. 215.

[7]   Vgl. Haensel 1999, S. 131.

[8]   Fombrun/Shanley 1990, S. 254f. Mit dem Begriff ‚Domain' ist die Branche gemeint, in der eine Unternehmung tätig ist.

[9]   Vgl. Fombrun/Shanley 1990, S. 235 und 255.

[10] Groenland 2002, S. 310.

[11] Vgl. Groenland 2002, S. 311, der diese Aspekte als Ergebnisse aus Fokusgruppen-Interviews herausfilterte.

[12] Larsen 2002, S. 3.

Umgekehrt erklärt SANDIG, dass der Ruf der Unternehmung eine notwendige **Voraussetzung** für die Zusammenarbeit mit verschiedenen Anspruchgruppen ist. „In diesem Faktor (Ruf, Anm. d.v.) schlägt sich die Gesamtheit der Beziehungen zur betrieblichen Umwelt, zu tatsächlichen und möglichen Kunden, Lieferanten, Mitarbeitern, Kapitalbeteiligten und Kreditgebern nieder."[13] Solch ein Interdependenzgeflecht vieler Akteure wird in der Soziologie als ‚Figuration' bezeichnet. Eine **Reputations- bzw. Anerkennungsfiguration** umfasst ein Netz von Beziehungen, in denen die Anerkennung des einen in einer bestimmten Relation zur Anerkennung aller anderen steht.

VOSWINKEL nennt dies eine Marktrelation, da Anerkennung getauscht und gehandelt wird – und auf diese Weise Reputation entsteht. „Indem über die Anerkennung der Marktteilnehmer von den anderen Marktteilnehmern kommuniziert wird, entwickeln sich gewissermaßen Marktwerte der Anerkennung, Prestigepreise"[14]. Alle Teilnehmer auf diesem Markt haben einen Wert als potenzielle Anbieter von Anerkennung, wobei der Wert ihrer Anerkennung gleichzeitig abhängig von der Anerkennung ist, die ihnen selbst entgegengebracht wird. Anerkannte Unternehmungen tun folglich gut daran, die sie Anerkennenden ebenfalls anzuerkennen.

Reputation wird so zu einem **reflexiven Konstrukt**, was auch durch den Stakeholder-Ansatz umfassend begründbar ist.[15] Reputation ist nach der Einschätzung verschiedener Autoren ein Vehikel, um sich der Beiträge von Stakeholder-Gruppen zu versichern: „The reputation of the company in the eyes of these groups will influence their willingness to either provide or withhold support".[16] Neben den bereits spezifizierten Beiträgen, die von einzelnen Stakeholder-Gruppen erwartet werden, macht WIED-MANN noch eine gruppenübergreifende Ressource aus, die er als ‚diffuses Unterstützungspotenzial' bezeichnet. Er stellt fest, dass nur Unternehmungen, die in hohem Maße soziale Akzeptanz und Visibilität genießen, auf dieses Potenzial bauen können.

Diffuse Unterstützung ist nicht mit der Erwartung konkreter Gegenleistungen seitens der Unternehmung verbunden, sondern entsteht aus „einer Konstellation zwischen

---

[13] Sandig 1962, S. 6.

[14] Voswinkel 1999, S. 34. Die gleiche Diskussion wird in der Aufmerksamkeitsökonomie geführt; vgl. Kapitel 3.2.1.

[15] In diesem Zusammenhang ist mit dem Begriff ein inhaltlicher Bezug verbunden (‚rückwirkend'), nicht die in Kapitel 7 dargestellte, konkret messmethodische Abgrenzung formativer und reflektiver Indikatoren.

[16] Gray/Balmer 1998, S. 697.

wahrgenommener Bedeutung und einer irgendwie gearteten emotionalen Beziehung"[17]. Sie trägt nach WIEDMANN dazu bei zu verstehen, warum manche Unternehmungen sich mehr Fehler bzw. Fehlleistungen erlauben können als andere und mit ‚Nachsicht' behandelt werden. Er erklärt am Vergleich von DaimlerChrysler und Fiat, dass eine Rückrufaktion für das erstgenannte Unternehmen durch geschickte Kommunikationspolitik noch zu einem Reputationsgewinn ausgebaut werden könnte, jedoch beim zweitgenannten mindestens in der deutschen Öffentlichkeit unweigerlich einen Reputationsverlust nach sich zöge.[18]

Die Gründe für die Entstehung diffuser Unterstützung sind nicht näher untersucht worden. WIEDMANN geht von zwei Ursachenkomplexen aus. Einerseits können enge emotionale Bindungen an eine Unternehmung entstehen, was etwa den eigenen Arbeitgeber betrifft oder langjährige, enge Geschäftsbeziehungen. Andererseits kann die Wahrnehmung einer besonderen gesellschaftlichen Stellung der Unternehmung ausschlaggebend sein. Diese kann beruhen auf der herausragenden Stellung im internationalen Wettbewerb, auf einer technologischen Vorreiterrolle, auf der Übernahme sozialer Verantwortung usw. Zudem geht von manchen Unternehmen eine gewisse Faszination aus, die unterschiedlichsten Quellen entspringt.[19]

Die Ausführung von WIEDMANN ist dahingehend zu ergänzen, dass zwar der einzelne Stakeholder dieser diffusen Unterstützung keine konkreten Ansprüche gegenüberstellt, dennoch aber eine diffuse Anspruchshaltung bzw. ‚Beitragserwartung' besteht. Zum Beispiel wird erwartet, dass eine Unternehmung zu ihrer Reputation steht oder dass sie ihre Corporate Responsibility anerkennt.

Zum Einfluss unterschiedlicher Stakeholder-Gruppen auf die Unternehmensreputation liegen die Ergebnisse einer internationalen Studie der Agentur HILL & KNOWLTON vor, die in Tabelle 6-1 veranschaulicht sind. Dabei wird zunächst die prominente Stellung der Top-Manager der Unternehmung deutlich, die in den USA von 84 Prozent der Befragten als bedeutsam für die Unternehmensreputation empfunden werden. Eine

---

[17]   Wiedmann 2001, S. 23.

[18]   Vgl. Wiedmann 2001, S. 23, der sich hier auf den ‚Elchtest' der A-Klasse von DaimlerChrysler bezieht. Zu weiteren Beispielen siehe Fombrun/Wiedmann 2001c, S. 6; Marconi 2002, S. 15; Fombrun/Gardberg/Barnett 2000, S. 89, nennen Reputation deshalb auch das ‚Safety Net' der Unternehmung. Auch Scholes/Clutterbuck 1998, S. 228, halten Reputation für einen ‚Puffer', der Krisen abschwächt.

[19]   Vgl. Wiedmann 2001, S. 24. Beispiele sind die Firma Porsche sowie andere ‚Marken-Mythen'.

weitere, von NÖLTING zitierte Studie der BOSTON CONSULTING GROUP kommt zu dem Ergebnis, dass das gute Image des Vorstandsvorsitzenden einen ‚Aufschlag' von 15 bis 20 Prozent auf den Aktienkurs bewirken kann.[20] Die Unternehmensreputation färbt auf die sie leitenden Personen ab und umgekehrt.[21] Je mehr diese Personen in das Rampenlicht der Öffentlichkeit gerückt werden bzw. je stärker ihre Medienpräsenz, desto stärker dürften auch die Auswirkungen auf die Unternehmensreputation sein.[22]

To what degree do each of the following influence your company's corporate reputation? Summary of 4 and 5 on a 5-point scale where 5 = 'extremely influences' and 1 = 'does not influence at all'							
U.S. (n=611) %	Belgium (n=51) %	Canada (n=50) %	France (n=50) %	Germany (n=51) %	Italy (n=52) %	Netherlands (n=50) %	United Kingdom (n=101) %
Customers							
96	90	98	100	90	89	92	98
Employees							
88	67	86	72	77	48	76	75
The reputation of its CEO							
84	61	64	44	69	71	50	55
Shareholders							
49	33	50	48	22	62	38	51
Print media							
49	43	46	44	39	40	40	40
Industry analysts							
56	28	38	22	67	19	20	33
Financial analysts							
46	29	40	30	39	19	30	33
Regulators/Government							
29	20	48	14	35	25	24	36
The Internet							
23	31	30	28	33	27	32	15
Broadcast media							
26	22	30	12	24	19	30	26
Labor union leaders							
10	37	12	22	14	12	12	10
Plaintiffs' lawyers							
8	8	18	10	8	23	6	10

Tabelle 6-1: Einfluss von Stakeholder-Gruppen auf die Unternehmensreputation (Quelle: Hill & Knowlton 2001, o.S.)

In allen an der Studie von HILL & KNOWLTON beteiligten Ländern werden die **Kunden als wichtigste Einflussgruppe** anerkannt, mit Ausnahme Italiens folgen die Mitarbeiter. Die Person des Vorstandsvorsitzenden bzw. Geschäftsführers folgt in den meisten Ländern auf dem dritten Platz. Bezüglich der Aktionäre ergibt sich ein differenzierteres Bild. Während diese Stakeholder-Gruppe in den meisten Ländern auf den

---

[20] Vgl. Nölting 1999, S. 113; siehe auch Piwinger (Manfred) 2001, S. 16. Beide liefern keine weiteren Hinweise zu der Studie.

[21] Vgl. Weigelt/Camerer 1988, S. 450f.

[22] Vgl. hierzu auch Gardberg 2002, passim. Zur dominanten Rolle des CEO siehe auch Riordan/Gatewood/Barnes 1997, S. 404; Low/Kalafut 2002, S. 68ff.

dritten bis fünften Platz in der Reihenfolge der wichtigsten Einflussgruppen gelangt, steht sie bei den in Deutschland Befragten erst auf dem neunten.[23]

Die Studienergebnisse deuten an, dass zur Rolle verschiedener Stakeholder unterschiedliche Befunde vorliegen. Jede der dort genannten Gruppen ist in der Lage, die Reputation einer Unternehmung zu beeinflussen. Häufig wird gesondert die Rolle der **Medien** hervorgehoben. WARTICK sieht in den Medien das Vehikel, das Erwartungen anderer Stakeholder transportiert.[24] Sie sind als strategische Anspruchsgruppe einzustufen, die sich durch einen besonders hohen Willen zur Machtausübung und eine entsprechende Machtbasis im Sinne ausübbarer Sanktionen auszeichnet. Dieses Sanktionspotential kann sich auf die Beeinflussung der Reputation begründen. „The media has assigned itself the role of not only disseminating information but also of becoming the watchdog of companies' reputations".[25] Zudem ist eine Beobachtung von FOMBRUN und SHANLEY von Interesse, wonach Reputation grundsätzlich unter Medienberichterstattung leidet, unabhängig davon, ob positive oder negative Nachrichten über die Unternehmung veröffentlicht werden.[26] Umgekehrt können Unternehmungen – im Wege einer ‚Reputationsleihe' – auch von der hohen Reputation bestimmter Medien profitieren, wenn beispielsweise redaktionelle Beiträge über anstehende Aktiensplits oder Ähnliches veröffentlicht werden.[27]

Nachfolgend wird Reputation aus Sicht von Kunden, Aktionären und Mitarbeitern und deren Interdependenz mit Loyalität diskutiert. Aus diesen konzeptionellen Betrachtungen werden Hypothesen zu den Zusammenhängen der Konstrukte abgeleitet, die Grundlage für die im nächsten Kapitel vorgestellten empirischen Analysen bilden.

---

[23] Vgl. Hill & Knowlton 2001, o.S. Interessant erscheint auch, dass die Printmedien durchweg als einflussreicher eingeschätzt werden als Funk und Fernsehen.

[24] Vgl. Wartick 1992, S. 35.

[25] Chajet 1998, S. 20.

[26] Vgl. Fombrun/Shanley 1990, S. 253; ähnlich Fombrun 1996, S. 187.

[27] Vgl. Cornell/Shapiro 1987, S. 5. Zu dem hier angesprochenen Phänomen der ‚Reputationsleihe' siehe Kapitel 2.3.2. In seiner Ökonomie der Aufmerksamkeit weist Franck 1998, S. 38, darauf hin, dass es nicht nur der Beachtung an sich, sondern auch der Beachtung durch die richtigen Instanzen bedarf, um Ansehen zu erlangen.

6.2 Die Reputation der Unternehmung aus Sicht ihrer Kunden

6.2.1 Die Reputation der Unternehmung als Einflussfaktor auf das Kundenverhalten

Das Konstrukt Reputation aus Kundensicht wurde in seiner Entstehung, seinen Bestandteilen und seinen Wirkungsweisen bereits im Rahmen der grundlegenden Erörterungen zum Reputationskonstrukt thematisiert. Es wird oft „als Ruf schlechthin behandelt, stellt aber gleichwohl [...] nur eines unter mehreren Ansatzgebieten für die Bildung des Rufes der Unternehmung dar"[28]. Unsere theoretischen Vorstellungen von der Entstehung der Reputation sind eng mit dem Kundenbegriff verbunden. Wiederkauf von Kunden, vor allem aber ihre Weiterempfehlungen sind die Grundlage der Entstehung von Reputation auf Absatzmärkten: „Der Kunde [...] trägt die Kunde vom Geschäft in weite Kreise, so dass der Kreis derer, die das Geschäft in bestimmter Richtung als leistungsfähig anerkennen, gefestigt und vergrößert wird"[29]. Mit dem Kundenkreis wächst die Reputation und umgekehrt. „A company's reputation is therefore central to its ability to attract new customers and keep existing ones".[30]

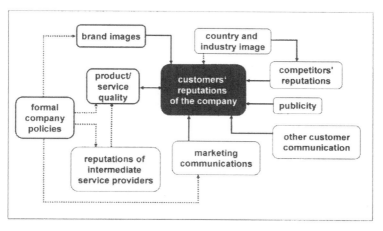

Abbildung 6-1: Mögliche Einflussfaktoren der von Kunden wahrgenommenen Unternehmungsreputation

(Quelle: in Anl. an Dowling 1994, S. 31; derselbe 2001, S. 57.)

---

28 Sandig 1962, S. 17.
29 Sandig 1962, S. 13.
30 Svendsen 1998, S. 22; so auch schon Breyer 1962, S. 152.

DOWLING stellt die in Abbildung 6-1 enthaltenen Faktoren vor, welche die Reputation einer Unternehmung aus Kundensicht beeinflussen. Seiner Ansicht nach kann die Reputation anknüpfen an das Leistungsbündel selbst, seine Qualität, die Marken, die Wahrnehmung formeller Unternehmensrichtlinien und kommunikationspolitischer Aktivitäten, die Kommunikation unter Kunden, die ‚Publicity' der Unternehmung, aber auch die Reputation von Intermediären (Händlern), Wettbewerbern, der Branche und des Landes.[31]

Der Einfluss der Reputation auf das Kaufverhalten von Kunden wurde in Kapitel 3 umfassend dargelegt. Erst- und Wiederkauf werden durch den guten Ruf einer Unternehmung wahrscheinlicher. Vor allem Neukunden ohne eigene Erfahrungen nutzen die Reputation als Qualitätssignal, aber auch für Wiederkäufer dient die Reputation als (bestätigendes) Merkmal. Aus Marketingsicht steht in der aktuellen Diskussion vor allem die Kundenbindung als zentrale Aufgabe im Mittelpunkt[32], weshalb die weitere Analyse auf den Zusammenhang zwischen Reputation und Kundenbindung – nicht die Neukundengewinnung – gerichtet ist.

6.2.2   Reputation, eigene Erfahrungen der Kunden und Kundenloyalität

ANDREASSEN und LINDESTAD stellen fest, dass „surprisingly little empirical work has been done in assessing the effect of corporate image in the formation of customer loyalty"[33]. FOMBRUN und WIEDMANN argumentieren, dass Reputation wie ein Magnet auf die verschiedenen Stakeholder wirke. In Bezug auf die Gruppe der Kunden verstärke sie sowohl die Attraktivität für Neukunden als auch die Kundenloyalität.[34] „Reputation breeds customer loyalty, repeat business, and so dampens the effects of

---

[31]   Vgl. Dowling 1994, S. 28ff; ähnlich auch schon Sandig 1962, S. 17, der noch besonders auf die Rolle des Kundenkontaktpersonals hinweist. Eine umfassende Analyse des Einflusses von Reputation auf das Kaufverhalten liefert Eberl 2006.

[32]   Auch das z.Z. intensiv diskutierte ‚Vorläuferkonstrukt' der Bindung aus Kundensicht – der ‚Customer Value' bzw. Kundennutzen – wird auf die Determinanten Produktqualität, Preis und Marken- bzw. Unternehmensimage zurückgeführt; vgl. Abdullah/Al-Nasser/Husain 2000, S. 827.

[33]   Andreassen/Lindestad 1998, S. 82; die Autoren differenzieren Reputation und Image nicht.

[34]   Vgl. Fombrun/Wiedmann 2001a, S. 60; dieselben 2001b, S. 46.

business downturns".[35] Auch NGUYEN und LEBLANC weisen darauf hin, dass die Reputation wichtig für die Kundenbindung ist.[36]

GIERING geht davon aus, dass mit steigender Reputation die Loyalität von Kunden zunimmt. Eine hohe Reputation bewirkt ihrer Ansicht nach, dass Kunden auf Zufriedenheitsschwankungen weniger reagieren. Reputation beeinflusst die Wahrnehmung bestimmter Produktattribute und unterstützt die Glaubwürdigkeit von Werbebotschaften, was vor allem dann der Fall ist, wenn sich das Produkt durch Erfahrungseigenschaften auszeichnet oder eine Innovation darstellt.[37] GIERING verweist zudem auf ANDERSON und SULLIVAN, die erläutern: „What does this reputation do for the firm? It determines customers' sensitivity to short-run deviations in product quality and satisfaction"[38]. Dies würde im Wesentlichen bedeuten, dass der Ruf eigene Erfahrungen kompensiert. Aufgrund hoher Reputation gehen Kunden davon aus, dass der Anbieter bald wieder das – seiner Reputation entsprechende – hohe Qualitätsmaß leisten wird und sich seinen Kunden gegenüber auch weiterhin fair verhält. Eine Unternehmung, die bei ihren Kunden eine hohe Reputation und das damit verbundene Vertrauen aufbauen kann, weist durch die unsicherheitsreduzierende Funktion dieser beiden Konstrukte eine höhere Loyalität auf.[39]

YOON, GUFFEY und KIJEWSKI weisen einen positiven Zusammenhang zwischen der Unternehmensreputation und der Kaufabsicht von industriellen Dienstleistungskunden nach.[40] WALSH, WIEDMANN und BUXEL untersuchen den Zusammenhang zwischen Reputation und Wechselabsicht, können diesen jedoch nicht signifikant nachweisen, wohl jedoch den Zusammenhang zwischen Kundenzufriedenheit und Reputation bzw. Kundenzufriedenheit und Wechselbereitschaft.[41] ABDULLAH, AL-NASSER und HUSAIN zeigen in ihrer Studie, dass im Vergleich zur Kundenzufriedenheit ein relativ starker Einfluss des Images auf die Kundenloyalität festgestellt wer-

---

[35] Fombrun 1996, S. 78.

[36] Vgl. Nguyen/Leblanc 2001b, S. 303; Gray 1986, S. 117, sieht eine enge Verknüpfung zwischen Produktimage und dem Kauf.

[37] Vgl. Giering 2000, S. 143; Brown 1998, S. 221.

[38] Anderson/Sullivan 1993, S. 132.

[39] Vgl. Anderson/Weitz 1989, S. 312; Giering 2000, S. 143.

[40] Vgl. Yoon/Guffey/Kijewski 1993, S. 221.

[41] Vgl. Walsh/Wiedmann/Buxel 2003, S. 413. Allerdings dürfte der hohe Zusammenhang zwischen Zufriedenheit und Reputation an der Ähnlichkeit der verwendeten Items liegen; vgl. S. 414f.

den kann, also von diesen zwei Antezedenzvariablen ausgegangen werden sollte.[42] Auch NGUYEN und LEBLANC weisen einen signifikanten Zusammenhang zwischen dem Unternehmensimage, der Reputation und der Kundenloyalität nach.[43] Demgegenüber konnte in der empirischen Untersuchung von ANDERSON und WEITZ der vermutete Effekt der Reputation auf Commitment bzw. Loyalität in Hersteller-Handel-Beziehungen nur teilweise nachgewiesen werden.[44] Bei ANDREASSEN und LINDESTAD war gar kein direkter Einfluss von Corporate Image auf die Kundenloyalität zu verzeichnen.[45]

Der Zusammenhang zwischen dem Ruf einer Unternehmung und den eigenen Erfahrungen eines Individuums wurde in Kapitel 3 bereits analysiert.[46] Konkret wird im Kontext der vorliegenden Arbeit der **Einfluss des Rufs auf die Beurteilung der selbst gesammelten Erfahrungen** untersucht. Reputation erklärt damit nicht den Prozess der Sammlung eigener Erfahrungen (= der Ruf führt zu Erfahrungen), sondern sie strahlt auf die Beurteilung der Erfahrungen durch das Individuum ab, das seine persönlichen Erfahrungen auf diese Weise mit den Erfahrungen Anderer vergleicht (= der Ruf beeinflusst die Wahrnehmung eigener Erfahrungen). Präziser wäre deshalb im Verlauf der Arbeit die Verwendung des Begriffs ‚Beurteilung eigener Erfahrungen'. Da dieser jedoch weder in der vorliegenden Literatur noch im allgemeinen Sprachgebrauch verbreitet ist, wird in der Folge von dem Konstrukt ‚eigene Erfahrungen' ausgegangen.[47]

---

[42]   Vgl. Abdullah/Al-Nasser/Husain 2000, S. 828. Diese Antezedenzvariablen könnten auch als Ruf und eigene Erfahrungen interpretiert werden.

[43]   Vgl. Nguyen/Leblanc 2001b, S. 307, wobei Image einen stärkeren Einfluss ausübt. Ohne dies methodisch nachweisen zu können, erklären die Autoren, dass „institutional reputation is an antecedent of institutional image, i.e. institutional image may be viewed as a moderator variable of the relationship between institutional reputation and customer loyalty"; ebenda, S. 308.

[44]   Vgl. Anderson/Weitz 1992, S. 22.

[45]   Vgl. Andreassen/Lindestad 1998, S. 87. Dies mag auf die verwendeten Items für die Messung von Corporate Image zurückzuführen sein, welche die Zufriedenheit des Probanden mit der Selbstdarstellung der Unternehmung, die wahrgenommene Kundenorientierung sowie die Wahrnehmung der Darstellung der Unternehmung durch Dritte umfassten; vgl. ebenda, S. 89. Weitere Studien zum Zusammenhang zwischen Reputation und Customer Loyalty nennen Nguyen/Leblanc 2001b, S. 305, wobei i.d.R. das Unternehmensimage im Mittelpunkt der Messungen steht.

[46]   Vgl. z.B. Breyer 1962, S. 96f.; Sandig 1962, S. 21; Weizsäcker 1980, S. 83; Yoon/Guffey/Kijewski 1993, S. 218; Caruana 1997, S. 110; Mahon 2002, S. 431.

[47]   Eine ähnliche Differenzierung liegt dem Konstrukt Kundenzufriedenheit zu Grunde, das Schütze 1992, S. 129f., nicht nur als Abgleich zwischen Erwartungen und Erfahrungen definiert, sondern als subjektive Bewertung dieses Abgleichs.

Auch wird der Begriff Ruf (als Synonym für Reputation) verwendet, da sich dieser im deutschen Sprachgebrauch durchgesetzt hat und im Rahmen empirischer Befragungen deshalb verständlicher ist.[48]

Aus den theoretischen Erwägungen und empirischen Befunden werden für die weitere Analyse die folgenden Hypothesen abgeleitet[49]:

Hypothese H$_{K1}$:	Je positiver der Ruf der Unternehmung in der Wahrnehmung des Kunden ist, desto positiver sind seine eigenen Erfahrungen mit der Unternehmung.
Hypothese H$_{K2}$:	Je positiver die eigenen Erfahrungen des Kunden mit der Unternehmung sind, desto loyaler ist er.
Hypothese H$_{K3}$:	Je positiver der Ruf der Unternehmung in der Wahrnehmung des Kunden ist, desto loyaler ist er.

Der Ruf manipuliert durch die subjektive Wahrnehmung des Stakeholders zum Teil dessen Bewertung eigener Erfahrungen (erste Hypothese). Auf diese Weise wirkt der Ruf einmal indirekt über den ‚Umweg' eigener Erfahrungen auf die Loyalität des Stakeholders ein und daneben auch direkt. Allerdings ist damit zu rechnen, dass der direkte Einfluss der eigenen Erfahrungen (zweite Hypothese) – die neben dem Ruf aus vielen anderen Informationsquellen resultieren – auf die Loyalität höher ist als der direkte Einfluss des fremderfahrungsbasierten Rufs (dritte Hypothese).[50]

6.3 Die Reputation der Unternehmung aus Sicht ihrer Aktionäre

6.3.1 Reputation der Unternehmung als Einflussfaktor auf das Verhalten privater Aktionäre

Auch wenn Vertreter aus Praxis und Wissenschaften dem Statement „Unternehmen sind von ihrem Ruf am Kapitalmarkt abhängig"[51] vermutlich uneingeschränkt zustim-

---

[48] Vgl. auch Wiedmann 2001, S. 3.

[49] Der Begriff ‚positiv' bezieht auf die Valenz von Ruf und eigenen Erfahrungen.

[50] Vgl. z.B. MacMillan 2002, S. 377; Ripperger 2003, S. 100;

[51] Piwinger (Manfred) 2001, S. 16. Umgekehrt kann auch die Börsennotierung überhaupt erst zum Aufbau eines Reputationskapitals beitragen; vgl. Marconi 2002, S. 149f. So kann der Gang an eine ausländische Börse den Weg bereiten, um von den Konsumenten in dem ausländischen Markt wahrgenommen und akzeptiert zu werden; vgl. Wanamaker 1988, S. 63.

men würden: Der Stellenwert der Reputation für den individuellen Anleger ist bislang weitestgehend unerforscht. Aus diesem Grund werden nachfolgend ausführlich mögliche Determinanten des Verhaltens privater Aktionäre diskutiert und dabei auch die Rolle von Reputation beleuchtet.

Adressat der Unternehmung auf dem Kapitalmarkt ist die **Financial Community**, also die individuellen (aktuellen und potenziellen) Investoren, Anlageberater, Buy- und Sell Side-Analysten, Fondsmanager, Fremdkapitalgeber sowie die Finanzpresse und Anlegerschutzinstitutionen.[52] LINK ergänzt Mitarbeiter, Kunden und Lieferanten der Unternehmung.[53] Auch ALLENDORF macht darauf aufmerksam, dass Mitarbeiter als eigenständige Zielgruppe für die Investor Relations anzusehen sind, da sie einerseits potenzielle Aktionäre darstellen, andererseits ihr Interesse an der Unternehmung ohnehin mit dem der Anteilseigner vergleichbar ist.[54] Ein Subziel der Investor Relations ist die Beeinflussung des Unternehmensimages[55], denn die Unternehmung vermarktet durch Investor Relations ihr „most important product, namely, the company itself"[56].

Generell kann die Reputation der Unternehmung bzw. das Image ihrer Produkte auf den Finanz- bzw. Aktienmarkt ausstrahlen und umgekehrt.[57] So weisen unter anderem MACGREGOR ET AL. darauf hin, dass ein Imagetransfer zwischen den Produkten einer Unternehmung auf die Aktie erfolgt, wodurch vor allem auch ‚Newcomer' auf dem Börsenparkett Startvorteile erzielen, sofern ihre Produkte bereits bekannt sind. „For new companies, such as those involved in initial public offerings (IPOs) that often have a very limited track record, the image of the company and its affective evaluation may be the major basis on which potential investors make investment decisions"[58].

---

[52] Vgl. Achleitner/Bassen 2001b, S. 33ff.; Schulz 1999, S. 132; Allendorf 1996, S. 46. Zu den potenziellen Anlegern gehören auch die ehemaligen; vgl. Hartmann 1968, S. 73.

[53] Vgl. Link 1991, S. 318.

[54] Vgl. Allendorf 1996, S. 59. Zu Investor Relations bzw. der Finanzkommunikation vgl. Schulz 1999, S. 27; Link 1991, S. 8f.

[55] Vgl. Schmidt 1991, S. 29.

[56] Ferris 1989, S. 173; ähnlich Larsen 2002, S. 5 und S. 8. Hartmann 1968, S. 78, bezeichnet Investor Relations als die auf die Gruppe der Investoren ausgerichtete ‚Rufpolitik' einer Unternehmung.

[57] Vgl. Link 1991, S. 140. Siehe hierzu auch den Beitrag von Mazzola et al. 2006.

[58] MacGregor et al. 2000, S. 105. Vgl. auch Link 1993, S. 119; Allendorf 1996, S. 69.

In diesem Zusammenhang wird in jüngerer Zeit das ‚**Sharebranding**' diskutiert, welches auf der Betrachtung der Aktie als Markenprodukt fußt.[59] Ein positives Image, das vor allem auf der Unternehmensmarke aufbaut, schafft nach PIWINGER Shareholder Value. Er beruft sich hierbei auf eine Studie, im Rahmen derer für 15 von 30 DAX-Werten nachgewiesen wurde, dass „ein klares Markenbild die Bereitschaft zum Aktienkauf erhöht und der Wettbewerbsfähigkeit dient".[60] Die Etablierung von Markenaktien ist auch deshalb von Interesse, weil sie die Aktionärstreue fördern.[61]

Aus Unternehmenssicht wirkt die kapitalmarktbezogene Reputation auf mehrerlei Weise. So stellt etwa HARTMANN fest: „Es steht außer Frage, dass ein minderer Bekanntheits- und Beliebtheitsgrad die Kosten einer Effektenemission beträchtlich über den Betrag ansteigen lässt, der im Falle eines positiven Rufpotentials angesetzt werden müsste".[62] Vereinfacht gesehen müssen Unternehmungen mit hoher Reputation **weniger Kapitalkosten** tragen.[63] „Companies with higher stocks of reputational capital tend to be assigned better ratings"[64], etwa durch MOODY'S INVESTOR SERVICE oder STANDARD & POOR'S, was den Zugang zu Kapital erleichtert. Die Kausalität hinter dieser Bemerkung ist jedoch nicht eindeutig: Ist die Reputation mancher Unternehmungen gut, weil sie aufgrund einer positiven Kreditwürdigkeit besseren Zugang zum Kapitalmarkt haben oder wird die positive Beurteilung der Kreditwürdigkeit bedingt durch gute Reputation?[65]

Aus Sicht der Kapitalgeber hält RIAHI-BELKAOUI die Unternehmensreputation für ein Signal, das die Einschätzung des Firmenwerts erlaube[66], also für einen Indikator des eigentlichen Nutzenziels und nicht für einen Wert an sich. Auch WIEDMANN misst der Reputation einen hohen Stellenwert auf dem Finanz- und speziell dem Aktienmarkt zu, wenn es um „eine Gesamtbewertung des Unternehmens und Einschätzung

---

[59] Zur Definition von Aktienmarken und Markenaktien siehe Maier-Moritz 2002, S. 6 und 61ff. Zum Bezug zwischen Corporate Brand und Share Brand siehe ebenda.

[60] Piwinger (Manfred) 2001, S. 18.

[61] Vgl. Maier-Moritz 2002, S. 26.

[62] Hartmann 1968, S. 88f.

[63] Vgl. Fombrun/Wiedmann 2001b, S. 46; Vergin/Qoronfleh 1998, S. 19; Will/Wolters 1991, S. 45.

[64] Fombrun 1996, S. 119; Mazzola et al. 2006, S. 387.

[65] Vgl. hierzu auch die Untersuchung von Shefrin/Statman 1997, passim, sowie die Ausführungen zum Zusammenhang zwischen Unternehmenserfolg und Reputation in Kapitel 2.4.1.

[66] Vgl. Riahi-Belkaoui 2001, S. 89.

dessen zukunftsgerichteter Entwicklungsfähigkeit"[67] geht. Das **Gefährdungspotenzial**
der Reputation – ihr Status als bedrohbares Asset – ist folglich aus Perspektive des
Finanzmarktes zentral: „Influential groups of investors and financiers are tending to
focus not just on corporate track records as to productivity, profitability, and share
price, but also on the ethical profile and the risks which might arise should corporate
reputation be sullied".[68]

Welche Rolle spielt nun die Reputation für das Anlegerverhalten? Zur Beantwortung
dieser Frage bietet es sich an, die Nutzenerwartungen von Anlegern zu analysieren.
Ziele und Motive von Anlegern sind vor allem in der finanzwissenschaftlichen Literatur breit dokumentiert.[69] Ziele privater Anleger umfassen demnach vor allem ein
möglichst geringes Risiko der Anlage, eine gute Rendite, den Wertzuwachs, den
Schutz vor Inflation, die schnelle Liquidisierbarkeit der Aktie.[70] Die in der Literatur
diskutierten mathematischen Verfahren der Aktienselektion, mit denen das Ziel verfolgt wird, emotionsgesteuertes (‚irrationales') menschliches Verhalten weitgehend
auszuschließen, sind individuellen Anlegern zumeist weder bekannt noch zugänglich.[71]
Für die (deutschen) Kleinaktionäre ist das zentrale Anlagekriterium das Dividenden-
einkommen, während unsichere Kursteigerungen und die mit dem Aktienerwerb ein-
hergehenden Mitgliedschaftsrechte selten wichtig sind.[72] Die Aktie wird vornehmlich
als Kapitalanlage betrachtet; de facto nimmt der (Privat-)Anleger eher die Haltung
eines Gläubigers als die eines Eigners ein.[73]

---

[67] Wiedmann 2001, S. 11.

[68] Pruzan 2001, S. 52.

[69] Zu Anlagemotiven siehe auch Szallies 1999, passim; Janisch 1993, S. 62. Zu einer umfassenden
Behandlung und Abgrenzung von Anlegermotiven und -zielen siehe Hein 2002, S. 60ff.

[70] Vgl. Allendorf 1996, S. 51; Link 1991, S. 191f.; Hartmann 1968, S. 44. Die drei Ziele
– Rentabilität, Sicherheit, Liquidisierbarkeit – werden auch gern als ‚magisches Dreieck'
bezeichnet; vgl. z.B. Link 1991, S. 88; Aschmann 1998, S. 37.

[71] Es kann auch bei Anwendung dieser Verfahren nicht davon ausgegangen werden, dass ‚rein
rationale' Entscheidungen – verstanden als Gegensatz zu emotionalen – getroffen werden, auch
nicht von professionellen bzw. institutionellen Investoren.

[72] Vgl. Link 1991, S. 262. Hier finden sich auch Aussagen zu weiteren Anlagekriterien und zur
Entwicklung dividendenpolitischer Strategien. Achleitner/Bassen 2001b, S. 37, zeigen dagegen,
dass Privatanleger ein höheres Interesse an der Entwicklung des Aktienkurses zeigen als institutionelle.

[73] Vgl. Jansch 1999, S. 66f.

Im Hinblick auf die individuelle Anlageentscheidung kommt den Konstrukten Risiko-wahrnehmung und Renditeeinschätzung zentrale Bedeutung zu.[74] Wodurch die subjektive **Risk-Return-Wahrnehmung** privater Anleger beeinflusst wird, kann mit Erkenntnissen der **Behavioral Finance-Forschung** untermauert werden.[75] Hierzu zählen solche Forschungsarbeiten, „die sich mit dem Entscheidungsverhalten von (Markt-) Akteuren modellhaft oder empirisch auseinander setzen und Informationsaufnahme, Informationsverarbeitung sowie Erwartungsbildung und Entscheidungskriterien analysieren"[76].

Insbesondere Erkenntnisse aus der Psychologie werden zur Analyse des Anlageverhaltens herangezogen.[77] Die Risk-Return-Wahrnehmung wird von individueller Risikoeinstellung und von situativen Referenzpunkten (z.B. der Höhe des investierten Vermögens oder des Einkommens) geprägt. Bei der Bildung von Erwartungen hinsichtlich von Risiko und Rendite spielen sowohl kognitive Aspekte als auch emotionale Befindlichkeiten eine Rolle. Bei der Entscheidungsfindung werden dann **Signale** oder **Heuristiken** im Sinne vereinfachender, manchmal auch suboptimaler Strategien der Informationsverarbeitung (‚Faustregeln') herangezogen.[78] Solche Heuristiken werden vor allem bei hoher (exogener) Unsicherheit bzw. Nicht-Verfügbarkeit wichtiger Informationen genutzt, was auch auf die Entscheidung für oder gegen eine bestimmte Aktie zutrifft. So stellt BONDT fest, dass die Aktienbewertung durch individuelle Privatanleger zumeist von einfachen Modellvorstellungen abhängt, die getragen werden durch Berichte und Geschichten in den Medien, Konversationen, Tipps aus dem Bekanntenkreis oder von Anlageberatern.[79] Schließlich ist für die Aktienbörse das Phä-

---

[74] Vgl. Jordan/Kaas 2002, S. 49. Zu Dimensionen der Risiko- und Renditewahrnehmung siehe ebenda, S. 51f.

[75] Manche Autoren bescheinigen individuellen Anlegern wenig rationales und stark emotionales Handeln; vgl. Süchting 1986, S. 658. Die verhaltenswissenschaftliche Kapitalmarktforschung beschäftigt sich im Gegensatz zum normativen Ansatz der klassischen Portfoliotheorie mit dem deskriptiv-faktischen Verhalten von Kapitalmarktakteuren; vgl. Oehler 2000, S. 718. Siehe auch Pelzmann 2000, S. 28ff.; Goldberg/Nitzsch 2000, passim. Eine Analyse des Einflusses von Reputation auf das Anlegerverhalten unter Berücksichtigung der Ergebnisse der Behavioral Finance-Forschung legt auch Schütz 2005, S. 26ff., vor.

[76] Oehler 2000, S. 718.

[77] Vgl. Jordan/Kaas 2002, S. 50.

[78] Vgl. Jordan/Kaas 2002, S. 52f.; Goldberg/Nitzsch 2000, S. 49ff. Zu möglichen Signalen für private Anleger siehe Gierl/Praxmarer 2000, S. 1328, die u.a. die Marke(n) nennen, oder Schütz 2005, S. 33ff., der explizit die Reputation des Unternehmens betrachtet..

[79] Vgl. Bondt 1998, S. 835.

nomen der ‚psychologischen Ansteckung' charakteristisch, bei der wenig informierte, unerfahrene und sachunkundige Anleger geneigt sind, sich an der Meinung und am Verhalten Anderer, (vermeintlich) kompetenterer Marktteilnehmer zu orientieren.[80]

Staranalysten, institutionelle Investoren und deren Fondsmanager fungieren als Informationsbroker für kleinere Investoren; sie verfügen damit über einen hohen Einfluss auf die Unternehmensreputation[81]. Gleichzeitig stellt ALLENDORF die These auf, dass diese eher ‚zahlenverhafteten Adressaten' selbst in ihren Anlageentscheidungen weniger durch qualitative Merkmale wie die Reputation einer Unternehmung beeinflusst werden.[82] Allerdings ist zu ergänzen, dass etwa eine Risiko- oder Renditebewertung sich durchaus reputativer Informationen bedient, da die in der Vergangenheit gezeigte Leistungsfähigkeit der Unternehmung – und damit ein Ausschnitt ihrer Reputation – bei extrapolativer Erwartungsbildung zur Grundlage der Bewertung wird.[83]

Geldanlageentscheidungen erfolgen nicht rein ‚rational', vielmehr haben sie auch eine **emotionale Komponente**.[84] So weist auch HUNT darauf hin, dass es schlichtweg eine Platitüde sei, in hohen Dividenden das einzige Interesse von Aktionären zu sehen.[85] Auch nicht-monetäre Ziele könnten eine Rolle im Verhalten von Privatanlegern spielen, so dass die Aktie als „Prototyp des homogenen Gutes"[86] durch qualitativen ‚Zusatznutzen' an Differenzierungspotenzial gewinnen könnte. Ausführungen zu derartigem Nutzen sind in der Literatur rar.[87] MAIER-MORITZ differenziert vier Nutzenkategorien, die mit dem Kauf bestimmter Aktien einhergehen und eine optimale

---

[80] Vgl. Trenner 1988, S. 203; Pelzmann 2000, S. XXVff. Zu Informationsquellen von Privatanlegern siehe Link 1991, S. 89f.

[81] Vgl. Fombrun 1996, S. 119, S. 123; Link 1991, S. 316; Baker/Haslem 1973, S. 69.

[82] Vgl. Allendorf 1996, S. 90. Empirische Ergebnisse hierzu sind der Verfasserin nicht bekannt.

[83] Darüber hinaus kann auch eine Präferenz für sogenannte Blue Chips durchaus als Orientierung an der Reputation von Unternehmungen gewertet werden. Eine Einbeziehung der Reputation als ‚Soft Fact' bei Ratings gemäß Basel II, welche „Anhaltspunkte für die Überlebensfähigkeit eines Unternehmens in einem gegebenen Wettbewerbsumfeld liefern" (Steiner/Starbatty 2003, S. 24), ist zumindest denkbar.

[84] Vgl. Szallies 1999, S. 245. MacGregor et al. 2000, weisen empirisch den Einfluss affektiver Komponenten auf die Aktienwahl nach. Link 1991, S. 92, leitet hieraus die Forderung ab, Aktionäre im Hinblick auf ihre Einstellungen zur Unternehmung zu befragen

[85] Vgl. Hunt 1952, S. 101.

[86] Link 1993, S. 109.

[87] Demgegenüber sind empirische Erhebungen zu (quantitativen) Anlegerzielen reichlich vorhanden; vgl. den Überblick bei Hein 2002, S. 73ff.

Bedürfnisbefriedigung im Sinne vorher definierter Anlageziele ermöglichen.[88] Der **Grundnutzen** lässt sich aus den rechtlich mit der Aktie verbundenen Vermögens- und Verwaltungsrechten ableiten.[89] **Persönlicher Nutzen** ergibt sich aus einer persönlichen Beziehung zur Aktie, die etwa auf einer emotionalen Verbundenheit zur Aktiengesellschaft beruht. Strebt der Anleger durch den Aktienbesitz nach sozialer Anerkennung, ist dies ein **sozialer Nutzen**. Ein Aktionär kann durch seinen Aktienkauf die Zugehörigkeit oder die Distanzierung von bestimmten sozialen Gruppen signalisieren.[90] Auch HARTMANN bezeichnet das Streben nach Selbstbestätigung und den Stolz, zu der Gruppe der Aktionäre einer Unternehmung zu gehören (,Zugehörigkeitsgefühl') als zwar unterschwellige, aber bedeutsame Motive vieler Aktiensparer.[91] HEIN bezeichnet den Wunsch nach einer erstrebenswerten sozialen Rolle in der Gesellschaft, die mit dem Aktienbesitz eingenommen werden kann, als Prestigemotiv.[92] Wählt man Aktien aufgrund ethischer Erwägungen aus, definiert MAIER-MORITZ dies als ,**magisch-ethischen**' Nutzen. Neben persönlichen Einflussfaktoren spielen vor allem exogene Determinanten eine Rolle bei der Anlageentscheidung. Hierzu zählen hauptsächlich Börsentrends und -stimmungen, aber auch Meinungen und Verhalten Anderer, an denen sich Anleger orientieren. Wichtig sind auch eigene Erfahrungen des Anlegers[93] und schließlich können die Investor Relations-Maßnahmen einer Unternehmung maßgeblich zur Erwartungserfüllung von Aktionären beitragen[94]. Die Beurteilung der Aktienanlage erfolgt damit **subjektiv** und ist aus Sicht des individuellen Aktionärs zu messen; der Nutzen aus der Anlage kann nur ex post verifiziert werden. Denn die Aktie ist ein **Kontraktgut**: „Absatz und Entgeltzahlung liegen vor der Leistungserstellung; das Leistungsversprechen (Höhe und Stabilität des Anteilswertes) ist zudem vorab nicht eindeutig festlegbar"[95]. Vor dem Kauf muss sie dem (potenziellen) Aktio-

---

[88] Vgl. Maier-Moritz 2002, S. 10. Ob de facto immer konkret definierte bzw. bezifferte Anlageziele vorliegen, ist allerdings zu bezweifeln.

[89] Vgl. Jansch 1999, S. 25. Erstere sind mit der Aktie verbunden, die unter langfristigen Aspekten eine überproportionale Rendite verspricht sowie Spekulationsgewinne ermöglicht, letztere sind für Kleinanleger weithin ohne Interesse.

[90] Vgl. Maier-Moritz 2002, S. 54. Als Beispiel nennt die Autorin Fußball- oder Zoo-Aktien; vgl. ebenda, S. 55.

[91] Vgl. Hartmann 1968, S. 120; Hunt 1952, S. 104.

[92] Vgl. Hein 2002, S. 61f.

[93] Vgl. Maier-Moritz 2002, S. 12ff.

[94] Vgl. Hocker 2001, S. 446ff.

[95] Link 1991, S. 32.

när also vertrauenswürdig erscheinen[96], wozu die Reputation der Unternehmung einen wichtigen Beitrag leisten kann.

Die These, dass das Ziel der Aktionäre in der Optimierung des Shareholder Value liegt, sollte den vorhergehenden Ausführungen zufolge auf einer weiten Interpretation dieses Nutzens beruhen und nicht auf die Maximierung der Rückflüsse einer Investition im Sinne von Ausschüttungen und Kurssteigerungen reduziert werden. Analog zum Begriff des ‚Customer Value' kann der **Perceived Shareholder Value** als Nettonutzen der Investitionsentscheidung verstanden werden. Hierzu zählen auch nichtmonetäre Bestandteile, die bei einer Auflistung der Ansprüche und Beiträge von Aktionären jedoch in der Regel nicht erwähnt werden. Das Ziel der Erlangung von Macht, Mitsprache- und Mitentscheidungsrechten sowie die Einflussnahme durch Mitverwaltung können dazu zählen oder auch ein Anspruch auf Information, Risikobeschränkung bzw. -streuung.[97] Auch MAIER-MORITZ spricht sich für ein weites Verständnis aus: „Der Shareholder Value ist ein Wert, der die Zufriedenstellung und Nutzenerfüllung der Anteilseigner zum Ziel hat [...]. In diesem Sinne umfaßt der Shareholder Value alle Wert- bzw. Nutzenkategorien und kann damit sowohl finanzieller als auch nichtfinanzieller Natur sein"[98].

MACGREGOR ET AL. betonen, dass das Verhalten von Anlegern auch von affektiven Bewertungen geleitet wird, wobei die Reputation einer Unternehmung eine wichtige Rolle spielt.[99] In der Studie von BAKER und HASLEM wird der Ruf der Unternehmung neben Zukunftsaussichten, Managementqualität, erwartetem Absatzwachstum, Finanzstärke, bisheriger und erwarteter Aktienperformance als weiteres Kriterium für die Anlageentscheidung benannt.[100] BECKER bestätigt, dass „der ‚gute Name' der Unternehmung auch auf die Anlageentscheidungen potentieller Kapitalanleger wirkt"[101] und PRUZAN erläutert: „There is strong evidence that corporate reputation can play a significant role in the investment decisions made by large num-

---

[96]   Vgl. Maier-Moritz 2002, S. 21f. Zum Kontraktgutcharakter von Vermögensanlagen siehe auch Helm 2001, S. 76; zum Begriff des Kontraktgutes Kaas 1992b, S. 884f.

[97]   Vgl. Janisch 1993, S. 147.

[98]   Maier-Moritz 2002, S. 63; siehe auch Eberhardt 1998, S. 115.

[99]   Vgl. MacGregor et al. 2000, S. 104.

[100] Vgl. Baker/Haslem 1973, S. 67. Reputation stand an Platz 7 von 33 ‚Investment Factors', Dividenden erst an Platz 21, was allerdings mit den Spezifika des amerikanischen Aktienmarkts zusammenhängen könnte.

[101] Becker 1994, S. 298.

bers of individuals and financial institutions"[102]. CHAJET prognostiziert: „The reputation of the company increasingly will influence its appeal as an investment choice"[103]. Die Orientierung an der Reputation der Unternehmung bei der Entscheidung für oder gegen den Erwerb einer Aktie oder auch eines Fondsanteils kann als Heuristik wirken, indem die Reputation in die Zukunft extrapoliert wird. Es wird unabhängig von leistungs- oder finanzwirtschaftlichen Aspekten eine bekannte Unternehmung mit hoher Reputation eine bessere Risk-Return-Wahrnehmung beim Anleger hervorrufen als eine unbekannte Unternehmung.[104] Auch MADRIAN ist der Ansicht, dass eine hohe Reputation die Unternehmung für Aktionäre sicherer und kalkulierbarer macht.[105] Entsprechend besteht für FOMBRUN das vornehmliche Interesse der Aktionäre im Hinblick auf die Unternehmensreputation in einem glaubwürdigen Gebaren der Unternehmung. Sein Fazit lautet: „The more credible a company appears to its key constituents, the better regarded the company will be"[106]. SCHÜTZ schließlich stellt anhand seiner Experimente fest, dass die positive Veränderung der Unternehmensreputation – nicht der Grad an Reputation an sich – private Anleger zu vermehrter Investition in die Aktie verleitet.[107]

Reputation und gute Aktienperformance gehen allerdings nicht zwingend einher: „Many people cannot distinguish good stocks from good companies. Thus, firms that enjoy rapid earnings growth or that in some other way are glamorous enough to appear on the cover of major business magazines are seen as excellent investments"[108]. SCHMIDT ist der Ansicht, dass eine Verbesserung der Reputation sich nur insoweit kurserhöhend auswirkt, als sie mit einer Verbesserung der Performance der Unternehmung einhergehe, denn „die Börse lässt sich nicht blenden"[109]. Demgegenüber behauptet LARSEN: „Highly reputed companies [...] find that investors are willing to

---

[102] Pruzan 2001, S. 53.

[103] Chajet 1998, S. 20.

[104] Vgl. Jordan/Kaas 2002, S. 55, die diesen Zusammenhang bei der Emission von Fondsanteilen durch Investmentgesellschaften untersuchen und dies als Repräsentativitätsheuristik bezeichnen.

[105] Vgl. Madrian 1998, S. 94; ähnlich Will/Wolters 2001, S. 45.

[106] Fombrun 1996, S. 67. Zu den Grundsätzen ordnungsgemäßer Investor Relations, zu denen u.a. die Glaubwürdigkeit bzw. Wahrheitstreue zählt, siehe z.B. Allendorf 1996, S. 61ff.

[107] Vgl. Schütz 2005, S. 126.

[108] Bondt 1998, S. 834; ähnlich Gardberg 2001, S. 15. Siehe hierzu auch die Ausführungen zu Reputation und Unternehmenserfolg in Kapitel 2.4.1.

[109] Schmidt 1991, S. 31. Diese Aussage ist wohl eher Ausdruck der Hoffnung als der Realität.

pay more for their stocks than for that of less reputed companies with similar risk and return prospects"[110]. Der tatsächliche Stellenwert der Reputation bei der Asset Allocation könnte empirisch durch eine **Conjoint Analyse** erfasst werden, welche zur Erklärung individueller Präferenzstrukturen dient.[111] Die Reputation der Unternehmung würde dabei eine der in verschiedenen Ausprägungen zu beurteilenden Aktieneigenschaften repräsentieren, zwischen denen Probanden eine Wahl zu treffen hätten.

Die Determinanten der von Aktionären wahrgenommenen Reputation können – analog zu der von DOWLING gezeigten Faktorstruktur für Kunden und Mitarbeiter[112] – in den in Abbildung 6-2 benannten Kriterien liegen. Reputation knüpft hier an marken-bzw. produktbezogenen Goodwill an, die Wahrnehmung des Top-Managements, formelle Unternehmensrichtlinien und die Finanzkommunikation, die (finanzbezogene) Kommunikation unter den Stakeholdern, die ‚Publicity' der Unternehmung, aber auch die Reputation von Finanzintermediären (Banken, Analysten usw.), der Branche und des Landes.

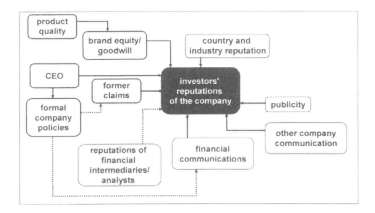

Abbildung 6-2:   Mögliche Einflussfaktoren der von Aktionären wahrgenommenen
                   Unternehmungsreputation

---

[110] Larsen 2002, S. 2. Allerdings ist fraglich, ob in diesem Fall von gleichem Risiko auszugehen ist.

[111] Zum Verfahren der Conjoint-Analyse vgl. z.B. Backhaus et al. 2005, S. 558ff. Eine entspre-chende Studie für Kleinanleger beschreiben Gierl/Praxmarer 2000, S. 1130, jedoch ohne Berück-sichtigung von Reputation. Zu Anwendungsgebieten in der Präferenzmessung bei Anlagealter-nativen siehe Hein 2002, S. 139ff.

[112] Vgl. hierzu Dowling 1994, S. 29 und 31, der aber keine Abbildung für die Aktionäre entwirft.

Umgekehrt beeinflusst das Ansehen der Unternehmung auch das Ansehen seiner Aktionäre. HANSON und STUART gehen davon aus, dass „shareholders may be interested in profit but they will also share the shame and declining profits associated with a deteriorating corporate reputation which is now increasingly the subject of media and public scrutiny"[113]. MÜLLER-PETERS merkt an: „Gewinne oder Verluste in der Geldanlage treffen nicht allein das Portemonnaie, sondern direkt oder indirekt auch den Selbstwert"[114]. Diese Form eines negativen ‚Reputationstransfers' soll hier jedoch nicht vertieft werden.

6.3.2 Reputation, eigene Erfahrungen der Aktionäre und Aktionärsloyalität

PIWINGER konstatiert, dass es vor allem an den Finanzmärkten zunehmend schwieriger wird, Interesse zu finden und dauerhaft zu binden, da immer mehr Unternehmungen sich um das Kapital potenzieller Investoren bemühen.[115] Eine hohe Reputation der Unternehmung könnte hierzu verhelfen und damit auch zu einem Bindungsfaktor auf Aktienmärkten werden.

Aber es wird (implizit) in der Literatur auch ein umgekehrter Bezug zwischen Loyalität und Reputation angenommen. So vermuten FOMBRUN und SHANLEY mit Blick auf die Aktionärsstruktur von Unternehmungen: „The composition of investors in firms' shares arguably sends a strong signal to their other constituencies"[116]. Sie nehmen an, dass die Reputation einer Unternehmung umso höher sei, je stärker sich der Aktienbesitz auf wenige loyale Investoren konzentriert.[117] Da allerdings offen bleibt, wie viele Aktionäre hier die Grenze bilden und auch die empirische Untermauerung dieser These unterbleibt, erscheint sie fragwürdig. Ein Blick auf die ‚reputationsreichsten' Unternehmungen in Deutschland (vgl. Kapitel 4) offenbart, dass diese fast ausschließlich Publikumsgesellschaften mit hohem Streubesitzanteil sind.

---

[113] Hanson/Stuart 2001, S. 141.

[114] Müller-Peters 1999, S. 146.

[115] Vgl. Piwinger (Manfred) 2001, S. 18ff.

[116] Fombrun/Shanley 1990, S. 239. Die Autoren vermuten, dass ein hoher Anteil institutioneller Investoren auf die Kleinanleger beruhigend wirkt, da diesen ein besserer Kenntnisstand bezüglich des Aktienmarktes zuerkannt wird.

[117] Vgl. Fombrun/Shanley 1990, S. 239.

Hinreichende Fundierungen für den positiven Zusammenhang zwischen der Reputation und der Aktionärsloyalität sind der Literatur nicht zu entnehmen, wenn auch die Reputation nach der vorstehenden Analyse als Nutzenbestandteil für Aktionäre und damit als loyalitätsrelevant eingestuft werden kann. Unter Rückgriff auf die umfassenderen Erkenntnisse aus der Kundenforschung werden deshalb folgende Hypothesen aufgestellt[118]:

Hypothese H$_{A1}$:	Je positiver der Ruf der Unternehmung in der Wahrnehmung des Aktionärs ist, desto positiver sind seine eigenen Erfahrungen mit der Unternehmung.
Hypothese H$_{A2}$:	Je positiver die eigenen Erfahrungen des Aktionärs mit der Unternehmung sind, desto loyaler ist er.
Hypothese H$_{A3}$:	Je positiver der Ruf der Unternehmung in der Wahrnehmung des Aktionärs ist, desto loyaler ist er.

6.4 Die Reputation der Unternehmung aus Sicht ihrer Mitarbeiter

6.4.1 Reputation der Unternehmung als Einflussfaktor auf das Mitarbeiterverhalten

BERGEN ermittelt, dass Investitionen in die Mitarbeiterkommunikation starken Einfluss auf die Reputation einer Unternehmung haben. Er vergleicht die Kosten der Mitarbeiterkommunikation der im FORTUNE-Ranking vertretenen Unternehmen und stellt ein enges Verhältnis zur Rangzahl fest. Die ‚Top 200-Unternehmen' investieren dreimal so viel wie die ‚Bottom 200'. „This seems to affirm the intuition of many public relations officers that they can get the greatest reputation leverage with all stakeholders through their employees".[119] ELSBACH und GLYNN sehen diese intuitive Vermutung durch Entwicklungen in der Praxis bereits umgesetzt: „It appears that companies are increasingly using employees to signal and display reputational signals because these activities both: (a) enhance the company's reputation among external audiences by increasing the credibility of reputational signals, and (b) strengthen

---

[118] Auch hier gilt a), dass präziser von der Beurteilung eigener Erfahrungen zu sprechen wäre und b) dass der direkte Effekt der eigenen Erfahrungen auf Loyalität stärker sein dürfte als der direkte Effekt der Reputation auf Loyalität.

[119] Bergen 2001, S. 24; so auch Dowling 2001, S. 13.

employees' organizational identification by highlighting the alignment between personal and organizational values".[120] Dagegen vertreten CRAVENS und OLIVER die Ansicht, dass die Bedeutung von Mitarbeitern zum Management und Erfolgsbeitrag von Reputation bislang praktisch wie theoretisch kaum Beachtung findet.[121]

FOMBRUN bekräftigt die Bedeutung der Mitarbeiter für die Reputation sehr eingängig: „Employees have the highest potential impact on a company's reputational capital"[122] bzw. „employees carry with them the capacity to make or break a company's most valuable asset: its reputation"[123]. In dem Ausmaß, in dem die Reputation der Unternehmung Arbeitseinstellung und/oder Arbeitsverhalten beeinflusst, wirkt sie sich auf die Zielerreichung der Unternehmung aus.[124] „A good reputation helps companies attract and keep good employees, which is in turn expected to provide companies with the greatest single source of competitive advantage in the coming decade".[125]

Mitarbeiter haben hinsichtlich der Reputation der Unternehmung eine **ambivalente Position**. Einerseits ziehen sie selbst den Ruf der Unternehmung als Entscheidungskriterium bei der Wahl und Beurteilung ihres Arbeitgebers heran.[126] Andererseits wird die Reputation durch Aktivitäten der Mitarbeiter geformt. „Da sämtliche Mitarbeiter einer Unternehmung direkt oder indirekt der Wertung Dritter ausgesetzt sind, wirkt ihr Verhalten rufbeeinflussend und rufgestaltend".[127] Allerdings sind es nach Ansicht von RIORDAN, GATEWOOD und BARNES vorwiegend Aktionen des Top Managements, welche auf die Unternehmensreputation einwirken.[128]

---

[120] Elsbach/Glynn 1996, S. 72.

[121] Vgl. Cravens/Oliver 2006, S. 293.

[122] Fombrun/Gardberg/Barnett 2000, S. 91; ähnlich Gotsi/Wilson 2001b, S. 99.

[123] Fombrun 1996, S. 84.

[124] Vgl. Riordan/Gatewood/Barnes 1997, S. 402.

[125] Svendsen 1998, S. 34.

[126] Die Betrachtung der Reputation als ‚Job Market Signal', das Bewerber bei der Arbeitgeberwahl heranziehen, hat in der informationökonomischen Literatur Tradition; siehe z.B. Spence 1973, passim; Smith 1997, S. 2.

[127] Breyer 1962, S. 172.

[128] Vgl. Riordan/Gatewood/Barnes 1997, S. 404. Dabei definieren die Autoren (S. 406) die Reputation (bzw. das Image) allerdings als „the way they (= die Mitarbeiter; Anm. d. V.) believe others see the organization"; so auch Dutton/Dukerich 1991, S. 520; dieser Auffassung wird hier nicht gefolgt; vgl. Kapitel 2. Demgegenüber betonen Wiedmann/Buxel 2005, S. 153, dass Reputationsmanagement nicht allein Aufgabe des Top-Managements sein kann und darf.

Auch beeinflussen Mitarbeiter den Ruf der Unternehmung, indem sie Außenstehenden über ihre Arbeit, ihre Abteilung, ihren Vorgesetzten berichten und damit externe Kommunikationsprozesse und die Entstehung von Reputation erst anstoßen.[129] Zudem ist festzustellen, dass „man bestimmte Imagewerte eines Unternehmens in der Öffentlichkeit nicht etablieren kann, wenn sie nicht intern in gleichem Maß etabliert sind"[130]. Deshalb hält HALL fest: „A key task of management is to make sure that every employee is disposed to be both a promotor and custodian of the reputation of the organization which employs him"[131]. Bereits BREYER betont, dass Mitarbeitern neben Verantwortungs-, Kosten- und Ertragsbewusstsein auch Rufbewusstsein zu vermitteln sei.[132] Auch dürfen keine Lücken zwischen der Außendarstellung der Unternehmung und dem Erleben der Mitarbeiter entstehen, um Zweifel an der Glaubwürdigkeit der Unternehmensführung zu vermeiden.[133] „If employees do not value the reputation of the company, how can a positive reputation be communicated to the public?"[134]

Manche Autoren differenzieren zwischen der Unternehmensreputation und der Arbeitgeberreputation derselben Unternehmung. LEMMINK, SCHUIJF und STREUKENS unterscheiden folgende ‚Dimensionen' der Gesamtreputation aus Sicht potenzieller Bewerber: „ability to attract, develop and keep talented people, community and environmental responsibility, financial soundness, innovativeness, marketing and communications, quality of management, and quality of products/services"[135]. Von dieser allgemeinen Reputation der Unternehmung grenzen sie die Arbeitgeberreputation ab und zählen hierzu die Faktoren: „advancement opportunities, interesting job/function, international opportunities, organisational culture, pay, and training and educational possibilities"[136]. Beide Reputationen stellen ihrer Meinung nach Antezedenzvariablen

---

[129] Vgl. Bateman/Organ 1983, S. 588; Fombrun/Gardberg/Barnett 2000, S. 91; Cravens/Oliver 2006, S. 295.

[130] Opgenoorth 1985, S. 214.

[131] Hall 1993, S. 616; ähnlich Opgenoorth 1985, S. 214, für den „jeder Mitarbeiter ein ‚Öffentlichkeitsarbeiter' für die Firma ist", oder Larkin 2003, S. 49: „each employee is a reputation ambassador"; ähnlich Dalton/Croft 2003, S. 60; Cravens/Oliver 2006, S. 297.

[132] Vgl. Breyer 1962, S. 173.

[133] Vgl. Opgenoorth 1985, S. 214; Rekom 1997, S. 412.

[134] Cravens/Oliver 2006, S. 297.

[135] Lemmink/Schuijf/Streukens 2001, S. 2.

[136] Lemmink/Schuijf/Streukens 2001, S. 2; ähnlich Simon et al. 1995, S. 104f.

der **Bewerbungsabsicht** dar.[137] Dies wird vor allem damit begründet, dass Bewerber wenig relevante Informationen über potenzielle Arbeitgeber besitzen, weshalb der Reputation der Unternehmung ein hoher Stellenwert zukommt.[138]

Die **Reputation der Unternehmung als Arbeitgeber** wird in einer Reihe von Studien thematisiert. Ein Beispiel aus dem anglo-amerikanischen Bereich ist die Studie ‚The 100 Best Companies to Work for in America'.[139] In der Studie ‚Deutschlands beste Arbeitgeber' werden als Bewertungsdimensionen Vertrauen (Glaubwürdigkeit, Respekt, Fairness), Stolz und Teamorientierung verwendet.[140] FOMBRUN schlägt als Merkmale vor: „pay/benefits, opportunities, job security, pride in work/company, openness/fairness, camaraderie/friendliness"[141].

Nach SANDIG betrifft der Ruf der Unternehmung als Arbeitgeber „die anerkannte Fähigkeit der Unternehmung, insbesondere ihrer verantwortlichen Leitung, zur Führung und Betreuung der ihr sich anvertrauenden Arbeitskräfte"[142], als relevante Gesichtspunkte zur Beurteilung nennt er die Arbeitsbedingungen, Ausbildungs- und Entwicklungsmöglichkeiten, Entlohnungshöhe, soziale Maßnahmen, berufliche Sicherheit sowie „das allgemeine Ansehen der Unternehmung auf Grund seiner Größe und Bedeutung und des Rufes seiner Erzeugnisse"[143].

Mit der Bedeutung des Rufs bei der Arbeitgeberwahl beschäftigt sich auch TEUFER. Er setzt die Begriffe Image und Reputation im Wesentlichen gleich[144] und bezeichnet als **Arbeitgeberimage** in einem engen Begriffsverständnis den Ruf einer Unternehmung als Nachfrager auf den relevanten Arbeitsmärkten.[145] In einem weiten Begriffsverständnis subsumiert TEUFER hierunter den Ruf der Unternehmung als

---

[137] Vgl. Lemmink/Schuijf/Streukens 2001, S. 4; so auch Gatewood/Gowan/Lautenschlager 1993, S. 423.

[138] Vgl. z.B. Gatewood/Gowan/Lautenschlager 1993, S. 415.

[139] Beschrieben z.B. bei Davies et al. 2003, S. 138ff. Weitere nennt Smith 1997, S. 27f.

[140] Vgl. o.V. 2003a, o.S. Deutschlands ‚bester Arbeitgeber' in 2006 ist die ConSol Software GmbH; vgl. o.V. 2007d. Die Studien werden durch die EU in Auftrag gegeben und gefördert; vgl. o.V. 2003a, o.S.

[141] Fombrun 1998, S. 331.

[142] Sandig 1962, S. 14.

[143] Sandig 1962, S. 14.

[144] Vgl. Teufer 1999, S. 129. Simon et al. 1995, S. 103, verwenden den Begriff ‚Personalimage'.

[145] Damit weicht der Autor vom traditionellen Verständnis ab, das in der Regel den Bewerber als Arbeitsanbieter, die Unternehmung als Arbeitsnachfrager interpretiert.

Arbeitgeber bei seiner eigenen Belegschaft wie auch in ihrem sozialen Umfeld.[146] Zu den Eigenschaften bzw. Dimensionen der Reputation zählt TEUFER fünf verschiedene Faktoren[147]: das Unternehmensimage (bzw. -reputation), personalpolitische Parameter (Gehalt, Arbeitszeit, Karrierechancen, Eigenverantwortlichkeit, Abwechslung usw.), das Branchenimage, den ,Feel-good-Faktor' (bezieht sich u.a. auf den Verlauf des Bewerbungsgesprächs und den -prozess) sowie das Standortimage. Häufig werden auch Marken- oder Produktimages zur Beurteilung eines potenziellen Arbeitgebers herangezogen.[148] So ist auch zu erklären, warum Unternehmen mit bekannten Produkten bzw. Marken wie etwa deutsche Automobilbauer oft an der Spitze der beliebtesten Arbeitgeber für den potenziellen Führungsnachwuchs stehen. Daneben gewinnt das Branchenimage besondere Bedeutung, wenn das Unternehmen relativ unbekannt ist (z.B. über keine starken Marken verfügt).[149]

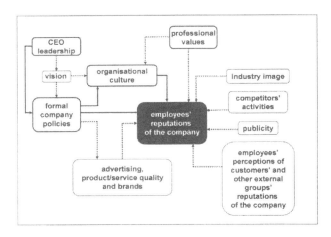

Abbildung 6-3:   Mögliche Einflussfaktoren der von Mitarbeitern wahrgenommenen Unternehmungsreputation
(Quelle: Dowling 1994, S. 29; derselbe 2001, S. 55.)

DOWLING diskutiert die in Abbildung 6-3 dargestellten Determinanten der Reputation aus Mitarbeitersicht. Reputation hängt zusammen mit dem Verhalten oberster Füh-

---

146   Vgl. Teufer 1999, S. 132; Eisele 2001, S. 416. Zu Synonymen siehe Teufer 1999, S. 122ff.
147   Vgl. im Folgenden Teufer 1999, S. 142ff., sowie den Überblick auf S. 186.
148   Vgl. Teufer 1999, S. 144; Simon et al. 1995, S. 110.
149   Vgl. Teufer 1999, S. 146f.; Simon et al. 1995, S. 110.

rungskräfte (welches die Unternehmensvision und -kultur beeinflusst und die formellen Unternehmensrichtlinien bestimmt), berufsbezogenen Werten, der Branchenreputation und Wettbewerbsaktivitäten. Die Kommunikationspolitik sowie die Qualität der Produkte und Dienstleistungen tragen zur Reputation bei, vor allem aber die Meinung der Mitarbeiter, wie andere Stakeholder die Unternehmung sehen (= Reputation in der Öffentlichkeit). [150]

Neben den geschilderten Einflussfaktoren auf die Reputation der Unternehmung als Arbeitgeber ist deren Wirkung auf Mitarbeiter von Interesse. DUTTON/DUKERICH stellen heraus, dass die Reputation der Unternehmung für die **Selbstwahrnehmung** ihrer Mitarbeiter bedeutend ist und dass Mitarbeiter die Reputation nutzen, um abzuschätzen, wie andere sie (die Mitarbeiter) beurteilen[151], denn „employees are often assigned the prototypical attributes of their organziation"[152]. Das Ansehen der Firma in der Öffentlichkeit ist deshalb sehr wichtig und vermittelt Stolz.[153] Dies gilt besonders im Dienstleistungsbereich bzw. generell für Mitarbeiter im Kundenkontakt, die Feedback von Kunden erhalten und so mit deren Bild von der Unternehmung konfrontiert werden.[154] Deshalb gehen BALMER und GREYSER davon aus, dass Mitarbeiter die Reputation als Richtschnur für eigenes Verhalten interpretieren und solche Verhaltensweisen zeigen werden, die ihrer Einschätzung nach positive Auswirkungen für die Unternehmensreputation und damit auch für ihre Selbstwahrnehmung haben.[155] „The strength of an employee's organizational identification may depend, at least in part, on the organization's positive or favorable strategic reputations with external audiences".[156] Bereits bei der Personalauswahl ist darauf zu achten, dass nur solche Mitarbeiter eingestellt werden, die zur Bewahrung und Stärkung der Unternehmens-

---

[150] Vgl. hierzu Dowling 1994, S. 28ff. Eine Art Sozialisationsprozess der Mitarbeiter im Hinblick auf die Unternehmensreputation beschreiben Smythe/Dorward/Reback 1992, S. 11ff.

[151] Vgl. Dutton/Dukerich 1991, S. 520. Hierbei wird allerdings offen gelassen, inwiefern auch ein bestimmtes Berufsimage auf die Selbstwahrnehmung und vermutete Fremdwahrnehmung der Mitarbeiter einwirkt.

[152] Elsbach/Glynn 1996, S. 69.

[153] Vgl. Smidts/Pruyn/Riel 2001, S. 1051.

[154] Vgl. Gotsi/Wilson 2001b, S. 99.

[155] Vgl. Balmer/Greyser 2003, S. 178; Dutton/Dukerich 1991, S. 520, 550; Riordan/Gatewood/ Barnes 1997, S. 402; Smidts/Pruyn/Riel 2001, S. 1051.

[156] Elsbach/Glynn 1996, S. 68; vgl. auch Teufer 1999, S. 144; Wiedmann 2001, S. 11; Aschmann 1998, S. 77. Demgegenüber ist dieser Faktor in den Studien von Smith 1997, S. 65, und Eisele 2001, S. 416, kaum relevant.

reputation beitragen können.[157] Allerdings fehlen bislang Untersuchungen, die konkrete Einstellungen oder Verhaltensweisen herauskristallisiert hätten, die durch eine
positive oder negative Unternehmensreputation beeinflusst wurden.[158] Aus personal-
politischer Sicht liegt zudem die Frage auf der Hand, ob „the employee is willing to
trade off salary and other issues to work for a firm with a good reputation"[159]. So ist
HAENSEL der Ansicht, dass Unternehmungen mit schlechtem Ruf überdurchschnitt-
liche Löhne zahlen müssen, um für Arbeitnehmer attraktiv zu sein.[160] Entsprechende
empirische Untersuchungen liegen jedoch nicht vor.

6.4.2 Reputation, eigene Erfahrungen der Mitarbeiter und Mitarbeiterloyalität

Auch auf Arbeitsmärkten sind Unternehmungen mit der Aufgabe konfrontiert, Wettbewerbsvorteile aufzubauen, um die richtigen Mitarbeiter zu finden und zu binden.
Selbst bei dem aktuell festgestellten Überangebot auf dem Arbeitsmarkt müssen sich
Unternehmungen bemühen, Aufmerksamkeit zu generieren, um die besten Mitarbeiter
zu bekommen. Eine hohe Reputation kann hierzu verhelfen und zudem zu einem Bindungsfaktor für die aktuelle Belegschaft werden. Umgekehrt haben Mitarbeiter einen
hohen Einfluss darauf, wie die Unternehmung in der Öffentlichkeit gesehen wird. Hinreichende Fundierungen für den positiven Zusammenhang zwischen Reputation und
Mitarbeiterloyalität sind der Literatur allerdings nicht zu entnehmen. Entsprechend der
vorstehenden Analyse wird die Reputation als Qualitätssignal für potenzielle Arbeitnehmer aufgefasst sowie als Nutzenbestandteil für Mitarbeiter; sie ist damit als loyalitätsrelevant einzustufen.[161]

DAVIES ET AL. entwickeln auf Basis des Zusammenhangs zwischen der Zufriedenheit von Mitarbeitern und Kunden ihr sogenanntes ‚Reputation Paradigm'. Nach
Auffassung der Autoren setzt sich Reputation aus der Innen- und Außenwahrnehmung
der Unternehmung zusammen, was sie als Identität und Image bezeichnen: „The external image of many organizations is driven by the way customer facing employees per-

---

[157] Vgl. Balmer/Greyser 2003, S. 178.

[158] Vgl. Riordan/Gatewood/Barnes 1997, S. 403.

[159] Mahon 2002, S. 430.

[160] Vgl. Haensel 1999, S. 68.

[161] Dowling 2001, S. 12 und S. 51, geht ebenfalls davon aus, dass Reputation die Mitarbeiter-
       zufriedenheit steigert.

ceive the organization"[162]. Die Integrativität der Dienstleistungserstellung unterstützt die Bedeutung von Reputation in diesem Sektor: „In a service business a good reputation acts as an antecedent for both employee and customer attitudes as they enter the service encounter"[163]. Die Autoren entwickeln – in Analogie zur Service-Profit-Chain[164] – eine ‚Corporate Reputation Chain' (Abbildung 6-4).

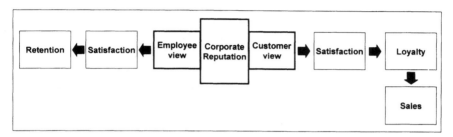

Abbildung 6-4:   The Corporate Reputation Chain
(Quelle: in Anl. an Davies et al. 2003, S. 76.)[165]

Damit wird ein Zusammenhang zwischen der Reputation, der Zufriedenheit bzw. den eigenen Erfahrungen als deren Baustein und der Bindung von Mitarbeitern hergestellt sowie eine analoge Beziehung hinsichtlich der Kunden.[166] Darüber hinaus lässt sich ableiten, dass eine enge Verbindung zwischen der von Mitarbeitern und der von Kunden wahrgenommenen Reputation der Unternehmung besteht.

In Übereinstimmung mit den beiden anderen Stakeholder-Gruppen werden deshalb folgende Hypothesen aufgestellt[167]:

---

[162]   Davies et al. 2003, S. 23.

[163]   Davies et al. 2003, S. 52. Zum Begriff der Integrativität von Dienstleistungen siehe z.B. Engelhardt et al. 1993, S. 401ff.

[164]   Vgl. hierzu Heskett et al. 1994, passim.

[165]   Davies et al. 2003, S. 76, kennzeichnen die ‚Employee View' als ‚Identity', die ‚Customer View' als ‚Image'; anstelle des Begriffs ‚Corporate Reputation' setzen sie ‚The Brand'. Diesen Abgrenzungen wird hier nicht gefolgt; vgl. Kapitel 2.1.3.

[166]   Vgl. Opgenoorth 1985, S. 213.

[167]   Auch hier gilt a), dass präziser von der Beurteilung eigener Erfahrungen zu sprechen wäre und b), dass der direkte Effekt der eigenen Erfahrungen auf Loyalität stärker sein dürfte als der direkte Effekt der Reputation auf Loyalität.

Hypothese H$_{M1}$:	Je positiver der Ruf der Unternehmung in der Wahrnehmung des Mitarbeiters ist, desto positiver sind seine eigenen Erfahrungen mit der Unternehmung.
Hypothese H$_{M2}$:	Je positiver die eigenen Erfahrungen des Mitarbeiters mit der Unternehmung sind, desto loyaler ist er.
Hypothese H$_{M3}$:	Je positiver der Ruf der Unternehmung in der Wahrnehmung des Mitarbeiters ist, desto loyaler ist er.

6.5   Die Reputation der Unternehmung bei multiplen und hybriden Stakeholder-Strukturen

Das Verständnis der Reputation als ein von verschiedenen Stakeholdern getragenes Konstrukt berücksichtigt die multiplen Stakeholder-Stukturen, in die eine Unternehmung eingebettet ist. Die Veränderung der Reputation aus Sicht einer Stakeholder-Gruppe erreicht (mit oder ohne Time-Lag) auch die anderen Gruppen. So merkt beispielsweise LINK an: „Da sich die Teilnehmer auf Güter- und Finanzmärkten nicht trennen lassen, schlagen positive wie negative Images (auf dem Aktienmarkt; Anm. d. V.) auch auf Lieferanten-, Kunden- und Mitarbeiterbeziehungen durch"[168]. Bei positiven Veränderungen lassen sich dann Vorteile für den Güterabsatz, die Lieferantenbeziehungen und die Personalbeschaffung ableiten: Aktionäre werden zu Multiplikatoren für die Absatz- und Beschaffungsmärkte.[169] Auch Kunden, vor allem aber Mitarbeiter, können zu Multiplikatoren bzw. ‚Promotors' und ‚Custodians' der Reputation werden.[170] FOMBRUN und WIEDMANN erklären, dass es im Rahmen von Reputationsmessungen üblich sei, dass von allen Stakeholder-Gruppen Mitarbeiter die besten ‚Noten' verteilen.[171] Demgegenüber bemerkt BROMLEY, dass man weder bei externen Stakeholdern ein hohes Niveau an Übereinstimmung hinsichtlich der Unternehmensreputation vermuten sollte noch die Klarheit und Stabilität der Reputation bei internen Stakeholdern überschätzen.[172]

---

[168]   Link 1993, S. 118.

[169]   Vgl. Link 1991, S. 141; Hartmann 1968, S. 113ff.

[170]   Vgl. Hall 1993, S. 616.

[171]   Vgl. Fombrun/Wiedmann 2001c, S. 29.

[172]   Vgl. Bromley 2001, S. 317f.

Speziell über die enge Verbindung zwischen Mitarbeiter- und Kundenzufriedenheit ist von einem Einfluss der Reputation über die Mitarbeiter auf die Kunden auszugehen und umgekehrt.[173] Die Zusammenhänge zwischen Mitarbeiter- und Aktionärszufriedenheit bzw. Kunden- und Aktionärszufriedenheit wurden dagegen bislang nicht näher erörtert. Es ist auch insofern kein direkter kausaler Zusammenhang zwischen diesen Konstrukten anzunehmen, da – anders als bei dem Zusammenhang zwischen Mitarbeiter- und Kundenzufriedenheit – keine direkte Interaktion zwischen den genannten Stakeholdern stattfindet. Eine Ausnahme stellen hier Kontakte zwischen Mitarbeitern im Investor Relations-Bereich und Aktionären dar, wo ein zum Kunden-Mitarbeiterverhältnis analoger Zusammenhang vermutet werden kann.

Neben diesen **interpersonellen Interdependenzen** zwischen Stakeholder-Gruppen sind im Rahmen der vorliegenden Arbeit vor allem **intrapersonelle Zusammenhänge** von Interesse, die bislang jedoch kaum untersucht werden. So wurde bereits in Kapitel 5 herausgestellt, dass bei hybriden Stakeholdern die Erfahrungen bzw. Zufriedenheit mit einer Leistungssphäre der Unternehmung die Zufriedenheit mit anderen beeinflusst (**Irradiationseffekt**) und damit auch Auswirkungen auf die Loyalität hat. Auch DOWLING erkennt dieses Phänomen: „A person forms an overall image of a company (or object) by generalizing their impressions about attributes they are familiar with to those they know little or nothing about"[174].

Auch ist auf mögliche **Halo-Effekte** der Reputation hinzuweisen; gemeint ist die Wahrnehmungsverzerrung, bei der „ein Gesamturteil über eine Person oder ein Objekt zur Ableitung von Einzelurteilen über diese Person/dieses Objekt herangezogen wird. Es erfolgt also keine explizite Bewertung der Person/dieses Objektes hinsichtlich des einzelnen Aspektes".[175] Die Reputation der Unternehmung in der Öffentlichkeit würde so zum Indikator für die Qualität einzelner Leistungen, was den Aussagen der Informationsökonomik entspricht. Da hybride Stakeholder über Erfahrungen mit der Unternehmung aus verschiedenen Leistungsbereichen verfügen und diese in ihr soziales Umfeld tragen, werden sie aus Perspektive der Unternehmung als Multiplikatoren

---

[173] Vgl. zum Zusammenhang zwischen den beiden Zufriedenheitskonstrukten ausführlich Stock 2001, passim. Gray 1986, S. 123, betont das enge Verhältnis zwischen den beiden Stakeholder-Gruppen: „Employees and customers are often perceived as reflections of each other and certainly as primary concern to the business".

[174] Dowling 1988, S. 27; vgl. auch schon Breyer 1962, S. 98. Allerdings würde man diesen Fall eher als Detaildominanz bezeichnen; vgl. Wiswede 1992, S.78.

besonders bedeutsam. GRAY etwa hält Belegschaftsaktionäre für „more apt to carry their enthusiasm to family and friends"[176].

In Kapitel 5 wurde bereits die These aufgestellt, dass Hybride aufgrund der unterschiedlichen Bezugspunkte zur Unternehmung dieser gegenüber besonders loyal eingestellt, aber auch besonders kritisch sein könnten. Entsprechend können einerseits Begründungen dafür gefunden werden, dass hybride Stakeholder den Ruf einer Unternehmung aufgrund ihrer (freiwilligen) intensiveren Verflechtung mit der Unternehmung positiver wahrnehmen als ‚einfache' Stakeholder. Andererseits könnten sie der Unternehmung gegenüber kritischer sein und deshalb beispielsweise negative Aspekte im Auftritt der Unternehmung in der Öffentlichkeit stärker gewichten, so dass sie den Ruf der Unternehmung negativer einschätzen als ‚einfache' Stakeholder. Damit können folgende Hypothese und Alternativhypothese aufgestellt werden:

Hypothese H$_{HR}$:	Hybride Stakeholder schätzen den Ruf der Unternehmung positiver ein als ‚einfache' Stakeholder.
Hypothese H$_{altHR}$:	Hybride Stakeholder schätzen den Ruf der Unternehmung negativer ein als ‚einfache' Stakeholder.

Ergänzend ist darauf hinzuweisen, dass die Reputation der Unternehmung nicht nur in besonderem Maße von den hybriden Stakeholdern abhängt, sondern auch umgekehrt. Unterstellt man einen Zusammenhang zwischen der Reputation und dem Wert der Unternehmung, führen Reputationsverbesserungen auch zu Wertzuwachs bei den Kapitalanteilen beteiligter Arbeitnehmer.[177] Durch ihr Verhalten als Mitarbeiter wiederum beeinflussen Mitarbeiter die Reputation – und damit auf indirektem Wege ihr eigenes Vermögen. „Ein Kapitalbeteiligungsmodell könnte demnach den Reputationsmechanismus verstärken und jeden individuellen Akteur vermehrt dazu anhalten, die Reputation des Unternehmens zu sichern".[178] Für kapitalbeteiligte Kunden besteht dieser Zusammenhang ebenfalls, ist allerdings weniger evident.

---

[175] Stock 2001, S. 38. Zum ‚Financial Halo' bei der Reputationsmessung siehe Kapitel 4.2.1.
[176] Vgl. Gray 1986, S. 101.
[177] Vgl. Haensel 1999, S. 131. Zum beschriebenen Zusammenhang siehe Kapitel 2.4.1.
[178] Haensel 1999, S. 131.

6.6 Zusammenfassung der Hypothesen

Die in diesem bzw. dem vorhergehenden Kapitel abgeleiteten Hypothesen sind in der nachstehenden Tabelle 6-2 zusammengefasst. Im folgenden Kapitel werden die empirischen Untersuchungen erläutert, die der Überprüfung der Hypothesen dienen.

Hypothese Nr.	Inhalt
H_{K1}	Je positiver der Ruf der Unternehmung in der Wahrnehmung des Kunden ist, desto positiver sind seine eigenen Erfahrungen mit der Unternehmung.
H_{K2}	Je positiver die eigenen Erfahrungen des Kunden mit der Unternehmung sind, desto loyaler ist er.
H_{K3}	Je positiver der Ruf der Unternehmung in der Wahrnehmung des Kunden ist, desto loyaler ist er.
H_{A1}	Je positiver der Ruf der Unternehmung in der Wahrnehmung des Aktionärs ist, desto positiver sind seine eigenen Erfahrungen mit der Unternehmung.
H_{A2}	Je positiver die eigenen Erfahrungen des Aktionärs mit der Unternehmung sind, desto loyaler ist er.
H_{A3}	Je positiver der Ruf der Unternehmung in der Wahrnehmung des Aktionärs ist, desto loyaler ist er.
H_{M1}	Je positiver der Ruf der Unternehmung in der Wahrnehmung des Mitarbeiters ist, desto positiver sind seine eigenen Erfahrungen mit der Unternehmung.
H_{M2}	Je positiver die eigenen Erfahrungen des Mitarbeiters mit der Unternehmung sind, desto loyaler ist er.
H_{M3}	Je positiver der Ruf der Unternehmung in der Wahrnehmung des Mitarbeiters ist, desto loyaler ist er.
H_{HL}	Hybride Stakeholder sind loyaler als ‚einfache' Stakeholder'.
H_{altHL}	Hybride Stakeholder sind weniger loyal als ‚einfache' Stakeholder'
H_{HR}	Hybride Stakeholder schätzen den Ruf der Unternehmung positiver ein als ‚einfache' Stakeholder.
H_{altHR}	Hybride Stakeholder schätzen den Ruf der Unternehmung negativer ein als ‚einfache' Stakeholder.

Tabelle 6-2: Zusammenfassung der Hypothesen

7 Der empirische Zusammenhang zwischen der Reputation der Unternehmung und der Loyalität ihrer Stakeholder

7.1 Ziele, Basismodell und modelltheoretische Grundlagen

Die **zwei Hauptziele** der empirischen Untersuchungen liegen darin,

a) den Zusammenhang zwischen der Reputation der Unternehmung, eigenen Erfahrungen und der Loyalität der Stakeholder zu überprüfen und

b) Unterschiede bzw. Gemeinsamkeiten zwischen den Stakeholder-Gruppen bezüglich der Reputationswahrnehmung und ihrer Loyalität festzustellen.

Sofern ein **Zusammenhang der Konstrukte** festgestellt werden kann, wird unter anderem die Bedeutung von Reputation als Erfolgsfaktor messbar, da sie eine der wichtigsten vorökonomischen Erfolgsgrößen der Unternehmung (direkt und indirekt über die eigenen Erfahrungen) beeinflusst. Durch ein Reputationsmanagement könnte zudem auf die Entwicklung von Reputation und damit die Loyalität von Stakeholdern gezielt eingewirkt werden – wenn auch in begrenztem Maße, da Reputation nur teilweise von Unternehmungen zu steuern ist.[1] Der Messung dieses Zusammenhangs sind die folgenden Abschnitte gewidmet.

Eine Ermittlung von **Differenzen oder Übereinstimmungen der Stakeholder-Gruppen** im Hinblick auf ihre Reputationswahrnehmung und den Zusammenhang zur Loyalität bietet ebenfalls Ansatzpunkte für das Reputationsmanagement sowie darüber hinaus gehende Erkenntnisse für verschiedene Funktionsbereiche der Unternehmung, wie Marketing und Vertrieb, Unternehmenskommunikation, Human Resources und Investor Relations. Die Abgrenzung **hybrider Stakeholder** ist darüber hinaus aus praxis- und wissenschaftsbezogener Perspektive besonders relevant, da bislang keine konzeptionellen und empirischen Analysen dieses Phänomens vorliegen. Auf diese Fragestellungen wird in Abschnitt 7.5 detailliert eingegangen.

Die in den Kapiteln 5 und 6 aufgestellten und diskutierten Hypothesen spezifizieren den vermuteten Wirkzusammenhang des im Rahmen dieser Arbeit untersuchten Basismodells, welches in Abbildung 7-1 nochmals verdeutlicht wird.[2]

---

[1] Vgl. Kapitel 2.3.2 und Kapitel 8 zur Beeinflussung von Reputation durch die Unternehmung.

[2] Ein ähnliches Modell findet sich auch bei Andreassen 1994, S. 23.

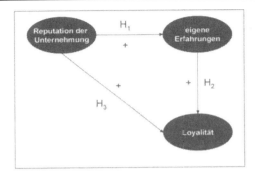

Abbildung 7-1:   Das Basismodell zum Zusammenhang zwischen der Reputation der
                 Unternehmung, eigenen Erfahrungen und Loyalität

Auf die erneute Herleitung jedes der angenommenen Zusammenhänge auf Basis
bestimmter theoretischer Ansätze wird an dieser Stelle verzichtet, da diese für Loyalität und eigene Erfahrungen (bzw. Zufriedenheit) in der Literatur hinreichend vorliegen
und für Reputation umfassend dargelegt wurden.[3] Vielmehr wird mit dem dargestellten
Modell eine eigene ‚Theorie der Reputation und Loyalität' entwickelt, wobei der
Begriff der Theorie hier verstanden werden kann als „a set of interrelated constructs
(concepts), definitions, and propositions that present a systematic view of phenomena
by specifying relations among variables, with the purpose of explaining and predicting
the phenomena"[4]. Mit Blick auf den möglichen Wirkzusammenhang zwischen Reputation und Loyalität ist auch die Rolle der eigenen Erfahrungen zu analysieren, die gegebenenfalls einen **mediierenden Effekt** haben. „A given variable may be said to function as a mediator to the extent that it accounts for the relation between the predictor
and the criterion"[5]. Die eigenen Erfahrungen könnten als Mediator wirken, der den
Einfluss der Reputation auf die Loyalität kanalisiert, so dass kein/kaum ein direkter

---

[3]   Vgl. Kapitel 5 zum Zusammenhang zwischen Loyalität und Zufriedenheit sowie die in Kapitel
       3.2.1 dargestellten informationsökonomischen Ansätze zum Zusammenhang zwischen Repu-
       tation und eigenen Erfahrungen. Der Zusammenhang zwischen Loyalität und Reputation wurde
       beispielhaft für hybride Stakeholder in Kapitel 5.2.5 und 6.5 erörtert; siehe auch die dort
       verzeichneten Quellen.
[4]   Kerlinger 1973, S. 9. Bei gegenwärtig beschränktem Aussagegehalt eines Konzepts ist
       gegebenenfalls auch weniger von einer Theorie denn von einem System heuristischer Aussagen
       zu sprechen; vgl. ähnlich vgl. Raffée/Sauter/Silberer 1973, S. 59.
[5]   Baron/Kenny 1989, S. 1176. Vgl. zu dieser typischen Modellstruktur auch Iacobucci/Duhachek
       2003, S. 1.

Effekt der Reputation auf die Loyalität festzustellen ist. Dies würde unter anderem bedeuten, dass eine Beeinflussung der Loyalität von Stakeholdern über eine Verbesserung der Reputation keine Wirkung erzielt, sondern der Ansatzpunkt für Loyalitätssteigerungen (nur) bei den eigenen Erfahrungen zu suchen ist. Im Zusammenhang mit dem in Abbildung 7-1 dargestellten Grundmodell ist nochmals zu erwähnen, dass hier nicht angenommen wird, dass Reputation die eigenen Erfahrungen bewirkt (bzw. erklärt), sondern dass ein Effekt der Reputation auf die **Beurteilung der eigenen Erfahrungen** angenommen wird (siehe auch Kapitel 6.2.2). So führt beispielsweise ein guter Ruf für Produktqualität nicht zu eigenen Erfahrungen, es kann aber vermutet werden, dass der gute Ruf einen Einfluss auf die Wahrnehmung der Produktqualität durch ein Individuum nimmt.[6]

Mit der Reputation, den Erfahrungen und der Loyalität der Stakeholder liegt jeweils ein **hypothetisches Konstrukt** vor, also „an abstract entity which represents the ‚true' nonobservable state of nature of a phenomenon"[7]. Es handelt sich um vom Forscher ‚geschaffene' Phänomene, mit deren Hilfe eine Forschungsfrage untersucht und verstanden werden kann.[8] Das nicht direkt beobachtbare hypothetische Konstrukt ist über seine Beziehung zu beobachtbaren (d.h. abzufragenden) Variablen messbar, die als **Indikatoren** oder **Items** bezeichnet werden.[9]

In **Kausal- bzw. Strukturgleichungsanalysen** werden die zwischen den im Modell enthaltenen Variablen vermuteten Beziehungen durch lineare Gleichungen ausgedrückt.[10] Kausalmodelle sind in der Literatur umfassend behandelt worden, weshalb an

---

[6] Zum Einfluss der Reputation auf eigene Erfahrungen siehe ausführlich Kapitel 2.1.2 und 3.2.1.

[7] Bagozzi/Fornell 1982, S. 24; siehe auch Bänsch 2002, S. 231; Kroeber-Riel/Weinberg 2003, S. 29ff. Synonyme sind ‚theoretische' oder ‚psychische' Konstrukte.

[8] Vgl. Bentler 1982, S. 121.

[9] Vgl. Fornell 1982, S. 7. Dies bedeutet auch, dass Konstrukte und Indikatoren (begrifflich) strikt zu trennen sind, es sei denn, es handelt sich um eine ‚Single Item'-Messung; vgl. Hulland 1999, S. 197, sowie die Ausführungen an späterer Stelle.

[10] Vgl. Bentler 1982, S. 122. Der Begriff ‚Kausalanalyse' ist irreführend: „The word ‚cause' is meant to provide no philosophical meaning beyond a shorthand designation for a hypothesized unobserved process, so that phrases such as ‚process' or ‚system' modelling would be viable substitute labels for ‚causal' modelling"; Bentler 1982, S. 122; siehe auch Maruyama 1998, S. 35. Präziser wäre der Begriff ‚(Ko-)Varianzstrukturanalyse', vgl. z.B. Giering 2000, S. 78.

dieser Stelle ein Verweis auf entsprechende Quellen genügen soll.[11] In der kausalanalytischen Terminologie werden die Konstrukte als **latente Variablen** bezeichnet, die über die ihnen zugewiesenen **manifesten Variablen** – die Indikatoren – erfasst werden. Das System bzw. den Block der zu einem Konstrukt verbundenen Indikatoren bezeichnet man als äußeres Modell bzw. als **Messmodell**. Die verschiedenen Beziehungen zwischen den Konstrukten bilden das innere bzw. das **Strukturmodell**.[12]

Das hier zu entwickelnde und zu prüfende Modell wird auf Basis des **Partial Least Squares-Ansatzes (PLS)** berechnet, dessen Ziel in der Maximierung der erklärten Varianz der endogenen Modellvariablen liegt (**Varianzstrukturmodell**).[13] Zur Schätzung des Modells wurde das Software-Programm PLS-Graph 3.0 herangezogen, das gegenüber dem in der Literatur überwiegend genutzten LISREL-Ansatz, der auf der Kovarianzstrukturanalyse basiert, einige Abweichungen aufweist.[14] JÖRESKOG und WOLD sehen Unterschiede vor allem in den Zielen der Ansätze: „PLS is primarily intended for causal-predictive analysis in situations of high complexity but low theore-

---

[11]   Siehe etwa die Arbeiten von Bentler 1982, S. 123ff.; Bollen 1989; Homburg/Hildebrandt (Hrsg.) 1998; Raykov/Marcoulides 2000; Backhaus et al. 2005, S. 338ff. Zur Kritik an der Kausalanalyse generell siehe z.b. Homburg/Baumgartner 1995, S. 1093f. Anwendungen im Marketing finden sich u.a. bzgl. des Konstrukts Zufriedenheit bei Stock 2001, S. 107ff.; Giering 2000, S. 154ff.; bzgl. Kundenbindung bei Peter 1999, S. 153ff.; Eggert 1999, S. 100ff.; Giering 2000, S. 156ff.; bzgl. der Reputation wird dies für den RQ zumindest geplant; vgl. Fombrun/Wiedmann 2001c, S. 34. Vorteile kausalanalytischer Methoden in der Forschung benennen Bagozzi 1980; Hulland/Chow/Lam 1996, S. 181f.

[12]   Vgl. zu diesen Begriffen z.B. Bookstein 1982, S. 348; Seltin/Keeves 1994, S. 4356; Gefen/ Straub/Boudreau 2000, S. 29.

[13]   Vgl. Seltin/Keeves 1994, S. 4352; Hulland 1999, S. 202; Gefen/Straub/Boudreau 2000, S. 24. Zu einem methodischen Überblick über PLS siehe Lohmöller 1989, S. 27ff.; Krafft et al. 2005; Götz/Liehr-Gobbers 2004.

[14]   LISREL = LInear Structural RELationship. De facto kann PLS als in den Wirtschaftswissenschaften eher unbekanntes Verfahren klassifiziert werden; vgl. Hinkel 2001, S. 279. Zu einem kriteriengeleiteten Vergleich zwischen PLS, LISREL und einfacher Regression siehe Gefen/Straub/Boudreau 2000, S. 9; zu Unterschieden zwischen LISREL und PLS siehe auch Fornell/Bookstein 1982a, S. 290ff.; Wold 1982b, S. 342f.; Lohmöller 1989, S. 199ff.; Chin/ Newsted 1999, S. 308ff.; Hinkel 2001, S. 278. Zur historischen Entwicklung von LISREL und PLS vgl. Jöreskog/Wold 1982, S. 2263ff.

tical information"[15]. Dies ist ein Vorteil, denn „theory construction is as important as theory verification"[16]. Allerdings könnte in dieser besonderen Eignung des Ansatzes für explorative Zwecke gleichzeitig der Grund liegen, weshalb er bislang in der Betriebswirtschaftslehre eher geringe Verbreitung erfahren hat.[17]

Konkret ist PLS vor allem dann gegenüber konfirmatorischen Ansätzen wie den Kovarianzstrukturmodellen im Vorteil, wenn

* Vorhersagen getroffen werden sollen und/oder

* das zugrunde liegende Phänomen relativ neu bzw. variabel ist und theoretische Messansätze bislang kaum vorliegen und/oder

* das Modell relativ komplex ist und viele Indikatoren aufweist und/oder

* die Voraussetzungen der Normalverteilung der Daten, der Unabhängigkeit und/oder der Stichprobengröße nicht gegeben sind[18] und/oder

* ein epistemischer Bedarf vorliegt, die Beziehungen zwischen latenten Variablen und Indikatoren in unterschiedlichen Strukturen (formativ und reflektiv) auszuweisen.[19]

Vor allem der letztgenannte Punkt macht PLS für die vorliegende Analyse interessant, wie nachfolgend noch näher ausgeführt wird. Die Stärke von PLS liegt damit weniger im Testen von Theorien, sondern in deren Entwicklung[20], denn PLS „offers a more

---

[15] Jöreskog/Wold 1982, S. 270. Ähnlich Fornell/Bookstein 1982a, S. 313: „LISREL attempts to account for observed correlations, while PLS aims at explaining variances (of variables observed or unobserved)" und „The frequency of improper and uninterpretable solutions advise against the use of LISREL unless its assumptions are verifiably true and its objectives consistent with the objectives of the study; and, when they are not, PLS presents a viable alternative"; ebenda, S. 314. Chin/Newsted 1999, S. 312, erklären: „PLS shifts the orientation from causal model/theory testing to component-based predictive modelling"; vgl. auch Falk/Miller 1992, S. 3.

[16] Deshpande 1983, S. 107, der einen generellen Nachholbedarf für die Marketingwissenschaft gerade im erstgenannten Aufgabenbereich einer Wissenschaft konstatiert; vgl. ebenda, S. 109.

[17] Vgl. Hinkel 2001, S. 312; Krafft et al. 2005, S. 72.

[18] „The PLS approach is distribution-free, and requires only that all indicators have finite variance"; Jöreskog/Wold 1982, S. 266. Zum Schätzprozess in PLS siehe Falk/Miller 1992, S. 28ff.; Fornell/Cha 1994, S. 62ff. PLS kommt mit einer sehr geringen Anzahl an Freiheitsgraden aus, die Anzahl der zu erklärenden Variablen kann sogar größer sein als die der Beobachtungen; vgl. Hinkel 2001, S. 277. Dennoch werden für größere Sample tendenziell stabilere Lösungen zu schätzen sein; vgl. Seltin/Keeves 1994, S. 4353.

[19] Vgl. zu dieser Auflistung Chin/Newsted 1999, S. 337. Allerdings ist auch auf die PLS zu Grunde liegenden, spezifischen Annahmen zu achten; vgl. Hulland 1999, S. 195.

[20] Vgl. Chin/Newsted 1999, S. 336.

flexible interplay between theory and data"[21]. Manche Autoren postulieren sogar, dass PLS eine reliablere Konstruktschätzung und damit verbesserte Theorieentwicklung ermöglicht als kovarianzbasierte Methoden.[22] In Bezug auf die Reputation und deren Zusammenhang mit der Loyalität kann – wie bereits thematisiert – nur auf wenige konzeptionelle Vorarbeiten gebaut werden. So wird ein ausgeprägt theoriegeleitetes Vorgehen bei der Messung von Reputation etwa von FOMBRUN und WIEDMANN angemahnt, doch die Autoren stellen selbst hinsichtlich ihrer eigenen Studie fest, dass aus Ermangelung reifer Ansätze nur auf Theoriefragmente sowie vielfältige empirische Untersuchungen zurückgegriffen werden kann.[23] PLS-basierte Modelle ermöglichen, auch ohne ausgereiften Theoriehintergrund, die Auswirkungen einer Veränderung der unabhängigen Variable Reputation auf die eigenen Erfahrungen und die Loyalität zu untersuchen.

7.2 Grundlagen der Befragungen und Darstellung der Stichprobenstrukturen

7.2.1 Zum Bezugsobjekt der Befragungen: der Kooperationspartner

Der Beantwortung der gestellten Forschungsfragen bzw. der Überprüfung der in Kapitel 5 und 6 aufgestellten Hypothesen dienen drei empirische Untersuchungen. Die Untersuchungen wurden in Kooperation mit einem **führenden internationalen Konsumgüterhersteller** durchgeführt, der Daten seiner Aktionäre und Mitarbeiter in Deutschland verfügbar machte sowie die Durchführung der Studien finanziell ermöglichte. Die Zusammenarbeit mit dem im Folgenden mit U bezeichneten Unternehmen erlaubte, den Ansatz zur Ermittlung der Reputation auf Kunden, Aktionäre und Mitarbeiter anzuwenden, die Zusammenhänge zwischen Reputation, eigenen Erfahrungen und Loyalität für die drei Gruppen zu ermitteln und die Stakeholder-Gruppen zu vergleichen. Damit kann beispielhaft das mögliche Vorgehen zur Messung von Reputation und deren Bedeutung aus Sicht einer Unternehmung veranschaulicht werden. Ein weiterer Vorteil der Fokussierung auf eine Unternehmung zeigte sich darin, dass die Gefahr des Auftretens nicht erwünschter Zwischengruppenvarianz verringert wird. Die

---

[21]   Fornell/Lorange/Roos 1990, S. 1250. Zu Nachteilen von PLS siehe ebenda.

[22]   So erklären Chin/Marcolin/Newsted 2003, S. 194: „indicators with weaker relationships to related indicators and the latent construct are given lower weightings [...], resulting in higher reliability for the construct estimate and thus stronger theoretical development".

[23]   Vgl. Fombrun/Wiedmann 2001c, S. 21; auch Mahon 2002, S. 429, fordert ,Theory Building'.

Reduzierung der Analyse auf die Stakeholder einer Unternehmung hat Auswirkungen auf die Generalisierbarkeit der gewonnenen Erkenntnisse.[24]

Die **Auswahl des Kooperationspartners** orientierte sich an verschiedenen Kriterien. Da unter anderem hybride Stakeholder-Strukturen zu untersuchen waren, sollte es sich um einen börsennotierten Hersteller konsumptiver Leistungen handeln. Zudem sollte das Unternehmen möglichst vielen Konsumenten bekannt sein und einen Ruf in der Öffentlichkeit haben (was als ‚deutsch' wahrgenommene Unternehmen vorteilhafter erscheinen ließ) und Belegschaftsaktien ausgeben. Wünschenswert wäre zudem gewesen, eine Unternehmung mit Namensaktien gewinnen zu können.

Der Kooperationspartner erfüllt alle Kriterien bis auf das letztgenannte; aufgrund der Komplexität des Forschungsdesigns und des Erhebungsaufwandes war diese Einschränkung akzeptabel. In Tabelle 7-1 sind die Basisinformationen zu den durchgeführten Befragungen zusammengefasst, welche nachfolgend detailliert erörtert werden.

Zielgruppe	Grundgesamtheit	Sample-größe	Rücklauf/ Aus-schöpfung absolut	Rücklauf-/ Aus-schöpfungs-quote	Erhebungs-zeitraum
Endkunden/ Konsumenten	Deutsche Konsumenten zwischen 20 und 60 Jahren, 80% weiblich, die Kunden des Kooperationspartners sind und Aussagen zu dessen Ruf machen können	952	762	57 bzw. 80 Prozent	Mai 2003
Privat-aktionäre	Privataktionäre des Kooperationspartners; unbekannte Struktur	1.120	665	59 Prozent	Mai/Juni 2003
Mitarbeiter	Mitarbeiter des Kooperationspartners in Deutschland (über 10.000) unter Berücksichtigung bestimmter Kriterien	700	485	69 Prozent	August/ September 2003

Tabelle 7-1:   Basisinformationen zu den durchgeführten Befragungen

---

[24] Auf einzelne Anbieter beschränkte Analysen sind im Rahmen empirischer Projekte in der wissenschaftlichen Literatur durchaus gängig; vgl. z.B. die Arbeiten von Cornelsen 2000; Helm 2000; Krafft 2002; Wangenheim 2003. Eine branchenübergreifende oder mehrere Unternehmen umfassende Analyse war aufgrund des komplexen Erhebungsdesigns forschungsökonomisch nicht möglich. Siehe hierzu auch kritisch Abschnitt 7.6 und Kapitel 8.

7.2.2 Design und Ausschöpfung der Konsumentenbefragung

Die Erhebung der Konsumentendaten erfolgte mit mündlichen Interviews.[25] Die Befragung wurde durch das Marktforschungsinstitut TNS Emnid durchgeführt. Der Fragensatz war Teil einer umfassenderen Omnibus-Befragung[26], für die als **Grundgesamtheit** die deutschsprachige Wohnbevölkerung in Privathaushalten (in Deutschland 64,25 Mio. Männer und Frauen im Alter ab 14 Jahren) definiert wurde. Zielgruppe der vorliegenden Untersuchung waren haushaltsführende Männer und Frauen im Alter von 20-60 Jahren, da prinzipiell jede (haushaltsführende) Person als Endkunde für den Konsumgüterhersteller U in Frage kommt.[27] Die **Stichprobe** umfasste 952 Interviews, die in Anlehnung an das ADM-Mastersample[28] über 210 Sample Points und damit über alle Bundesländer und Ortsgrößen gestreut wurden. Die Probanden innerhalb der Sample Points wurden nach dem **Random-Route-Verfahren** ausgewählt, die Auswahl der Zielhaushalte und innerhalb dieser Haushalte der Zielpersonen unterlag also dem Prinzip der Zufallsauswahl.[29]

Die Befragung wurde computergestützt in persönlicher Form durchgeführt. Es wurden Laptops mit programmiertem Fragebogen eingesetzt (CAPI = Computer Assisted Personal Interviewing). Hierdurch konnten mit einer Item-Rotation bei den Fragen nach den Konstrukten mögliche Primacy-/Recency-Effekte ausgeschlossen werden.[30] Allgemeine Arbeitsanweisungen für die Interviewer von TNS Emnid sorgten für die einheitliche Durchführung der Interviews. Die jeweilige Frage sowie die einzelnen Items/Indikatoren wurden vom Interviewer vorgelesen. Die Skalen zu den einzelnen Fragen wurden den Probanden vorgelegt. Die Ausweichkategorie ‚weiß nicht' wurde vom Interviewer vermerkt, sofern der Proband keine Antwort zu geben wusste oder wollte.

---

[25] Eine schriftliche Befragung von Konsumenten wurde aufgrund der zu befürchtenden großen Streuverluste abgelehnt; vgl. zu den Vor- und Nachteilen von Interviews versus schriftlicher Befragung Berekoven/Eckert/Ellenrieder 2006, S. 98ff.

[26] Zu Mehrthemen- bzw. Omnibusbefragungen siehe z.B. Berekoven/Eckert/Ellenrieder 2006, S. 120f.

[27] Eine Befragung, die für alle (potenziellen) Kunden eines Konsumgüterherstellers repräsentativ wäre, ist kaum möglich; vgl. auch Dowling 2001, S. 220.

[28] Das ADM-Mastersample ist ein vom Arbeitskreis deutscher Marktforschungsinstitute (ADM) geschaffenes System für die Ziehung von Stichproben.

[29] Vgl. hierzu Berekoven/Eckert/Ellenrieder 2006, S. 52f.

[30] Vgl. zu diesen Effekten Dillman 2000, S. 62ff. und 228f.; Porst 1998, S. 27.

Die Interviews wurden in der Zeit vom 25.04. bis zum 12.05.2003 durchgeführt. Das Ausschöpfungsprotokoll ist in Tabelle 7-2 zusammengefasst.

	absolut	%
Bruttoansatz Adressen	3.573	
Qualitätsneutrale Ausfälle	0	
- angegebene Straße/Hausnummer nicht auffindbar	0	
- Wohnung unbewohnt/Geschäft/Büro	32	
- keine Person der Zielgruppe im HH	0	
- andere Ausfallgründe	5	
- nicht bearbeitete Adresse	0	
Qualitätsneutrale Ausfälle insgesamt	37	
Bereinigte Stichprobe	3536	100
Systematische Ausfälle		
- trotz mehrfacher Versuche niemanden angetroffen	343	
- Haushalt verweigert Auskunft	492	
- Zielperson trotz mehrfacher Versuche nicht angetroffen	140	
- Zielperson krank/nicht in der Lage für Interview	21	
- Zielperson verreist/in Urlaub	31	
- Zielperson verweigert Auskunft	506	
- andere Ausfallgründe	0	
Systematische Ausfälle insgesamt	1533	
Durchgeführte Interviews im Rahmen des Omnibus	2003	56,65
Durchgeführte Interviews in der Altersklasse 20 bis 60 Jahre; ein Drittel männlich, zwei Drittel weiblich	952	100
Keine Konsumenten des Kooperationspartners	- 79	
Kein Ruf des Kooperationspartners bekannt	- 175	
Fehlende Angaben	- 15	
Ausgewertete Interviews für die weitere Analyse	762	80,04

Tabelle 7-2:   Ausschöpfungsprotokoll basierend auf der Gesamtstichprobe[31]

Gemessen an der Stichprobe liegt damit eine zufrieden stellende **Ausschöpfung** von gut 56 Prozent vor.[32] Allerdings ist im Hinblick auf die hier interessierenden Fragestellungen noch zu berücksichtigen, dass die Probanden Kunden des Konsumgüterherstellers sein und diesen ausreichend kennen sollten, um zum Ruf fundierte Aussagen

---

[31]   Zu demographischen Merkmalen der befragten Konsumenten vgl. Anhang C-1.

[32]   Zur Relevanz und Steigerung von Ausschöpfungsquoten, qualitätsneutralen Ausfällen, Mindest-Ausschöpfungsquoten etc. siehe Porst/Ranft/Ruoff 1998, S. 5ff.

machen zu können. Aus diesem Grund wurden die Teilnehmer der Befragung anhand zweier **Filterfragen** qualifiziert[33]: Zunächst sollten sie angeben, ob sie schon einmal Produkte des Unternehmens U gekauft hätten und wenn ja, ob sie eine Reihe von Fragen zu dessen Ruf beantworten könnten. Die erste Frage – bei der den Befragten zudem eine Abbildung mit bekannten Markenprodukten von U vorgelegt wurde – beantworteten 873 Probanden der in Bezug auf Alter und Geschlecht bereinigten Stichprobe mit ‚ja' (91,7 Prozent), die zweite 777 (81,6 Prozent). Schließlich wurden noch einige weitere Datensätze aussortiert, bei denen die Interviewten einen zu großen Teil der Fragen unbeantwortet gelassen hatten. Damit verblieben 762 Fragebögen für die weitere Analyse, was – gemessen an der bereinigten Stichprobe – eine Quote von etwa 80 Prozent ergibt.[34] Dies entspricht der von DOWLING empfohlenen Beteiligungsquote bei reputationsbezogenen Messungen.[35]

7.2.3   Design und Rücklauf der Aktionärsbefragung

Für die Aktionärsbefragung wurde als Erhebungsform die **schriftliche Datenerhebung** gewählt. Eine Primärerhebung bei Aktionären einer typischen Publikumsgesellschaft wird durch das mit der Inhaberaktie verbundene Anonymitätsproblem belastet[36], psychografische Daten der Aktionäre – unter anderem Einstellungen und Reputationswahrnehmungen – sind kaum zu erfassen[37] bzw. bisher erfasst worden: „Most companies know their customers well (and cultivate them), but their stockholders very little"[38]. Damit sind Befragungen von Aktionären sehr aufwändig und statistisch schwerlich absicherbar[39], da man sie nicht in ausreichend großer Zahl ausfindig machen kann[40]. Eine Befragung von Aktionären auf der Hauptversammlung selbst vermindert diese Probleme nicht, da nur ein geringer Teil der Aktionäre seine Verwal-

---

[33]   Vgl. zu diesem Verfahren Böhler 2004, S. 93; Porst 1998, S. 33. Zur Messung der Vertrautheit mit einer Unternehmung als Voraussetzung für die qualifizierte Reputationsmessung siehe Carlson 1963, S. 29ff.

[34]   Zur Messung von Response-Raten für unterschiedliche Erhebungsdesigns siehe Churchill 2005, S. 225 f.

[35]   Vgl. Dowling 2001, S. 221, der diese Quote für eine Kundenbefragung zur Reputation als gut einstuft.

[36]   Vgl. Link 1993, S. 113, und auch Kapitel 5.2.3.1.

[37]   Vgl. Link 1993, S. 116.

[38]   Hunt 1952, S. 106. Diese Aussage gilt aktuell unverändert.

[39]   Vgl. Link 1991, S. 113; derselbe 1994, S. 365.

[40]   Vgl. Foster 1991, S. 137.

tungsrechte wahrnimmt und bei den Hauptversammlungen präsent ist. Jene (Klein-) Anleger, die an der Veranstaltung teilnehmen, sind nur bedingt repräsentativ für die Gesamtheit der Aktionäre der AG.[41]

Hier entspricht die **Grundgesamtheit** allen Privataktionären des Kooperationspartners, wobei aufgrund der Ausgabe von Inhaberaktien im Unternehmen kaum Aktionärsdaten bekannt sind. Die Grundgesamtheit ist damit nur repräsentiert durch die dem Investor Relations-Bereich vorliegenden Adressdaten, welche jeweils im Vorfeld der Hauptversammlungen erhoben und im Jahre 2003 für den Befragungszweck umfassend aktualisiert wurden. Angeschrieben wurden alle 1.120 bekannten privaten Aktionäre des Unternehmens. Innerhalb dieser Aktionärsgruppe fand also eine Vollerhebung statt. Ein für die Gesamtheit der Aktionäre **repräsentativer Querschnitt** war – vermutlich – dennoch nicht erzielbar.[42]

KUMAR, STERN und ANDERSON empfehlen, die Auswahl von Auskunftspersonen in der Forschungspraxis nicht anhand statistischer Repräsentanzmaße vorzunehmen. Vielmehr sollte die Wahl auf jene Personen fallen, von denen Auskunftsfähigkeit und -wille erwartet werden.[43] Das Interesse der hier Befragten an der Hauptversammlung lässt vermuten, dass es sich um relativ hoch involvierte Personen handelt, die ihren Aktien, gegebenenfalls auch dem Unternehmen U mit größerem Interesse gegenüberstehen als der Durchschnitt der Kleinaktionäre. Ein Indiz hierfür ist auch die überdurchschnittlich hohe Rücklaufquote, die nicht allein durch den Anreiz einer Verlosung von Produktpaketen unter den Einsendern begründbar ist.[44] Hoher Rücklauf ist vielmehr ein Indiz für Willen und Kompetenz der Befragten zur Auskunft.[45]

---

[41]   Vgl. Link 1994, S. 367. Der Großteil der Publikumsaktionäre nimmt seine mit dem Anteilsbesitz verbundenen Verfügungs- und Verwaltungsrechte nicht wahr; vgl. auch Jansch 1999, S. 65f.

[42]   Da allerdings keine Stichprobe gezogen wurde, sondern alle bekannten Privatanleger befragt wurden, stellt sich die Frage nach der Repräsentativität nicht im herkömmlichen Sinne. Lippe/Kladroba 2002, S. 143, bezweifeln grundsätzlich, dass Repräsentativität ein sinnvolles Kriterium zur Gütebeurteilung einer Auswahl ist.

[43]   Vgl. Kumar/Stern/Anderson 1993, S. 1643; Homburg 2000, S. 82.

[44]   Vgl. zu Rücklaufquoten bei schriftlichen Befragungen Porst/Ranft/Ruoff 1998, S. 16f.

[45]   Vgl. ähnlich Homburg 2000, S. 82.

Die Fragebögen wurden im Mai 2003 versendet, eine Nachfassaktion auf Grund der hohen Response-Rate nicht durchgeführt.[46] Das Rücklaufprotokoll ist in der Tabelle 7-3 zusammengefasst.

	absolut	%
Versendete Fragebögen	1.120	100
Rücklauf brutto	669	59,73
Irrläufer durch falsche/veraltete Adressangaben	0	
aussortiert wegen fehlender Angaben	8	
Einsendung nach Stichtag und Beginn der Auswertungen	4	
ausgewertete Fragebögen für die weitere Analyse	657	58,66

Tabelle 7-3:   Rücklaufprotokoll für die Aktionärsbefragung[47]

Gemessen an der Gesamtzahl versendeter Fragebögen liegt damit eine äußerst zufrieden stellende Rücklaufquote von nahezu 60 Prozent vor.[48] Dies lässt auch davon Abstand nehmen, die bei schriftlichen Befragungen gängigen Tests auf einen **Non-Response-Bias** vorzunehmen.[49]

7.2.4   Design und Rücklauf der Mitarbeiterbefragung

Auch für diese Stakeholder-Gruppe wurde ein schriftliches Befragungsdesign gewählt, was vor allem im Hinblick auf mögliche Anonymitätsbedenken seitens der Befragten vorteilhaft ist.[50] Die **Grundgesamtheit** umfasste alle Mitarbeiter des kooperierenden

---

[46]   Nachfassaktionen dienen der Erhöhung der Response-Rate und damit der Reduzierung eines Stichprobenfehlers; vgl. Dillman 2000, S. 194ff. Da keine Stichprobe aus den vorliegenden Datensätzen gezogen wurde, sondern eine Vollerhebung bei allen bekannten Privataktionären durchgeführt wurde, ist diese Form des Fehlers hier nicht weiter zu berücksichtigen.

[47]   Zu demographischen Merkmalen der befragten Aktionäre vgl. Anhang C-2.

[48]   Schriftliche Befragungen von Privatanlegern werden in der Literatur kaum thematisiert, so dass Vergleiche von Response-Raten auf schriftliche Befragungen von Konsumenten beschränkt sind. Peter 1999, S. 152, erzielt einen Nettorücklauf von 31,3% bei Automobilkäufern; Cornelsen 2000, S. 243, berichtet von 38,2% in derselben Branche und qualifiziert dies als hoch. Giering 2000, S. 70, erzielte eine vergleichbare Rücklaufquote von 63,4%, wobei die Fragebögen in Hörsälen unter Studierenden verteilt und nicht per Post versandt wurden.

[49]   Vgl. zu entsprechenden Testverfahren Armstrong/Overton 1977, passim.

[50]   Die Fragebögen wiesen keinerlei Kennungen auf, der Rücklauf ging im Freiumschlag direkt an das Universitätsinstitut. Zum Anonymitätsproblem bei MAB siehe ausführlich Borg 2003, S. 74ff.; Smidts/Pruyn/Riel 2001, S. 1052.

Unternehmens an vier verschiedenen Standorten.[51] Die Geschäftsführung, Auszubildende, Praktikanten sowie Beschäftigte mit befristeten Verträgen wurden aus der Befragung ausgeschlossen.[52] Das erste Kriterium für die vorgenommene **geschichtete Zufallsauswahl** war der Standort der Mitarbeiter. Insgesamt waren 700 Mitarbeiter zu benennen, wobei 400 am Hauptstandort des Unternehmens und an den Werksstandorten zweimal 120 und einmal 60 Mitarbeiter ausgewählt wurden.[53] Um zudem zu gewährleisten, dass Belegschaftsaktionäre in der Stichprobe ausreichend repräsentiert sind, wurde die Teilnahme am Aktienprogramm des Konsumgüterherstellers als zweites Kriterium berücksichtigt. Die Hälfte der zu Befragenden sollten Teilnehmer, die andere Hälfte bislang nicht am Aktienprogramm Teilnehmende ausmachen. Die Namen und Betriebsadressen der Befragten wurden im Wege einer **systematischen Zufallsauswahl** aus der nach Personalnummern geordneten Liste der Mitarbeiter gezogen.[54] Die gezogene Stichprobe wird als für die Gesamtheit der Mitarbeiter des Unternehmens **repräsentativ** erachtet.

Die Versendung der Fragebögen erfolgte im August 2003, wobei mit Blick auf die Sommerferien eine lange Rücklauffrist gesetzt wurde. Eine Nachfassaktion, die sich nochmals an alle ausgewählten Mitarbeiter richtete, wurde drei Wochen nach Erst-

---

[51]   Dabei ist nicht auszuschließen, dass an den verschiedenen Standorten bzw. in den Unternehmenseinheiten eigene Identitäten, Images und Reputationen aufgebaut wurden; vgl. Bromley 1993, S. 12ff.; derselbe 2001, S. 326. Aus den Daten war dies jedoch nicht ableitbar.

[52]   Vgl. auch Borg 2003, S. 175f. Die Geschäftsführung wurde aufgrund ihrer eher unternehmerischen und arbeitgeberorientierten Tätigkeit nicht als Zielgruppe der Befragung interpretiert; die übrigen Gruppen sind von der Beteiligung am Aktienprogramm ausgeschlossen und insofern für eine Analyse hybrider Stakeholder-Strukturen uninteressant. Es verblieben damit ca. 98 Prozent der Grundgesamtheit im weiteren Auswahlprozess.

[53]   Die Zahl 700 wurde gewählt, da bei einem erwarteten Rücklauf um die 50% mit einer genügend großen Fallzahl für die Berechnungen in PLS zu rechnen ist und die Vorgabe des Kooperationspartners lautete, möglichst wenig Mitarbeiter zu befragen. Siehe zur Stichprobengröße bei MAB Borg 2003, S. 186ff., wonach auf Basis der Mitarbeiterzahlen gut 900 Fälle für die Unternehmung U empfohlen würden.

[54]   Vgl. zu den Verfahren der Zufallsauswahl Berekoven/Eckert/Ellenrieder 2006, S. 52ff.; speziell für MAB Borg 2003, S. 179ff. Die Stichprobe ist dabei jeweils disproportional geschichtet, da an den unterschiedlichen Standorten unterschiedliche Teilnehmeranteile bzgl. des Aktienprogramms zu verzeichnen sind. Hinsichtlich der Mitarbeiterzahlen an den Standorten ist zu vermerken, dass die kleineren Standorte überproportional in der Stichprobe vertreten sind. Von einer entsprechenden Gewichtung der Ergebnisse bei einer Hochrechnung auf das Gesamtergebnis wird hier abgesehen, da a priori keine inhaltlichen Verzerrungen durch die relativ stärkere Beachtung mancher Standorte zu erwarten waren.

versendung durchgeführt.[55] Das Rücklaufprotokoll ist in der Tabelle 7-4 zusammengefasst.

	absolut	%
Versendete Fragebögen	700	100
Rücklauf brutto	485	69,29
aussortiert wegen fehlender Angaben	1	0,14
ausgewertete Fragebögen für die weitere Analyse	484	69,14

Tabelle 7-4:   Rücklaufprotokoll für die Mitarbeiterbefragung[56]

BORG berichtet aus seinen Analysen von Beteiligungsquoten zwischen 50 und 75 Prozent bei schriftlichen Mitarbeiterbefragungen[57], so dass die hier erzielte Quote als zufrieden stellend zu qualifizieren ist.

Aufgrund der hohen Rücklaufquote wird auch für die Mitarbeiterbefragung auf eine Überprüfung hinsichtlich eines **Non-Response-Bias** verzichtet.

7.3   Definition und Operationalisierung der latenten Konstrukte

7.3.1   Vorgehen bei der Operationalisierung

Um die Abhängigkeiten zwischen verschiedenen latenten Variablen bzw. Konstrukten zu analysieren, ist zunächst eine Operationalisierung bzw. ‚Messbarmachung' derselben in zwei Schritten notwendig: Die **Konzeptualisierung** eines Konstrukts beinhaltet die Ermittlung seiner relevanten Dimensionen bzw. Teilbausteine, die nachfolgende **Operationalisierung** die Entwicklung des konkreten Messinstruments.[58]

Um ein Messmodell zu entwickeln und zu validieren, werden in der Literatur verschiedene, in der Regel mehrstufige Schemata vorgeschlagen. Ein pragmatisches, zweistufiges Design beschreibt DOWLING: Zunächst werden in Fokusgruppeninterviews Informationen über die Attribute gesammelt, welche die Reputationswahrnehmung beeinflussen. Die Ergebnisse dieser explorativen Phase werden sodann als Basis für

---

[55]   Vgl. zur Bedeutung von Nachfassaktionen Porst/Ranft/Ruoff 1998, S. 17; Dillman 2000, 177ff.

[56]   Zu demographischen Merkmalen der befragten Mitarbeiter vgl. Anhang C-3.

[57]   Vgl. Borg 2003, S. 225.

[58]   Vgl. z.B. Homburg/Giering 1996, S. 6; Homburg 2000, S. 71ff. Zur Konzeptualisierung des formativen Konstrukts Reputation siehe auch Helm 2005a und Helm 2005b.

die quantitative Untersuchung der Reputation bei den verschiedenen Stakeholdern verwendet.[59] Bei der Entwicklung eines Messmodels der Reputation soll hier grob einem von EGGERT und FASSOTT vorgeschlagenen, fünfstufigen Schema gefolgt werden[60]:

1. Zentral ist zunächst die sorgfältige und umfassende **Definition** des zu operationalisierenden Konstrukts.

2. In einem zweiten Schritt werden auf dieser Basis die **Indikatoren** generiert.

3. Zu prüfen ist in einem dritten Schritt, ob die gesamte Zahl der generierten Indikatoren in gleicher Weise zur Konstruktmessung geeignet ist. Hierzu wird ein **Pretest** durchgeführt, auf dessen Basis gegebenenfalls eine Reihe von Indikatoren neu aufgenommen, verändert oder ausgefiltert wird.

4. Die verbliebenen Indikatoren werden im vierten Schritt auf ihre Multikollinearität geprüft. Unter **Multikollinearität** versteht man den Grad der linearen Abhängigkeit der Indikatoren, der bei zu starker Ausprägung zu einem Problem wird.[61]

5. Überprüfung der inhaltlichen bzw. **nomologischen Validität** des Messmodells.

Nachfolgend werden die ersten drei Schritte für die Konzeptualisierung und Operationalisierung der fokalen latenten Variable Reputation dargestellt und um die Skalenentwicklung i.e.S. ergänzt; die Überprüfung der Multikollinearität und Validität wird an späterer Stelle beschrieben.

7.3.2 Verwendung formativer und reflektiver Indikatoren

Überlegungen zur **epistemischen Beziehung** zwischen Indikatoren und ihrem Konstrukt sind in der Literatur rar.[62] Häufig wird auf reflektive Konzeptualisierungen zurückgegriffen[63], obwohl die Beziehungsstruktur grundsätzlich konzeptionell-inhaltlich zu begründen ist, da sie die Basis für die weitere Konzeptualisierung bildet und

---

[59]   Vgl. Dowling 1993, S. 105. Zu einer ähnlichen Vorgehensweise siehe auch Caruana 1997, S. 111ff.

[60]   Vgl. zu diesem Prüfschema im Detail Eggert/Fassott 2003, S. 4ff. Hulland 1999, S. 198, fasst diese zu drei Schritten zusammen.

[61]   Vgl. Backhaus et al. 2005, S. 89ff.

[62]   Diamantopoulos/Winklhofer 2001, S. 269, berichten von einer „limited (and fragmented) literature on the topic".

[63]   Vgl. Diamantopoulos/Siguaw 2002, S. 1.

zudem die zu wählenden Schätzverfahren beeinflusst.[64] Eine Hilfestellung bei Unsicherheit hinsichtlich der epistemischen Beziehung kann der von BOLLEN und TING vorgeschlagene Tetrad-Test liefern.[65]

Die Beziehung zwischen dem Konstrukt und ‚seinem' Satz von Indikatoren kann auf zwei gegensätzlichen Vermutungen beruhen.[66] Der weitaus überwiegende Anteil der Literaturbeiträge im Marketing geht von einer **reflektiven** Struktur der Indikatoren aus.[67] Dies bedeutet, dass alle beobachtbaren Indikatoren durch das verborgene Konstrukt verursacht werden[68] oder mit FORNELLs Worten: „the unobserved construct is thought to give rise to what we observe"[69]. Alle reflektiven Indikatoren eines Konstrukts „measure the same thing and should covary at a high level if they are good measures of the underlying variable"[70], sie sind damit austauschbar[71]. **Die Güte der Konstruktmessung** kann danach beurteilt werden, ob die gewählten Indikatoren die Eigenschaften des Konstrukts widerspiegeln. Dabei geht der Forscher von der Annahme aus, dass die Indikatoren die relevanten Informationen nicht fehlerfrei mes-

---

[64] Vgl. Fornell/Bookstein 1982a, S. 292; Diamantopoulus/Siguaw 2002, S. 1.

[65] Vgl. Bollen/Ting 2000; Eberl 2004, S. 19ff.; zu einer Anwendung auf das Reputationskonstrukt siehe Eberl 2006, S. 106ff. In der vorliegenden Arbeit wird von einer entsprechenden Prüfung abgesehen, da – wie unten näher dargelegt – inhaltlich nur eine formative Modellierung in Frage kommt und damit kein Zweifelsfall vorliegt.

[66] Vgl. hierzu im Detail Fornell 1989, S. 160ff.; Seltin/Keeves 1994, S. 4355; Hulland 1999, S. 201f.; Gefen/Straub/Boudreau 2000, S. 30ff.; im Überblick auch Eberl 2006, S. 73ff. Es gibt in der Literatur diverse Synonyme zu den Begriffen reflektiv und formativ. Noonan/Wold 1982, S. 76, weisen auf die Parallelen zu den Begriffen ‚reflective' und ‚productive' hin; Hinkel 2001, S. 278, spricht von reflektierenden und formierenden Variablen. U.a. bei Seltin/Keeves 1994, S. 4355, findet sich für die reflektiven Indikatoren auch die Bezeichnung ‚outward' indicator, für formative ‚inward indicator'; Rossiter 2002, S. 313ff., spricht von ‚eliciting' und ‚formed' attributes; Diamantopoulos/Winklhofer 2001, S. 269, nennen letztere ‚cause' oder ‚causal' indicators; Bollen/Lennox 1991, S. 306, ergänzen die Begriffe ‚formative' oder ‚composite indicators'.

[67] Vgl. Diamantopoulos/Winklhofer 2001, S. 269; Diamantopoulus/Siguaw 2002, S. 1; Eggert/Fassott 2003, S. 1; Eberl 2004, S. 21ff. So werden im Handbook of Marketing Scales von Bearden/Netemeyer 1999 formative Indikatoren völlig vernachlässigt.

[68] Vgl. Hinkel 2001, S. 280.

[69] Fornell 1982, S. 8; ähnlich Hulland 1999, S. 201.

[70] Bagozzi 1994, S. 331.

[71] Vgl. Diamantopoulos/Winklhofer 2001, S. 271.

sen, sondern vielmehr fehlerbehaftete Messungen ihres Faktors bzw. Konstrukts sind.[72] Sie sind damit nicht alle (im gleichen Maße) relevant, um das Konstrukt zu erklären.

Demgegenüber dienen Indikatoren in **formativen** Messmodellen jeweils der Erfassung einer spezifischen Facette des Konstrukts und kovariieren nicht oder nur schwach miteinander. Das Konstrukt wird als Funktion seiner Indikatoren definiert (etwa als gewichtetes Mittel) und damit als Verdichtung bzw. Summe der in den Indikatoren enthaltenen Informationen. Manche Autoren sprechen deshalb von definierten Konstrukten[73] oder der Bildung von Indizes[74]. Hierzu vermerkt FORNELL: „Formative indicators give rise to the unobserved theoretical construct. In this case the empirical indicators produce or contribute to the construct".[75] Fällt ein Indikator weg, bedeutet dies eine Veränderung des Konstrukts: „Omitting an indicator is omitting a part of the construct"[76]. Da das Konstrukt als Kombination fehlerfrei gemessener Indikatoren verstanden wird, ist **keine Gütebeurteilung** notwendig.[77] Formative Indikatoren müssen nicht korreliert sein und auch keine hohe interne Konsistenz aufweisen, auch wenn dies natürlich der Fall sein kann.[78]

Aus inhaltlicher wie auch statistisch-methodischer Sicht ist es entscheidend, welche Beziehung unterstellt wird.[79] DIAMANTOPOULOS und SIGUAW betonen: „scale development and index construction as alternative approaches to deriving multi-item measures can produce substantially different operationalization of the same con-

---

[72]   Vgl. Homburg 2000, S. 7; Homburg/Baumgartner 1995, S. 1092. Von ‚Faktoren' spricht man bei eindimensionalen Konstrukten, deren Indikatoren alle nur auf einen Faktor laden. Liegen mehrfaktorielle Konstruktstrukturen vor, sind die Begriffe Konstrukt und Faktor nicht deckungsgleich; vgl. Giering 2000, S. 72.

[73]   Vgl. etwa Fornell 1982, S. 5: „A defined construct is a composite (often called a component or a derived variable) of its indicators. An indeterminate construct (often called a factor or latent variable) is a composite of its indicators plus an error term"; vgl. auch Hulland 1999, S. 201.

[74]   Vgl. Diamantopoulos/Winklhofer 2001, S. 269.

[75]   Fornell 1982, S. 8.

[76]   Bollen/Lennox 1991, S. 308; siehe auch Diamantopoulos/Winklhofer 2001, S. 271.

[77]   Vgl. Chin/Newsted 1999, S. 312; Hinkel 2001, S. 280; Stock 2001, S. 108.

[78]   Vgl. Chin 1998a, S. 3; Diamantopoulos/Winklhofer 2001, S. 271; Hinkel 2001, S. 280; Eberl 2004, S. 6. Neben formativen und reflektiven Indikatoren existieren auch symmetrische, welche keine Annahmen über Gerichtetheit oder Kausalität zwischen Konstrukt und Indikator zu Grunde legen; vgl. Fornell 1982, S. 9.

[79]   Vgl. Lohmöller 1984, S. 2ff. Die ‚zufällige' Wahl der Beziehungsstruktur oder gar der statistisch-methodische Wechsel zwischen den Beziehungsmodellen ist nach Hulland 1999, S. 202, „simply unacceptable".

struct"[80]. An dieser Stelle sei vorweggenommen, dass im Rahmen dieser Arbeit **Reputation und eigene Erfahrungen formativ und Loyalität reflektiv** modelliert werden; zur detaillierten Begründung siehe Abschnitt 7.2.5.1.[81] Nachstehend wird der Operationalisierungsprozess für das fokale Konstrukt Reputation bzw. Ruf vorgestellt, auf die Spezifika der beiden anderen Konstrukte wird bei der Vorstellung der Messmodelle näher eingegangen.

7.3.3 Konstruktdefinition

Naturgemäß wurde im Rahmen der vorliegenden Arbeit auf die umfassende Definition des Konstrukts Reputation besonderer Wert gelegt, was durch die formative Struktur noch bekräftigt wird. Die inhaltliche Konstruktabgrenzung ist mit besonderer Sorgfalt vorzunehmen, denn das Konstrukt wird durch die Gesamtheit seiner Indikatoren definiert und ein nachträgliches ‚Aussieben' – wie bei reflektivem Vorgehen üblich – erfolgt nicht.[82] Wesentlich ist vor allem ein breites Verständnis des Konstrukts, um keine wesentlichen Facetten aus der Betrachtung auszuschließen und damit ein hohes Maß an Inhaltsvalidität zu erzielen.[83] Nach ROSSITER ist Inhaltsvalidität die einzig essentielle Validitätsform bei der Entwicklung von Messmodellen.[84]

Während die Bandbreite von Definitionsansätzen zur Reputation in der Literatur äußerst groß ist, werden in einer Reihe von empirischen Untersuchungen keine klaren Begriffsabgrenzungen vorgenommen. Auffällig ist an vielen Messansätzen, dass der Ruf nicht im Sinne einer in der Öffentlichkeit vorherrschenden Meinung interpretiert wird. Vielmehr werden in der Regel die Einstellung des Befragten zu einer Unterneh-

---

[80] Diamantopoulus/Siguaw 2002, S. 11. Die Autoren belegen hier auch die Vor- und Nachteile der jeweiligen Modellierungen.

[81] Andreassen 1994, S. 23, konzeptualisiert in seiner Analyse die drei Konstrukte reflektiv. Fehlspezifizierte Messmodelle der Reputation liegen z.B. vor in den Publikationen von Walsh/Wiedmann/Buxel 2003; Caruana/Chircop 2000; Cordeiro/Schwalbach 2000; Yoon, Guffey, and Kijewski 1993. Formative Modellierungen der Corporate Reputation liegen vor von Dowling 2004a, S. 202; Eberl 2006, S. 147ff.

[82] Vgl. Bagozzi 1994, S. 333; Nunnally/Bernstein 1994, S. 484; Hulland 1999, S. 196; Diamantopoulos/Winklhofer 2001, S. 271.

[83] Vgl. Nunnally/Bernstein 1994, S. 484; Diamantopoulos/Winklhofer 2001, S. 271. Inhaltsvalidität kennzeichnet den Grad, zu dem die Indikatoren eines Messinstruments inhaltlich-semantisch zu dem Konstrukt gehören; vgl. Giering 2000, S. 74.

[84] Vgl. Rossiter 2002, S. 308. Kritisch dazu Mummendey 1995, S. 79f.; Eberl 2006, S. 81f.

mung bzw. seine eigenen Erfahrungen mit den Unternehmensleistungen erhoben.[85] Die bei den einzelnen Befragten gemessenen Einstellungen werden dann zu einem Gesamtwert aggregiert, der nach (implizit vertretener) Ansicht vieler Autoren das Maß für die Reputation ist.[86] BROMLEY charakterisiert ein solches Konstrukt als „Meta-reputation – a fusion of a large collection of personal judgments about a standard set of corporate attributes"[87]. Wie in Kapitel 2.1.2 und 4.1 bereits erläutert, wird dieser (Di-vergenz-)Ansatz im Rahmen der vorliegenden Arbeit nicht verfolgt. Hier steht die all-gemeine Reputation der Unternehmung in der Öffentlichkeit im Vordergrund, die bei allen Stakeholder-Gruppen identisch erhoben wird (Konvergenzansatz); sie wird als **kollektives Konstrukt** verstanden. Dies bedeutet auch, dass die Einstellung des Befragten und der von ihm wahrgenommene Ruf der Unternehmung – in der Öffent-lichkeit oder auch in Teilöffentlichkeiten – voneinander abweichen können. Der Stel-lenwert der Öffentlichkeit als ‚Bewertungsinstanz' der Unternehmensleistungen wurde bereits an anderer Stelle umfassend thematisiert.[88]

Umfassende Literaturstudien boten damit nur die notwendige Basis für die Definition des Konstrukts. Ergänzt wurden sie durch qualitative Interviews (40 mit Konsumenten, 5 mit Aktionären, 12 mit Mitarbeitern verschiedener Marken- bzw. Konsumgüterher-steller). Die Interviewpartner wurden unter anderem nach ihrer Interpretation der Beg-riffe Ruf und Reputation, einer Definition und den wesentlichen Bausteinen gefragt. Außerdem wurden zwei mehrstündige Workshops (8 und 11 Teilnehmer) mit gleichem Inhalt durchgeführt. Eine solche Vorgehensweise verhilft dem Forscher zu einer um-fassenden, klaren und für Dritte nachvollziehbaren Bestimmung des hypothetischen Konstrukts, wie EGGERT und FASSOTT betonen.[89] Diese eher qualitativen Maßnah-men sind darauf ausgerichtet, ein möglichst hohes Maß an Validität der empirischen

---

[85]   Vgl. z.B. den RQ; vgl. Fombrun/Gardberg/Sever 2000; vgl. auch Kapitel 4.2.3.

[86]   Aus verhaltenstheoretischer Perspektive sind Images die Grundlage für Einstellungen; vgl. z.B. Trommsdorff 2002, S. 150; siehe auch Kapitel 2.1.1. Insofern verschwimmt durch die geschil-derte Anwendung der Messansätze der Unterschied zwischen den Konstrukten Reputation und Image.

[87]   Bromley 2002, S. 36.

[88]   So betont etwa Gray 1986, S. 14: „the public has become the corporate mirror" und verdeutlicht auch den Stellenwert der Reputation bzw. des Corporate Image aus Sicht der Öffentlichkeit. „Corporate image is the key to restoring public trust and to guiding society toward an improved human condition"; ebenda, S. 20.

[89]   Vgl. Eggert/Fassott 2003, S. 4.

Analyse zu erzielen, während die später zu schildernden quantitativen Analysemethoden die Reliabilität fokussieren.[90]

Die Empfehlungen von ROSSITER bieten eine solide Grundlage, um Konstrukte umfassend zu definieren und damit die Validität der Messung zu gewährleisten. Er differenziert verschiedene Bestandteile der Konstruktdefinition.[91] Das der empirischen Studie zu Grunde gelegte Konstrukt **Ruf ist das von Konsumenten bzw. Aktionären bzw. Mitarbeitern wahrgenommene Ansehen der Unternehmung U in der Öffentlichkeit.**[92] Für die empirische Analyse im deutschsprachigen Raum wurde dem Begriff ,Ruf' der Vorzug gegeben, da er als Synonym für ,Reputation' angesehen wird, im allgemeinen Sprachgebrauch aber bekannter ist.[93] Das Bezugsobjekt dieser Definition ist ein bestimmtes Unternehmen U. Allerdings ist zu fragen, ob dieses Unternehmen bei der Bewertung des Rufs durch Kunden, Mitarbeiter und Aktionäre jeweils das identische Bezugsobjekt ist. Betrachtet man stakeholder-spezifisch relevante Teilaspekte der Reputation – z.B. Reputation aus Sicht der Mitarbeiter bezüglich Arbeitsplatzsicherheit, Arbeitsklima, Reputation aus Sicht der Aktionäre bezüglich Dividendenhöhe usw. – ist von der Identität des Bezugsobjekts nicht auszugehen. Sofern jedoch – wie hier intendiert – die Sicht der Öffentlichkeit thematisiert wird, ist aus Sicht der drei Stakeholder-Gruppen das identische Bezugsobjekt Unternehmen gegeben.[94]

---

[90]   Damit wird auf einem fiktiven Kontinuum mit den Extrempunkten logisch-positivistischer und idealistischer Forschungsperspektiven eine eher mittlere Position eingenommen; vgl. auch Deshpande 1983, S. 102, 107. Beispielsweise Davies et al. 2003, S. 74, nehmen bei ihrer Reputationsmessung dagegen dezidiert eine positivistische Grundhaltung ein.

[91]   Vgl. Rossiter 2002, S. 308; ähnlich auch Fornell 1989, S. 158f.

[92]   Die hier vorgenommene Begriffsabgrenzung dient den empirischen Studien. Bereits in Kapitel 2 wurde ein umfassenderes Verständnis des Konstrukts als theoretischer Perspektive vorgestellt, das als Grundlage der Operationalisierung und Messung jedoch kaum geeignet ist. Vgl. zu dieser Vorgehensweise der Ableitung einer theoretisch-konzeptionellen und einer operationalisierbaren Konstruktdefinition auch Westcott 2001, S. 176f.

[93]   Vgl. auch Wiedmann 2001, S. 3, und Kapitel 6.2.2.

[94]   Vgl. zu einer ähnlichen Diskussion in Bezug auf das Konstrukt Zufriedenheit Stock 2001, S. 59f. De facto wird der Befragte um eine Meinungsäußerung zum *vermuteten Ruf* der Unternehmung – nämlich dessen Ruf in der Öffentlickeit – gebeten; vgl. auch Breyer 1962, S. 77.

7.3.4 Itemgenerierung und Pretests

Für das formative Konstrukt Ruf gilt: „Alle Facetten des Konstrukts müssen durch Indikatoren abgedeckt werden, um eine inhaltliche Übereinstimmung zwischen der Definition und der Operationalisierung zu erreichen".[95] Bei reflektiven Messmodellen sind die einzelnen Indikatoren grundsätzlich austauschbar (das Konstrukt ist in jedem ‚reflektiert'), aus den insgesamt denkbaren Indikatoren kann zufällig oder kriteriengeleitet eine Auswahl getroffen werden; für formative verbietet sich dieser offene Ansatz. Für alle Formen latenter Konstrukte wird in der Literatur regelmäßig deren Messung über **Multi-Item-Skalen**, also mehrere Indikatoren, empfohlen.[96] Diesem Anspruch gerecht wird beispielsweise der in Kapitel 4 diskutierte ‚Reputation Quotient (RQ)', bei dem die verschiedenen ‚Dimensionen' der Reputation jeweils über mehrere Statements abgefragt werden. Allerdings fußt diese Empfehlung weniger auf inhaltlichen als auf statistisch-methodischen Erwägungen.[97] De facto finden sich in der Literatur zahlreiche Messmodelle mit kuriosen Häufungen nahezu identisch formulierter Items.[98] Dies ist nicht nur inhaltlich fragwürdig, sondern führt auch beim Befragten möglicherweise zu Verunsicherungen oder Verärgerungen.

Die Literaturanalyse, vorhandene Fragebögen bzw. Messmodelle, die durchgeführten Fokusgruppen- und Einzel-Interviews boten die Grundlage für die Generierung von Indikatoren für die Konstruktmessung. Insgesamt wurden 59 potenzielle Indikatoren aufgelistet. Dabei zeigten gerade die Interviews, ähnlich wie Analysen der amerikanischen Ergebnisse des RQ, dass der Ruf einer Unternehmung in erheblichem Maße von „einer menschlichen Unternehmenskultur und einer identitätsorientierten Produkt- und

---

[95] Eggert/Fassott 2003, S. 4; vgl. auch Bollen/Lennox 1991, S. 308; Diamantopoulos/Winklhofer 2001, S. 271.

[96] Vgl. Churchill 1979, S. 66; Bagozzi/Baumgartner 1994, S. 388; Homburg/Baumgartner 1995, S. 1092; Hulland/Chow/Lam 1996, S. 184. Trotz der in der Praxis zu beobachtenden geringeren Indikatorenzahl sind drei Indikatoren das Minimum für eine reliable Messung; vgl. Chin/Marcolin/Newsted 2003, S. 194.

[97] Die Begründung ist, dass für ‚Single Item-Measures' nicht die für reflektive Indikatoren vorgeschlagenen Gütebeurteilungen durchgeführt werden können. Inhaltliche Erwägungen, welche bei formativen Indikatoren stärker im Vordergrund rücken, stehen dem nicht zwingend entgegen. Allerdings wird auch beim RQ bezweifelt, dass wirklich alle Determinanten der Reputation enthalten sind; vgl. Schwaiger/Hupp 2003, S. 60.

[98] Vgl. zu dieser Kritik Rossiter 2002, S. 308. Illustriert wird dieses Vorgehen etwa durch Giering 2000, S. 161, die zur Messung der Facetten von Kundenbindung jeweils drei bis vier nahezu identische Items heranzieht.

Servicepolitik sowie der Arbeitsplatzattraktivität"[99] abhängt. Die starke Orientierung an Interessen einzelner Stakeholder bei der Evaluierung des Rufs einer Unternehmung führt messmethodisch allerdings zu einigen Schwierigkeiten, wie an späterer Stelle näher zu erörtern ist. Zudem deutet sich an, dass es keinen ausgeprägten Konsens bei den Befragten über die Charakteristika von Unternehmungen gibt bzw. über die (reputationsrelevanten) Merkmale einer bestimmten Unternehmung.[100]

Um Indikatoren für das Messmodell zu qualifizieren, wurde ein **mehrstufiger Pretest** durchgeführt.[101] Zunächst wurden Probanden aufgefordert, die Bedeutung der 59 Indikatoren (Begriffe) für den Ruf einer Unternehmung in der Öffentlichkeit anzugeben. Sie konnten den Indikatoren eine entscheidende, eine wichtige, eine geringe oder gar keine Rolle zuweisen.[102] Nach diesem ersten Schritt konnte die Liste auf 25 Indikatoren verringert werden. Eine inhaltliche Überprüfung auf Überschneidungen führte zu einer weiteren Reduzierung auf 14 Indikatoren. In einem zweiten Pretest-Schritt wurden 11 andere Befragungspersonen gebeten, die zufällig angeordneten Indikatoren dem ihrer Meinung nach richtigen Konstrukt (aus dem Set ‚Ruf', ‚Bekanntheit' und ‚Erfolg der Unternehmung') zuzuweisen. Mit zwei Ausnahmen wurden alle vorgesehenen Indikatoren von den Probanden (auch) dem Konstrukt Reputation zugewiesen.[103]

Anschließend wurde der Fragebogen in einer dritten Stufe 20 Befragten aus der Zielgruppe Konsumenten vorgelegt. Der Pretest wurde durch die auf diese Aufgabenstel-

---

[99]   Fombrun/Wiedmann 2001c, S. 37.

[100] Vgl. Bromley 2001, S. 322, der zudem bemerkt, dass dieser Umstand im Gegensatz zur gängigen Definition von Reputation steht, die „the estimation in which one is *generally* held" umfasst (Webster's Collegiate Thesaurus 1976, S. 671).

[101] Zu Stellenwert und Ausgestaltung von Pretests siehe z.B. Hunt/Sparkman/Wilcox 1982, passim; Sudman/Bradburn 1982, S. 282ff.; Porst 1998, S. 34ff.

[102] Einbezogen wurden 25 Befragungspersonen (wissenschaftliche Mitarbeiter sowie Studierende). Als geeignete Samplegröße für solche Pretests nennen Hunt/Sparkman/Wilcox 1982, S. 270, 12 bis 30 Personen.

[103] Vgl. zu dieser Vorgehensweise auch Anderson/Gerbing 1991, S. 733; Eggert/Fassott 2003, S. 5. Die wahrgenommenen Überschneidungen dieser Konstrukte war recht groß, so dass eine Reihe von Probanden die Indikatoren zwei oder gar allen drei Konstrukten zuordnen wollte. Auf die Berechnung des sogenannten p_{sa}-Index, bei dem die Anzahl der Übereinstimmungen (Indikator wird Reputation zugeordnet) ins Verhältnis zu der Anzahl der Befragungspersonen gesetzt wird, sowie des c_{sv}-Index (Differenz zwischen der Anzahl der ‚richtigen' und der am häufigsten genannten ‚falschen' Zuordnung ins Verhältnis gesetzt zur Anzahl der Befragungspersonen), wurde deshalb verzichtet; vgl. zu diesen Testmaßen Anderson/Gerbing 1991, S. 734; Mummendey 1995, S. 72ff.

lung spezialisierte ZUMA[104] in Mannheim durchgeführt. Wie für solche Untersuchungen üblich, wurde das Messinstrument bzw. der Fragebogen auf diese Weise auf Verständlichkeit und Vollständigkeit überprüft.[105] Von den 20 Pretest-Teilnehmern wurden trotz der vertieften, in der Regel über 30 min dauernden Befragungen keine nennenswerten Probleme benannt, so dass der Fragebogen nicht mehr anzupassen war.

Aufgrund dieses kriteriengeleiteten Auswahlprozesses, der die Ergebnisse der Literaturrecherchen, der Vorinterviews, der Fokusgruppen und der Pretests berücksichtigte, wurde das Messmodell letztendlich auf **10 Indikatoren** aufgebaut. Da Reputation ein formativ zu operationalisierendes Konstrukt ist, beruht der Ruf der Unternehmung in der Öffentlichkeit nach hier vertretener Vorstellung auf der Gesamtheit dieser zehn Indikatoren.[106]

Generell ist bei Befragungen mit der Vorgabe der zu beurteilenden Kriterien das Problem verbunden, dass diese Kriterien nicht das subjektive Beurteilungssystem des jeweils Befragten widerspiegeln.[107] Der damit einhergehende **Validitätsverlust** ist durch den gewählten mehrstufigen Prozess der Item-Generierung und den beschriebenen Relevanztest jedoch stark eingegrenzt. So wurden die relevanten Stakeholder in den Prozess der Skalenentwicklung integriert, wie es etwa NGUYEN und LEBLANC einfordern, damit die realistischen und relevanten Dimensionen des Konstrukts Reputation im Messmodell erfasst sind.[108]

---

[104] ZUMA = Zentrum für Umfragen, Methoden und Analysen.

[105] Vgl. Hunt/Sparkman/Wilcox 1982, S. 270, und z.B. Giering 2000, S. 70, die ihren Fragebogen zwölf Probanden vorlegte.

[106] Dies gilt auch dann, wenn nicht alle Befragten alle Indikatoren beurteilen, also ‚Missing Values' auftreten, denn die formative Konstruktabgrenzung beruht explizit auf der fundierten Entscheidung des Forschers, die von den Wahrnehmungen/Meinungen der Probanden natürlich abweichen kann. Gleiches gilt mindestens implizit auch für reflektive Messungen, wird jedoch in der Literatur nicht thematisiert.

[107] Vgl. Fombrun/Wiedmann 2001c, S. 20. Trotz aller Bemühungen um bessere Messverfahren ist die herkömmliche ‚Ankreuzmethode' im Forschungsalltag bei vielen Themen alternativlos; vgl. Mummendey 1995, S. 15.

[108] Vgl. Nguyen/Leblanc 2001b, S. 309; generell zu dieser Forderung Mummendey 1995, S. 16.

7.3.5   Die verwendeten Messmodelle

7.3.5.1   Das Messmodell für das Konstrukt ‚Reputation'

Die Ausführungen in Kapitel 4 haben verdeutlicht, dass die Messung von Reputation seit einigen Jahren intensiver in der Literatur diskutiert und unterschiedlichste Messansätze vorgestellt wurden. In manchen Studien wird Reputation mit Hilfe von Multi-Item-Instrumenten, in anderen mit einem einzelnen Indikator gemessen, in manchen wird eine ‚Globalreputation', in anderen ‚Teilreputationen' erhoben.[109]

In der vorliegenden Untersuchung wurde einerseits der **Globalruf des Unternehmens** über einen einzelnen Indikator (‚Hat die Firma U in der Öffentlichkeit einen guten oder einen schlechten Ruf?') erhoben. Zusätzlich wurde **der Ruf hinsichtlich verschiedener Teilmerkmale** über zehn verschiedene Indikatoren auf einer identischen Skala erhoben. Die einzelnen Indikatoren werden nachfolgend skizziert und ihre Integration in das Messmodell diskutiert. Für alle in Tabelle 7-5 aufgeführten 10 Indikatoren gilt, dass sie sowohl in den in der Literatur diskutierten Messansätzen verwendet werden als auch im Rahmen der qualitativen Interviews und Fokusgruppenrunden häufig genannt wurden.[110]

Zentral für die Ausprägung des Rufs einer Unternehmung ist die **Qualität der angebotenen Produkte bzw. Dienstleistungen.**[111] Aus informationsökonomischer Perspektive wird Reputation als Signal für die zu erwartende Produktqualität behandelt. Alle der in Kapitel 4 vorgestellten Messansätze beinhalten diesen Indikator und auch alle Probanden haben im Rahmen der qualitativen Interviews den Stellenwert einer hohen Produktqualität für den Ruf der Unternehmung betont. BROWN dagegen anerkennt die Produktqualität nicht als Dimension der Reputation, da Produkt und die es herstellende Unternehmung zwei separate Entitäten seien.[112] Allerdings spielen die von Stakeholdern wahrgenommene Fähigkeit und der Willen der Unternehmung, qualitativ

---

[109]   Vgl. auch Kapitel 2.2.2.

[110]   Vgl. hierzu im Einzelnen auch Helm 2005a und Helm 2005b. In nahezu allen in der Literatur behandelten Messansätzen der Reputation wird der Indikator ‚Innovationsfähigkeit' integriert. Auch das kooperierende Unternehmen legt starken Wert auf dieses Charakteristikum. Es wurde dennoch nicht als Indikator für die Reputation aufgenommen, da in den vielen geführten Einzel- und Gruppen-Interviews kein einziger Proband die Innovationskraft als Determinante der Reputation erwähnte.

[111]   Auf die Abgrenzung von Produkten und Dienstleistungen wird hier nicht näher eingegangen, da eine Fülle diesbezüglicher Publikationen vorliegt; vgl. z.B. Engelhardt et al. 1993.

[112]   Vgl. Brown 1998, S. 223.

hochwertige Produkte herzustellen, im Rahmen der Reputationsbeurteilung eine Rolle. Auch kann die Reputation der Unternehmung Wahrnehmungen bezüglich ihrer Produkte beeinflussen – und umgekehrt (Halo-Effekt). Produktqualität wird häufig in Relation zu dem Preis beurteilt, der für die Leistung gefordert wird. Aus subjektiver Sicht des Nachfragers wird in der Regel eine kausale Beziehung unterstellt, denn Preise werden dann als Qualitätssignale verwendet, wenn der Nachfrager eine kostenorientierte Preissetzung des Anbieters vermutet.[113] Reputation wird oft mit einer ‚Preisehrlichkeit' in Verbindung gebracht, was vor allem in den Interviews sehr deutlich wurde, bei denen das **Preis/Leistungs-Verhältnis** als wichtiger Indikator des guten Rufs einer Unternehmung benannt wurde. Ebenso wurde auf die **Kundenorientierung** hingewiesen, ohne die ein guter Ruf (speziell den Nachfragern gegenüber) nicht aufzubauen sei.[114] Anders als die bisher verwendeten Messansätze vermuten lassen, tauchte im Großteil der Interviews auch der Anspruch auf, dass keine falschen Versprechungen über die Unternehmensleistungen – speziell in der Werbung bzw. Kommunikationspolitik – gemacht werden dürfen. Von dem kooperierenden Unternehmen werden solche Versprechungen hauptsächlich durch die Werbung kommuniziert, da ein direkter Kontakt nur zu wenigen Konsumenten besteht. Damit wurde das **Einhalten von Werbeversprechen** zu einem weiteren Indikator des Rufs.

Diese vier zunächst diskutierten Indikatoren stellen aus Kundenperspektive den Kern der auf Produkt und Dienstleistungen bezogenen Rufkomponenten dar. Wie gelegentlich in der Literatur angemerkt, variiert der Stellenwert verschiedener Bausteine der Reputation mit der Stakeholder-Gruppenzugehörigkeit. Allerdings ist im Rahmen dieser Untersuchung nicht der Ruf aus Sicht der Nachfrager (allein) relevant. Aus diesem Grunde wurde der Ruf auch als komplexes, kollektives Phänomen definiert, nicht als Einstellungskonstrukt auf einer rein individuellen Ebene. In den Ruf fließen damit auch Aspekte ein, die von Kunden in einer Transaktion oder Geschäftsbeziehung nicht regelmäßig beurteilt werden. Eine solch umfassende Sicht der Reputation ist den meisten Messansätzen zueigen.

---

[113] Vgl. z.B. Ungern-Sternberg/Weizsäcker 1981, S. 611. Zum Preis als Qualitätsindikator siehe Harich 1985, insbes. S. 12ff. und 48ff.; Vahrenkamp 1991, S. 55ff.; Gerhard 1995, S. 182ff.

[114] Da in den Fragebogen-Pretests einige Konsumenten diesen Begriff nicht sofort einzuordnen wussten, wurde eine Erläuterung – ‚Bemühen, Konsumentenbedürfnisse zu erfüllen' – eingefügt, um keinen Bias zwischen den Probanden entstehen zu lassen.

Bezeichnung der Indikatoren
Qualität der Produkte
Preis-Leistungs-Verhältnis der Produkte
Engagement für den Umweltschutz
Unternehmerischer Erfolg (Stellung am Markt, Zukunftsaussichten des Unternehmens)
Verhalten gegenüber Mitarbeitern
Kundenorientierung (Bemühen, Konsumentenbedürfnisse zu erfüllen)
Engagement für wohltätige Zwecke (z.B. im sozialen, sportlichen oder kulturellen Bereich)
Finanzielle Lage des Unternehmens
Qualifikation des Managements
Einhaltung von Werbeversprechen (die Produkte halten, was die Werbung verspricht; die Werbung ist glaubwürdig)

Tabelle 7-5:   Indikatoren für das Konstrukt ,Ruf des Unternehmens U'

Sehr deutlich trat gerade in den geführten Interviews als ruftragender Faktor das **Verhalten gegenüber Mitarbeitern** hervor. Auch wenn de facto externe Stakeholder diese Komponente nur durch Presseinformationen bzw. aus zweiter Hand oder in Ausnahmefällen durch ihnen bekannte Mitarbeiter der Unternehmung erfahren können, wird sie fast ausnahmslos als äußerst bedeutend für den Ruf einer Unternehmung eingeschätzt. Die **Qualifikation des Managements** wird als ergänzende Komponente des Human Resource Managements integriert. Dieser Indikator wird in der Literatur wie auch in den gängigen Messansätzen zu Reputation regelmäßig diskutiert[115], tauchte in den geführten Interviews jedoch nicht immer auf. Dies kann auch dadurch begründet sein, dass den meisten Stakeholdern (hier: Probanden) eine Beurteilung dieses Merkmals schwer fällt, da es sich im Wesentlichen um eine Vertrauenseigenschaft handelt.

Wie bereits umfassend dargelegt, ist der Erfolg der Unternehmung zentral für ihren Ruf. Die Beziehung zwischen diesen beiden Konstrukten wird in der Literatur recht

---

[115]   Vgl. zu einer Diskussion Hammond/Slocum 1996, S. 160.

ausführlich, wenn auch mit ambivalenten Ergebnissen, diskutiert.[116] In der vorliegenden Untersuchung wurden diesbezüglich zwei Indikatoren integriert, die **finanzielle
Lage der Unternehmung** und deren **unternehmerischer Erfolg**.[117]

Neben diesen für die Gruppen der Kunden, Mitarbeiter und Aktionäre besonders interessanten Indikatoren hängt der Ruf der Unternehmung in der Öffentlichkeit von weiteren Aspekten ab, die deren gesellschaftliche Position mitdefinieren. Es handelt sich
um solche Leistungen, welche von allgemeinem, öffentlichen Interesse sind und damit
nicht nur von den primären Stakeholdern beobachtet werden. Hierzu zählen im Rahmen dieser Untersuchung das **Engagement für den Umweltschutz** sowie das **Engagement für wohltätige Zwecke** (z.B. im sozialen, sportlichen oder kulturellen
Bereich).

In allen drei Befragungen wurde Reputation identisch operationalisiert (Konvergenzansatz, siehe Kapitel 4.1), da Reputation im Sinne des Rufs des Kooperationspartners
in der Öffentlichkeit verstanden wird, während es bei den anderen Konstrukten durchaus zu Abweichungen zwischen der Konsumenten-, der Aktionärs- und der Mitarbeiterbefragung kommt (siehe unten).

Wie erläutert, wird im Rahmen dieser Arbeit **Reputation als formatives Konstrukt**
interpretiert. Da beispielsweise HOMBURG und BAUMGARNTER formativen
Modellierungen entgegenhalten, dass die Annahme fehlerfreier Messbarkeit einer
Variablen in der Regel ungerechtfertigt sei[118], ist diese Wahl der Indikatorform inhaltlich näher zu begründen.

Die benannten Indikatoren – etwa die Produktqualität, das Verhalten gegenüber Mitarbeitern oder unternehmerischer Erfolg – sind keine alternativen Auswirkungen der
Reputation bzw. „effects of a construct"[119]. Nicht etwa der Ruf führt zum beobachtbaren Indikator Produktqualität, sondern **die Indikatoren begründen erst den Ruf**.

---

[116] Vgl. hierzu auch Abschnitt 2.4.1.

[117] Für das zweitgenannte Item wurde nach den Fragebogen-Pretests eine Erläuterung – ‚Stellung
am Markt, Zukunftsaussichten des Unternehmens' – eingefügt.

[118] Vgl. Homburg/Baumgartner 1995, S. 1092. Diamantopoulos/Winklhofer 2001, S. 273, wiederum
kritisieren eine Arbeit von Goldberg/Hartwick 1990, die ‚Company Reputation' als reflektives
Konstrukt über die Indikatoren ‚reputation with employees', ‚reputation with financial investors', ‚reputation with the U.S. public' und ‚reputation with the Canadian public' messen, da
dies einen typischen formativen Messansatz darstelle.

[119] Bollen/Lennox 1991, S. 305.

Diese latente Variable ist also als **Aggregation ihrer Indikatoren** zu interpretieren. Weil sie Produkte hoher Qualität auf den Markt bringt und sich ihren Mitarbeitern gegenüber fair verhält, genießt eine Unternehmung einen guten Ruf. Der (reflektive) Umkehrschluss ist zwar grundsätzlich denkbar, aber hier nicht von Interesse: weil sie eine hohe Reputation hat, produziert die Unternehmung Produkte hoher Qualität, da ansonsten die Geisel Reputation Schaden nehmen könnte.[120] Dem steht entgegen, dass Reputation erst durch gute Leistungen entsteht, sie muss erst geschaffen werden und ist damit nicht Basis, sondern Ergebnis unternehmerischer Tätigkeit.[121] Auch führt beispielsweise ein Anstieg in der Produktqualität nicht zwingend zu gleichgerichteten Steigerungen der anderen Indikatoren, wohl aber einer Steigerung der Variablen Ruf.[122]

7.3.5.2   Das Messmodell für das Konstrukt ‚eigene Erfahrungen'

Anstelle der üblicherweise im Kontext mit der Loyalität vorgenommenen Messung von Zufriedenheit wird hier die Messung der eigenen Erfahrungen des Probanden mit dem kooperierenden Unternehmen präferiert. Hierfür sprechen folgende Gründe: Das Konstrukt Zufriedenheit wird (im Marketing) zumeist auf Basis des **Expectancy-Disconfirmation-Paradigmas** gemessen und damit als aus den Bausteinen Erwartungen und Erfüllung der Erwartungen bestehend interpretiert.[123] Allerdings herrscht trotz intensiver Beschäftigung mit dem Konstrukt Uneinigkeit in der Literatur, wie die Sollkomponente, anhand derer die tatsächlichen Erfahrungen mit den Anbieterleistungen gemessen werden, beschaffen ist.[124] Reputation könnte zudem einen Einfluss auf die Sollkomponente nehmen und damit zu einer Überlappung der Konstrukte führen. Im

---

[120]   Diesbezüglich ließe sich anmerken, dass aus dem Blickwinkel der Informationsökonomik gerade dieser Umkehrschluss auch fragwürdig sein kann: Weil sie eine hohe Reputation genießt, leistet sich die Unternehmung Produkte schlechter Qualität. Problematischer noch ist die Argumentation bzgl. des Indikators ‚Unternehmerischer Erfolg': Wie bereits diskutiert, ist in empirischen Untersuchungen die Kausalität zwischen Erfolg und Reputation umstritten.

[121]   Dem Konstrukt liegt also eine dynamische Entwicklung zu Grunde, in deren Beginn und Verlauf die Indikatoren auftreten und bereits beurteilt werden, während das Ergebnis – die Reputation – erst später beurteilbar wird.

[122]   Im Gegensatz dazu ist bei reflektiven Indikatoren von einer gleichgerichten und simultanen Entwicklung aller Indikatoren auszugehen; vgl. Chin/Newsted 1999, S. 310.

[123]   Vgl. hierzu z.B. Oliver 1997, S. 98ff.; Schütze 1992, S. 128; Churchill/Surprenant 1982, S. 493ff.; Giering 2000, S. 8ff.

[124]   In Frage kommen u.a. Erwartungen, Erfahrungsnormen, Ideal- oder Wertvorstellungen, soziale Normen usw.; vgl. Schütze 1992, S. 129ff.; Oliver 1997, S. 68ff.; Giering 2000, S. 9f.

Hinblick auf die Istkomponente der Zufriedenheit – Erfahrungen – besteht in der Literatur kein Dissens. Bereits in Kapitel 2 wurde herausgestellt, dass Erwartungen zu großen Teilen durch Erfahrungsextrapolation bestimmt sind, sofern Leistungen wiederholt in Anspruch genommen werden bzw. (längerfristige) Beziehungen zwischen Transaktionspartnern bestehen.[125] Dies ist bei den hier betrachten Stakeholdern, repräsentiert durch die Befragten, stets der Fall.

Die Beschränkung auf Erfahrungen erscheint auch im Hinblick auf die Reputationsforschung konsistent: Im Zusammenhang mit der Reputation wird – aus theoretischer Perspektive – nicht auf Erwartungsbildungsprozesse eingegangen, aber die Verbindung zwischen eigenen Erfahrungen und der Reputation regelmäßig diskutiert. So wurde bereits erwähnt, dass keine eigenen Erfahrungen vorliegen müssen, um einer Unternehmung eine bestimmte Reputation zuzuweisen. Die Frage nach den eigenen Erfahrungen des Probanden mit dem Kooperationspartner erscheint daher zweckmäßig; das komplexere Konstrukt Zufriedenheit wird damit nur implizit und partiell erhoben. Das Konstrukt ‚eigene Erfahrungen' wurde über eine Mehrzahl von Indikatoren gemessen, die je nach befragter Stakeholder-Gruppe variierten. Für die **Konsumenten** bestand das Set nur aus vier Indikatoren, die kundentypische Beurteilungsdimensionen umfassten.[126] Bei **Aktionären** ist davon auszugehen, dass für sie als Unternehmenseigner Erfahrungen mit der wirtschaftlichen Leistungsfähigkeit relevant sind, so dass sie Aussagen zum Unternehmenserfolg und der finanziellen Lage der Unternehmung treffen können. Gemessene Erfahrungen der **Mitarbeiter** betreffen das Verhalten gegenüber Mitarbeitern und die Qualifikation des Managements. Zusammenfassend wird also das Erfahrungsspektrum der Befragten je nach ihrer Rolle ausdifferenziert und als fragmentarisches Spiegelbild des Rufkonstruktes abgefragt, wie in Tabelle 7-6 ersichtlich.

---

[125] Vgl. Giering 2000, S. 8ff.; Schütze 1992, S. 129f. Allenfalls für potenzielle Mitarbeiter, Kunden oder Aktionäre ist nicht von eigenen Erfahrungen auszugehen, sofern sie noch nicht in Kontakt mit der Unternehmung getreten sind.

[126] Es ist im Konsumgüterbereich nur in seltenen Fällen davon auszugehen, dass ein weitergehendes, persönliches Interaktionsgefüge zwischen Konsument und Unternehmung auftritt; vgl. auch Giering 2000, S. 108. Allenfalls über Beschwerden oder andere kundenseitige Kontaktaufnahme bzw. Direct Marketing-Maßnahmen der Unternehmung könnte eine über den Kauf hinausgehende Interaktion resultieren. Bezogen auf die – auch im Mittelpunkt der vorliegenden Untersuchung stehenden – konsumtiven Verbrauchsgüter bzw. Fast Moving Consumer Goods sind z.B. persönliche Interaktionen zwischen Mitarbeitern und Konsumenten ein Ausnahmefall.

Bezeichnung der Indikatoren **1. Indikatoren bei** **Konsumenten, Aktionären und Mitarbeitern**
Qualität der Produkte
Preis-Leistungs-Verhältnis der Produkte
Kundenorientierung (Bemühen, Konsumentenbedürfnisse zu erfüllen)
Einhaltung von Werbeversprechen (die Produkte halten, was die Werbung verspricht; die Werbung ist glaubwürdig)
2. Zusätzliche Indikatoren für Aktionäre
Höhe der Dividende (bezogen auf die letzte Ausschüttung)
Entwicklung des Aktienkurses (im Vergleich zur allgemeinen Entwicklung an den Aktienmärkten in den letzten 3 Jahren)
Informationspolitik gegenüber Aktionären
U-Aktien als Anlage (Einschätzung insgesamt)
Höhe der Dividende (bezogen auf die letzte Ausschüttung)
3. Zusätzliche Indikatoren für **Mitarbeiter**
Verhalten gegenüber Mitarbeitern
Qualifikation des Managements

Tabelle 7-6:   Indikatoren für das Konstrukt ‚eigene Erfahrungen'

Auch die eigenen Erfahrungen werden als **formatives Konstrukt** interpretiert, obwohl hier grundsätzlich auch eine reflektive Vorgehensweise denkbar wäre. Wie EGGERT und FASSOTT erklären, können manche hypothetischen Konstrukte sowohl durch reflektive als auch durch formative Indikatoren operationalisiert werden. Als Beispiel nennen sie das Konstrukt ‚Kundenzufriedenheit'. Dieses kann über formative Indikatoren gemessen werden, die Zufriedenheiten mit Teilleistungen umfassen, aber auch über globale, reflektive Indikatoren (z.B. „Insgesamt bin ich mit der Geschäftsbeziehung zufrieden").[127]

---

[127] Vgl. Eggert/Fassott 2003, S. 8.

Die hier gewählte Messung über Teilmerkmale der Unternehmensleistung legt dementsprechend auch für das Konstrukt ‚eigene Erfahrungen' die formative Konstruktstruktur nahe. Aus den Beurteilungen der einzelnen Indikatoren (Produktqualität, Preis/Leistungs-Verhältnis usw.) setzt sich die Gesamterfahrung zusammen und diese ist nicht in den einzelnen Indikatoren vollständig reflektiert. Wie beim Ruf beschreiben die Indikatoren auch hier voneinander unabhängige Teilaspekte, so dass durch das Messmodell konkrete Ansatzpunkte zur Beeinflussung des hypothetischen Konstrukts aufgezeigt und die relative Bedeutung der Konstruktdimensionen untereinander abgeschätzt werden können.

7.3.5.3   Das Messmodell für das Konstrukt ‚Loyalität'

Loyalität wird je nach Stakeholder-Gruppe über unterschiedliche Indikatoren ermittelt. Die Operationalisierung dieses Konstrukts ist im Hinblick auf die Gruppe der Kunden besonders intensiv diskutiert worden. **Kundenbindung** wurde in früheren Studien häufig über die Kriterien ‚Wiederkauf' bzw. ‚Wiederkaufabsicht' erhoben. Mittlerweile setzen sich einstellungsorientierte Ansätze durch bzw. solche, die verschiedene Formen von Kundenbindung differenzieren. In der vorliegenden Studie wurden der **einstellungs- mit dem verhaltensorientierten Ansatz kombiniert** und Indikatoren für die eher **affektive** sowie Indikatoren für die **konative Komponente** der Bindung integriert.[128]

Obwohl bekundete Verhaltensabsicht und später realisiertes Verhalten voneinander abweichen können, ist die Frage nach Verhaltensintentionen ein effizienter Messansatz. Dies unterstreichen bereits FISHBEIN und AJZEN: „If one wants to know whether or not an individual will perform a given behavior, the simplest and probably most efficient thing one can do is to ask the individual whether he intends to perform that behavior"[129]. Gerade, um einen Zusammenhang zwischen Reputation, eigener Erfahrung und Loyalität zu untersuchen, ist eine Ex ante-Betrachtung gegenüber der Betrachtung vergangenen (Treue-)Verhaltens sinnvoller.[130] Die heutige Reputation einer Unternehmung bzw. die aktuellen Erfahrungen eines Stakeholders können die

---

[128]   Auf die Differenzierung der Begriffe Kundenbindung und -loyalität wurde in Kapitel 5.2.2.2 eingegangen.

[129]   Fishbein/Ajzen 1975, S. 368f.

[130]   Vgl. ähnlich Giering 2000, S. 17.

vergangene Loyalität schließlich nicht beeinflussen. Affektive Loyalität ist von besonderem Interesse, da sie die Verbundenheit eines Stakeholders in geeignetem Maße reflektiert.[131] Die Indikatoren wurden in Anlehnung an verschiedene Literaturquellen generiert und auf die Stakeholder- und Branchenverhältnisse hin angepasst (vgl. hierzu Tabelle 7-7).[132]

Item	Bezeichnung der Indikatoren
	Indikatoren bei Konsumenten
y_{12}	Wie stark fühlen Sie sich mit der Firma U vertraut?
y_{13}	Wie stark würden Sie es bedauern, wenn es die Firma U und ihre Produkte nicht mehr gäbe?
y_{14}	Wie stark gehören für Sie die Produkte der Firma U zum täglichen Leben dazu?
y_{15}	Wie stark halten Sie in Ihrem Haushalt U-Marken die Treue?
y_{16}	Werden Sie beim nächsten Einkauf von (Produktkategorie) U-Produkte kaufen?
y_{17}	Würden Sie die Produkte von U weiterempfehlen, falls Sie jemand um Rat fragte?
y_{18}	Werden Sie U-Produkte gegenüber den Produkten von Wettbewerbern vorziehen?
y_{19}	Werden Sie neue Produkte aus dem Hause U ausprobieren?
	Indikatoren bei Aktionären
y_{20}	Wie stark fühlen Sie sich mit der Firma U vertraut/verbunden?
y_{21}	Wie stark würden Sie es bedauern, wenn es die Firma U und ihre Produkte nicht mehr gäbe?
y_{22}	Wie stark können Sie sich als Aktionär mit der Firma U identifizieren?
y_{23}	Wie stark liegt Ihnen die Zukunft der Firma U am Herzen?
y_{24}	Werden Sie in den nächsten vier Wochen U-Produkte kaufen?
y_{25}	Würden Sie die Produkte von U weiterempfehlen, wenn Sie jemand um Rat fragte?
y_{26}	Werden Sie in den nächsten drei Jahren weitere Aktien von U kaufen?
y_{27}	Werden Sie Ihre U-Aktien längerfristig halten? (längerfristig heißt hier über 5 Jahre)
y_{28}	Würden Sie die Aktien von U Freunden oder Bekannten weiterempfehlen, wenn man Sie um Rat fragte?
y_{29}	Werden Sie sich in den nächsten zwölf Monaten von Ihren U-Aktien trennen? (d.h. von allen oder dem Großteil Ihrer U-Aktien)

(Fortsetzung nächste Seite)

---

[131]   Vgl. zur Abgrenzung der Ge- und Verbundenheit Eggert 1999, S. 52f. Allerdings sind in den Indikatoren auch durchaus kognitive Elemente enthalten; eine strikte Abgrenzung kognitiver und affektiver Komponenten ist – nicht nur bezogen auf das Konstrukt Loyalität – schwer vorstellbar; vgl. Kroeber-Riel/Weinberg 2003, S. 49ff.

[132]   Dabei fällt auf, dass Kundenbindung in Bezug auf Konsumgüter des täglichen Bedarfs bislang kaum untersucht wurde. Die Messung von Kunden-, Aktionärs- und Mitarbeiterloyalität wurden bereits in Kapitel 5 thematisiert.

Indikatoren bei Mitarbeitern	
y_{30}	Wie stark fühlen Sie sich mit der Firma U verbunden?
Y_{31}	Wie stark liegt Ihnen die Zukunft der Firma U am Herzen?
y_{33}	Wie stark können Sie sich mit der Firma U identifizieren?
y_{34}	Würden Sie U-Produkte kaufen, wenn Sie diese nicht vergünstigt beziehen könnten?
y_{35}	Würden Sie die Produkte von U weiterempfehlen, wenn Sie jemand um Rat fragte?
y_{36}	Würden Sie gern zu einem anderen Arbeitgeber wechseln?
y_{37}	Würden Sie U als Arbeitgeber an Freunde weiterempfehlen?
y_{38}	Würden Sie wieder bei U anfangen, wenn Sie noch mal die Wahl hätten?
y_{39}	Würden Sie U verlassen, wenn Sie eine Stelle mit höherem Gehalt/Lohn fänden?

Tabelle 7-7:   Indikatoren für die Konstrukte Kunden-, Aktionärs- und Mitarbeiterloyalität

Das Konstrukt Loyalität wird **reflektiv** modelliert, das heißt die (zufällig) ausgewählten Indikatoren repräsentieren nur eine Auswahl aus der Gesamtheit möglicher Indikatoren.[133] Dies soll beispielhaft anhand der Konsumentenloyalität erläutert werden. Reflektive Konstrukte liegen vor, wenn die Veränderung eines Indikators mit einer Veränderung aller anderen Indikatoren einhergeht.[134] Es kann davon ausgegangen werden, dass ein Konsument mit zunehmender Loyalität bzw. Verbundenheit die Produkte des Anbieters auch zunehmend weiterempfiehlt, häufiger wiederkauft, Cross-Buying betreibt usw., also die Gesamtheit der möglichen, mit Loyalität verbundenen Merkmale aufweist. Die Loyalität als ‚Bindungszustand' ist damit Grund für das gezeigte Verhalten und die ‚mentale Zuwendung' zur Unternehmung.[135] Damit führt Loyalität zu den (verhaltensbeschreibenden) Indikatoren.

---

[133] Vgl. Diamantopoulos/Winklhofer 2001, S. 271; Eberl 2004, S. 3.

[134] Vgl. Chin 1998a, S. 4; derselbe 1998b, S. 307.

[135] Vgl. Eggert 1999, S. 52, der auch einen Überblick über bisherige Messansätze bietet; vgl. ebenda, S. 34. Siehe zu reflektiven Modellierungen auch Peter 1999, S. 126; Giering 2000, S. 166.

7.3.6   Entwicklung der Beurteilungsskalen

Die Entwicklung der **Beurteilungsskala**[136], anhand derer die Befragten die Ausprägung der jeweiligen Indikatoren angeben sollen, wird in der Literatur zu kausalanalytischen Ansätzen selten detailliert aufgegriffen. In der Regel wird in den entsprechenden Untersuchungen den befragten Personen eine Skala vorgelegt, anhand derer sie den Grad ihrer Zustimmung bzw. Ablehnung bezüglich eines ihnen ebenfalls vorgelegten oder vorgelesenen Statements bekunden sollen. Gängig sind dabei fünf- bis siebenstufige Mehrfachwahlantworten bzw. Likert-Skalen mit Ausprägungen wie ,stimme voll zu' bis ,lehne völlig ab'.[137] Dieses Verfahren hat unter anderem den Vorteil, dass Wertungen zu unterschiedlichsten Indikatoren über dieselbe Beurteilungsskala erhoben werden können.[138] Die statement-basierte Abfrage wird in der Literatur fast durchgängig verwendet und stellt einen De facto-Standard der empirischen Forschung, vor allem im Bereich des Marketing, dar. Dies hat zur Folge, dass Vor- und Nachteile des Verfahrens nicht mehr erläutert bzw. ins Kalkül einbezogen werden.[139] Aufgrund ihrer Nachteile lehnt ROSSITER diese Messskalen strikt ab: „Likert response formats should not be used – they cannot provide unambiguous, precise item scores"[140].

Die Wertung erfolgt beim statement-basierten Ansatz indirekt in der Indikatorformulierung: „the intensity is built into the item stem, that is, into the question itself"[141]. Der damit einhergehende Interpretationsspielraum bei der Statement-Formulierung führt zu

---

[136]   Der Begriff ,Skala' bzw. ,Scale' wird in vielen Quellen als Synonym zum gesamten Messmodell, also der Gesamtheit der Indikatoren, verwendet; vgl. z.B. Bearden/Netemeyer 1999, passim; Stock 2001, S. 107f. In der vorliegenden Arbeit ist mit dem Begriff der Skala die systematisierte Zuordnung von Zahlen zu den Indikatoren bzw. Items gemeint. Vgl. hierzu und zur für die Konstruktmessung typischen Likert-Skala Laberenz 1988, S. 93ff.; Berekoven/Eckert/Ellenrieder 2006, S. 73ff.; Mummendey 1995, S. 55ff.

[137]   Gegenüber einem solchen nomothetischen Ansatz könnte grundsätzlich auch eine idiographische Erhebung der Reputation erfolgen, also individuelle Urteilsstrukturen in offenen Fragen erfasst werden; vgl. hierzu Mummendey 1995, S. 16, und in Bezug auf Reputation Bromley 2002, S. 38f.; Riel/Stroeker/Maathuis 1998, S. 315; Davies et al. 2001, S. 115. Zur Überprüfung der aufgestellten Hypothesen ist dieses Verfahren jedoch ungeeignet. Zudem weist Cohen 1963, S. 52, darauf hin, dass viele Probanden nicht in der Lage seien, ihre Vorstellung von Unternehmungen als Antwort auf offene Fragen zu artikulieren.

[138]   Vgl. Mummendey 1995, S. 15.

[139]   So finden sich beispielsweise in der Arbeit von Giering 2000 keine Aussagen zu den verwendeten Skalen; Homburg 2000, S. 81, erklärt lediglich, Rating-Skalen mit sieben Antwortkategorien zu verwenden; der verwendete Fragebogen wird von beiden nicht veröffentlicht.

[140]   Rossiter 2002, S. 322.

[141]   Rossiter 2002, S. 322.

Reliabilitäts- und Validitätsmängeln.[142] Beispielsweise ist bei dem Statement „In general, I believe that ABC always fulfills the promises that it makes to its customers"[143], reichlich **Interpretationsspielraum**. Was als Versprechen gegenüber Kunden und deren (volle) Erfüllung zu verstehen ist, bleibt unklar, ob mit ‚always' wirklich 100 Prozent der Fälle gemeint sind, oder ein darunter liegender, satisfizierender Anteil, werden Probanden unterschiedlich beurteilen. Es bestehen naturgemäß wesentlich größere Schwierigkeiten bei der Formulierung ganzer Aussagen als bei einzelnen Merkmalen.[144] In der Praxis zeigt sich zudem, dass viele Befragte mit dem Statement-Design Verständnis- und Anwendungsprobleme haben, zumal die Beurteilung von Fremdaussagen in der Regel schwerer fällt als Aussagen zur eigenen Meinung. Eine **direkte Wertung neutral formulierter Items** ist valider, bei der beispielsweise gefragt wird: „Hat die Unternehmung x in der Öffentlichkeit einen guten oder schlechten Ruf?" und der Befragte mit Hilfe einer mehrstufigen Bewertungs-Skala (z.B. ‚sehr guter Ruf' bis ‚sehr schlechter Ruf') Stellung nimmt.

Die wiederholte Anwendung derselben Skala führt zu Ermüdungseffekten beim Befragten, so dass sich in der Literatur der Hinweis findet, bei statement-basierten Itembatterien manche Items positiv, andere negativ zu formulieren. Die **Item-Reversion** soll beim Befragten mechanisches Antwortverhalten bzw. den sogenannten ‚Aquieszenz-Effekt', also die Tendenz der Befragten zum ‚Ja-Sagen' ungeachtet des Frageinhalts, verhindern.[145] Viele Probanden bemerken allerdings die negative Formulierung nicht.[146] Darüber hinaus ist die Validität der Statement-Skalen in Zweifel zu ziehen, wenn die Valenz der Formulierung des Statements – positiv oder negativ – inhaltliche Unstimmigkeiten nach sich zieht. So stellen etwa FOMBRUN, GARDBERG und SEVER bei ihrer Messung von Reputation fest, dass die Angaben zu nega-

---

[142] Dies ist auch etwa beim Fortune-Ansatz bemängelt worden; vgl. Bromley 2002, S. 38.

[143] Vgl. Nguyen/Leblanc 2001b, S. 311.

[144] Vgl. zu Regeln der Formulierung z.B. Mummendey 1995, S. 63f.; Dillman 2000, S. 32ff. Stimmt man Kroeber-Riel/Weinberg 2003, S. 195, zu, dass Statements „als Stichprobe aus der Gesamtheit aller möglichen Aussagen bzw. Ansichten der Befragten über das Einstellungsobjekt angesehen werden" können, kann man sie nur für reflektive Messverfahren einsetzen.

[145] Vgl. Reuband 2002, S. 84, der Statements die Begünstigung eines Aquieszenz-Effekts unterstellt; zur Item-Reversion siehe z.B. Sudman/Bradburn 1982, S. 141ff.; Mummendey 1995, S. 144ff.; Rossiter 2002, S. 324.

[146] Für ihre Reputationsmessung berichten Fombrun/Gardberg/Sever 2000, S. 253, dass 3 bis 5% der Befragten die negative Formulierung nicht bemerkten.

tiv formulierten Statements einen eigenen Faktor im Rahmen einer exploratorischen Faktorenanalyse ergeben, der inhaltlich nicht begründbar ist.[147]

Für die vorliegende Untersuchung wurden bipolare **sieben- und fünfstufige Beurteilungsskalen** für die Konstruktmessung herangezogen.[148] Letztere wurden herangezogen, wenn eine siebenstufige Skala zu Differenzierungsschwierigkeiten bei den Probanden hätte führen können (z.B. Verhaltensabsichten). Beide Skalentypen weisen einen Null- bzw. Neutralpunkt auf.[149] Alle Skalenpunkte wurden verbalisiert. Diese **Verbalisierung** wird in der Literatur selten thematisiert. In publizierten Studien werden häufig nur die Extremwerte der Skala verbalisiert, die dazwischen liegenden Skalenpunkte nicht. Da kausalanalytischen Messungen metrische Skalen zu Grunde liegen[150], müssen die Skalenpunkte mindestens optisch äquidistant sein, was vermittels (zusätzlicher) Verbalisierungen bei Skalen mit sehr vielen Skalenpunkten schwer umzusetzen ist.[151] Bipolare Skalen werden gelegentlich als monopolar interpretiert. Ein typisches Beispiel ist die Skala zur Messung von ‚Wichtigkeit': In der Literatur finden sich Skalenausprägungen, die von ‚sehr unwichtig' über ‚weder wichtig noch unwichtig' bis ‚sehr wichtig' reichen.[152] De facto stellen Wichtigkeit und Unwichtigkeit aber keine Gegensatzpaare dar, die auf einer bipolaren Skala (mit psychologischem Nullpunkt in der Mitte) zu messen wären, sondern in Bezug auf das Konstrukt Wichtigkeit stellt Unwichtigkeit den Nullpunkt dar.

Zahlenwerte wurden auf dem Fragebogen nicht ausgewiesen, da diese neben der Verbalisierung zusätzliche Interpretationsspielräume eröffnen könnten, die zu Validi-

---

147 Vgl. Fombrun/Gardberg/Sever 2000, S. 249. Man behalf sich für die weitere Analyse damit, dass die entsprechenden Statements in positive umformuliert wurden. Wenn de facto selbst bei inhaltlich einfachen, aber negativ formulierten Statements Verständnisschwierigkeiten auftreten, ist die Validität dieses Vorgehens in Frage zu stellen. Kritisch hierzu äußert sich auch Bromley 2002, S. 38f. Mummendey 1995, S. 144, weist ebenfalls darauf in, dass viele Personen auf erst negativ, dann positiv formulierte Items nicht konsistent reagieren.

148 Zu einer Diskussion der Anzahl von Skalenpunkten siehe Dillman 2000, S. 44f.; Porst 1998, S. 29; Churchill 1995, S. 423ff.

149 Zu Vor- und Nachteilen einer ‚mittleren' Antwortkategorie siehe z.B. Porst 1998, S. 29; Sudman/Bradburn 1982, S. 140f.; Mummendey 1995, S. 56f.

150 Vgl. Laberenz 1988, S. 133; zu den notwendigen Skalenniveaus bei multivariaten Analyseverfahren siehe auch Berekoven/Eckert/Ellenrieder 2001, S. 204.

151 So weist Mummendey 1995, S. 143, auf die Probleme von Häufigkeitsskalen hin, da Begriffe wie ‚selten' oder ‚manchmal' von Probanden unterschiedlich interpretiert werden.

152 Vgl. ähnlich Rossiter 2002, S. 323; zu entsprechenden Skalen siehe auch Laberenz 1988, S. 136.

tätsproblemen führen.[153] Auch ohne expliziten Ausweis der Zahlenwerte konnte den Probanden Äquidistanz der Skalenwerte durch die entsprechende grafische Aufbereitung der Skalen vermittelt werden. Die jeweiligen Extrempunkte wurden einer Empfehlung von SUDMAN und BRADBURN folgend auch in der Frageformulierung klar als Alternativen herausgestellt.[154] Zusätzlich wurde stets eine Ausweichoption (,weiß nicht') belassen.[155] SUDMAN und BRADBURN nennen mehrere Alternativen, wie mit den resultierenden Antworten umgegangen werden kann: 1. könnten die entsprechenden Fälle aus der weiteren Analyse ausgeschlossen werden, 2. könnten sie den mittleren, neutralen Positionen auf einem Positiv-Negativ-Kontinuum zugerechnet werden, was aus inhaltlichen Erwägungen jedoch strikt abzulehnen ist. Komplexere Methoden bestehen 3. darin, die Antworten zu gewichten und den seltener beantworteten Optionen mehr Gewicht zu verleihen.[156] Die Gewichte sind strikt theoretisch auf Basis der Forschungsfrage a priori zu begründen.[157] Die letztgenannte Variante wäre auch für die vorliegende Untersuchung bedenkenswert, ist jedoch methodisch nicht umsetzbar (siehe Abschnitt 7.4.2.2). Zur Sicherung der Validität wurden in die Fragebögen Instruktionen aufgenommen, welche die vom Probanden zu lösenden Aufgaben konkretisierten.[158]

7.4 Quantitative Datenanalyse: Modellentwicklung und Prüfung mit PLS

7.4.1 Das zu prüfende Modell

Zur Überprüfung der im Basismodell eingangs zu diesem Kapitel veranschaulichten Hypothesen 1 bis 3 wird das in Abbildung 7-2 dargestellte Strukturgleichungsmodell herangezogen.[159] Die zu seiner Prüfung erforderlichen Analyseverfahren wie LISREL

---

[153] Ein Interpretationsspielraum liegt etwa darin, wenn der Wert ,1' automatisch als besonders gut (= Schulnotensystem) gewertet wird.

[154] Vgl. Sudman/Bradburn 1982, S. 138f.; Reuband 2002, S. 84.

[155] Vgl. Rossiter 2002, S. 323.

[156] In der Studie von Caruana 1997, S. 115, hat z.B. Produktqualität für die Befragten die größte Bedeutung, er entscheidet sich dennoch für eine Gleichgewichtung aller Items.

[157] Vgl. Sudman/Bradburn 1982, S. 131f. Siehe auch Rossiter 2002, S. 324.

[158] Vgl. zu möglichen Instruktionsinhalten auch Mummendey 1995, S. 68ff. Die Fragebögen sind im Anhang A einzusehen.

[159] Von der Darstellung der Formalstruktur des Modells wird abgesehen, da diese in vielzähligen Publikationen detailliert erläutert wird; vgl. etwa Bollen 1989, S. 10ff.; Homburg/Hildebrandt 1998, S. 18ff.; Backhaus et al. 2005, S. 341ff.; Fornell/Bookstein 1982b, S. 442ff.; Chatelin/Esposito/Tenenhaus 2002, S. 5ff.

oder auch PLS werden in der Literatur häufig als Methoden der zweiten Generation bezeichnet[160]; LISREL wurde in den letzten Jahren zu einem Standardverfahren in der empirischen Sozial-, vor allem aber der Marketingforschung[161]. Mit Hilfe dieser Verfahren wird die Schätzung komplexer Abhängigkeitsbeziehungen bei gleichzeitiger Berücksichtigung möglicher Messfehler innerhalb des Struktur- und des Messmodells möglich.[162] Als **Struktur(gleichungs)modell** bezeichnet man die (vermutete) Beziehungsstruktur zwischen den Konstrukten (hier: Reputation, eigene Erfahrungen und Loyalität). Angenommen wird jeweils eine **rekursive Beziehung** zwischen den Konstrukten, das heißt Veränderungen in der unabhängigen Variablen ziehen Veränderungen der abhängigen nach sich, ohne dass die abhängige Variable wiederum die unabhängige Variable beeinflusst.[163] Das Messmodell besteht aus den Gewichten bzw. Ladungen der manifesten Variablen auf eine latente Variable (hier zum Beispiel die Indikatoren x_1 bis x_{10}, die das Konstrukt Reputation bestimmen).[164] Als Besonderheit der hier vorgestellten Modellierung ist die Anwendung formativer Messmodelle für Reputation und eigene Erfahrungen zu nennen. Im Folgenden werden die Ergebnisse der Modellprüfung für die **Konsumentenbefragung** herausgegriffen und detailliert geschildert; die Ergebnisse für die Aktionärs- und Mitarbeiterbefragung sind in den Anhängen B-1 und B-2 einzusehen.

In dem in Abbildung 7-2 dargestellten Modell wird ein **indirekter Einfluss** der Reputation auf die Loyalität über die eigenen Erfahrungen des Probanden unterstellt. Zudem

---

[160] Mit Methoden der ersten Generation – v.a. Regressionsmodelle wie lineare Regression, LOGIT, ANOVA, MANOVA – können Beziehungen zwischen mehreren abhängigen und unabhängigen Konstrukten nicht gleichzeitig modelliert werden; vgl. Gefen/Straub/Boudreau 2000, S. 4.

[161] Vgl. Homburg/Baumgartner 1995, S. 1094ff.

[162] Vgl. Homburg/Baumgartner 1995, S. 1092f.; Gefen/Straub/Boudreau 2000, S. 4f. Typen von Strukturgleichungsmodellen beschreiben Raykov/Marcoulides 2000, S. 3ff.

[163] Vgl. Nunnally 1978, S. 6; Fornell 1982, S. 6f.; Hummell 1986, S. 59ff. PLS geht von rekursiven Beziehungen zwischen latenten Variablen aus; vgl. Seltin/Keeves 1994, S. 4353; Chin/Newsted 1999, S. 321.

[164] Vgl. Gefen/Straub/Boudreau 2000, S. 5. Dies bedeutet, dass in einer Analyse sowohl Hypothesentest und Faktorenanalyse durchgeführt werden. Wie erwähnt, werden in PLS die Bezeichnungen inneres Modell für das Strukturmodell und äußeres Modell für das Messmodell verwendet; vgl. Wold 1982b, S. 329; Bookstein 1982, S. 349; Lohmöller 1989, S. 28. Indikatoren werden in PLS als ,manifeste Variablen' bezeichnet; vgl. Wold 1982a, S. 1; Lohmöller 1989, S. 28.

wird ein **direkter Einfluss** der Reputation auf die Loyalität angenommen.[165] Die Stärke der Zusammenhänge zwischen der exogenen Variable (Reputation) und den endogenen Variablen (eigene Erfahrungen und Loyalität) wird durch die entsprechenden γ-Werte ausgedrückt, die Stärke des Zusammenhangs zwischen den beiden endogenen Variablen wird durch β spezifiziert.

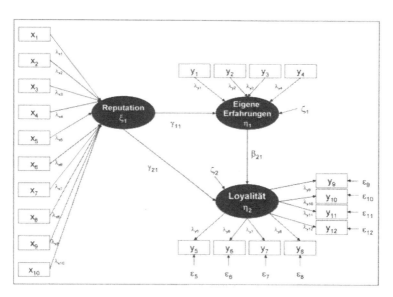

Abbildung 7-2:   Spezifikation des Wirkmodells für das Konsumenten-Sample[166]

Damit umfasst das zu spezifizierende Modell eine exogene latente Variable (ξ_1) und zwei endogene latente Variablen (η_1, η_2) mit Fehlertermen ζ_1 und ζ_2, welche im hier dargestellten Fall der Konsumentenbefragung über insgesamt 22 Indikatoren gemessen

---

[165] Vgl. zu dieser Annahme auch Giering 2000, S. 143, sowie die Ergebnisse von Anderson/Weitz 1989. Zu direkten und indirekten Effekten siehe Fornell 1982, S. 7; Fornell/Bookstein 1982a, S. 295; Bollen 1989, S. 36ff.; Maruyama 1998, S. 39ff.; Raykov/Marcoulides 2000, S. 7.

[166] Die Notationen y_1 bis y_4 beziehen sich auf die Indikatoren für eigene Erfahrungen bei Konsumenten; die Notationen y_{12} bis y_{19} auf die Indikatoren für Konsumentenloyalität; zur gewählten Indikatornotation siehe auch die Tabellen 7-5, 7-6 und 7-7. Zu der in der Abbildung verwendeten, für Kausalmodelle üblichen Syntax vgl. z.B. Gefen/Straub/Boudreau 2000, S. 21ff.

werden (acht reflektive weisen dabei je einen Fehlerterm ε auf).[167] Das Strukturmodell beinhaltet insgesamt drei gerichtete Abhängigkeitsbeziehungen (γ_{11}, γ_{21}, β_{21}). Diese geben die erarbeiteten Hypothesen hinsichtlich der Haupteffekte (siehe Basismodell) wieder. In Abbildung 7-2 ist das Modell für die Stakeholder-Gruppe Konsumenten als Pfaddiagramm dargestellt.[168] Im Hinblick auf seine Komplexität ist das Modell auf mittlerem Niveau einzuordnen, da die Konstrukte zwar über eine recht hohe Zahl formativer beziehungsweise reflektiver Indikatoren zu schätzen, jedoch nur zwei abhängige Variablen bzw. drei Konstrukte zu prüfen sind, zwischen denen rein rekursive Beziehungen bestehen.[169]

Da PLS nicht das Vorliegen reflektiver Indikatoren unterstellt, können auch ihrer Natur nach formative Konstrukte wie der Reputation untersucht werden.[170] Das dargestellte Modell bedarf nach FORNELL und BOOKSTEIN einer „**mixed mode estimation**"[171], denn es liegen sowohl formative als auch reflektive Messmodelle vor. Bei reflektiven Variablen wird eine Schätzung auf Basis einer Folge einfacher Regressionen mit den Indikatoren als abhängigen Variablen vorgenommen. Bei formativen beruht die Schätzung eines Modells auf einer multiplen Regression mit den einem Konstrukt zugeordneten Indikatoren als unabhängigen Variablen.[172] Deshalb wird im vorliegenden Fall ein ‚gemischter' Ansatz notwendig. Diese Vorgehensweise wird von LOHMÖLLER als besonders zweckmäßig erachtet. Er weist darauf hin, dass sich ‚gemischte' Modelle in der Anwendung von PLS als vorteilhaft erwiesen hätten, sofern für exogene latente Variablen formative Indikatoren und für endogene latente

---

[167] Messfehlervariablen der formativen Indikatoren treten (ex definitione) nicht auf; vgl. Diamantopoulos/Winklhofer 2001, S. 271. Die Berücksichtigung von Fehlertermen ζ formativer latenter Variablen ist in der Literatur nicht durchgängig; vgl. Bollen/Lennox 1991, S. 306; Diamantopoulos/Winklhofer 2001, S. 270. Im vorliegenden Fall sind die konstruktbezogenen Fehlerterme ζ auch nicht berechenbar, denn „a necessary – but not sufficient – condition for identifying the residual variance (i.e., the disturbance term) is that the latent variable emits at least two paths to other latent variables measured with effect indicators"; ebenda, S. 271.

[168] Zu Erstellung von Pfaddiagrammen bzw. ‚Arrow diagrams' siehe z.B. Bookstein 1982, S. 350ff.; Bollen 1989, S. 32ff.

[169] Zur Komplexität von Kausalmodellen siehe Hulland/Chow/Lam 1996, S. 183. Für die Aktionäre und Mitarbeiter werden die Messmodelle noch komplexer.

[170] Vgl. Chin/Newsted 1999, S. 310.

[171] Fornell/Bookstein 1982a, S. 292. Dies wird auch als ‚Mode C'-Modell bezeichnet im Gegensatz zu einem rein reflektiven Modell (Mode A bzw. ‚outward mode') oder einem rein formativen (Mode B bzw. ‚inward mode'); vgl. Fornell/Bookstein 1982b, S. 441; Jöreskog/Wold 1982, S. 269.

[172] Vgl. Hinkel 2001, S. 281.

Variablen reflektive Indikatoren verwendet wurden.[173] In erster Linie empfiehlt er, bei der Wahl der Indikatorform auf die inhaltliche Begründung zu achten.[174]

7.4.2 Gütemaße und Stabilitätsbetrachtungen für Messmodelle und Strukturmodell in PLS

7.4.2.1 Der Prüfprozess bei PLS-basierten Modellen

Grundsätzlich gilt, dass PLS mit deutlich weniger Datensätzen auskommt als kovarianzbasierte Strukturgleichungsverfahren. Dies ist dadurch zu begründen, dass PLS ein iteratives Kleinste-Quadrate-Schätzverfahren ist, bei dem in den einzelnen Stufen nur Teilmengen der Indikatorvariablen einbezogen werden.[175] Für multivariate Analysen wie PLS-basierte Modelle wird in der Literatur gefordert, dass mindestens zehnmal so viele Datensätze vorhanden sein sollten wie Items im komplexesten Konstrukt enthalten sind bzw. zehnmal sowie viele Datensätze wie zu schätzende Parameter.[176] Damit wäre für die Schätzung des in Abbildung 7-2 vorgestellten Modells eine **Stichprobengröße** von 100 Fällen in der Konsumentenbefragung hinreichend[177], die in der empirischen Studie weit überschritten wird. Es kann davon ausgegangen werden, dass die Ergebnisse der Untersuchungen eine hinreichende Stabilität besitzen.[178]

Ein zweiter zu prüfender Aspekt sind fehlende Werte, die in Bezug auf das Konstrukt Reputation genauer zu analysieren sind. Ein hoher Anteil an **Missing Values** kann zu falschen Schlussfolgerungen führen.[179] In der vorliegenden Erhebung werden die ‚Weiß nicht'-Antworten den Missing Values zugeordnet, obwohl sie im eigentlichen

---

[173] Vgl. Lohmöller 1984, S. 2ff. Diamantopoulos/Winklhofer 2001, S. 273, weisen darauf hin, dass die Integration reflektiver Variablen zur nomologischen Validierung formativer beiträgt.

[174] Bei Unsicherheit über die korrekte Spezifikation von Messmodellen kann dem von Eberl 2004, S. 15ff. vorgeschlagenen Prüfschema gefolgt werden.

[175] Vgl. Seltin/Keeves 1994, S. 4355; Hinkel 2001, S. 277. Zu den Details der Modellspezifikationen in PLS siehe ausführlich Wold 1982, passim.

[176] Vgl. Peter 1979, S. 16; Gefen/Straub/Boudreau 2000, S. 9 und 28; Chin/Newsted 1999, S. 326ff. Aufgrund des iterativen Schätzprozederes entsprechen sich die beiden Anforderungen.

[177] Das komplexeste Konstrukt ist die Reputation mit 10 Indikatoren. Bezüglich der Aktionäre ist die Loyalität mit 10 Indikatoren ebenso komplex; in der Mitarbeiterbefragung ist Loyalität mit 11 Indikatoren das komplexeste Konstrukt.

[178] Vgl. Seltin/Keeves 1994, S. 4355, die allerdings keine absolute Zahl für eine hinreichend große Stichprobe benennen. In ihrer Metaanalyse berichten Hulland/Chow/Lam 1996, S. 190, von einer durchschnittlichen Sample-Größe von 287 Datensätzen für Kausalmodelle.

[179] Vgl. Hulland/Chow/Lam 1996, S. 184; Decker/Wagner/Temme 2000, S. 81.

Sinne keinen fehlenden Wert darstellen wie etwa Antwortverweigerungen.[180] Für die Konstruktmessung bergen die auf mangelndem Wissensstand beruhenden ‚Weiß nicht'-Antworten jedoch keinen Informationszuwachs.[181] Durch die Gestaltung des Erhebungsdesigns kann darauf hingewirkt werden, möglichst wenige fehlende Werte zu erzeugen, jedoch lassen diese sich nicht völlig vermeiden. Bei der vorliegenden Untersuchung zeigen die relativ geringen Anteile an Missing Values bei den beiden endogenen Konstrukten[182], dass nicht das Untersuchungsdesign bzw. die gewählten Skalen problematisch waren. Vielmehr liegen fehlende Werte inhaltlich in der spezifischen Natur des Konstrukts Reputation begründet, denn nicht jeder Proband (Stakeholder) ist willens und/oder fähig, zu allen reputativen Merkmalen der Unternehmung Aussagen zu machen.[183]

Das Problem nicht hinreichender **Identifikation** eines Kausalmodells, das häufig bei kovarianzbasierten Strukturmodellen auftritt, ist für PLS-Modelle irrelevant und deshalb hier nicht zu diskutieren.[184] Formative Messmodelle kommen mit weniger Gütetests aus als reflektive, für die in der Literatur in den letzten Jahren ein umfassender Prüfkatalog vorgestellt wurde.[185] Gütekriterien für Kausalmodelle

---

[180]   Vgl. Carlson 1963, S. 29; Decker/Wagner/Temme 2000, S. 85. Der Anteil der fehlenden Werte
        im strengen Sinne (Antwortverweigerer) liegt in der Konsumentenbefragung für die zehn Indi-
        katoren des Reputationskonstruktes zwischen 0,1 und 0,8 Prozent mit einem Durchschnittswert
        von 0,38 Prozent.

[181]   In der Konsumentenbefragung lag der Anteil der ‚Weiß nicht'-Antworten beim Ruf zwischen 0,8
        Prozent (Qualität der Produkte) und 38,1 Prozent (Verhalten gegenüber Mitarbeitern).

[182]   Für die Indikatoren des Konstrukts ‚eigene Erfahrungen' liegen die Anteile der Missing Values
        zwischen 0,8 und 3,5 Prozent; für das Konstrukt Loyalität zwischen 0,8 und 2,8 Prozent.

[183]   Es handelt sich also um einen systematischen Ausfallmechanismus, dessen Ursache anhand der
        vorliegenden Datensätze nicht identifiziert werden kann; vgl. Decker/Wagner/Temme 2000, S.
        87f. Hohe ‚Weiß nicht'-Anteile bei der Reputationsmessung berichten auch Formbrun/Gardberg/
        Sever 1999, S. 249. Siehe zu einer näheren Analyse Abschnitt 7-6.

[184]   Ein Modell gilt als identifiziert, wenn die Kovarianz der Indikatoren ausreichende Information
        für eine eindeutige Schätzung der Modellparameter enthält. Vgl. zur Bedeutung der Identifika-
        tion von Kausalmodellen Bentler 1982, S. 129; Homburg/Baumgartner 1995, S. 1100f.; Jarvis et
        al. 2003, S. 199ff., Jarvis et al. 2005, S. 710ff. Dies gilt jedoch nur für Strukturmodell auf Basis
        des Maximum Likelihood-Ansatzes (z.B. LISREL), nicht für PLS; vgl. Seltin/Keeves 1994, S.
        4353; Jöreskog/Wold 1982, S. 269, erläutern: „no identification problem arises in the PLS
        approach"; ähnlich Fornell/Lorange/Roos 1990, S. 1250.

[185]   Vgl. zu Entwicklungsschritten und Prüfschemata für reflektive Modelle die Arbeiten von Chur-
        chill 1979; Bagozzi/Yi 1988; Homburg/Giering 1996; zu Prüfgrößen formativer und reflektiver
        Modelle siehe die Arbeit von Götz/Liehr-Gobbers 2004, S. 12ff. Prüfschemata sollten nicht
        dazu verleiten, Kausalmodelle nach einem ‚Kochrezept' zu entwickeln und zu prüfen, das nicht
        mit inhaltlichen und theoretisch fundierten Erwägungen in Einklang steht; vgl. auch
        Homburg/Giering 1996, S. 20.

beziehen sich vor allem auf die Reliabilität und Validität der Messung sowohl auf der Ebene der einzelnen Konstrukte als auch der einzelnen Indikatoren.[186] Bei Verwendung des Partial Least Squares-Ansatzes und bei Vorhandensein von formativen Indikatoren lässt sich die Güte eines Modells nicht anhand der für reflektive Variablen vorgeschlagenen Prüfschemata beurteilen.[187] So stellt BAGOZZI fest: „reliability in the internal consistency sense and construct validity in terms of convergent and discriminant validity are not meaningful when indexes are formed as a linear sum of measurements"[188]. Mit dem bereits vorgestellten Ansatz von EGGERT und FASSOTT[189] liegt ein entsprechender Entwurf für die Konzeptualisierung entsprechender Konstrukte vor, der nachfolgend um relevante Gütekriterien für die Mess- und Strukturmodelle ergänzt wird.

Einen Überblick über die bei der Modellprüfung vorzunehmenden Schritte gewährt Abbildung 7-3. Es bietet sich ein sequenzielles Vorgehen an, bei dem zunächst die Reliabilität und Validität des Messmodells geprüft und sodann das Strukturmodell beurteilt wird.[190] So sind zunächst die Minimalanforderungen an Multikollinearität und die Gewichte der formativen Indikatoren (❶) bzw. die Ladungen der reflektiven Indikatoren (❷) zu analysieren. Als nächstes ist die Güte des Pfadmodells festzustellen (❸). Zuletzt ist noch eine (iterative) Modelloptimierung möglich (❹), die eine Verbesserung der Güte bewirken kann. „This sequence ensures that the researcher has reliable and valid measures of constructs before attempting to draw conclusions about the nature of the construct relationships".[191]

---

[186]   Vgl. zur Relibilität und Validität Peter 1979 und 1981, beide passim; Bollen 1989, S. 186ff.; Mummendey 1995, S. 13; Homburg/Giering 1996, S. 7f.; Berekoven/Eckert/Ellenrieder 2001, S. 88.

[187]   Demgegenüber kann auf solche Kriterien zurückgegriffen werden, welche nicht die Normalverteilungsannahme treffen, denn PLS liegt keine Verteilungsannahme zu Grunde; vgl. Wold 1982b, S. 343; Fornell/Bookstein 1982a, S. 294.

[188]   Bagozzi 1994, S. 333; ebenso Diamantopoulos/Winklhofer 2001, S. 271.

[189]   Vgl. Eggert/Fassott 2003, passim. Validierungsansätze skizzieren auch Götz/Liehr-Gobbers 2004; Kraft et al. 2005.

[190]   Diese Aufteilung resultiert aus didaktischen bzw. praktischen Erwägungen. De facto sind Mess- und Strukturmodell in PLS simultan zu analysieren; vgl. Fornell 1989, S. 171.

[191]   Hulland 1999, S. 198.

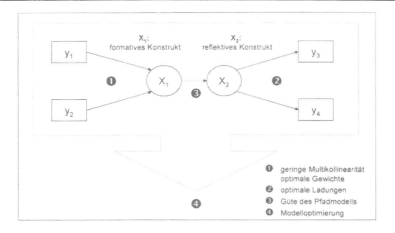

Abbildung 7-3:   Modellevaluation und -optimierung in PLS
                   (Quelle: in Anlehnung an Andreßen 2002, S. 4)

Nachfolgend werden für jeden der Schritte die verwendeten Kriterien vorgestellt, die aus theoretischer Perspektive zweckmäßigen Minimal- bzw. Richtwerte oder Werteintervalle für die Kriterien benannt und der Literatur zu entnehmende, beispielhafte Anwendungen zu Rate gezogen. Ergänzt wird dies durch eigene Beurteilungen der erreichten Werte.[192]

7.4.2.2   Die Prüfung der Messmodelle

Zunächst sind die Indikatoren formativer Konstrukte auf ihre Multikollinearität hin zu prüfen. **Multikollinearität** ist der Grad der linearen Abhängigkeit der Indikatoren untereinander und beschreibt damit den Grad, zu dem ein Indikator durch andere analysierte Indikatoren erklärt wird.[193] Da formative Messmodelle auf dem Prinzip der multiplen Regressionsanalyse beruhen, wachsen die Standardfehler der Koeffizienten γ_1, ..., γ_n mit zunehmender Multikollinearität. Dies führt aufgrund bestehender Interdependenzen zu Schwierigkeiten bei der Bestimmung des Effekts einzelner Indikatoren

---

[192] Vgl. zu Prüfschemata in PLS auch Gefen/Straub/Boudreau 2000, S. 18ff. und 36ff.; Diamantopoulos/Winklhofer 2001, S. 271ff.; Chatelin/Esposito/Tenenhaus 2002, S. 15ff.; Krafft et al. 2005; und die Anwendungsbeispiele bei Fornell/Lorange/Roos 1990, S. 1252ff.; Birkinshaw/Morrison/Hulland 1995, S. 647ff.; Fassott 2003, S. 11ff.

[193] Vgl. Backhaus et al. 2005, S. 89ff.; Hair et al. 2006, S. 2.

auf die latente Variable und erschwert die Interpretation.[194] Bei perfekter Multikollinearität ist die Regressionsanalyse rechnerisch nicht durchführbar.[195] Einen ersten Hinweis auf Multikollinearität liefert die **Korrelationsmatrix** der betrachteten Indikatoren. Nähern sich die Korrelationskoeffizienten dem Extremwert eins, erreicht die Multikollinearität hohe Ausmaße.[196] Auch die **Toleranz** bzw. der **Varianzinflationsfaktor (VIF)** der Indikatoren stellt ein Maß für die Multikollinearität dar.[197] Für die Toleranz können Werte zwischen Null und Eins auftreten und solange die kleinste Toleranz nicht geringer als 0,1 ist, gilt das Ausmaß an Multikollinearität als unproblematisch.[198] Eine Überprüfung ergibt für das vorliegende Modell keine bedenkliche Multikollinearität.

Viele Autoren fordern, dass die Korrelationen zwischen Indikatoren desselben Konstrukts höher sein sollten als die Korrelationen zwischen Indikatoren verschiedener Konstrukte.[199] BOLLEN und LENNOX belegen jedoch, dass es hierbei Ausnahmen geben kann, die gerade auch bei formativen Indikatoren relevant werden: „the guideline that within-construct indicator correlations should exceed between-construct correlations can lead to incorrect indicator selection for effect and causal indicators".[200] Schließlich können formative Indikatoren eines Konstrukts positiv, negativ oder gar nicht miteinander korrelieren. Damit sind traditionelle Beurteilungen der individuellen Item-Reliabilität und der Konvergenzvalidität obsolet, denn Korrelationen werden durch Faktoren außerhalb des Models erklärt.[201]

---

[194] Vgl. Eggert/Fassott 2003, S. 6; Fornell/Bookstein 1982a, S. 292; Hair et al. 2006, S. 2. Ein Mindestgrad an Multikollinearität, d.h. gegenseitiger Abhängigkeit der Indikatoren eines Konstrukts, ist jedoch häufig erwünscht; vgl. ebenda, S. 99; Bollen/Lennox 1991, S. 305.

[195] Vgl. Backhaus et al. 2005, S. 89; Hair et al. 2006, S. 228.

[196] Vgl. Brosius 2002, S. 563; Eggert/Fassott 2003, S. 7. Für die hier untersuchten Konstrukte ergeben sich in der Konsumentenbefragung Korrelationskoeffizienten zwischen 0,332 und 0,705 für Reputation, zwischen 0,464 und 0,632 für eigene Erfahrungen und 0,525 und 0,747 für Loyalität. Die Korrelationen wurden mit dem Statistikprogramm SPSS 11.5 berechnet.

[197] Vgl. zur Berechnung dieser Maße Backhaus et al. 2005, S. 91; Hair et al. 2006, S. 227; Brosius 2002, S. 563f. VIF entspricht 1/Toleranz; vgl. Diamantopoulos/Winklhofer 2001, S. 272.

[198] Vgl. Kleinbaum/Kupper/Muller 1998, S. 214; Hair et al. 2006, S. 227. Der kleinste Toleranzwert liegt beim vorliegenden Modell bei 0,328 für Reputation und 0,478 für eigene Erfahrungen. Für das Konstrukt Loyalität besteht kein Multikollinearitätsproblem, da reflektive Variablen durch einfache Regression berechnet werden; vgl. Diamantopoulos/Winklhofer 2001, S. 272.

[199] Vgl. etwa Gefen/Straub/Boudreau 2000, S. 18; Chatelin/Esposito/Tenenhaus 2002, S. 16.

[200] Bollen/Lennox 1991, S. 309.

[201] Vgl. Bollen/Lennox 1991, S. 307; Hulland 1999, S. 201; Gefen/Straub/Boudreau 2000, S. 31.

HULLAND verdeutlicht, dass dies keinen Freibrief für den Forscher bei der Konstruktoperationalisierung darstellt. Es wurde bereits angesprochen, dass eine besondere Sensibilität des Forschers für die theoretischen Hintergründe der empirisch zu betrachtenden Konstrukte einzufordern ist.[202] BOLLEN und LENNOX verweisen zudem auf die Notwendigkeit umfassender, multipler Items zur Erklärung eines Konstrukts, da die Indikatoren nicht eine Auswahl aus weiteren möglichen Items darstellen wie im reflektiven Fall, sondern eben in ihrer Gesamtheit das Konstrukt ausmachen.[203]

In Bezug auf das fokale Konstrukt Reputation kann **inhaltliche Validität** überprüft werden. Hierzu wird ein Globalmaß herangezogen, welches das zu messende Konstrukt zusammenfasst, das im vorliegenden Fall der Erhebung des Rufes insgesamt entspricht.[204] Es zeigt sich, dass alle erhobenen Indikatoren für die Teilrufe positiv und signifikant mit dem Globalmaß korrelieren.[205]

Zu einer Beurteilung des Messmodells bzw. des ‚Outer Model' sind die Gewichte der formativen und die Ladungskoeffizienten der reflektiven latenten Variablen von Interesse:[206] „The weights provide information as to what the makeup and relative importance are for each indicator in the creation/formation of the component"[207]. Geprüft wird in der Regel zudem die Item- bzw. Indikatorreliabilität des reflektiven Konstrukts Loyalität und die Redundanzen. Die **Indikatorreliabilität** gibt an, welcher Anteil der Varianz eines Indikators durch den zugehörigen Faktor bzw. das zugehörige Konstrukt erklärt wird und berechnet sich als Quadrat der jeweiligen Faktorladung, die standardmäßig ausgewiesen wird.[208] Auf die gesonderte Betrachtung der Indikatorreliabilität wird hier deshalb verzichtet.

---

[202]   Vgl. Hulland 1999, S. 201; ebenso Bollen/Lennox 1991, S. 312.

[203]   Vgl. Bollen/Lennox 1991, S. 307, sowie die späteren Ausführungen in diesem Kapitel.

[204]   Zur genauen Fragestellung und Skala siehe jeweils Frage 1 in den Fragebögen im Anhang.

[205]   Vgl. zu diesem Vorgehen Diamantopoulos/Winklhofer 2001, S. 272; Diamantopoulos/Siguaw 2002, S. 9; Eggert/Fassott 2003, S. 6. Der kleinste Korrelationskoeffizient liegt bei 0,383 (Verhalten gegenüber Mitarbeitern).

[206]   Vgl. Seltin/Keeves 1994, S. 4355.

[207]   Chin 1998b, S. 307; ähnlich Chin/Marcolin/Newsted 2003, S. 190; vgl. auch Wold 1982a, S. 10. Zur Berechnung der Gewichte siehe z.B. Fornell/Cha 1994, S. 60; Hinkel 2001, S. 289.

[208]   Die übrige Varianz wird durch den Messfehler des Indikators erklärt. Damit eignet sich dieses Maß nur zur Beurteilung reflektiver Indikatoren, da formative keine Messfehler aufweisen. Zur Diskussion der Indikatorreliabilität vgl. etwa Homburg 2000, S. 91; Backhaus et al. 2005, S. 378.

Als **Redundanz** bezeichnet man den Varianzanteil, der durch die latent(en) Prädiktorvariable(n) erklärt wird; folglich werden Redundanzen nur für die Indikatoren der endogenen Konstrukte ausgewiesen (hier: eigene Erfahrungen und Loyalität).[209] Grenzwerte werden in der Literatur nicht einheitlich benannt. SELTIN und KEEVES erklären lediglich: „A high or moderate value indicates good fit".[210]

MV	Beschreibung	Gewicht	t-Wert	Redun-danz
Ruf		**formativ („inward)**		
x_1	Qualität der Produkte	0,2733	5,1129	
x_2	Engagement für den Umweltschutz	0,2204	3,1633	
x_3	Unternehmerischer Erfolg	0,0183	0,3245	
x_4	Verhalten gegenüber Mitarbeitern	-0,0243	0,2915	
x_5	Kundenorientierung	0,1287	2,7766	
x_6	Engagement für wohltätige Zwecke	0,0987	1,4297	
x_7	Preis-Leistungs-Verhältnis der Produkte	0,3029	6,1554	
x_8	Finanzielle Lage des Unternehmens	0,0218	0,3988	
x_9	Qualifikation des Managements	0,0308	0,5454	
x_{10}	Einhaltung von Werbeversprechen	0,3023	5,7450	
Eigene Erfahrungen		**formativ („inward')**		
y_1	Qualität der Produkte	0,3607	7,8131	0,4160
y_2	Preis-Leistungs-Verhältnis der Produkte	0,4105	9,3865	0,4363
y_3	Kundenorientierung	0,1773	3,9671	0,3887
y_4	Einhaltung von Werbeversprechen	0,2846	7,7624	0,4397

Tabelle 7-8:   Informationen zu den formativen Messmodellen für das Konsumen-ten-Sample

Die Gewichte bzw. Ladungen und jeweiligen Signifikanzen der Indikatoren sind in den Tabellen 7-8 (Ruf und eigene Erfahrungen) und 7-10 (Loyalität) aufgeführt, wobei nicht-signifikante t-Werte grau unterlegt wurden.[211] Aus Gründen der Modelltransparenz werden nur solche Werte ausgewiesen, deren Berechung für die Indikatoren bzw.

---

[209] Vgl. Fornell/Cha 1994, S. 70; Hinkel 2001, S. 290, der zudem bei der Prüfung seines Modells noch den sog. Critical Ratio angibt, der die Schätzung für den Mittelwert des Koeffizienten, geteilt durch die Schätzung für die Standardabweichung angibt und ein Surrogat für die t-Statistik ist.

[210] Seltin/Keeves 1994, S. 4356.

[211] Die Signifikanz leitet sich aus dem t-Test ab, wobei hier ein Signifikanzniveau von p=0,05 mit dem kritischen Wert 1,645 für einseitige Tests für unendlich viele Freiheitsgrade unterstellt wurde. Zum t-Test vgl. z.B. Backhaus et al. 2005, S. 73ff. Standardfehler bzw. t-Werte werden in PLS-Graph nicht automatisch berechnet, sondern erfordern ein Bootstrapping; vgl. Tenenhaus 2003, S. 5; Fassott 2003, S. 16.

Konstrukte sinnvoll ist.[212] Ladungen sind für formative Konstrukte nicht von Interesse, da „the intraset correlations for each block were never taken into account in the estimation process. Thus, it makes no sense to compare loadings among indicators within a block. At best, loadings can be used for identifying which indicator makes the best surrogate for the component score"[213].

Eine Betrachtung der in Tabelle 7-8 aufgelisteten Gewichte der Indikatoren für die Reputation zeigt, dass fünf unter dem Wert von 0,1 liegen, eines davon weist zusätzlich ein negatives Vorzeichen auf. SELTIN und KEEVES bezeichnen solche Indikatoren als ‚trivial'[214] und empfehlen deren Entfernung. Ihrer Meinung nach sollte die zu Grunde gelegte Modellstruktur durch die Eliminierung der schwachen Variablenbeziehungen sukzessive verbessert werden.[215] Ähnlich schlagen JÖRESKOG und WOLD vor, den ‚Dialog zwischen Forscher und Computer' zu nutzen, um eine Fortentwicklung des geprüften Modells vorzunehmen. Ein Weglassen mancher Indikatoren ist aus ihrer Sicht dann sinnvoll, wenn „they bring more noise than information into the model"[216]. Bei diesem sogenannten ‚**Model Trimming**' geht es im Wesentlichen um die **Modellparsimonität**, also den möglichst sparsamen Einsatz von Variablen und Pfaden im Modell.[217] Demgegenüber merkt HINKEL an, dass – sofern der Hypothesentest und nicht die Optimierung statistischer Gütemaße im Vordergrund steht – ein solches Modell-Trimming bei formativen Konstrukten zu unterlassen ist.[218]

---

[212] Eine Reihe von Autoren berichten jeweils Gewichte und Ladungen sowie weitere Gütemaße sowohl für formative als auch reflektive Indikatoren; vgl. etwa Fassott 2003, S. 16. Bollen/Lennox 1991, S. 311, vermuten, dass der Ausweis unpassender Gütemaße durch „the pressure of current conventions" erklärbar ist, stellen aber auch fest: „the justification for reporting such measures is unclear".

[213] Chin 1998a, S. 307; zum Schätzprozedere und zu Gewichtungsschemata siehe ebenda, S. 301ff. bzw. S. 309.

[214] Diese Indikatoren sind trivial, weil sie weniger als ein Prozent der Varianz ihrer latenten Variablen erklären; vgl. Seltin/Keeves 1994, S. 4356.

[215] Vgl. Seltin/Keeves 1994, S. 4356; Chatelin/Esposito/Tenenhaus 2002, S. 16; Andreßen 2002, S. 25.

[216] Vgl. Jöreskog/Wold 1982, S. 270. Hulland/Chow/Lam 1996, S. 194, warnen vor schwachen Ladungen bei reflektiven Indikatoren, denn „they will add very little explanatory power to the model while using up degrees of freedom".

[217] Vgl. Seltin/Keeves 1994, S. 4356; Hair et al. 2006, S. 24. Der Begriff der Parsimonität (Sparsamkeit) bedeutet, dass jene Theorie/Beschreibung/Erklärung vorzuziehen ist, die bei gleichem Erklärungsgehalt mit den wenigsten Messvariablen (Konstrukte/Items/Pfade usw.) bzw. den wenigsten Annahmen ausgestattet ist.

[218] Vgl. Hinkel 2001, S. 291, Fußnote 637.

Da die Gesamtheit der Indikatoren das Konstrukt definiert, können nicht ex post (nach Datensammlung) die aus statistischen Erwägungen ‚unpassenden' aussortiert werden. Zudem sei nicht-theoriegeleitetes Vorgehen im Sinne eines Trial-and-Error-Prozesses bei der Modellbildung ohnehin abzulehnen.[219] ROSSITER bestätigt diese Sichtweise: „Item selection to increase the ‚reliability' of the formed scale is definitely not appropriate"[220]. Grundsätzlich wäre – dem formativen Verständnis der Konstruktmodellierung folgend – sogar eine Ex ante-Gewichtung der Indikatoren sinnvoll, nicht die empirische Gewichtung durch die Korrelationen der Indikatoren.[221]

Für das weitere Vorgehen wird der Argumentationslinie der **Eliminationskritiker** gefolgt; auch geringgewichtige Indikatoren werden beibehalten. Bei dem mit einem negativen Gewicht ausgezeichneten Indikator handelt es sich um das ‚Verhalten gegenüber Mitarbeitern', welches ebenfalls den größten Anteil an Missing Values aufweist. Auch die vier weiteren Indikatoren mit geringem Gewicht (‚Unternehmerischer Erfolg', ‚Engagement für wohltätige Zwecke', ‚Finanzielle Lage des Unternehmens', ‚Qualifikation des Managements') sind jene Indikatoren, zu denen relativ viele Befragte keinen Ruf des kooperierenden Unternehmens benannten. Aus diesem Grund wurde im Folgenden untersucht, ob der **Anteil der Missing Values** die Eignung der Indikatoren beeinträchtigt. Eine systematische Häufung von Missing Values könnte eine systematische Verzerrung bedingen. Um solche möglicherweise vorliegenden Verzerrungen aufzudecken, wurden aus dem kompletten Konsumenten-Datensatz alle Fälle gelöscht, bei denen einer oder mehrere reputationsbezogene Indikatoren fehlten.[222] Es verblieben 398 Datensätze, mit denen erneut das Messmodell geschätzt wurde. Die Ergebnisse sind in Tabelle 7-9 zusammengefasst, wobei zu Vergleichszwecken die Gewichte aus dem zuerst geschätzten Modell (Spalte ‚Gewichte A') mit allen Datensätzen ebenfalls aufgeführt wurden.

---

[219] Vgl. Hinkel 2001, S. 291.

[220] Rossiter 2002, S. 315.

[221] Vgl. Rossiter 2002, S. 325.

[222] Missing Values werden in PLS-Graph standardmäßig paarweise ausgeschlossen und durch den Mittelwert ersetzt; vgl. Chatelin/Esposito/Tenenhaus 2002, S. 14. Durch die Reduzierung des Datensatzes konnte bei der Berechnung analog eines listenweisen Fallausschlusses vorgegangen werden. Zu den Techniken der Imputation fehlender Werte vgl. Decker/Wagner/Temme 2000, S. 94ff. Diese Erklärung zum Umgang mit Missing Values wird dem Anspruch von Hulland/Chow/Lam 1996, S. 185, gerecht, die bzgl. der Behandlung von fehlenden Werten fordern: „Whatever the solution, the researcher should be explicit about the corrective approach employed and the rationale for its selection".

MV	Beschreibung	Gewichte A	Gewichte	t-Wert	Redun-danz
Ruf		**formativ ('inward')**			
x_1	Qualität der Produkte	0,2733	0,3453	5,0363	
x_2	Engagement für den Umweltschutz	0,2204	0,2191	2,8204	
x_3	Unternehmerischer Erfolg	0,0183	0,0184	0,2424	
x_4	Verhalten gegenüber Mitarbeitern	-0,0243	0,0668	0,9128	
x_5	Kundenorientierung	0,1287	0,1454	2,2694	
x_6	Engagement für wohltätige Zwecke	0,0987	0,0422	0,5934	
x_7	Preis-Leistungs-Verhältnis der Produkte	0,3029	0,1990	3,0579	
x_8	Finanzielle Lage des Unternehmens	0,0218	0,0790	1,2359	
x_9	Qualifikation des Managements	0,0308	0,0488	0,7765	
x_{10}	Einhaltung von Werbeversprechen	0,3023	0,1306	1,9215	
Eigene Erfahrungen		**formativ ('inward')**			
y_1	Qualität der Produkte	0,3607	0,4071	6,3814	0,4226
y_2	Preis-Leistungs-Verhältnis der Produkte	0,4105	0,3359	5,3715	0,3862
y_3	Kundenorientierung	0,1773	0,1639	2,9869	0,3965
y_4	Einhaltung von Werbeversprechen	0,2846	0,3137	6,1240	0,4475

Tabelle 7-9:   Informationen zu den formativen Messmodellen auf Basis der
                    Daten ohne Fälle mit Missing Values

Ein Vergleich der in Tabelle 7-9 ausgewiesenen Werte verdeutlicht, dass die eben
genannten fünf Indikatoren auch beim ‚bereinigten' Datensatz unterhalb von 0,1 liegen, allerdings nun kein negatives Vorzeichen mehr vorliegt. Da in beiden Berechnungen die benannten Indikatoren selbst bei einem Niveau von p = 0,05 bis auf einen nicht
signifikant sind[223], ist der Vorzeichenwechsel ohnehin als zufällig zu interpretieren. Es
lassen sich folgende Aussagen ableiten: Die Missing Values führen nicht zu den geringen Strukturparametern/Gewichten, so dass ein methodisches Problem ausgeschlossen
werden kann. Weder die Gesamtstichprobe noch die bereinigte Teilstichprobe[224] misst
den fünf problematisierten Indikatoren ein hohes Gewicht bei.[225] Diese Variablen tragen also nur wenig zur Varianzerklärung bei. Hieraus sollte jedoch nicht geschlossen
werden, dass diese Indikatoren unwichtig seien; eine entsprechende Aussage ist aus
den Ergebnissen der Kausalanalyse mit PLS nicht ableitbar, da das Ziel der Methode

---

[223]   In Strukturgleichungsanalysen ist die Akzeptanz von Signifikanzniveaus von p=0,05 üblich (t-
        Wert = 1,645 bei einseitigem Test); vgl. Gefen/Straub/Boudreau 2000, S. 42f.

[224]   Signifikante Unterschiede der ‚Antworter' und ‚Nichtantworter' bzgl. des Rufes werden unten
        näher analysiert.

[225]   Geprüft wurde zudem, ob sich die fünf Indikatoren durch eine mehrgipflige Häufigkeitsvertei-
        lung auszeichnen, was auf einige, aber nicht alle der fünf zutrifft und damit keine hinreichende
        Erklärung für die niedrigen Gewichte (= möglicherweise falsche Schätzer) bietet.

lediglich in der Erklärung von Varianz liegt. Auch der Ansatz von KOWALCZYK und PAWLISH, die Datensätze jener Befragten nicht berücksichtigen, die zu über einem Drittel der Reputations-Items ,weiß nicht' ankreuzten[226], erscheint inhaltlich abwegig. Von einer Eliminierung der Indikatoren wird deshalb abgesehen, zumal die formative Struktur ein solches Vorgehen nicht zulässt.[227] Wie erläutert, war beispielsweise gerade das ,Verhalten gegenüber Mitarbeitern' sowohl durch die Literaturanalyse als auch bei herkömmlichen Messansätzen sowie im Rahmen der ausgiebigen qualitativen Interviews als zentrales Merkmal des Rufs erarbeitet worden. Seine Ex post-Eliminierung nur weil im Fall des betrachteten Unternehmens dieser Indikator nicht genügend zur Erklärung der Varianz des Ruf-Konstrukts beiträgt, erscheint deshalb wenig sinnvoll. In anderen Unternehmen (oder bei anderen Stakeholder-Gruppen) kann dies sehr wohl der Fall sein. Ein Ziel der vorliegenden Arbeit liegt darin, einen Messansatz zu entwickeln und zu prüfen, der stakeholder-übergreifend eingesetzt werden kann. Der Befund, dass die hier befragten Konsumenten des Konsumgüterherstellers U ausgewählten Indikatoren bei der Beurteilung von dessen Ruf wenig Gewicht beimessen, sollte nicht zur Verwerfung des Konzeptualisierungsansatzes führen.[228] Im Zwiespalt zwischen statistischen und theoretischen Erwägungen wird hier zu Gunsten der letzteren entschieden und damit einer Anmerkung von DIAMANTOPOULOS und WINKLHOFER Rechnung getragen: „Indicator elimination – by whatever means – should not be divorced from conceptual considerations when a formative measurement model is involved"[229]. Hinsichtlich der Literaturmeinung zur Eliminierung formativer Indikatoren merken sie an: „the literature is unclear as to exactly how this should be

---

[226] Vgl. Kowalczyk/Pawlish 2002, S. 165.

[227] Ein ähnliches Vorgehen schildern Fornell/Lorange/Roos 1990, S. 1252, die ebenfalls – unerwarteterweise – einige sehr schwache sowie ein negatives Gewicht bei einem Indikator vorfinden, diese aber nicht eliminieren. Sie erklären: „in *this particular sample*, this variable did *not* add to our initial conceptualization of this theoretical construct". Demgegenüber argumentieren Diamantopoulos/Winklhofer 2001, S. 273: „a nonsignificant t-statistic for γ (= Gewicht der Indikatoren; Anm.d.V.) fails to reject the zero value hypothesis" und schlagen eine Eliminierung nicht-signifikanter Indikatoren vor, beginnend mit demjenigen mit dem geringsten t-Wert, aber nur solange hierdurch die Breite der Konstruktdefinition nicht beeinträchtigt wird!

[228] Eine ähnliche Entscheidung trifft u.a. auch Hinkel 2001, S. 291ff. Die Belassung nicht-signifikanter, schwacher Indikatoren im Messmodell führt auch nicht zur Verzerrung der Messergebnisse für das Strukturmodell. Ergänzend sollten die Ergebnisse aus der Aktionärs- und Mitarbeiterbefragung herangezogen werden (Anhang B-1 und B-2), in denen ebenfalls mehrere, aber andere Indikatoren (zu) geringe Gewichte aufweisen.

[229] Diamantopoulos/Winklhofer 2001, S. 273. Sie merken auch an: „How to balance these considerations is a question that has not yet been fully resolved"; ebenda, S. 272.

done and practically silent on the circumstances, if any, calling for the removal of invalid indicators from the index"[230].

Die weiteren Analysen werden auf Basis des unbereinigten Datensatzes vorgenommen, da die Reduzierung der Datenbasis zu Informationsverlusten führen kann.[231]

Im Hinblick auf das formative, endogene Konstrukt ,**eigene Erfahrungen**' sind – wie ebenfalls aus Tabellen 7-8 und 7-9 ersichtlich – alle Gewichte als zufrieden stellend und signifikant einzustufen. Auch die Redundanzwerte sind akzeptabel.

Die Qualität des Messmodells wird bei reflektiven Indikatoren wie der **Loyalität** mit bestimmt durch die **Ladungskoeffizienten** bzw. die quadrierten Ladungen (,Kommunalitäten'). Letztere entsprechen der durch die latente Variable erklärten Varianz der manifesten Variablen. Für PLS-basierte Modelle werden in der Literatur verschiedene Richtwerte für die Ladungen diskutiert[232], in kovarianzbasierten Stukturgleichungsmodellen werden typischerweise Ladungswerte über 0,40 akzeptiert[233]. Im vorliegenden Fall liegen die Werte für die Indikatoren alle oberhalb von 0,7 und spiegeln damit das Konstrukt Loyalität hinreichend wider. Sie sind signifikant auf dem Niveau p=0,001. In Tabelle 7-10 ausgewiesen ist zudem die **Konstruktreliabilität** (Composite Reliability = CR). Dies ist das Maß für die Konvergenzvalidität, also den Grad, zu dem zwei oder mehr Messungen des identischen Konstrukts übereinstimmen. Sie ist nur für reflektive Konstrukte zu prüfen, da bei formativen die einzelnen Indikatoren nicht miteinander korrelieren müssen.[234] Mit zunehmendem Wert steigt die Reliabilität der Indikatoren, die einem Konstrukt zugeordnet sind. CR liegt mit 0,94 oberhalb des empfohlenen Richtwerts von 0,70.[235] Ebenfalls nur für die reflektive latente Variable auszuweisen ist der **Anteil erklärter Varianz** (Average Variance Extracted = AVE).

---

[230] Diamantopoulos/Winklhofer 2001, S. 272; ähnlich Bollen/Lennox 1991, S. 305, welche die Literaturbefunde als widersprüchlich charakterisieren.

[231] Vgl. Decker/Wagner/Temme 2000, S. 91.

[232] Seltin/Keeves 1994, S. 4356, und Falk/Miller 1992, S. 79, nennen Werte ab 0,55 als Minimum, womit die latente Variable weniger als 30 Prozent zur Varianzaufklärung der manifesten Variablen (des Indikators) beitragen würde; Gefen/Straub/Boudreau 2000, S. 13, nennen 0,4 als Minimumladung; Birkinshaw/Morrison/Hulland 1995, S. 647, bezeichnen Werte über 0,6 als hochgradig reliabel. In der Literatur durchgesetzt hat sich der Grenzwert von 0,7; Hulland/Chow/Lam 1996, S. 184; Chin 1998a, S. 7.

[233] Vgl. Gerbing/Anderson 1988, S. 189; Homburg/Giering 1996, S. 8. Mögliche Gründe für niedrige Faktorladungen spezifiziert Hulland 1999, S. 198.

[234] Vgl. Hulland 1999, S. 199, Fußnote 5, und S. 201.

[235] Vgl. Giering 2000, S. 77; Gefen/Straub/Boudreau 2000, S. 37.

„AVE scores greater than .50 indicate that a higher amount of variance in the indicators is captured by the construct compared to that accounted for measurement error"[236]; mit 0,65 liegt dieser Wert damit ebenfalls im akzeptablen Bereich.

MV	Beschreibung	Ladung	t-Wert	Redundanz
	Loyalität	**reflektiv („outward');**		
		CR = 0,938; AVE = 0,653		
Y_5	Mit Firma vertraut	0,7819	46,7752	0,3253
Y_6	Bedauern, falls Firma nicht mehr existent	0,8086	56,7438	0,3479
Y_7	Produkte gehören zum täglichen Leben	0,8435	66,8010	0,3785
Y_8	Marken die Treue halten	0,8591	62,2906	0,3926
Y_9	Kauf der Produkte beim nächsten Einkauf	0,8098	65,7375	0,3489
Y_{10}	Weiterempfehlung der Produkte	0,7815	43,8043	0,3249
Y_{11}	Produkte werden Wettbewerbsprodukten vorgezogen	0,8384	68,2966	0,3739
Y_{12}	Ausprobieren neuer Produkte	0,7358	35,3380	0,2880

Tabelle 7-10:   Informationen zum reflektiven Messmodell für das Konsumenten-Sample

Ergänzend wurde für das reflektive Konstrukt Loyalität eine **exploratorische Faktorenanalyse** mit Hilfe des Statistikprogramms SPSS durchgeführt, wobei nur auf Ergebnisse eingegangen wird, die nicht bereits in der Tabelle 7-10 abgedeckt wurden. Eine Hauptkomponenten-Analyse führt zu einer Ein-Faktoren-Lösung[237], es liegt also ein eindimensionales Konstrukt vor, der KMO-Test ergibt 0,937[238]. Berechnet wurde zudem noch die Item-to-Total-Korrelation, welche die Korrelation des einzelnen Indikators (= Item) mit der Summe der Indikatoren (= Total) umfasst, die demselben Faktor zugeordnet werden. Der niedrigste Wert beläuft sich auf 0,646, der höchste auf

---

[236] Diamantopoulus/Siguaw 2002, S. 8f.; ähnlich Gefen/Straub/Boudreau 2000, S. 36.

[237] Zu den Einsatzgebieten, Vor- und Nachteilen der Hauptkomponenten- und Hauptachsenmethode vgl. Nunnally 1978, S. 331f.; Hair et al. 2006, S. 117ff.

[238] Der erzielte KMO-Wert (Kaiser-Meyer-Olkin-Test) liefert damit nach der typischen Interpretation des Tests ‚fabelhafte' Werte (‚marvelous'); vgl. Backhaus et al. 2005, S. 276f. Zur Methodik der Faktorenanalyse siehe ebenda, S. 252ff.; Hair et al. 2006, S. 101ff. Für jeden einzelnen Indikator von Interesse ist noch der analog dem KMO-Wert für einzelne Variablen ermittelte MSA-Wert (Measure of Sampling Adequacy). Er liegt bezogen auf die acht Indikatoren zwischen 0,925 und 0,950, was entsprechend auch als ‚marvelous' gilt; vgl. Brosius 2002, S. 736. Da es sich hierbei um parametrische Tests handelt, sind diese für die vorher geschilderten formativen Konstrukte, die keine Normalverteilung unterstellen, nicht angebracht und wurden entsprechend auch nicht durchgeführt; vgl. hierzu Chin/Newsted 1999, S. 328; Gefen/Straub/ Boudreau 2000, S. 27.

0,809. Explizite Grenzwerte werden hierfür in der Literatur nicht vorgegeben, die generelle Zielsetzung liegt darin, möglichst hohe Werte zu erzielen.[239]

Im Gegensatz zu formativen besteht bei reflektiven Messmodellen die Möglichkeit, durch **Eliminierung** einzelner Indikatoren die Modellgüte zu verbessern.[240] Schließlich gilt, dass „equally reliable effect indicators of a unidimensional concept are interchangeable"[241]. Da alle geforderten Richtwerte durch die gemessenen Werte überschritten werden, ist jedoch im vorliegenden Modell keine Eliminierung einzelner Indikatoren erforderlich.

7.4.2.3   Entwicklung und Prüfung des Strukturmodells

Das Strukturmodell stellt den Mittelpunkt der vorliegenden Analyse dar, da die vermuteten Zusammenhänge zwischen Reputation der Unternehmung, eigenen Erfahrungen und der Loyalität von Stakeholdern auf seiner Basis überprüfbar werden. Für das Strukturmodell können auf Basis der Konsumentendaten die in Abbildung 7-4 dargestellten Gütekriterien ermittelt werden.

In einem ersten Schritt ist auf die **Pfadkoeffizienten** einzugehen. Zunächst ist ein (direkter) Einfluss der Reputation auf die eigenen Erfahrungen festzustellen (Hypothese H_1), der zweite Teileffekt umfasst den Einfluss der eigenen Erfahrungen auf die Loyalität (Hypothese H_2). Beide Effekte weisen hohe Werte auf ($\gamma_{11} = 0{,}796$; $\beta_{21} = 0{,}488$).[242] Außerdem ist ein indirekter Effekt der Reputation auf die Loyalität über das Konstrukt ‚eigene Erfahrungen' in Höhe von 0,388 (0,796 x 0,488) zu konstatieren. Der eigenständige direkte Effekt des Rufs auf die Loyalität (Hypothese H_3) liegt bei 0,278.

---

[239]   Vgl. auch Stock 2001, S. 13. Wird der betrachtete Indikator nicht in die Summenbildung einbezogen, kann – wie auch hier vorgenommen – die korrigierte Item-to-Total-Korrelation berechnet werden.

[240]   Vgl. Churchill 1979, S. 68; Hair et al. 2006, S. 788. Auch PLS kann herangezogen werden, um nicht relevante Indikatoren auszufiltern; vgl. Chin/Newsted 1999, S. 330.

[241]   Bollen/Lennox 1991, S. 308. Dass Loyalität eindimensional ist, zeigte die Faktorenanalyse.

[242]   In allen drei Fällen stimmen die Schätzungen auf Basis des Original-Samples (Original Sample Estimate) fast mit den Mittelwerten der Subsamples (Mean of Subsamples) aus dem Bootstrapping überein. Andreassen 1994, S. 25, kann bei ähnlichen Hypothesen keinen Zusammenhang zwischen Zufriedenheit und Loyalität der Nachfrager kommunaler Dienstleistungen aufdecken.

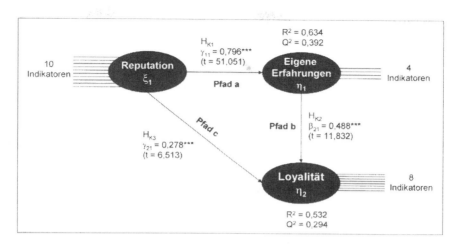

Abbildung 7-4: Ergebnisse der Strukturanalyse für das Konsumenten-Sample

Das bedeutet, dass Loyalität von Kunden nicht allein durch deren eigene Erfahrungen bedingt wird, sondern in nennenswertem Umfang auch durch den Ruf der Unternehmung in der Öffentlichkeit. Der zugehörige standardisierte Parameterschätzer γ_{21} weist zwar keinen hohen, jedoch auch keinen vernachlässigbar kleinen Wert auf. Schließlich sollte die erklärte Varianz zwischen zwei Konstrukten deren theoretisch fundierbare Beziehung widerspiegeln[243], und ein sehr hoher Erklärungsbeitrag des Rufs für die Loyalität ist nicht zu erwarten.

Aufgrund der gewählten Modellstruktur ist zu überprüfen, ob bzw. in welchem Maße die Beurteilung eigener Erfahrungen den Einfluss der Reputation auf die Loyalität mediiert. Eine Variable fungiert als **Mediator**, wenn a) graduelle Veränderungen der unabhängigen Variable (Reputation) zu signifikanten Effekten auf die mediierende Variable (eigene Erfahrungen) führen (Pfad a), wenn b) Veränderungen der mediierenden Variable zu signifikanten Effekten auf die abhängige Variable führen (Loyalität; Pfad c) und wenn c) bei Kontrolle der Pfade a und b der zuvor signifikante Effekt der unabhängigen auf die abhängige Variable nicht mehr signifikant ausfällt. Eine komplette Mediation läge vor, wenn Pfad c einen Wert von 0 aufwiese.[244]

---

[243] Vgl. Rossiter 2002, S. 327.

[244] Vgl. hierzu Baron/Kenny 1989, S. 1176; Eggert et al. 2005, S. 105.

Eine Überprüfung des mediierten Effekts von Reputation auf Loyalität orientierte sich an diesen drei, in Abbildung 7-5 zusätzlich veranschaulichten Schritten, wobei die dargestellten drei Modelle nacheinander geprüft wurden.

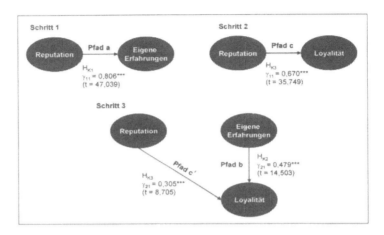

Abbildung 7-5:   Schema zur Überprüfung mediierter Effekte

Abbildung 7-5 verdeutlicht, dass ein signifikanter Effekt der Reputation auf die Beurteilung eigener Erfahrungen in Schritt 1 vorliegt (Pfad a) und dass ebenso ein entsprechender Effekt auf die Loyalität in Schritt 2 gemessen werden kann (Pfad c). Dieser Effekt verändert sich durch die zusätzliche Integration der eigenen Erfahrungen in das Modell (Pfad b in Schritt 3), der Pfadkoeffizienten sinkt von 0,670 (Pfad c) auf 0,305 (Pfad c'); er ist in beiden Fällen signifikant. Diese Beobachtung spricht für das Vorliegen eines mediierten Einflusses, der allerdings nur partiell ist.[245]

SOBEL entwickelte einen Signifikanztest (z-Test) für den indirekten Effekt der unabhängigen Variablen über den Mediator auf die abhängige Variable. Er wird unter Berücksichtigung der Pfadkoeffizienten a (Schritt 1), c (Schritt 2) und b (Schritt 3) sowie der entsprechenden Standardfehler für a und b berechnet.[246] Der z-Wert ist mit 13,786 signifikant auf dem Niveau p=0,01, das heißt der partiell mediierende Einfluss

---

[245]   Vgl. Baron/Kenny 1989, S. 1177; Iacobucci/Duhachek 2003, S. 4.

[246]   Standardfehler $s_a=0,02$, $s_b=0,032$.

$$z = \frac{a \bullet b}{\sqrt{b^2 \bullet sa^2 + a^2 \bullet sb^2}} = \frac{0,806 \bullet 0,479}{\sqrt{(0,479)^2 \bullet (0,02)^2 + (0,806)^2 \bullet (0,032)^2}} = 13,786.$$

Vgl. hierzu Sobel 1982, passim; Baron/Kenny 1989, S. 1177; Iacobucci/Duhachek 2003, S. 5.

der eigenen Erfahrungen auf die Loyalität ist signifikant.[247] Diese Ergebnisse sind so zu interpretieren, dass die Reputation (sowie ein Management der Reputation) einen selbständigen Einfluss auf die Loyalität der Stakeholder zu nehmen vermag – der allerdings durch die eigenen Erfahrungen dieser Stakeholder beeinflusst wird.

Nach SELTIN und KEEVES sollten Pfadkoeffizienten über 0,1 liegen; geringere Werte bedeuten, dass weniger als ein Prozent der Varianz der endogenen latenten Variablen auf die betrachtete Relation zurückzuführen ist. Allenfalls eine starke theoretische Begründung bietet nach ihrer Meinung die Grundlage dafür, auch Pfade mit Werten bis 0,05 im Modell zu behalten, ansonsten empfehlen sie auch hier ein ‚Model-Trimming'.[248] Das in Abbildung 7-4 vorgestellte Modell ist diesbezüglich nicht weiter kritisch, zumal alle der in den Hypothesen vermuteten Abhängigkeiten auf dem Niveau p=0,001 signifikant sind. Ob sie die unterstellten Richtungen aufweisen, ist nicht nachweisbar, denn „causal laws cannot be proven; they are always assumed by the researcher".[249] Im Hinblick auf die **nomologische Validität** des Modells sind damit Unsicherheiten verbunden. Diese Form der Validität liegt vor, wenn zwischen der Messung eines Konstrukts und den Messungen anderer Konstrukte Abhängigkeitsbeziehungen bestehen, die durch eine übergeordnete Theorie postuliert werden. Allerdings existieren in den Sozial- und Wirtschaftswissenschaften und speziell im Marketingbereich nur in seltensten Fällen abgesicherte Theorien[250], und auch im Zusammenhang mit dem Konstrukt der Reputation kann nicht auf eine solche zurückgegriffen werden[251].

---

[247] Vgl. Eggert et al. 2005; zu einer Kritik dieses Verfahrens und einer alternativen Berechnung siehe Scholderer/Balderjahn 2006, S. 64.

[248] Allerdings auch nur bei Vorliegen großer Samples; vgl. Seltin/Keeves 1994, S. 4356. Chin 1998a, S. 7, empfiehlt: „Standardized paths should be at least 0.20 and ideally above 0.30 in order to be considered meaningful [...]. Paths of .10, for example, represent at best a one-percent explanation of variance. Thus, even if they are ‚real', are constructs with such paths theoretically interesting?".

[249] Fornell 1982, S. 7. Zur Rolle der Kausalität in der Wissenschaft siehe Lohmöller 1989, S. 16ff.; Bollen 1989, S. 61ff.

[250] Vgl. Homburg 2000, S. 75.

[251] Vgl. Bromley 2002, S. 35. Nichtsdestotrotz ist theoriegeleitetes Vorgehen für die Ableitung von Strukturgleichungsmodellen unerlässlich: „Theory provides the centerpiece for structural equation methodologies [...]. Without theory, there is little to distinguish among the numerous alternative ways of depicting relationships among a set of variables"; Maruyama 1998, S. 4.

Die zur Beurteilung von PLS-Modellen verfügbaren Gütemaße bezeichnen SELTIN und KEEVES als ‚Thumb Rules'[252], was HULLAND bestätigt: „No proper overall goodness-of-fit measures exist for models estimated using PLS".[253] Zentrale Gütemaße bzw. Fit-Indizes für das Strukturmodell sind nicht-parametrische Tests wie R^2 für abhängige Variablen und der Stone-Geisser-Test (Q^2).[254] Resampling-Prozeduren wie das Jackknifing-Verfahren bzw. das Bootstrapping werden genutzt, um die Schätzstabilität der Regressionsparameter (hohe t-Werte) zu überprüfen.[255] Beim **Bootstrapping** werden aus dem Datensatz mit N Fällen und P Datenpunkten R Datenpunkte für ebenfalls exakt N Fälle zufällig gezogen (mit ‚Zurücklegen'). Diese Ziehung wird wiederholt, wobei in der Literatur zumeist eine 200fache Wiederholung vorgeschlagen und auch für die vorliegende Untersuchung als adäquat angesehen wird. Über die Ziehungen werden Mittelwert und Standardabweichung erhoben.[256]

Zunächst werden die **R^2-Werte** des Strukturmodells betrachtet, deren Interpretation mit der traditionellen Regressionsanalyse übereinstimmt.[257] R^2 steht für das multiple Bestimmtheitsmaß, welches zwischen 0 und 1 liegen kann, wobei FALK und MILLER Werte $\geq 0{,}1$ für akzeptabel halten.[258] R^2 beschreibt den Anteil der erklärten Streuung an der Gesamtstreuung.[259] Das vorliegende Modell erklärt einen zufrieden stellenden Streuungsanteil der latenten Variablen ‚Loyalität' (0,532) wie auch von ‚eigenen Erfahrungen' (0,634), also insgesamt knapp 60 Prozent der Varianz der endogenen

---

[252] Vgl. Seltin/Keeves 1994, S. 4356; siehe auch Falk/Miller 1992, S. 78ff.

[253] Hulland 1999, S. 202; ein ähnlicher Hinweis findet sich auch bei Gefen/Straub/Boudreau 2000, S. 18. Statistische Signifikanztests im eigentlichen Sinne sind bei fehlenden Verteilungsannahmen in PLS nicht anwendbar. Zudem mangelt es oft auch an der einfachen Zufallsauswahl bei der Stichprobenziehung.

[254] Vgl. Fornell/Bookstein 1982b, S. 447f.; Lohmöller 1989, S. 52ff.; Fornell/Cha 1994, S. 68ff.; Seltin/Keeves 1994, S. 4355f.; Krafft et al. 2005, S. 84f.

[255] Vgl. Fornell/Bookstein 1982a, S. 313; Chin/Newsted 1999, S. 328; Gefen/Straub/Boudreau 2000, S. 18, 24; zum Jackknifing und Bootstrapping vgl. z.B. Stine 1989, passim; Shao/Dongsheng 1995, passim.

[256] Vgl. Andreßen 2002, S. 23; Chatelin/Esposito/Tenenhaus 2002, S. 12, 19.

[257] Vgl. Fassott 2003, S. 12; Krafft et al. 2005, S. 83. Zur Regressionsanalyse siehe z.B. Hummell 1986, S. 14ff.; Backhaus et al. 2005, S. 47ff.

[258] Vgl. Falk/Miller 1992, S. 80.

[259] Vgl. Backhaus et al. 2005, S. 66. Für das innere Modell bezeichnet Chin 1998b, S. 323, einen R^2-Wert von 0,67 als ‚substantial', 0,33 als ‚moderate' und 0,19 als ‚weak'. Ein Wert von 0,586 wird von Fassott 2003, S. 12 als ‚very satisfactory' bezeichnet. Konstrukte mit einem R^2 kleiner 0,3 werden in der Literatur gelegentlich in Frage gestellt; vgl. Andreßen 2002, S. 25.

Variablen.[260] Eng verbunden mit R^2 sind die bereits in Tabellen 7-8 und 7-10 berichteten **Redundanzkoeffizienten**. Sie werden berechnet als Produkt aus dem R^2 der endogenen Variablen mit den Ladungskoeffizienten des Messmodells und spiegeln den Anteil der Varianz eines Indikators einer endogenen Variablen (Konstrukt) wider, der durch die manifesten Variablen (Indikatoren) reproduziert wird.[261]

Bei der Beurteilung von PLS-Modellen wird dem **Stone-Geisser-Test** besondere Bedeutung zugemessen, der ein Maß für die prognostische Relevanz ist: „The cross-validation test of Stone (1974) and Geisser (1974) fits soft modeling like hand in glove".[262] Der Test basiert auf R^2, wird aber ohne Verlust an Freiheitsgraden berechnet.[263] „The general idea is to omit or ‚blindfold‘ one case at a time, to re-estimate the model parameters on the basis of the remaining cases, and to reconstruct or predict omitted case values on the basis of re-estimated parameters".[264] Liegt der Wert bei $Q^2<0$, liegt keine prädiktive Relevanz des Modells vor, während bei $0<Q^2<1$ davon auszugehen ist. Bei $Q^2=1$ werden die Beobachtungswerte der endogenen Variablen durch das Modell perfekt rekonstruiert.[265] Grundsätzlich gilt: Je höher das Q^2 (mit positivem Vorzeichen), desto besser; konkrete Grenzwerte werden in der Literatur jedoch nicht benannt.[266] Im vorliegenden Modell sind die im Rahmen der ‚Blindfol-

---

[260] (0,532 + 0,634) : 2 = 0,583, was die durchschnittlich erklärte Varianz repräsentiert; vgl. auch Falk/Miller 1992, S. 83.

[261] Vgl. Hinkel 2001, S. 292; Andreßen 2002, S. 8. Sie sollten möglichst hoch ausfallen, ohne dass in der Literatur klare Grenzwerte benannt werden; vgl. Seltin/Keeves 1994, S. 4356.

[262] Seltin/Keeves 1994, S. 4357. Siehe hier auch die zitierten Quellen. Zum Stone-Geisser-Test siehe Wold 1982a, S. 30ff.; derselbe 1982b, S. 339f.

[263] Vgl. Wold 1982a, S. 31. „Q^2 is nothing other than a jackknife analogue of the familiar R^2"; Seltin/Keeves 1994, S. 4357. Bei kleiner Zahl von Freiheitsgraden verschlechtern sich mit der Zahl der Regressoren die Schätzeigenschaften eines Modells (vgl. Backhaus et al. 2003, S. 669), was die Berechnung von Q^2 vorteilhaft macht.

[264] Seltin/Keeves 1994, S. 4357; ähnlich Fornell/Cha 1994, S. 71f.; Hinkel 2001, S. 293. Zur Blindfolding-Technik siehe auch Chin 1998b, S. 317f.

[265] Vgl. Chin 1998b, S. 318, und Fassott 2003, S. 12, der für sein Modell Werte zwischen 0,377 und 0,394 berichtet. Eine Analyse von Veränderungen des R^2 und Q^2 bietet sich an, wenn eine Reihe exogener Variablen modelliert wird. Die Veränderungen der Werte bei stufenweiser Integration der Variablen ist ein Indikator für deren Einfluss auf die endogenen Konstrukte; vgl. Fassott 2003, S. 12. Da hier nur ein exogenes Konstrukt vorliegt, wird von der Vergleichsrechnung abgesehen.

[266] Vgl. Wold 1982a, S. 32; Seltin/Keeves 1994, S. 4357. Ein negatives Q^2 besagt, dass das Modell irreführend ist, denn „the trivial prediction in terms of sample means is superior to the prediction derived from the tested model relation"; Seltin/Keeves 1994, S. 4357. Durch ‚Model-Trimming‘ kann eine Verbesserung des Q^2 erreicht werden; vgl. Wold 1982a, S. 33.

ding'-Prozedur erzielten Werte von $Q^2=0,392$ für eigene Erfahrungen und $Q^2=0,294$ für Loyalität zufrieden stellend. Dies bedeutet, dass das Modell sehr viel bessere Prognosewerte liefert als die naive Prognose auf Basis des Mittelwerts.[267]

Dokumentiert werden soll zum Abschluss noch die Anwendung des Fornell-Larcker-Kriteriums.[268] Dieses dient der Überprüfung von **Diskriminanzvalidität** der Konstrukte. Das **Fornell-Larcker-Kriterium** beruht auf einer Faktorenanalyse und ist erfüllt, wenn die quadrierte Korrelation eines Faktors (Konstrukts) mit einem anderen die durchschnittlich erfasste Varianz des Faktors nicht überschreitet.[269] Grundsätzlich gilt, dass „a construct should share more variance with its measures than it shares with other constructs in a given model"[270]. Die hierzu in der Regel angewendete explorative Faktorenanalyse bedarf allerdings reflektiver Indikatoren; die durchschnittlich erfasste Varianz ist – wie erläutert – kein für formative Konstrukte relevantes Gütekriterium. Dennoch sollen an dieser Stelle entsprechende Ergebnisse aufgeführt werden, um inhaltlich begründeter Kritik an der Diskriminanzvalidität der gemessenen Konstrukte vorzubeugen.

Der Ruf der Unternehmung in der Öffentlichkeit und die eigenen Erfahrungen des Stakeholders stehen in engem Zusammenhang. Bereits im Rahmen der theoretischen Erörterung wurde darauf hingewiesen, dass zur Beurteilung von Reputation zwar keine eigenen Erfahrungen vorliegen müssen. Sind sie aber vorhanden, wird das Individuum nicht immer zuordnen können, ob die Haltung gegenüber einer Unternehmung ausschließlich auf eigenen Erfahrungen oder dem Ruf beruht bzw. welche der beiden Komponenten einflussreicher ist. Außerdem wurden die Indikatoren der Messinstrumentarien für die beiden Konstrukte sehr ähnlich formuliert und teilweise direkt nacheinander abgefragt. Eine Überprüfung der Diskriminanzvalidität beider Konstrukte erscheint deshalb angebracht. Auch der enge positive Zusammenhang zwischen Zufriedenheit bzw. eigenen Erfahrungen und Kundenbindung wurde in vielen empiri-

---

[267] Vgl. Hinkel 2001, S. 294.

[268] Auf Basis einer Korrelationsmatrix aller Indikatoren kann zudem geprüft werden, ob jede manifeste Variable stärker mit der ihr zugewiesenen latenten Variable korreliert als mit den anderen im Modell enthaltenen latenten Variablen; vgl. hierzu Chatelin/Esposito/Tenenhaus 2002, S. 16; Gefen/Straub/Boudreau 2000, S. 18.

[269] Vgl. Fornell/Larcker 1981, S. 46; Fornell/Cha 1994, S. 69; Hulland 1999, S. 199.

[270] Hulland 1999, S. 199.

schen und theoretischen Studien untermauert.[271] Auch hier bietet sich deshalb die Überprüfung des Fornell-Larcker-Kriteriums an.

Tabelle 7-11 zeigt die quadrierten Korrelationen sowie die erklärten Varianzen für die drei Konstrukte (AVE; in der Tabelle schwarz unterlegt).[272] Die quadrierten Korrelationskoeffizienten liegen stets unter dem Anteil erklärter Varianz. Damit ist das Fornell-Larcker-Kriterium in allen Fällen erfüllt, es liegen also empirisch separierbare Konstrukte vor.

Konstrukt	Ruf	Eigene Erfahrungen	Loyalität
Ruf	0,501		
Eigene Erfahrungen	0,264	0,663	
Loyalität	0,228	0,493	0,653

Tabelle 7-11:   AVE und quadrierte Konstruktkorrelationen mit PLS

Abschließend ist zur Überprüfung der Modellgüte anzumerken, dass bei Strukturgleichungsanalysen in der Regel nicht die **simultane Erfüllung** aller Gütekriterien gefordert wird. So erklärt beispielsweise GIERING: „Eine geringfügige Verletzung einzelner Gütekriterien darf nicht automatisch zur Ablehnung des Konstrukts in der operationalisierten Form führen. Vielmehr ist das Gesamtbild, welches sich auf Basis aller Ergebnisse aller Gütekriterien ergibt, entscheidend"[273]. BROWNE und CUDECK nehmen eine noch kritischere Position ein: „Fit indices should not be regarded as measures of usefulness of a model. They contain some information about the lack of fit of a model, but none about plausibility"[274].

---

[271] Vgl. u.a. Giering 2000, passim. Walsh/Wiedmann/Buxel 2003, S. 419f., stellen in ihren Untersuchungen einen sehr hohen Zusammenhang (0,85) zwischen Kundenzufriedenheit und Reputation fest, den sie als wechselseitige Beziehung interpretieren. Auch Davies et al. 2003, S. 151, vermuten eine Interdependenz.

[272] AVE: Average Variance Extracted. Bezogen auf die geringste erklärte Varianz (Reputation: 50%) gilt z.B. $0{,}26^2 \leq 0{,}50$. Die Korrelationskoeffizienten bzw. Kreuzladungen lassen sich in PLS nicht direkt berechnen; vgl. Gefen/Straub/Boudreau 2000, S. 18.

[273] Giering 2000, S. 89; vgl. ähnlich auch Peter 1999, S. 150, die nur eine 50prozentige Erfüllung partieller Gütemaße fordert, aber 100prozentige Erfüllung der Globalmaße.

[274] Browne/Cudeck 1993, S. 157.

Gütekriterium	Richt-werte	Ruf	Eigene Erfahrungen	Loyalität	Struktur-modell
Multikollinearität	Toleranz >0,1 VIF<10	√	√		
Korrelationen der Indikatoren	≥0,3			√	
Inhaltsvalidität	≥ 0,3	√	n.p. (kein Globalmaß verfügbar)	n.p. (kein Globalmaß verfügbar)	
Gewichte/ Ladungen mit Signifikanzen	≥0,1/ ≥0,7 für p=0,05	(×)	√	√	
Redundanzen	möglichst hoch		√	√	
Composite Reliability	≥0,7			√	
AVE	≥0,5			√	
exploratorische Faktorenanalyse	diverse Maße			√	
Pfadkoeffizienten mit Signifikanzen	≥0,1				√
R^2	≥0,1				√
Q^2	≥0				√
Fornell-Larcker-Kriterium	erfüllt oder nicht	√	√	√	

Tabelle 7-12:   Zusammenfassung der betrachteten Gütekriterien

Das sich nach der Diskussion ergebende Gesamtbild des hier geprüften Modells kann demzufolge als zufrieden stellend beurteilt werden. Die geprüften Gütemaße werden in Tabelle 7-12 abschließend für die drei Messmodelle und das Strukturmodell ausgewiesen. Dabei sind alle Felder grau unterlegt, bei denen eine Überprüfung des jeweiligen Kriteriums nicht sinnvoll ist; mit ‚√' markiert sind erfüllte Kriterien, mit ‚×' die nicht erfüllten. Mit ‚n.p.' wurden Kriterien bezeichnet, die aufgrund des Datenmaterials nicht prüfbar waren.

Abschließend wird noch geprüft, inwiefern das Modell bei den drei Stakeholder-Gruppen vergleichbare Ergebnisse liefert.

Mit dem Programm PLS-Graph ist es zur Zeit nicht möglich, Simultanvergleiche der Pfadmodelle für verschiedene Datensätze durchzuführen. Mithin können innerhalb eines Rechenprozesses keine signifikanten Unterschiede oder Gemeinsamkeiten der Pfadmodelle festgestellt werden.[275] Die einfachste Vergleichsmöglichkeit liegt darin, identische Modelle mit den Daten aus den verschiedenen Samples aufzubauen und die Parameterschätzungen und Gütekriterien zu vergleichen.[276]

In Abbildung 7-6 sind die Pfadkoeffizienten, die t-Werte sowie die Werte für R^2 für alle Befragungen aufgelistet. Das Strukturmodell wurde für alle drei Datensätze bzw. Stakeholder-Gruppen erneut geschätzt. Da die Konstrukte ‚eigene Erfahrungen' und ‚Loyalität' in den drei Stakeholder-Gruppen jeweils über unterschiedliche Indikatoren erhoben wurden (vgl. Tabellen 7.6 und 7.7 zur Konstruktoperationalisierung), war eine Anpassung der zu schätzenden Messmodelle notwendig, um deren Vergleichbarkeit zu gewährleisten. Das Reputationskonstrukt wurde in allen drei Gruppen identisch über 10 Indikatoren erhoben und deshalb ‚ungekürzt' übernommen. Für ‚eigene Erfahrungen' wurden die vier in allen drei Gruppen identisch erhobenen kaufverhaltensbezogenen Indikatoren zur Schätzung herangezogen. Da die übrigen Indikatoren bei Konsumenten, Aktionären und Mitarbeitern voneinander abweichen, konnten sie in die vergleichende Analyse nicht aufgenommen werden. Das reflektive Konstrukt Loyalität wurde adaptiert, indem aus den jeweiligen Item-Sets nur die identisch erhobenen Indikatoren zum intendierten Wiederkauf der Produkte, deren Weiterempfehlung und zur Verbundenheit mit dem Unternehmen integriert wurden. In die Kausalanalysen gehen also für das Loyalitätskonstrukt in allen drei Gruppen nur drei Indikatoren ein.[277]

---

[275] Vgl. Seltin/Keeves 1994, S. 4359. Zur Prüfung der Unterschiede der drei Stakeholder-Gruppen könnte auch eine Mehrgruppen-Kausalanalyse durchgeführt werden, wozu PLS-Graph jedoch nicht die erforderlichen Voraussetzungen erfüllt. Mit einer Mehrgruppen-Kausalanalyse werden Kausalmodelle unterschiedlicher Teilstichproben bzw. Gruppen simultan geschätzt; vgl. hierzu Bollen 1989, S. 355ff.

[276] Vgl. Maruyama 1998, S. 259. Die Werte der Indikatorvariablen sind bei diesem Prozedere nicht zu standardisieren, zumal alle Konstrukte auf vergleichbaren Skalen gemessen wurden; vgl. Tenenhaus 2003, S. 3. Darüber hinaus können Gruppenvariablen nach einer Dummy-Transformation (vgl. Churchill/Iacobucci 2005, S. 536ff.) in Form eines Moderatoreffektes in das Modell aufgenommen werden; vgl. Hair et al. 2006, S. 870f.

[277] Aufgrund des reflektiven Charakters des Konstrukts ist dies nicht weiter problematisch; allerdings reduziert sich erwartungsgemäß der Anteil erklärter Varianz.

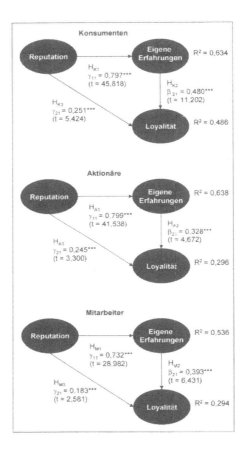

Abbildung 7-6:   Vergleich der Strukturmodelle für die drei Samples[278]

Es zeigt sich, dass für alle drei Stakeholder-Gruppen ähnliche Pfadkoeffizienten und t-Werte berechnet werden können. Alle der in der Tabelle aufgeführten Werte sind signifikant. Auffällig ist allenfalls der schwächere Zusammenhang zwischen Reputation und eigenen Erfahrungen bzw. Loyalität bei der Mitarbeiterbefragung. Dies lässt sich beispielsweise dadurch begründen, dass Mitarbeiter den intensivsten Kontakt mit der Unternehmung haben und deshalb eigene Erfahrungen aus einer Vielzahl anderer Informationsquellen erlangen. Für ihre Loyalität sind andere Einflussgrößen (Gehalt,

---

[278] Alle Werte sind signifikant auf dem Niveau p=0,01 (einseitiger Test).

Betriebsklima usw.) bedeutsamer als der Ruf ihres Arbeitgebers in der Öffentlichkeit. Entsprechend ist der Einfluss der Reputation für die Gruppe der Konsumenten am größten, da für sie die Reputation ein wichtiges Entscheidungskriterium ist, zumal – außer über den Produktkauf – nicht viele weitere Kontaktmöglichkeiten zur Unternehmung bestehen, die loyalitätswirksam sein könnten. Dies spiegelt sich auch darin wider, dass der R^2-Wert des Loyalitäts-Konstrukts (Anteil erklärter Varianz basierend auf dem direkten und indirekten Effekt der Reputation auf Loyalität) bei den Konsumenten am höchsten ist.

Ein **t-Test** kann zeigen, ob sich die Pfadkoeffizienten bei den drei Stakeholder-Gruppen signifikant unterscheiden.[279] Dabei überprüft der t-Test für unabhängige Stichproben des Umfanges n_1 und n_2 aus zwei Grundgesamtheiten die Nullhypothese, dass die beiden Stichproben aus Grundgesamtheiten stammen, deren Parameter μ_1 und μ_2 (hier also die Pfadkoeffizienten) identisch sind. Berechnet wird zunächst der Standardfehler der Differenz der Mittelwerte. Hierzu werden die mit PLS-Graph berechenbaren Standardfehler der Pfadkoeffizienten herangezogen (Path Coefficients Table: Standard Error = σ). Die Formel zur Berechnung lautet:

$$\hat{\sigma}_{(x_1-x_2)} = \sqrt{\frac{(n_1-1) \bullet \sigma_1^{\,2} + (n_2-1) \bullet \sigma_2^{\,2}}{(n_1-1)+(n_2-1)}} \bullet \sqrt{\frac{1}{n_1}+\frac{1}{n_2}}.$$

Der t-Test wird durchgeführt auf Basis der Formel:

$$t = \frac{\bar{x}_1 - \bar{x}_2}{\hat{\sigma}(\bar{x}_1 - \bar{x}_2)},$$

wobei x_1 bzw. x_2 die Pfadkoeffizienten sind (siehe Abbildung 7-6 zu den entsprechenden Werten). Es können jeweils nur zwei Stakeholder-Gruppen miteinander verglichen werden, so dass der Test neunmal durchzuführen ist (Vergleich aller Gruppen miteinander und in Bezug auf alle drei Pfadkoeffizienten). In Tabelle 7-13 sind die auf diese Weise ermittelten t-Werte dargestellt. Es zeigt sich, dass beim Vergleich der Kunden mit den Aktionären die Pfadkoeffizienten der Konstrukte Reputation und eigene Erfah-

---

[279] Zu einer Beschreibung des Testverfahrens vgl. etwa Bleymüller/Gehlert/Gülicher 2002, S. 109ff.; Zöfel 2003, S. 126ff. Alternativ könnte ein Chow-Test durchgeführt werden; vgl. hierzu Pindyck/Rubinfeld 1998, S. 133; Davidson/MacKinnon 1993, S. 375ff.

rungen sich nicht signifikant unterscheiden.[280] Ebenfalls kein signifikanter Unterschied ist beim Vergleich dieser beiden Gruppen hinsichtlich des Pfadkoeffizienten von Reputation auf Loyalität festzustellen. Die befragten Aktionäre und die Konsumenten sind also hinsichtlich des Einflusses von Reputation auf eigene Erfahrungen und Loyalität im statistischen Sinne gleich. Alle anderen t-Werte sind signifikant, die Pfadkoeffizienten unterscheiden sich also beträchtlich. Die Effekte zwischen den betrachteten Konstrukten sind demzufolge in den drei Stakeholder-Gruppen unterschiedlich.

Reputation → eigene Erfahrungen		
	Kunden verglichen mit...	Aktionäre verglichen mit...
...Kunden	--	-2,042 (n.s.)
...Aktionären	-2,042 (n.s.)	--
...Mitarbeitern	53,293***	50,989***
Reputation → Loyalität		
	Kunden verglichen mit...	Aktionäre verglichen mit...
...Kunden	--	1,816 (n.s.)
...Aktionären	1,816 (n.s.)	--
...Mitarbeitern	342,624***	14,215***
Eigene Erfahrungen → Loyalität		
	Kunden verglichen mit...	Aktionäre verglichen mit...
...Kunden	--	49,245***
...Aktionären	49,245***	--
...Mitarbeitern	28,973***	-16,333***
		*** signifikant (zweitseitiger Test)

Tabelle 7-13:   t-Werte der Mittelwertdifferenzen bezogen auf die Pfadkoeffizienten der drei Stakeholder-Gruppen

7.4.2.4 Alternative Modellierungen

Als vierter und letzter Schritt im Prüfschema für formative Konstrukte wurde die **Modelloptimierung** aufgeführt. Interpretiert wird dies hier nicht als ‚Model-Trimming' auf der Ebene der Messmodelle, wie bereits begründet. Jedoch könnten andere Konzeptualisierungen des Strukturmodells in Frage kommen, zumal sich die Suche nach dem einzig ‚wahren' Modell in den Sozial- und Wirtschaftswissenschaften selten als

---

[280] Für diesen Vergleich wird ein Signifikanzniveau von p=0,01 (zweiseitiger Test) zu Grunde gelegt (Grenzwert: 2,576).

fruchtbar erweist.[281] Für ein bislang wenig erforschtes Konstrukt wie die Reputation und deren Beziehung zu anderen Konstrukten ist die Aufdeckung alternativer Modelle durchaus weiterführend.[282]

Die Sukzession der drei in der vorliegenden Arbeit zentralen Konstrukte wurde in den theoretischen Erörterungen der vorhergehenden Kapitel umfassend begründet und theoretisch hergeleitet. Allerdings werden in der Literatur unterschiedliche Standpunkte zur kausalen Beziehung von Reputation, Loyalität und Erfahrungen bzw. Zufriedenheit vertreten. Entsprechend dem hier analysierten Modell vermuten etwa RIORDAN, GATEWOOD und BARNES einen Einfluss der Arbeitszufriedenheit auf die Wechselabsicht von Mitarbeitern.[283] Dagegen vermutet JONES, dass für Mitarbeiter Commitment (hier: Loyalität) eine Voraussetzung für Zufriedenheit ist. Er konstatiert, dass Reputation in seiner Studie durch Arbeitszufriedenheit (Job Satisfaction) determiniert wird, die Richtung der Kausalität aber nicht feststellbar ist.[284]

Bei der Methodik der Kausalanalyse besteht grundsätzlich die Möglichkeit, dass nicht nur ein Modell sich als ‚gut' bzw. ‚passend' herausstellt[285]: „Even if a model is consistent with data, one cannot conclude that it mirrors the true causal process, since other models also might be able to reproduce the moment structure of the data".[286] MACCULLUM ET AL. fordern deshalb explizit dazu auf, dem Problem **äquivalenter Kausalmodelle** stärkere Beachtung zu schenken, da diese keine Ausnahmeerscheinungen, sondern den Regelfall der Kausalanalyse darstellen.[287] „It is quite difficult to ensure that a cause and effect have been isolated from all other influence [...]. For this reason, many researchers consider SEM models and the causal relations within the

---

[281] Vgl. Browne/Cudeck 1993, S. 137; Peter 1999, S. 196; Lohmöller 1989, S. 21.

[282] Vgl. MacCullum et al. 1993, S. 196.

[283] Geprüft wird der Zusammenhang der Konstrukte ‚Corporate Image', ‚Job Satisfaction' und ‚Turnover Intentions'; vgl. Riordan/Gatewood/Barnes 1997, S. 403.

[284] Vgl. Jones 1996, S. 285.

[285] Vgl. Bentler 1982, S. 122; Homburg/Baumgartner 1995, S. 1102; Chin 1998a, S. 6; Hulland 1999, S. 196; Peter 1999, S. 196; Gefen/Straub/Boudreau 2000, S. 41.

[286] Bentler 1982, S. 128; ähnlich Bollen 1989, S. 68; MacCullum et al. 1993, S. 185.

[287] Vgl. MacCullum et al. 1993, S. 185, 187. Äquivalente Modelle sind nur inhaltlich, nicht jedoch aufgrund ihrer Gütemaße priorisierbar; ebenda, S. 185f.

model as approximations to reality that can never really be proved. They can only be disproved or disconfirmed".[288]

Ein Modell wird dann als plausible Erklärung der Daten anerkannt, wenn es einen guten Fit aufweist, interpretierbare Schätzwerte liefert, inhaltlich relevant und parsimon ist.[289] Wenn es auf theoretischer Basis mehrere denkbare, ähnliche Konzepte gibt, dient der empirische Test dazu, jenes Hypothesensystem mit der **höchsten Aussagekraft** zu identifizieren. Das Ziel des empirischen Tests kann auch darin liegen, Modelle iterativ zu verbessern, was einem explorativen Vorgehen entspricht – vergleichbar mit der von WOLD beschriebenen ‚Modellevolution'.[290]

Im Rahmen dieser Arbeit werden **exploratives** und **konfirmatorisches Forschungsverständnis** kombinativ verfolgt, wobei Modellvarianten ausschließlich auf Basis theoretischer Überlegungen entwickelt werden.[291] So argumentiert auch BENTLER: „even though the goal of causal modeling is explanation rather than description, an appropriate interplay between theory and data survey surely involves exploration as well as confirmation"[292].

Drei **alternative Modellierungen** sind in Abbildung 7-7 dargestellt.

Durch Veränderung der Hypothese H_{K1} und die Unterstellung eines direkten Effekts der eigenen Erfahrungen auf die Reputation verändert sich das Modell nur geringfügig (**Modellvariante A**). Da ein Umkehren des Einflusses bzw. Richtungspfeils zwischen der vormalig exogenen bzw. endogenen Variable zwar zu einer Veränderung der Regressionsgleichung führt, nicht jedoch zu Veränderungen der erklärten Varianz[293], kann nur eine inhaltliche Argumentation zur Priorisierung eines Modells führen. BREYER geht von einer Interdependenz zwischen eigenen Erfahrungen und der Repu-

---

[288]   Raykov/Marcoulides 2000, S. 11 (SEM = Structural Equation Modelling). Bedingungen zur Feststellung von Kausalität diskutiert Bollen 1989, S. 40ff.

[289]   Vgl. MacCullum et al. 1993, S. 185; Brown/Cudeck 1993, S. 136.

[290]   Vgl. Wold 1982b, S. 343; siehe zu diesen Forschungszielen auch Homburg/Dobratz 1991, S. 219ff.; Peter 1999, S. 195f.

[291]   Ein iterativer Modellprüfprozess, bei dem zunächst alle mathematisch relevanten Modelle erarbeitet und erst anschließend inhaltlich geprüft werden, um das ‚beste' auszuwählen (MacCullum et al. 1993, S. 196f.), wird hier abgelehnt. Ausgangspunkt alternativer Modellierungen sollte stets ein theoriegeleitetes Vorgehen sein.

[292]   Bentler 1982, S. 123.

[293]   Die R^2-Werte für eigene Erfahrungen im Grundmodell und für Reputation in der Modellvariante A sind identisch (0,634).

tation aus: „Der Ruf kann die eigenen Erfahrungen bestätigen, ergänzen, korrigieren und beeinflussen. Andererseits geht von der Vielzahl der Einzelmeinungen, wie die Wandlung des Rufes zeigt, ein Einfluß auf den Ruf aus. Die unmittelbaren und die angeeigneten mittelbaren Erfahrungen verschmelzen zu einem Erfahrungsschatz. Die Unterscheidung in eigene und angeeignete Erfahrungen sowie den Quellennachweis sind kaum möglich".[294]

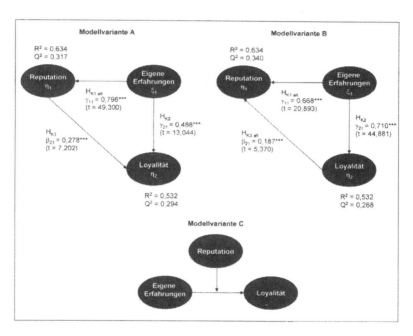

Abbildung 7-7:   Drei alternative Pfadmodellierungen

Eine Abhängigkeit der Reputation von den eigenen Erfahrungen ist vorstellbar, sofern man das Konstrukt Reputation als rein individuelles Wahrnehmungskonstrukt interpretiert (eine Vorstellung, die weiter oben aufgrund mangelnder Trennschärfe zu anderen Konstrukten aufgegeben wurde). Auch beeinflussen die aggregierten Erfahrungen von Konsumenten längerfristig den Ruf einer Unternehmung. FORNELL etwa geht davon aus, dass eine Steigerung der Kundenzufriedenheit generell zur Stärkung der

[294]   Breyer 1962, S. 87.

Reputation (die er allerdings mit Mundwerbung gleichsetzt) führt.[295] Jedoch wäre eine Überprüfung dieser Annahme allenfalls durch eine Langfristbetrachtung möglich.[296] Die hier theoretisch begründete Sequenz lautet, dass die in der Öffentlichkeit bzw. bei relevanten Zielgruppen vorherrschende Reputation der Unternehmung als Qualitäts-indikator herangezogen wird und erst hernach eigene Erfahrungen aufgebaut werden. Während also Modellvariante A statistisch-methodisch dem Basismodell nahezu eben-bürtig ist, sprechen inhaltliche Erwägungen gegen sie.

Gleiches gilt für **Modellvariante B**, bei der Hypothesen H_{K1} und H_{K3} variiert wurden. Zusätzlich zu den Veränderungen in Variante A wird hier angenommen, dass ein direkter Einfluss der Loyalität auf die Reputation besteht. Dies könnte darin begründet sein, dass die Loyalität der Konsumenten Reputation begründet (etwa durch die getä-tigten Wiederkäufe und Weiterempfehlungen).[297] Es gelten jedoch auch hier die oben genannten Einschränkungen, da Loyalität den eigenen Erfahrungen zeitlich nachge-ordnet wird und das Modell insofern inhaltlich abzulehnen ist.[298] Es ist allerdings darauf hinzuweisen, dass MACCULLUM ET AL. rein inhaltlichen Begründungen für die Modellpriorisierung skeptisch gegenüberstehen: „This argument implies that no other equally good explanation of the data is as plausible as the researcher's a priori model simply because the researcher did not generate the alternatives a priori"[299].

Als alternatives Modell wäre gegebenenfalls auch denkbar, dass der Ruf als **moderie-rende Variable** auf den Zusammenhang zwischen eigener Erfahrung und Loyalität wirkt. Ein moderierender Effekt wird durch solche Variablen ausgelöst, die einen Ein-fluss auf die Richtung und/oder Stärke der Beziehung zwischen einer exogenen und

---

[295]   Vgl. Fornell 1992, S. 11; ähnlich auch Weisenfeld-Schenk 1997, S. 27. Carmeli/Freund 2002, S. 56, stellen die These auf, dass Arbeitszufriedenheit das ‚Perceived External Prestige' aus Sicht von Mitarbeitern erhöht.

[296]   Vgl. Maruyama 1998, S. 100ff.

[297]   Vgl. zu einer solchen Annahme Bearden/Shimp 1982, S. 230f., und Kapitel 3.2. Allerdings könnte ein solcher Effekt valide nur durch eine Langfristuntersuchung erhoben werden, nicht im Rahmen einer einmaligen Befragung.

[298]   Entsprechend wurde im Fragebogen nach Verhaltensabsichten und damit zukunftsgerichteten Loyalitätsmerkmalen gefragt, nicht nach vergangenem Verhalten, bei dem die sukzessive Entste-hung der Konstrukte verschwämme. Die Loyalität als Einflussfaktor der eigenen Erfahrungen zu verstehen, ist aus diesem Grunde ebenfalls nicht stichhaltig, weshalb auf entsprechende Model-lierungen hier verzichtet wird.

[299]   MacCullum et al. 1993, S. 197.

einer endogenen Variablen nehmen.[300] Auch GIERING vermutet, dass eine höhere Reputation den Zusammenhang zwischen Kundenzufriedenheit und -loyalität abschwächt, also eine negative Moderatorvariable darstellt.[301] Den Grund für den negativen Effekt sieht sie darin, dass Kunden bei hoher Anbieterreputation weniger stark auf Zufriedenheitsschwankungen reagieren, da sie diese allenfalls für temporär halten.[302] In ihrer Untersuchung lässt sich dieser Effekt jedoch empirisch nicht nachweisen.[303]

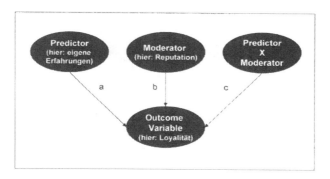

Abbildung 7-8:   Moderatoren-Modell

(Quelle: in Anl. an Baron/Kenny 1986, S. 1174)

In Abbildung 7-8 ist dargestellt, wie die Prüfung moderierender Effekte erfolgt. Die Moderatoren-Hypothese wird unterstützt, wenn – unabhängig von den Ausprägungen der Pfadkoeffizienten von Prädiktor und Moderator – die Interaktionsbeziehung (hier Pfad c) signifikant ist. Für die vorliegende Untersuchung wurde ein auf dem Niveau von $p=0,05$ signifikanter Pfadkoeffizient von -0,063 festgestellt (siehe im Detail

---

[300]   Vgl. Baron/Kenny 1986, S. 1174.

[301]   Vgl. Giering 2000, S. 185, 192.

[302]   vgl. Giering 2000, S. 143.

[303]   Generell erweisen sich Kovarianzstrukturmodelle wie LISREL – wie von Giering verwendet – oder auch AMOS als wenig geeignet, moderierende Effekte nachzuweisen, da sie erhebliche Anforderungen an Datenmaterial, Rechnerkapazität und die Samplegröße stellen; vgl. Chin/ Marcolin/Newsted 2003, S. 194ff.

Anhang B-3), was als **schwacher Zusammenhang** zu werten ist.[304] Reputation ist also eine moderierende Variable und schwächt den Zusammenhang zwischen Erfahrung und Loyalität leicht ab. Allerdings wird aufgrund der Schwäche des gemessenen Effektes dem Modell kein Vorzug vor dem Basismodell gegeben.

7.5 Empirische Ergebnisse zu Gemeinsamkeiten und Unterschieden der Stakeholder-Gruppen

7.5.1 Vergleich der drei Stakeholder-Gruppen hinsichtlich des Konstrukts Reputation

DAVIES ET AL. weisen darauf hin, dass weder die Messung von Reputation bei verschiedenen Anspruchsgruppen noch die Bedeutung harmonischer Beurteilungen bei diesen Gruppen bisher in der Literatur gewürdigt wird.[305] GATEWOOD, GOWAN und LAUTENSCHLAGER gehen konkret der Forschungsfrage nach: „Is general corporate image consistent across various external groups, or does image vary according to a group's relationship to an organization?"[306]. Bei konsistenten Wahrnehmungen wäre die Reputation ein universelles Konstrukt, Inkonsistenzen würden auf unterschiedliche Korrelate bei den verschiedenen Gruppen hinweisen.[307] In ihrer Analyse stellen die Autoren fest, dass eine Reputationsmessung nach den FORTUNE-Kriterien zum Beispiel für Bewerber auf einen Arbeitsplatz nicht geeignet sei: „The two groups, executives and potential job applicants, did not agree in their overall corporate image ratings"[308]. Die Beurteilung einer Unternehmung durch die Bewerber hängt vielmehr von der bisherigen Kontaktintensität ab: „the perception of image is a function of the information that is available to an individual at a given time"[309] Eine weitere Darstellung der Meinungen unterschiedlicher Stakeholder zu Imagefaktoren findet sich bei

---

[304] Der Interaktionseffekt kann auch durch Veränderungen von R^2 gemessen werden (f^2-Wert), der im vorliegenden Fall als sehr gering einzustufen ist; vgl. Chin/Marcolin/Newsted 2003, S. 195f., Fußnote 14. $f^2 = [R^2(\text{Interaktionsvariable}) - R^2(\text{Haupteffektmodell})] / [1 - R^2(\text{Haupteffektmodell})]$. Interaktionseffekte sind gering bei 0,02, mittel bei 0,15 und groß bei 0,35; vgl. ebenda, S. 211, Fußnote 32. Hier: $f^2 = [0{,}549-0{,}545] / [1-0{,}545] = 0{,}009$. Siehe hierzu auch Eggert et al. 2005, S. 111ff.

[305] Vgl. Davies et al. 2001, S. 114.

[306] Gatewood/Gowan/Lautenschlager 1993, S. 415. Die Autoren setzen Image und Reputation gleich; siehe ebenda.

[307] Vgl. Gatewood/Gowan/Lautenschlager 1993, S. 416.

[308] Gatewood/Gowan/Lautenschlager 1993, S. 417. Zum FORTUNE-Ansatz siehe Kapitel 4.2.1.

[309] Vgl. Gatewood/Gowan/Lautenschlager 1993, S. 424; zu Determinanten dieses Kontakts S. 420.

MARWICK und FILL, die anmerken: „It is important to note that a difference between stakeholder groups may be due to a difference of interpretation and as such it is essential to understand how stakeholders interpret image attributes"[310].

Grundsätzlich ist es für eine Unternehmung wichtig zu wissen, bei welchen Faktoren sie hinsichtlich welcher Stakeholder-Gruppen Stärken oder Schwächen aufweist. Außen- und Innenwahrnehmungen werden in vielen Unternehmungen nicht übereinstimmen: „Ein positives Selbstbild, gefördert durch hochmotivierte Mitarbeiter, reibungslose innerbetriebliche Zusammenarbeit und Koordination sowie glänzende leistungswirtschaftliche Kennzahlen, entspricht keineswegs immer der Wahrnehmung der Öffentlichkeit bzw. Teilen von ihr"[311]. Hinsichtlich der Studien zum ‚Reputation Quotient' vermuten FOMBRUN und WIEDMANN nur wenige Unterschiede zwischen den drei hier behandelten Stakeholder-Gruppen, wobei bisher keine Vergleichswerte berechnet/veröffentlicht wurden, sondern die Autoren nehmen fiktive Schätzungen vor.[312] Insgesamt nehmen die Autoren bei den Kunden die beste Wertung der Reputation bezüglich der beteiligten Unternehmungen an, gefolgt von den Investoren und mit deutlichem Abstand von den Mitarbeitern. Diesbezüglich widersprechen FOMBRUN und WIEDMANN ihrer Annahme, dass üblicherweise die eigenen Mitarbeiter die besten Reputationswertungen abgeben.[313]

Für die vorliegende Untersuchung ist festzuhalten, dass der Ruf des Kooperationspartners von den Befragten fast durchweg (sehr) positiv beurteilt wird. Das kooperierende Unternehmen verfügt über eine **monolithische Reputation,** deren Valenz mit sehr wenigen Ausnahmen positiv gesehen wird.[314] Nach WHETTEN ist solchen Unternehmungen eine hohe Reputationsstärke zuzuerkennen: „Reputational strength might be operationalized as the level of agreement among relevant stakeholders regar-

---

[310] Marwick/Fill 1997, S. 405.

[311] Bickmann 1999, S. 117, der dies an der BASF, McDonald's und der Rüstungsindustrie verdeutlicht.

[312] Vgl. Fombrun/Wiedmann 2001c, S. 28, vor allem die dortige Abbildung 12. Dowling 2004a, S. 199, schlägt vor, die Stakeholder-Gruppenzugehörigkeit als Moderator zwischen den Treibern von Reputation und deren Auswirkungen „Admiration", „Respect", „Trust" und „Confidence" zu analysieren.

[313] Vgl. Fombrun/Wiedmann 2001c, S. 29.

[314] Demgegenüber gibt es auch Unternehmungen, die eine gespaltene Reputation aufweisen, ihnen also positive wie auch negative Reputationen zuerkannt werden; vgl. Kapitel 4.2.3.

ding the content of an organization's reputation"[315]. Abbildung 7-9 stellt die Häufig-
keitsverteilung der Nennungen für die Konsumenten-, die Aktionärs- und die Mitarbeiterbefragung zur Frage nach der Globalreputation dar. Der Mittelwert über alle
Befragten liegt auf der verwendeten 7er-Skala bei 1,96.

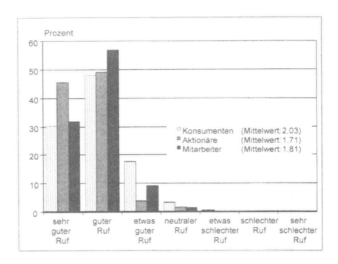

Abbildung 7-9:   Relative Häufigkeiten der Beurteilung des Globalrufs bezogen auf
                   alle drei Stakeholder-Gruppen

Konsistent mit der theoretischen Annahme von FOMBRUN und WIEDMANN zeigt
sich auch hier, dass Mitarbeiter die Reputation der Unternehmung positiver als die
Konsumenten sehen.[316] Den besten Ruf bescheinigen allerdings die Aktionäre dem be-
trachteten Unternehmen. Inwiefern signifikante Mittelwertunterschiede vorliegen,
kann mit Hilfe einer **einfaktoriellen ANOVA** festgestellt werden, nachdem die drei
Datensätze zusammengeführt wurden. Hierbei wird die Hypothese getestet, dass die
Variable Reputation bei den verschiedenen Stakeholder-Gruppen einen gleich hohen
Mittelwert aufweist.[317] Die Varianzanalyse liefert ein signifikantes Ergebnis (F=38,1;

---

[315] Whetten 1997, S. 28.

[316] Vgl. Fombrun/Wiedmann 2001c, S. 29.

[317] Vgl. zu diesem Verfahren Backhaus et al. 2003, S. 120ff.; Brosius 2002, S. 477ff. (ANOVA =
       Analysis of Variance). Die bei diesem Verfahren unterstellte Nullhypothese besagt also, dass
       alle miteinander verglichenen Gruppenmittelwerte in der Grundgesamtheit identisch sind; vgl.
       ebenda, S. 477.

p<0,001). Der Duncan-Test führt zu drei homogenen Untergruppen, die den drei Stakeholder-Gruppen entsprechen.[318] Also unterscheiden sich die drei Gruppen signifikant hinsichtlich der Beurteilung der Reputation.

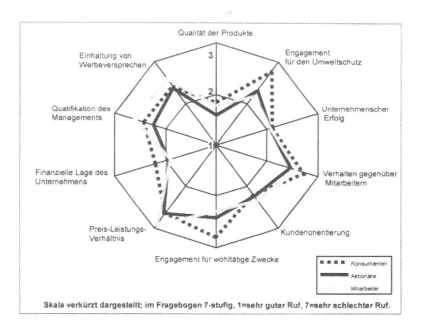

Abbildung 7-10:   ‚Radar-Chart' zu den Teilrufen bei den drei Stakeholder-Gruppen

Jedoch ist diese Differenzierung auf Ebene der Teilrufe nicht mehr nachweisbar; lediglich bezüglich des Merkmals ‚Ruf für Kundenorientierung' kann eine Verwerfung der Annahme homogener Varianzen nicht erfolgen (Levene-Test), für die restlichen Merkmale ist keine Varianzanalyse durchführbar.[319] Die in Abbildung 7-10 augenscheinlichen Unterschiede – etwa bezüglich des Engagements für den Umweltschutz – sind nicht signifikant. Eine Kreuztabellierung zwischen der Zugehörigkeit zu einer der drei Stakeholder-Gruppen sowie der Einschätzung des Globalrufs bzw. der Teilrufe führt ebenfalls nicht zum Ausweis signifikanter Zusammenhänge. Die Kenntnis der

---

[318] Voraussetzung für die Durchführbarkeit der Varianzanalyse ist u.a. der Levene-Test auf Varianzhomogenität, der hier eine Signifikanz von 0,095 aufweist.

[319] Vgl. Brosius 2002, S. 478.

Stakeholder-Zugehörigkeit eines Befragten führt also nicht zu einer besseren Prognose der Rufbeurteilung.[320]

Unterschiede zwischen den Stakeholder-Gruppen hinsichtlich der Rufbeurteilung können auch über **Diskriminanz- bzw. Clusteranalysen** berechnet werden[321]; erstere nennen FOMBRUN und WIEDMANN ganz generell als weitere Analysemöglichkeit für die RQ-Daten, ohne jedoch bislang entsprechend differenzierte Analysen vorgelegt zu haben.[322] Geprüft wurde für die vorliegende Untersuchung, ob sich die Stakeholder-Gruppen als individuelle Cluster abgrenzen lassen.

Mit dem Ward-Verfahren auf Basis der quadrierten Euklidischer Distanz wurde hinsichtlich der Angaben aller Befragten zu den 10 Ruf-Indikatoren eine 3-Cluster-Lösung erzielt.[323] 90,5 Prozent der gültigen Fälle konnten durch eine Diskriminanzanalyse korrekt klassifiziert werden.[324] Die Bildung von drei Gruppen auf Basis der Angaben aller Befragten zu den Teilrufen ist demgemäß möglich. Eine nachfolgende Kreuztabellierung der drei Cluster mit der Stakeholder-Gruppenzugehörigkeit führt zwar zu einem höchst signifikanten, jedoch nur schwachen Zusammenhang (Kontingenzkoeffizient = 0,178). Eine Identifizierung der drei Cluster auf Basis der Stakeholder-Gruppenzugehörigkeit ist also nicht möglich. Dies bestätigt erneut, dass der betrachtete Konsumgüterhersteller über eine monolithische Reputation verfügt. Sie ist in allen bzw. den betrachteten Stakeholder-Gruppen und bezüglich der erhobenen Teilmerkmale homogen ausgeprägt.

Der Mittelwert über alle Teilmerkmale liegt für die Konsumenten bei 2,42, also deutlich über dem Mittelwert für den Gesamtruf (2,03).[325] Eine nahe liegende Erklärung für diese Beobachtung könnte lauten, dass der Ruf über die zehn Indikatoren nicht hin-

---

320 Dieser Zusammenhang wurde überprüft vermittels Lamda, Goodman und Kruskals Tau sowie des Unsicherheitskoeffizienten; vgl. etwa Brosius 2002, S. 247ff. Zur Vorgehensweise bei der Kreuztabellierung vgl. Backhaus et al. 2005, S. 235ff.

321 Vgl. zu den entsprechenden Verfahren u.a. Backhaus et al. 2005, S. 156ff. bzw. S. 510ff. und Hair et al. 2006, S. 555ff.

322 Vgl. Fombrun/Wiedmann 2001c, S. 22.

323 Vgl. zu diesem Verfahren z.B. Backhaus et al. 2005, S. 522ff.

324 In die Berechnung gingen 1073 gültige Fälle ein; 823 Fälle wurden nicht berücksichtigt. Dieser hohe Anteil ist auf die bereits angesprochene hohe Missing-Value-Rate bzw. korrekt die hohe Rate von ‚Weiß-Nicht'-Antworten zurückzuführen.

325 Bei den Aktionären ergeben sich Werte von 1,62 bzw. 2,23 für Global- und Teilrufe, für die Mitarbeiter 1,81 bzw. 2,33.

reichend genau erfasst wurde, dass also noch weitere Indikatoren relevant sind, die positiver bewertet werden als die 10 benannten und den Globalruf positiv beeinflussen.[326] Eine inhaltliche Durchsicht der Items wie auch die umfassende Konzeptualisierung des Konstrukts sprechen jedoch nicht für diesen Erklärungsansatz. Analoge Beobachtungen bei Messungen der Arbeitszufriedenheit auf Global- und Merkmalsebene erklärt BORG durch die ‚**Sandwich-Theorie**': Ein Einstellungsurteil wird nicht – wie häufig vermutet – als mentale Mittelwertbildung über verschiedene Komponenten des zu bewertenden Objekts gebildet. Vielmehr bildet sich ein Einstellungsurteil als „Funktion übergreifender Einstellungen und spezieller Einstellungen gegenüber den Komponenten des Einstellungsobjekts"[327]. So, wie die Arbeitszufriedenheit einen **affektiven Halo** für Teilzufriedenheiten bildet, könnten allgemeine Einstellungen zu einer Unternehmung auch die Beurteilung des Globalrufs und der merkmalsbezogenen Rufe beeinflussen.[328] Dies liegt daran, dass übergreifende Affekte mental schneller verfügbar sind als Beurteilungen für einzelne Komponenten, etwa eines Einstellungskonstrukts. Auch SCHULTZ ET AL. merken an, dass Befragte auf viele Reputations-Items eher intuitiv antworten und zudem unternehmensspezifische Aktivitäten im Laufe der Zeit nicht mehr singulär erinnert werden, sondern zu einem Gesamtbild zusammenfließen.[329] In Kapitel 2 wurde bereits erwähnt, dass gestaltpsychologische Erkenntnisse der ganzheitlichen Wahrnehmung der Unternehmung (ohne Aufspaltung in ‚Teilrufe') eine intensivere psychische Wirkung zuweisen als der Summe der Wahrnehmungseffekte der einzelnen Teile.[330]

Eine branchen- und unternehmensübergreifende Studie zur Reputationsmessung auf Basis des RQ-Designs, in der verschiedene Stakeholder-Gruppen erfasst wurden, legt GARDBERG vor. Sie führte eine Online-Befragung in einem Internet-Panel durch, wobei die Daten gewichtet wurden, um Repräsentanz für die US-amerikanische Bevölkerung zu erzielen.[331] Die Zugehörigkeit des Befragten zu bestimmten Stakeholder-Gruppen wurde in ihrer Analyse durch separate Fragen erhoben, wie etwa für die

---

[326] Vgl. ähnlich Borg 2000, S. 3.

[327] Borg 2000, S. 5.

[328] Vgl. zu dieser Argumentation Borg 2000, S. 5; Dowling 2004b, S. 20. Der Zusammenhang zwischen Einstellungen, Images und Reputation wurde in Kapitel 2.1.1 dargelegt.

[329] Vgl. Schultz/Mouritsen/Gabrielsen 2001, S. 37.

[330] Vgl. Huber 1993, S. 80.

[331] Vgl. Gardberg 2001, S. 156. Der Gewichtungsprozess ist sicherlich nicht unkritisch.

Gruppe der Konsumenten durch die Frage „Have you purchased any products or services from (name of company)?"[332]. Als ‚Nur-Kunden' konnten 6.134 (36,4%) Probanden identifiziert werden, als ‚Nur-Aktionäre' 78 (0,5%) und als Nur-Mitarbeiter' nur
ein einziger Proband.[333] GARDBERG überprüft, inwiefern die Gruppenzugehörigkeit
determiniert, welche Reputations-Items von einem Probanden bewertet werden. Je
mehr verschiedene Kriterien bzw. Informationen bei der Beurteilung von Unternehmungen herangezogen werden, desto komplexer ist das Beurteilungsschema des
Befragten. **Schemakomplexität** bezieht sich auf die Anzahl voneinander unabhängiger
Attribute, welche einer Person beim Gedanken an ein bestimmtes Bezugsobjekt ein-
fallen. Vereinfacht kann sie auch beschrieben werden als „the depth of information
recalled".[334] Zur Überprüfung ihrer These analysiert sie für jeden Befragten, wie viele
Reputations-Items er bewertet hat und wie häufig er die Ausweichkategorie ‚weiß
nicht' ankreuzte.[335]

Die Studie von GARDBERG erzielt im Vergleich zu den hier vorliegenden Ergebnissen wesentlich geringere Anteile an ‚Weiß nicht'-Antworten, auch weniger als die
Autorin selbst erwartet hatte. Als mögliche Erklärung führt sie an, dass die Probanden
trotz Unsicherheit auf die Items geantwortet haben, um ‚schlauer' zu erscheinen oder
dem Studienleiter zu imponieren.[336] Andererseits könne die Erklärung in einem Halo-
Effekt liegen.[337] Sie kommt zu dem Schluss, dass die verschiedenen Stakeholder-Gruppen einer Unternehmung zwar unterschiedliche Kriterien bei der Beurteilung der
Unternehmung heranziehen, allerdings auch Informationen nutzen, die nicht einem
bestimmten Stakeholder-Status zuordenbar bzw. für die betrachtete Gruppe eigentlich
irrelevant sind. „Research shows that knowledge structures about firm performance
vary across stakeholder groups and performance domains".[338] Ihre These, dass
Mitarbeiter arbeitsbezogene Items eher beurteilen würden als Befragte aus anderen
Stakeholder-Gruppen, wurde durch ihre Studie unterstützt, ebenso die analoge These

---

[332]   Gardberg 2001, S. 172. Die Antwortoptionen umfassen den Zeitpunkt des Kaufs.
[333]   Vgl. Gardberg 2001, S. 76.
[334]   Gardberg 2001, S. 31. Zu Schemen konkretisiert sie: „Schemata guide the perceptions of new
        information, memory of old information and inferences that extend beyond both"; ebenda, S. 28.
[335]   Vgl. Gardberg 2001, S. 69. Sie misst die Reputation analog zum Reputation Quotient.
[336]   Vgl. Gardberg 2001, S. 77 und S. 163f.
[337]   Vgl. Gardberg 2001, S. 164; ähnlich Caruana 1997, S. 114.
[338]   Gardberg 2001, S. 158.

zu Aktionären und erfolgsbezogenen Items sowie Konsumenten und produkt- sowie qualitätsbezogenen Items.[339]

Merkmal/Teilruf	Konsumenten (N = 762)	Aktionäre (N = 657)	Mitarbeiter (N = 484)	Ø
Qualität der Produkte	98,7	99,2	97,3	98,4
Engagement für den Umweltschutz	80,3	84,6	89,0	84,6
Unternehmerischer Erfolg	92,4	97,3	95,0	94,9
Verhalten gegenüber Mitarbeitern	61,7	60,0	92,6	71,3
Kundenorientierung	94,8	92,5	90,5	92,6
Engagement für wohltätige Zwecke	67,6	69,4	90,3	75,8
Preis-Leistungs-Verhältnis der Produkte	98,8	95,9	94,8	96,5
Finanzielle Lage des Unternehmens	79,4	96,7	92,1	89,4
Qualifikation des Managements	74,8	89,0	84,7	82,8
Einhaltung von Werbeversprechen	96,2	95,6	93,8	95,2
Ø	84,5	88,0	92,0	88,2

Tabelle 7-14:   Prozentuale Anteile der Nennungen zu Teilrufen bei den drei Stakeholder-Gruppen

Für die vorliegende Studie war ein relativ hoher Anteil an ‚Weiß nicht'-Antworten hinsichtlich der Teilrufe kennzeichnend. Die entsprechenden prozentualen Anteile pro Stakeholder-Gruppe bzw. Befragung sind in Tabelle 7-14 aufgeführt, wobei die unterdurchschnittlich oft bewerteten Items (≤88,2%) grau unterlegt sind.

So haben etwa zum Item ‚Verhalten gegenüber Mitarbeitern' nur 470 befragte Konsumenten eine Wertung vorgenommen, der Rest wich auf die ‚Weiß nicht'-Kategorie aus. Demgegenüber wurden zur Qualität der Produkte von fast allen Befragten Angaben gemacht. Jedes Ruf-Item wurde durchschnittlich von 84,5 Prozent der Konsumenten beantwortet, von 88,0 Prozent der Aktionäre und 92,0 Prozent der Mitarbeiter. Das Item ‚Qualität der Produkte' wurde über alle Stakeholder-Gruppen hinweg durchschnittlich von 98,4 Prozent der Befragten beurteilt, ‚Verhalten gegenüber Mitarbeitern' nur von 71,3 Prozent.

Eine Kreuztabellierung zwischen der Stakeholder-Gruppenzugehörigkeit auf der einen Seite und der Angabe eines Rufes für die Teilmerkmale (Skalenwerte 1 bis 7) bzw. der

---

[339]   Vgl. Gardberg 2001, S. 81ff. Allerdings war im Sample nur ein ‚Nur-Mitarbeiter'.

Angabe ‚kein Ruf' (Skalenwert 9) auf der anderen weist für das Merkmal ‚Verhalten gegenüber Mitarbeitern' einen Kontingenzkoeffizienten von 0,303 auf, was auf einen relativ starken Zusammenhang hinweist.[340] Für ‚Engagement für den Umweltschutz' liegt er bei 0,114, für ‚Qualifikation des Managements' bei 0,165, für ‚Engagement für wohltätige Zwecke' bei 0,229 und für die ‚Finanzielle Lage der Unternehmung' bei 0,241. Diese Zusammenhänge sind wesentlich schwächer. Aus diesen Beobachtungen lässt sich nicht mit hinreichender Sicherheit schließen, dass manche Stakeholder-Gruppen besser als andere in der Lage sind, bestimmte der benannten Teilrufe zu beurteilen.

Bezüglich der Konsumenten-Befragung, welche die höchsten Ausfälle verzeichnete, wurde zudem untersucht, wodurch sich die Teil-Rufe Bewertenden von Nicht-Bewertenden unterscheiden. Jene Probanden, die zu einem oder mehren Ruf-Indikatoren keine Wertung abgaben, wurden kreuztabellarisch jenen gegenübergestellt, die zu allen Indikatoren Bewertungen nannten. Ein Vergleich der beiden Teilsamples weist hinsichtlich folgender Merkmale auf zwar schwache, aber signifikante Zusammenhänge hin (vgl. Tabelle 7-15)[341]:

Item	Inhalt	Kontingenz-koeffizient	p-Wert
y_5	Wie stark fühlen Sie sich mit der Firma U vertraut?	0,209	0,000
y_6	Wie stark würden Sie es bedauern, wenn es die Firma U und ihre Produkte nicht mehr gäbe?	0,148	0,002
y_7	Wie stark gehören für Sie die Produkte der Firma U zum täglichen Leben dazu?	0,171	0,000
y_8	Wie stark halten Sie in Ihrem Haushalt U-Marken die Treue?	0,117	0,034

Tabelle 7-15   Items zur Differenzierung von den Ruf bewertenden und nicht
                      bewertenden Konsumenten

Die **affektive Loyalität** der befragten Konsumenten ist damit bei den Bewertenden jeweils etwas stärker ausgeprägt als bei den Nicht-Bewertenden.[342] Bei anderen – etwa den demographischen – Merkmalen liegen keinerlei signifikante Zusammenhänge vor.

---

[340]   Der Maximalwert liegt bei 0,762 bei der verwendeten 3x2-Felder-Tabelle.
[341]   Die Prüfung der Abhängigkeit erfolgt mit einem Chi-Quadrat-Test, die Prüfung der Zusammenhangsstärke mit dem Kontingenzkoeffizienten.
[342]   Zur Abgrenzung der affektiven von der konativen Loyalität im vorliegenden Messmodell siehe Kapitel 5.2.2.2.

Diese Beobachtung bekräftigt die kausalanalytische Beobachtung, dass Reputation und Loyalität in einem positiven Zusammenhang stehen.

7.5.2 Besonderheiten der hybriden Stakeholder

In ihrer Studie stellt GARDBERG auch die folgende These auf: „The greater the number of stakeholder groups to which an individual belongs, the greater his/her schema complexity"[343]. Es werden von hybriden Stakeholdern also mehr Kriterien bzw. Informationen bei der Beurteilung der Unternehmung herangezogen; sie weisen demnach ein komplexeres Beurteilungsschema auf als ‚einfache' Stakeholder. Auch zur Überprüfung dieser These vergleicht die Autorin fallweise, wie viele Reputations-Items bewertet bzw. wie häufig die Ausweichkategorie ‚weiß nicht' angekreuzt wurde.[344]

Hybride Stakeholder werden in der Studie ermittelbar über die „summation of the number of groups in which a respondent identifies as having participated during the past year"[345]. Es konnten 328 (1,9%) der 16.863 Teilnehmer der Online-Befragung zwei und nur 3 Befragte drei Stakeholder-Gruppen zugeordnet werden. Der Anteil hybrider Stakeholder ist bei diesem Befragungsdesign also sehr gering, was methodische Probleme birgt. Trotzdem sieht GARDBERG ihre These, dass hybride Stakeholder mehr Items beurteilen, aufgrund ihres Datenmaterials gestützt.[346]

In Bezug auf die vorliegende Untersuchung wurden hybride Stakeholder in der **Konsumentenbefragung** durch die Antwort der Probanden auf die Frage, ob sie Mitarbeiter oder Aktionär des kooperierenden Unternehmens sind oder waren, identifizierbar. 4 Befragte sind, weitere 5 waren Mitarbeiter des Unternehmens, 3 Befragte sind, 5 waren Aktionäre. Eine weitere Analyse entfällt aufgrund der schwachen Datenbasis.[347] In der **Aktionärsbefragung** wurden die Probanden gebeten anzugeben, ob sie Mitarbeiter des Unternehmens sind oder waren (‚Investoyees'). Dies traf auf 25,8 Prozent der

---

[343] Gardberg 2001, S. 37, ähnlich S. 151 und S. 160.

[344] Vgl. Gardberg 2001, S. 69.

[345] Gardberg 2001, S. 71. Alle Befragten, die keine Zugehörigkeit zu primären Stakeholder-Gruppen angaben, wurden der ‚General Public' zugeordnet (ca. 59%); vgl. ebenda, S. 71 und S. 76.

[346] Vgl. Gardberg 2001, S. 84.

[347] Es ist zu ergänzen, dass die Befragung hybrider Stakeholder mit der Konsumentenbefragung nicht intendiert wurde; als ‚hybrid' werden hier die Befragten bezeichnet, die mindestens zwei der drei betrachteten Stakeholder-Gruppen angehören. Darüber hinaus gehende Hybridität (etwa als Anwohner, Medienschaffender etc.) wurde nicht untersucht.

Befragten zu (4,9% sind, 20,9% waren Mitarbeiter). Zudem ist generell davon auszugehen, dass sie Kunden des Konsumgüterherstellers sind ('Investomers'). Das analoge Vorgehen wurde in der **Mitarbeiterbefragung** gewählt, bei der ebenfalls davon auszugehen ist, dass diese Stakeholder gleichzeitig Kunden sind. Über die Frage, ob sie Belegschafts- oder andere Aktien des Unternehmens halten, konnten sie als hybride 'Investoyees' klassifiziert werden. 65,8 Prozent der befragten Mitarbeiter sind Anteilseigner ihres Arbeitgebers.[348]

Unterschiede bzw. Gemeinsamkeiten der hybriden und 'einfachen' Stakeholder werden hinsichtlich **drei verschiedener Fragestellungen** untersucht:

- Erstens ist der Frage nachzugehen, ob hybride Stakeholder über ein komplexeres Beurteilungsschema hinsichtlich des Rufs der Unternehmung verfügen als 'einfache' Stakeholder, wie auch von GARDBERG vermutet.[349]

- Zweitens ist zu überprüfen, ob die Stärke der Zusammenhänge zwischen Reputation, eigenen Erfahrungen und der Loyalität bei hybriden Stakeholdern anders ausgeprägt ist als bei 'einfachen'. Auf diese Weise könnten weitere Anhaltspunkte für die Stabilität des bereits umfassend diskutierten Grundmodells der vorliegenden Arbeit gefunden werden.

- Drittens sind mögliche Unterschiede in der Einschätzung des Rufs und hinsichtlich der Loyalität aufzudecken. Hybride Stakeholder könnten aufgrund ihrer vielfältigeren Rollen gegenüber der Unternehmung deren Ruf positiver oder negativer einschätzen (Hypothesen H_{HR} und H_{altHR}). Auch könnten sie gegenüber der Unternehmung loyaler oder weniger loyal als die 'einfachen' Stakeholder sein (Hypothesen H_{HL} und H_{altHL}).[350]

In einem ersten Schritt wird der Vermutung GARDBERGs nachgegangen, dass hybride Stakeholder über ein komplexeres Beurteilungsschema hinsichtlich der Unternehmensreputation verfügen. In Tabelle 7-16 aufgeführt sind die prozentualen Anteile der Probanden je Befragtengruppe, die für Teilmerkmale des Rufs Angaben machten

---

[348]   Das Ausgangs-Sample enthielt 50% Belegschaftsaktionäre (s.o.), so dass für diese eine ausgeprägtere Antwortbereitschaft konstatiert werden kann, die allerdings auch durch andere Einflussfaktoren (Funktion, demographische Variablen) erklärlich sein könnte.

[349]   Vgl. Gardberg 2001, S. 37.

[350]   Zu den Hypothesen und deren Begründungen siehe Kapitel 5.2.5 und 6.5.

(Skalenwerte 1 bis 7), der Rest verzichtete auf eine Angabe bzw. kreuzte ‚weiß nicht' (Skalenwert 9) an.

Merkmal/Teilruf	Aktionärsbefragung		Mitarbeiterbefragung	
	Investoyees (N = 169)	‚Nur'-Aktionäre (N = 492)	Investoyees (N = 314)	‚Nur'-Mitarbeiter (N = 167)
Qualität der Produkte	100,0	98,8	100,0	98,8
Preis-Leistungs-Verhältnis der Produkte	98,2	94,3	97,5	96,4
Engagement für den Umweltschutz	98,8	79,5	93,3	88,0
Unternehmerischer Erfolg	99,4	96,3	98,7	94,6
Verhalten gegenüber Mitarbeitern	97,6	46,7	95,5	93,4
Kundenorientierung	98,2	90,0	95,9	87,4
Engagement für wohltätige Zwecke	97,6	59,3	94,3	88,6
Finanzielle Lage des Unternehmens	98,2	95,3	95,9	91,0
Qualifikation des Managements	95,3	86,4	88,5	83,3
Einhaltung von Werbeversprechen	97,0	94,5	98,1	92,3
Ø	98,0	84,1	95,8	91,4

Tabelle 7-16:   Prozentuale Anteile der Nennungen zu Teilrufen bei hybriden und ‚einfachen' Stakeholdern

Vor allem in der Aktionärsbefragung zeigen sich deutliche Unterschiede, etwa hinsichtlich der Merkmale ‚Engagement für den Umweltschutz', ‚Verhalten gegenüber Mitarbeitern' und ‚Engagement für wohltätige Zwecke'. Auch in der Mitarbeiterbefragung liegen die Anteile der ‚Weiß nicht'-Antworten in der Gruppe der ‚Nur'-Mitarbeiter stets über jenen der Gruppe der ‚Investoyees'. Eine Kreuztabellierung zwischen der Stakeholder-Art auf der einen Seite und der Angabe eines Rufes für die Teilmerkmale bzw. der Angabe ‚weiß nicht' auf der anderen weist für die Aktionärsbefragung bei einigen Merkmalen auf Zusammenhänge hin. Der Kontingenzkoeffizient bei ‚Verhalten gegenüber Mitarbeitern' erreicht einen Wert von 0,412 in der Aktionärsbefragung, das ‚Engagement für wohltätige Zwecke' einen Wert von 0,340.[351] Alle anderen Reputationsmerkmale wie auch die Ergebnisse der Kreuztabellierung in der Mitarbeiterbefragung weisen nur auf schwache Zusammenhänge hin. Aus diesen Ergebnissen lässt sich also nicht mit hinreichender Sicherheit schließen, dass hybride Stake-

---

[351] Signifikanzniveau p = 0,0001.

holder ein komplexeres Beurteilungsschema bezüglich des Rufs der Unternehmung aufweisen als ‚einfache' Stakeholder.

In einem weiteren Schritt wurde geprüft, ob das Kausalmodell in den Gruppen der hybriden bzw. ‚einfachen' Stakeholder vergleichbare Werte liefert. Der Datensatz aus der Aktionärsbefragung wurde geteilt in die Gruppe der Aktionäre, die Mitarbeiter sind oder waren sowie die Gruppe der ‚einfachen' Aktionäre.[352] Hinsichtlich der Mitarbeiterbefragung wurden die Teildatensätze der Belegschaftsaktionäre und der ‚einfachen' Mitarbeiter verglichen.[353] Abbildung 7-11 zeigt die Pfadkoeffizienten sowie R^2-Werte.

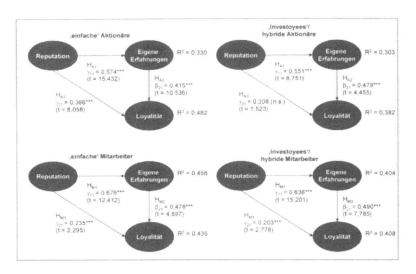

Abbildung 7-11:   Vergleich der Strukturmodelle für hybride und ‚einfache' Stakeholder[354]

Der Vergleich zeigt hinsichtlich der Aktionäre, dass die Pfadkoeffizienten für ‚Investoyees' und ‚einfache' Aktionäre nahezu identisch sind. Auch hinsichtlich der t-Werte

---

[352]   In das Modell gingen bei den Schätzungen für die beiden Datensätze alle Reputationsindikatoren, 4 Indikatoren für eigene Erfahrungen (aktienbezogene) sowie 8 Loyalitätsindikatoren (affektive Loyalität und aktienbezogene) ein.

[353]   In das Modell gingen bei den Schätzungen für die beiden Datensätze alle Reputationsindikatoren, 2 Indikatoren für eigene Erfahrungen (mitarbeiterbezogene) sowie 8 Loyalitätsindikatoren (affektive Loyalität und arbeitsbezogene) ein.

[354]   Alle Werte bis auf den Pfad Reputation-Loyalität bei den hybriden Aktionären sind signifikant auf dem Niveau p=0,01 (einseitiger Test).

zeigen sich nur geringe Unterschiede, allerdings liegen bei den ‚einfachen' Aktionären höhere Signifikanzwerte vor.[355] Das gleiche Bild liefert der Vergleich aus der Mitarbeiterbefragung; es scheinen keine nennenswerten Unterschiede zwischen Belegschaftsaktionären und ‚einfachen' Mitarbeitern vorzuliegen.

Auch hier wird ein **t-Test für unabhängige Stichproben** herangezogen, um signifikante Differenzen der Pfadkoeffizienten bei hybriden und ‚einfachen' Stakeholdern aufzudecken.[356] Es werden jeweils hybride und ‚einfache' Mitarbeiter sowie hybride und ‚einfache' Aktionäre verglichen. Die t-Werte sind in Tabelle 7-17 zusammengestellt.

Reputation → eigene Erfahrungen		
	‚einfache' Aktionäre verglichen mit …	‚einfache' Mitarbeiter verglichen mit…
…hybriden Aktionären	5,707***	
…hybriden Mitarbeitern		8,963***
Reputation → Loyalität		
	‚einfache' Aktionäre	‚einfache' Mitarbeiter
…hybriden Aktionären	22,364***	
…hybriden Mitarbeitern		3,958***
Eigene Erfahrungen → Loyalität		
	‚einfache' Aktionäre	‚einfache' Mitarbeiter
…hybriden Aktionären	-11,181***	
…hybriden Mitarbeitern		-1,633 (n.s.)
		*** signifikant (zweiseitiger Test)
grau unterlegte Felder wurden nicht untersucht		

Tabelle 7-17:   t-Werte der Mittelwertdifferenzen bezogen auf die Pfadkoeffizienten hybrider und ‚einfacher' Stakeholder

Hinsichtlich der Aktionäre zeigt sich, dass im Hinblick auf alle drei betrachteten Pfadkoeffizienten signifikante Unterschiede zwischen hybriden und ‚einfachen' Aktionären vorliegen. Hinsichtlich der Mitarbeiter sind diese Differenzen weniger stark; der Effekt von ‚eigenen Erfahrungen' auf Loyalität weist keine signifikanten Unterschiede bei hybriden und ‚einfachen' Mitarbeitern auf. Es zeigt sich also, dass die für die vorliegende Arbeit zentralen Einflüsse zwischen Reputation, eigenen Erfahrungen und Loy-

---

[355] Die erklärte Varianz unterscheidet sich in beiden Datensätzen jedoch kaum, die maximale Abweichung liegt bei 0,1. Wie erläutert, ist dieses Maß für formative Konstrukte (eigene Erfahrungen) wenig aussagekräftig.

[356] Siehe zu diesem Testverfahren die Ausführungen in Abschnitt 7.4.2.3.

alität bei hybriden und ‚einfachen' Stakeholdern unterschiedlich ausgeprägt sind. Die gemessenen Unterschiede sind zwar überwiegend nicht stark, aber in den meisten Fällen signifikant.

Zuletzt wird noch geprüft, ob hybride Stakeholder den Ruf des kooperierenden Unternehmens signifikant besser einstufen als ‚einfache' Stakeholder und ob sie sich loyaler zeigen. Es ist zu prüfen, ob signifikante Mittelwertunterschiede vorliegen. Dies geschieht mit Hilfe **einfaktorieller Varianzanalysen**.[357] Hierbei wird auf Basis eines F-Tests für jeden der Ruf- und Loyalitätsindikatoren die Hypothese getestet, dass von der Gruppenzugehörigkeit (unabhängige, nominale Variable) keine Wirkung auf die Ausprägungen von Ruf- und Loyalitätsindikatoren ausgeht. Da die empirischen F-Werte (max. 3,75) für alle geprüften Indikatoren in der Mitarbeiterbefragung unterhalb des theoretischen Wertes liegen (6,63 für p=0,01), kann die Nullhypothese der Varianzgleichheit nicht abgelehnt werden.[358] In der Aktionärsbefragung zeigen sich jedoch signifikante Varianzheterogenitäten. In Bezug auf die Reputationsmerkmale ‚Engagement für den Umweltschutz', ‚Engagement für wohltätige Zwecke' und ‚finanzielle Lage der Unternehmung' zeigen sich signifikant unterschiedliche Einschätzungen der beiden Gruppen ‚Nur'-Aktionäre und (ehemalige) Mitarbeiter. Diese Ergebnisse reichen jedoch nicht aus, um zu einer Aussage hinsichtlich der diesbezüglich aufgestellten Hypothese und Alternativhypothese zu kommen. Besonders hervorzuheben ist jedoch die Beobachtung, dass bezüglich **aller affektiven Loyalitätsindikatoren** signifikante Unterschiede festzustellen sind sowie hinsichtlich der **kaufloyalitätsbezogenen (Wiederkauf und Weiterempfehlung der Produkte)**. Eine Kreuztabellierung zeigt, dass stets die Gruppe der Hybriden positiver auf die Loyalitätsindikatoren antwortete.[359] Insofern liegen Indizien dafür vor, dass hybride Stakeholder der Unternehmung gegenüber loyaler sind als ‚einfache'; die Unterstützung der diesbezüglichen Hypothese bedarf jedoch weiterer Untersuchungen, da das vorliegende Datenmaterial keine hinreichend gesicherte Aussage ermöglicht.

---

[357] Vgl. hierzu z.B. Backhaus et al. 2005, S. 122ff.

[358] Vgl. Backhaus et al. 2003, S. 127.

[359] Der Chi-Quadrat-Test ist für alle Zusammenhänge signifikant auf dem Niveau 0,0001, jedoch mussten die Skalen zur Berechnung zusammengefasst werden (3 statt 5 Skalenpunkte). Folglich fällt der Kontingenzkoeffizient noch etwas geringer aus. Er lag für alle Zusammenhänge nur zwischen 0,362 (Verbundenheit mit Unternehmen U) und 0,061 (Weiterempfehlung der Produkte), was auf mittlere bis sehr schwache Zusammenhänge hinweist.

Zusammenfassend ist festzuhalten, dass auf Basis des vorliegenden Datenmaterials Indizien dafür gefunden wurden, dass hybride Stakeholder ein komplexeres Beurteilungsschema besitzen. Diese lassen sich jedoch mit den verwendeten Methoden nicht mit statistisch hinreichender Sicherheit belegen. Unterschiede in den Zusammenhängen zwischen Reputation, eigenen Erfahrungen und Loyalität ließen sich für hybride und ‚einfache' Stakeholder auf zwar schwachen, aber signifikantem Niveau feststellen. Es ließen sich jedoch keine signifikanten Unterschiede in der Reputationsbeurteilung durch hybride und ‚einfache' Stakeholder belegen (Hypothesen H_{HR} und H_{altHR}). Die Hypothese, dass hybride Stakeholder loyaler sind, lässt sich nur für einen der betrachteten Datensätze aufrechterhalten (Hypothese H_{HL}).

7.6 Zwischenfazit und kritische Würdigung der Studien

7.6.1 Grundlegende Ergebnisse der Untersuchungen

Für die vorliegenden Untersuchungen wurde ein **innovativer Messansatz** für das Konstrukt der Reputation entwickelt, der sich durch zwei grundlegende Charakteristika auszeichnet. Erstens handelt es sich um einen formativen Messansatz, Reputation setzt sich also aus den hier diskutierten zehn Bausteinen zusammen, die für die Kunden, Aktionäre, Mitarbeiter oder die Öffentlichkeit zentrale Merkmale einer Unternehmung umfassen. Zweitens wurde davon ausgegangen, dass dieser Messansatz für alle drei betrachteten Stakeholder-Gruppen unverändert eingesetzt werden kann. Inhaltlich ist dies dadurch zu begründen, dass Reputation als das von Stakeholdern wahrgenommene Ansehen der Unternehmung in der Öffentlichkeit verstanden wird und sich diese Sicht der Öffentlichkeit an stets den identischen Merkmalen orientieren kann. Empirisch zeigte sich, dass die Messung bei allen Stakeholder-Gruppen durchgeführt werden konnte, die Stärke der Reputation des betrachteten Unternehmens über die verschiedenen Teilmerkmale jedoch variierte. So ist ein hoher Anteil von ‚Weiß nicht'-Antwortenden zu bemerken, die sich vor allem im Aktionärs- und im Konsumenten-Sample fanden. Die Beurteilungsschemata der einzelnen Stakeholder-Gruppen sind also unterschiedlich stark ausdifferenziert. Über das facettenreichste Bild des Unternehmens verfügten Mitarbeiter, gefolgt von Aktionären und Konsumenten. Letztere beurteilten produkt- bzw. leistungsbezogene Aspekte am häufigsten, Aktionäre die finanzwirtschaftlichen, Mitarbeiter die mitarbeiterbezogenen. Diese Beobachtung spricht für die unterschiedliche Bedeutung einzelner Rufmerkmale aus Sicht verschiedener Stakeholder. Zu Vergleichszwecken ist es daher sinnvoll, auf alle Stakeholder den identischen Messansatz anzuwenden, jedoch sollten bei der Entwicklung anschließender, reputationsfördernder Maßnahmen die Gewichte der Stakeholder und die unterschiedliche Bedeutung der Ruffaktoren berücksichtigt werden.

Die Reputation der betrachteten Unternehmung wurde von allen Stakeholder-Gruppen ähnlich eingeschätzt. Insgesamt liegt damit für den betrachteten Fall eine **homogene Reputation** vor. Dies könnte als zusätzliche Bestätigung dafür gewertet werden, Reputation über alle Stakeholder-Gruppen mit einem einheitlichen Messansatz zu erfassen. Inkonsistente Ergebnisse würden dafür sprechen, unterschiedliche Messmodelle zu verwenden.[360]

Ein weiteres zentrales Ergebnis der durchgeführten Studie war die Bestätigung der aufgestellten Hypothesen zum Zusammenhang von Reputation, eigenen Erfahrungen und der Loyalität der Stakeholder. Zunächst konnte für alle drei untersuchten Stakeholder-Gruppen **ein positiver Zusammenhang zwischen dem Ruf und den eigenen Erfahrungen** festgestellt werden. Dies spricht für die in Kapitel 2 diskutierte Vermutung, dass Reputation auch dann relevant ist, wenn ein Individuum bereits über eigene Erfahrungen mit einer Unternehmung verfügt. Der Ruf der Unternehmung in der Öffentlichkeit beeinflusst damit den Eindruck, der aus eigenen Erfahrungen resultiert, kann damit verstärkend oder abschwächend wirken. Die ebenfalls in der Literatur vorzufindende These, dass der Ruf für Individuen ohne eigene Erfahrungen eher entscheidungsrelevant ist als für solche mit eigenen Erfahrungen, ließ sich aufgrund des gewählten Untersuchungsdesigns nicht näher analysieren. Untersucht wurden hier nur tatsächliche Kunden, Aktionäre und Mitarbeiter, also Stakeholder mit eigenen Erfahrungen. ELSBACH und GLYNN stellen die besondere Rolle von Mitarbeitern bei der Nutzung dieses Zusammenhangs heraus. Sie schlagen vor, Mitarbeiter am Aufbau und der Pflege der Reputation breit zu beteiligen, um so eigene Erfahrungen und Reputation stärker zu verweben. „Direct experience in developing strategic reputations may give individuals immediate and self-enhancing information about the organizational reputation and their connection to it. Consequently, individuals' attitudes about their firm's reputation may become stronger and better defined, and in turn, may be linked to behaviors that sustain and nourish the valued organizational reputation"[361].

---

360 So auch Gatewood/Gowan/Lautenschlager 1993, S. 415.
361 Elsbach/Glynn 1996, S. 83.

Der positive **Zusammenhang zwischen den eigenen Erfahrungen und der Loyalität** von Stakeholdern ist in der zufriedenheitsorientierten Literatur breit dokumentiert und ließ sich auch in allen drei Untersuchungen bestätigen. Die Loyalität wird hier betrachtet als vorökonomische Erfolgsgröße der Unternehmung, was vor allem auf die konative Loyalität (z.B. Wiederkauf- und Weiterempfehlungsabsicht) zutrifft. Die eigenen Erfahrungen mit der Unternehmung sind damit eine wichtige Stellgröße des Unternehmenserfolgs.[362]

Neben dem indirekten bzw. mediierten Effekt der Reputation auf die Loyalität über die Beurteilung eigener Erfahrungen konnte auch ein direkter **positiver Effekt der Reputation auf die Loyalität** festgestellt werden. Dieser ist zwar nicht stark ausgeprägt, aber signifikant für alle betrachteten Stakeholder. Die von einer Unternehmung in der Öffentlichkeit herrschende Meinung (aus Sicht der Befragten) spielt also für deren affektive und konative Bindung eine Rolle, was insbesondere auf die befragten Konsumenten zutrifft.

Damit wird die Reputation zu einer Stellgröße für die Beeinflussung der Loyalität von Stakeholdern und damit indirekt auch für den Unternehmungserfolg. Über die in der Literatur diskutierten, uneinheitlichen Befunde zum Zusammenhang zwischen Reputation und finanziellem Erfolg hinaus (siehe Kapitel 2) wird so die strategische Bedeutung der Reputation unterstrichen. Aus Perspektive des Stakeholder-Ansatzes kann diese darin gesehen werden, dass Reputation den Zugang zu wichtigen Ressourcen sichert, da loyale Stakeholder eher zu einer Kooperation bereit sein dürften als ungebundene.

Für eine **stärkere Loyalität hybrider Stakeholder** ließen sich hinsichtlich der Indikatoren zur affektiven Loyalität zwar Anhaltspunkte finden (‚Investoyees' in der Aktionärsbefragung), allerdings waren die Unterschiede gegenüber ‚einfachen' Stakeholdern schwach. Die Annahme, dass hybride Stakeholder den Ruf der Unternehmung positiver bzw. negativer einschätzen als ‚einfache' Stakeholder ließ sich nicht hinreichend belegen.

---

[362] Auf Störgrößen in dieser Relation wurde bereits verschiedentlich in Kapitel 5 eingegangen; so ist beispielsweise die Kundenzufriedenheit zwar ein Vorlaufindikator für die Kundenbindung, den Kundenwert und den Unternehmenserfolg, hohe Kundenzufriedenheit führt allerdings nicht automatisch zu (finanziellem) Erfolg der Unternehmung.

Darüber hinaus erwiesen sich die Belegschaftsaktionäre in der Mitarbeiterbefragung als deutlich auskunftsbereiter und damit gegebenenfalls involvierter hinsichtlich ihres Unternehmens als die ‚einfachen' Mitarbeiter. Aufgrund der Branche des Kooperationspartners war bei allen befragten Stakeholdern davon auszugehen, dass sie auch als Kunden zu klassifizieren waren (‚Investomers' bzw. ‚Custoyees').

Hypothese Nr.	Inhalt	KB	AB	MB
H₁	Je positiver der Ruf der Unternehmung in der Wahrnehmung des Stakeholders ist, desto positiver sind seine eigenen Erfahrungen mit der Unternehmung.	√***	√***	√***
H₂	Je positiver die eigenen Erfahrungen des Stakeholders mit der Unternehmung sind, desto loyaler ist er.	√***	√***	√***
H₃	Je positiver der Ruf der Unternehmung in der Wahrnehmung des Stakeholders ist, desto loyaler ist er.	√***	√***	√***
H_HL	Hybride Stakeholder sind loyaler als ‚einfache' Stakeholder'.	nicht unter-sucht	(√***)	ver-worfen
H_altHL	Hybride Stakeholder sind weniger loyal als ‚einfache' Stakeholder'		verworfen	
H_HR	Hybride Stakeholder schätzen den Ruf der Unternehmung positiver ein als ‚einfache' Stakeholder.	nicht unter-sucht	verworfen	
H_altHR	Hybride Stakeholder schätzen den Ruf der Unternehmung negativer ein als ‚einfache' Stakeholder.			

KB = Konsumentenbefragung
AB = Aktionärsbefragung (Modell reduziert; siehe Anhang B-1)
MB = Mitarbeiterbefragung (Modell reduziert; siehe Anhang B-2)
√= nicht verworfen (*** einseitig signifikant auf p=0,001)

Tabelle 7-18:   Zusammenfassung der Ergebnisse der Hypothesenprüfung

Die Ergebnisse zu den in Kapitel 5 und 6 formulierten Hypothesen sind in Tabelle 7-18 zusammengefasst.

Auch wenn die Überprüfung eines Hypothesensystems im Verständnis des **kritischen Rationalismus** nie zu dessen Verifizierung, sondern allenfalls zu dessen Falsifikation führt, gelten die aufgestellten Hypothesen damit als vorläufig bewährt.[363] Für betriebswirtschaftliche Untersuchungen ist zu konstatieren, dass dieser wissenschaftliche Orientierungsrahmen bei einer Vielzahl möglicher Einflussfaktoren Schwierigkeiten auf-

---

[363]   Vgl. z.B. Raffée 1993, S. 18ff.

wirft. Schließlich wäre nur bei einer Einbeziehung aller Determinanten eine endgültige Falsifikation möglich – ein unmögliches Unterfangen, wenn das Verhalten oder Einstellungen von wirtschaftlichen Akteuren analysiert werden. Im Sinne des ‚**wissenschaftlichen Realismus**' gilt: „While the realist would not disagree with the positivist claims that we cannot ever conclusively prove a theory containing unobservables to be true, the realist argues that we can have good reason for believing that a theory is ‚approximately true'"[364].

Für die vermuteten Zusammenhänge zwischen Reputation, eigenen Erfahrungen und Loyalität soll im Zusammenhang der vorliegenden Arbeit diese annähernde Bestätigung als hinreichend und zufrieden stellend gelten.

7.6.2 Kritische Würdigung der Untersuchungen

Im Anschluss an die Darstellung der empirischen Ergebnisse wird nun die Generalisierbarkeit der Erkenntnisse beurteilt. Zudem werden drei weitere zentrale und gegebenenfalls kritische Aspekte behandelt: die eher geringe Varianz der Daten, ein möglicher Methoden-Bias sowie die Auswertung mit PLS.

Die Konzeption der Studie ist nicht geeignet, **repräsentative Aussagen** über das Zusammenwirken von Reputation und Stakeholder-Loyalität für alle Branchen bzw. Unternehmen zu ermöglichen. Diese Zielsetzung wurde auch nicht verfolgt. Aus forschungsökonomischen Gründen musste davon abgesehen werden, verschiedene Stakeholder unterschiedlicher (repräsentativer) Unternehmen jeweils in ausreichender Anzahl zu befragen. Diese Einschränkung führt dazu, dass die empirische Analyse in gewissem Grade Fallstudiencharakter besitzt, da sich die Aussagen der Probanden eben nur auf eine bestimmte Unternehmung beziehen.[365] Die notwendige Restriktion in der Generalisierbarkeit eröffnet damit ein fruchtbares Feld für zusätzliche empirische Forschungsprojekte. Zudem könnten weitere Stakeholder-Gruppen analysiert werden. „Customers and investors were historically the prime ‚voters' with their cash for or withdrawal from the company's products and equities"[366], jedoch sind neben den internen Anspruchsgruppen (Mitarbeiter) sicherlich noch weitere relevant, deren Beeinflus-

---

[364]   Godfrey/Hill 1995, S. 526f.

[365]   Zu den Vor- und Nachteilen der Fallstudie als Erkenntnisobjekt der Betriebswirtschaftslehre vgl.
        Eisenhardt 1989, passim; Backhaus/Plinke 1977, passim.

[366]   Maio 2003, S. 238.

sung durch und Einflussnahme auf die Reputation einer Unternehmung lohnende Analysefelder wären.

In der Literatur wird hinsichtlich der Verwendung von Item-Batterien auf eine mögliche ,Acquiescence Response' hingewiesen, also die Tendenz der Befragten zum undifferenzierten ,Ja-Sagen'. Deshalb erscheint die relativ **geringe Varianz** in den Antworten der Befragten auf die Frage nach dem Ruf bedenkenswert[367], ist jedoch durchaus inhaltlich und nicht allein methodisch erklärlich. Grundsätzlich können Reaktionen auf Fragebögen bezüglich der offenbarten Reaktionstendenz, dem Reaktionsstil der Befragten sowie auf Grund des Fragebogeninhalts untersucht werden.[368] Eine einseitig positive **Reaktionstendenz** wird Befragten in der Regel dann unterstellt, wenn die Fragen bzw. Items schwer zu durchschauen sind und entweder positiv oder negativ wertende Statements zu einer Polarisierung führen sollen. Beides ist im konkreten Fall nicht gegeben. Zwar können einzelne Items für die Befragten in ihrer Ausprägung schwer zu beurteilen sein, was ein Ausweichen auf die Antwortoption ,weiß nicht' nach sich ziehen sollte, die Frageformulierungen sind nach Analyse der Pretests jedoch eingängig. Zudem weist in der vorliegenden Untersuchung nichts darauf hin, dass die befragten Konsumenten unkonkrete Vorstellungen vom Ruf des kooperierenden Unternehmens haben.[369] Ein **persönlicher Antwortstil** der Befragten ist schwer auszumachen und wird oft mit dem Bemühen um ,sozial erwünschtes' Antwortverhalten[370] in Verbindung gebracht, was bei einem Thema wie der Reputation von Unternehmungen jedoch wenig ausgeprägt sein dürfte. Insofern kommt allein der **Fragebogeninhalt** als Erklärungsansatz in Frage. Dies bedeutet hier, dass bei vollständig sachbezogener und damit die Reputationsvariable in gültiger, valider Weise widerspiegelnder Antwort dem betroffenen Unternehmen ein durchgängig als gut wahrgenommener Ruf bescheinigt wird.

Eine Analyse, die mehrere Unternehmen oder Branchen umfasst, würde vermutlich mehr Varianz der reputationsbezogenen Daten aufweisen. Den Messansätzen der

---

[367]   Die in ihrer Reputationsstudie erzielten, geringen Varianzen thematisiert auch Gardberg 2001, S. 77 und S. 163.

[368]   Vgl. Mummendey 1995, S. 146f. Zu weiteren Fehlerquellen im Antwortverhalten vgl. Sudman/Bradburn 1982, S. 17ff.

[369]   Schließlich diente eine Filterfrage dem Aussieben jener Befragungsteilnehmer, die von dem Unternehmen noch nichts gehört hatten bzw. keinen Ruf zuordnen konnten.

[370]   Zum Problem der sozialen Erwünschtheit vgl. Mummendey 1995, S. 159ff.

Reputation liegt in der Regel die Vorstellung zugrunde, diese auf verschiedene Unternehmen anzuwenden, was zu ausgeprägter Varianz der erklärenden Variablen führt. Dies würde umso mehr der Fall sein, wenn Unternehmungen mit heterogener statt monolithischer Reputation integriert würden – was jedoch vor der Messung kaum bekannt sein dürfte. Eine auf eine einzelne Unternehmung beschränkte Analyse hat den Nachteil, dass sich die hierzu befragten Probanden gegebenenfalls wenig unterscheiden und kaum Varianzen im Datensatz erzeugen. Eine Studie, die mehrere Stakeholder-Gruppen **und** mehrere Unternehmen umfasst, ist aus forschungsökonomischen Gründen jedoch kaum zu bewältigen; Adressmaterial zu Mitarbeitern und Aktionären ist ohne engere Kooperation mit individuellen Unternehmen kaum zu erlangen. Da bisherige Studien verschiedene Stakeholder-Gruppen nicht im notwendigen Ausmaß erreicht haben (z.B. RQ, Manager-Magazin, FORTUNE-Ansatz), ist die hier vorgenommene Analyse verschiedener Stakeholder einer Unternehmung als sinnvolle Ergänzung und als Fortschritt zu betrachten.

Auch die Einbettung des Modells in ein umfassenderes **nomologisches Netzwerk** – das heißt die Integration weiterer hypothetischer Konstrukte zur Erklärung von Loyalität – wäre aus methodischer und inhaltlicher Sicht zweckmäßig[371] wie auch die spezifische Berücksichtigung moderierender Variablen, welche die Beziehung zwischen Reputation und Loyalität beeinflussen könnten. NGUYEN und LEBLANC schlagen beispielsweise vor, das physische Umfeld der Unternehmung, aber auch Aktivitäten des Kundenkontaktpersonals zu berücksichtigen, denn durch diese zusätzlichen ‚Qualitätsindikatoren‘ könnte sich der Einfluss von Reputation auf Loyalität verändern.[372]

Die ähnlichen und erwartungsgemäßen Ergebnisse der drei Studien räumen den möglichen Verdacht eines **Methoden-Bias** aus, der aus der Gegenüberstellung von Daten aus schriftlichen und mündlichen Befragungen erwachsen könnte.[373] Hinsichtlich des Strukturmodells kann die Kritik eines **Common-Method-Bias** nicht abschließend widerlegt werden, wonach sich signifikante Korrelationen zwischen den verschiedenen Konstrukten auch dadurch ergeben können, dass Konstrukte mit der gleichen Mess-

---

[371] Vgl. z.B. Iacobucci/Duhachek 2003, S. 5.

[372] Vgl. Nguyen/Leblanc 2001b, S. 309.

[373] Vgl. zu Problemen der ‚Mixed-Mode Surveys' auch Dillman 2000, S. 217ff.

methode (hier: Befragung einer Person) erhoben werden.[374] „With self-report measures, one cannot entirely rule out the possibility that common method bias may have
augmented the relationships between constructs"[375]. Dieses Problem betrifft die in der
Marktforschung überwiegenden Befragungen auf Basis von Selbsteinschätzungen
jedoch grundsätzlich. Beide Problempunkte werden hier nicht weiter thematisiert, da
die verwendeten Befragungsdesigns den in der sozialwissenschaftlichen und betriebswirtschaftlichen Forschung gängigen Standards folgen.

Das verwendete Verfahren der **Partial Least Squares (PLS)** hat den für die vorliegende Arbeit unerlässlichen Vorzug, formative Indikatoren integrieren zu können,
ohne zusätzliche Variablen zwecks Modellidentifikation in das Modell aufzunehmen.[376] Dem stehen auch Nachteile gegenüber, erwähnt sei an dieser Stelle nur der
begrenzte Katalog verfügbarer Prüf- bzw. Gütekriterien für Mess- und Strukturmodell.
Es handelt sich um ein – aus betriebswirtschaftlicher Perspektive –eher neues Auswer-
tungsverfahren. Die (bislang) geringe Verbreitung dieser Variante von Strukturgleichungsverfahren führt HINKEL darauf zurück, dass „man anfänglich die Eignung
dieses Instruments für explorative Forschungszwecke zu sehr betont hat, was dem
‚Mainstream' in den Wirtschaftswissenschaften hin zu konfirmatorischen Analyse-
instrumenten zuwiderlief"[377].

Setzt man LISREL und PLS bei Vorliegen der Anwendungsvoraussetzungen beider
Ansätze parallel ein, zeigen sich asymptotisch identische Ergebnisse, so dass PLS
keinesfalls nur als rein exploratives Forschungsinstrument zu qualifizieren ist.[378] „PLS
still tends to underestimate the structural paths that connect constructs. At the same
time, PLS tends to overestimate the measurement paths connecting constructs to their
indicators [...]. Thus, contrasted to other causal modelling techniques (e.g., LISREL),
PLS tends to be more conservative in its estimates of theoretical (i.e., structural) paths

---

[374]   Vgl. Stock 2001, S. 38.
[375]   Smidts/Pruyn/Riel 2001, S. 1060.
[376]   Vgl. Jarvis et al. 2005, S. 726.
[377]   Hinkel 2001, S. 312.
[378]   Vgl. Seltin/Keeves 1994, S. 4353; Hinkel 2001, S. 312; detaillierter Tenenhaus 2003, passim.
        Jöreskog/Wold 1982, S. 266, stellen fest: „The accuracy of PLS is less sharp – they (die Ergeb-
        nisse, Anm.d.Verf.) are asymptotically correct in the joint sense of *consistency* (large number of
        cases) and *consistency at large* (large number of indicators for each latent variable)". Die
        numerischen Unterschiede zwischen einer Schätzung in LISREL und PLS sind im Regelfall
        nicht substanziell; vgl. ebenda.

and more positively biased towards its loading estimates. This implies caution against putting too much emphasis on PLS loadings when there are few indicators (i.e., ≤8)".[379] Da in der vorliegenden Studie die meisten Konstrukte mit mehr als 8 Indikatoren gemessen wurden, sollte sich die erwähnte Überzeichnung der Gewichte/Ladungen relativieren.

Mit Blick auf das **gesetzte Forschungsziel** bleibt festzuhalten, dass die Resultate der empirischen Untersuchungen den angenommenen positiven Zusammenhang zwischen der Reputation der Unternehmung und der Loyalität ihrer Stakeholder unterstützen. Die Förderung von Reputation der Unternehmung sollte deshalb – mindestens im betrachteten Fall – positive Auswirkungen auf die Loyalität von Stakeholdern verzeichnen. Diese ‚Stellschraube' zur Steigerung von Loyalität findet bislang kaum Berücksichtigung. Im Vordergrund der nachfolgenden Ausführungen stehen deshalb ausgewählte Aspekte der **Ausgestaltung des Reputationsmanagements**, welches Besonderheiten multipler und hybrider Stakeholder-Strukturen berücksichtigt. Auf die generelle Bedeutung von Loyalität für die Unternehmung und Ansätze zu deren Steigerung wird im Rahmen dieser Arbeit nicht weiter eingegangen, da hierzu ein reichhaltiges Schrifttum vorliegt (vgl. auch Kapitel 5).

---

[379] Chin/Marcolin/Newsted 2003, S. 205.

8 Implikationen für das Management der Reputation

8.1 Grundlagen des Reputationsmanagements

Die Diskussion der Entstehung und Entwicklung der Reputation von Unternehmungen hat gezeigt, dass die Stakeholder hierzu die entscheidenden Impulse geben, Reputation also in hohem Maße extern verortet und gesteuert ist. Insofern stellt sich zunächst die Frage, inwiefern Unternehmungen tatsächlich in der Lage sind, ihre Reputation zu beeinflussen.

RIEL ist der Meinung: „The good or bad reputation of an organization is determined to a considerable degree by the signals that it gives about its nature"[1], und LEWIS erklärt: „reputation is the product, at any particular moment, of a fermenting mix of behaviour, communication and expectation"[2]. Die Unternehmung vermag also über (eigenes) Verhalten, Kommunikation und die Mitgestaltung von Erwartungen Einfluss auf ihre Reputation zu nehmen. Auch die Steuerung der Beziehungen der Unternehmung zu ihren Stakeholdern, wie sie im Rahmen des Relationship Managements diskutiert wird[3], beeinflusst die Reputation, denn „Reputations are products, whether positive or negative, of relationships between organizations and publics".[4]

Darüber hinaus fordert SANDIG, dass die Unternehmung nicht passiv der Rufentwicklung im Markt gegenüberstehen, sondern konkrete reputationsfördernde Aktivitäten einsetzen sollte. Schließlich bedinge ein guter Ruf „nicht das Stillhalten gegenüber Meinungen anderer"[5]. Den Versuch aktiver Reputationssteuerung befürwortet auch GARDBERG: „firms need to manage and monitor the information flow even when they lack direct control"[6]. FOSTER führt weiter aus: „Selbst mit professionell geführter Kommunikation kann man einem Unternehmen nur den Ruf verschaffen, den es verdient. Andererseits verdient nicht jedes Unternehmen den Ruf, den es hat. Meinungen hinken oft hinter den Tatsachen her. Sie leiden unter unerklärlichen Ausfällen

---

[1] Riel 1995, S. 27.

[2] Lewis 2001, S. 31.

[3] Neben die Betrachtung der sog. Human Relations und des Customer Relationship Managements tritt dabei zunehmend auch das Shareholder Relationship Management; vgl. Bloechl/Schemuth 2003b, passim, sowie Kapitel 5.2.3.1.

[4] Dozier 1993, S. 231.

[5] Sandig 1962, S. 10.

[6] Gardberg 2001, S. 162. Dowling 2004a, S. 197, beobachtet, dass viele PR-Abteilungen in Unternehmen „broaden their role from one of a corporate reputation 'body guard' to one of corporate reputation 'personal trainer'".

und Störungen – oder verblassen im Schatten eines mächtigeren Konkurrenten"[7]. WIEDMANN und BUXEL vertreten die Meinung, dass erst ein systematisches Reputationsmanagement die Potenziale der Reputation für die Unternehmung eröffnet.[8] Demgegenüber vertritt FICHTNER die Ansicht, dass Reputationsmanagement in allererster Linie ein Imagemanagement ist, unterstreicht jedoch zugleich, dass „intertemporale Konsistenz in realen Handlungssituationen"[9] einen konkrten Beitrag zum aktiven Management von Reputation leistet. Damit verweist sie auf das sogenannte „Mundane Management", wie es bereits FOMBRUN thematisiert: „Our best regarded companies achieve their reputations by systematically practicing mundane management. They adhere rigorously to practices that consistently and reliably produce decisions that the rest of us approve of and respect. Faced with crises or accidents, their actions are governed by values, systems, and processes that sanction justifiable responses"[10].

Diese Diskussion verschiedener in der Literatur vertretenen Meinungen legt den Schluss nahe, dass Unternehmungen (in begrenztem Maße) zu einem **Reputationsmanagement** in der Lage sind. Dieses umfasst die Planung, Steuerung und Kontrolle des Rufs der Unternehmung und stellt nach MEFFERT und BIERWIRTH einen integrierten Ansatz der Anspruchsgruppenberücksichtigung dar[11]. Im älteren, deutschsprachigen Schrifttum finden sich bereits in den 1960er Jahren Ausführungen zum analogen Konzept der **Rufpolitik**.[12] Mit diesem Begriff bezeichnet BREYER „die Zielsetzungen und Entscheidungen der Betriebsführung innerhalb der Unternehmungspolitik – bei Beachtung der Unternehmungs-Interessen sowie der Interessen Dritter –, das Wirken der Unternehmung derartig zu gestalten, daß ihr Dritte einen guten Ruf als Ausdruck anerkannter Leistungsfähigkeit im allgemeinen wie im besonderen einräumen. Für die Unternehmung einen guten Ruf zu schaffen, zu erhalten und zu vergrößern, sind interdependente Aufgaben betriebswirtschaftlicher Rufpolitik, welche

---

[7]   Foster 1991, S. 144.

[8]   Vgl. Wiedmann/Buxel 2005, S. 147.

[9]   Fichtner 2006, S. 159.

[10]   Fombrun 1996, S. 29.

[11]   Vgl. Meffert/Bierwirth 2005, S. 147. Zu Zielen und einem Grobentwurf siehe z.B. Davies/Miles 1998; zu weiteren Überblicken siehe Fombrun 1996, S. 206ff.; Dowling 1994, S. 161ff.

[12]   De facto fordert Friedemann bereits 1933 eine Analyse des Rufes der Unternehmung: „Das Gebiet der Marktanalyse für den Absatz vergrößert sich damit um das Gebiet der Analyse des Betriebsprestiges"; Friedemann 1933, S. 99. Er setzt den Ruf und das Betriebsprestige gleich; vgl. ebenda, S. 98.

die Betriebsführung zu einem rufbewussten Verhalten verpflichten und zwingen"[13]. Die **Aufgaben der Rufpolitik** liegen darin, den Ruf der Unternehmung zu erfassen, zu beobachten und zu pflegen.[14] Das **zentrale Ziel** der Rufpolitik sieht SANDIG darin, „dafür zu sorgen, daß die Anerkennung der Leistungsfähigkeit entspricht, und umgekehrt, daß die Leistungsfähigkeit und damit die Leistungen jener Anerkennung entsprechen, die der Unternehmung vom Markte her gezollt wird. Sie hat für die Abstimmung zu sorgen"[15]. Ist der Ruf schlechter als die (objektive) Leistungsfähigkeit, so habe die Unternehmung unter anderem durch kommunikationspolitische Maßnahmen die Aufgabe, den Ruf zu verbessern; ist der Ruf (zeitweilig) besser als die Leistungen, was etwa durch auftretende Qualitätsprobleme in der Produktion bestimmt sein könnte, seien diese Probleme zu beseitigen bzw. die Leistungen dem Ruf anzupassen, damit keine Erwartungen bei den Stakeholdern entstehen, welche die Unternehmung nicht erfüllen kann. „Eine wirklich erfolgreiche Rufpolitik muß vielmehr auf Wahrheit und Glaubwürdigkeit beruhen".[16]

Ziel ist also die Gestaltung oder Beibehaltung einer als **optimal eingeschätzten Reputation bei allen relevanten Stakeholdern.** Prämisse ist, dass Aktivitäten im Rahmen des Reputationsmanagements auf Glaubwürdigkeit und Transparenz aufgebaut werden. Reputation wird nicht ‚maximiert', indem man zum Beispiel förderliche Informationen übertreibt und diffundiert, negative Informationen dagegen filtert und eindämmt. Im hier vertretenen Sinne schließt Reputationsmanagement die Option des ‚Melkens' einer guten Reputation aus, das in institutionenökonomischen Abhandlungen diskutiert wird. „Creating and maintaining positive corporate reputation starts and ends with positive corporate behavior, as defined by those who are most involved with and affected by the organization".[17] In der Folge ist die Reputation der Unternehmung stets nur so gut, wie ihre Taten, denn „reputation is the sum of the corporation's daily actions"[18]. Sie ist stets ein ‚wertbeladenes' Konstrukt, da Aussagen über die Reputa-

---

[13]   Breyer 1962, S. 165. Er unterscheidet zwischen aktiver und passiver, offensiver und defensiver, totaler und partieller Rufpolitik; vgl. hierzu im Detail Breyer 1962, S. 176ff. PR und Rufpolitik werden stellenweise gleichgesetzt; vgl. Hartmann 1968, S. 77.

[14]   Vgl. Breyer 1962, S. 163.

[15]   Sandig 1962, S. 11; ähnlich Hartmann 1968, S. 76f.

[16]   Hartmann 1968, S. 77.

[17]   Dozier 1993, S. 248.

[18]   Smythe/Dorward/Reback 1992, S. 7.

tion einer Unternehmung in der Regel ein Set zugrunde liegender Werthaltungen über das reflektieren, was gut, richtig, wünschenswert ist.[19]

Das Reputationsmanagement weist damit eine enge Verzahnung mit dem Konzept der Corporate Citizenship auf.[20] **Corporate Citizenship** bedeutet, dass Unternehmungen „assume responsibility for the protection and facilitation of social, civil and political rights"[21]. Hiermit sind im Wesentlichen Ansprüche benannt, die schwerpunktmäßig ‚sekundären' Stakeholder-Gruppen zuzurechnen sind, während Reputationsmanagement auch die Ansprüche primärer Anspruchsgruppen (Kunden, Lieferanten, Mitarbeiter) im Hinblick auf die primär marktlichen Leistungen der Unternehmung umfasst. Die Grenzen der beiden Konzepte sind fließend.

Im Rahmen seiner Ausführungen zur Rufpolitik berichtet bereits BREYER in den 1960er Jahren von der **zunehmenden Verflechtung** der Unternehmung mit ihrem Umfeld und misst ihr eine „dominierende, die Gesellschaft prägende Rolle"[22] zu. REYNOLDS, WESTBERG und OLSON weisen darauf hin, dass Unternehmungen heute aus gesellschaftspolitischer Sicht eine Führungsrolle zukommt: „People believe that companies influence the overall performance of society beyond just product or service offerings, and companies often serve as role models for society in philanthropic and environmental areas"[23]. Zwei Momente der Neuausrichtung des strategischen Managements spiegeln sich in der Entwicklung des Corporate Citizenship-Konzepts wider: die Erweiterung der Shareholder- um die Stakeholder-Perspektive und die „Ergänzung kurzfristiger und monetärer Ziele um die langfristige Sicherung der Akzeptanz und Legitimität unternehmerischen Schaffens in der Gesellschaft, also der ‚license to operate', wie es so schön und zutreffend im Amerikanischen heißt"[24]. Unter anderem die „zunehmende Bedeutung der guten Reputation eines Unternehmens auf

---

[19] Vgl. Bromley 2002, S. 38; Dowling 2001, S. 19; Whetten 1997, S. 30. Letzterer grenzt drei verschiedene Standpunkte ab. Reputation kann sich auf ‚Doing well', ‚Doing good' und ‚Doing right' beziehen; vgl. ebenda, S. 30f.

[20] Analog können Bezüge zum Konzept der Coporate Social Responsibility hergestellt werden; vgl. Larkin 2003, S. 43. Social Responsibility „is viewed as a function of the correspondence between the firm's signals (behaviors) and the interests of the social system"; Riordan/ Gatewood/Barnes 1997, S. 402.

[21] Matten/Crane/Chapple 2003, S. 117.

[22] Breyer 1962, S. 124.

[23] Reynolds/Westberg/Olson 1994, S. 19. Allerdings hält Wieland die Diskussion um Corporate Citizenship für ein vorwiegend anglo-amerikanisches Phänomen; vgl. Wieland 2002, S. 11.

[24] Wieland 2002, S. 11.

den Konsum- und Kapitalmärkten"[25] wird als **Triebfeder** für diese Entwicklung gesehen. Auf Ebene der individuellen Unternehmung kann eine Verschlechterung der
Reputation Grundlage oder Auswirkung erodierter Citizenship sein.[26]

Die Forderung nach einem Verhalten der Unternehmung als ,Corporate Citizen' ist
allerdings zu präzisieren. Unternehmungen sind nicht selbst ,Bürger': „Corporations
are economic institutions, which are reliant on citizens, but cannot be classed as citizens themselves. If CC (Corporate Citizenship; Anm. d. Verf.) represents participation
in society, it makes sense that business fulfils a role similar to that of government
rather than the average citizen"[27]. Um zu gewährleisten, dass Unternehmungen diese
Rolle zum Nutzen anderer Stakeholder ausfüllen – also ,moralisch' handeln – kann
wiederum die Reputation beitragen.[28] Ihr Verlust aufgrund unmoralischen Verhaltens
hätte negative Folgen für die Unternehmung, ihre positive Entwicklung dagegen vorteilhafte Wirkungen. Dies mag als Bekräftigung dafür gelten, dass moralisches Handeln nicht – wie in der Tradition der Moraltheorie üblich – einen Verzicht auf individuelle Vorteile mit sich bringt, sondern „der Forcierung eines auf wechselseitige Bes-
serstellung zielenden Vorteilsstrebens"[29] dienen kann.

Manche Autoren sehen allerdings im Aufbau von ,Reputationskapital' hauptsächlich
einen Weg zur Erreichung finanzieller Ziele der Unternehmung: „By doing good,
managers generate reputational gains that improve a company's ability to attract
resources, enhance its performance, and build competitive advantage".[30] Damit wäre
die Unternehmung als Corporate Citizen wieder auf die Ziele der Profitmaximierung
und Verfolgung des Selbstinteresses reduziert.[31] Der Begriff der ,Corporate Citizenship' wäre dann „really just a rebranding or relaunch of extant ideas in order to appeal

---

[25]   Wieland 2002, S. 12.

[26]   Fombrun/Gardberg/Barnett 2000, S. 86f., bescheinigen Citizenship und Reputation die gleichen
       Wirkungen im Hinblick auf die Gewinnung und Bindung von Stakeholdern.

[27]   Matten/Crane/Chapple 2003, S. 118.

[28]   Zur Moral in bzw. von Unternehmen siehe z.B. Matten 1998a, passim.

[29]   Pies 2001, S. 197, der die Fähigkeit der Unternehmung zu verantwortlichem Handeln themati-
       siert.

[30]   Fombrun/Gardberg/Barnett 2000, S. 85.

[31]   Vgl. Matten/Crane/Chapple 2003, S. 112.

better to business"[32], ein Verständnis, das im Rahmen der vorliegenden Arbeit auch in Bezug auf das Reputationsmanagement diskutiert und abgelehnt wurde.

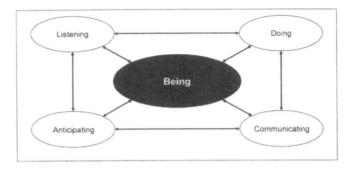

Abbildung 8-1:   Aufgaben im Rahmen des Reputationsmanagements
                   (Quelle: Fombrun/Rindova 2000, S. 93.)

Die unternehmensseitige Beeinflussung der Reputation wird zunehmend als „strategisch höchst bedeutsames Ziel- bzw. Aufgabenfeld der gesamten Unternehmensführung"[33] erkannt, das in die strategische Unternehmensführung zu integrieren ist. Reputationsfördernde Aktivitäten umfassen „any official business activity designed intentionally to influence external audience members' perceptions of the organization"[34], wobei nach dem hier vertretenen Verständnis auch die Mitarbeiter als Zielgruppe des Reputationsmanagements anzusehen sind. Als Ansatzpunkte für die Rufpolitik der Unternehmung differenziert SANDIG die Phasen der Entstehung, Erhaltung, des Anwachsens und Vergehens von Reputation.[35] FOMBRUN und RINDOVA stellen ein **Modell der Reputationssteuerung** vor, das fünf verschiedene, interdependente Aufgabenbereiche umfasst (vgl. Abbildung 8-1).[36]

Ausgangspunkt ist das ‚**Listening**', also die Analyse von Stakeholder-Erwartungen und -Anforderungen. Erkennt man, welche Verhaltensweisen der Unternehmung von

---

[32]   Vgl. Matten/Crane/Chapple 2003, S. 113.

[33]   Wiedmann 2001, S. 3f.

[34]   Elsbach/Glynn 1996, S. 74.

[35]   Vgl. Sandig 1962, S. 12. Siehe auch Kapitel 2.3.1.

[36]   Vgl. hierzu Fombrun/Rindova 2000, S. 92f. Die Autoren bezeichnen das Modell als ‚Learning Model' und die Aufgaben als ‚Phasen', was hier als nicht sinnvoll erachtet wird. Phasen des Reputationsmanagement-Prozesses schildert auch Morley 2002, S. 17ff.

Seiten der Stakeholder positiv beurteilt und kommuniziert werden, kann die Unternehmung zukünftige Aktivitäten entsprechend ausrichten. Ein Verstoß gegen die Stakeholder-Erwartungen verzeichnet in der Regel negative Auswirkungen auf den Ruf. Dabei sollte berücksichtigt werden, dass Informationen zur Bewertung vergangener Aktivitäten aus verschiedenen Quellen stammen: eigenen Erfahrungen der Stakeholder, Word-of-Mouth, der Medienpräsenz der Unternehmung, ihren eigenen Public Relations-Aktivitäten usw.[37] Dynamische Veränderungen der Stakeholder-Anforderungen machen ein ‚Listening' während des gesamten Reputationsmanagementprozesses notwendig. Die hierfür grundlegenden, in zeitlichen Abständen wiederholten und systematischen Messungen der Reputation sind bei eintretenden Krisen um Ad hoc-Messungen zu ergänzen. Auch wenn FOMBUN in Krisen eine gute Möglichkeit sieht, den wirklichen Wert der Unternehmensreputation einzuschätzen[38], ist im Krisenmanagement eine äußerst diffizile Aufgabe zu sehen, die in das Reputationsmanagement zu integrieren ist.[39] „Corporate reputations are constantly in danger of being eroded, damaged, dented or even destroyed"[40]. Der Verlust ihrer Reputation ist nach Angaben der befragten Unternehmungen in einer aktuellen Studie der Agentur HILL & KNOWLTON gleich nach der Betriebsaufgabe das schlimmste vorstellbare Szenario. Es verfügten jedoch nur 22 Prozent dieser Unternehmungen über formelle Strategien des Reputationsmanagements.[41]

‚Being' bezieht sich auf die Festlegung von Standpunkten der Unternehmung gegenüber den Ansprüchen der Stakeholder sowie die Prüfung von Unternehmensgrundsätzen und -zielen auf mögliche Widersprüche oder Barrieren hinsichtlich der Erfüllung spezifischer Stakeholder-Ansprüche. Hiermit angesprochen ist die in Kapitel 5 bereits diskutierte Herausforderung, Stakeholder-Gruppen in ihrer Bedeutung für die Unternehmung zu gewichten bzw. zu priorisieren. Dies wird häufig durch eine subjektive Entscheidung des Managements erfolgen, das jene Stakeholder für bedeutsam hält, welche die Aufmerksamkeit auf sich lenken.

---

[37] Vgl. Bennett/Kottasz 2000, S. 225.

[38] Vgl. Fombrun 2001, S. 25.

[39] Zum Krisenmanagement siehe z.B. Thommen 1996, S. 25ff.; Green 1992, passim; Davies et al. 2003, S. 99ff.; Pieleken 1995, passim.

[40] Davies et al. 2003, S. 99. Vgl. auch Hall 1993, S. 616; Schwalbach 2000, S. 2.

[41] Vgl. Wessels 2003, S. 28.

Im Rahmen des ‚**Anticipating**' werden Maßnahmenpläne erstellt und während des ‚**Doing**' umgesetzt. Operative Ansatzpunkte sehen zum Beispiel FOMBRUN und WIEDMANN darin, vor allem die Zuverlässigkeit von Produkten und Dienstleistungen zu fokussieren, die Attraktivität der Arbeitsplätze zu erhöhen sowie die Art und Weise des Umgangs der Unternehmung mit Menschen stetig zu verbessern und positiv herauszustellen.[42]

Kommunikative Maßnahmen der Unternehmung begleiten den gesamten Prozess im Rahmen des ‚**Communicating**', um Stakeholdern zu signalisieren, inwieweit die Unternehmung das eigene Verhalten an die Stakeholder-Bedürfnisse anzupassen bereit ist.[43] „We argue that by engaging in these processes a firm achieves transparency – a state in which the internal identity of the firm reflects positively the expectations of key stakeholders and the beliefs of these stakeholders about the firm reflect the internally held identity".[44] Erforderlich zur Erzielung solcher Resultate sind Anpassungen beider Parteien, also der Unternehmung sowie der Stakeholder.[45]

An dem von FOMBRUN und RINDOVA vorgestellten Ansatz zur Reputationssteuerung fällt auf, dass er der ‚klassischen' Vorstellung eines unternehmerischen Steuerungsprozesses nur in geringem Maße entspricht.[46] Die Analyse des Schrifttums zu Reputation und deren Management zeigt, dass zwar viele Ansätze zur Messung der Reputation vorgelegt wurden und ein ‚Reputation Audit' regelmäßig gefordert wird[47], jedoch die im Anschluss an die Erhebung von Reputation zu leistenden Anpassungen – im Sinne eines umfassenderen **Reputations-Controlling**[48] – nicht diskutiert werden. So fordern beispielsweise FOMBRUN und WIEDMANN die Vorgabe von Reputati-

---

[42]   Vgl. Fombrun/Wiedmann 2001c, S. 36.

[43]   Vgl. Fombrun/Rindova 2000, S. 93f.

[44]   Fombrun/Rindova 2000, S. 94; im Original teilweise kursiv.

[45]   Vgl. Dozier 1993, S. 233.

[46]   Vgl. zu einem typischen Planungs- und Steuerungsprozess mit Phasen wie Analyse, Ziel- und Strategieformulierung, Ableitung und Implementierung von Maßnahmen sowie Kontrolle z.B. Kreikebaum 1997, S. 37ff.; Horváth 2003, S. 168ff., Staehle 1999, S. 603ff.

[47]   Vgl. z.B. Dowling 2001, S. 249.

[48]   Unter Controlling wird hier generell die Funktion der Koordination des Führungsgesamtsystems zur Sicherstellung einer zielgerichteten Lenkung verstanden; vgl. Küpper 2001, S. 12; Horváth 2003, S. 148ff. Weber 2002, S. 37, definiert Controlling als „Sicherstellung rationaler Führung". Ob hierdurch jedoch ein Verständniszuwachs erzielt wird, mag bezweifelt werden. Zu alternativen Controlling-Konzeptionen vgl. beispielsweise Küpper 2001, S. 5ff.; Horváth 2003, S. 152ff.; Weber 2002, S. 20ff. sowie den Sammelband von Weber/Hirsch (Hrsg.) 2002.

onszielen und deren Kontrolle durch ein leistungsfähiges Controlling-System, jedoch ohne dies näher spezifizieren.[49]

Ein Grund für dieses Defizit in der Literatur mag darin liegen, dass bislang die Forschungsbemühungen auf den grundlegenden Zusammenhang zwischen Unternehmenserfolg und der Reputation gerichtet waren, der nicht hinreichend geklärt ist. Nach aktuellem Kenntnisstand gilt: „Corporate reputation influences financial performance and vice versa"[50]. Die Sicherstellung der Ergebniszielorientierung konkreter Maßnahmen im Rahmen des Reputationsmanagements wird durch diesen Zirkelschluss erheblich erschwert. Der Zusammenhang zwischen finanziellem Erfolg und dem immateriellen Vermögenswert Reputation sowie dessen Interdependenz mit anderen ‚Intangibles' aufzudecken, sind Teilaufgaben des unter anderem von STOI vorgeschlagenen ‚Intangible Controlling', das allerdings erst in Ansätzen entwickelt wurde.[51]

Das Reputations-Controlling – hier verstanden als ergebniszielorientierte Teilfunktion des Managementprozesses – ist ein zentraler Baustein eines umfassenden Reputationsmanagements.[52] Der folgende Abschnitt bietet erste Hinweise für mögliche Instrumente eines Reputations-Controlling, die divergierende Wahrnehmungen von Stakeholder-Gruppen hinsichtlich der Reputation berücksichtigen können.

8.2 Gap-Analyse und Reputation Scorecard als Analysemethoden

Ausgangspunkt des Reputationsmanagements ist die Analyse der Reputation aus Stakeholder-Sicht bzw. die Messung des Status-quo der Reputation. Sie ist die Basis für die Entscheidung, mit welchen reputationsfördernden Instrumenten „the largest advances in favourable reputation at minimal cost and with significant impact on competitive advantage"[53] erzielt werden können. Eine Messung kann eine konsistente oder

---

[49] Vgl. Fombrun/Wiedmann 2001c, S. 4. In keiner der in der vorliegenden Arbeit verwendeten Monographien zum Thema Reputation noch im Corporate Reputation Review finden sich bislang entsprechende Ausarbeitungen. Analysen im Spektrum des externen Rechnungswesens wurden bereits in Kapitel 2.4.2 vorgestellt; vgl. insbesondere Riahi-Belkaoui/Pavlik 1992, passim.

[50] Fuente Sabate/Quevedo Puente 2003, S. 176. Die Autoren liefern auch einen aktuellen Überblick über bislang durchgeführte Studien und deren Ergebnisse.

[51] Vgl. Stoi 2002, passim.

[52] Vgl. zum Verständnis des Controlling als ergebniszielorientierte Teilfunktion des Managementprozesses bzw. als ergebniszielorientierte Führungsunterstützungsfunktion Franz/Kajüter 2002, S. 127ff.

[53] Mahon 2002, S. 420.

inkonsistente Wahrnehmung der Reputation offenbaren, die Ansatzpunkte für das Reputationsmanagement bietet. Eine **Gap-Analyse** weist auf entsprechenden Handlungsbedarf hin. Wie in Abbildung 8-2 illustriert, kann zunächst eine Lücke bestehen zwischen der bisher erreichten sowie einer zukünftig angestrebten Reputationsposition (**Gap 1**). Dabei können verschiedene Unterfälle auftreten:

a) Die Reputation bei einer einzelnen Stakeholder-Gruppe soll in Richtung auf ein geplantes Soll-Niveau verändert werden (zum Beispiel die Bewertungen durch die Konsumenten), und zwar bezüglich einzelner oder aller Teilmerkmale. Im dargestellten, fiktiven Beispiel könnte etwa die bei den Aktionären gemessene Reputation im Hinblick auf Preis-Leistungs-Verhältnis und Produktqualität verbessert werden.

b) Die Reputation bei allen Stakeholder-Gruppen ist auf ein Soll-Niveau anzuheben. In der Regel werden die positive Veränderung der Reputation und deren Anpassung an die tatsächlichen Unternehmensleistungen im Vordergrund des Reputationsmanagements stehen. In Grenzfällen wird die Reputation jedoch besser sein als die Unternehmensleistungen. Zum Beispiel könnte ein realitätsfernes Bild von der Produktqualität vorherrschen, das zukünftig zu überzogenen Ansprüchen seitens der Stakeholder und Erwartungsenttäuschung führen könnte. In der Folge sollte die Produktqualität verbessert werden, da eine aktive Verschlechterung der Reputation (und damit Anpassung an die Leistungsfähigkeit) kaum durchsetzbar und wegen unüberschaubarer Verbundeffekte auch nicht sinnvoll wäre. Eine sehr hohe Reputation kann auch einen direkten negativen Effekt haben, wenn sich ihretwegen ganze Stakeholder-Gruppen nicht als potenzielle Transaktionspartner der Unternehmung wähnen. ALBACH nennt dies einen ‚**Overkill durch Reputationskapital**': potenzielle Kunden sprechen den Anbieter gar nicht erst an, da sie nicht glauben, dass er Geschäfte mit ihnen machen würde.[54] Damit verbunden ist auch die Möglichkeit, dass Kunden die **Reputation als Preisindikator** interpretieren und von einer hohen Reputation auf einen hohen Preis der Anbieterleistungen schließen. Die etwa von SANDIG geäußerte Kritik an der Durchsetzbarkeit von ‚Reputationsprämien' wurde in Kapitel 3 bereits wiedergegeben[55]; in der Praxis jedoch hält sich die (nicht unbegründete) Vermutung, dass Kunden

---

[54]   Vgl. Albach 1994b, S. 80.

[55]   Vgl. Sandig 1962, S. 29, und Kapitel 3.2.1.

‚für das Image bezahlen müssen', eine Annahme, die auch in Bezug auf Reputation Geltung haben könnte.[56]

Gap 2 umschreibt Situationen, in denen die Reputationswahrnehmung der einzelnen Stakeholder-Gruppen untereinander bezüglich aller oder bestimmter Teilmerkmale der Unternehmung verändert werden soll. Im Beispiel könnten Anstrengungen unternommen werden, die Bewertungen der Aktionäre und Konsumenten jenen der Mitarbeiter anzupassen. In der Regel werden auch hier Annäherungen an ein gruppenübergreifend einheitliches Reputations-Soll von Interesse sein.

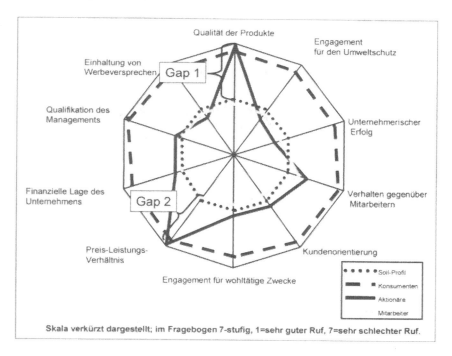

Abbildung 8-2:   Gap-Analyse anhand des Reputations-Radar-Chart

---

[56]   In der Regel wird in der informationsökonomischen Betrachtung der Preis als Qualitätsindikator untersucht; vgl. etwa Harich 1985, insbes. S. 12ff. und 48ff.; Vahrenkamp 1991, S. 55ff.; Gerhard 1995, S. 182ff. Dies wird damit begründet, dass Preisinformationen (als Sucheigenschaft) dem Nachfrager zugänglich sind, Qualitätsinformationen nicht (immer). In der Realität ist jedoch durchaus zu beobachten, dass umgekehrt Qualität als Preisindikator herangezogen wird. Auch das Signal Reputation kann nicht nur als Surrogat für Qualitäts-, sondern auch für Preisinformationen herangezogen werden.

Während die Analyse in der vorliegenden Arbeit auf drei primäre Stakeholder-Gruppen beschränkt war, kann es sich im individuellen Unternehmenskontext auch als sinnvoll erweisen, andere bzw. weitere Stakeholder-Gruppen in die Betrachtung zu integrieren. Aussagen zur reputationsbezogenen Positionierung der Unternehmung im Wettbewerbsumfeld – im Sinne eines **Benchmarking** – bedürfen einer unternehmensübergreifenden Analyse, wie sie etwa mit dem Reputation Quotient (RQ) vorliegt.[57]

	1	2	3	4	5	6
General Reputation Driver						
Emotional Appeal	X			O		
Products and Services			XO			
Workplace Environment		X	O			
Vision and Leadership			X		O	
Social Responsibility			XO			
Financial Performance			XO			
Sector Specific Reputation Drivers						
Sustainable Use of Water			XO			
Fair Prices	X		O			
Reputation Drivers Specific to this Company						
Innovative Products	X			O		
Committed to Local Community				XO		
Developing New Markets		O		X		
(1 = poor and 6 = excellent)						

Tabelle 8-1:   Reputation Scorecard
                    (Quelle: Genasi 2001, S. 32.)

Ein anderes Analyse-Tool für das Reputationsmanagement entwickelt GENASI auf Basis der Reputationsfaktoren des RQ.[58] Mit Hilfe der ‚**Reputation-Scorecard**' können einzelne Unternehmungen ihre eigene Position im Vergleich zu Wettbewerbern, dem Branchendurchschnitt oder einer Soll-Positionierung analysieren.[59] Tabelle 8-1 verdeutlicht dieses Vorgehen, wobei die Faktoren unter ‚General Reputation Driver' aus dem RQ entstammen und noch durch reputationsrelevante Faktoren der betrachteten Branche sowie unternehmensindividuelle Reputationstreiber ergänzt wurden. Gemessen an einer Soll-Positionierung (O-Werte), hat die betrachtete Unternehmung

---

[57]   Vgl. zu entsprechenden, wettbewerbsbezogenen Analysen Fombrun/Wiedmann 2001c, S. 31ff. Zu einem Überblick über Begriff und Inhalte des Benchmarking siehe z.B. Horváth 2003, S. 413ff.

[58]   Vgl. Genasi 2001, S. 30ff. Zur Aufstellung eines Reputationsportfolios vgl. Schwaiger/Hupp 2003, S. 61ff.

[59]   Siehe zu einem umfassenden Scorecard-Konzept Kaplan/Norton 1997, passim; Stoi 2004, S. 196ff.

zum Betrachtungszeitpunkt (X-Werte) beispielsweise einen klaren Nachholbedarf bei den Faktoren ‚Emotional Appeal', ‚Vision and Leadership' und ‚Innovative Products', dagegen eine deutliche Stärke bezüglich der Entwicklung neuer Märkte.

Darüber hinaus sind Abweichungen innerhalb der Stakeholder-Gruppen zu analysieren, die in der dargestellten Gap-Analyse wie auch der Reputation Scorecard aufgrund der auf einen Mittelwertvergleich reduzierten Betrachtung nicht ersichtlich sind. Eine gespaltene Reputation könnte zum Beispiel vorliegen, wenn innerhalb der Gruppe der Kunden manche der Unternehmung eine sehr gute, andere ihr eine sehr schlechte Reputation zubilligen.[60] Zudem ist die Stärke der Reputation bei den verschiedenen Stakeholdern zu prüfen, die sich darin manifestieren kann, wie viele Befragte einzelner Stakeholder-Gruppen Teilrufe bewerten oder auf eine ‚Weiß nicht'-Kategorie ausweichen.

Auch GOTSI und WILSON betonen die besondere Bedeutung konsistent wahrgenommener Reputationen innerhalb jeder Stakeholder-Gruppe.[61] Allen Stakeholdern ist „ein stimmiges und ganzheitlich positives Bild"[62] der Unternehmung zu vermitteln. Dies gelingt durch die **Harmonisierung der Aktivitäten** der Unternehmung gegenüber den verschiedenen Stakeholder-Gruppen[63], worauf in Kapitel 8.4 detailliert eingegangen wird. Als Beispiel nennen DAVIES ET AL., dass eine herausragende Reputation nur erlangt wird, wenn „those aspects of reputation that satisfy customer facing employees also satisfy customers"[64]. GRAY und BALMER merken an, dass selbst wenn gegenüber einzelnen Gruppen (nur) bestimmte Facetten der Reputation besonders hervorzuheben sind, insgesamt ein inkonsistenter Auftritt zu vermeiden ist. Sie begründen diese Forderung unter anderem mit der Hybridität der Stakeholder.[65] Dabei steht die Unternehmung nicht nur vor der Aufgabe, die Hybridität der Stakeholder-Strukturen aufzudecken, sondern sie kann diese gegebenenfalls auch aktiv beeinflussen bzw. verstärken.

---

[60] Vgl. hierzu auch Kapitel 4.2.3 und die genannten Beispiele Deutsche Bahn, Deutsche Telekom.
[61] Vgl. Gotsi/Wilson 2001b, S. 99.
[62] Oertel 2000, S. 20.
[63] Vgl. Nguyen/Leblanc 2001a, S. 228; Davies et al. 2003, S. 75.
[64] Davies et al. 2003, S. 75. Zu Möglichkeiten des Einsatzes von Mitarbeitern siehe ebenda, S. 81.
[65] Vgl. Gray/Balmer 1998, S. 699; siehe auch Link 1991, S. 351.

8.3 Ansätze zur Hybridisierung von Stakeholder-Strukturen

Für viele Unternehmungen – wie auch den hier betrachteten Konsumgüterhersteller – ist die **Hybridität von Stakeholder-Strukturen** eher die Regel als eine Ausnahme. Aktionäre sind häufig Kunden, Mitarbeiter sind zumeist Kunden und viele sind auch Aktionäre. Zwar konnte eine ausgeprägtere Loyalität hybrider Stakeholder nicht in signifikantem Maße nachgewiesen werden, sondern die empirischen Daten lassen allenfalls Tendenzaussagen zu. Allein aus Plausibilitätsgründen erscheint es jedoch nachvollziehbar, dass hybride Stakeholder in stärkerem Maße von der Unternehmung abhängen und folglich auch ein größeres Interesse an deren Erfolg haben. Dies wird sich nicht allein in ausgeprägterer Loyalität niederschlagen, sondern gegebenenfalls auch in stärkerem Involvement und stärkerer Kritikbereitschaft.[66] Hybride Stakeholder bergen deshalb ein besonders interessantes Informationsreservoir. So schlagen SCHOLES und CLUTTERBUCK als eine ‚Best Practise' im Stakeholder-Management vor: „Invite stakeholders to comment in the light of all the roles they play (e.g. employee, shareholder, consumer)"[67]. Kehrseitig ist jedoch zu bedenken, dass der Unternehmung bei Verlust eines hybriden Stakeholders Unterstützungspotenzial in höherem Maße verloren geht als bei ‚einfachen' Stakeholdern. Beispielsweise könnte die Verärgerung eines Aktionärs dazu führen, dass er die Produkte der Unternehmung nicht mehr wiederkauft und weiterempfiehlt. Entlassene Mitarbeiter können in ihrer Rolle als Belegschaftsaktionär und (ehemaliger) Kunde besonders wirksame, aus Unternehmenssicht negative Multiplikatoreffekte entfalten. Der Umgang mit hybriden Stakeholdern ist daher besonders chancen- wie auch risikoreich. Entsprechend sorgfältig ist die Förderung der Hybridität von Stakeholder-Strukturen zu überdenken.

Ansätze zu einer Steigerung der Hybridität liegen zunächst darin, Mitarbeiter zu Anteilseignern zu machen. Typischerweise wird unterstellt, dass Mitarbeiteraktionäre weniger zu Streiks neigen, da sie mehr zu verlieren haben. Ihr Interesse an der finanziellen Lage und Zukunft der Unternehmung sowie für die Rolle, die der Einzelne für den Erfolg der Unternehmung spielt, steigt. Mitarbeiter, Anteilseigner und Management verfolgen ein gemeinsames Ziel. Einige Untersuchungen kommen zu dem Ergeb-

---

[66] Zum Involvement-Konstrukt siehe z.B. Krugman 1965, passim; Kuß/Tomczak 2004, S. 64ff.; Trommsdorff 2004, S. 58ff., und Kapitel 5.2.5.

[67] Scholes/Clutterbuck 1998, S. 237.

nis, dass Unternehmen mit Belegschaftsaktien erfolgreicher sind als jene ohne entsprechende Beteiligungsmodelle.[68]

Mitarbeiter als Kunden zu ‚nutzen', hat im Konsumgütersektor eine lange Tradition. In der Regel werden Produktangebote ‚aus eigenem Hause' für Mitarbeiter vergünstigt angeboten. Darüber hinaus können Mitarbeiter für Tests der eigenen (innovativen) Produkte eingesetzt werden. „Many companies making consumer products fail to make full use of their employees as critics. [...] The employees have, in theory at least, a stronger motivation than most members of the public to report to the company any design faults they discover".[69]

Die Ergebnisse der empirischen Studie haben zudem darauf hingewiesen, dass die Privataktionäre – mindestens im betrachteten Fall – eine besonders loyale Stakeholder-Gruppe sind. Ansätze zur Nutzung dieses Potenzials (Kauf der Produkte, Weiterempfehlung von Produkten und Aktien) werden kaum diskutiert. Im Gegenteil sind bei der Organisation von Hauptversammlungen aus Gründen notwendiger Kosteneinsparungen Tendenzen zu sehen, Aktionäre nicht mehr mit Produkten zu ‚beschenken'. Aktionäre zu Kunden zu machen kann jedoch gerade dadurch angestoßen werden, dass man Produktproben im Rahmen der Hauptversammlungen anbietet.[70] Vor dem Hintergrund der Hybridität und (in weiteren Fällen zu prüfenden) Loyalität dieser Gruppe und der mit ihnen verbundenen Erlöspotenziale sind diese Ansätze zur Kosteneinsparung mindestens zu überdenken. Einen Überblick über persönliche und unpersönliche Kommunikationsmittel im Kontakt zu Aktionären bietet LINK.[71] Hierzu zählen etwa Aktionärsbriefe und -zeitschriften, die auch zur Erhöhung der Aktionärsloyalität beitragen können und das Interesse an einer langfristigen Investition fördern.[72]

„Managing stakeholder audiences as if they were discrete and unconnected is no longer a viable strategy. Companies need to develop systems and approaches that enable them to prioritise stakeholders, align more closely to them, integrate the messages to and from them and build bridges between them".[73] Hybride Stakeholder sind die personifi-

---

[68]   Vgl. hierzu und zu weiteren Quellen Clutterbuck 1981, S. 100.

[69]   Clutterbuck 1981, S. 120.

[70]   Vgl. Link 1994, S. 368.

[71]   Vgl. Link 1991, S. 318ff.; derselbe 1993, S. 126ff.; vgl. auch Achleitner/Bassen 2001b, S. 38ff.

[72]   Vgl. Link 1991, S. 325f.; Jansch 1999, S. 162f. Zu Informationsinteressen der verschiedenen Zielgruppen der IR vgl. Achleitner/Bassen 2001b, S. 36ff.

[73]   Scholes/Clutterbuck 1998, S. 237.

zierten Brücken zwischen den Stakeholder-Gruppen und sollten deshalb aus Unternehmenssicht vermehrt Beachtung finden. Auf mehreren Märkten agierende Stakeholder können bei inkonsistenter Reputation verschiedene, sich ‚überlappende' Reputationen der Unternehmung wahrnehmen, was nachteilige Effekt für die Unternehmung haben kann. So merkt LINK an, dass entsprechende Widersprüche die eindeutige Positionierung gefährden und zudem die Möglichkeiten zur Nutzung von Synergieeffekten reduzieren.[74] GARDBERG stellt hinsichtlich ihrer Studie fest: „There may be a cascading effect among types of stakeholder affiliations. Not only do stakeholders influence each other but also individuals may belong to multiple stakeholder groups. [...] The cascade of stakeholder affiliation suggests a need for consistency of message and behaviour across performance domains".[75]

Die Hybridität bzw. der Stakeholder-Overlap führt also zu kommunikativen bzw. zu organisatorischen Herausforderungen.

8.4 Implikationen für die Organisation der Kommunikation mit Stakeholdern

Am Reputationsmanagement entzündet sich einmal mehr die Debatte um die optimale Aufteilung der Kommunikationsaufgaben der Unternehmung, was durch die Hybridität von Stakeholder-Strukturen noch verstärkt wird. So bemerken etwa HATCH und SCHULTZ: „This muddying of categories and interests creates ambiguity about where the organizational boundary lies and who has responsibility for monitoring and managing these different groups and their perceptions of the organization".[76] In der Folge sind die Verantwortlichkeiten für die Betreuung verschiedener (sich überlappender) Stakeholder-Gruppen und die organisatorische Einbettung des Reputationsmanagements festzulegen.

Möglich ist die Ergänzung der Aufgaben der verschiedenen existenten Kommunikationsbereiche der Unternehmung um die Aufgabe des Reputationsmanagements. So nennt LARSEN Reputationsmanagement als eine der Aufgaben der **Investor Relations-Funktion**: „Managing and protecting the firm's reputation forms a growing part of

---

[74] Vgl. Link 1991, S. 351; derselbe 1994, S. 365.
[75] Gardberg 2001, S. 162.
[76] Vgl. Hatch/Schultz 2000, S. 18.

the overall investor relations effort"[77], und LINK konstatiert: „Gemeinsam mit der Erhöhung des Interesses der gesamten Financial Community am Unternehmen stehen zudem die Gewinnung und Mehrung öffentlichen Vertrauens im Mittelpunkt."[78] Auch wird die Integration des Reputationsmanagements in den Bereich der Öffentlichkeitsarbeit bzw. der **Public Relations** der Unternehmung diskutiert. „The field of reputation management holds the key to the renaissance of public relations".[79] BREYER stellt schon knapp vierzig Jahre früher fest, dass Rufpolitik und Public Relations in ihren Ausgangspunkten, Zielen und Mitteln übereinstimmen, da sie „die Gewinnung und die Erhaltung des Vertrauens Dritter als Grundlage der erfolgreichen Verwirklichung der Unternehmensaufgabe"[80] anstreben. Er sieht die Aufgabe von Public Relations darin, bei den verschiedenen Stakeholder-Gruppen „eine positive Einstellung (Vertrauen) und Aussage (Ruf) über die Unternehmung zu schaffen"[81]. DOZIER setzt ebenfalls Reputations- und Public Relations-Management gleich. „Public relations is defined as the management function that seeks to establish and maintain mutually beneficial, reciprocal relationships with publics upon which the organization's survival and growth depends".[82] Er grenzt hiervon bloße ‚Image Maker' ab, die ein beliebiges Image der Unternehmung kreierten, das keine Verbindung zum tatsächlichen Gebaren der Unternehmung aufweisen muss. Demgegenüber orientiere man sich bei Public Relations am Verhalten der Unternehmung und möglicherweise entstehenden Widerständen, die dieses bei Stakeholdern auslöst. Orientierungsrahmen hierfür sei die Reputation der Unternehmung, die DOZIER definiert als „perceptions of organizations based on publics' direct experiences with organizations and their members, as well as based on mediated messages about organizations"[83].

Eine noch stärkere Form dezentralisierten Reputationsmanagements liegt in der Vorstellung von SMYTHE ET AL., die im Reputationsmanagement eine Aufgabe aller

---

[77] Larsen 2002, S. 8. Zu Zielen der IR siehe Larsen 2002, S. 8; zu Instrumenten der IR für Kleinaktionäre siehe Gierl/Praxmarer 2000, S. 1328. Vgl. auch Kapitel 6.3.1.

[78] Link 1991, S. 138; so auch Süchting 1986, S. 654; Hartmann 1968, S. 88f.

[79] Bergen 2001, S. 26. Zu Begriff und Inhalten der Öffentlichkeitsarbeit vgl. z.B. Börner 1996, S. 420ff.

[80] Breyer 1962, S. 199.

[81] Breyer 1962, S. 186.

[82] Dozier 1993, S. 227. Zum Zusammenhang zwischen Public Relations und Reputationsmanagement siehe auch Davies et al. 2003, S. 39ff.; Breyer 1962, S. 191ff.

[83] Dozier 1993, S. 230.

Führungskräfte sehen, deren „prime aim is to open a dialogue with everyone the organization deals with, not least employees, to negotiate goals which are satisfactory to everyone. Marketing, human resources and corporate communication departments must accept that they are all part of one process – communicating the organization's reputation"[84]. Schließlich werden Führungskräfte oft als zentral für die Gestaltung von Reputation angesehen. „Managers can strongly influence reputational assessments by involving themselves in boundary-spanning activities with consumers, investors, and society at large."[85] Mit dieser Haltung ist die Idee verbunden, dass a) alle Aktivitäten der Unternehmung reputationswirksam sind und b) alle Unternehmensmitglieder zur Entwicklung der Reputation beitragen. In der Folge werden allerdings häufig keine eigenen Budgets für das Reputationsmanagement eingerichtet[86], was zum Beispiel negative Auswirkungen auf das Reputations-Controlling hat, da sich kein Unternehmensbereich für eine kostenintensive Reputationsanalyse und die Finanzierung der gegebenenfalls notwendigen Maßnahmen zur Rufverbesserung verantwortlich fühlt.

So lehnen beispielsweise FOMBRUN und WIEDMANN ausschließlich dezentrale Formen des Reputationsmanagements ab und fordern, dass dieses zu einem Geschäftsführungsziel und durch eine zentrale Stabsstelle oder eine direkt dem Vorstand/der Geschäftsführung berichtenden Linienfunktion wahrgenommen wird. Wesentlich sei dabei vor allem die Richtlinienkompetenz, da Gestaltungsrichtlinien und Reputationsziele vorzugeben und deren Einhaltung durch ein leistungsfähiges Controlling-System zu gewährleisten seien.[87] Die Etablierung einer **eigenen Unternehmensfunktion ‚Reputationsmanagement'** mit einem **Chief Reputation Officer (CRO)** an der Spitze schlägt FOMBRUN vor (siehe Abbildung 8-3). Dieser CRO sollte seiner Meinung nach dem Vorstand bzw. der Geschäftsleitung angehören und hat die Aufgabe „to watch over the company's intangible assets. [...] The CRO would recognize the different tasks that a company must undertake to build, sustain, and defend its reputational capital. In all aspects, however, it's a role that emphasizes close coordination – a ma-

---

[84]   Smythe/Dorward/Reback 1992, S. 7.

[85]   Fombrun/Shanley 1990, S. 253.

[86]   Vgl. Davies/Miles 1998, S. 24.

[87]   Vgl. Fombrun/Wiedmann 2001c, S. 4.

trix arrangement – with the traditional functions of marketing, finance, human resources, and operations".[88]

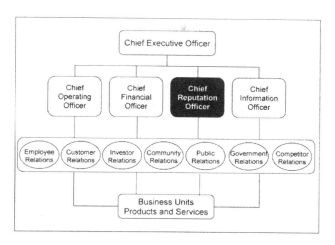

Abbildung 8-3:   The Chief Reputation Officer
                   (Quelle: Fombrun 1996, S. 197.)

Eine Gefahr dieser Formalisierung der Reputationsverantwortung sieht FOMBRUN darin, dass der CRO zum Sündenbock für Fehler gemacht werden könnte, die außerhalb seines Wirkungskreises liegen; allerdings sieht er den Vorteil, dass auf diese Weise die Verantwortung des Top-Managements für die Unternehmensreputation klar verortet würde.[89] SMYTHE ET AL. erkennen dies zwar auch an, denn „reputation is a core management activity"[90], sind aber der Ansicht, dass „it is clearly not possible to manage reputation by placing it solely in the hands of a particular specialist. Because reputation is the sum of experiences, it is the responsibility of everyone in the organization. It must be managed as a collective responsibility"[91]. LARKIN unterstützt diese Sichtweise: „Reputation management requires collective responsibility on the part of

---

[88]   Fombrun 1996, S. 197f.

[89]   Vgl. Fombrun 1996, S. 198. Die Nachteile der Matrix-Organisation werden nicht zum Gegenstand der vorliegenden Arbeit gemacht; vgl. hierzu etwa Staehle 1999, S. 709ff.

[90]   Smythe/Dorward/Reback 1992, S. 9.

[91]   Smythe/Dorward/Reback 1992, S. 172.

management and must be driven by every part of the organization. Reputation cannot be owned solely by one individual or department"[92].

Die Zusammensetzung **interdisziplinärer Teams** mit Vertretern der verschiedenen Kommunikationsbereiche stellt einen weiteren Ansatz dar, um reputationsrelevante Ideen und Strategien auszutauschen und zu koordinieren.[93] Einen entsprechenden Vorschlag für die Restrukturierung von Kommunikationsaufgaben machen EINWILLER und WILL. Sie setzen neben der Zentralisierung der stakeholder-gerichteten Kommunikation in der Rolle eines Corporate Brand Managers auf die Einrichtung cross-funktionaler Teams.[94] ARGENTI schlägt die Rolle eines Vice President Corporate Communication vor, der unter sich die Funktionen ‚Media Relations', ‚Investor Relations', ‚Employee Communication' und ‚Government Affairs' hat, während die kundenbezogene Kommunikation beim Vice President Marketing verbleibt[95], wohingegen RIEL der Ansicht ist, dass Corporate Communication neben ‚Organizational Communication' und ‚Management Communication' gerade auch die ‚Marketing Communication' umfasst. Er definiert **Corporate Communication** als „instrument of management by means of which all consciously used forms of internal and external communication are harmonised as effectively and efficiently as possible, so as to create a favourable basis for relationships with groups upon which the company is dependent"[96]. Damit wird die **integrierte Kommunikation** – wie sie maßgeblich von MEFFERT bereits zu Beginn der 1980er Jahre vorgeschlagen wurde[97] – auch die wesentliche Grundlage für das Reputationsmanagement. Unter diesem Begriff versteht BRUHN den „Prozeß der Analyse, Planung, Organisation, Durchführung und Kontrolle, der darauf ausgerichtet ist, aus den differenzierten Quellen der internen und externen Kommunikation von Unternehmen eine Einheit herzustellen, um ein für die

---

[92]   Larkin 2003, S. 50.

[93]   Vgl. Scholes/Clutterbuck 1998, S. 235.

[94]   Vgl. Einwiller/Will 2002, S. 107. Die Autoren widmen sich in ihrem Beitrag vornehmlich dem Corporate Branding und weisen dem Brand Manager deshalb wesentliche Kommunikationsbefugnisse zu.

[95]   Vgl. Argenti 1995, S. 54.

[96]   Riel 1995, S. 26.

[97]   Vgl. Meffert 1979; vgl. zu einer Würdigung Riel 1995, S. 15.

Zielgruppen der Unternehmenskommunikation konsistentes Erscheinungsbild über das Unternehmen zu vermitteln"[98].

Ergänzend zu diesen konzeptionellen Überlegungen ist auf eine empirische Studie der Agentur HILL & KNOWLTON hinzuweisen. Bezüglich der organisatorischen Einbindung geben in der Befragung 37 Prozent der deutschen Befragten an, der CEO trage für das Reputationsmanagement die vornehmliche Verantwortung (in den USA 77 Prozent), während nur 8 Prozent alle Führungskräfte der Unternehmung in der Verantwortung sehen.[99]

Unabhängig von der konkreten organisatorischen Ausgestaltung des Reputationsmanagements und seinen Aufgaben ist in vielen Unternehmungen eine überschneidungsfreie Aufteilung der Kommunikationsaufgaben nicht gegeben. Damit einher geht im Kern die **unzureichende Umsetzung (bzw. Umsetzbarkeit) des Stakeholder-Konzeptes**. SCHOLES und CLUTTERBUCK mahnen beispielsweise an, dass Unternehmungen „need to better integrate their communication (and therefore their policies) across a range of stakeholder groups"[100]. Ein Hauptproblem bei der Implementierung eines Stakeholder-Managements liegt im vorherrschenden Abteilungsdenken, denn die Beziehungen zu den verschiedenen Stakeholdern der Unternehmung werden traditionell von Mitarbeitern unterschiedlicher Organisationseinheiten gepflegt.[101] Die ‚Zuständigkeit' für bestimmte Stakeholder führt jedoch zu Informationsverlusten, mangelnder Koordination und letztlich – wie SCHOLES und CLUTTERBUCK formulieren – zum Chaos.[102] „Incoherence in messages and difficulties in coordination are often fostered by communication representatives' narrow focus on their particular stakeholder groups".[103] Aussagen, die für sich genommen und auf eine einzelne Stake-

---

[98] Bruhn 2005, S. 84. Zur integrierten Kommunikation im Kontext des Reputationsmanagements siehe auch Dalton/Croft 2003, S. 104ff.

[99] Vgl. Hill & Knowlton 2001, o.S. Befragt wurden „1000 Chief Executives or their equivalent of large companies in US, Canada and Europe", die Fragestellung lautete: „Who in your company is primarily responsible for managing your company's corporate reputation?"; vgl. ebenda. Die British Telecom verfügt über eine Stelle Corporate Reputation and Social Policy, die Firma Novo Nordisk hat einen Corporate Vice President für Stakeholder Relations; vgl. Pruzan 2001, S. 54.

[100] Scholes/Clutterbuck 1998, S. 229.

[101] Vgl. auch Svendsen 1998, S. 3.

[102] Vgl. Scholes/Clutterbuck 1998, S. 233; ähnlich Larsen 2002, S. 5.

[103] Einwiller/Will 2002, S. 100.

holder-Gruppe durchaus sinnvoll sind, können bei Sicht auf die Gesamtunternehmung zu einem verschwommenen Bild oder gar Widersprüchen führen.[104]

Beispielsweise ist es widersprüchlich, wenn eine Unternehmung sich bei Kunden als besonders innovativer Anbieter positionieren möchte, gleichzeitig aber den Mitarbeitern bekannt gemacht wird, dass die Entwicklung neuer Produktprototypen bis auf Weiteres aus Kostengründen gestoppt wird. Ebenso wäre es aus Mitarbeitersicht unzureichend, wenn diese Stakeholder-Gruppe aus der Presse von anstehenden ‚Umstrukturierungs- und Einsparungsoffensiven' erfahren.

FOMBRUN und FOSS erwähnen in diesem Zusammenhang die ‚Zentripetalkräfte' der dezentralisierten Kommunikation, die geradezu die Inkonsistenz von Aussagen und Taten der Unternehmensvertreter gegenüber verschiedenen Stakeholder-Gruppen garantieren.[105] Die für jede Funktion bzw. Abteilung mehr oder weniger exklusiv vorgesehene Zielgruppe – angedeutet durch die gestrichelten Verbindungslinien in der Abbildung 8-4 – wird gar nicht oder gemischt mit anderen erreicht.

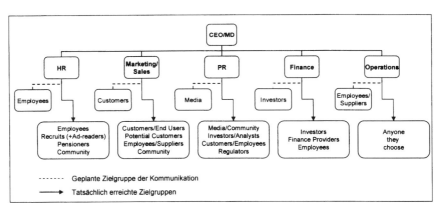

Abbildung 8-4:   Verantwortlichkeit für die Kommunikation
(Quelle: in Anl. an Scholes/Clutterbuck 1998, S. 233.)

EINWILLER und WILL berichten aus ihrer empirischen Studie, dass Aktivitäten zur Reputationspflege bei den befragten Unternehmungen auf bis zu neun verschiedene

---

[104]   Vgl. Einwiller/Will 2002, S. 100; ähnlich Riel 1995, S. 3.
[105]   Vgl. Fombrun/Foss 2001, o.S.

Abteilungen verteilt waren.[106] Das Kommunikations-Chaos trifft vor allem Mitarbeiter: „The employee audience is bombarded from all sides"[107], wie die Abbildung verdeutlicht. Gleichzeitig ist jedoch zu beobachten, dass gerade die Mitarbeiter (v.a. das Kundenkontaktpersonal) oft erst vom Kunden von Unternehmensmaßnahmen unterrichtet wird „with the result that they haven't a clue about the advert/discount/new positioning the customer [...] is referring to"[108]. Hybride Stakeholder werden mit unterschiedlichen, sich womöglich konterkarierenden Informationen aus verschiedenen Unternehmensquellen belastet. Die Verwirklichung der Ziele des Reputationsmanagements kann nur durch eine konzertierte Aktion der verschiedenen Organisationseinheiten der Unternehmung erfolgen, die im Rahmen eines integrierten Reputationsmanagements abzustimmen sind.[109] Reputationsmanagement ist ein Teil der integrierten Unternehmenskommunikation[110] und vor allem mit dem Markenmanagement eng verbunden.

8.5 Implikationen für das Corporate Branding

Auch für das Corporate Branding ist die „Integration aller am Kommunikationsprozess beteiligten Funktionsbereiche und klare Verteilung von Zuständigkeit und Verantwortungsbereichen"[111] notwendig. Als **Corporate Brand** bzw. Unternehmensmarke bezeichnen MEFFERT und BIERWIRTH „das in den Köpfen der Anspruchsgruppen fest verankerte, unverwechselbare Vorstellungsbild über eine Unternehmung"[112]. Die Unternehmung soll dabei gemäß TOMCZAK ET AL. „gegenüber den verschiedenen Anspruchsgruppen – aktuelle und potenzielle Mitarbeiter, Kunden, Investoren und die Öffentlichkeit, um nur die bedeutendsten zu nennen [...] – ebenso wie ein Produkt ‚verkauft'"[113] werden. Die Aufgabe des Corporate Branding sehen die Autoren darin, externes Image und interne Identität der Unternehmung durch die Klammer einer über-

---

[106] Vgl. Einwiller/Will 2002, S. 107.

[107] Scholes/Clutterbuck 1998, S. 234.

[108] Scholes/Clutterbuck 1998, S. 234. Einen Überblick über verschiedene Kommunikationsaufgaben in einer Unternehmung bietet Riel 1995, S. 4.

[109] Vgl. Fombrun/Wiedmann 2001b, S. 45.

[110] Vgl. Fombrun/Wiedmann 2001c, S. 2.

[111] Tomczak et al. 2001, S. 2.

[112] Meffert/Bierwirth 2002, S. 184. Zu einem Überblick über Definitionsansätze siehe Bierwirth 2003, S. 7ff.

[113] Tomczak et al. 2001, S. 3.

geordneten Geschäftsidee zu steuern, welche „Anker und Ausgangspunkt für den erfolgreichen Aufbau einer Unternehmensmarke"[114] ist. Die Kommunikation unter den Stakeholder-Gruppen und hybride Stakeholder-Strukturen führen zur gegenseitigen Beeinflussung der Markenbilder in der jeweiligen Gruppe.[115]

Corporate Branding wird – wie die Reputation – in einen **Stakeholder-Kontext** gerückt: „The brand is more than ever, a constantly shifting asset. And it is in many ways co-owned by the corporation and its stakeholders"[116]. Während früher der Aufbau bekannter Produktmarken ausreichte, stellen DAVIES ET AL. fest, dass Unternehmungen heute als Organisation insgesamt Anerkennung finden müssen.[117] „The public increasingly wants to know about the companies that stand behind the brands and products presented to them".[118] Markenführung und speziell die Entwicklung von Unternehmensmarken stellen aktuell besonders relevante Herausforderungen für die Unternehmungen dar.[119]

Eine **Abgrenzung von Unternehmensmarke und Reputation** ist kaum trennscharf möglich. So ist der (geschützte) Name der Unternehmung in der Regel gleichzusetzen mit der Unternehmensmarke[120], symbolisiert aber auch ihre Reputation: „Der Name einer Unternehmung fasst somit alles in einem einzigen Ausdruck zusammen, was ihren Ruf ausmacht".[121] MEFFERT und BIERWIRTH erklären: „Die Reputation des Unternehmens verschafft der Unternehmensmarke [...] einen Vertrauensvorschuss"[122]. Dagegen ist für HERBIG und MILEWICZ die Marke bzw. die Markenpersönlichkeit

---

[114]   Tomczak et al. 2001, S. 3. Zum Corporate Branding siehe auch Meffert/Bierwirth 2005, passim.

[115]   Vgl. Meffert/Bierwirth 2001, S. 6.

[116]   Maio 2003, S. 246.

[117]   Vgl. Davies et al. 2003, S. 53.

[118]   Lewis 2001, S. 32.

[119]   Vgl. Bierwirth 2003, S. 1.

[120]   Heinlein 1999, S. 283, spricht allerdings nur dann von einer Unternehmensmarke, wenn Unternehmensname und Marke zusammenfallen.

[121]   Breyer 1962, S. 136; Nicklisch 1972, S. 229; Vgl. auch Dowling 1993, S. 101. Sandig 1962, S. 10, erklärt den Namen der Unternehmung – neben den leitenden Persönlichkeiten – zum Repräsentanten der Reputation.

[122]   Meffert/Bierwirth 2002, S. 189; ähnlich Bierwirth 2003, S. 76. Die Etablierung von Product Brands dagegen kann einen Versuch zur Teilung eines Rufrisikos darstellen; vgl. auch Sandig 1962, S. 20.

ein Reservoir für die Entstehung von Reputation.[123] Auch EINWILLER und WILL sehen im Corporate Branding eine Voraussetzung für die Schaffung der Unternehmensreputation. „Effective corporate branding requires consistent messages about a brand's identity and uniform delivery across all stakeholder groups to create a favourable brand reputation".[124] Entsprechend definieren sie Corporate Branding als „a systematically planned and implemented process of creating and maintaining favourable images and consequently a favourable reputation of the company as a whole by sending signals to all stakeholders by managing behaviour, communication, and symbolism".[125] In der Marke (bzw. dem Unternehmensnamen) liegt der **Anker für die Kommunikation** unter Stakeholdern, die zur Bildung von Reputation führt. Ohne die wieder erkennbare und differenzierungsfähige Unternehmensmarke sowie den Aufbau von Bekanntheit wäre eine Einschätzung der Reputation vieler Unternehmungen auf wenige Stakeholder-Gruppen begrenzt.

RIEL und FOMBRUN benutzen ‚Reputation' und ‚Brand Image' als nahezu synonyme Begriffe[126], HARRIS und CHERNATONY adaptieren für ihre Definition der ‚Markenreputation' eine gängiges Reputationsverständnis: „A brand's reputation is defined as ‚a collective representation of a brand's past actions and results that describes the brand's ability to deliver valued outcomes to multiple stakeholders'"[127]. In der Praxis fallen Reputation und Markenwahrnehmung dann zusammen, wenn Zielgruppen nicht in der Lage sind, zwischen der Unternehmung und ihren (Produkt-)Marken zu differenzieren.[128] Dies ist vor allem dann der Fall, wenn keine Informationen über eine Unternehmung vorliegen außer den durch und über ihre Produkte vermittelten. So wird beispielsweise dem Fiat-Konzern in Italien eine hohe und gute Reputation zugespro-

---

[123] Vgl. Herbig/Milewicz 1995b, S. 8. Siehe auch die Ausführungen zur Markenpersönlichkeitsmessung in Kapitel 4.2.4. Nicht gefolgt wird in dieser Arbeit dem Verständnis von Bickerton 2000, S. 44, für den die Reputation ein Teil der Marke (Brand) ist.

[124] Harris/Chernatony 2001, S. 446.

[125] Einwiller/Will 2002, S. 101; ähnlich Meffert/Bierwirth 2002, S. 185. Zur Abgrenzung von Corporate und Product Branding siehe Esch/Bräutigam 2001, passim.

[126] Vgl. Riel/Fombrun 2002, S. 297; siehe auch Bromley 1993, S. 4; Andreassen 1994, S. 21; Schwaiger/Cannon 2002, S. 4; kritisch dagegen Marconi 2002, S. XI.

[127] Harris/Chernatony 2001, S. 445, mit Bezug auf die Definition von Fombrun/Rindova 1997, S. 10. Ob ein Marke ‚agieren' und Fähigkeiten aufweisen kann, wurde bereits kritisch hinterfragt.

[128] Vgl. Thevissen 2002, S. 325. Auch wird verschiedenen ‚Marken' einer Unternehmung jeweils eine eigene Reputation zugesprochen, obwohl sie zum selben Konzern gehören (z.B. Ferrari, Alfa Romeo und Fiat); vgl. Ravasi 2002, S. 354.

chen, in anderen europäischen Ländern eine schlechte, die fast ausschließlich auf kolportierten Mängeln der von Fiat vertriebenen Automobile beruht.[129]

Einige Autoren bemühen sich, Unterschiede zwischen den Konstrukten Marke und Reputation herauszuarbeiten. BERGSTROM, BLUMENTHAL und CROTHERS zum Beispiel erklären: „A brand is the sum total of all perceived functional and emotional aspects of a product or service. [...] Brand*ing* – the verb – is about adding a higher level of emotional meaning to a product or service, thereby increasing its value to customers and other stakeholders"[130]. Unterschiede zur Reputation sehen sie in der mangelnden Differenzierungsfähigkeit der Reputation: „The ultimate brand is unique, its ‚essence' irreplaceable [...]. A strong reputation, however, derives from similar characteristics across companies"[131]. Zu diesen Charakteristika zählen sie Glaubwürdigkeit, Verlässlichkeit, Verantwortlichkeit, Vertrauenswürdigkeit. Analog kann jedoch auch hinsichtlich der Marke argumentiert werden, die zum Beispiel grundsätzlich auf dem Vertrauen in eine gleich bleibende Qualität basiert. Einzigartigkeit der Marke (und aller ihrer Attribute) würde auch die Messung von Markenstärke auf Basis des Vergleichs von Marken hinsichtlich bestimmter Kriterien verunmöglichen. Wie die ressourcenökonomischen Erwägungen in Kapitel 3 zeigten, kann zudem auch der gute Ruf auf Merkmalen oder Ressourcen einer Unternehmung aufbauen, die einzigartig bzw. differenzierungsfähig sind.[132] Einen zweiten, ebenfalls wenig stichhaltigen Unterschied sehen die Autoren darin, dass Reputation bedürfnisunabhängig existieren könne, Marken jedoch nicht. Sofern Stakeholder die Werte, welche mit einer Marke vermittelt werden sollen, als nicht relevant erachten, könne die Marke nicht stark sein. Dagegen könne und sollte man in Charakteristika der Reputation wie Glaubwürdigkeit, Verlässlichkeit etc. unabhängig davon investieren, ob die Stakeholder hierfür ein emotionales Bedürfnis verspürten oder nicht.[133] Dem ist aus ökonomischer Sicht entgegenzuhalten, dass auch im Rahmen des Reputationsmanagements auf die Effizienz eingesetzter Maßnahmen zu achten ist. Zudem ist kaum nachzuvollzie-

---

[129] Vgl. Ravasi 2002, S. 360.

[130] Bergstrom/Blumenthal/Crothers 2002, S. 133f.

[131] Bergstrom/Blumenthal/Crothers 2002, S. 134.

[132] Vgl. etwa Kowalczyk/Pawlish 2002, S. 161.

[133] Vgl. Bergstrom/Blumenthal/Crothers 2002, S. 134. Die Inkonsistenz der Aussagen dieser Autoren kulminiert in folgendem Beispiel (ebenda, S. 135): „McDonald's may have guidelines for how often to smile at the customer, and obeying them helps to build a good reputation. But knowing how to make the customer smile is the essence of its brand".

hen, wie ein guter Ruf aufgebaut werden kann, ohne den Erwartungen und Bedürfnissen der Stakeholder nachzukommen, da die Reputation auf den Beurteilungen früheren Verhaltens beruht.

Auch LOW und KALAFUT bemühen sich um die Abgrenzung von Marke und Reputation: „Brand refers to the cluster of attributes and emotions customers associate with a particular product or set of products, including those products' value and functionality. Reputation refers to what a variety of stakeholders – not just customers but suppliers, other businesses, investors, employees, regulators, and the community at large – think of a whole company".[134] Auch diese Abgrenzung erscheint diskussionswürdig: Erstens ist es unzweckmäßig, den Begriff der Marke nur auf die Stakeholder-Gruppe der Kunden anzuwenden. Beispielsweise Mitarbeiter oder – aktuell besonders unter dem Stichwort ‚Sharebranding' diskutiert – Anteilseigner bzw. Eigen- und Fremdkapitalgeber gehören zu den Zielgruppen der Markierungspolitik.[135] Zweitens könnte auch von bestimmten unmarkierten Leistungen eines Anbieters eine spezifische Vorstellung in der Psyche seiner Kunden vorliegen. Andernfalls wäre etwa die Markentreue nur schwerlich vom Konstrukt der **Kundenbindung** zu separieren. Letztere kann auch bei unmarkierten Produktangeboten verzeichnet werden. Drittens ignoriert diese Definition die Existenz von Unternehmensmarken, denen ja gerade die Unternehmung als Bezugsobjekt der Vorstellungen von Stakeholdern zu Grunde liegt.

WALSH, WIEDMANN und BUXEL schließlich erklären, dass sich die Reputation anders als die produktbezogene Marke auf eine Person oder Organisation bzw. eine Unternehmung als Ganzes bezöge. „Reputation umfasst damit im Gegensatz zur Marke über das Leistungsangebot hinausgehend sämtliche Gegenstandsbereiche der Wahrnehmung des Unternehmens in den Augen aller relevanten Anspruchsgruppen".[136] Auch diese Autoren vernachlässigen bei ihrer Abgrenzung das Phänomen der Corporate Brand, die sich auf die ganze Unternehmung bezieht, sowie den über Kunden hinausgehenden Stakeholder-Bezug der Marke.

Die Abgrenzungsschwierigkeiten gehen mit der Weite des vertretenen Markenverständnisses einher. Interpretiert man Marken aus juristisch-pragmatischer Sichtweise

---

[134] Low/Kalafut 2002, S. 110.

[135] Vgl. etwa Maier-Moritz 2002, S. 61ff.; Meffert/Bierwirth 2002, S. 185; siehe auch Kapitel 5.2.3.1.

[136] Walsh/Wiedmann/Buxel 2003, S. 409.

schlichtweg als Kennzeichen auf einem Produkt, fällt eine Abgrenzung zur Reputation (und vom Image) leicht. So vertritt etwa HAMMANN die Meinung, dass eine Marke ein (Kenn-)Zeichen bzw. Signal ist, das einem Meinungsgegenstand zu dessen Kenntlichmachung beigegeben wird.[137] Aktuell scheint sich in der deutschsprachigen Literatur allerdings eher ein Konsens hinsichtlich der komplexeren Definition der Marke als sozial-psychologisches Phänomen abzuzeichnen, die MEFFERT entwickelte: „Die Marke ist ein in der Psyche von Konsumenten verankertes, unverwechselbares Vorstellungsbild von einem Produkt"[138]. Ähnlich definiert auch FOURNIER: „a brand [...] is simply a collection of perceptions held in the mind of the consumer"[139]. Dieses nachfrageorientierte, abstrakte Markenverständnis verwischt die Grenze zur Reputation, wenn die Unternehmung selbst – nicht einzelne Produkte bzw. ‚Sachen' – als Markenträger analysiert wird. Im Rahmen der vorliegenden Arbeit wird unter einer Marke **ein von der Zielgruppe verinnerlichtes, unverwechselbares Vorstellungsbild von einer Unternehmung bzw. der von ihr angebotenen Leistungen, das auf einem oder mehreren vertrauten Symbolen beruht,** verstanden. Je mehr Zielgruppen hierbei betrachtet werden, desto stärker verschwimmt die Abgrenzbarkeit von Marke und Reputation, da die Marke nicht mehr hauptsächlich als Indikator für gleich bleibend hohe Produktqualität interpretiert wird.[140] Sie dient vielmehr als ‚vertrauensbildende Maßnahme' vornehmlich dem Ziel, bestehende oder erwartete Unsicherheiten bei den Zielgruppen abzubauen. Gleiches gilt für die Reputation der Unternehmung, die grundsätzlich auf einer ganzheitlichen Perspektive der Unternehmung und nicht einzelner Angebotsleistungen bzw. Produkte beruht.[141]

Es könnte die These formuliert werden, dass bei Unternehmungen mit starken Produktmarken (Einzelmarkenstrategie) die Reputation der Unternehmung (als Entscheidungskriterium eines Stakeholders) weniger bedeutsam ist als bei einer Corporate

---

[137] Vgl. Hammann 1992, S. 206; siehe auch Sohn/Welling 2002, S. 2.

[138] Vgl. Meffert 2000, S. 785. Dabei ist selbstverständlich von einem weiten Produktverständnis auszugehen, unter das auch die Dienstleistungen zu subsumieren sind. Siehe zu diesem Markenverständnis z.B. auch Esch 2005, S. 11.

[139] Fournier 1998, S. 345. Hier wie auch bei Meffert sollte von Kunden, nicht Konsumenten, gesprochen werden.

[140] Zu weiteren Marken- bzw. Markierungsfunktionen siehe auch Dichtl 1992, S. 16ff.

[141] Vgl. Meffert/Bierwirth 2002, S. 189.

Branding-Strategie.[142] Unterschiede der Konstrukte sind definitorischer bzw. formaler Natur. So können gewerbliche Schutzrechte wie die Marke in der **Bilanz** einer Unternehmung ausgewiesen werden, während dies der – stets originären – Reputation weitestgehend versagt bleibt. Reputation kann nie eigenständig verwertet bzw. verkauft werden, einzelne Marken (theoretisch selbst die Unternehmensmarke) dagegen schon.[143] Zudem kann eine Marke im Gegensatz zur Reputation **rechtlich geschützt** werden, die Reputation nicht. Bereits SANDIG weist darauf hin, dass das Wettbewerbsrecht zwar den Ruf wie auch Firmennamen und Marken gegen unlautere Angriffe (etwa die Rufausbeutung) schütze, gleichzeitig aber beispielsweise den Aufruf zum Boykott oder Streik durch Käufer gestatte, da Meinungsfreiheit und damit auch die Freiheit der Einflussnahme höherwertige Rechtsgüter sind.[144] Anders als die Reputation ist die Marke damit keine den Anspruchsgruppen ausgelieferte ‚Geisel'.

Der wesentliche inhaltliche Unterschied zwischen Marke und Reputation wird hier darin gesehen, dass die Marke in hohem Maße durch die **Marketingaktivitäten der Unternehmung** gesteuert wird. Dies gilt hinsichtlich der Entscheidung für oder gegen die Markierung bzw. die Etablierung einer Corporate Brand, der Gestaltung der Markenelemente (Logo, Markenname usw.) sowie bezüglich der Inhalte und Vorstellungswelten, die mit einer bestimmten Marke verbunden werden sollen.[145] Demgegenüber fällt eine Unternehmung keine Entscheidung für oder gegen Reputation und deren Ausgestaltung hängt in höherem Maße von den Stakeholdern ab. MEFFERT und BIERWIRTH erläutern, dass im Gegensatz zur Reputation die spezifischen Such-, Erfahrungs- und Vertrauenseigenschaften einer Leistung bei der Gestaltung der Unter-

---

[142] Vgl. ähnlich Wiedmann 2001, S. 11. Zu einer identitätsorientierten Markenabgrenzung siehe auch Hatch/Schultz 2000, S. 14; zu Markenstrategien generell Baumgarth 2004, S. 124ff.; zu Determinanten von Corporate Brands siehe Davies et al. 2003, S. 77ff.

[143] Vgl. auch Kapitel 2.4.2. Zugekaufte, reputationsfördernde Aktivitäten, z.B. die von einer Agentur in Rechnung gestellte ‚Imagekampagne', sind direkt erfolgswirksam zu verrechnen. Zur Bilanzierung immaterieller Vermögensgegenstände vgl. Baetge/Kirsch/Thiele 2003, S. 265ff. Überblicke zu Methoden der Markenbewertung bietet z.B. Kriegbaum 2001, S. 69ff.

[144] Vgl. Sandig 1962, S. 19. Zum Tatbestand der Rufausbeutung und des ‚Rufmordes' vgl. Kunstadt 1980, S. 5ff. Das Strafgesetzbuch unterscheidet diesbezüglich verschiedene Straftatbestände: Beleidigung (§ 185 StGB), üble Nachrede (§ 186 StGB), Verleumdung (§ 187 StGB). Ebenso relevant sind die § 823ff. des BGB bzw. § 14 des UWG; vgl. ebenda.

[145] Beispielsweise hat sich aktuell die Firma Storck dazu entschlossen, eine Corporate Brand aufzubauen und mit bestimmten Inhalten ‚aufzuladen'; vgl. Storck 2004.

nehmensmarke zielgruppenspezifisch abzuleiten und zu symbolisieren seien.[146] Praktisch können auf diese Weise die (Unternehmens-)Marke und die Reputation – wie z.B. bei ‚Marlboro' bzw. Philip Morris – voneinander abweichen.[147] Das Corporate Branding hat demzufolge die Aufgabe, für die **Abstimmung zwischen Reputation und Marke** zu sorgen. Die Führung der Unternehmensmarke sollte die vorherrschende Reputation der Unternehmung berücksichtigen, eine nicht mit der Reputation übereinstimmende Ausrichtung der Marke erscheint wenig effizient. Auch wenn längerfristig die Reputation von den Aktivitäten zur Steuerung der Unternehmensmarke in die vom Management gewünschte Richtung gelenkt werden kann, ist dies sehr aufwändig und erfordert eine zielgruppenübergreifend koordinierte Markenkommunikation. Mit den beschriebenen Grundsätzen des Reputationsmanagements ist dies nur zu in Einklang zu bringen, sofern die Markenkommunikation den zu Grunde liegenden Leistungen der Unternehmung (Produktqualität, Verhalten gegenüber Mitarbeitern etc.) entspricht. In diesem Fall trägt das Markenmanagement durch die Herausstellung der Reputationsdimensionen zum Aufbau und zur Gestaltung von Reputation bei.[148] Dieser Beitrag ist erfüllt, wenn die Markenführung eine zwischen den Zielgruppen widerspruchsfreie Wahrnehmung der Corporate Brand erreicht, reputative Merkmale (Produktqualität, Verhalten gegenüber Mitarbeitern, finanzielle Performance usw.) zielgruppenübergreifend, aber zielgruppenspezifisch gewichtet herausgestellt werden und die zielgruppenspezifischen Botschaften auch mit der Realität übereinstimmen.[149]

8.6   Zwischenfazit zu den Implikationen für das Reputationsmanagement

Im Kern verdeutlichen die Ausführungen zu Zielen und Inhalten des Reputationsmanagements, zur Organisation der Kommunikationsfunktion von Unternehmungen sowie zu den Überschneidung von Marken- und Reputationsmanagement, dass die **integrierte Kommunikation** der Unternehmung Grundlage für ein effektives und effizientes Reputationsmanagement ist. Das Reputationsmanagement bedarf in diesem

---

[146]   Vgl. Meffert/Bierwirth 2001, S. 7, die hier auch ‚Inhaltsdimensionen einer Unternehmensmarke' vorstellen.

[147]   „Philip Morris U.S.A. is the nation's leading cigarette manufacturer. Its goal is to be the most responsible and respected developer, manufacturer and marketer of products made for adults"; Philip Morris 2002.

[148]   Vgl. Bierwirth 2003, S. 87.

[149]   Vgl. hierzu Bierwirth 2003, S. 88f.

Sinne nicht zwingend der organisatorischen Ausgestaltung als Funktion in der Unternehmung, sofern eine integrierte Kommunikation unter Berücksichtigung der Unternehmensreputation gewährleistet ist. Dies dürfte allerdings in der Praxis nur auf wenige Unternehmungen zutreffen. Die spezifische Messung, Analyse, Planung und Gestaltung der Reputation ist dabei als eigenständige, mit dem Corporate Branding zu verzahnende Aufgabe zu verstehen. Ziel ist dabei stets die Gestaltung der **optimalen Reputation bei allen relevanten Stakeholdern**, wobei der Ruf den Leistungen der Unternehmung entsprechen sollte.

Verfügt eine Unternehmung – wie beispielsweise in der empirischen Untersuchung zu dieser Arbeit festgestellt – über eine **monolithische Reputation**, erleichtert dies die Durchsetzung integrierter Kommunikation. Umgekehrt kann die integrierte Kommunikation auch dazu beitragen, eine entsprechend homogene, starke und selbstverständlich möglichst positive Reputation zu erlangen, sofern hierin die Zielsetzung der Unternehmung liegt. Strebt die Unternehmung dagegen eine nach Stakeholder-Gruppen differenzierte Reputation an, ist die (zentralisierte) integrierte Kommunikation hierfür nur bedingt geeignet. In jedem Fall ist es Aufgabe des Reputationsmanagements, den Status der Reputation einer Unternehmung zunächst zu analysieren, wozu im Rahmen der vorliegenden Arbeit umfassende Operationalisierungs- und Verfahrensvorschläge geleistet wurden.

Über die kommunikationspolitischen Aktivitäten hinaus ist im Rahmen des Reputationsmanagements eine Bandbreite weiterer Komponenten relevant, die im Rahmen dieser Arbeit nicht umfassend erörtert werden kann. Dazu zählen die Gewährleistung der Nachhaltigkeit von Unternehmensaktivitäten (Sustainability)[150], die Etablierung und Einhaltung von Sicherheits- und Qualitätsstandards, die Einrichtung bzw. Unterstützung selbstbindender Institutionen wie beispielsweise des Zentralverbandes der deutschen Werbewirtschaft (ZAW) oder der Arbeitsgemeinschaft für Sicherheit in der Wirtschaft (ASW) und vieles mehr.[151]

---

[150] Zu Sustainability und Sustainable Development siehe z.B. Matten 1998b, passim.

[151] Einen Überblick über Maßnahmen im Rahmen des Reputationsmanagements bieten die Arbeiten von Bromley 1993; Davies et al. 2003; Dowling 1994 und 2001; Fombrun 1996; Jolly (Hrsg.) 2001; Maconi 2002; Morley 2002.

9 Fazit und Ausblick auf weiteren Forschungsbedarf

9.1 Zusammenfassung der wesentlichen Erkenntnisse

Ausgangspunkt für die vorliegende Arbeit waren die unzureichende Konzeptualisierung und Abgrenzung des Reputationskonstrukts sowie die Frage nach dem Zusammenhang zwischen Reputation und Loyalität von Stakeholdern. In diesem letzten Kapitel werden die gewonnenen Erkenntnisse zur Ableitung eines Fazits genutzt. Eine Diskussion weiterer Forschungsfelder bildet den Abschluss der Arbeit.

Nach der Einführung in die Thematik (**Kapitel 1**) wurden die Grundlagen zum Verständnis des Phänomens Reputation diskutiert (**Kapitel 2**). Zunächst fand eine Abgrenzung von verwandten Konstrukten statt, wobei die Identität als Selbstbild der Unternehmung das Fundament für die Imagebildung und für die Entwicklung von Reputation darstellt. Das Image ist das Bild der Unternehmung, das subjektiv und individuell bei ihren Stakeholdern auf Basis einzelner Merkmale der Unternehmung entsteht. Der Aufbau von Images beruht hauptsächlich auf Kommunikationsmaßnahmen der Anbieterunternehmung, er bedarf nicht zwingend der Bildung von Vertrauen und der Kommunikation unter den Stakeholdern, während Reputation auf beidem sowie einer Evaluation durch den Stakeholder basiert. Die Reputation umfasst damit eine subjektive Bewertung des in der Öffentlichkeit bzw. bei allen Stakeholdern kollektiv vorliegenden Fremdbildes ‚Image'. Konkret wurde die Reputation aus Stakeholder-Perspektive definiert als die von Stakeholdern anerkannte Leistungsfähigkeit und der anerkannte Leistungswillen der Unternehmung, die sich in ihrem Verhalten gegenüber einzelnen Stakeholdern wie auch gegenüber der Gesellschaft konkretisieren.[1]

Reputation und Vertrauen sind zudem interdependent; es wurde herausgearbeitet, dass Vertrauen nur aufgrund der Unterstellung eines funktionsfähigen Reputationsmechanismus entstehen kann, gleichzeitig ist Reputation auch eine Konsequenz von Vertrauen.

Neben der Darstellung von Determinanten, Ausprägungen und Wirkungen der Reputation wurden vor allem die Inhalte von Reputation diskutiert, welche für die empirische Messung von besonderer Bedeutung sind. Diese Merkmale oder Leistungen der Unternehmung, die zum Inhalt der Reputation werden, sind in Bezug auf verschiedene Stakeholder-Gruppen zu prüfen. Die Entstehung und Entwicklung von Reputation

---

[1] Vgl. ähnlich Sandig 1962, S. 10.

wurde idealtypisch anhand eines Lebenszyklusmodells dargelegt. In einem weiteren
Schritt wurden Wert und Bewertung der Reputation aus Unternehmensperspektive
thematisiert. Die unklare Kausalität zwischen Reputation und unternehmerischem
Erfolg führt bei einer Analyse der Auswirkungen von Reputation zu einer Orientierung
an vorökonomischen Größen. In der vorliegenden Arbeit diente hierzu das Konstrukt
der Loyalität von Stakeholdern. Valide Ansätze zur monetären Bewertung von Reputation lassen sich analog zum verwandten Konstrukt des Goodwills ableiten.

Der ersten Zielsetzung der Arbeit gemäß wurden sodann Theorien zur Erklärung von
Entstehen und Wirkungen der Reputation diskutiert (**Kapitel 3**). Der Kern lag dabei in
der Erweiterung und Konsolidierung vorhandener theoretischer Ansätze. Die Kombination theoretischer Erklärungen orientierte sich an der Leitidee des von
FEYERABEND vorgeschlagenen, komplementären theoretischen Pluralismus.[2] Dabei
bildeten die Ausrichtung auf im weitesten Sinne ökonomische Ansätze und der Fokus
auf die Rolle der Reputation im marktlichen Austausch die Grundlage für die pluralistische Theoriewahl.

Hinweise zur Entstehung und Wirkung von Reputation bietet im Wesentlichen die
Informationsökonomik. Allerdings werden die Quellen der Reputation durch keinen
der Ansätze – auch nicht durch ressourcenökonomische Erwägungen – erhellt. Die
Ansätze lassen sich nach gegenwärtigem Stand nicht zu einer umfassenden ‚Theorie
der Reputation' verdichten. Aufgrund der bislang unzureichenden theoretischen
Grundlagen bot sich für die Operationalisierung im Rahmen der Konstruktmessung
deshalb eine explorative Herangehensweise an.

Anschließend wurden deshalb die wesentlichen der bislang in der Literatur vorgestellten Operationalisierungsansätze zur Reputation vorgestellt (**Kapitel 4**). Hervorzuheben
sind dabei der Ansatz des FORTUNE-Magazins, der einen der ersten Ansätze zur
Reputationsmessung darstellt, sowie der Ansatz des Reputation Institute, der auf inter-
nationaler Ebene Einsatz findet und die Perspektiven verschiedener Stakeholder integrieren soll. Ein Konsens hinsichtlich der Messmethodik für Reputation zeichnet sich
bislang nicht ab; stakeholder-übergreifende Ansätze wurden kaum vorgestellt. Aufgrund der festgestellten Defizite wurde für die empirische Untersuchung ein eigenständiges Messmodell entwickelt.

---

[2]   Vgl. Feyerabend 1965, S. 149ff.

Dabei musste unter anderem festgelegt werden, aus wessen Sicht Reputation zu erheben und ob hierfür pro Stakeholder-Gruppe unterschiedliche Merkmale zu erfassen sind (Divergenzansatz), oder ob die allgemeine Reputation der Unternehmung in der Öffentlichkeit, die für alle Stakeholder-Gruppen dasselbe Konstrukt umfasst (Konvergenzansatz), zu erheben war. Im Rahmen der empirischen Studie wurde der zuletzt genannte Ansatz verfolgt.

Das für die Arbeit zweite zentrale Konstrukt war die Loyalität von Stakeholdern (**Kapitel 5**). Zunächst wurde der Stakeholder-Ansatz in seinen Grundaussagen skizziert. Ein Konsens in der Literatur herrscht dahingehend, dass die einseitige Orientierung an den Interessen einzelner Stakeholder-Gruppen unzweckmäßig ist, da alle Gruppen in Beziehungen zueinander stehen. Vielmehr ist mit den heterogenen, teils divergenten Ansprüchen der unterschiedlichen Beteiligten in effektiver und effizienter Weise umzugehen. In der vorliegenden Arbeit wurde der Fokus auf drei primäre, strategische Stakeholder-Gruppen gerichtet (Kunden, Aktionäre, Mitarbeiter). Zudem wurde der Stakeholder-Ansatz auf die Betrachtung hybrider Stakeholder ausgedehnt. Diese repräsentieren Schnittmengen zwischen Anspruchsgruppen, es handelt sich also um Personen oder Personenmehrheiten, die Mitglied in mindestens zwei Anspruchsgruppen der betrachteten Unternehmung sind. Herausgegriffen wurden dabei die ‚Investomers' (Kunden-Aktionäre), ‚Custoyees' (Kunden-Mitarbeiter) und ‚Investoyees' (Mitarbeiter-Aktionäre bzw. Belegschaftsaktionäre).

Ein weiteres Charakteristikum von Stakeholdern ist deren Loyalität, wobei im Kontext der vorliegenden Arbeit der Begriff Loyalität ausschließlich in einem betriebswirtschaftlichen Verständnis als Korrelat der positiven Einstellung und unternehmensförderlichen Verhaltens der drei zentralen Stakeholder-Gruppen verwendet wurde. Loyalität wurde dabei als Verbundenheit des Stakeholders (im Gegensatz zum zweiten Bindungsstatus, der Gebundenheit) verstanden. In der Operationalisierung des Konstrukts schlug sich diese Ausrichtung in einer vorwiegend auf affektive und konative Bindungswirkungen ausgerichteten Messung nieder.[3] Kundenloyalität bzw. -verbundenheit wird in der Literatur intensiv diskutiert, dagegen wird die ‚Aktionärsloyalität' bislang so gut wie gar nicht thematisiert. Sie wurde in Anlehnung an EGGERT

---

[3]   Loyalität kann grundsätzlich auf kognitiver, affektiver und konativer Ebene erfasst werden; vgl. Dick/Basu 1994, S. 99; Oliver 1997, S. 390f.

definiert als innerer Zustand der Verbundenheit des Aktionärs.[4] Für das Verständnis der Mitarbeiterloyalität wurde das in der personalwirtschaftlichen Literatur verwendete Konstrukt des affektiven Commitments adaptiert; Mitarbeiterloyalität ist die Verbundenheit des Mitarbeiters zu seiner Unternehmung bzw. seinem Arbeitgeber. Zuletzt wurden theoretische Ansätze herangezogen, um Hypothesen über die Loyalität von hybriden Stakeholdern zu generieren. Dabei können zwei gegensätzliche Vermutungen gestützt werden: Auf der einen Seite finden sich Begründungen für die Hypothese, dass die Hybridität der Stakeholder-Beziehungen die Loyalität verringert, auf der anderen Seite gibt es ebenso Begründungen für eine verstärkende Wirkung.

Anschließend wurden mögliche Zusammenhänge zwischen Reputation und Loyalität von Stakeholdern aufgegriffen und umfassend diskutiert (**Kapitel 6**). Aus diesen konzeptionellen Betrachtungen wurden weitere zentrale Hypothesen der Arbeit abgeleitet, die Grundlage für die im Anschluss vorgestellten, empirischen Analysen bildeten. Dabei wurde auch der Einfluss des Rufs der Unternehmung auf die Beurteilung der selbst gesammelten Erfahrungen untersucht, da Reputation auf diese abstrahlt, wenn ein Individuum seine persönlichen Erfahrungen mit den Erfahrungen Anderer vergleicht. Der Ruf manipuliert also durch die subjektive Wahrnehmung des Stakeholders zum Teil dessen eigene Erfahrungen (1. Hypothese: Je positiver der Ruf der Unternehmung in der Wahrnehmung des Stakeholders ist, desto positiver sind seine eigenen Erfahrungen mit der Unternehmung). Auf diese Weise wirkt der Ruf einmal indirekt über den ‚Umweg' eigener Erfahrungen auf die Loyalität des Stakeholders ein und daneben auch direkt. Allerdings ist damit zu rechnen, dass der direkte Einfluss der eigenen Erfahrungen (2. Hypothese: Je positiver die eigenen Erfahrungen des Stakeholders mit der Unternehmung sind, desto loyaler ist er) auf die Loyalität stärker ist als der direkte Einfluss des Rufs (3. Hypothese: Je positiver der Ruf der Unternehmung in der Wahrnehmung des Stakeholders ist, desto loyaler ist er).

Für die drei Stakeholder-Gruppen Kunden, Aktionäre und Mitarbeiter wurden jeweils identische Hypothesen abgeleitet. Darüber hinaus wurden die Alternativhypothesen aufgestellt, dass hybride Stakeholder die Reputation der Unternehmung positiver bzw. negativer einschätzen als ‚einfache' Stakeholder.

Die zwei Hauptziele der empirischen Untersuchungen (**Kapitel 7**) lagen darin, den Zusammenhang zwischen Reputation, eigenen Erfahrungen und der Loyalität zu über-

---

[4]   Vgl. Eggert 1999, S. 130.

prüfen sowie Unterschiede bzw. Gemeinsamkeiten zwischen den (hybriden) Stakeholder-Gruppen bezüglich der Reputationswahrnehmung und ihrer Loyalität festzustellen. Die Untersuchungen wurden in Kooperation mit einem führenden internationalen Konsumgüterhersteller durchgeführt.

Im Hinblick auf den möglichen Wirkzusammenhang zwischen Reputation und Loyalität war zudem die Rolle der eigenen Erfahrungen zu analysieren, die gegebenenfalls einen mediierenden Effekt haben, was durch die Studien auch belegt werden konnte. Das zu prüfende Modell wurde auf Basis des Partial Least Squares-Ansatzes (PLS) berechnet, dessen Ziel in der Maximierung der erklärten Varianz der endogenen Modellvariablen liegt.

Bei der Entwicklung des Messmodels der Reputation wurde einem von EGGERT und FASSOTT vorgeschlagenen Schema gefolgt.[5] Das der empirischen Studie zu Grunde gelegte Konstrukt Ruf wurde als das von Konsumenten bzw. Aktionären bzw. Mitarbeitern wahrgenommene Ansehen der Unternehmung in der Öffentlichkeit definiert. Der Ruf wurde über zehn verschiedene Indikatoren erhoben und als formatives Konstrukt interpretiert. Schließlich führt nicht der Ruf beispielsweise zum beobachtbaren Indikator Produktqualität, sondern die Indikatoren begründen erst den Ruf. Das Konstrukt ‚eigene Erfahrungen' wurde ebenfalls formativ konzeptualisiert und über eine Mehrzahl von Indikatoren gemessen, die allerdings je nach befragter Stakeholder-Gruppe variierten. Hinsichtlich der Loyalität wurden Indikatoren für die eher affektive sowie Indikatoren für die konative Komponente der Bindung integriert und auf die Stakeholder- und Branchenverhältnisse hin angepasst. Loyalität ist ein reflektives Konstrukt, denn sie führt zu den (verhaltensbeschreibenden) Indikatoren wie beispielsweise Wiederkauf oder Weiterempfehlung bei Kunden.

Zur Überprüfung der Hypothesen wurde ein Strukturgleichungsmodell herangezogen. Nach der Diskussion des entsprechenden Prüfprozesses und verschiedener Gütekriterien zeigte sich, dass das Gesamtbild des Modells als zufrieden stellend zu beurteilen ist. Alle drei Hypothesen zum Zusammenhang zwischen Reputation, eigenen Erfahrungen und der Loyalität waren als (vorläufig) bestätigt anzusehen. Die Effekte zwischen den betrachteten Konstrukten waren allerdings in den drei Stakeholder-Gruppen unterschiedlich ausgeprägt. Geprüft wurde ebenfalls, ob der Ruf als moderie-

---

[5] Vgl. Eggert/Fassott 2003, S. 4ff.

rende Variable auf den Zusammenhang zwischen eigener Erfahrung und Loyalität wirkt, wobei ein schwacher Zusammenhang feststellbar war.

Hinsichtlich der vorliegenden Untersuchungen ist festzuhalten, dass der Ruf des Kooperationspartners in der Öffentlichkeit von den Befragten fast durchweg (sehr) positiv beurteilt wurde, also eine monolithische Reputation vorlag. Die drei Stakeholder-Gruppen unterschieden sich hinsichtlich der Beurteilung der Globalreputation, diese Differenzierung war auf Ebene der Teilrufe jedoch nicht mehr nachweisbar. Es wurde zudem noch überprüft, ob hybride Stakeholder hinsichtlich ihrer Loyalität differenzierbar sind. Zusammenfassend ist festzuhalten, dass die Unterschiede der Effekte der Konstrukte bei hybriden und ‚einfachen' Stakeholdern überwiegend nicht stark, aber in den meisten Fällen signifikant ausfielen. Tendenziell besaßen hybride Stakeholder zudem ein komplexeres Beurteilungsschema. Für die Hypothese, dass hybride Stakeholder den Ruf der Unternehmung positiver oder negativer einschätzen als ‚einfache', fanden sich keine hinreichenden Belege; die Hypothese, dass sie loyaler sind, ließ sich nur für die befragten Aktionäre aufrechterhalten.

Aufgrund der Resonanz, die das Loyalitätskonstrukt in der Wissenschaft und die Förderung von Loyalität in der Praxis bereits erfahren haben, wurde die Ableitung von Implikationen auf das Reputationsmanagement beschränkt (**Kapitel 8**). Reputationsmanagement (oder Rufpolitik) umfasst die Planung, Steuerung und Kontrolle des Rufs der Unternehmung unter Berücksichtigung der verschiedenen Anspruchsgruppen. Ziel ist die Gestaltung oder Beibehaltung einer als optimal eingeschätzten Reputation unter der Prämisse, dass alle Aktivitäten stets auf Glaubwürdigkeit und Transparenz aufgebaut werden. Ausgangspunkt ist dabei die Analyse der Reputation aus Stakeholder-Sicht, auf deren Basis beispielsweise eine Gap-Analyse Handlungsbedarf im Rahmen des Reputations-Controlling aufdeckt. Die Aktivitäten der Unternehmung gegenüber den verschiedenen Stakeholder-Gruppen sind – gerade auch im Hinblick auf die Hybridisierung von Stakeholder-Strukturen – zu harmonisieren, womit auch hinsichtlich des Reputationsmanagements die optimale Aufteilung der Kommunikationsaufgaben der Unternehmung zur wesentlichen Fragestellung für die Praxis wird. Für die organisatorische Ausgestaltung des Reputationsmanagements wurden die unterschiedlichen Positionen in der Literatur vorgestellt, die dezentrale wie auch zentrale Lösungen umfassen. Zudem sind die Aktivitäten mit dem Markenmanagement und speziell dem Corporate Branding zu verzahnen. Das Konzept der integrierten Kommu-

nikation der Unternehmung wird damit zum Dreh- und Angelpunkt des Reputationsmanagements.

9.2 Begrenzungen der Untersuchung und Ausblick

Einschränkende Hinweise auf die Generalisierbarkeit der empirischen Studienergebnisse wurden bereits in Kapitel 7 gegeben. An dieser Stelle soll lediglich der Aspekt
der **Messung von Reputation** hervorgehoben werden.

Generell hat eine Reihe von Forschern Vorbehalte gegenüber der Anwendung **psy-
chometrischer Verfahren** in den Sozial- und Verhaltenswissenschaften[6], was auch die
Messung von ‚subjektiv wahrgenommener' Reputation betrifft. Gerade diese erweist
sich nach BROMLEY als besonders kompliziert[7]: „Even assuming that carefully con-
structed psychometric assessments can generate scientifically acceptable numerical
(quantifiable) data, the effort and care required to construct such scales are considerable"[8]. MIDDLETON und HANSON mahnen an, dass Reputation ein historisches
Konstrukt und deshalb (nur) durch **Längsschnittanalysen** zu erfassen sei.[9] Beide Hinweise sind stichhaltig, jedoch im Zusammenhang mit der Zielsetzung der vorliegenden
Arbeit wenig relevant. So ist bei der Messung des Zusammenhangs zwischen Loyalität
und Unternehmensreputation die subjektive Wahrnehmung der Reputation durch die
auf ihre Loyalität zu prüfenden Stakeholder zu erfassen; eine objektivierte Reputationsmessung wäre hier fehl am Platze. Die periodenübergreifende Erfassung von
Reputation in einer Langzeitstudie auf Ebene desselben Individuums erscheint aus forschungsökonomischen Gründen unzweckmäßig, auch wenn grundsätzlich der langfristige Charakter der Reputation – wie auch von Einstellungen generell – in Messmodellen besser abgebildet werden sollte.

Ein möglicher Kritikpunkt betrifft auch die Auswahl der reputativen Merkmale für
die empirische Analyse. Diese könnten bei Erhebung der Reputation anderer Unternehmungen zu adaptieren sein und beispielsweise mit der Branchenzugehörigkeit der

---

[6]   Vgl. hierzu im Detail Bromley 2002, S. 40ff. In der Psychonometrie beschäftigt man sich mit der
      Art und Weise, wie Zahlen subjektiven Beurteilungen zugeordnet werden; vgl. Bromley 2002, S.
      40.

[7]   Vgl. Bromley 2001, S. 328.

[8]   Bromley 2002, S. 49.

[9]   Vgl. Middleton/Hanson 2002, S. 9f.

Unternehmung differieren.[10] Eine Replikation der Studie mit weiteren Datensätzen
wäre deshalb zweckmäßig.

Darüber hinaus bietet die vorliegende Arbeit Anlass zu weiteren, noch ungelösten Forschungsaufgaben. Von diesen wird nachstehend eine Auswahl skizziert.

- Der Zusammenhang zwischen Reputation, eigenen Erfahrungen und Loyalität wird
  vermutlich durch eine Reihe von **moderierenden Variablen** beeinflusst. Diese
  könnten in Merkmalen des Stakeholders begründet sein, in Merkmalen des Produkts, der Unternehmung, der Geschäftsbeziehung oder dem Marktumfeld.[11] Die
  Loyalitätswirkung von Reputation könnte also von einer Vielzahl von Faktoren
  beeinflusst werden, die in weiteren Studien näher zu untersuchen wären.[12] Exemplarisch genannt seien der mögliche Einfluss des in der Geschäftsbeziehung vorherrschenden Vertrauens, der Grad der Informiertheit des Stakeholders über die relevanten Unternehmensleistungen und deren Qualitäten, die Dauer der Marktpräsenz
  der Unternehmung, die Dauer der Geschäftsbeziehung zwischen Stakeholder und
  Unternehmung, das Involvement des Stakeholders[13], die Produktkomplexität und
  der Innovationsgrad des Produktes. Viele weitere Faktoren sind denkbar. Mit der
  Analyse des Einflusses von Reputation auf den Zusammenhang zwischen
  Erfahrungen und Loyalität ist in der vorliegenden Arbeit ein Beitrag zur Analyse
  solcher Effekte vorgelegt worden.

- Das Zusammenspiel zwischen dem Ruf und den eigenen Erfahrungen ist genauer zu
  analysieren. Aus der Literatur lässt sich nicht entnehmen, ob additive, multiplikative
  oder anders geartete **Verarbeitungsschemata** genutzt werden, um den Ruf der
  Unternehmung in der Öffentlichkeit, eigene Erfahrungen (und ggf. weitere Informationen) zu einem komplexen Bild der Reputation zu verarbeiten (,Reputation =
  $f(\text{Ruf; eigene Erfahrungen; } x_1, ..., x_n)$').

- Um die allgemeingültige Natur der hier aufgestellten und vorläufig angenommenen
  Hypothesen zu verifizieren, sind Untersuchungen in **weiteren Branchen** des Kon-

---

[10]   Vgl. Hood 2002, o.S.

[11]   Brown 1998, S. 223ff., identifiziert individuelle, produkt- und unternehmensspezifische Charak-
       teristika, von denen die Wirkungsweise von Reputation abhängen kann.

[12]   Entsprechende Moderatorvariablen untersucht beispielsweise Giering 2000, S. 102ff., für den
       Zusammenhang zwischen Kundenzufriedenheit und -bindung.

[13]   Vgl. hierzu auch Eberl 2006, S. 62ff.

sumgütersektors wie auch im Business-to-Business-Bereich erforderlich.[14] „Einem Hersteller von Spezialmaschinen für die Bauindustrie z.b. bereitet sein Image in der allgemeinen Öffentlichkeit keine schlaflosen Nächte; für ihn geht es darum, sich über seine Produkte oder über seinen ‚guten Namen' in seinem Segment zu profilieren".[15] Zudem gilt auch, dass viele kleinere Unternehmungen in der breiten Öffentlichkeit kaum bekannt sind. Ihre Reputation liegt in den relativ homogenen sozialen Kommunikations- und Einflussnetzwerken ihrer Stakeholder-Gruppen begründet.[16] Publizierte Messansätze sind bislang auf Großunternehmungen ausgerichtet, die spezifischen Anforderungen für den Business-to-Business-Bereich sowie KMU wären in Forschungsprojekten zu überprüfen. Auch eine Übertragung auf den Non-Profit-Bereich ist zweckmäßig, wobei diesbezüglich zunächst bei der Identifikation und Priorisierung von Stakeholdern anzusetzen wäre. So sind beispielsweise Theaterbetriebe in besonderem Maße von der Stakeholder-Gruppe der Rezensenten/Kritiker, der ‚Insider-Community' und der Presse im Allgemeinen abhängig. Auch die Rolle der Shareholder wäre etwa bei Kulturbetrieben in öffentlicher Trägerschaft zu überdenken. Gerade bei den ein Bildungsziel verfolgenden Institutionen (Museen, Theater, Universitäten usw.) könnte die These aufgestellt werden, dass Reputation für sie der herausragende Wettbewerbsvorteil ist.

- Die Reputation in **Unternehmenseinheiten** (Business Units, Konzerngesellschaften usw.) kann von der Gesamtreputation abweichen; zudem ist von Interdependenzen zwischen diesen ‚Teilreputationen' auszugehen, die bislang nicht aufgedeckt wurden.[17] Auch Interdependenzen zwischen **Produkt- und Unternehmensmarken sowie der Reputation** bedürfen genauerer Analyse.

- Interessant ist auch eine vergleichende Analyse bei Unternehmungen, die eine **schlechte Reputation** aufzuweisen haben. Insbesondere stellt sich die Frage, wie Mitarbeiter sich in solch einem Fall mit ihren Arbeitgebern identifizieren und welchen Einfluss die negative Reputation auf ihre Selbstwahrnehmung hat.[18]

---

[14]   Innerhalb dieser beiden Bereiche könnte dann noch auf die Spezifika von Dienstleistungen versus ‚Sachleistungen' eingegangen werden.

[15]   Bickmann 1999, S. 126f.

[16]   Vgl. Bromley 2002, S. 37. Zur Messung von Reputation bei KMU siehe auch Wiedmann 2001, S. 26f.

[17]   Vgl. auch Bromley 2001, S. 332.

[18]   Vgl. auch Elsbach/Glynn 1996, S. 86.

- Eine weitere offene Fragestellung liegt darin, ob Unternehmungen mit hoher Reputation potenziellen Mitarbeitern geringere Einstiegsgehälter anbieten können (im Sinne eines ‚**Reputational Discount**').[19] Die Existenz eines Preispremiums ist empirisch auch für andere Märkte bislang nur unzureichend belegt worden. So wäre unter sonst gleichen Bedingungen zu prüfen, ob hoch reputierte Anbieter höhere Preise bei Kunden durchsetzen können oder auf dem Aktienmarkt höhere Kurswerte erzielen. Beides könnte – aufgrund der restriktiven Ceteris paribus-Klausel – im Rahmen experimenteller Designs (Conjoint-Measurement) überprüft werden.

- Mögliche **Loyalitätskonflikte**, die aus den verschiedenen Rollen des hybriden Stakeholders resultieren können, wurden bislang nicht untersucht. Auch wäre es lohnenswert zu ergründen, mit welchen Chancen und Risiken die aktive Hybridisierung von Stakeholder-Strukturen (z.B. durch Ausgabe von Belegschaftsaktien oder Anwerbung von Kunden als Mitarbeiter) aus Unternehmenssicht einhergeht.

- Darüber hinaus sollten die **Vor- und Nachteile von PLS** gegenüber den traditionellen, kovarianzbasierten Strukturgleichungsmodellen weiter analysiert werden, um die vorherrschende Praxis zu ergänzen. „The use of PLS for index construction purposes seems to be a particularly interesting area for further research".[20] Dies gilt insbesondere für die Marketingwissenschaft, da hier formative Konstrukte eine wichtige Rolle spielen.[21]

Die vorstehende, exemplarische Auflistung potenzieller Forschungsfelder ließe sich weit fortsetzen. Sie illustriert hinreichend, welche Bandbreite von Forschungsrichtungen wie auch betriebswirtschaftlicher Disziplinen zur weiteren Erforschung von Reputation beitragen kann.

Somit ist abschließend zu konstatieren, dass die Reputation von Unternehmungen weiterhin ein lohnendes Forschungsfeld darstellt. „Reputation is wide open for research and is worthy of more in-depths investigations and theory building".[22] Nur auf der Grundlage tiefergehender Analysen des Konstrukts sowie seiner Auswirkungen und der Entwicklung valider und reliabler Messansätze wird diesbezüglich Fortschritt

---

[19]   Vgl. Shenkar/Yuchtman-Yaar 1997, S. 1376, die annehmen, dass Berufsveteranen trotz besserem Standing des Arbeitgebers nicht auf Gehalt verzichten würden, Neulinge dagegen schon.

[20]   Diamantopoulos/Winklhofer 2001, S. 273.

[21]   Vgl. z.B. Rossiter 2002, S. 315 ; Eberl 2004, S. 1.

[22]   Mahon 2002, S. 439.

erzielt. Beides wiederum bildet das Fundament für effektives und effizientes Reputationsmanagement: „Solange das Phänomen des Rufes nicht analysiert ist, kann es nicht als Gegenstand einer systematischen, erfolgversprechenden Rufpolitik beschrieben werden".[23] Aus Perspektive der Unternehmung, die ihre Reputation fördern und zur Steigerung der Loyalität ihrer Stakeholder einsetzen will, liegen im aktiven Management ihrer Reputation wichtige Erfolgspotenziale.

---

[23] Breyer 1962, S. 194.

Anhangverzeichnis

Anhang A-1:   Fragebogen für Konsumenten

HEINRICH HEINE
UNIVERSITÄT
DÜSSELDORF

Fragebogen für
Konsumenten der
U AG

0 a   Ich möchte Ihnen einige Fragen zu dem Konsumgüterhersteller U stellen.
Haben Sie schon einmal Produkte der Firma U gekauft?

> Interviewer: Markenportfolio zeigen

ja .... ⇨ 0 b

nein .... ⇨ Ende

0 b   Können Sie mir einige Fragen zum Ruf der Firma U beantworten?

ja .... ⇨ 1

nein .... ⇨ Ende

1   Unternehmen haben in der Öffentlichkeit oft einen bestimmten Ruf, der unabhängig von den Erfahrungen des Einzelnen ist. Ich möchte Sie zu beidem befragen: zuerst zu dem Bild, das von U in der Öffentlichkeit existiert und danach zu Ihren persönlichen Erfahrungen mit der Firma U.

Zunächst also zum allgemeinen Ruf:
Hat die Firma U in der Öffentlichkeit einen guten oder einen schlechten Ruf?
Benutzen Sie bitte eine der genannten Antwortmöglichkeiten.

Die Firma U hat in der Öffentlichkeit	einen sehr guten Ruf	einen guten Ruf	einen eher guten Ruf	einen neutralen Ruf, weder gut noch schlecht	einen eher schlechten Ruf	einen schlechten Ruf	einen sehr schlechten Ruf	weiß nicht
	☐	☐	☐	☐	☐	☐	☐	☐

2 Wieder ganz unabhängig von Ihren persönlichen Erfahrungen:
Hat die Firma U in der Öffentlichkeit hinsichtlich der folgenden Merkmale einen guten oder einen schlechten Ruf?
Benutzen Sie bitte eine der genannten Antwortmöglichkeiten. Sollte Ihnen zu einem oder mehreren der Merkmale der Firma U kein Ruf bekannt sein, antworten Sie bitte mit „weiß nicht".

Hinsichtlich dieses Merkmals hat die Firma U in der Öffentlichkeit …	einen sehr guten Ruf	einen guten Ruf	einen eher guten Ruf	einen neutralen Ruf, weder gut noch schlecht	einen eher schlechten Ruf	einen schlechten Ruf	einen sehr schlechten Ruf	weiß nicht
Qualität der Produkte	❑	❑	❑	❑	❑	❑	❑	❑
Engagement für den Umweltschutz	❑	❑	❑	❑	❑	❑	❑	❑
Unternehmerischer Erfolg (Stellung am Markt, Zukunftsaussichten des Unternehmens)	❑	❑	❑	❑	❑	❑	❑	❑
Verhalten gegenüber Mitarbeitern	❑	❑	❑	❑	❑	❑	❑	❑
Kundenorientierung (Bemühen, Konsumentenbedürfnisse zu erfüllen)	❑	❑	❑	❑	❑	❑	❑	❑
Engagement für wohltätige Zwecke (z.B. im sozialen oder kulturellen Bereich)	❑	❑	❑	❑	❑	❑	❑	❑
Preis-Leistungs-Verhältnis der Produkte	❑	❑	❑	❑	❑	❑	❑	❑
Finanzielle Lage des Unternehmens	❑	❑	❑	❑	❑	❑	❑	❑
Qualifikation des Managements	❑	❑	❑	❑	❑	❑	❑	❑
Einhaltung von Werbeversprechen (die Produkte halten, was die Werbung verspricht; die Werbung ist glaubwürdig)	❑	❑	❑	❑	❑	❑	❑	❑

3 Jetzt kommt es auf Ihre eigene Meinung an:
Bitte geben Sie an, in welchem Ausmaß die folgenden Eigenschaften Ihrer Ansicht nach auf die Firma U zutreffen.
Vergeben Sie dazu die Werte von 1 bis 7. Wenn Sie z.B. meinen, die Firma U sei völlig unbekannt, vergeben Sie den Wert 1, wenn Sie meinen, die Firma U sei sehr bekannt, vergeben Sie den Wert 7. Mit den Werten dazwischen können Sie Ihre Meinung abstufen.

Die Firma U ist meiner Ansicht nach...

										weiß nicht
Bekanntheit	in der Öffentlichkeit völlig unbekannt	1	2	3	4	5	6	7	in der Öffentlichkeit sehr bekannt	❏
Beliebtheit	in der Öffentlichkeit völlig unbeliebt	1	2	3	4	5	6	7	in der Öffentlichkeit sehr beliebt	❏
Vertrauenswürdigkeit	gar nicht vertrauenswürdig	1	2	3	4	5	6	7	sehr vertrauenswürdig	❏
Traditionsbewusstsein	gar nicht traditionsbewusst	1	2	3	4	5	6	7	sehr traditionsbewusst	❏
Kompetenz	völlig inkompetent	1	2	3	4	5	6	7	sehr kompetent	❏

4 Ganz generell und unabhängig von der Firma U:
Wenn es um den Kauf von Produkten geht, wie stehen Sie zu den folgenden Aussagen?
Benutzen Sie bitte eine der genannten Antwortmöglichkeiten.

	ja, sehe ich genauso	ja, sehe ich ähnlich	unentschieden, teils ja, teils nein	nein, sehe ich nicht ganz so	nein, sehe ich überhaupt nicht so	weiß nicht
„Ich kaufe keine Produkte eines Unternehmens, das in der Öffentlichkeit einen schlechten Ruf hat."	❏	❏	❏	❏	❏	❏
„Mir ist egal, welchen Ruf ein Unternehmen hat, solange Preis und Qualität seiner Produkte stimmen."	❏	❏	❏	❏	❏	❏

5 Jetzt wieder zurück zur Firma U:
Wie schätzen Sie die folgenden Merkmale von U <u>aus eigener Erfahrung</u> ein?
Benutzen Sie bitte eine der genannten Antwortmöglichkeiten.

Hinsichtlich dieses Merkmals sind meine Erfahrungen mit der Firma U

	sehr gut	gut	eher gut	unentschieden, teils gut, teils schlecht	eher schlecht	schlecht	sehr schlecht	weiß nicht
Qualität der Produkte	❏	❏	❏	❏	❏	❏	❏	❏
Preis-Leistungs-Verhältnis der Produkte	❏	❏	❏	❏	❏	❏	❏	❏
Kundenorientierung (Bemühen, Konsumentenbedürfnisse zu erfüllen)	❏	❏	❏	❏	❏	❏	❏	❏
Einhaltung von Werbeversprechen (die Produkte halten, was die Werbung verspricht; die Werbung ist glaubwürdig)	❏	❏	❏	❏	❏	❏	❏	❏

6 Nun geht es um Ihre persönliche Haltung zur Firma U:
Benutzen Sie bitte eine der genannten Antwortmöglichkeiten.

	sehr stark	recht stark	ein bisschen	eher nicht	überhaupt nicht	weiß nicht
Wie stark fühlen Sie sich mit der Firma U vertraut?	❑	❑	❑	❑	❑	❑
Wie stark würden Sie es bedauern, wenn es die Firma U und ihre Produkte nicht mehr gäbe?	❑	❑	❑	❑	❑	❑
Wie stark gehören für Sie die Produkte der Firma U zum täglichen Leben dazu?	❑	❑	❑	❑	❑	❑
Wie stark halten Sie in Ihrem Haushalt U-Marken die Treue?	❑	❑	❑	❑	❑	❑

7 Jetzt hätte ich noch einige Fragen zu Ihrem Kaufverhalten:
Benutzen Sie bitte eine der genannten Antwortmöglichkeiten.

	ja, ganz sicher	sehr wahr-scheinlich	vielleicht	eher nicht	nein, niemals	weiß nicht
Werden Sie beim nächsten Einkauf von Wasch- und Reinigungsmitteln oder Kosmetika U-Produkte kaufen?	❑	❑	❑	❑	❑	❑
Würden Sie die Produkte von U weiterempfehlen, falls Sie jemand um Rat fragte?	❑	❑	❑	❑	❑	❑
Werden Sie U-Produkte gegenüber den Produkten von Wettbewerbern vorziehen?	❑	❑	❑	❑	❑	❑
Werden Sie neue Produkte aus dem Hause U ausprobieren?	❑	❑	❑	❑	❑	❑

8 Bitte nennen Sie bis zu drei Markenprodukte der Firma U, die in Ihrem Haushalt benutzt werden. Sagen Sie mir bitte anhand dieser Antwortmöglichkeiten auch, wie häufig die Produkte genutzt werden *(Interviewer: Markenportfolio nicht nochmals zeigen).*

Bitte Markennamen nennen (Interviewer: eintragen)	ist unsere/meine Stamm-Marke, wird immer benutzt	wird recht häufig benutzt, aber nicht immer	wird ab und zu benutzt	wird nie benutzt, kenne ich aber	weiß keine Produkte
_____	❑	❑	❑	❑	
_____	❑	❑	❑	❑	
_____	❑	❑	❑	❑	❑

9 Sind oder waren Sie Mitarbeiter oder Aktionär der Firma U?

	Ja, bin ich heute noch	Ja, war ich früher	nein
Mitarbeiter	❑	❑	❑
Aktionär	❑	❑	❑

Anhang A-2:   **Fragebogen für Aktionäre**

HEINRICH HEINE
UNIVERSITÄT
DÜSSELDORF

Fragebogen für Privatanleger der U AG

1 Unternehmen haben in der Öffentlichkeit oft einen bestimmten Ruf, der unabhängig von den Erfahrungen des Einzelnen ist. Beides ist Bestandteil dieser Befragung: zuerst geht es um das Bild, das von U in der Öffentlichkeit existiert und danach um Ihre persönlichen Erfahrungen mit der Firma U.
Zunächst also zum allgemeinen Ruf:
Meinen Sie, dass die Firma U in der Öffentlichkeit einen guten oder einen schlechten Ruf hat?
Kreuzen Sie bitte eine der in der Tabelle genannten Antwortmöglichkeiten an.

Die Firma U hat in der Öffentlichkeit ...	einen sehr guten Ruf	einen guten Ruf	einen eher guten Ruf	einen neutralen Ruf, weder gut noch schlecht	einen eher schlechten Ruf	einen schlechten Ruf	einen sehr schlechten Ruf	weiß nicht
	❏	❏	❏	❏	❏	❏	❏	❏

2 Wieder ganz unabhängig von Ihren persönlichen Erfahrungen:
Meinen Sie, dass die Firma U in der Öffentlichkeit hinsichtlich der folgenden Merkmale einen guten oder einen schlechten Ruf hat?
Kreuzen Sie bitte zu jedem Merkmal eine der in der Tabelle genannten Antwortmöglichkeiten an.
Nur wenn Ihnen zu einem oder mehreren Merkmalen der Firma U kein Ruf bekannt sein sollte, kreuzen Sie bitte „weiß nicht" an.

Hinsichtlich dieses Merkmals hat die Firma U in der Öffentlichkeit ...	einen sehr guten Ruf	einen guten Ruf	einen eher guten Ruf	einen neutralen Ruf, weder gut noch schlecht	einen eher schlechten Ruf	einen schlechten Ruf	einen sehr schlechten Ruf	weiß nicht
Qualität der Produkte	❏	❏	❏	❏	❏	❏	❏	❏
Preis-Leistungs-Verhältnis der Produkte	❏	❏	❏	❏	❏	❏	❏	❏
Engagement für den Umweltschutz	❏	❏	❏	❏	❏	❏	❏	❏
Unternehmerischer Erfolg (Stellung am Markt, Profitabilität, Zukunftsaussichten des Unternehmens)	❏	❏	❏	❏	❏	❏	❏	❏
Verhalten gegenüber Mitarbeitern	❏	❏	❏	❏	❏	❏	❏	❏
Kundenorientierung (Bemühen, Konsumentenbedürfnisse zu erfüllen)	❏	❏	❏	❏	❏	❏	❏	❏
Engagement für wohltätige Zwecke (z.B. im sozialen, sportlichen oder kulturellen Bereich)	❏	❏	❏	❏	❏	❏	❏	❏
Finanzielle Lage des Unternehmens (Bonität)	❏	❏	❏	❏	❏	❏	❏	❏
Qualifikation des Managements	❏	❏	❏	❏	❏	❏	❏	❏
Einhaltung von Werbeversprechen (die Produkte halten, was die Werbung verspricht; die Werbung ist glaubwürdig)	❏	❏	❏	❏	❏	❏	❏	❏

3 Jetzt geht es um Ihre Zufriedenheit bzw. Ihre eigenen Erfahrungen mit U:
Wie schätzen Sie persönlich die folgenden Merkmale von U ein?
Kreuzen Sie bitte zu jedem Merkmal eine der in der Tabelle genannten Antwortmöglichkeiten an.
Nur wenn Sie bislang keine Erfahrungen mit einem oder mehreren dieser Merkmale der Firma U gesammelt haben, kreuzen Sie bitte „weiß nicht" an.

Ihre Erfahrungen als Kunde

Hinsichtlich dieses Merkmals sind meine Erfahrungen mit der Firma U ...	sehr gut	gut	eher gut	unent-schieden, teils gut, teils schlecht	eher schlecht	schlecht	sehr schlecht	weiß nicht
Qualität der Produkte	❑	❑	❑	❑	❑	❑	❑	❑
Preis-Leistungs-Verhältnis der Produkte	❑	❑	❑	❑	❑	❑	❑	❑
Kundenorientierung (Bemühen, Konsumenten-bedürfnisse zu erfüllen)	❑	❑	❑	❑	❑	❑	❑	❑
Einhaltung von Werbeversprechen (die Produkte halten, was die Werbung verspricht; die Werbung ist glaubwürdig)	❑	❑	❑	❑	❑	❑	❑	❑

Ihre Erfahrungen als Aktionär

	sehr gut	gut	eher gut	unent-schieden, teils gut, teils schlecht	eher schlecht	schlecht	sehr schlecht	weiß nicht
Höhe der Dividende (bezogen auf die letzte Ausschüttung)	❑	❑	❑	❑	❑	❑	❑	❑
Entwicklung des Aktien-kurses (im Vergleich zur allgemeinen Entwicklung an den Aktien-märkten in den letzten 3 Jahren)	❑	❑	❑	❑	❑	❑	❑	❑
Informationspolitik gegenüber Aktionären	❑	❑	❑	❑	❑	❑	❑	❑
U-Aktien als Anlage (Ihre Einschätzung insgesamt)	❑	❑	❑	❑	❑	❑	❑	❑

4 Sind oder waren Sie Mitarbeiter der Firma U? *(Bitte Zutreffendes ankreuzen)*

Ja, bin ich immer noch	Ja, war ich früher	Nein (bitte weiter mit Frage 7)
❑	❑	❑

5 Sind Ihre Aktien von U Belegschaftsaktien? *(Bitte Zutreffendes ankreuzen)*

Ja, alle	Ja, zum Teil	Nein
❑	❑	❑

6 Wie schätzen Sie die folgenden Merkmale von U aus eigener Erfahrung ein?
Kreuzen Sie bitte eine der in der Tabelle genannten Antwortmöglichkeiten an.

Hinsichtlich dieses Merkmals sind meine Erfahrungen mit der Firma U ...	sehr gut	gut	eher gut	unent-schieden, teils gut, teils schlecht	eher schlecht	schlecht	sehr schlecht	weiß nicht
Verhalten gegenüber Mitarbeitern	❑	❑	❑	❑	❑	❑	❑	❑
Qualifikation des Managements	❑	❑	❑	❑	❑	❑	❑	❑

7   Nun geht es um Ihre Beziehung zur Firma U:
Kreuzen Sie bitte zu jeder Frage eine der in der Tabelle genannten Antwortmöglichkeiten an.

	sehr stark	recht stark	ein bisschen	eher nicht	überhaupt nicht	weiß nicht
Wie stark fühlen Sie sich mit der Firma U vertraut/verbunden?	☐	☐	☐	☐	☐	☐
Wie stark würden Sie es bedauern, wenn es die Firma U und ihre Produkte nicht mehr gäbe?	☐	☐	☐	☐	☐	☐
Wie stark können Sie sich als Aktionär mit der Firma U identifizieren?	☐	☐	☐	☐	☐	☐
Wie stark liegt Ihnen die Zukunft der Firma U am Herzen?	☐	☐	☐	☐	☐	☐

8   Zwei Fragen zu Ihrem Kaufverhalten:
Kreuzen Sie bitte zu jeder Frage eine der in der Tabelle genannten Antwortmöglichkeiten an.

	ja, ganz sicher	sehr wahr-scheinlich	vielleicht	eher nicht	nein, niemals	weiß nicht
Werden Sie in den nächsten vier Wochen U-Produkte kaufen?	☐	☐	☐	☐	☐	☐
Würden Sie die Produkte von U weiter-empfehlen, wenn Sie jemand um Rat fragte?	☐	☐	☐	☐	☐	☐

9   Bitte nennen Sie bis zu drei Markenprodukte der Firma U, die in Ihrem Haushalt benutzt werden.
Kreuzen Sie bitte auch pro Markenprodukt an, wie häufig dieses benutzt wird.

Bitte Markennamen in dieser Spalte eintragen:	ist unsere/meine Stamm-Marke, wird immer benutzt	wird recht häufig benutzt, aber nicht immer	wird ab und zu benutzt	wird nie benutzt, kenne ich aber	kenne keine (weiteren) Produkte von U
	☐	☐	☐	☐	☐
-------------------	☐	☐	☐	☐	☐
-------------------	☐	☐	☐	☐	☐
-------------------					

10   Einige Fragen zu Ihrem Anlageverhalten:
Kreuzen Sie bitte zu jeder Frage eine der in der Tabelle genannten Antwortmöglichkeiten an.

	ja, ganz sicher	sehr wahr-scheinlich	vielleicht	eher nicht	nein, niemals	weiß nicht
Werden Sie in den nächsten drei Jahren weitere Aktien von U kaufen?	☐	☐	☐	☐	☐	☐
Werden Sie Ihre U-Aktien längerfristig halten? (längerfristig heißt hier über 5 Jahre)	☐	☐	☐	☐	☐	☐
Würden Sie die Aktien von U Freunden oder Bekannten weiterempfehlen, wenn man Sie um Rat fragte?	☐	☐	☐	☐	☐	☐
Werden Sie sich in den nächsten zwölf Monaten von Ihren U-Aktien trennen? (d.h. von allen oder dem Großteil Ihrer U-Aktien)	☐	☐	☐	☐	☐	☐

11 Wie stehen Sie zu den folgenden Aussagen? *(Bitte jeweils das Zutreffende ankreuzen)*

	ja, sehe ich genauso	ja, sehe ich ähnlich	unent-schieden	nein, sehe ich nicht ganz so	nein, sehe ich überhaupt nicht so	weiß nicht
„Ich investiere nicht in Unternehmen, die in der Öffentlichkeit einen schlechten Ruf haben."	❑	❑	❑	❑	❑	❑
„Mir ist egal, welchen Ruf das Unternehmen hat, solange Rendite und Kurs der Aktie attraktiv sind."	❑	❑	❑	❑	❑	❑

12 Wie lange besitzen Sie schon Ihre U-Aktien? *(Bitte das Zutreffende ankreuzen)*

weniger als 2 Jahre	2 bis 10 Jahre	über 10 Jahre	keine Angabe
❑	❑	❑	❑

13 Wie viele U-Aktien haben Sie zur Zeit in Ihrem Aktienportfolio? *(Bitte das Zutreffende ankreuzen)*

bis 10 Stück	11 bis 100 Stück	101 bis 500 Stück	501 bis 1.000 Stück	über 1.000 Stück	keine Angabe
❑	❑	❑	❑	❑	❑

14 Wie hoch ist in etwa der Anteil der U-Aktien an Ihrem gesamten Aktienportfolio (ohne Fondsanteile)? *(Bitte die zutreffende Prozentzahl ankreuzen)*

unter 10 %	10 % bis 24 %	25 % bis 49 %	50 % bis 74 %	75 % bis 99 %	100 %	keine Angabe
❑	❑	❑	❑	❑	❑	❑

15 Besitzen Sie neben Ihren U-Aktien auch Aktien anderer Unternehmen? Wenn ja, von wie vielen Unternehmen? *(Bitte das Zutreffende ankreuzen)*

nein	ja, von 1 bis 5 anderen Unternehmen	ja, von 6 bis 10 anderen Unternehmen	ja, von über 10 anderen Unternehmen	keine Angabe
❑	❑	❑	❑	❑

16 Wie alt sind Sie? *(Bitte das Zutreffende ankreuzen)*

bis 25	26 bis 35	36 bis 55	56 bis 65	über 65
❑	❑	❑	❑	❑

17 Sind Sie männlich oder weiblich? *(Bitte das Zutreffende ankreuzen)*

männlich	weiblich
❑	❑

18 Welchen höchsten Schulabschluss besitzen Sie? *(Bitte das Zutreffende ankreuzen)*

Volks-/ Hauptschule, ohne abgeschlossene Lehre	Volks-/ Hauptschule, mit abgeschlossener Lehre	Weiterbildende Schule ohne Abitur (10-klassig, poly-technische Ober-schule, früher Mittelschule)	Abitur, Hochschul-reife, Fachhoch-schulreife (Gymna-sium, 12-klassig erweiterte Ober-schule, früher Oberschule)	Abgeschlossenes Studium (Universi-tät, Akademie, Fachhochschule, Technikum)	Sonstiger Ab-schluss
❑	❑	❑	❑	❑	❑

19 Ihre berufliche Tätigkeit? *(Bitte das Zutreffende ankreuzen)*

Ausbildung/ Studium	Arbeiter/in	Angestellte(r)	Beamter/ Beamtin	Selb-ständige(r)/ Freiberuf-ler(in)	Hausfrau/ Hausmann	Rentner(in)/ Pensionär(in)	z.Z. ohne Beschäftigung
❑	❑	❑	❑	❑	❑	❑	❑

Anhang A-3:   Fragebogen für Mitarbeiter

HEINRICH HEINE
UNIVERSITÄT
DÜSSELDORF

Fragebogen für Mitarbeiter der U AG

1 Unternehmen haben in der Öffentlichkeit oft einen bestimmten Ruf, der unabhängig von den Erfahrungen des Einzelnen ist. Beides ist Bestandteil dieser Befragung: zuerst geht es um das Bild, das von U in der Öffentlichkeit existiert und danach um Ihre persönlichen Erfahrungen mit der Firma U. Zunächst also zum allgemeinen Ruf:
Meinen Sie, dass die Firma U in der Öffentlichkeit einen guten oder einen schlechten Ruf hat?
Kreuzen Sie bitte eine der in der Tabelle genannten Antwortmöglichkeiten an.

Die Firma U hat in der Öffentlichkeit ...	einen sehr guten Ruf	einen guten Ruf	einen eher guten Ruf	einen neutralen Ruf, weder gut noch schlecht	einen eher schlechten Ruf	einen schlechten Ruf	einen sehr schlechten Ruf	weiß nicht
	❏	❏	❏	❏	❏	❏	❏	❏

2 Wieder ganz unabhängig von Ihren persönlichen Erfahrungen:
Meinen Sie, dass die Firma U in der Öffentlichkeit hinsichtlich der folgenden Merkmale einen guten oder einen schlechten Ruf hat?
Kreuzen Sie bitte zu jedem Merkmal eine der in der Tabelle genannten Antwortmöglichkeiten an.
Nur wenn Ihnen zu einem oder mehreren Merkmalen der Firma U kein Ruf bekannt sein sollte, kreuzen Sie bitte „weiß nicht" an.

Hinsichtlich dieses Merkmals hat die Firma U in der Öffentlichkeit ...	einen sehr guten Ruf	einen guten Ruf	einen eher guten Ruf	einen neutralen Ruf, weder gut noch schlecht	einen eher schlechten Ruf	einen schlechten Ruf	einen sehr schlechten Ruf	weiß nicht
Qualität der Produkte	❏	❏	❏	❏	❏	❏	❏	❏
Preis-Leistungs-Verhältnis der Produkte	❏	❏	❏	❏	❏	❏	❏	❏
Engagement für den Umweltschutz	❏	❏	❏	❏	❏	❏	❏	❏
Unternehmerischer Erfolg (Stellung am Markt, Profitabilität, Zukunftsaussichten des Unternehmens)	❏	❏	❏	❏	❏	❏	❏	❏
Verhalten gegenüber Mitarbeitern	❏	❏	❏	❏	❏	❏	❏	❏
Kundenorientierung (Bemühen, Konsumentenbedürfnisse zu erfüllen)	❏	❏	❏	❏	❏	❏	❏	❏
Engagement für wohltätige Zwecke (z.B. im sozialen, sportlichen oder kulturellen Bereich)	❏	❏	❏	❏	❏	❏	❏	❏
Finanzielle Lage des Unternehmens (Bonität)	❏	❏	❏	❏	❏	❏	❏	❏
Qualifikation des Managements	❏	❏	❏	❏	❏	❏	❏	❏
Einhaltung von Werbeversprechen (die Produkte halten, was die Werbung verspricht; die Werbung ist glaubwürdig)	❏	❏	❏	❏	❏	❏	❏	❏

3 Wie stehen Sie zu den folgenden Aussagen? *(Bitte jeweils das Zutreffende ankreuzen)*

	ja, sehe ich genauso	ja, sehe ich ähnlich	unentschieden	nein, sehe ich nicht ganz so	nein, sehe ich überhaupt nicht so	weiß nicht
„Ich würde nie in einem Unternehmen arbeiten, das in der Öffentlichkeit einen schlechten Ruf hat."	❏	❏	❏	❏	❏	❏
„Mir ist egal, was andere über das Unternehmen sagen, solange die Bezahlung, das Umfeld und alles andere attraktiv sind."	❏	❏	❏	❏	❏	❏

4 Jetzt geht es um Ihre Zufriedenheit bzw. Ihre eigenen Erfahrungen mit U:
Wie schätzen Sie persönlich die folgenden Merkmale von U ein?
Kreuzen Sie bitte zu jedem Merkmal eine der in der Tabelle genannten Antwortmöglichkeiten an.

Hinsichtlich dieses Merkmals sind meine eigenen Erfahrungen mit U	sehr gut	gut	eher gut	unentschieden, teils gut, teils schlecht	eher schlecht	schlecht	sehr schlecht	weiß nicht
Qualität der Produkte	❏	❏	❏	❏	❏	❏	❏	❏
Preis-Leistungs-Verhältnis der Produkte	❏	❏	❏	❏	❏	❏	❏	❏
Kundenorientierung (Bemühen, Konsumentenbedürfnisse zu erfüllen)	❏	❏	❏	❏	❏	❏	❏	❏
Einhaltung von Werbeversprechen (die Produkte halten, was die Werbung verspricht; die Werbung ist glaubwürdig)	❏	❏	❏	❏	❏	❏	❏	❏
Verhalten gegenüber Mitarbeitern	❏	❏	❏	❏	❏	❏	❏	❏
Qualifikation des Managements	❏	❏	❏	❏	❏	❏	❏	❏

5 Verfügen Sie über Belegschaftsaktien der Firma U? *(Bitte Zutreffendes ankreuzen)*

Ja	Nein (bitte weiter mit Frage 7)
❏	❏

6 Wie schätzen Sie die folgenden Merkmale von U aus eigener Erfahrung ein?
Kreuzen Sie bitte eine der in der Tabelle genannten Antwortmöglichkeiten an.

Hinsichtlich dieses Merkmals sind meine eigenen Erfahrungen mit U	sehr gut	gut	eher gut	unentschieden, teils gut, teils schlecht	eher schlecht	schlecht	sehr schlecht	weiß nicht
Finanzielle Gesundheit (Bonität)	❏	❏	❏	❏	❏	❏	❏	❏
Unternehmerischer Erfolg (Stellung am Markt, Profitabilität, Zukunftsaussichten des Unternehmens)	❏	❏	❏	❏	❏	❏	❏	❏

7   Nun geht es um Ihre Beziehung zur Firma U:
Kreuzen Sie bitte zu jeder Frage eine der in der Tabelle genannten Antwortmöglichkeiten an.

	sehr stark	recht stark	ein bisschen	eher nicht	überhaupt nicht	weiß nicht
Wie stark fühlen Sie sich mit der Firma U verbunden?	❑	❑	❑	❑	❑	❑
Wie stark liegt Ihnen die Zukunft der Firma U am Herzen?	❑	❑	❑	❑	❑	❑
Wie stark können Sie sich mit der Firma U identifizieren?	❑	❑	❑	❑	❑	❑
Wie stark stimmen Ihre Wertvorstellungen mit den Werten der Firma U überein?	❑	❑	❑	❑	❑	❑
Wie stark fühlen Sie sich bei U als ,Teil der Familie'?	❑	❑	❑	❑	❑	❑

8   Noch einige Fragen zu Uprodukten und U als Arbeitgeber:
Kreuzen Sie bitte zu jeder Frage eine der in der Tabelle genannten Antwortmöglichkeiten an.

	ja, ganz sicher	sehr wahrscheinlich	vielleicht	eher nicht	nein, niemals	weiß nicht
Würden Sie U-Produkte kaufen, wenn Sie diese nicht vergünstigt beziehen könnten?	❑	❑	❑	❑	❑	❑
Würden Sie die Produkte von U weiterempfehlen, wenn Sie jemand um Rat fragte?	❑	❑	❑	❑	❑	❑
Würden Sie gern zu einem anderen Arbeitgeber wechseln?	❑	❑	❑	❑	❑	❑
Würden Sie U als Arbeitgeber an Freunde weiterempfehlen?	❑	❑	❑	❑	❑	❑
Würden Sie wieder bei U anfangen, wenn Sie noch mal die Wahl hätten?	❑	❑	❑	❑	❑	❑
Würden Sie U verlassen, wenn Sie eine Stelle mit höherem Gehalt/Lohn fänden?	❑	❑	❑	❑	❑	❑

9   Wie wichtig ist es für Sie, dass...
(Bitte Zutreffendes ankreuzen)

	ist mir nicht wichtig	ist für mich etwas wichtig	ist für mich wichtig	ist für mich sehr wichtig	ist für mich außerordentlich wichtig	weiß nicht
... Ihr Arbeitgeber in der Öffentlichkeit ein hohes Ansehen genießt?	❑	❑	❑	❑	❑	❑
... Ihre Familie und Freunde eine gute Meinung von Ihrem Arbeitgeber haben?	❑	❑	❑	❑	❑	❑
... Sie in einer angesehenen Branche tätig sind?	❑	❑	❑	❑	❑	❑
... Sie stolz auf „Ihr" Unternehmen sein können?	❑	❑	❑	❑	❑	❑
... die obersten Führungskräfte in Ihrem Unternehmen hoch angesehen sind?	❑	❑	❑	❑	❑	❑

10 Wie lange arbeiten Sie schon bei U? *(Bitte Zutreffendes ankreuzen)*

weniger als 2 Jahre	2 bis 5 Jahre	6 bis 10 Jahre	über 10 Jahre
❏	❏	❏	❏

11 Haben Sie vorher schon in anderen Unternehmen gearbeitet? (Bitte nicht berücksichtigen: Praktika, Ferienjobs u.ä.) *(Bitte Zutreffendes ankreuzen)*

nein	ja, in einem anderen Unternehmen	ja, in 2 bis 5 anderen Unternehmen	ja, in über 5 anderen Unternehmen
❏	❏	❏	❏

12 Wie alt sind Sie? *(Bitte Zutreffendes ankreuzen)*

bis 25	26 bis 35	36 bis 55	über 55
❏	❏	❏	❏

13 Sind Sie weiblich oder männlich ? *(Bitte Zutreffendes ankreuzen)*

weiblich	männlich
❏	❏

14 Welchen höchsten Schulabschluss haben Sie? *(Bitte Zutreffendes ankreuzen)*

Volks-/ Hauptschule, ohne abgeschlossene Lehre	Volks-/ Hauptschule, mit abgeschlossener Lehre	Weiterbildende Schule ohne Abitur (10-klassig, polytechnische Oberschule, früher Mittelschule)	Abitur, Hochschulreife, Fachhochschulreife (Gymnasium, 12-klassig erweiterte Oberschule, früher Oberschule)	Abgeschlossenes Studium (Universität, Akademie, Fachhochschule, Technikum)	Sonstiger Abschluss
❏	❏	❏	❏	❏	❏

15 In welchem Unternehmensbereich von U sind Sie tätig? *(Bitte Zutreffendes ankreuzen)*

Beschaffung	F&E	Produktion/ Qualitätskontrolle	Marketing/ Vertrieb/ Auftragsabwicklung	Logistik/ Lager	Controlling/ Finanzbereich	Personalwirtschaft	Verwaltung/ EDV	Geschäftsleitung
❏	❏	❏	❏	❏	❏	❏	❏	❏

16 Welche der folgenden Beschreibungen trifft auf Ihre Funktion/Stelle bei U zu? *(Bitte Zutreffendes ankreuzen)*

Geschäftsleitung	Führungskraft mit Personalverantwortung	Führungskraft ohne ständige Personalverantwortung	Angestellte(r) ohne Personalverantwortung	Arbeiter(in)	Azubi
❏	❏	❏	❏	❏	❏

17 An welchem Standort arbeiten Sie? *(Bitte Zutreffendes ankreuzen)*

in Düsseldorf	außerhalb Düsseldorfs
❏	❏

Anhang B-1:   **Prüfung der Gütekriterien mit PLS (Aktionärsbefragung)**

Aus Gründen der Übersichtlichkeit wird die Überprüfung der Modellgüte reduziert auf die Gewichte, Ladungen, jeweiligen Signifikanzen[1] und Redundanzen für die Messmodelle sowie die Pfadkoeffizienten mit Signifikanzwerten, R^2 und Q^2 sowie die Anteile erklärter Varianz bzw. das Fornell-Larcker-Kriterium für das Strukturmodell.

Berechnet wurden zwei Modelle. ,**Modell komplett'** bezieht sich auf ein der Konsumentenbefragung analoges Modell. Es wurden alle 10 Indikatoren für Reputation integriert, alle 8 Indikatoren für ,eigene Erfahrungen', die sich auf Erfahrungen als Kunde und als Aktionär beziehen, sowie alle 10 Indikatoren für Loyalität. Letztere umfassen die allgemeine, affektive Loyalität dem Unternehmen U gegenüber, die konative Loyalität als Konsument und die konative Loyalität als Aktionär. ,**Modell reduziert'** stellt nur die Aktionärsloyalität in den Vordergrund und enthält alle 10 Reputationsindikatoren, nur die 4 auf Aktien bezogenen Indikatoren für ,eigene Erfahrungen' sowie die auf allgemeine, affektive Loyalität und Aktionärsloyalität bezogenen Items (8 insgesamt).

Werte für Gütekriterien, die nicht voll erfüllt wurden, sind in den folgenden Tabellen und Abbildungen grau unterlegt.

MV	Beschreibung	Gewicht	t-Wert	Redun-danz	Gewicht	t-Wert	Redun-danz
Reputation		**Modell komplett** **formativ (,inward')**			**Modell reduziert** **formativ (,inward')**		
x_1	Qualität der Produkte	0,1284	2,7103		0,1224	2,1323	
x_2	Engagement für den Umweltschutz	0,0880	1,4771		0,1047	1,3073	
x_3	Unternehmerischer Erfolg	0,2440	5,0639		0,3917	5,5878	
x_4	Verhalten gegenüber Mitarbeitern	-0,0344	0,4989		-0,0892	0,8896	
x_5	Kundenorientierung	0,1421	2,6115		0,0378	0,4482	
x_6	Engagement für wohltätige Zwecke	0,1925	2,6443		0,2632	2,6817	
x_7	Preis-Leistungs-Verhältnis der Produkte	0,2091	3,5175		0,1535	2,0248	
x_8	Finanzielle Lage des Unternehmens	0,0546	1,0521		0,0643	0,6739	
x_9	Qualifikation des Managements	0,1222	1,9950		0,2555	2,8365	
x_{10}	Einhaltung von Werbeversprechen	0,3832	6,9058		0,2156	3,1352	

(Fortsetzung nächste Seite)

---

[1]   Signifikanzniveau p=0,05 (t-Wert=1,645) bei einseitigem Test.

MV	Beschreibung	Gewicht	t-Wert	Redun-danz	Gewicht	t-Wert	Redun-danz
	Eigene Erfahrungen	formativ (,inward')			formativ (,inward')		
y_1	Qualität der Produkte	0,1276	2,5705	0,3106			
y_2	Preis-Leistungs-Verhältnis der Produkte	0,2503	4,5108	0,3893			
y_3	Kundenorientierung	0,3052	4,9161	0,3868			
y_4	Einhaltung von Werbeversprechen	0,2477	4,8871	0,3717			
y_5	Höhe der Dividende	0,1425	3,4151	0,2299	0,3540	6,0416	0,1919
y_6	Entwicklung des Aktienkurses	0,0865	1,9568	0,1835	0,0846	1,2528	0,1580
y_7	Informationspolitik gegenüber Aktionären	0,0586	1,3961	0,2041	0,2418	3,2569	0,1587
y_8	U-Aktie als Anlage	0,2075	3,5638	0,3158	0,5545	7,1012	0,2642

Tabelle B1-1:   Informationen zu den formativen Messmodellen für das
Aktionärs-Sample

MV	Beschreibung	Ladung	t-Wert	Redun-danz
	Loyalität	Datensatz Alpha reflektiv (,outward'); CR = 0,889; AVE = 0,449		
y_9	Mit Firma verbunden	0,7229	30,6490	0,2160
y_{10}	Bedauern, falls Firma nicht mehr existent	0,7078	24,1637	0,2071
y_{11}	Identifikation mit Firma	0,7755	40,3014	0,2485
y_{12}	Zukunft liegt am Herzen	0,7070	25,6228	0,2066
y_{13}	Kauf der Produkte innerhalb 4 Wochen	0,5897	17,3938	0,1437
y_{14}	Weiterempfehlung der Produkte	0,7323	31,4750	0,2216
y_{15}	Kauf weiterer Firmenaktien	0,5551	18,6148	0,1273
y_{16}	Aktien langfristig halten	0,6320	22,1459	0,1651
y_{17}	Aktien weiterempfehlen	0,7033	33,3295	0,2044
y_{18}	Trennen von Aktien	-0,5262	8,9492	0,1144
	Loyalität	Modell reduziert reflektiv (,outward'); CR = 0,876; AVE = 0,473		
y_9	Mit Firma verbunden	0,7286	31,7998	0,2322
y_{10}	Bedauern, falls Firma nicht mehr existent	0,7007	24,0593	0,2148
y_{11}	Identifikation mit Firma	0,8012	45,9592	0,2809
y_{12}	Zukunft liegt am Herzen	0,6982	23,5625	0,2133
y_{15}	Kauf weiterer Firmenaktien	0,5702	16,1188	0,1423
y_{16}	Aktien langfristig halten	0,6834	28,6337	0,2043
y_{17}	Aktien weiterempfehlen	0,7188	30,7389	0,2260
y_{18}	Trennen von Aktien	-0,5673	12,2484	0,1408

Tabelle B1-2:   Informationen zum reflektiven Messmodell für das Aktionärs-Sample

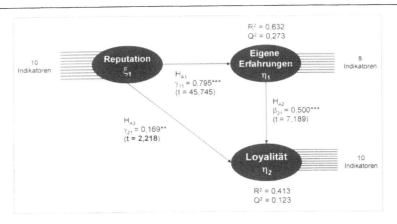

Abbildung B1-1:   Ergebnisse der Strukturanalyse für das Aktionärs-Sample
                   (Modell komplett)

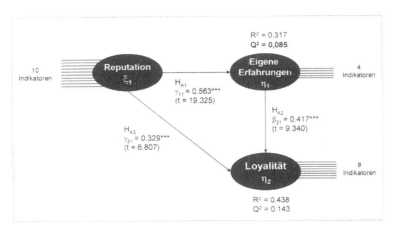

Abbildung B1-2:   Ergebnisse der Strukturanalyse für das Aktionärs-Sample
                   (Modell reduziert)

Konstrukt	Reputation	Eigene Erfahrungen	Loyalität
Reputation	0,472		
Eigene Erfahrungen	0,533	0,473	
Loyalität	0,255	0,403	0,499

Tabelle B1-3:   AVE und quadrierte Konstruktkorrelationen in PLS für das
                 komplette Modell

Konstrukt	Reputation	Eigene Erfahrungen	Loyalität
Reputation	0,420		
Eigene Erfahrungen	0,234	0,609	
Loyalität	0,260	0,318	0,473

Tabelle B1-4:   AVE und quadrierte Konstruktkorrelationen in PLS für das
reduzierte Modell

Zusammenfassende Beurteilung:

Bezüglich der Gewichte des formativen Konstrukts Reputation fällt auf, dass der Indikator ‚Kundenorientierung' schlechte Werte aufweist; ggf. ist der Grad der Kundenorientierung des Konsumgüterherstellers für die Befragtengruppe wenig relevant. Dagegen spricht allerdings das relativ hohe Gewicht der Kundenorientierung bei den eigenen Erfahrungen im kompletten Modell. Im Gegensatz zur Gruppe der Konsumenten haben die Rufindikatoren ‚Unternehmerischer Erfolg' und ‚Qualifikation des Managements' höhere Gewichte, wie bei der Gruppe der Aktionäre auch zu erwarten. Allerdings verfügt die ‚Finanzielle Lage des Unternehmens' auch in dieser Stakeholder-Gruppe über ein schwaches Gewicht. Im Gegensatz zu den Konsumenten sind nur noch drei Indikatorgewichte des Konstrukts Ruf aus statistischer Sicht als problematisch einzustufen (‚Engagement für den Umweltschutz', ‚Verhalten gegenüber Mitarbeitern', ‚Finanzielle Lage des Unternehmens').

Das schwache Gewicht des Indikators ‚Entwicklung des Aktienkurses' im Konstrukt eigene Erfahrungen könnte in der derzeit schlechten Lage an den Aktienmärkten begründet sein. Zudem sind insgesamt schwache Ladungen der Indikatoren zu konativer Loyalität zu konstatieren.

Die negativen Ladungskoeffizienten des Loyalitätsindikators ‚Trennen von Aktien' sind inhaltlich begründet. Auffällig sind zudem der nicht signifikante Pfadkoeffizient von Reputation auf Loyalität im kompletten Modell sowie der schwache Q^2-Wert für ‚eigene Erfahrungen' im reduzierten Modell (Abbildung B1-2). Allerdings besagen die Richtwerte für den Stone-Geisser-Test allein, dass ein positiver Wert zu erzielen ist. Der Anteil erklärter Varianz des Loyalitätskonstrukts (AVE) ist recht gering.

Abschließend ist festzuhalten, dass das Modell für die Gruppe der Aktionäre Werte aufweist, die denen der Gruppe der Konsumenten sehr ähnlich, jedoch schwächer ausgeprägt sind.

Anhang B-2: **Prüfung der Gütekriterien mit PLS (Mitarbeiterbefragung)**

Aus Gründen der Übersichtlichkeit wird die Überprüfung der Modellgüte reduziert auf die Gewichte, Ladungen, jeweiligen Signifikanzen[1] und Redundanzen für die Messmodelle sowie die Pfadkoeffizienten mit Signifikanzwerten, R^2 und Q^2 sowie die Anteile erklärter Varianz bzw. das Fornell-Larcker-Kriterium für das Strukturmodell.

Das Modell ‚komplett' bezieht sich auf ein der Konsumentenbefragung analoges Modell. Es wurden alle 10 Indikatoren für Reputation integriert, alle 6 Indikatoren für ‚eigene Erfahrungen', die sich auf Erfahrungen als Mitarbeiter und Kunde beziehen, sowie alle 11 Indikatoren für Loyalität. Letztere umfassen die allgemeine, affektive Loyalität dem Unternehmen U gegenüber und die konative Loyalität als Mitarbeiter. ‚Modell reduziert' enthält alle 10 Reputations-Items, 2 Indikatoren für eigene Erfahrungen sowie die mitarbeiterbezogenen Loyalitäts-Items (affektive Loyalität dem Unternehmen gegenüber, konative Mitarbeiterloyalität).

Werte für Gütekriterien, die nicht voll erfüllt wurden, sind in den folgenden Tabellen und Abbildungen grau unterlegt.

MV	Beschreibung	Gewicht	t-Wert	Redun-danz	Gewicht	t-Wert	Redun-danz
	Reputation	**Modell komplett formativ (‚inward')**			**Modell reduziert formativ (‚inward')**		
x_1	Qualität der Produkte	0,0671	0,9598		0,0255	0,3176	
x_2	Engagement für den Umweltschutz	0,0235	0,3521		0,1730	2,3643	
x_3	Unternehmerischer Erfolg	0,1166	1,8419		0,0155	0,1845	
x_4	Verhalten gegenüber Mitarbeitern	0,3725	4,8390		0,1365	1,6873	
x_5	Kundenorientierung	0,2563	3,6758		0,5385	5,9633	
x_6	Engagement für wohltätige Zwecke	0,0944	1,4496		0,2226	2,5738	
x_7	Preis-Leistungs-Verhältnis der Produkte	0,3026	4,5298		0,0453	0,5666	
x_8	Finanzielle Lage des Unternehmens	-0,0670	1,2350		-0,0881	1,2723	
x_9	Qualifikation des Managements	0,0790	0,7227		0,2858	2,3615	
x_{10}	Einhaltung von Werbeversprechen	0,2497	3,0794		0,0776	0,7982	

(Fortsetzung nächste Seite)

---

[1] Signifikanzniveau p=0,05 (t-Wert=1,645) bei einseitigem Test.

MV	Beschreibung	Gewicht	t-Wert	Redun-danz	Gewicht	t-Wert	Redun-danz
	Eigene Erfahrungen	Modell komplett formativ (,inward')			Modell reduziert formativ (,inward')		
y_1	Qualität der Produkte	0,1086	2,1584	0,2526			
y_2	Preis-Leistungs-Verhältnis der Produkte	0,2617	4,3833	0,2871			
y_3	Kundenorientierung	0,2062	3,9771	0,2527			
y_4	Einhaltung von Werbeversprechen	0,2332	3,8551	0,2985			
y_5	Verhalten gegenüber Mitarbeitern	0,3633	5,1074	0,3353	0,5909	6,7025	
y_6	Qualifikation des Managements	0,2112	2,5642	0,3122	0,5335	5,6480	

Tabelle B2-1:　Informationen zu den formativen Messmodellen für das Mitarbeiter-Sample

MV	Beschreibung	Ladung	t-Wert	Redun-danz
	Loyalität	Modell komplett reflektiv (,outward'); CR = 0,914; AVE = 0,494		
y_7	Mit Firma verbunden	0,7330	26,2996	0,2531
y_8	Zukunft liegt am Herzen	0,6659	18,6411	0,2089
y_9	Identifikation mit Firma	0,7695	35,4952	0,2790
y_{10}	Übereinstimmung von Wertvorstellungen	0,7296	30,0587	0,2508
y_{11}	Teil der Familie	0,7336	34,7348	0,2536
y_{12}	Kauf auch ohne Vergünstigungen	0,6045	14,8888	0,1721
y_{13}	Weiterempfehlung der Produkte	0,6605	21,0688	0,2056
y_{14}	Wechsel des Arbeitgebers	-0,6329	16,1394	0,1887
y_{15}	Weiterempfehlung des Arbeitgebers	0,7597	29,8363	0,2719
y_{16}	Wiederwahl als Arbeitgeber	0,7638	34,9581	0,2749
y_{17}	Verlassen bei mehr Gehalt	-0,6513	23,2927	0,1999
		Modell reduziert reflektiv (,outward'); CR=0,897; AVE=0,556		
y_7	Mit Firma verbunden	0,7250	13,8218	0,2173
y_8	Zukunft liegt am Herzen	0,6597	10,9571	0,1799
y_9	Identifikation mit Firma	0,7677	17,2312	0,2437
y_{10}	Übereinstimmung von Wertvorstellungen	0,7455	14,4822	0,2298
y_{11}	Teil der Familie	0,7450	12,9295	0,2295
y_{14}	Wechsel des Arbeitgebers	-0,6628	12,2383	0,1816
y_{15}	Weiterempfehlung des Arbeitgebers	0,7831	16,2391	0,2536
y_{16}	Wiederwahl als Arbeitgeber	0,7776	17,4468	0,2500
y_{17}	Verlassen bei mehr Gehalt	-0,6627	12,9246	0,1816

Tabelle B2-2:　Informationen zum reflektiven Messmodell für das Mitarbeiter-Sample

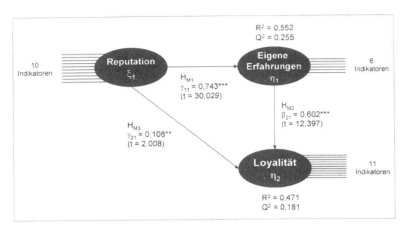

Abbildung B2-1:   Ergebnisse der Strukturanalyse für das Mitarbeiter-Sample
                   (Modell komplett)

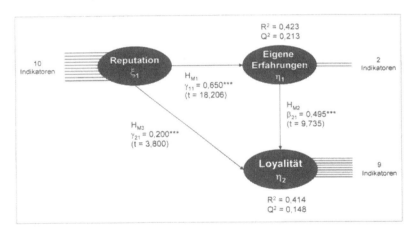

Abbildung B2-2:   Ergebnisse der Strukturanalyse für das Mitarbeiter-Sample
                   (Modell reduziert)

Konstrukt	Reputation	Eigene Erfahrungen	Loyalität
Reputation	**0,381**		
Eigene Erfahrungen	0,552	**0,525**	
Loyalität	0,309	0,466	**0,494**

Tabelle B2-3:   AVE und quadrierte Konstruktkorrelationen aus PLS für Modell
                 komplett

Konstrukt	Reputation	Eigene Erfahrungen	Loyalität
Reputation	0,361		
Eigene Erfahrungen	0,304	0,809	
Loyalität	0,272	0,318	0,529

Tabelle B2-4: AVE und quadrierte Konstruktkorrelationen aus PLS für Modell reduziert

Zusammenfassende Beurteilung:

Das komplette Modell weist etwas bessere Gütemaße auf als das reduzierte, in dem allerdings der Pfad von Ruf zu Loyalität etwas stärker ausgeprägt ist. Auch hier verfügen nur fünf der Rufindikatoren (im ‚Modell komplett') über signifikante Werte. Erwartungsgemäß zählt hierzu das Verhalten gegenüber Mitarbeitern, jedoch nicht die Qualifikation des Managements. Auch die Qualität der Produkte verfügt nicht über ein ausgeprägtes Gewicht, was auch hinsichtlich des Konstrukts ‚eigene Erfahrungen' auffällt. Das Loyalitätskonstrukt weist demgegenüber bessere Werte auf, wobei fünf Indikatoren knapp unter der Grenze von 0,7 liegen. Der AVE im kompletten Modell ist eher gering. Die negativen Ladungskoeffizienten der Loyalitätsindikatoren ‚Wechsel des Arbeitgebers' und ‚Verlassen bei mehr Gehalt' sind inhaltlich begründet.

Abschließend ist festzuhalten, dass das Modell für die Gruppe der Mitarbeiter Werte aufweist, die denen der anderen beiden Gruppen ähnlich sind, allerdings wurde das ‚Verhalten gegenüber Mitarbeitern' in dieser Stakeholder-Gruppe erwartungsgemäß stärker gewichtet.

Anhang B-3:   Prüfung eines moderierenden Effekts mit PLS

(Konsumentenbefragung)

Zur Untersuchung des Zusammenhangs werden nicht die einzelnen Indikatoren der Konstrukte Ruf und eigene Erfahrungen multipliziert und zu einem neuen Konstrukt (Interaktionsvariable) zusammengefasst, wie dies bei reflektiven Indikatoren/ Konstrukten der Fall wäre.[1] „Since formative indicators are not assumed to reflect the same underlying construct (i.e., can be independent of one another and measuring different factors), the product indicators between two sets of formative indicators will not necessarily tap into the same underlying interaction effect".[2] Vielmehr werden in PLS aus den Indikatoren zu Ruf und eigenen Erfahrungen jeweils die Konstruktwerte (Latent Variable Scores) berechnet, die wie Hauptkomponenten bzw. Faktoren z.B. in SPSS multipliziert und zu einem neuen Konstrukt (Indikatorvariable) zusammengefasst werden können und in PLS als unabhängige Single-Item-Variable neben den beiden Originalkonstrukten in ihrem Einfluss auf die abhängige Variable (Loyalität) geprüft werden können (vgl. Abbildung B3).[3]

Der Pfad des Interaktionseffekts ist signifikant auf dem schwachen Niveau von 0,10 (zweiseitiger Test). Ein zweiseitiger Test wurde gewählt, da zunächst der Einfluss des Rufs auf die Wirkbeziehung zwischen eigener Erfahrung und Loyalität zu prüfen ist, der verstärkend oder abschwächend verlaufen kann.

---

[1]   Vgl. zu entsprechenden reflektiven Anwendungen z.B. Chin/Marcolin/Newsted 2003, S. 199ff.

[2]   Chin/Marcolin/Newsted 2003, S. 11 (Supplement Material zu Information Systems Research, Jg. 14, Nr. 2).

[3]   Vgl. in einer Kurzübersicht Chin/Marcolin/Newsted 2003, S. 11 (Supplement Material zu Information Systems Research, Jg. 14, Nr. 2).

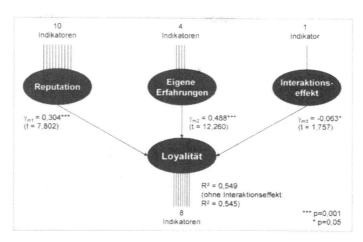

Abbildung B3-1:   Ergebnisse der Analyse des moderierenden Effekts
(mit Daten aller befragten Konsumenten)

Zusammenfassende Beurteilung:

Grundsätzlich wird es bei der Überprüfung moderierender Einflusse als wünschenswert erachtet, dass die Moderator-Variable (Reputation) nicht mit Prädiktor (eigene Erfahrungen) und abhängiger Variable (Loyalität) korreliert, was im vorliegenden Fall nicht vollständig gewährleistet ist.[4] Gegebenenfalls ist hierin ein Grund für den recht schwachen und geringgradig signifikanten Einfluss zu sehen. Allerdings weisen CHIN, MARCOLIN und NEWSTED darauf hin, dass ein geringes f^2 nicht zwingend bedeutet, dass der zu Grunde liegende Effekt unwichtig ist. „Even a small interaction effect can be meaningful under extreme moderating conditions, if the resulting beta changes are meaningful, then it is important to take these conditions into account".[5]

---

[4]   Vgl. Baron/Kenny 1986, S. 1174.
[5]   Chin/Marcolin/Newsted 2003, S. 211.

Anhang C-1:   **Demographisches Profil der Stichprobe in der Konsumentenbefragung**

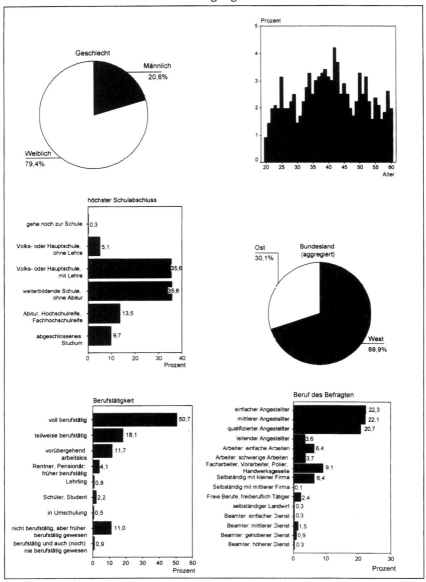

Abbildung C1-1:   Demographische Daten der befragten Konsumenten

Anhang C-2: Demographisches Profil der befragten Aktionäre

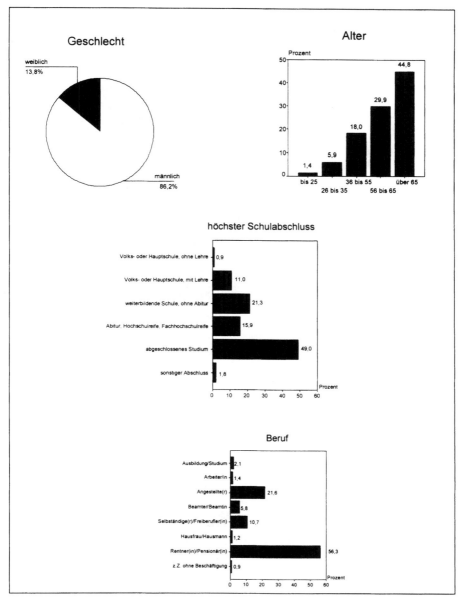

Abbildung C2-1: Demographische Daten der befragten Aktionäre

Anhang C-3:   Demographisches Profil der Stichprobe in der
Mitarbeiterbefragung

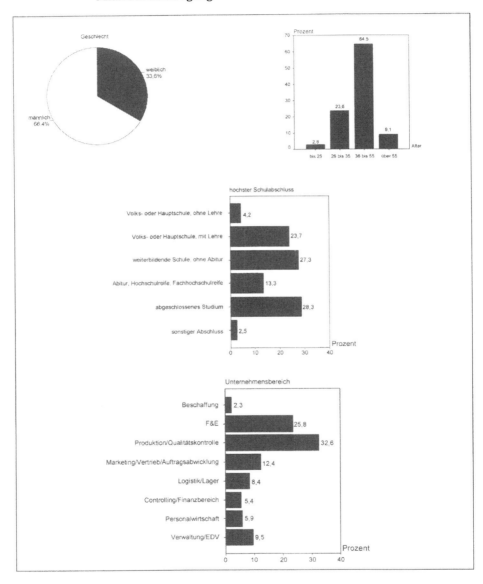

Abbildung C3-1:   Demographische Daten der befragten Mitarbeiter

Literaturverzeichnis

Aaker, Jennifer L. (1997): Dimensions of Brand Personality, in: JoMR, Jg. 34, S. 347-356.

Aaker, Jennifer, L. (2005): Dimensionen der Markenpersönlichkeit, in: Esch, Franz-Rudolf (Hrsg.): Moderne Markenführung, 4. Aufl., Wiesbaden, S. 165-176.

Abdullah, Mokhtar/Al-Nasser, Amjad D./Husain, Nooreha (2000): Evaluating functional relationship between image, customer satisfaction and customer loyalty using general maximum entropy, in: Total Quality Management, Jg. 11, Nr. 4/5&6, S. 826-829.

Achleitner, Ann-Kristin/Bassen, Alexander (2001a): Stock Options als Herausforderung und Chance der Investor Relations, in: Kirchhoff, Klaus Rainer/Piwinger, Manfred (Hrsg.): Die Praxis der Investor Relations, 2. Aufl., Neuwied/Kriftel, S. 152-164.

Achleitner, Ann-Kristin/Bassen, Alexander (2001b): Investor Relations von Wachstumsunternehmen und etablierten Unternehmen im Vergleich, in: Knüppel, Hartmut/Lindner, Christian (Hrsg.): Die Aktie als Marke, Frankfurt, S. 25-47.

Achleitner, Paul M. (1985): Sozio-politische Strategien multinationaler Unternehmungen, Bern/Stuttgart.

Adler, Jost (1994): Informationsökonomische Fundierung von Austauschprozessen im Marketing, Arbeitspapier zur Marketingtheorie Nr. 3, hrsg. von Rolf Weiber, Trier.

Adler, Jost (1996): Informationsökonomische Fundierung von Austauschprozessen, Wiesbaden.

Adler, Jost (1998): Eine informationsökonomische Perspektive des Kaufverhaltens, in: WiSt, Jg. 27, Nr. 7, S. 341-347.

Akerlof, George A. (1970): The Market for Lemons: Quality Uncertainty and the Market Mechanism, in: QJoE, Jg. 84, Nr. 3, S. 488-500.

Albach, Horst (1980): Vertrauen in der ökonomischen Theorie, in: Zeitschrift für die gesamte Staatswissenschaft, Jg. 136, Nr. 1, S. 2-11.

Albach, Horst (1994a): Wertewandel deutscher Manager, in: Albach, Horst/Merkle, Hans/Jacob, Adolf-Friedrich/Müller, Horst (Hrsg.): Werte und Unternehmensziele im Wandel der Zeit, Wiesbaden, S. 1-27.

Albach, Horst (1994b): Das Management von Vertrauenskapital, in: Albach, Horst/Merkle, Hans L./Jacob, Adolf-Friedrich/Müller, Horst (Hrsg.): Werte und Unternehmensziele im Wandel der Zeit, Wiesbaden, S. 65-84.

Allen, Natalie J./Meyer, John P. (1990): The measurement and antecedents of affective, continuance and normative commitment to the organization, in: Journal of Occupational Psychology, Jg. 63, S. 1-18.

Allendorf, Georg Josef (1996): Investor Relations deutscher Publikumsgesellschaften, Oestrich-Winkel.

Amit, Raphael H./Shoemaker, Paul J.H. (1993): Strategic Assets and Organizational Rent, in: SMJ, Jg. 14, S. 33-46.

Andersen, Poul H./Sørensen, Henrik B. (1997): Reputational Information: Its Role in Interorganizational Collaboration, Working Paper 97-6 der Aarhus School of Business, Aarhus.

Anderson, James C./Gerbing, David W. (1991): Predicting the Performance of Measures in a Confirmatory Factor Analysis With a Pretest Assessment of Their Substantive Validities, in: Journal of Applied Psychology, Jg. 76, S. 732-740.

Anderson, Jim/Narus, Jim A. (1998): Business Marketing: Understand What Customers Value, in: Harvard Business Review, Jg. 76, Nr. 6, S. 53-65.

Anderson, Eugene W./Sullivan, Mary W. (1993): The Antecedents and Consequences of Customer Satisfaction for Firms, in: Marketing Science, Jg. 12, Nr. 2, S. 125-143.

Anderson, Erin/Weitz, Barton (1989): Determinants of Continuity in Conventional Industrial Channel Dyads, in: Marketing Science, Jg. 8, Nr. 4, S. 310-323.

Anderson, Erin/Weitz, Barton (1992): The Use of Pledges to Build and Sustain Commitment in Distribution Channels, in: JoMR, Jg. 29, Nr. 1, S. 18-34.

Andreassen, Tor Wallin (1994): Satisfaction, Loyalty and Reputation as Indicators of Customer Orientation in the Public Sector, in: International Journal of Public Sector Management, Jg. 7, Nr. 2, S. 16-34.

Andreassen, Tor Wallin/Lindestad, Bödil (1998): The Effect of Corporate Image in the Formation of Customer Loyalty, in: Journal of Service Research, Jg. 1, Nr. 1, S. 82-92.

Andreßen, Thomas (2002): Partial Least Squares: Modellevaluation und -optimierung, Vortragsmanuskript vom 17.12.2002, veröffentlicht im Internet: http://www.bwl.uni-kiel.de/bwlinstitute/Controlling/LehrstuhlCon/ Wiss_Mitarbeiter/Andressen/Download/PLS%20Modellevaluation%20u.%20- optimierung.pdf (Abfrage: 29.7.2003).

Antil, John H. (1984): Conceptualization and Operationalization of Involvement, in: Kinnear, Thomas C. (Hrsg.): Advances in Consumer Research, Jg. 11, Chicago, S. 203-209.

Arbeitskreis ‚Immaterielle Werte im Rechnungswesen' (2004): Erfassung immaterieller Werte in der Unternehmensberichterstattung vor dem Hintergrund handelsrechtlicher Rechnungslegungsnormen in der nationalen und internationalen Rechnungslegung, in: Horváth, Péter/Möller, Klaus (Hrsg.): Intangibles in der Unternehmensbewertung, München, S. 221-250.

Argenti, Paul A. (1995): Corporate Communication, Boston u.a.

Armstrong, Scott/Overton, Terry S. (1977): Estimating Nonresponse Bias in Mail Surveys, in: JoMR, Jg. 14, S. 396-402.

Arnold, Andrea (1996): Garantiezusagen und Qualitätsunsicherheit von Konsumenten, in: Jahrbuch der Absatz- und Verbrauchsforschung, Jg. 42, Nr. 2, S. 147-163.

Arrow, Kenneth J./Debreu, Gérard (1954): Existence of an Equilibrium for a Competitive Economy, in: Econometrica, Jg. 22, S. 265-290.

Aschmann, Silke (1998): Mehrdimensionale Beteiligung der Mitarbeiter am Gesamtunternehmenserfolg, München/Mering.

Aufderheide, Detlef/Backhaus, Klaus (1995): Institutionenökonomische Fundierung des Marketing: Der Geschäftstypenansatz, in: zfbf-Sonderheft, Jg. 47, Nr. 35, S. 43-60.

Backhaus, Klaus (2003): Industriegütermarketing, 7. Aufl., München.

Backhaus, Klaus/Aufderheide, Detlef/Späth, Georg-Michael (1994): Marketing für Systemtechnologien, Stuttgart.

Backhaus, Klaus/Erichson, Bernd/Plinke, Wulff/Weiber, Rolf (2005): Multivariate Analysemethoden, 11. Aufl., Berlin u.a.

Backhaus, Klaus/Plinke, Wulff (1977): Die Fallstudie im Kooperationsfeld von Hochschule und Praxis, in: DBW, Jg. 37, Nr. 4, S. 615-619.

Backhaus, Klaus/Weiss, Peter A. (1989): Kompetenz – die entscheidende Dimension im Marketing, in: HBM, Jg. 11, Nr. 3, S. 107-114.

Baden-Fuller, Charles/Ang, Siah Hwee (2001): Building Reputations: The Role of Alliances in the European Business School Scene, in: Long Range Planning, Jg. 34, Nr. 6, S. 741-755.

Baden-Fuller, Charles/Ravazzolo, Fabiola/Schweizer, Tanja (2000): Making and Measuring Reputations, in: Long Range Planning, Jg. 33, Nr. 5, S. 621-650.

Bänsch, Axel (2002): Käuferverhalten, 9. Aufl., München/Oldenburg.

Baetge, Jörg/Kirsch, Hans-Jürgen/Thiele, Stefan (2003): Bilanzen, 7. Aufl., Düsseldorf.

Bagozzi, Richard P. (1980): Causal Models in Marketing, New York.

Bagozzi, Richard P. (1994): Structural Equation Models in Marketing Research: Basic Principles, in: Bagozzi, Richard P. (Hrsg.): Principles of Marketing Research, Oxford, S. 317-385.

Bagozzi, Richard P./Baumgartner, Hans (1994): The Evaluation of Structural Equation Models and Hypothesis Tests, in: Bagozzi, Richard P. (Hrsg.): Principles of Marketing Research, Cambridge, S. 386-422.

Bagozzi, Richard P./Fornell, Claes (1982): Theoretical Concepts, Measurements, and Meaning, in: Fornell, Claes (Hrsg.): A Second Generation of Multivariate Analysis, Band 2, New York, S. 24-38.

Bagozzi, Richard P./Yi, Youjae (1988): On the Evaluation of Structural Equation Models, in: Journal of the Academy of Marketing Science, Jg. 16, S. 74-94.

Baker, H. Kent/Haslem, John A. (1973): Information Needs of Individual Investors, in: Journal of Accountancy, Jg. 136, S. 64-69.

Balmer, John M.T./Gray, Edmund R. (1999): Corporate Identity and Corporate Communications: Creating a Competitive Advantage, in: CC, Jg. 4, Nr. 4, S. 171-176.

Balmer, John M.T./Greyser, Stephen A. (2003): Revealing the Corporation, London/New York.

Barnard, Chester I. (1938): The Functions of the Executive, Cambridge.

Barney, Jay B. (1991): Firm Resources and Sustained Competitive Advantage, in: Journal of Management, Jg. 17, S. 99-120.

Barney, Jay B./Stewart, Alice C. (2000): Organizational Identity as Moral Philosophy: Competitive Implications for Diversified Corporations, in: Schultz, Majken/Hatch, Mary Jo/Holten Larsen, Mogens (Hrsg.): The Expressive Organization, New York, S. 36-47.

Barnhardt, Robert K. (1988): The Barnhart Dictionary of Etymology, New York.

Baron, Reuben M./Kenny, David A. (1986): The Moderator-Mediator Variable Distinction in Social Psychological Research: Conceptual, Strategic, and Statistical Considerations, in: Journal of Personality and Social Psychology, Jg. 51, Nr. 6, S. 1173-1182.

Bartelt, Andreas (2002): Vertrauen in Zuliefernetzwerken, Wiesbaden.

Batchelor, Alex (1999): Is the balance sheet outdated?, in: Accountancy International, o.Jg., Heft 2, S. 81.

Bateman, Thomas S./Organ, Dennis W. (1983): Job Satisfaction and the Good Soldier: The Relationship Between Affect and Employee ,Citizenship', in: Academy of Management Journal, Jg. 26, Nr. 4, S. 587-595.

Bauer, Raymond (1967): Consumer Behavior as Risk Taking, in: Cox, Donald (Hrsg.): Risk Taking and Information Handling in Consumer Behavior, Boston, S. 23-33.

Bauer, Hans H./Jensen, Stefanie (2001): Determinanten der Mitarbeiterbindung – Überlegungen zu einer Verallgemeinerung der Kundenbindungstheorie, Reihe Management Know-how Nr. W 51, Institut für Marktorientierte Unternehmensführung, Mannheim.

Baumgarth, Carsten (2004): Markenpolitik, 2. Aufl., Wiesbaden.

Baumgartner, Hans/Homburg, Christian (1996): Applications of Structural Equation Modeling in Marketing and Consumer Research: A Review, in: International Journal of Research in Marketing, Jg. 13, Nr. 2, S. 139-161.

Bayón, Tomás (1997): Neuere Mikroökonomie und Marketing, Wiesbaden.

Bearden, William O./Netemeyer, Richard G. (1999): Handbook of Marketing Scales, 2. Aufl., Thousand Oaks/London/New Delhi.

Bearden, William O./Shimp, Terrence A. (1982): The Use of Extrinsic Cues to Facilitate Product Adoption, in: JoMR, Jg. 19, S. 229-239.

Beauchamp, Tom L./Bowie, Norman E. (Hrsg.) (1988): Ethical Theory and Business, 3. Aufl., Englewood Cliffs.

Becker, Fred G. (1994): Finanzmarketing von Unternehmungen, in: DBW, Jg. 54, Nr. 3, S. 295-313.

Beckmann, Jürgen (1984): Kognitive Dissonanz, Berlin u.a.

Bennett, Roger/Kottasz, Rita (2000): Practitioner Perceptions of Corporate Reputation: An Empirical Investigation, in: CC, Jg. 5, Nr. 4, S. 224-234.

Bentler, Peter M. (1982): Multivariate Analysis with Latent Variables: Causal Modeling, in: Fornell, Claes (Hrsg.): A Second Generation of Multivariate Analysis, Band 1, New York, S. 121-177.

Berekoven, Ludwig/Eckert, Werner/Ellenrieder, Peter (2006): Marktforschung, 11. Aufl., Wiesbaden.

Bergen, Jack (2001): Reputation's Return on Investment, in: Jolly, Adam (Hrsg.): Managing Corporate Reputations, London, S. 20-26.

Bergstrom, Alan/Blumenthal, Dannielle/Crothers, Scott (2002): Why Internal Branding Matters: The Case of Saab, in: CRR, Jg. 5, Nr. 2/3, S. 133-142.

Berle, Adolf A. (1932): For Whom Corporate Managers are Trustees, in: Harvard Law Review, Jg. 45, S. 1365-1372.

Berle, Adolf A. (1954): The 20th Century Capitalist Revolution, New York.

Berthel, Jürgen (2002): Personalbindung und -entwicklung: Neuer Aufgabenkomplex des Human-Resource-Managements in wissensintensiven Unternehmen, in: Bleicher, Knut/Berthel, Jürgen (Hrsg.): Auf dem Weg in die Wissensgesellschaft, Frankfurt a.M., S. 308-320.

Bickerton, David (2000): Corporate Reputation versus Corporate Branding: The Realist Debate, in: CC, Jg. 5, Nr. 1, S. 42-48.

Bickmann, Roland (1999): Chance: Identität, Berlin u.a.

Bierwirth, Andreas (2003): Die Führung der Unternehmensmarke, Frankfurt a.M.

Birkigt, Klaus/Stadler, Marinus M./Funck, Hans Joachim (2002): Corporate Identity, 11. Aufl., Landsberg am Lech.

Birkinshaw, Julian/Morrison, Allen/Hulland, John (1995): Structural and Competitive Determinants of a Global Integration Strategy, in: SMJ, Jg. 16, S. 637-655.

Black, Janice A./Boal, Kimberley B. (1994): Strategic Resources: Traits, Configurations and Paths to Sustainable Competitive Advantage, in: SMJ, Jg. 15, S. 131-148.

Blau, Peter (1964): Exchange and Power in Social Life, New York 1964.

Bleymüller, Josef/Gehlert, Günter/Gülicher, Herbert (2002): Statistik für Wirtschaftswissenschaftler, 13. Aufl., München.

Bloechel, Anja/Schemuth, Jan (2003a): Shareholder Relationship Management – neue Wege im professionellen Beziehungsmanagement zwischen Unternehmen und Investoren, unveröffentlichtes Manuskript der Firma Pepper Technologies AG, München.

Bloechel, Anja/Schemuth, Jan (2003b): Shareholder Relationship Management, in: Teichmann, René (Hrsg.): Customer und Shareholder Relationship Management, Berlin u.a.[1]

Blümelhuber, Christian (2000): Rechte als zentrale Wirtschaftsgüter der E-Conomy, München.

BMW Group (2004): Sustainable Value Report 2003/2004. Innovation. Leistung. Verantwortung, veröffentlicht im Internet: http://www.bmwgroup.com/ d/nav/?/d/0_0_www_bmwgroup_com/homepage/index.jsp?1_0 (Abfrage: 10. Februar 2004).

Bode, Jürgen (1997): Der Informationsbegriff in der Betriebswirtschaftslehre, in: zfbf, Jg. 49, Nr. 5, S. 449-468.

Böhi, Daniel M. (1995): Wettbewerbsvorteile durch die Berücksichtigung der strategisch relevanten gesellschaftlichen Anspruchsgruppen, Zürich.

Böhler, Heymo (2004): Marktforschung, 3. Aufl., Stuttgart u.a.

Börner, Christoph J. (1996): Öffentlichkeitsarbeit als Management gesellschaftlicher Exponiertheit von Unternehmen, in: ZfB, Jg. 66, Nr. 4, S. 419-436.

Bollen, Kenneth (1989): Structural Equations with Latent Variables, New York.

Bollen, Kenneth/Lennox, Richard (1991): Conventional Wisdom on Measurement: A Structural Equation Perspective, in: Psychological Bulletin, Jg. 110, Nr. 2, S. 305-314.

Bollen, Kenneth/Ting, Kwok-fai (2000): A Tetra Test for Causal Indicators, in: Psychological Methods, Jg. 5, Nr. 1, S. 3-22.

Bondt, Werner F.M. De (1998): A portrait of the individual investor, in: European Economic Review, Jg. 42, S. 831-844.

Bookstein, Fred L. (1982): Data Analysis by Partial Least Squares, in: Fornell, Claes (Hrsg.): A Second Generation of Multivariate Analysis, Band 1, New York, S. 348-366.

Borg, Ingwer (2000): Affektiver Halo in Mitarbeiterbefragungen, ZUMA-Arbeitsbericht 2000/3, Mannheim.

Borg, Ingwer (2003): Führungsinstrument Mitarbeiterbefragung, 3. Aufl., Göttingen.

Boulding, William/Kirmani, Amna (1993): A Consumer-Side Experimental Examination of Signaling Theory: Do Consumers Perceive Warranties as Signals of Quality?, in: JoCR, Jg. 20, Nr. 6, S. 111-123.

Bowers, Michael R./Martin, Charles L./Luker, Alan (1990): Trading Places: Employees as Customers, Customers as Employees, in: Journal of Services Marketing, Jg. 4, Nr. 2, S. 55-69.

---

[1]   In Zitaten angegebene Seitenzahlen beziehen sich auf das von den Autoren bereitgestellte Manuskript des Beitrags, da dieser im Buch unvollständig abgedruckt wurde.

Boyle, Matthew (2002): The Shiniest Reputations in Tarnished Times, veröffentlicht im Internet: http//:www.fortune.com/lists/mostadmired/index.html (Stand: 4.3.2002, Abfrage: 30.7.2002).

Braunstein, Christine (2001): Einstellungsforschung und Kundenbindung, Wiesbaden.

Breid, Volker (1994): Erfolgspotentialrechnung, Stuttgart.

Brenzikofer, Barbara (2002): Reputation von Professoren, München.

Breyer, Peter Otto (1962): Ruf und Rufpolitik, Mannheim.

Brockhaus, Michael (1996): Gesellschaftsorientierte Kooperationen, Wiesbaden.

Brockhaus-Wahrig (1983): Deutsches Wörterbuch, hrsg. von Wahrig, Gerhard/Krämer, Hildegard/Zimmermann, Harald, 5. Band: P-STD, Stuttgart.

Bromley, Dennis B. (1993): Reputation, Image, and Impression Management, Chichester.

Bromley, Dennis B. (2001): Relationships between personal and corporate reputation, in: European Journal of Marketing, Jg. 35, Nr. 3/4, S. 316-334.

Bromley, Dennis B. (2002): Comparing Corporate Reputations: League Tables, Quotients, Benchmarks, or Case Studies?, in: CRR, Jg. 5, Nr. 1, S. 35-50.

Brosius, Felix (2002): SPSS 11, Paderborn.

Brown, Brad/Perry, Susan (1994): Removing the Financial Performance Halo from Fortunes' 'Most Admired' Companies, in: Academy of Management Journal, Jg. 37, Nr. 3, S. 1347-1359.

Brown, Tom J. (1998): Corporate Associations in Marketing: Antecedents and Consequences, in: CRR, Jg. 1, Nr. 3, S. 215-233.

Brown, Tom J./Dacin, Peter A. (1997): The Company and the Product: Corporate Associations and Consumer Product Responses, in: JoM, Jg. 61, Nr. 1, S. 68-84.

Browne, Michel W./Cudeck, Robert (1993): Alternative Ways of Assessing Model Fit, in: Bollen, Kenneth A./Long, J. Scott (Hrsg.): Testing Structural Equation Models, Newbury Park/London/New Delhi, S. 136-162.

Bruhn, Manfred (2005): Kommunikationspolitik, 3. Aufl., München.

Buchanan, B. (1974): Building Organizational Commitment. The Socialization of Managers in Work Organizations, in: Administrative Science Quarterly, Jg. 19, S. 533-546.

Büschken, Joachim (1999): Wirkung von Reputation zur Reduktion von Qualitätsunsicherheit, Diskussionsbeitrag der Wirtschaftswissenschaftlichen Fakultät der Katholischen Universität Eichstätt Nr. 123, Ingolstadt.

Busse von Colbe, Walther/Laßmann, Gert (1975): Betriebswirtschaftstheorie, Band 1: Grundlagen, Produktions- und Kostentheorie, Berlin u.a.

Butzer-Strothmann, Kristin (1999): Krisen in Geschäftsbeziehungen, Wiesbaden.

Capital (2003): Capital kürt 2003 erstmals ‚Deutschlands beste Arbeitgeber', veröffentlicht im Internet: http://www.capital.de/heft/presse/182265.html, (Abfrage: 1.2.2003).

Carlson, Robert O. (1963): The Nature of Corporate Images, in: Riley, John W. (Hrsg.): The Corporation and its Publics, New York/London, S. 24-47.

Carmeli, Abraham/Freund, Anat (2002): The Relationship Between Work and Workplace Attitudes and Perceived External Prestige, in: CRR, Jg. 5, Nr. 1, S. 51-68.

Carroll, Archie B. (1989): Business & Society, Boston u.a.

Carroll, Archie B./Buchholtz, Ann K. (1999): Business & Society, 4. Aufl., Cincinatti.

Carter, Susan/Deephouse, David (1999): Tough Talk and Soothing Speech: Managing Reputations For Being Tough and For Being Good, in: CRR, Jg. 2, Nr. 4, S. 308-332.

Caruana, Albert (1997): Corporate Reputation: Concept and Measurement, in: Journal of Product & Brand Management, Jg. 6, Nr. 2, S. 109-118.

Caruana, Albert/Chircop, Saviour (2000): Measuring Corporate Reputation: A Case Example, in: CRR, Jg. 3, Nr. 1, S. 43-57.

Catlett, George R./Olson, Norman O. (1968): Accounting for Goodwill, in: Accounting Research Study, Nr. 10, hrsg. vom AICPA, S. 17-18.

Chajet, Clive (1998): Corporate Reputation and the Bottom Line, in: CRR. Jg. 1, Nr. 1/2, S. 19-23.

Chatelin, Yves Marie/Vinzi, Vincenzo Esposito/Tenenhaus, Michel (2002): State-of-art on PLS Path Modeling through the available software, veröffentlicht im Internet: http://www.hec.fr/hec/fr/professeur_recherche/cahier/siad/CR764.pdf (Abfrage: 15.3.2004).

Cheit, Earl F. (1964): The New Place of Business – Why Managers Cultivate Social Responsibility, in: Cheit, Earl F. (Hrsg.): The Business Establishment, New York u.a., S. 152-192.

Chin, Wynne W. (1998a): Issues and Opinion on Structural Equation Modeling, in: Management Informations Systems Quarterly, Jg. 22, Nr. 1, S. 1.12, veröffentlicht im Internet: http://www.misq.org/archivist/vol/no22/issue1/vol22n1 comntry.html (Abfrage: 31.7.2003).

Chin, Wynne W. (1998b): The Partial Least Squares Approach to Structural Equation Modeling, in: Marcoulides, George A. (Hrsg.): Modern Methods for Business Research, Mahwah/London, S. 295-336.

Chin, Wynne W./Marcolin, Barbara L./Newsted, Peter N. (2003): A Partial Least Squares Latent Variable Modeling Approach for Measuring Interaction Effects: Results from a Monte Carlo Simulation Study and an Electronic-Mail Emotion/Adoption Study, in: Information Systems Research, Jg. 14, Nr. 2, S. 189-217.

Chin, Wynne W./Newsted, Peter R. (1999): Structural Equation Modeling Analysis with Small Samples Using Partial Least Squares, in: Hoyle, Rick H. (Hrsg.): Statistical Strategies for Small Sample Research, Thousand Oaks, S. 307-341.

Choi, Cong Ju/Kim, Jai-Boem (1996): Reputation, learning and quality uncertainty, in: Journal of Consumer Marketing, Jg. 13, Nr. 5, S. 47-55.

Chun, Rosa/Davies, Gary (2000): The Alignment of Image and Identity in the Management of Corporate Strategy, in: Proceedings der 5. International Conference on Corporate Reputation, Identity and Competitiveness, hrsg. vom Reputation Institute, Paris, o.S.

Churchill, Gilbert A. (1979): A Paradigm for Developing Better Measures of Marketing Constructs, in: JoMR, Jg. 16, S. 64-73.

Churchill, Gilbert A. (2005): Marketing Research, 9. Aufl., Fort Worth u.a.

Churchill, Gilbert A. (1995): Marketing Research, 6. Aufl., Fort Worth u.a.

Churchill, Gilbert A./Surprenant, Carol (1982): An Investigation into the Determinants of Customer Satisfaction, in: JoMR, Jg. 19, Nr. 10, S. 491-504.

Clark, Bruce H./Montgomery, Davis B. (1998): Deterence, Reputations and Competitive Cognition, in: Management Science, Jg. 44, Nr. 1, S. 62-82.

Clarkson, Max B. (1995): A Stakeholder Framework for Analyzing and Evaluating Corporate Social Performance, in: Academy of Management Review, Jg. 20, Nr. 1, S. 92-117.

Clutterbuck, David (1981): How to be a Good Corporate Citizen, London.

Cohen, Reuben (1963): The Measurement of Corporate Images, in: Riley, John W. (Hrsg.): The Corporation and its Publics, New York/London, S. 48-63.

Cordeiro, James J./Schwalbach, Joachim (2000): Preliminary Evidence on the Structure and Determinants of Global Corporate Reputations, Arbeitspapier des Instituts für Management, Wirtschaftswissenschaftliche Fakultät der Humboldt-Universität zu Berlin, Berlin.

Cornell, Bradford/Shapiro, Alan C. (1987): Corporate Stakeholders and Corporate Finance, in: Financial Management, Jg. 16, Nr. 1, S. 5-14.

Cornelsen, Jens (2000): Kundenwertanalysen im Beziehungsmarketing, Nürnberg.

Cox, Donald (1967): Risk Taking and Information Handling in Consumer Behavior, in: Cox, Donald (Hrsg.): Risk Taking and Information Handling in Consumer Behavior, Boston, S. 604-639.

Cravens, Karen S./Oliver, Elizabeth G. (2006): Employees: The Key Link to Corporate Reputation Management, in: Business Horizons, Jg. 49, S. 293-302.

Crissy, William J. (1971): Image: What is it?, in: MSU Business Topics, o.J., Nr. 4, S. 77-80.

Cyert, Richard M./March, James G. (1963): A Behavioral Theory of the Firm, Englewood Cliffs.

DAI (2001): Namensaktien bei deutschen börsennotierten Aktiengesellschaften, veröffentlicht im Internet: http://www.dai.de/internet/dai/dai-2-0.nsf/dai_publikationen.htm (Stand und Abfrage: 24.06.2002).

DAI (2003): Stabilisierung der Aktionärszahlen – aber keine Entwarnung, veröffentlicht im Internet: http://www.dai.de/internet/dai/dai-2-0.nsf/dai_publikationen.htm (Stand und Abfrage: 25.02.2003).

DAI (2004): Stabilisierung der Aktionärszahlen setzt sich fort, veröffentlicht im Internet: http://www.dai.de/internet/dai/dai-2-0.nsf/dai_statistiken.htm (Stand und Abfrage: 15.01.2004).

Dalton, John/Croft, Susan (2003): Managing Corporate Reputation, London.

Darby, Michael R./Karni, Edi (1973): Free Competition and the Optimal Amount of Fraud, in: Journal of Law and Economics, Jg. 16, Nr. 1, S. 67-88.

Daum, Jürgen H. (2002): Intangible Assets, Bonn.

Daum, Jürgen H. (2004): Transparenzproblem Intangible Assets: Intellectual Capital Statements und der Neuentwurf eines Frameworks für Unternehmenssteuerung und externes Reporting, in: Horváth, Péter/Möller, Klaus (Hrsg.): Intangibles in der Unternehmensbewertung, München, S. 45-81.

Davenport, Thomas H./Beck, John C. (2001): The Attention Economy, Boston.

Davidson, Russell/MacKinnon, James G. (1993): Estimation and Inference in Econometrics, New York.

Davies, Gary/Chun, Rosa/Vinhas da Silva, Rui/Roper, Stuart (2001): The Personification Metaphor as a Measurement Approach for Corporate Reputation, in: CRR, Jg. 4, Nr. 2, S. 113-127.

Davies, Gary/Chun, Rosa/Vinhas da Silva, Rui/Roper, Stuart (2003): Corporate Reputation and Competitiveness, London/New York.

Davies, Gary/Miles, Louella (1998): Reputation Management: Theory versus Practice, in: CRR, Jg. 2, Nr. 1, S. 16-27.

Decker, Reinhold/Wagner, Ralf/Temme, Thorsten (2000): Fehlende Werte in der Marktforschung, in: Herrmann, Andreas/Homburg, Christian (Hrsg.): Marktforschung, 2. Aufl., Wiesbaden, S. 79-98.

Deephouse, David (2000): Media Reputation as a Strategic Resource: An Integration of Mass Communication and Resource-Based Theories, in: Journal of Management, Jg. 26, Nr. 6, S. 1091-1112.

Deshpande, Rohit (1983): ‚Paradigms Lost'': On Theory and Method in Research in Marketing, in: JoM, Jg. 47, Nr. 3, S. 101-110.

Deutsch, Karl J./Diedrichs, Eva P./Raster, Max/Westphal, Jörg (1997): Kernkompetenzen – dynamischer Mechanismus zur signifikanten und nachhaltigen Steigerung von Kundennutzen, in: Deutsch, Karl J./Diedrichs, Eva P./Raster, Max/Westphal, Jörg (Hrsg.): Gewinnen mit Kernkompetenzen, München/Wien, S. 20-30.

Deutsche Bank (2003): Aktionäre, Kunden, Mitarbeiter und Gesellschaft, veröffentlicht im Internet: http://www.deutsche-bank.de/ir/index.html?contentOverload= http://www.deutsche-bank.de/ir/1670.shtml (Stand und Abfrage: 3.9.2003).

Devine, Irene/Halpern, Paul (2001): Implicit Claims: The Role of Corporate Reputation in Value Creation, in: CRR, Jg. 4, Nr. 1, S. 42-49.

Diamantopoulos, Adamantios/Siguaw, Judy A. (2002): Formative Vs. Reflective Indicators in Measure Development : Does the Choice of Indicators matter?, The Center For Hospitality Research Working Papers, o.Nr., Ithaca 2002.

Diamantopoulos, Adamantios/Winklhofer, Heidi M. (2001): Index Construction with Formative Indicators: An Alternative to Scale Development, in: JoMR, Jg. 38, S. 269-277.

Dichtl, Erwin (1992): Grundidee, Varianten und Funktionen der Markierung von Waren und Dienstleistungen, in: Dichtl, Erwin/Eggers, Walter (Hrsg.): Marke und Markenartikel, Nördlingen, S. 1-23.

Dick, Alan S./Basu, Kunal (1994): Customer Loyalty. Toward an Integrated Conceptual Framework, in: Journal of the Academy of Marketing Science, Jg. 22, Nr. 2, S. 99-113.

Dierickx, Ingemar/Cool, Karel (1989): Asset Stock Accumulation and Sustainability of Competitive Advantage, in: Management Science, Jg. 35, Nr. 12, S. 1504-1511.

Dietl, Helmut (1993): Institutionen und Zeit, Tübingen.

Diller, Hermann (1995): Kundenbindung als Zielvorgabe im Beziehungs-Marketing, Arbeitspapier Nr. 40 des Betriebswirtschaftlichen Instituts der Universität Erlangen-Nürnberg, Nürnberg.

Diller, Hermann (1996): Kundenbindung als Marketingziel, in: Marketing ZFP, Jg. 18, Nr. 2, S. 81-94.

Diller, Hermann/Kusterer, Marion (1988): Beziehungsmanagement, in: Marketing ZFP, Jg. 10, Nr. 3, S. 211-220.

Dillman, Don A. (2000): Mail and Internet Surveys, 2. Aufl., New York.

Dobbin, Murray, (1998): The Myth of the Good Corporate Citizen, Toronto/New York.

Dodd, E. Merrick (1932): For Whom Are Corporate Managers Trustees?, in: Harvard Law Review, Jg. 45, S. 1145-1163.

Dörtelmann, Thomas (1997): Marke und Markenführung, Gelsenkirchen.

Donaldson, Thomas/Preston, Lee E. (1995): The Stakeholder Theory of the Corporation: Concepts, Evidence, and Implications, in: Academy of Management Review, Jg. 20, Nr. 1, S. 65-91.

Dowling, Grahame R. (1986): Managing Your Corporate Images, in: IMM, Jg. 15, S. 109-115.

Dowling, Grahame R. (1988): Measuring Corporate Images: A Review of Alternative Approaches, in: JoBR, Jg. 17, S. 27-34.

Dowling, Grahame R. (1993): Developing Your Company Image into a Corporate Asset, in: Long Range Planning, Jg. 26, Nr. 2, S. 101-109.

Dowling, Grahame R. (1994): Corporate Reputations, London.

Dowling, Grahame R. (2001): Creating Corporate Reputations, New York.

Dowling, Grahame R. (2004a): Journalists' Evaluation of Corporate Reputations, in: CRR, Jg. 7, Nr. 2, S. 196-205.

Dowling, Grahame R. (2004b): Corporate Reputations: Should You Compete on Yours?, in: California Management Review, Jg. 46, Nr. 3, S. 19-36.

Dozier, David M. (1993): Image, Reputation and Mass Communication Effects, in: Armbrecht, Wolfgang/Avenarius, Horst/Zabel, Ulf (Hrsg.): Image und PR, Opladen, S. 227-250.

Drösser, Axel (1997): Wettbewerbsvorteile durch Qualitätskommunikation, Wiesbaden.

Ducas, John J. (1964): Unternehmungen als Mitbürger, in: Stephenson, Howard (Hrsg.): Leitbuch der Public Relations, Essen, S. 421-446.

Dudenredaktion (Hrsg.) (1997): Das Fremdwörterbuch, 6. Aufl., Mannheim u.a.

Dudenredaktion (Hrsg.) (1999): Das große Wörterbuch der deutschen Sprache, Band 7: Pekt-Schi, 3. Aufl., Mannheim u.a.

Dutton, Jane E./Dukerich, Janet M. (1991): Keeping an Eye on the Mirror: Image and Identity in Organizational Adaptation, in: Academy of Management Journal, Jg. 34, Nr. 3, S. 517-554.

Dyllick, Thomas (1982): Gesellschaftliche Instabilität und Unternehmensführung, Bern/Stuttgart.

Dyllick, Thomas (1984): Erfassen der Umweltbeziehungen der Unternehmung, in: Management Zeitschrift io, Jg. 53, Nr. 2, S. 74-78.

Dyllick, Thomas (1992): Management der Umweltbeziehungen, 2. Nachdruck, Wiesbaden.

Eberhardt, Stefan (1998): Wertorientientierte Unternehmungsführung, Wiesbaden.

Eberl, Markus (2004): Formative und reflektive Indikatoren im Forschungsprozess: Entscheidungsregeln und die Dominanz des reflektiven Modells, Schriften zur Empirischen Forschung und Quantitativen Unternehmensplanung, Heft 19, Ludwig-Maximilians-Universität München, München.

Eberl, Markus (2006): Unternehmensreputation und Kaufverhalten, Wiesbaden.

Eggert, Andreas (1999): Kundenbindung aus Kundensicht, Wiesbaden.

Eggert, Andreas (2003): Die zwei Perspektiven des Kundenwerts: Darstellung und Versuch einer Integration, in: Günter, Bernd/Helm, Sabrina (Hrsg.): Kundenwert, 2. Aufl., Wiesbaden, S. 41-59.

Eggert, Andreas/Fassott, Georg (2003): Zur Verwendung formativer und reflektiver Indikatoren in Strukturgleichungsmodellen. Ergebnisse einer Metaanalyse und Anwendungsempfehlungen, Kaiserslauterer Schriftenreihe Marketing Nr. 20, Kaiserslautern 2003.

Eggert, Andreas/Fassott, Georg/Helm, Sabrina (2005): Identifizierung und Quantifizierung mediierender und moderierender Effekte in komplexen Kausalstrukturen, in: Bliemel, Friedhelm/Eggert, Andreas/Fassott, Georg/Henseler, Jörg (Hrsg.): Handbuch PLS-Pfadmodellierung, Stuttgart, S. 101-115.

Eggs, Holger (2001): Vertrauen im Electronic Commerce, Wiesbaden.

Einwiller, Sabine/Will, Markus (2002): Towards an Integrated Approach to Corporate Branding – An Empirical Study, in: CC, Jg. 7, Nr. 2, S. 100-109.

Eisele, Daniela S. (2001): Das Arbeitgeberimage im Zentrum des Hochschulmarketing, in: Personal, Jg. 53, Nr. 7, S. 414-417.

Eisenegger, Mark (2005): Reputation in der Mediengesellschaft, Wiesbaden.

Eisenhardt, Kathleen M. (1989): Building Theories from Case Study Research, in: Academy of Management Review, Jg. 14, Nr. 4, S. 532-550.

Elsbach, Kimberly D./Glynn, Mary Ann (1996): Believing your own ‚PR‘: Embedding Identification in Strategic Reputation, in: Advances in Strategic Management, Jg. 13, S. 65-90.

Elsner, Wolfram (1986): Institutionelles Defizit in der allgemeinen Gleichgewichtstheorie? Die Relevanz konkurrierender ökonomischer Paradigmata aus institutionenökonomischer Sicht, in: Hödl, Erich/Müller, Gernot (Hrsg.): Die Neoklassik und ihre Kritik, Frankfurt/New York, S. 60-93.

Emler, Nicholas (1990): A Social Psychology of Reputation, in: European Review of Social Psychology, Jg. 1, S. 171-193.

Engelhardt, Werner Hans/Kleinaltenkamp, Michael/Reckenfelderbäumer, Martin (1993): Leistungsbündel als Absatzobjekte, in: zfbf, Jg. 45, Nr. 5, S. 395-426.

Erlei, Mathias/Leschke, Martin/Sauerland, Dirk (1999): Neue Institutionenökonomik, Stuttgart.

Esch, Franz-Rudolf (2005): Herausforderungen und Aufgaben des Markenmanagements, in: Esch, Franz-Rudolf (Hrsg.): Moderne Markenführung, 4. Aufl., Wiesbaden, S. 3-55.

Esch, Franz-Rudolf/Bräutigam, Sören (2001): Coporate Brands versus Product Brands? Zum Management von Markenarchitekturen, in: Thexis, Jg. 18, Nr. 4, S. 27-34.

Esser, Klaus/Faltlhauser, Kurt (1974): Beteiligungsmodelle, München.

Eun-Kwon, Young-Ae (1994): Belegschaftsaktien für Arbeitnehmer abhängiger Unternehmen, Berlin.

Evans, William M./Freeman, R. Edward (1988): A Stakeholder Theory of the Modern Corporation: Kantian Capitalism, in: Beauchamp, Tom L./Bowie, Norman E. (Hrsg): Ethical Theory and Business, 3. Aufl., Englewood Cliffs, S. 97-106.

Falk, R. Frank/Miller, Nancy B. (1992): A Primer for Soft Modeling, Akron.

FASB (2003): Summary of Statement No. 142, veröffentlicht im Internet: http://www.fasb.org/st/summary/stsum142.shtml (Stand und Abfrage: 15.08. 2003).

Fassott, Georg (2003): Cross-Border Internet Shopping. Conceptualization and Empirical Evidence from Germany, in: Proceedings der 2003 AMA Summer Marketing Educators' Conference, Chicago, o.S.

Feichtinger, Gustav/Hartl, Richard F. (1986): Optimale Kontrolle ökonomischer Prozesse: Anwendung des Maximumprinzips in den Wirtschaftswissenschaften, Berlin u.a.

Ferris, Robert (1989): Why It's Important to Understand Who Owns Stock, in: Nichols, Donald R. (Hrsg.): The Handbook of Investor Relations, Homewood, S. 173-181.

Festinger, Leon (1978): Theorie der kognitiven Dissonanz, hrsg. von Irle, Martin/Möntmann, Volker, Bern; englische Erstausgabe unter dem Titel: A Theory of Cognitive Dissonance, Stanford 1957.

Feyerabend, Paul K. (1965): Problems of Empiricism, in: Colodny, Robert G. (Hrsg.): Beyond the Edge of Certainty, Englewood Cliffs, S. 145-260.

Fichtner, Tanja (2006): Konzeption eines leistungsbasierten Reputationsverständnisses, Berlin.

Financial Times (2003): Inra-Umfrage: BMW hat das beste Image deutscher Konzerne, veröffentlicht im Internet: http://www.ftd.de/ub/in/1049613982187.html (Stand und Abfrage: 1.9.2003).

Fischer, Marc/Hüser, Annette/Mühlenkamp, Claudia/Schade, Christian/Schott, Eberhard (1993): Marketing und neuere ökonomische Theorie: Ansätze zu einer Systematisierung, in: BFuP, Jg. 45, Nr. 4, S. 444-470.

Fishbein, Martin/Ajzen, Icek (1975): Belief, Attitude, Intention and Behavior: An Introduction to Theory and Research, Reading u.a.

Fletcher, George, P. (1994): Loyalität – über die Moral von Beziehungen, Frankfurt a.M.

Fombrun, Charles (1996): Reputation, Boston.

Fombrun, Charles (1998): Indices of Corporate Reputation: An Analysis of Media Rankings and Social Monitors' Ratings, in: CRR, Jg. 1, Nr. 4, S. 327-340.

Fombrun, Charles (2001): Corporate Reputation – Its Measurement and Management, in: Thexis, Jg. 18, Nr. 4, S. 23-26.

Fombrun, Charles/Foss, Christopher (2001): The Reputation Quotient, Parts 1, 2 und 3, in: The Gauge, Jg. 14, Nr. 3, veröffentlicht im Internet: http://www.thegauge.com/SearchFolder/Fombrun.html (Abfrage: 15.9.2003), o.S.

Fombrun, Charles/Gardberg, Naomi/Barnett, Michael (2000): Opportunity Platforms and Safety Nets: Corporate Citizenship and Reputational Risk, in: Business and Society Review, Jg. 105, Nr. 1, S. 85-106.

Fombrun, Charles/Gardberg, Naomi/Sever, Joy (2000): The Reputation Quotient^{SM}: A Multi-Stakeholder Measure of Corporate Reputation, in: The Journal of Brand Management, Jg. 7, Nr. 4, S. 241-255.

Fombrun, Charles/Riel, Cees van (2004): Fame and Fortune, Upper Saddle River u.a.

Fombrun, Charles/Rindova, Violina (1997): The Reputational Landscape, in: CRR, Jg. 1, Nr. 1/2, S. 5-13.

Fombrun, Charles/Rindova, Violina (2000): The Road to Transparency: Reputation Management at Royal Dutch/Shell, in: Schultz, Majken/Hatch, Mary Jo/Holten Larsen, Mogens (Hrsg.): The Expressive Organization, New York, S. 77-98.

Fombrun, Charles/Shanley, Mark (1990): What's in a Name? Reputation Building and Corporate Strategy, in: Academy of Management Journal, Jg. 33, Nr. 2, S. 233-258.

Fombrun, Charles/Wiedmann, Klaus-Peter (2001a): Unternehmensreputation auf dem Prüfstand, in: Planung & Analyse, o.Jg., Nr. 4, S. 60-64.

Fombrun, Charles/Wiedmann, Klaus-Peter (2001b): Unternehmensreputation und der ‚Reputation Quotient' (RQ®), in: PR-Magazin, Jg. 32, Nr. 12, S. 45-52.

Fombrun, Charles/Wiedmann, Klaus-Peter (2001c): ‚Reputation Quotient (RQ)', Schriftenreihe Marketing Management des Lehrstuhls für ABWL und Marketing II der Universität Hannover, Hannover.

Fornell, Claes (1982): A Second Generation of Multivariate Analysis – An Overview, in: Fornell, Claes (Hrsg.): A Second Generation of Multivariate Analysis, Band 1, New York, S. 1-21.

Fornell, Claes (1989): The Blending of Theoretical and Empirical Knowledge in Stuctural Equations with Unobservables, in: Wold, Herman (Hrsg.): Theoretical Empiricism, New York, S. 153-182.

Fornell, Claes/Bookstein, Fred L. (1982a): A Comparison Analysis of Two Structural Equation Models: LISREL and PLS Applied to Market Data, in: Fornell, Claes (Hrsg.): A Second Generation of Multivariate Analysis, Band 1, New York, S. 289-324.

Fornell, Claes/Bookstein, Fred L. (1982b): Two Structural Equation Models: LISREL and PLS Applied to Consumer Exit-Voice Theory, in: JoMR, Jg. 14, Nr. 6, S. 440-452.

Fornell, Claes/Cha, Jaesung (1994): Partial Least Squares, in: Bagozzi, Richard P. (Hrsg.): Advanced Methods of Marketing Research, Oxford, S. 52-78.

Fornell, Claes/Larcker, David F. (1981): Evaluating Structural Equation Models with Unobservable Variables and Measurement, in: JoMR, Jg. 18, Nr. 1, S. 39-50.

Fornell, Claes/Lorange, Peter/Roos, Johan (1990): The Cooperative Venture Formation Process: A Latent Variable Structural Modeling Approach, in: Management Science, Jg. 36, Nr. 10, S. 1246-1255.

Foster, James H. (1991): Die Bedeutung der Unternehmenswerbung auf dem Kapitalmarkt in den USA, in: Demuth, Alexander (Hrsg.): Imageprofile '91, Düsseldorf/Wien/New York, S. 133-146.

Fournier, Susan (1998): Consumers and Their Brands: Developing Relationship Theory in Consumer Research, in: JoCR, Jg. 24, Nr. 4, S. 343-373.

Franck, Georg (1998): Ökonomie der Aufmerksamkeit, München/Wien.

Franz, Klaus-Peter/Kajüter, Peter (2002): Zum Kern des Controlling, in: Weber, Jürgen/Hirsch, Bernhard (Hrsg.): Controlling als akademische Disziplin, Wiesbaden, S. 123-130.

Freeman, R. Edward (1984): Strategic Management, Boston u.a.

Freeman, R. Edward (1997): A Stakeholder Theory of the Modern Corporation, in: Beauchamp, Tom/Bowie, Norman (Hrsg.): Ethical Theory and Business, 5. Aufl., Englewood Cliffs, S. 66-76.

Freeman, R. Edward/Gilbert, Daniel R. Jr. (1987): Managing Stakeholder Relationships, in: Sethi, Prakash S./Falbe, Cecilia M. (Hrsg.): Business and Society, Lexington, S. 397-423.

Freeman, R. Edward/Reed, David L. (1983): Stockholders and Stakeholders: A New Perspective on Corporate Governance, in: California Management Review, Jg. 25, Nr. 3, S. 88-107.

Freiling, Jörg (1998): Neue Aufgaben für das Marketing!, in: Absatzwirtschaft, Jg. 41, Nr. 3, S. 64-68.

Freiling, Jörg (2001a): Resource-based View und ökonomische Theorie, Wiesbaden.

Freiling, Jörg (2001b): Ressourcenorientierte Reorganisationen, Wiesbaden.

Freter, Hermann/Baumgarth, Carsten (2005): Ingredient Branding – Begriff und theoretische Begründung, in: Esch, Franz-Rudolf (Hrsg.): Moderne Markenführung, 4. Aufl., Wiesbaden, S. 455-480.

Frey, Hans-Peter/Haußer, Karl (1987): Entwicklungslinien sozialwissenschaftlicher Identitätsforschung, in: Frey, Hans-Peter/Haußer, Karl (Hrsg.): Identität, Stuttgart, S. 3-26.

Friedemann, Helmut (1933): Das Betriebsprestige, in: DBW, Jg. 26, Nr. 4, S. 96-99.

Friedman, Andrew L./Miles, Samantha (2002): Developing Stakeholder Theory, in: Journal of Management Studies, Jg. 39, Nr. 1, S. 1-21.

Fritz, Wolfgang (1995): Marketing-Management und Unternehmenserfolg, 2. Aufl., Stuttgart.

Fryxell, Gerald E./Wang, Jia (1994): The Fortune Coporate ,Reputation' Index: Reputation for What?, in: Journal of Management, Jg. 20, Nr. 1, S. 1-14.

Fuente Sabate, Juan M. de la/Quevedo Puente, Esther de (2003): Empirical Analysis of the Relationship Between Corporate Reputation and Financial Performance: A Survey of the Literature, in: CRR, Jg. 6, Nr. 2, S. 161-177.

Funk, Joachim (1988): Der Goodwill aus der Sicht des Konzernabschlusses und der Unternehmensbewertung, in: Domsch, Michel/Eisenführ, Franz/Ordelheide, Dieter/Perlitz, Manfred (Hrsg.): Unternehmungserfolg, Wiesbaden, S. 157-167.

Gälweiler, Aloys (2005): Strategische Unternehmensführung, 3. Aufl., Frankfurt/New York.

Gardberg, Naomi (2001): How Do Individuals Construct Corporate Reputations? Examining the Effects of Stakeholder Status and Firm Strategy on Cognitive Elaboration and Schema Complexity about Firm Performance, Dissertation der New York University, New York.

Gardberg, Naomi (2002): CEO Visibility and Corporate Reputation: Do Star CEOs Lead Star Companies?, in: Proceedings der 6. International Conference on Corporate Reputation, Identity, and Competitiveness, hrsg. vom Reputation Institute, Boston, o.S.

Gardberg, Naomi/Fombrun, Charles (2002a): The Global Reputation Quotient Project: First Steps towards a Cross-Nationally Valid Measure of Corporate Reputation, in: CRR, Jg. 4, Nr. 4, S. 303-315.

Gardberg, Naomi/Fombrun, Charles (2002b): For Better or Worse – The Most Visible American Corporate Reputations, in: CRR, Jg. 4, Nr. 4, S. 385-391.

Gatewood, Robert D./Gowan, Mary A./Lautenschlager, Gary J. (1993): Corporate Image, Recruitment Image, and Initial Job Choice Decisions, in: Academy of Management Journal, Jg. 36, Nr. 2, S. 414-427.

Gefen, David/Straub, Detmar W./Boudreau, Marie-Claude (2000): Structural Equation Modeling and Regression: Guidelines for Research Practice, in: Communications of the Association for Information Systems, Jg. 4, Article 7, Oktober, o.O.

Genasi, Chris (2001): Managing reputation, in: Jolly, Adam (Hrsg.): Managing Corporate Reputations, London, S. 27-34.

Gerbing, David/Anderson, James C. (1988): An Updated Paradigm for Scale Development Incorporating Unidimensionality and its Assessment, in: JoMR, Jg. 25, S. 186-192.

Gerhard, Andrea (1995): Die Unsicherheit des Konsumenten bei der Kaufentscheidung, Wiesbaden.

Ghemawat, Pankaj (1991): Commitment, New York u.a.

Giering, Annette (2000): Der Zusammenhang zwischen Kundenzufriedenheit und Kundenloyalität, Wiesbaden.

Gierl, Heribert/Praxmarer, Sandra (2000): Investor-Relations für private Kleinanteilseigner: die Bedeutung leicht verständlicher Informationen, in: Kreditwesen, Jg. 22, S. 1327-1330.

Godfrey, Paul C./Hill, Charles W.L. (1995): The Problem of Unobservables in Strategic Management Research, in: SMJ, Jg. 16, S. 519-533.

Götz, Oliver/Liehr-Gobbers, Kerstin (2004): Der Partial-Least-Squares (PLS)-Ansatz zur Analyse von Strukturgleichungsmodellen, Arbeitspapier Nr. 2, Institut für Marketing, Westfälische Wilhelms-Universität Münster, Münster, S. 12-15.

Goldberg, Marvin E./Hartwick, John (1990): The Effects of Advertiser Reputation and Extremity of Advertising Claim on Advertising Effectiveness, in: JoCR, Jg. 17, 172-179.

Goldberg, Joachim/Nitzsch, Rüdiger von (2000): Behavioral Finance, 3. Aufl., München.

Gotsi, Manto/Wilson, Alan M. (2001a): Corporate Reputation: Seeking a Definition, in: CC, Jg. 6, Nr. 1, S. 24-30.

Gotsi, Manto/Wilson, Alan M. (2001b): Corporate Reputation Management: 'Living the Brand', in: Management Decision, Jg. 39, Nr. 2, S. 99-104.

Gräser, Tobias/Welling, Michael (2003): Die Ökonomie der Aufmerksamkeit, Schriften zum Marketing Nr. 46, hrsg. von Peter Hammann, Ruhr-Universität Bochum, Bochum.

Granovetter, Mark (1985): Economic Action and Social Structure: The Problem of Embeddedness, in: American Journal of Sociology, Jg. 91, Nr. 3, S. 481-510.

Gray, Edmund R./Balmer, John M. (1998): Managing Corporate Image and Corporate Reputation, in: Long Range Planning, Jg. 31, Nr. 5, S. 695-702.

Gray, James (1986): Managing the Coporate Image, Westport/London.

Grebb, Michael (2000): Converting Your Shareholders, in: Business 2.0, veröffentlicht im Internet: http//:www.busindess2.com/articles/mag/0,1640, 13335,FF.html (Stand: Januar 2000; Abfrage: 24.10.2001).

Green, Peter Sheldon (1992): Reputation Risk Management, London.

Greer, R.P. (1989): Creating Effective Relationships with Employee-Shareholders, in: Nichols, Donald R. (Hrsg.): The Handbook of Investor Relations, Homewood, S. 112-118.

Greyser, Stephen A. (1999): Advancing and enhancing corporate reputation, in: CC, Jg. 4, Nr. 4, S. 177-191.

Groenland, E.A.G. (2002): Qualitative Research to Validate the RQ-Dimensions, in: CRR, Jg. 4, Nr. 4, S. 308-315.

Grönroos, Christian (1994): From Marketing Mix to Relationship Marketing, Management Decision, Jg. 32, Nr. 2, S. 4-20.

Groß-Engelmann, Markus (1999): Kundenzufriedenheit als psychologisches Konstrukt, Lohmar/Köln.

Grund, Michael A. (1998): Interaktionsbeziehungen im Dienstleistungsbereich, Wiesbaden.

Grunig, James (1993): Image and Substance: From Symbolic to Behavioral Relationships, in: Public Relations Review, Jg. 19, Nr. 2, S. 121-139.

Gümbel, Rudolf/Woratschek, Herbert (1995): Institutionenökonomik, in: Tietz, Bruno/Köhler, Richard/Zentes, Joachim (Hrsg.): Handwörterbuch des Marketing, 2. Aufl., Stuttgart, Sp. 1008-1019.

Günter, Bernd (1995): Quantitative und qualitative Verfahren zur Messung von Kundenzufriedenheit, in: Vogt, Dietrich u.a. (Hrsg.): Handbuch Qualitätsmanagement für Sparkassen und Banken, Stuttgart, S. 97-110.

Günter, Bernd (1997): Wettbewerbsvorteile, mehrstufige Kundenanalyse und Kunden-Feedback im Business-to-Business-Bereich, in: Backhaus, Klaus/Günter, Bernd/Kleinaltenkamp, Michael/Plinke, Wulff/Raffée, Hans (Hrsg.): Marktleistung und Wettbewerb, Wiesbaden, S. 213-231.

Günter, Bernd (2006): Kundenwert – mehr als nur Erlös, in: Günter, Bernd/Helm, Sabrina (Hrsg.): Kundenwert, 3. Aufl., Wiesbaden, S. 241-265.

Günter, Bernd/Helm, Sabrina (Hrsg.) (2006): Kundenwert, 3. Aufl., Wiesbaden.

Günther, Thomas/Kirchner-Khairy, Sandra/Zurwehme, Annikka (2004): Measuring Intangible Resources for Managerial Accounting Purposes, in: Horváth, Péter/Möller, Klaus (Hrsg.): Intangibles in der Unternehmensbewertung, München, S. 159-185.

Güth, Werner (1992): Spieltheorie und ökonomische (Bei)Spiele, Berlin u.a.

Gutenberg, Erich (1984): Grundlagen der Betriebswirtschaftslehre, Band 2: Der Absatz, 17. Aufl., Berlin u.a.

Gutenberg, Erich (1989): Zur Theorie der Unternehmung, Schriften und Reden von Erich Gutenberg aus dem Nachlaß, hrsg. von Horst Albach, Berlin/Heidelberg/New York.

Haensel, Joachim (1999): Ökonomische Aspekte der freiwilligen Mitarbeiterbeteiligung, Frankfurt a.M. u.a.

Hätty, Holger (1989): Der Markentransfer, Heidelberg.

Haid, Alfred (1984): Informationsökonomik und Güterpreise, Göttingen.

Hair, Joseph F./Black, William C./Babin, Barry J./Anderson, Rolph E./Tatham, Ronald L. (2006): Multivariate Data Analysis, 6. Aufl., Upper Saddle River.

Hall, Richard (1991): The Contribution of Intangible Resources to Business Success, in: Journal of General Management, Jg, 16, Nr. 4, S. 41-52.

Hall, Richard (1992): The Strategic Analysis of Intangible Resources, in: SMJ, Jg. 13, S. 135-144.

Hall, Richard (1993): A Framework Linking Intangible Resources and Capabilities to Sustainable Competitive Advantage, in: SMJ, Jg. 14, S. 607-618.

Haller, Axel (1998): Immaterielle Vermögenswerte – Wesentliche Herausforderung für die Zukunft der Unternehmensrechnung, in: Möller, Hans Peter/Schmidt, Franz (Hrsg.): Rechnungswesen als Instrument für Führungsentscheidungen, Stuttgart, S. 561-596.

Hamel, Gary/Prahalad, Coimbatore K. (1993): Strategy as a Stretch and Leverage, in: HBR, Jg. 71, Nr. 2, S. 75-84.

Hammann, Peter (1992): Der Wert einer Marke aus betriebswirtschaftlicher und rechtlicher Sicht, in: Dichtl, Erwin/Eggers, Walter (Hrsg.): Marke und Markenartikel als Instrumente des Wettbewerbs, München, S. 205-246.

Hammond, Sue Annis/Slocum, John W. (1996): The Impact of Prior Firm Financial Performance on Subsequent Corporate Reputation, in: Journal of Business Ethics, Jg. 15, S. 159-165.

Hanson, Dallas/Stuart, Helen (2001): Failing the Reputation Management Test: The Case of BHP, the Big Australian, in: CRR, Jg. 4, Nr. 2, S. 128-143.

Harich, Karin (1985): Preis und Kaufentscheidung, Bonn.

Harris, Fiona/Chernatony, Leslie de (2001): Corporate Branding and Corporate Brand Performance, in: European Journal of Marketing, Jg. 35, Nr. 3/4, S. 441-456.

Harris Interactive (2002): Annual RQ 2002, veröffentlicht im Internet: http://www.harrisinteractive.com/pop_up/rq/gold2002.asp (Stand und Abfrage: 15.9.2002).

Harsanyi, John C. (1967/68): Games with Incomplete Information Played by ‚Bayesian' Players, Teile 1 bis 3, in: Management Science, Jg. 14, S. 159-182, S. 320-334 und S. 486-502.

Hartmann, Hanno K. (1968): Die große Publikumsgesellschaft und ihre Investor Relations, Berlin.

Hartmann-Wendels, Thomas (1989): Prinzipal-Agent-Theorie und asymmetrische Informationsverteilung, in: ZfB, Jg. 59, Nr. 7, S. 714-735.

Hatch, Mary Jo/Schultz, Majken (2000): Scaling the Tower of Babel: Relational Differences between Identity, Image, and Culture in Organizations, in: Schultz, Majken/Hatch, Mary Jo/Holten Larsen, Mogens (Hrsg.): The Expressive Organization, New York, S. 11-35.

Hauschildt, Jürgen (1977): Entscheidungsziele, Zielbildung in innovativen Entscheidungsprozessen: theoretische Ansätze und empirische Prüfung, Tübingen.

Hauser, Heinz (1979): Qualitätsinformationen und Marktstrukturen, in: Kyklos, Jg. 32 Nr. 4, S. 739-763.

Hayek, Friedrich A. von (1976a): Die Verwertung des Wissens in der Gesellschaft, in: Hayek, Friedrich A. von (Hrsg.): Individualismus und wirtschaftliche Ordnung, 2. Aufl., Salzburg, S. 103-121 (Ersterscheinung 1952).

Hayek, Friedrich A. von (1976b): Der Sinn des Wettbewerbs, in: Hayek, Friedrich A. von (Hrsg.): Individualismus und wirtschaftliche Ordnung, 2. Aufl., Salzburg, S.122-140 (Ersterscheinung 1952).

Heck, Alexander (2002): Auf der Suche nach Anerkennung, Münster/Hamburg/ London.

Hein, Joachim A. (2002): Präferenzmessung von Anlegern, Frankfurt u.a.

Heinlein, Michael (1999): Identität und Marke: Brand Identity versus Corporate Identity, in: Bickmann, Roland (Hrsg.): Chance: Identität, Berlin u.a., S. 282-310.

Helm, Sabrina (1997): Neue Institutionenökonomik – Einführung und Glossar, Düsseldorfer Schriften zum Marketing, Nr. 2, hrsg. von Bernd Günter, 2. Aufl., Düsseldorf.

Helm, Sabrina (2000): Kundenempfehlungen als Marketinginstrument, Wiesbaden.

Helm, Sabrina (2001): Unsicherheitsaspekte integrativer Leistungserstellung – eine Analyse am Beispiel der Anbieter-Nachfrager-Interaktion im Asset Management, in: Bruhn, Manfred/Stauss, Bernd (Hrsg.): Jahrbuch Dienstleistungsmanagement 2001, Wiesbaden, S. 67-89.

Helm, Sabrina (2004): Customer Valuation as a Driver of Relationship Dissolution, in: Journal of Relationship Marketing, Jg. 3, Nr. 4, S. 77-91.

Helm Sabrina (2005a): Entwicklung eines formativen Messmodells für das Konstrukt Unternehmensreputation, in: Bliemel, Friedhelm/Eggert, Andreas/Fassott, Georg/Henseler, Jörg (Hrsg.): Handbuch PLS-Pfadmodellierung, Stuttgart, S. 241-254,

Helm, Sabrina (2005b): Designing a Formative Measure for Corporate Reputation, in: CRR, Jg. 8, Nr. 2, S. 95-109.

Helm, Sabrina/Günter, Bernd (2006): Kundenwert – eine Einführung in die theoretischen und praktischen Herausforderungen der Bewertung von Kundenbeziehungen, in: Günter, Bernd/Helm Sabrina (Hrsg.): Kundenwert, 3. Aufl., Wiesbaden, S. 3-42.

Hennrichs, Joachim (1999): Wahlrechte im Bilanzrecht der Kapitalgesellschaften, Köln.

Hentschel, Bert (1999): Multiattributive Messung von Dienstleistungsqualität, in: Bruhn, Manfred/Stauss, Bernd (Hrsg.): Dienstleistungsqualität, 3. Aufl., Wiesbaden, S. 289-320.

Herbig, Paul/Milewicz, John (1993): The Relationship of Reputation and Credibility to Brand Success, in: JoCM, Jg. 10, Nr. 3, S. 18-24.

Herbig, Paul/Milewicz, John (1994): Marketing Signals in Service Industries, in: Journal of Services Marketing, Jg. 8, Nr. 2, S. 19-35.

Herbig, Paul/Milewicz, John (1995a): To Be or Not to Be ... Credible That Is: A Model of Reputation and Credibility Among Competing Firms, in: Marketing Intelligence & Planning, Jg. 13, Nr. 6, S. 24-33.

Herbig, Paul/Milewicz, John (1995b): The Relationship of Reputation and Credibility to Brand Success, in: Journal of Consumer Marketing, Jg. 12, Nr. 4, S. 5-10.

Herbig, Paul/Milewicz, John/Golden, Jim (1994): A Model of Reputation Building and Destruction, in: JoBR, Jg. 31, S. 23-31.

Hermann, Ursula (1993): Herkunftswörterbuch, München.

Heskett, James L./Jones, Thomas O./Loveman, Gary W./Sasser, W. Earl/ Schlesinger, Leonard A. (1994): Putting the Service-Profit Chain to Work, in: HBR, Jg. 72, Nr. 2, S. 164-174.

Heyd, Reinhard (2004): Fair-Value-Bewertungen von Intangibles sowie die bilanzielle Behandlung von Goodwill im Rahmen von Business Combinations, in: Horváth, Péter/Möller, Klaus (Hrsg.): Intangibles in der Unternehmensbewertung, München, S. 269-291.

Hill, Charles W./Jones, Thomas M. (1992): Stakeholder-Agency Theory, in: Journal of Management Studies, Jg. 29, Nr. 2, S. 131-154.

Hill & Knowlton (2001): A View from the Top, The Corporate Reputation Watch 2001, unveröffentlichtes Präsentationspapier, 11. Oktober 2001, Brüssel.

Hinkel, Knud (2001): Erfolgsfaktoren von Frühphasenfinanzierungen durch Wagniskapitalgesellschaften, Wiesbaden.

Hinterhuber, Hans H./Höfner, Klaus/Winter, Lothar G. (1989): Der Stand der Corporate-Identity-Politik in der Bundesrepublik Deutschland und West-Berlin, in Österreich und der Schweiz, hrsg. von der Dr. Höfner Management Software GmbH, München.

Hirschman, Albert (1974): Abwanderung und Widerspruch, Tübingen.

Hirshleifer, Jack/Riley, John G. (1979): The Analytics of Uncertainty and Information – An Expository Survey, in: Journal of Economic Literature, Jg. 17, Nr. 4, S. 1374-1421.

Hitt, Michael/Ireland, R. Duane/Hoskisson, Robert E. (2005): Strategic Management, 6. Aufl., Cincinnati.

Hocker, Ulrich (2001): Die Erwartungen der Kleinanleger an Investor Relations, in: Kirchhoff, Klaus Rainer/Piwinger, Manfred (Hrsg.): Die Praxis der Investor Relations, 2. Aufl., Neuwied/Kriftel, S. 441-449.

Hofstätter, Peter R. (1940): Ruf und Bestand, in: Zeitschrift für angewandte Psychologie und Charakterkunde, Jg. 60, Nr. 1/2, S. 64-95.

Höft, Uwe (1992): Lebenszykluskonzepte, Berlin.

Holler, Manfred J./Illing, Gerhard (2000): Einführung in die Spieltheorie, 4. Aufl., Berlin u.a.

Holtz, Richard vom (1998): Der Zusammenhang zwischen Mitarbeiterzufriedenheit und Kundenzufriedenheit, München.

Homans, George Caspar (1978): Theorie der sozialen Gruppe, 7. Aufl., Braunschweig.

Homburg, Christian (2000): Kundennähe von Industriegüterunternehmen, 3. Aufl., Wiesbaden.

Homburg, Christian/Baumgartner, Hans (1995): Die Kausalanalyse als Instrument der Marketingforschung, in: ZfB, Jg. 65. Nr. 10, S. 1091-1108.

Homburg, Christian/Bruhn, Manfred (2005): Kundenbindungsmanagement – Eine Einführung in die theoretischen und praktischen Problemstellungen, in: Bruhn, Manfred/Homburg, Christian (Hrsg.): Handbuch Kundenbindungsmanagement, 5. Aufl., Wiesbaden, S. 3-37.

Homburg, Christian/Dobratz, Andreas (1991): Iterative Modellselektion in der Kausalanalyse, in: zfbf, Jg. 43, Nr. 3, S. 213-237.

Homburg, Christian/Faßnacht, Martin (2001): Kundennähe, Kundenzufriedenheit und Kundenbindung bei Dienstleistungsunternehmen, in: Bruhn, Manfred/ Meffert, Heribert (Hrsg.): Handbuch Dienstleistungsmanagement, 2. Aufl., Wiesbaden, S. 441-463.

Homburg, Christian/Giering, Annette (1996): Konzeptualisierung und Operationalisierung komplexer Konstrukte. Ein Leitfaden für die Marketingforschung, in: Marketing ZFP, Jg. 18, Nr. 1, S. 5-24.

Homburg, Christian/Becker, Annette/Hentschel, Frederike (2005): Der Zusammenhang zwischen Kundenzufriedenheit und Kundenbindung, in: Bruhn, Manfred/Homburg, Christian (Hrsg.): Handbuch Kundenbindungsmanagement, 5. Aufl., Wiesbaden, S. 93-123.

Homburg, Christian/Hildebrandt, Lutz (Hrsg.) (1998): Die Kausalanalyse, Stuttgart.

Homburg, Christian/Krohmer, Harley (2003): Marketingmanagement, Wiesbaden.

Homburg, Christian/Krohmer, Harley (2006): Marketingmanagement, 2. Aufl., Wiesbaden.

Hood, Julia (2002): A measure of reputation, veröffentlicht im Internet: http://www.prweek.com/thisweek/printer.cfm?ID=160293 (Stand: 7.10.2002; Abfrage: 1.9.2003).

Hopf, Michael (1983a): Informationen für Märkte und Märkte für Informationen, Frankfurt a.M.

Hopf, Michael (1983b): Ausgewählte Probleme zur Informationsökonomie, in: WiSt, Jg. 12, Nr. 6, S. 313-318.

Horn, Christiane/Schemuth, Jan (2003): Knorr Capital Shares & More als Praxisbeispiel eines Shareholder Relationship Management, in: Teichmann, René (Hrsg.): Customer und Shareholder Relationship Management, Berlin u.a., S. 199-210.

Horváth, Péter (2003): Controlling, 9. Aufl., München.

Huber, Bernd (1993): Strategische Marketing- und Imageplanung, Frankfurt a.M. u.a.

Huber, Frank (1999): Spieltheorie und Marketing, Wiesbaden.

Hulland, John (1999): Use of Partial Least Squares (PLS) in Strategic Management Research: A Review of Four Recent Studies, in: SMJ, Jg. 20, S. 195-204.

Hulland, John/Chow, Yiu Ho/Lam, Shunyin (1996): Use of Causal Models in Marketing Research: A Review, in: International Journal of Research in Marketing, Jg. 13, S. 181-197.

Hummell, Hans J. (1986): Grundzüge der Regressions- und Korrelationsanalyse, in: Koolwijk, Jürgen van/Wieken-Mayser, Maria (Hrsg.): Techniken der empirischen Sozialforschung, Band 8: Kausalanalyse, München, S. 9-76.

Hunt, Phearson (1952): A Program for Stockholder Relations, in: HBR, Jg. 30, Nr. 5, S. 99-110.

Hunt, Shelby D./Chonko, Lawrence B./Wood Van R. (1985): Organizational Commitment and Marketing, in: JoM, Jg. 49, S. 112-126.

Hunt, Shelby D./Sparkman, Richard D./Wilcox, James B. (1982): The Pretest in Survey Research: Issues and Preliminary Findings, in: JoMR, Jg. 14, Nr. 3, S. 269-273.

Husemann, Walter (1992): Die Reputation des Wirtschaftsprüfers in ökonomischen Agency-Modellen, Köln.

Iacobucci, Dawn/Duhachek, Adam (2003): Mediation Analysis – Round Table ACR 2003, Präsentation im Rahmen der Round-Table-Gespräche auf der ACR-Konferenz, Toronto.

Ippolito, Pauline M. (1990): Bonding and Non-Bonding Signals of Product Quality, in: Journal of Business, Jg. 63, S. 41-60.

Jarvis, Cheryl Burke; Mackenzie, Scott B.; Podsakoff, Philip M. (2003): A Critical Review of Construct Indicators and Measurement Model Misspecification in Marketing and Consumer Research, in: Journal of Consumer Research, Vol. 30, Nr. 2, S. 199-218

Jarvis, Cheryl Burke; Mackenzie, Scott B.; Podsakoff, Philip M. (2005): The Problem of Measurement Model Misspecification in Behavioral and Organizational Research and Some Recommended Solutions, in: Journal of Applied Psychology; Vol. 90, Nr. 4, S. 710-730

Jacob, Frank (1995): **Produktindividualisierung, Wiesbaden.**

Janisch, Monika (1993): Das strategische Anspruchsgruppenmanagement, Bern u.a.

Jansch, Torsten Adam (1999): Die Rolle der Aktionäre in Publikumsgesellschaften, Wiesbaden.

Jenner, Thomas (1999): Ressourcenorientierte Unternehmensführung und Marketing, in: WISU, Jg. 28, Nr. 11, S. 1494-1499.

Jöreskog, Karl G./Wold, Herman (1982): The ML and PLS Technique for Modeling with Latent Variables – Historical and Comparative Aspects, in: Jöreskog, Karl G./Wold, Herman (Hrsg.): Systems under Oberservation, Teil 1, Amsterdam/New York/Oxford, S. 263-270.

Jörissen, Benjamin (2000): Identität und Selbst, Berlin.

Johannsen, Uwe (1971): Das Marken- und Firmenimage, Berlin.

Jones, O. (1996): Human Resources, Scientists, and Internal Reputation: The Role of Climate and Job Satisfaction, in: Human Relations, Jg. 49, Nr. 3, S. 269-294.

Jones, Thomas M. (1995): Instrumental Stakeholder Theory: A Synthesis of Ethics and Economics, in: Academy of Management Review, Jg. 20, Nr. 2, S. 404-437.

Jordan, Jenny/Kaas, Klaus Peter (2002): Der Beitrag der Behavioral Finance-Forschung zum Verständnis der Werbewirkung bei Investmentfonds, in: Jahrbuch der Absatz- und Verbrauchsforschung, Jg. 48, Nr. 1, S. 47-58.

Juvancic, Marcus (2000): ‚Made-in': Beeinflussung von Kaufentscheidungen durch Länderimages, Arbeitspapier Band 114, FGM Fördergesellschaft Marketing e.V. der Ludwig-Maximilians-Universität München, München.

Kaas, Klaus Peter (1990): Marketing als Bewältigung von Informations- und Unsicherheitsproblemen im Markt, in: DBW, Jg. 50, Nr. 4, S. 539-548.

Kaas, Klaus Peter (1991): Marktinformationen: Screening und Signaling unter Partnern und Rivalen, in: ZfB, Jg. 61, Nr. 3, S. 357-370.

Kaas, Klaus Peter (1992a): Marketing und Neue Institutionenlehre, Arbeitspapier Nr. 1 aus dem Forschungsprojekt Marketing und ökonomische Theorie der Johan Wolfgang Goethe-Universität, Frankfurt a.M.

Kaas, Klaus Peter (1992b): Kontraktgütermarketing als Kooperation zwischen Prinzipalen und Agenten, in: zfbf, Jg. 44, Nr. 10, S. 884-901.

Kaas, Klaus Peter (1994): Ansätze einer institutionenökonomischen Theorie des Konsumentenverhaltens, in: Forschungsgruppe Konsum und Verhalten (Hrsg.): Konsumentenforschung, München, S. 245-260.

Kaas, Klaus Peter (1995): Marketing und Neue Institutionenökonomik, in: zfbf Sonderheft, Jg. 35, S. 1-17.

Kaas, Klaus Peter (1999): Marketing und Ethik, in: Wagner, Gerd Rainer (Hrsg.): Unternehmensführung, Ethik und Umwelt, Wiesbaden, S. 126-150.

Kajüter, Peter (2003): Möglichkeiten und Grenzen der Bilanzierung von Kundenbeziehungen, in: Günter, Bernd/Helm, Sabrina (Hrsg.): Kundenwert, 2. Aufl., Wiesbaden, S. 563-592.

Kaler, John (2003): Differentiating Stakeholder Theories, in: Journal of Business Ethics, Jg. 46, Nr. 1, S. 71-83.

Kalka, Lutz (2002): Zielartikulationen großer europäischer Aktiengesellschaften in Geschäftsberichten, Frankfurt a.M. u.a.

Kaplan, Robert S./Norton, David P. (1997): Balanced Scorecard, Stuttgart.

Kerlinger, Fred N. (1973): Foundations of Behavioral Research, 2. Aufl., New York.

Kiener, Stefan (1990): Die Principal-Agent-Theorie aus informationsökonomischer Sicht, Heidelberg.

Kieso, Donald E./Weygandt, Jerry J./Warfield, Terry D. (2001): Intermediate Accounting, 10. Aufl., New York u.a.

Kirchhoff, Klaus Rainer (2001): Grundlagen der Investor Relations, in: Kirchhoff, Klaus Rainer/Piwinger, Manfred (Hrsg.): Die Praxis der Investor Relations, 2. Aufl., Neuwied/Kriftel, S. 25-55.

Kirsch, Werner (1969): Die Unternehmungsziele in organisationstheoretischer Sicht, in: zfbf, Jg. 21, S. 665-675.

Kirsch, Werner (1971): Entscheidungsprozesse, Band 3: Entscheidungen in Organisationen, Wiesbaden.

Kleinaltenkamp, Michael (1992): Investitionsgüter-Marketing aus informationsökonomischer Sicht, in: zfbf, Jg. 44, Nr. 9, S. 1-23.

Kleinbaum, David G./Kupper, Lawrence L./Muller, Keith E. (1988): Applied Regression Analysis and Other Multivariable Methods, 2. Aufl., Boston.

Knyphausen-Aufseß, Dodo zu (1997): Auf dem Weg zu einem ressourcenorientierten Paradigma? Resource-Dependence-Theorie und Resource-based View des Strategischen Managements im Vergleich, in: Ortmann, Günter/Sydow, Jörg/Türk, Klaus (Hrsg.): Theorien der Organisation, Opladen, S. 452-480.

Köhnken, Günter (1990): Glaubwürdigkeit: Untersuchungen zu einem psychologischen Konstrukt, München.

Kotha, Suresh/Rajgopal, Shivaram/Rindova, Violina (2000): Reputation Building and Performance: An Empirical Analysis of the Top-50 Internet Firms, veröffentlicht im Internet: http://us.badm.Washington.edu/kotha/internet/handouts/papers/reput_acad.pdf (Abfrage: 21. August 2002).

Kotler, Philip/Levy, Sidney J. (1969): Broadening the Concept of Marketing, in: JoM, Jg. 33, Nr. 1, S. 10-15.

Kotler, Philip (1972): A Generic Concept of Marketing, in: JoM, Jg. 36, S. 46-54.

Kowalczyk, Stanley J./Pawlish, Michael J. (2002): Corporate Branding through External Perception of Organizational Culture, in: CRR, Jg. 5, Nr. 2/3, S. 159-174.

Krämling, Markus (1998): Der Goodwill aus der Kapitalkonsolidierung, Frankfurt a.M. u.a.

Krafft, Manfred (2002): Kundenbindung und Kundenwert, Heidelberg.

Krafft, Manfred/Götz, Oliver/Liehr-Gobbers, Kerstin (2005): Die Validierung von Strukturgleichungsmodellen mit Hilfe des Partial-Least-Squares (PLS)-Ansatzes, in: Bliemel, Friedhelm/Eggert, Andreas/Fassott, Georg/Henseler, Jörg (Hrsg.): Handbuch PLS-Pfadmodellierung, Stuttgart, S. 71–86.

Kreikebaum, Hartmut (1997): Strategische Unternehmensplanung, Stuttgart/Berlin/Köln.

Kreps, David M. (1990): Corporate Culture and Economic Theory, in: Alt, James E./Shepsle, K.A. (Hrsg.): Perspectives on Positive Political Economy, Cambridge.

Kreps, David M. (1992): Game Theory and Economic Modelling, Oxford.

Kreps, David M./Wilson, Robert (1982): Reputation and Imperfect Information, in: Journal of Economic Theory, Jg. 27, Nr. 2, S. 253-279.

Kriegbaum, Catharina (2001): Markencontrolling, München.

Kroeber-Riel, Werner/Weinberg, Peter (2003): Konsumentenverhalten, 8. Aufl., München.

Krugman, Herbert E. (1965): The Impact of Television Advertising: Learning without Involvement, in: Public Opinion Quarterly, Jg. 29, S. 349-356.

Krüsselberg, Utz (1993): Theorie der Unternehmung und Institutionenökonomik, Heidelberg.

Küpper, Hans-Ulrich (2001): Controlling, 3. Aufl., Stuttgart.

Kühn, Richard/Fasnacht, Roger (2002): Dienstleistungsmarketing, Zürich.

Kuhlmann, Carsten (1993): Die Besteuerung der geldwerten Güter im Rahmen der Überschußeinkünfte, Münster/New York.

Kumar, Nirmalya/Stern, Louis W./Anderson, James C. (1993): Conducting Interorganizational Research Using Key Informants, in: Academy of Management Journal, Jg. 36, Nr. 6, S. 1633-1651.

Kunstadt, Robert M. (1980): The Protection of Personal and Commercial Reputation, Weinheim/Deerfield Beach/Basel.

Kuß, Alfred/Tomczak, Torsten (2004): Käuferverhalten, 3. Aufl., Stuttgart.

Laberenz, Helmut (1988): Die prognostische Relevanz multiattributiver Einstellungsmodelle für das Konsumenten-Verhalten, Hamburg.

Lamouroux, Hedwig (1979): Das Informationsverhalten der Konsumenten, Göttingen.

Langenscheidt (1996): Langenscheidts Großwörterbuch Latein, Teil 1, hrsg. von Hermann Menge, 25. Aufl., Berlin u.a.

Larkin, Judy (2003): Strategic Reputation Risk Management, Basingstoke/New York.

Larsen, Dennis (2002): Determining the Relationship between Investor Relations and Reputation, in: Proceedings der 6. International Conference on Corporate Reputation, Identity and Competitiveness, hrsg. vom Reputation Institute, Boston, o.S.

Laufer, Daniel/Coombs, W. Timothy (2006): How Should a Company Respond to a Product Harm Crisis? The Role of Corporate Reputation and Consumer-Based Cues, in: Business Horizons, Jg. 49, S. 379-385.

Laux, Hans (1990): Risiko, Anreiz und Kontrolle, Berlin u.a.

Lemmink, Jos/Schuijf, Annelien/Streukens, Sandra (2001): The Role of Corporate Image and Company Employment Image in Explaining Application Intentions, in: Proceedings der 30. EMAC-Konferenz, Bergen 2001, o.S.

Lewis, Stewart (2001): Measuring Corporate Reputation, in: CC, Jg. 6, Nr. 1, S. 31-35.

Link, Rainer (1991): Aktienmarketing in deutschen Publikumsgesellschaften, Wiesbaden.

Link, Rainer (1993): Investor Relations im Rahmen des Aktienmarketing von Publikumsgesellschaften, in: BFuP, Jg. 45, Nr. 2, S. 105-132.

Link, Rainer (1994): Die Hauptversammlung im Rahmen des Aktienmarketing und der Investor Relations, in: Die Aktiengesellschaft, o.Jg., Nr. 8, S. 364-369.

Lippe, Peter von der/Kladroba, Andreas (2002): Repräsentativität von Stichproben, in: Marketing ZFP, Jg. 24, Nr. 2, S. 139-145.

Lohmann, Florian (1997): Loyalität von Bankkunden, Wiesbaden.

Lohmöller, Jan-Bernd (1984): LVPLS 1.6 Program Manual: Latent Variables Path Analysis with Partial Least Squares Estimations, Revised Edition, Köln.

Lohmöller, Jan-Bernd (1989): Latent Variable Path Modeling with Partial Least Squares, Heidelberg.

Low, Jonathan/Kalafut, Pam Cohen (2002): Invisible Advantage, Cambridge, MA.

Luhmann, Niklas (1989): Vertrauen – ein Mechanismus der Reduktion sozialer Komplexität, 3. Aufl., Stuttgart 1989 (Erstauflage 1973).

MacCullum, Robert C./Wegener, Duane T./Uchino, Bert N./Fabrigar, Leandre R. (1993): The Problem of Equivalent Models in Applications of Covariance Structure Analysis, in: Psychological Bulletin, Jg. 114, Nr. 1, S. 185-199.

MacGregor, Donald G./Slovic, Paul/Dreman, David/Berry, Michael (2000): Imagery, Affect, and Financial Judgment, in: The Journal of Psychology and Financial Markets, Jg. 1, Nr. 2, S. 104-110.

MacMillan, Keith (2002): Best and Worst Corporate Reputations – Nominations by the General Public, in: CRR, Jg. 4, Nr. 4, S. 374-384.

Madrian, Jens-Peter (1998): Interessengruppenorientierte Unternehmensführung, Hamburg.

Mahon, John F. (2002): Corporate Reputation, in: Business & Society, Jg. 41, Nr. 4, S. 415-445.

Mahoney, Joseph T./Pandian, Rajendran (1992): The Resource-Based View within the Conversation of Strategic Management, in: SMJ, Jg. 13, S. 362-380.

Maier, Günter W./Woschée, Ralph-Michael (2002): Die affektive Bindung an das Unternehmen, in: Zeitschrift für Arbeits- und Organisationspsychologie, Jg. 46, Nr. 3, S. 126-136.

Maier-Moritz, Claudia (2002): Die Aktie als Marke und ihre Bedeutung am Kapitalmarkt, München.

Maio, Elsie (2003): Managing Brand in the New Stakeholder Environment, in: Journal of Business Ethics, Jg. 44, Nr. 4, S. 235-246.

March, James G./Simon, Herbert A. (1958): Organizations, New York u.a.

Marconi, Joe (2002): Reputation Marketing, Chicago u.a.

Marshak, Jacob (1954): Towards an Economic Theory of Organization and Information, in: Thrall, Robert M./Coombs, Herbert C./Davis, Robert L. (Hrsg.): Decision Processes, New York/London, S. 187-220.

Martins, Luis L. (1998): The Very Visible Hand of Reputational Rankings in US Business Schools, in: CRR, Jg. 1, Nr. 3, S. 293-298.

Maruyama, Geoffrey (1998): Basics of Structural Equation Modeling, Thousand Oaks u.a.

Marwick, Nigel/Fill, Chris (1997): Towards a Framework for Managing Corporate Identity, in: European Journal of Marketing, Jg. 31, Nr. 5/6, S. 396-409.

Matten, Dirk (1998): Moral im Unternehmen: Philosophische Zierleiste oder knappe Ressource?, in: Haupt, Reinhard/Lachmann, Werner (Hrsg.): Unternehmensethik - Wahre Leere oder leere Ware?, Neuhausen/Stuttgart 1998, S. 11-33.

Matten, Dirk (1998b): Sustainable Development aus betriebswirtschaftlicher Sicht - Hintergründe, Abgrenzungen, Perspektiven, in: ZfB Ergänzungsheft, Jg. 68, S. 1-23.

Matten, Dirk/Crane, Andrew/Chapple, Wendy (2003): Behind the Mask: Revealing the True Face of Corporate Citizenship, in: Journal of Business Ethics, Jg. 45, Nr. 1-2, S. 109-120.

Mazzola, Pietro/Ravasi, Davide/Gabbioneta, Claudia (2006): How to Build Reputation in Financial Markets, in: Long Range Planning, Jg. 39, S. 385-407.

Matzler, Kurt/Bailom, Franz (1999): Messung von Kundenzufriedenheit, in: Hinterhuber, Hans H./Matzler, Kurt (Hrsg.): Kundenorientierte Unternehmensführung, Wiesbaden, S. 151-183.

Meffert, Heribert (1979): Das System des Kommunikations-Mix, Münster.

Meffert, Heribert (2000): Marketing, 9. Aufl., Wiesbaden.

Meffert, Heribert/Bierwirth, Andreas (2001): Stellenwert und Funktionen der Unternehmensmarke – Erklärungsansätze und Implikationen des Corporate Branding, in: Thexis, Jg. 18, Nr. 4, S. 5-11.

Meffert, Heribert/Bierwirth, Andreas (2002): Corporate Branding – Führung der Unternehmensmarke im Spannungsfeld unterschiedlicher Zielgruppen, in: Meffert, Heribert/Burmann, Christoph/Koers, Martin (Hrsg.): Markenmanagement, Wiesbaden, S. 181-200.

Meffert, Heribert/Bierwirth, Andreas (2005): Corporate Branding – Führung der Unternehmensmarke im Spannungsfeld unterschiedlicher Zielgruppen, in: Meffert, Heribert/Burmann, Christoph/Koers, Martin (Hrsg.): Markenmanagement, 2. Aufl., Wiesbaden, S. 143-162.

Meffert, Heribert/Burmann, Christoph/Koers, Martin (Hrsg.) (2002): Markenmanagement, Wiesbaden.

Meffert, Heribert/Burmann, Christoph/Koers, Martin (Hrsg.) (2005): Markenmanagement, 2. Aufl., Wiesbaden.

Melewar, T.C./Jenkins, Elisabeth (2002): Defining the Corporate Identity Construct, in: CRR, Jg. 5, Nr. 1, S. 76-90.

Menger, Carl (1968): Grundsätze der Volkswirtschaftslehre, 2. Aufl., Tübingen (Ersterscheinung 1871).

Mez, Bernd (1991): Effizienz der Mitarbeiter-Kapitalbeteiligung, Wiesbaden.

Michell, Joel (1999): Measurement in Psychology, Cambridge u.a.

Middleton, Stuart/Hanson, Dallas (2002): Reputation, Research, and the Resource-Based View: Determining a Suitable Methodology, in: Proceedings der 6. International Conference on Corporate Reputation, Identity and Competitiveness, hrsg. vom Reputation Institute, Boston, o.S.

Miller, Gary (1992): Ethics and the New Game Theory, in: Bowie, Norman E./Freeman, R. Edward (Hrsg.): Ethics and Agency Theory, New York/Oxford, S. 117-126.

Mintzberg, Henry (1983): Power In and Around Organizations, Englewood Cliffs.

Mises, Ludwig von (2002): Nationalökonomie, Düsseldorf (Ersterscheinung 1940).

Mitchell, Ronald K./Agle, Bradley, R./Wood, Donna J. (1997): Toward a Theory of Stakeholder Identification and Salience: Defining the Principle of Who and What Really Counts, in: Academy of Management Review, Jg. 22, Nr. 4, S. 853-886.

Mitroff, Ian I. (1983): Stakeholders of the Organizational Mind, San Francisco u.a.

Morley, Michael (2002): How to Manage Your Global Reputation, 2. Aufl., New York.

Moser, Klaus (1996): Commitment in Organisationen, Bern u.a.

Mowrey, Mark A. (2000): The ,Investomer' is Always Right, in: The Industry Standard Magazine, o.Jg., 2. März 2000, o.S.

Moxter, Adolf (1979): Immaterielle Anlagewerte im neuen Bilanzrecht, in: Betriebs-Berater, Jg. 34, S. 1102-1109.

Moxter, Adolf (1999): Bilanzrechtsprechung, 5. Aufl., Tübingen.

MSI (1992): Research Priorities 1992-1994, hrsg. vom MSI, Cambridge, Mass.

Müller, Jens (1996): Diversifikation und Reputation, Wiesbaden.

Müller-Peters, Horst (1999): Motivation und Risikoneigung privater Geldanleger – Millers Ratten statt Skinners Tauben?, in: Fischer, Lorenz/Kutsch, Thomas/Stephan, Ekkehard (Hrsg.): Finanzpsychologie, München/Wien, S. 135-158.

Mummendey, Hans Dieter (1995): Die Fragebogen-Methode, 2. Aufl., Göttingen u.a.

Nell, Martin (1999): Garantien als Signale für Produktqualität?, in: zfbf, Jg. 51, Nr. 10, S. 937-962.

Nerlove, Marc/Arrow, Kenneth J. (1962): Optimal Advertising Policy under Dynamic Conditions, in: Economica, Jg. 29, S. 129-142.

Neuberger, Oswald (1974): Theorien der Arbeitszufriedenheit, Stuttgart u.a.

Neuberger, Oswald/Allerbeck, Mechthild (1978): Messung und Analyse von Arbeitszufriedenheit, Bern.

Neumann, John von/Morgenstern, Oskar (1967): The Theory of Games and Economic Behavior, New York (Ersterscheinung 1944).

Newell, Stephen J./Goldsmith, Ronald E. (2001): The Development of a Scale to Measure Perceived Corporate Credibility, in: JoBR, Jg. 52, Nr. 3, S. 235-247.

Nguyen, Nha/Leblanc, Gaston (2001a): Corporate Image and Corporate Reputation in Customers' Retention Decision in Services, in: Journal of Retailing and Consumer Services, Jg. 8, Nr. 4, S. 227-236.

Nguyen, Nha/Leblanc, Gaston (2001b): Image and Reputation of Higher Education Institutions in Students' Retention Decisions, in: The International Journal of Educational Management, Jg. 15, Nr. 6, S. 303-311.

Nicklisch, Heinrich (1972): Die Betriebswirtschaft, 7. Aufl., Glashütten im Taunus (unveränderter Nachdruck von 1932).

Niemann, Ursula (1999): Immaterielle Wirtschaftsgüter im Handels- und Steuerrecht, Bielefeld.

Nölting, Andreas (1999): Firmen vermarkten ihre Aktien wie Produkte – der Shareholder Value steigt: Faktor Herz, in: Manager Magazin, Jg. 29, Nr. 3, S. 114-119.

Nolte, Hartmut (1976): Die Markentreue im Konsumgüterbereich, Bochum.

Noonan, R./Wold, H. (1982): PLS Path Modeling with Indirectly Observed Variables, in: Jöreskog, Karl G./Wold, Herman (Hrsg.): Systems under indirect observation, Band 2, Amsterdam, S. 75-94.

Nunnally, Jum C. (1978): Psychometric Theory, 2. Aufl., New York u.a.

Nunnally, J.C./Bernstein, I.H. (1994): Psychometric Theory, 3. Aufl., New York.

Ockenfels, Axel (2003): Reputationsmechanismen auf Internet-Marktplattformen, in: ZfB, Jg. 73, Nr. 3, S. 295-315.

Oehler, Andreas (2000): Behavioral Finance: Mode oder mehr?, in: Die Bank, o.Jg., Nr. 10, S. 718-724.

Oertel, Cordula (2000): Stakeholder Orientierung als Prinzip der Unternehmensführung, München.

Oevermann, Dirk (1997): Kundenbindungsmanagement von Kreditinstituten, München.

Oliver, Richard L. (1997): Satisfaction, New York u.a.

Opgenoorth, Werner P. (1985): Informationsbedarf in der Personalführung – Die Mitarbeiterbefragung als Instrument in unterschiedlichen Problemfeldern, in: Töpfer, Armin/Zander, Ernst (Hrsg.): Mitarbeiter-Befragungen, Frankfurt/New York, S. 169-231.

Opp, Karl-Dieter (1991): Das Modell rationalen Verhaltens. Seine Struktur und das Problem der ‚weichen' Anreize, in: Bouillon, Hardy/Andersson, Gunnar (Hrsg.): Wissenschaftstheorie und Wissenschaften, Berlin, S. 105-124.

o.V. (1998): In Sekunden zerstört, in: Wirtschaftswoche vom 29.10.1998, Nr. 45, S. 156-160.

o.V. (2001a): Brand, Image or Reputation?, veröffentlicht im Internet: http//:www.reputationinstitute.com/sections/who/rep_mn_2.html (Stand und Abfrage: 5.4.2001).

o.V. (2001b): Valuing the Consumer, in: Corporate Social Responsibility Magazine, Jg. 3, Nr. 1, S. 4-8.

o.V. (2002a): America's most admired companies, veröffentlicht im Internet: http//:www.fortune.com/lists/mostadmired/index.html (Stand: 4.3.2002, Abfrage: 30.7.2002).

o.V. (2002b): Zauber der Marke, in: Manager Magazin, 32. Jg., Nr. 2, S. 54-75.

o.V. (2002c): Imageprofile 2002, veröffentlicht im Internet: http//:www.manager-magazin.de/unternehmen/imageprofile/0,2828,druck-178352,00.... (Stand: Januar 2003; Abfrage: 16.04.2002).

o.V. (2003a): Deutschlands beste Arbeitgeber 2003, veröffentlicht im Internet: http//:www.greatplacetowork.com (Stand: Januar 2003; Abfrage: 1.9.2003).

o.V. (2003b): Mitarbeiterloyalität wächst weltweit, in: Training Nr. 1/Feb. 2003, veröffentlicht im Internet: http://www.magazintraining.at/Studiea0103.pdf (Abfrage: 15.9.2003).

o.V. (2004): Olympiade der Konzerne, in: Manager Magazin, Jg. 34, Nr. 2, S. 46-50.

o.V. (2007a): Fortune America's most admired companies 2006, veröffentlicht im Internet: http://money.cnn.com/magazines/fortune/mostadmired/index.html (Stand und Abfrage: 2.2.2007).

o.V. (2007b): Imageprofile 2006: Von Porsche bis Fiat, veröffentlicht im Internet: Fortune America's most admired companies, veröffentlicht im Internet: http://money.cnn.com/magazines/fortune/mostadmired/index.html (Stand und Abfrage: 2.2.2007).

o.V. (2007c): The Global RepTrak 200[SM], veröffentlicht im Internet: http://www.reputationinstitute.com/main/index.php?pg=res&box=reputation_trac king (Abfrage: 20.1.2007).

o.V. (2007d): Deutschlands beste Arbeitgeber 2006, veröffentlicht im Internet: Fortune America's most admired companies, veröffentlicht im Internet: http://www.greatplacetowork.de/best/list-de.htm (Stand und Abfrage: 2.2.2007).

Paul, Walter (1990): Kontinuität und Glaubwürdigkeit sind die obersten Gebote, in: Blick durch die Wirtschaft, Nr. 173 vom 7.9.1990, S. 7.

Pellens, Bernhard/Fülbier, Rolf Uwe (2000): Ansätze zur Erfassung immaterieller Werte in der kapitalmarktorientierten Rechnungslegung, in: Baetge, Jörg (Hrsg.): Zur Rechnungslegung nach International Accounting Standards (IAS), Düsseldorf, S. 35-77.

Pelzmann Linda (2000): Wirtschaftspsychologie, 3. Aufl., Wien/New York.

Pepels, Werner (2002): Personalbindung, in: Bröckermann, Reiner/Pepels, Werner (Hrsg.): Personalmarketing, Stuttgart, S. 129-143.

Peter, Paul J. (1979): Reliability, A Review of Psychonomic Basics and Recent Marketing Practices, in: JoMR, Jg. 16, S. 6-17.

Peter, Paul J. (1981): Construct Validity: A Review of Basic Issues and Marketing Practices, in: JoMR, Jg. 18, S. 133-145.

Peter, Sibylle I. (1999): Kundenbindung als Marketingziel, 2. Aufl., Wiesbaden.

Peters, Glen (1999): Waltzing with the Raptors, New York u.a.

Peters, Markus (1999): Aktienkurs und Unternehmenserfolg, Kiel.

Petrick, Joseph A./Scherer, Robert F./Brodzinski, James D./Quinn, John F./Ainina, M. Fall (1999): Global Leadership Skills and Reputational Capital: Intangible Resources for Sustainable Competitive Advantage, in: Academy of Management Executive, Jg. 13, Nr. 1, S. 58-69.

Pfeffer, Jeffrey (1982): Organizations and Organization Theory, Boston u.a.

Pfeffer, Jeffrey (1992): Managing with Power, Boston.

Pfeffer, Jeffrey/Salancik, Gerald R. (1978): The External Control of Organizations: A Resource Dependence Perspective, New York.

Philip Morris (2002): Philip Morris USA, veröffentlicht im Internet: http://www.philipmorris.com/about_pm/brands/pm_usa_brands.asp (Stand und Abfrage: 25.06.2002).

Picot, Arnold (1991): Ökonomische Theorien der Organisation – Ein Überblick über neuere Ansätze und deren betriebswirtschaftliches Anwendungspotential, in: Ordelheide, Dieter/Rudolph, Bernd/Büsselmann, Elke (Hrsg.): Betriebswirtschaftslehre und ökonomische Theorie, Stuttgart, S. 143-170.

Pieleken, Walter G. (1995): Unternehmensethik und Management-Reputation in Krisensituationen, in: Ethica, Jg. 3, S. 41-51.

Pies, Ingo (2001): Können Unternehmen Verantwortung tragen? – Ein ökonomisches Kooperationsangebot an die philosophische Ethik, in: Wieland, Josef (Hrsg.): Die moralische Verantwortung kollektiver Akteure, Heidelberg, S. 170-199.

Pindyck, Robert S./Rubinfeld, Daniel L. (1998): Econometric Models and Econometric Forecasts, 4. Aufl., Boston.

Piwinger Boris (2001): Investor Relations aus Sicht des Internet-Investors, in: Kirchhoff, Klaus Rainer/Piwinger, Manfred (Hrsg.): Die Praxis der Investor Relations, 2. Aufl., Neuwied/Kriftel, S. 450-469.

Piwinger, Manfred (2001): Investor Relations als Inszenierungs- und Kommunikationsstrategie, in: Kirchhoff, Klaus Rainer/Piwinger, Manfred (Hrsg.): Die Praxis der Investor Relations, 2. Aufl., Neuwied/Kriftel, S. 3-24.

Platzköster, Michael (1990): Vertrauen, Essen.

Plinke, Wulff (2000): Grundlagen des Marktprozesses, in: Kleinaltenkamp, Michael/Plinke, Wulff (Hrsg.): Technischer Vertrieb, 2. Aufl., Berlin u.a., S. 3-98.

Plötner, Olaf (1995): Das Vertrauen des Kunden, Wiesbaden.

Podnar, Klement (2001): The Influence of Reputation on Buying Intention in the Case of Two Equally Rated Reputable Companies: The Importance of the Corporate Story, in: Proceedings der 5. International Conference on Corporate Reputation, Identity and Competitiveness, hrsg. vom Reputation Institute, Paris, o.S.

Polonski, Michael Jay/Schuppisser, Stefan W./Beldona, Srikanth (2002): A Stakeholder Perspective for Analyzing Marketing Relationships, in: Journal of Market-Focused Management, Jg. 5, Nr. 2, S. 109-126.

Poole, Marshall Scott/McPhee, Robert D. (1985): Methodology in Interpersonal Communication Research, in: Knapp, Mark L./Miller, Gerald R. (Hrsg.): Handbook of Interpersonal Communication, Beverly Hills u.a., S. 100-170.

Popper, Karl R. (1973): Objektive Erkenntnis, Hamburg.

Porst, Rolf (1998): Im Vorfeld der Befragung: Planung, Fragebogenentwicklung, Pretesting, ZUMA Arbeitsbericht 98/02, Mannheim.

Porst, Rolf/Ranft, Sabine/Ruoff, Bernd (1998): Strategien und Maßnahmen zur Erhöhung der Ausschöpfungsquoten bei sozialwissenschaftlichen Umfragen, ZUMA Arbeitsbericht 98/07, Mannheim.

Porter, L.W./Crampon, W.J./Smith, F.J. (1976): Organizational Commitment and Managerial Turnover: A Longitudinal Study, in: Organizational Behavior and Human Performance, Jg. 15, S. 87-98.

Porter, Michael E. (1999): Wettbewerbsstrategie, 10. Aufl., Frankfurt a.M. u.a.

Porter, Michael E. (2000): Wettbewerbsvorteile, 6. Aufl., Frankfurt a.M. u.a.

Post, James E./Griffin, Jennifer, J. (1997): Corporate Reputation and External Affairs Management, in: CRR, Jg. 1, Nr. 1/2, S. 165-171.

Pratt, John W./Zeckhauser, Richard J. (Hrsg.) (1991): Principals and Agents, Boston.

Preß, Bettina (1997): Kaufverhalten in Geschäftsbeziehungen, in: Kleinaltenkamp, Michael/Plinke, Wulff (Hrsg.): Geschäftsbeziehungsmanagement, Berlin u.a., S. 63-111.

Preston, Lee E./Sapienza, Harry J. (1990): Stakeholder Management and Corporate Performance, in: The Journal of Behavioral Economics, Jg. 19, Nr. 4, S. 361-375.

Pruzan, Peter (2001): Corporate Reputation: Image and Identity, in: CRR, Jg. 4, Nr. 1, S. 50-64.

Raffée, Hans (1993): Gegenstand, Methoden und Konzepte der Betriebswirtschaftslehre, in: Bitz, Michael/Dellmann, Klaus/Domsch, Michel/Egner, Henning (Hrsg.): Vahlens Kompendium der Betriebswirtschaftslehre, 3. Aufl., München, S. 1-46.

Raffée, Hans/Sauter, Bernhard/Silberer, Günter (1973): Theorie der kognitiven Dissonanz und Konsumgüter-Marketing, Wiesbaden.

Rapold, Ingo (1988): Qualitätsunsicherheit als Ursache von Marktversagen, München.

Rappaport, Alfred (1986): Creating Shareholder Value, New York u.a.

Rasche, Christoph (1994): Wettbewerbsvorteile durch Kernkompetenzen, Wiesbaden.

Rating Research LLC (2003): Reputation Ratings Definitions, veröffentlicht im Internet: http://www.ratingresearch.com/ratings/reputation_definitions.html (Stand und Abfrage: 1.9.2003).

Raub, Werner/Weesie, Jeroen (1990): Reputation and Efficiency in Social Interactions: An Example of Network Effects, in: American Journal of Sociology, Jg. 96, Nr. 3, S. 626-654.

Ravasi, Davide (2002): Analyzing Reputation in a Cross-National Setting, in: CRR, Jg. 4, Nr. 4, S. 354-361.

Raykov, Tenko/Marcoulides, George A. (2000): A First Course in Structural Equation Modeling, Mahwah/London.

Reichers, Arnon E. (1986): Conflicts and Organizational Commitment, in: Journal of Applied Psychology, Jg. 71, S. 508-514.

Reichheld, Frederick F. (1995): The Loyalty Effect – The Cost of Investor Disloyalty, Essay Nr. 6 on the Relationship Between Loyalty and Profits, Bain & Company, Boston.

Reichheld, Frederick/Sasser, Earl (1991): Zero-Defections: Quality Comes to Services, in: HBR, Jg. 68, Nr. 5, S. 105-111.

Reinartz, Werner J./Kumar, V. (2000): On the Profitability of Long-Life Customers in a Noncontractual Setting: An Empirical Investigation and Implications for Marketing, in: JoM, Jg. 64, S. 17-35.

Rekom, Johan van (1997): Deriving an Operational Measure of Corporate Identity, in: European Journal of Marketing, Jg. 31, Nr. 5/6, S. 410-422.

Reuband, Karl-Heinz (2002): Frageform, themenspezifische Sensibilitäten und Antwortmuster: Wie Fragen in Statementform und in Form dichotomer Antwortvorgaben Antwortmuster beeinflussen, in: ZA-Information Nr. 51, S. 82-99.

Reynolds, Thomas J./Westberg, Steven J./Olson, Jerry C. (1994): A Strategic Framework for Developing and Assessing Political, Social Issue and Corporate Image Advertising, Working Papers in Marketing, Nr. 186, The Mary Jean and Frank P. Smeal College of Business Administration, Pennsylvania State University, o.O.

Riahi-Belkaoui, Ahmed (2001): The Role of Corporate Reputation for Multinational Firms, Westport/London.

Riahi-Belkaoui, Ahmed/Pavlik, Ellen L. (1992): Accounting for Corporate Reputation, Westport/London.

Richter, Rudolf (1994): Institutionen ökonomisch analysiert, Tübingen.

Richter, Rudolf/Blindseil, Ulrich (1995): Neue Institutionenökonomik, in: WiSt, Jg. 24, Nr. 3, S. 132-140.

Richter, Rudolf/Furubotn, Eirik (1999): Neue Institutionenökonomik, 2. Aufl., Tübingen.

Rieker, Stephen A. (1995): Bedeutende Kunden, Wiesbaden.

Riel, Cees van (1995): Principles of Corporate Communication, London u.a.

Riel, Cees van (2002): Top of Mind Awareness of Corporate Brands Among the Dutch Public, in: CRR, Jg. 4, Nr. 4, S. 362-373.

Riel, Cees van/Fombrun, Charles (2002): Which Company is Most Visible in Your Country? An Introduction to the Special Issue on the Global RQ-Project Nominations, in: CRR, Jg. 4, Nr. 4, S. 296-302.

Riel, Cees van/Stoeker, Natasha E./Maathuis, Onno J.M. (1998): Measuring Corporate Images, in: CRR, Jg. 1, Nr. 4, S. 313-326.

Riester, Martin/Hartmann, Ulrich (1996): Die Streitfrage: Verstößt das Shareholder Value-Konzept gegen die Sozialbindung des Eigentums?, in: Wirtschaftswoche, Nr. 26 vom 20.6.96, S. 88.

Rindova, Violina P. (1997): The Image Cascade and the Formation of Corporate Reputations, in: CRR, Jg. 1, Nr. 1/2, S. 188-194.

Ringbeck, Jürgen (1986): Qualitäts- und Werbestrategien bei Qualitätsunsicherheit der Konsumenten, Wiesbaden.

Ripperger, Tanja (2003): Ökonomik des Vertrauens, 2. Aufl., Tübingen.

Riordan, Christine M./Gatewood, Robert D./Barnes, Bill J. (1997): Corporate Image: Employee Reactions and Implications for Managing Corporate Social Performance, in: Journal of Business Ethics, Jg. 16, S. 401-412.

Rosen, Rüdiger von (2001): Die Retailwelle und ihre Folgen für die Börsenlandschaft, Vortrag zum Eurobörsentag am 1. Juni 2001 in Frankfurt a.M., veröffentlicht im Internet: http://www.dai.de/internet/dai/dai-2-0.nsf/dai_publikationen. htm (Abfrage: 15.3.2004).

Ross, Stephen A. (1973): The Economic Theory of Agency. The Principal's Problem, in: American Economic Review, Jg. 63, Nr. 2, S. 134-139.

Rossiter, John R. (2002): The C-OAR-SE Procedure for Scale Development in Marketing, in: International Journal of Research in Marketing, Jg. 19, S. 305-335.

Royce, Josiah (1971): The Philosophy of Loyalty, New York.

Rüssmann, Karl Heinrich (1991): Die Macht der weichen Faktoren, in: Demuth, Alexander (Hrsg.): Imageprofile 1991, Düsseldorf, S. 152-165.

Rynning, Helge (1995): Commitment and Stakeholder Thinking, in: Näsi, Juha (Hrsg.): Understanding Stakeholder Thinking, Jyväskylä, S. 285-296.

Sacharin, Ken (2001): Attention!, New York u.a.

Salcher, Ernst F. (1995): Psychologische Marktforschung, 2. Aufl., Berlin/New York.

Salop, Joanne/Salop, Steven (1976): Self-Selection and Turnover in the Labor Market, in: QJoE, Jg. 90, Nr. 4, S. 619-627.

Sandberg, Kirsten (2002): Kicking the Tires of Corporate Reputation, in: Harvard Management Communication Letter, Jg. 5, Nr. 1, S. 3-4.

Sandig, Curt (1962): Der Ruf der Unternehmung, Veröffentlichungen der Wirtschaftshochschule Mannheim, Reihe 2: Reden, Heft 8, Stuttgart.

Schade, Christian/Schott, Eberhard (1993): Kontraktgüter im Marketing, in: Marketing ZFP, Jg. 15, Nr. 1, S. 15-25.

Schäfer, Claus (1994): Vetriebliche Vermögensbeteiligung – Risikobeteiligung, Düsseldorf.

Schäfer, Heiko (2002): Die Erschließung von Kundenpotentialen durch Cross-Selling, Wiesbaden.

Schanz, Günther (1978): Pluralismus in der Betriebswirtschaftslehre: Bemerkungen zu gegenwärtigen Forschungsprogrammen, in: Schweitzer, Marcell (Hrsg.): Auffassungen und Wissenschaftsziele in der Betriebswirtschaftslehre, Darmstadt, S. 292-335.

Schanz, Günther (1979): Die Betriebswirtschaftslehre und ihre sozialwissenschaftlichen Nachbardisziplinen: Das Integrationsproblem, in: Raffée, Hans/Abel, Bodo (Hrsg.): Wissenschaftstheoretische Grundfragen der Wirtschaftswissenschaften, München, S. 121-137.

Schanz, Günther (1988): Methodologie für Betriebswirte, 2. Aufl., Stuttgart.

Schierenbeck, Henner (2000): Grundzüge der Betriebswirtschaftslehre, 15. Aufl., München/Wien.

Schmid, Uwe (1997): Das Anspruchsgruppen-Konzept, in: WISU, Jg. 26, Nr. 7, S. 633-635.

Schmidt, Ingo/Elßer, Stefan (1993): Die Rolle des Markenartikels im marktwirtschaftlichen System, in: Dichtl, Erwin/Eggers, Walter (Hrsg.): Marke und Markenartikel als Instrumente des Wettbewerbs, Nördlingen, S. 47-69.

Schmidt, Klaus-Helmut/Hollmann, Sven/Sodenkamp, Daniel (1998): Psychometrische Eigenschaften und Validität einer deutschen Fassung des ‚Commitment'-Fragebogens von Allen und Meyer (1990), in: Zeitschrift für Differentielle und Diagnostische Psychologie, Jg. 19, Nr. 2, S. 93-106.

Schmidt, Reinhart (1991): Unternehmensimage, Unternehmensperformance und Börsenkurs, in: Demuth, Alexander (Hrsg.): Imageprofile '91, Düsseldorf/Wien/New York, S. 29-35.

Schneider, Dieter (1995): Betriebswirtschaftslehre, Band 1: Grundlagen, 2. Aufl., München/Wien.

Schneider, Dieter (1997): Betriebswirtschaftslehre, Band 3: Theorie der Unternehmung, München/Wien.

Schneider, Dieter/Knapp, Hans (1983): Die doppelt geknickte Preis-Absatz-Kurve Gutenbergs als Ansatzpunkt zur Integration herkömmlicher ökonomischer Theorien mit verhaltenswissenschaftlichen Ansätzen, in: Kappler, Ekkehard (Hrsg.): Rekonstruktion der Betriebswirtschaftslehre als ökonomische Theorie, Spardorf, S. 65-74.

Schölling, Marcus (2000): Informationsökonomische Markenpolitik, Frankfurt a.M. u.a.

Scholderer, Joachim/Balderjahn, Ingo (2006): Was unterscheidet harte und weiche Strukturmodelle nun wirklich?, in: Marketing ZFP, Jg. 28, Nr. 1, S. 57-70.

Scholes, Eileen/Clutterbuck, David (1998): Communication with Stakeholders: An Integrated Approach, in: Long Range Planning, Jg. 31, Nr. 2, S. 227-238.

Schotten, Klaus/Manstetten, Astrid/Crispin, Alexander/Meyer, Nicole/Weitkunat, Rolf/Überla, Klaus (2003): Was denken die Münchner über ihre Kliniken?, München.

Schuchard-Ficher, Christiane (1979): Ein Ansatz zur Messung von Nachkauf-Dissonanz, Berlin.

Schultz, Majken/Mouritsen, Jan/Gabrielsen, Gorm (2001): Sticky Reputation: Analyzing a Ranking System, in: CRR, Jg. 4, Nr. 1, S. 24-41.

Schultz, Majken/Nielsen, Kasper U./Boege, Simon (2002): Nominations for the Most Visible Companies for the Danish RQ, in: CRR, Jg. 4, Nr. 4, S. 327-336.

Schulz, Beate (1992): Strategische Planung von Public Relations, Frankfurt a.M. u.a.

Schulz, Michael (1999): Aktienmarketing, Sternenfels/Berlin.

Schüppenhauer, Annette (1998): Multioptionales Konsumentenverhalten und Marketing, Wiesbaden.

Schütz, Tobias (2005): Die Relevanz von Unternehmensreputation für Anlegerentscheidungen, Frankfurt a.M.

Schütze, Roland (1992): Kundenzufriedenheit in Geschäftsbeziehungen, Berlin.

Schwaiger, Manfred/Cannon, Hugh M. (2002): Exploring Company Brand Equity, Paper prepared for submission to the 2003 annual conference of the American Academy of Advertising, 2002.

Schwaiger, Manfred/Hupp, Oliver (2003): Corporate Reputation Management – Herausforderung für die Zukunft, in: Planung & Analyse, Jg. 30, Nr. 3, S. 58-64.

Schwalbach, Joachim (2000): Image, Reputation und Unternehmenswert, Arbeitspapier des Instituts für Management, Wirtschaftswissenschaftliche Fakultät der Humboldt-Universität zu Berlin, Berlin.

Schwalbach, Joachim (2001): Unternehmensreputation als Erfolgsfaktor, Arbeitspapier des Instituts für Management, Wirtschaftswissenschaftliche Fakultät der Humboldt-Universität zu Berlin, Berlin.

Seemann, Bruno (1996): Prominenz als Eigentum, Baden-Baden.

Seger, Frank/Gaa, Florian (2000): Shareholder- versus Stakeholderinteressen?, Arbeitspapier Nr. 9 des Lehrstuhls für Allgemeine Betriebswirtschaftlehre und Internationales Management der Universität Mannheim, hrsg. von Manfred Perlitz, Mannheim.

Selchert, Friedrich W./Erhardt, F. Martin (2003): Internationale Rechnungslegung, 3. Aufl., München/Wien.

Sellhorn, Thorsten (2000): Ansätze zur bilanziellen Behandlung des Goodwill im Rahmen einer kapitalmarktorientierten Rechnungslegung, in: Der Betrieb, Jg. 53, Nr. 18, S. 885-892.

Selten, Reinhard (1978): The Chain-Store-Paradox, in: Theory and Decision, Jg. 9, S. 127-159.

Seltin, N./Keeves, J.P. (1994): Path Analysis with Latent Variables, in: Husén, Torsten/Postlethwaite, T. Neville (Hrsg.): The International Encyclopedia of Education, 2. Aufl., Oxford, S. 4352-4359.

Shao, Jun/Dongsheng, Tu (1995): The Jackknife and Bootstrap, New York u.a.

Shapiro, Carl (1982): Consumer Information, Product Quality, and Seller Reputation, in: Bell Journal of Economics, Jg. 13, S. 20-35.

Shapiro, Carl (1983): Premiums for High Quality Products as Returns to Reputations, in: QJoE, Jg. 97, Nr. 4, S. 659-679.

Shapiro, Susan P. (1987): The Social Control of Impersonal Trust, in: American Journal of Sociology, Jg. 93, Nr. 3, S. 623-658.

Shefrin, Hersh/Statman, Meir (1997): Comparing Expectations about Stock Returns to Realized Returns, Working Paper, Leavey School of Business, Santa Clara University, September, o.O.

Shenkar, Oded/Yuchtman-Yaar, Ephraim (1997): Reputation, Image, Prestige, and Goodwill: An Interdisciplinary Approach to Organizational Standing, in: Human Relations, Jg. 50, Nr. 11, S. 1361-1381.

Sieber, Sam D. (1974): Toward a Theory of Role Accumulation, in: American Sociological Review, Jg. 39, S. 567-578.

Simon, Herbert A. (1961): Administrative Behavior, New York.

Simon, Herbert A. (1967): Models of Man, 5. Aufl., New York/London/Sydney.

Simon, Herbert A. (1996): Designing Organizations for an Information-Rich World, in: Lamberton, Donald M. (Hrsg.): The Economics of Communication and Information, Cheltenham/Brookfield, S.187-202.

Simon, Hermann (1981): Informationstransfer und Marketing. Ein Survey, in: Zeitschrift für Wirtschafts- und Sozialwissenschaften, Jg. 101, Nr. 6, S. 589-608.

Simon, Hermann (1984): Goodwill-Transfer und Produktlinien-Entscheidungen, in: DBW, Jg. 44, Nr. 4, S. 639-650.

Simon, Hermann (1985): Goodwill und Marketingstrategien, Wiesbaden.

Simon, Hermann/Wiltinger, Kai/Sebastian, Karl-Heinz/Tacke, Georg (1985): Personalmarketing, Wiesbaden.

Singh, Jagdip (1991): Redundancy in Constructs: Problem, Assessment, and an Illustrative Example, in: JBR, Jg. 22, S. 255-280.

Sjovall, Andrea M./Talk, Andrew C. (2004): From Actions to Impressions: Cognitive Attribution Theory and the Formation of Corporate Reputation, in: CRR, Jg. 7, Nr. 3, S. 269-281.

Slater, Stanley F. (1997): Developing a Customer Value-Based Theory of the Firm, in: Journal of the Academy of Marketing Science, Jg. 25, Nr. 2, S. 162-167.

Smidts, Ale/Pruyn, Ad T.H./Riel, Cees B.M. van (2001): The Impact of Employee Communication and Perceived External Prestige on Organizational Identification, in: Academy of Management Journal, Jg. 49, Nr. 5, S. 1051-1062.

Smith, Adam (1995): Theorie der ethischen Gefühle, Hamburg (erstmalig erschienen 1759).

Smith, Andrew/Tzokas, Nikolaos/Hart, Susan/Sparks, Leigh (1998): Retail Loyalty Schemes: The Providers' View, in: Anderson, Per (Hrsg.): Marketing Relationships, Proceedings der 27. EMAC Konferenz, Track 1, Stockholm, o.S.

Smith, Barry (Hrsg.) (1988): Foundations for Gestalt Theory, München/Wien.

Smith, Catherine Lynne (1997): The Effects of Recruitment Practices and Organizational Reputation on Applicant Attraction: A Multi-Employer Perspective, Dissertation, Cornell University, New York.

Smythe, John/Dorward, Colette/Reback, Jerome (1992): Corporate Reputation, London.

Sobel, Michael E. (1982): Asymptotic Confidence Intervals for Indirect Effects in Structural Equation Models, in: Leinhardt, Samuel (Hrsg.): Sociological Methodology, San Francisco, S. 290-312.

Söllner, Albrecht (2003): Commitment in Geschäftsbeziehungen, Wiesbaden.

Söllner, Fritz (2001): Die Geschichte des ökonomischen Denkens, 2. Aufl., Berlin u.a.

Sohn, Anja/Welling, Michael (2002): Die Nutzung Prominenter in der Werbung, Schriften zum Marketing Nr. 44, hrsg. von Peter Hammann, Ruhr-Universität Bochum, Bochum.

Speckbacher, Gerhard (1997): Shareholder Value und Stakeholder Ansatz, in: DBW, Jg. 57, Nr. 5, S. 630-639.

Spence, A. Michael (1973): Job Market Signaling, in: QJoE, Jg. 87, Nr. 3, S. 355-374.

Spence, A. Michael (1974): Market Signals: Informational Transfer in Hiring and Related Screening Processes, Cambridge.

Spence, A. Michael (1976): Informational Aspects of Market Structure: An Introduction, in: QJoE, Jg. 90, Nr. 4, S. 591-599.

Spiegel, Bernt/Nowak, Horst (1974): Image und Image-Analyse, in: Marketing Enzyklopädie, hrsg. vom Verlag Moderne Industrie, Band 1, München, S. 965-977.

Spremann, Klaus (1985): The Signaling of Quality by Reputation, in: Feichtinger, Gustav (Hrsg.): Optimal Control Theory and Economic Analysis 2, Amsterdam u.a., S. 235-252.

Spremann, Klaus (1987): Agent and Principal, in: Bamberg, Günter/Spremann, Klaus (Hrsg.): Agency Theory, Information, and Incentives, Berlin u.a., S. 3-37.

Spremann, Klaus (1988): Reputation, Garantie, Information, in: ZfB, Jg. 58, Nr. 5/6, S. 613-627.

Spremann, Klaus (1990): Asymmetrische Information, in: ZfB, Jg. 60, Nr. 5/6, S. 561-586.

Staehle, Wolfgang H. (1999): Management, 8. Aufl., München.

Stahl, Heinz K. (1996): Zero-Migration, Wiesbaden.

Stahl, Heinz K. (2000): Reputation als besondere Ressource der diversifizierten Unternehmung, in: Hinterhuber, Hans/Friedrich, Stephan A./Matzler, Kurt/Pechlaner, Harald (Hrsg.): Die Zukunft der diversifizierten Unternehmung, München, S. 149-166.

Stahl, Heinz K./Matzler, Kurt/Hinterhuber, Hans H. (2006): Kundenbewertung und Shareholder Value – Versuch einer Synthese, in: Günter, Bernd/Helm, Sabrina (Hrsg.): Kundenwert, 3. Aufl., Wiesbaden, S. 425-445.

Stauss, Bernd/Schulze, Henning S. (1990): Internes Marketing, in: Marketing ZFP, Jg. 12, Nr. 3, S. 149-158.

Steiner, Manfred/Starbatty, Nikolaus (2003): Basel II und die Bedeutung von Ratings, in: Zeitschrift für Organisation, Jg. 72, Nr. 1, S. 20-26.

Steinmann, Horst/Schreyögg, Georg (1997): Management, 4. Aufl., Wiesbaden.

Stigler, George J. (1961): The Economics of Information, in: The Journal of Political Economy, Jg. 69, Nr. 3, S. 213-225.

Stiglitz, Joseph E. (1975): Theory of Screening, Education and the Distribution of Income, in: American Economic Review, Jg. 65, Nr. 3, S. 283-300.

Stine, Robert A. (1989): An Introduction to Bootstrap Methods: Examples and Ideas, in: Sociological Methods & Research, Jg. 8, S. 243-291.

Stock, Ruth (2001): Der Zusammenhang zwischen Mitarbeiter- und Kundenzufriedenheit, Wiesbaden.

Stoi, Roman (2002): Controlling von Intangibles, in: Weber, Jürgen/Hirsch, Bernhard (Hrsg.): Controlling als akademische Disziplin, Wiesbaden, S. 255-266.

Stoi, Roman (2004): Management und Controlling von Intangibles auf Basis der immateriellen Werttreiber des Unternehmens, in: Horváth, Péter/Möller, Klaus (Hrsg.): Intangibles in der Unternehmensbewertung, München, S. 187-201.

Storck (2004): Neue Ziele, neue Führung, neuer Auftritt, veröffentlicht im Internet: http://www.storck.com/de/press/00077.php (Stand und Abfrage: 02.03.2004).

Strasser, Hermann/Voswinkel, Stephan (1997): Vertrauen im gesellschaftlichen Wandel, in: Schweer, Martin (Hrsg.): Interpersonales Vertrauen, Opladen/ Wiesbaden, S. 217-236.

Strothmann, Karl-Heinz (1997): Kompetenzmarketing für Investitionsgüter, in: Strothmann, Karl-Heinz (Hrsg.): Kompetenztransfer im Investitionsgütermarketing, Wiesbaden, S. 13-33.

Sudman, Seymour/Bradburn, Norman M. (1982): Asking Questions, San Francisco/Washington/London.

Süchting, Joachim (1986): Finanzmarketing auf Aktienmärkten, in: Kreditwesen, Jg. 39, Nr. 13, S. 654-659.

Svendsen, Ann (1998): The Stakeholder Strategy, San Francisco.

Szallies, Rüdiger (1999): Anlagemotive im Wandel, in: Fischer, Lorenz/Kutsch, Thomas/Stephan, Ekkehard (Hrsg.): Finanzpsychologie, München/Wien, S. 240-249.

Tenenhaus, Michel (2003): Comparison between PLS and LISREL Approaches for Structural Equation Modeling: Application to the Measure of Customer Satisfaction, unveröffentlichtes Arbeitspapier der HEC School of Management, Jouy-en-Josas.

Teufer, Stefan (1999): Die Bedeutung des Arbeitgeberimage bei der Arbeitgeberwahl, Wiesbaden.

Thevissen, Frank (2002): Corporate Reputation in the Eye of the Beholder, in: CRR, Jg. 4, Nr. 4, S. 318-326.

Thibaut, John/Kelley, Harold (1959): The Social Psychology of Groups, New York 1959.

Thies, Anja (1998): Konfliktpotentiale zwischen Marketing und Personalmanagement, München/Mering.

Thommen, Jean-Paul (2003): Glaubwürdigkeit, 2. Aufl., Zürich.

Tolle, Elisabeth (1991): Der Stellenwert von Marktsignalen bei Qualitätsunsicherheit der Konsumenten, Arbeitsbericht Nr. 91/08 des Instituts für Wirtschaftswissenschaften der Rheinisch-Westfälischen Technischen Hochschule Aachen, Aachen.

Tolle, Elisabeth (1994): Informationsökonomische Erkenntnisse für das Marketing bei Qualitätsunsicherheit der Konsumenten, in: zfbf, Jg. 46, Nr. 11, S. 926-938.

Tomczak, Thorsten/Will, Markus/Kernstock, Joachim/Brockdorff, Benita/ Einwiller, Sabine (2001): Corporate Branding – Die zukunftsweisende Aufgabe zwischen Marketing, Unternehmenskommunikation und strategischem Management, in: Thexis, Jg. 18, Nr. 4, S. 2-4.

Trenner, Dieter (1988): Aktienanalyse und Anlegerverhalten, Wiesbaden.

Trommsdorff, Volker (2004): Konsumentenverhalten, 6. Aufl., Stuttgart.

Tuominen, Pekka (1995): Relationship Marketing – A New Potential For Managing Corporate Investor Relations, in: Näsi, Juha (Hrsg.): Understanding Stakeholder Thinking, Jyväskylä, S. 165-183.

Tyler, Tom R./Kramer, Roderick M. (1996): Wither Trust, in: Kramer, Roderick M./Tyler, Tom R. (Hrsg.): Trust in Organizations, Thousand Oaks/London/New Delhi, S. 1-15.

Uhl, Kenneth P. (1962): Shareowner Brand Preferences, in: Journal of Business, Jg. 35, Nr. 1, S. 57-69.

Ulrich, Hans (1968): Die Unternehmung als produktives soziales System, Bern/Stuttgart.

Ungern-Sternberg, Thomas von/Weizsäcker, Carl Christian von (1981): Marktstruktur und Marktverhalten bei Qualitätsunsicherheit, in: Zeitschrift für Wirtschafts- und Sozialwissenschaften, Jg. 101, Nr. 6, S. 609-626.

Utzig, B. Peter (1997): Kundenorientierung strategischer Geschäftseinheiten, Wiesbaden.

Vahrenkamp, Kai (1991): Verbraucherschutz bei asymmetrischer Information, München.

Vergin, Roger C./Qoronfleh, M.W. (1998): Corporate Reputation and the Stock Market, in: Business Horizons, o.Jg., Nr. 1, S. 19-26.

Vlek, Charles (1992): Collective Risk Generation and Risk Management: The Unexploited Potential of the Social Dilemmas Paradigm, in: Liebrand, Wim B.G./Messick, David M. (Hrsg.): Frontiers in Social Dilemmas Research, Berlin u.a., S. 11-38.

Vogt, Jörg (1997): Vertrauen und Kontrolle in Transaktionen, Wiesbaden.

Voswinkel, Stephan (1999): Anerkennung und Reputation, Duisburg.

Waddock, Sandra (2000): The Multiple Bottom Lines of Corporate Citizenship: Social Investing, Reputation, and Responsibility Audits, in: Business and Society Review, Jg. 105, Nr. 3, S. 323-345.

Walsh, Gianfranco/Wiedmann, Klaus-Peter/Buxel, Holger (2003): Der Einfluss von Unternehmensreputation und Kundenzufriedenheit auf die Wechselbereitschaft, in: Jahrbuch der Absatz- und Verbrauchsforschung, Jg. 49, Nr. 4, S. 407-423.

Wanamaker, Melissa C. (1988): Listing – A Question of Awareness, in: Euromoney Supplement, o.Jg., Nr. 1, (Januar), o.S.

Wangenheim, Florian von (2003): Weiterempfehlung und Kundenwert, Wiesbaden.

Wartburg, Walter P. von (2003): Das Ansehen verbessern – den Ruf schützen, in: Frankfurter Allgemeine Zeitung, Nr. 82 vom 7. April 2003, S. 24.

Wartick, Steven L. (1992): The Relationship Between Intense Media Exposure and Change in Corporate Reputation, in: Business & Society, Jg. 31, S. 33-49.

Wartick, Steven L. (2002): Measuring Corporate Reputation, in: Business & Society, Jg. 41, S. 371-392.

Weber, Jürgen (2002): Einführung in das Controlling, 9. Aufl., Stuttgart.

Weber, Jürgen/Hirsch, Bernhard (Hrsg.): Controlling als akademische Disziplin, Wiesbaden.

Webster's Collegiate Thesaurus (1976), Springfield MA.

Weiber, Rolf/Adler, Jost (1995a): Informationsökonomisch begründete Typologisierung von Kaufprozessen, in: zfbf, Jg. 47, Nr. 1, S. 43-65.

Weiber, Rolf/Adler, Jost (1995b): Der Einsatz von Unsicherheitsreduktionsstrategien im Kaufprozeß: Eine informationsökonomische Analyse, in: zfbf-Sonderheft, Jg. 35, S. 61-77.

Weigelt, Keith/Camerer, Colin (1988): Reputation and Coporate Strategy: A Review of Recent Theory and Applications, in: SMJ, Jg. 9, S. 443-454.

Weisenfeld-Schenk, Ursula (1997): Die Nutzung von Zertifikaten als Signal für Produktqualität, in: ZfB, Jg. 67, Nr. 1, S. 21-39.

Weizsäcker, Carl Christian von (1980): Barriers to Entry, Berlin u.a.

Welge, Martin K./Al-Laham, Andreas (2003): Strategisches Management, 4. Aufl., Wiesbaden.

Wernerfeldt, Birger (1984): A Resource-based View of the Firm, in: SMJ, Jg. 5, S. 171-180.

Wessels, Catelijne (2003): Reputation Defined, in: Corporate Social Responsibility Magazine, Jg. 5, Nr. 2, S. 28-29.

Westcott Alessandri, Sue (2001): Modeling Corporate Identity: A Concept Explication and Theoretical Explanation, in: Corporate Communication, Jg. 6, Nr. 4, S. 173-182.

Whetten, David A. (1997): Theory Development and the Study of Corporate Reputation, in: CRR, Jg. 1, Nr. 1/2, S. 26-34.

Whetten, David A./Mackey, Alison (2002): A Social Actor Conception of Organizational Identity and Its Implications for the Study of Organizational Reputation, in: Business & Society, Jg. 41, Nr. 4, S. 393-414.

Wiedmann, Klaus-Peter (2001): Die Wahrnehmung von Unternehmen in Deutschland, Schriftenreihe Marketing Management, hrsg. vom Lehrstuhl Marketing II der Universität Hannover, Hannover.

Wiedmann, Klaus-Peter (2002): Analyzing the German Corporate Reputation Landscape, in: CRR, Jg. 4, Nr. 4, S. 337-353.

Wiedmann, Klaus-Peter/Buxel, Holger (2005): Corporate Reputation Management in Germany: Results of an Empirical Study, in: CRR, Jg. 8, Nr. 2, S. 145-163.

Wieland, Josef (2002): Corporate Citizenship-Management. Eine Zukunftsaufgabe für Unternehmen!?, in: Wieland, Josef/Conradi, Walter (Hrsg.): Corporate Citizenship, Marburg, S. 9-21.

Wilhelm, Jochen E.M. (1987): On Stakeholders' Unanimity, in: Bamberg, Günter/Spremann, Klaus (Hrsg.): Agency Theory, Information, and Incentives, Berlin u.a., S. 179-204.

Will, Markus/Wolters, Anna-Lisa (2001): Die Bedeutung der Finanzkommunikation für die Entwicklung und Gestaltung der Unternehmensmarke, in: Thexis, Jg. 18, Nr. 4, S. 42-47.

Willems, Herbert (1999): Die Glaubwürdigkeitsdramaturgie der Werbung, in: Jahrbuch der Absatz- und Verbrauchsforschung, Jg. 45, Nr. 1, S. 71-85.

Williamson, Oliver E. (1985): The Economic Institutions of Capitalism, New York/ London.

Williamson, Oliver E. (1990): Die Ökonomischen Institutionen des Kapitalismus, Tübingen.

Williamson, Oliver E. (1991): The Economics of Governance: Framework and Implications, in: Furubotn, Eirik/Richter, Rudolf (Hrsg.): The New Institutional Economics, Tübingen, S. 54-82.

Wilson, Robert (1985): Reputations in Games and Markets, in: Roth, Alvin E. (Hrsg.): Game-Theoretic Models of Bargaining, New York, S. 65-84.

Windsperger, Josef (1996): Transaktionsspezifität, Reputationskapital und Koordinationsform, in: ZfB, Jg. 66, Nr. 8, S. 965-978.

Wiswede, Günter (1991): Der ‚neue Konsument' im Lichte des Wertewandels, in: Szallies, Rüdiger/Wiswede, Günter (Hrsg.): Wertewandel und Konsum, 2. Aufl., Landsberg/Lech, S. 11-40.

Wiswede, Günter (1992): Die Psychologie des Markenartikels, in: Dichtl, Erwin/ Eggers, Walter (Hrsg.): Marke und Markenartikel als Instrumente des Wettbewerbs, München, S. 71-95.

Wöhe, Günter (2000): Einführung in die Allgemeine Betriebswirtschaftslehre, 20. Aufl., München.

Wold, Herman (1982a): Soft Modeling: The Basic Design and Some Extensions, in: Jöreskog, Karl G./Wold, Herman (Hrsg.): Systems Under Indirect Observation, Band 2, Amsterdam, S. 1-54.

Wold, Herman (1982b): Systems Under Indirect Oberservation Using PLS, in: Fornell, Claes (Hrsg.): A Second Generation of Multivariate Analysis, Band 1, New York, S. 325-347.

Yi, Youjae (1990): A Critical Review of Consumer Satisfaction, in: Zeithaml, Valarie (Hrsg.): Review of Marketing 1989, Chicago, S. 68-123.

Yoon, Eunsang/Guffey, Hugh J./Kijewski, Valerie (1990): Roles and Sources of Company Reputation: An Exploratory Study of the Business Insurance Service Industry, ISBM Report 3, o.O.

Yoon, Eunsang/Guffey, Hugh J./Kijewski, Valerie (1993): The Effects of Information and Company Reputation on Intentions to Buy a Business Service, in: JoBR, Jg. 27, Nr. 3, S. 215-228.

Zeithaml, Valarie A./Berry, Leonard L./Parasuraman, Anantarantan (1996): The Behavioral Consequences of Service Quality, in: JoM, Jg. 60, Nr. 4, S. 31-46.

Zöfel, Peter (2003): Statistik für Wirtschaftswissenschaftler, München u.a.

Printed and bound by PG in the USA